जयशंकर प्रसाद
महानता के आयाम

जयशंकर प्रसाद
महानता के आयाम

डॉ. करुणाशंकर उपाध्याय

राधाकृष्ण प्रकाशन

ISBN : 978-93-91950-68-2

जयशंकर प्रसाद : महानता के आयाम

© डॉ. करुणाशंकर उपाध्याय

पहला संस्करण : 2022

मूल्य : ₹1495

प्रकाशक

राधाकृष्ण प्रकाशन प्राइवेट लिमिटेड
जी-17, जगतपुरी, दिल्ली-110 051

शाखाएँ : अशोक राजपथ, साइंस कॉलेज के सामने, पटना-800 006
पहली मंजिल, दरबारी बिल्डिंग, महात्मा गांधी मार्ग, प्रयागराज-211 001
36 ए, शेक्सपियर सरणी, कोलकाता-700 017

वेबसाइट : www.radhakrishnaprakashan.com
ई-मेल : info@radhakrishnaprakashan.com

मुद्रक

बी.के. ऑफसेट
नवीन शाहदरा, दिल्ली-110 032

JAYASHANKAR PRASAD : MAHANTA KE AAYAM
by Dr. Karunashankar Upadhyay

इस ग्रंथ के
मूल प्रेरणास्त्रोत
महाकवि जयशंकर प्रसाद
की
पुण्य-स्मृति
को

क्रम

अपनी बात

महानता का आयाम क्यों?

प्रस्तुत ग्रंथ का लेखन 31 वर्षों की साधना के उपरान्त सम्पन्न हुआ है। प्रसाद का सक्रिय रचनात्मक लेखन भी 31 वर्षों का ही है। मैंने प्रसाद जयन्ती 30 जनवरी, 1991 को इसका लेखन आरम्भ किया और 31 जनवरी, 2022 को इसे लिखकर पूर्ण किया है। यह प्रसाद के रचनाकार के साथ आन्तरिक संलग्नता का भी अनूठा उदाहरण है। मुक्तिबोध भी 'कामायनी' से लगातार बीस वर्ष तक जूझते रहे हैं। मेरा मानना है कि प्रतिभाएँ विरल होती हैं और प्रतिभा को सराहना सबसे कठिन कार्य है। इस क्षेत्र में हम भारतीय अपेक्षाकृत अधिक कृपण हैं, जबकि पश्चिम में होमर और अरस्तू के प्रति एक विशेष प्रकार का श्रद्धाभाव पाया जाता है। आज तक उनके विरोध में लिखनेवाले नहीं आए। यही कारण है कि हम जयशंकर प्रसाद जैसे विराट-बोध के विश्वस्तरीय एवं बहुआयामी साहित्यकार का सम्यक् मूल्यांकन नहीं कर सके हैं। कदाचित् महाकवि जयशंकर प्रसाद भी भवभूति की तरह इस प्रतीक्षा में रहे होंगे कि 'मेरे काव्य के मर्म को समझनेवाला समानधर्मा सहृदय कभी, कहीं तो जन्म लेगा; क्योंकि काल अनन्त है और पृथ्वी भी कोई छोटी नहीं है।'

प्रस्तुत ग्रंथ महाकवि जयशंकर प्रसाद के सम्पूर्ण साहित्य के वस्तुनिष्ठ विश्लेषण और उनका अपेक्षित स्थान दिलाने के लक्ष्य को लेकर संकल्पित है। अब मेरी साधना इस कसौटी पर कितनी खरी है, यह तो सुविज्ञ पाठक ही तय करेंगे। प्रसाद एक कालजयी बहुआयामी रचनाकार हैं। इनका सर्जनात्मक व्यक्तित्व महाकवि, उच्चस्तरीय नाटककार, यथार्थ दृष्टि-सम्पन्न उपन्यासकार, कलात्मक अन्तर्विधान से परिपूर्ण कहानीकार, विश्वस्तरीय निबन्धकार, अन्तर्दृष्टि-सम्पन्न आलोचक, बड़े सिद्धान्तशास्त्री, इतिहासवेत्ता और संस्कृतिचेता दार्शनिक की सर्जनात्मकता का अपूर्व संश्लेषण है। वैसे प्रसाद अपने चिन्तन और

प्रतिभा पर विश्वास करनेवाले साहित्यिक हैं। जयशंकर प्रसाद विज्ञान, दर्शन और साहित्य के मध्य सेतु निर्मित करनेवाले विराट प्रतिभासम्पन्न साहित्यकार हैं। ये भारतीय परम्परा का तटस्थ और निर्मम विश्लेषण करते हैं और उससे ही साहित्यिक संस्कार भी प्राप्त करते हैं। आपकी प्रखर काव्यात्मक प्रतिभा भारतीय संवेदना का नये सिरे से संस्कार करती है। उसका परिष्कार एवं पुनराविष्कार करती है। आप आधुनिक भारतीय कविता की अस्मिता के प्रतीक हैं। यही कारण है कि आपके सर्जनात्मक व्यक्तित्व में कालिदास, भारवि और भवभूति का सर्वोत्तम संश्लिष्ट हो गया है। इन्हें हिन्दी के अधिकांश आलोचकों ने महान प्रतिभा-सम्पन्न सर्जक तो माना है परन्तु किसी आलोचक ने यह बताने का प्रयास नहीं किया कि उनकी महानता के कौन-कौन-से आयाम हो सकते हैं। हिन्दी साहित्य में इन्हें महान, कालजयी, असाधारण प्रतिभा-सम्पन्न कलाकार बतलाकर एक गरिमापूर्ण स्थान तो दिया गया है परन्तु इस तथ्य पर विचार नहीं किया गया कि क्या प्रसाद जी इससे ऊँचे स्थान के भी अधिकारी हैं? प्रस्तुत आलोचना ग्रंथ इसी अभाव की प्रतिश्रुति है।

प्रसाद जी हिन्दी के सर्वाधिक मौलिक और गहरे रचनाकार हैं। इनकी मौलिकता उस आकर्षक फूल की तरह है जो खिलता तो ज़मीन के ऊपर किसी लता-वृक्ष पर है, पर उस लता और वृक्ष की भाँति इसकी जड़ें परम्परा में बहुत गहरी हैं। प्रसाद के रचनात्मक लेखन में भारतीय वाङ्मय की प्रतिभा बोलती है जो भारतीयों को बड़े स्वप्न देखने और उसे सत्य करने के लिए प्रेरित करती है। वे अपने जीवन-दर्शन और जीवन-स्वप्न का प्रमाणीकरण करनेवाले कलाकार हैं। इनके विराट एवं बहुआयामी व्यक्तित्व में जो आत्मप्रसार और आत्मपरिष्कार का भाव है, वह सम्पूर्ण भारत तथा हिन्दी जाति का समवेत सांस्कृतिक अवचेतन है। आप ऐसे विशिष्ट सर्जक हैं जो वैदिक ऋषियों की भाँति प्रकृति, काव्य, दर्शन, संगीत और विज्ञान को सत्य के पर्याय के रूप में प्रस्तुत करते हैं। प्रसाद जी भारत के मंत्रद्रष्टा ऋषियों की भाँति समस्त सृष्टि में चेतन की अभिव्यक्ति देखते हैं। इनके लिए काव्य-साधना आत्मा के संस्कार का निष्पक्ष, निर्मल और अप्रतिम बीजमंत्र है जो अनादि काल से मनुष्य की अन्तर्बाह्य प्रकृति के रहस्य का उद्घाटन करती आ रही है। इन्होंने श्रद्धापूर्ण हृदय से सत्य के संधान द्वारा मनुष्यता के कल्याण और सम्पूर्ण मानव जाति के लिए आनन्द-प्राप्ति का विकल्प उपलब्ध कराया। प्रसाद जी ने अपने समन्वयात्मक चिन्तन के माध्यम से कविता में आत्मज्ञान एवं आन्तरिक संगति के माध्यम से मानव-

जीवन में आनन्दवाद की प्राण-प्रतिष्ठा की। ये जिस कौशल के साथ आत्म-वेदना को विश्व-वेदना में रूपान्तरित करते हैं, वह अपनी संवेदना को सांस्कृतिक धरातल एवं इतिहास-बोध द्वारा सर्जनात्मक सार्थकता प्रदान करने का एक महत्त्वाकांक्षी प्रयास है। कोई भी रचना मौलिकता, नवीनता, व्यापकता और गहनता के आधार पर ही उत्कृष्ट मानी जाती है। इनकी अधिकांश रचनाएँ इस प्रतिमान पर खरी उतरती हैं।

प्रसाद जी अपार सम्पन्नता पाकर भी सहज थे। आधुनिक काल की सारी सम्भावनाएँ 'कामायनी' में संश्लिष्ट हो गई हैं। उसने उन्हें सोखकर आत्मसात् कर लिया है। प्रसाद की इतिहास-दृष्टि वैचारिक पराधीनता से पूर्णतः मुक्त थी। वह विशुद्ध भारतीय स्रोतों और स्थितियों पर आधारित थी। उनकी इतिहास-दृष्टि भारतीय जनता के सामूहिक अवचेतन का प्रतिनिधित्व करती है। वह भारतीय मनुष्य की जातीय स्मृति का साकार विग्रह है। वे अपने गहन इतिहास-बोध और विराट सांस्कृतिक चैतन्य के बल पर सर्जनात्मक उत्कर्ष का जो कलात्मक वैभव उपस्थित करते हैं, वह अतीत और वर्तमान के ध्वंसावशेषों द्वारा भविष्य के सुनहरे स्वप्नों का आदर्शीकृत प्रतिरूपण है। आप भारत-बोध के नायक हैं और यह मानकर चलते हैं कि सुसंस्कृत राष्ट्र की कविता एवं कला भी उच्चकोटि की होती है। इन्होंने आयरिश कवि डब्ल्यू. बी. यीट्स के इस कथन को अपने मन पर ले लिया था कि 'भारतीय ज्ञान-परम्परा और अनुभव-परम्परा एक बुझती हुई ज्योति है।' प्रसाद जी के सम्पूर्ण साहित्य में इसके प्रति तीखी चेतना परिव्याप्त है। वे इस बुझती हुई ज्योति को जलाए रखने का यत्न करते हैं। फलस्वरूप वे भारतीय ज्ञान-मीमांसा को विश्वस्तरीय विमर्श का हिस्सा बनाने के लिए भारतवर्ष की सहस्रों वर्षों की काव्यशास्त्रीय, काल-चिन्तनपरक, दार्शनिक, साहित्यिक, भाषिक कलात्मक एवं वैज्ञानिक चिन्तन की समृद्ध विरासत को न केवल आत्मसात् कर लेते हैं अपितु उसे नवीनतम जीवन-स्थितियों, चुनौतियों, परिवर्तित मूल्यों तथा प्रतिमानों के अनुरूप पुरस्कृत भी करते हैं। इनका आन्तरिक व्यक्तित्व वैदिक-औपनिषदिक संस्कारों से परिपूर्ण और कालिदास, भारवि और भवभूति के काव्यात्मक वैभव का गहन संश्लेषण है। इनका सम्पूर्ण लेखन साहित्य, संगीत और कला की एकता का उज्ज्वलतम विग्रह है। ये मानव जाति को सत्य, शिव और सौन्दर्य के समन्वय द्वारा पूर्ण सत्य, उदात्त प्रेम, अनन्त रमणीय सौन्दर्य और अखंड आनन्द तक ले जाते हैं।

प्रसाद जी बड़ी चिन्ता के रचनाकार हैं और इनके चिन्तन के केन्द्र

में भारतीय अस्मिता-बोध और विश्व-मनुष्यता का मंगल है। इसके लिए आप भारत-बोध का एक अभिनव प्रतिमान निर्मित करते हैं। इसके साथ ही विश्व-जीवन तथा सभ्यता के प्रति अतिशय गहन विमर्श प्रस्तुत करते हैं। प्रसाद जी अपने वैयक्तिक संवेदन को भारतीय सांस्कृतिक जीवन की ज्ञानात्मक चेतना और गतिशील लोकोन्मुख परम्परा के संश्लेषण द्वारा जिस अप्रतिम काव्यात्मक औदात्य के साथ प्रस्तुत करते हैं, वह भारत-बोध और अस्मिता-बोध का पुनराविष्कार है। प्रसाद जी ' स्त्री का हृदय प्रेम का रंगमंच है' कहते हैं। आप सचमुच हार्दिक बौद्धिकता के कवि हैं। इनके अनुसार बुद्धि श्रद्धा अथवा रागात्मिका वृत्ति के बिना अपूर्ण है। उसे श्रद्धा द्वारा ही सिद्ध किया जा सकता है। ये बुद्धि को परिपक्व परिणति तक पहुँचाने में प्रेम और संवेदना की भी एक विधायक भूमिका प्रतिपादित करते हैं। ऐसा करके ही वे इच्छा-क्रिया-ज्ञान के सामरस्य और मानव-मात्र के आन्तरिक सामंजस्य का नितान्त व्यावहारिक दर्शन उपलब्ध कराते हैं।

प्रसाद जी 'तुमुल कोलाहल कलहमय विश्व-जीवन' और 'अपने विक्षुब्ध हृदय' के संवाद-सूत्र के लिए विवेक के नियंत्रण तथा आन्तरिक सन्तुलन का जो समाधान उपलब्ध कराते हैं, वह सम्पूर्ण मानव जाति के मध्य सेतु निर्मित करने और सबका सुपरिणत विकास करने की दृष्टि से अत्यन्त महत्त्वपूर्ण है। आज तक इससे बेहतर दूसरा विकल्प कोई भी रचनाकार उपलब्ध नहीं करा पाया है।

प्रसाद जी आनन्द की प्राप्ति करुणा के माध्यम से ही करते हैं। ये अपनी अधिकांश कृतियों में राष्ट्रीयता, प्रेम, सौन्दर्य और दर्शन की सहवर्ती यात्राएँ करते हैं। इन्होंने बौद्धों द्वारा फैलाई गई निराशा, दुख और वेदना की जड़ता को वैदिक-औपनिषदिक ज्ञान-परम्परा तथा शैवों के आनन्दवाद से दूर करने का विकल्प उपलब्ध कराया है। इनका कवित्वपूर्ण कल्पना एवं संवेदनात्मक औदात्य से परिपुष्ट चिन्तन अपनी अप्रतिम सर्जनात्मकता में ढलकर जिस निगूढ़ जीवन-दर्शन की उपलब्धि कराता है, वह सम्पूर्ण विश्व-साहित्य के लिए अनुकरणीय वस्तु है। इनके महाकाव्य 'कामायनी' का एक अप्रतिम वैशिष्ट्य यह भी है कि वह पाठक को भरपूर संवेदनात्मक खुराक देने के बाद ही उसे चिन्तन-मनन एवं दर्शन की उच्चतर भावभूमि पर ले जाती है। ये भारतीय मनुष्यता को जगाने और उनमें ज्ञानोदय के प्रति उत्साह भरने के लिए प्राचीन भारत में प्रतिष्ठित चिरन्तन आत्मवादी दर्शन एवं शैवों के आनन्दवाद को सम्पूर्ण मानव जाति के समक्ष एक प्रामाणिक विकल्प

की तरह उपस्थित करते हैं। ऐसा करके प्रसाद जी अपने समय और समाज की चुनौतियों का समाधान बतलाते हुए तत्कालीन सामाजिक जीवन को गतिशील जीवन्त प्रक्रिया से जोड़ देते हैं।

प्रसाद जी अपने नाटकों तथा नाट्य-गीतों में अपने समय के राष्ट्रीय, वैयक्तिक और सामाजिक सन्दर्भों के महाकाव्यात्मक धरातल पर जीवन-मूल्यों की अन्वेषण यात्रा को वैविध्यपूर्ण कोणों से रूपायित करते हैं। हिन्दी साहित्य के इतिहास में इतने व्यापक फलक पर देशवासियों के भीतर राष्ट्रीय गौरव, आत्मविश्वास और जातीय अस्मिता-बोध पैदा करनेवाले गीत अन्यत्र दुर्लभ हैं। इन गीतों में देश के स्वर्णिम अतीत के प्रति अनुराग, जीवनानुभूति के वैविध्यपूर्ण चित्र, गहन दायित्वबोध, प्रेम और सौन्दर्य के अप्रतिम चित्र, प्रणय की अतृप्ति से उत्पन्न वेदना, राष्ट्रीय जागरण का उद्दीप्त स्वर, उत्सवधर्मिता, विराट के प्रति जिज्ञासा, विश्व-मानवतावाद, कलात्मक अन्तर्विधान, गंध-वर्ण एवं नाद की सूक्ष्म चेतना, गहरा राष्ट्र-प्रेम और कल्पनात्मक मोहक छवियों का अद्वितीय सर्जनात्मक बिम्ब-विधान बहुविध भंगिमाओं के साथ चित्रित हुआ है। इनमें सही मायने में एक समग्र और वास्तविक भारतीय दृष्टि का संश्लिष्ट विधान देखा जा सकता है।

प्रसाद के जटिल, बहुस्तरीय और बहुआयामी साहित्य को किसी एक विचारधारा अथवा प्रतिमान के आधार पर विश्लेषित नहीं किया जा सकता। इनका सम्पूर्ण साहित्य आलोचकों के लिए आज भी चुनौती एवं पहेली बना हुआ है। क्योंकि एक संश्लिष्ट और समग्र सर्जक के बहुविध रूपों का मूल्यांकन का कोई भी एकांगी निकष कमतर सिद्ध होता है। इनकी 'कामायनी' में आधुनिक कविता की सारी सम्भावनाओं का समाहार हो गया है। उसकी सारी सर्जनात्मक ऊर्जा उसमें विलयित हो गई है। अतः इनका सम्यक् मूल्यांकन भारतीय और पाश्चात्य काव्य-चिन्तन एवं आलोचना पद्धतियों के सुपरिणत संश्लेषण द्वारा ही सम्भव है। अभी तक जिन आलोचकों ने प्रसाद साहित्य पर लेखनी चलाई है तो उनमें से किसी ने भी प्रसाद के सम्पूर्ण साहित्य का विश्लेषण नहीं किया है। सभी ने इनके किसी पक्ष-विशेष का ही विवेचन किया है। आलोचकों ने अपने वैचारिक आग्रहों और सुनिश्चित प्रतिमानों के आधार पर इनके साहित्य को तौलने का प्रयास किया है जो इनकी गरिमापूर्ण रचनाओं के समक्ष फीके पड़ जाते हैं। इनके गुणवत्तापूर्ण विपुल साहित्य में निहित अन्तर्वस्तु ऐतिहासिक, मनोवैज्ञानिक, रोमांटिक, दार्शनिक, वैज्ञानिक, सामाजिक, सांस्कृतिक और राष्ट्रीय अस्मिता-बोध से अनुप्राणित है तो

शिल्प-विधान क्लासिक अथवा आभिजात्यवादी है। फलस्वरूप इनके समग्र मूल्यांकन का इकहरा मानदंड हमेशा हेठा सिद्ध हो जाता है।

प्रसाद साहित्य अन्तर्वस्तु के धरातल पर स्वच्छन्दतावादी और उन्मुक्त है तो उसका शिल्प-विधान क्लासिक है। वस्तुत: 'क्लासिक' और 'रोमांटिक' काव्य कला तथा साहित्यिक अध्ययन की सार्वभौम-शाश्वत प्रवृत्तियाँ एवं रचना-पद्धतियाँ हैं। ये दोनों ऊपर से विपरीत दिखने पर भी अन्तरावलम्बित हैं। क्योंकि साहित्य-सृजन और मूल्यांकन का सबसे बड़ा किन्तु आश्चर्यजनक सत्य यह भी है कि स्वच्छंदतावादी सर्जना अपनी रचनात्मक उपलब्धि के चरम शिखर पर पहुँचकर क्लासिक हो जाती है। दोनों की सहस्थिति ही रचनात्मक उपलब्धि, कलात्मक उत्कर्ष और काव्यात्मक औदात्य के सर्वोच्च शिखर तक ले जाती है। प्रसाद इसी समन्वित उपलब्धि के रचनाकार हैं। यही कारण है कि इनके विरोधी भी इनके सर्जनात्मक सम्मोहन से बँध जाते हैं और इनके काव्यात्मक वैभव की प्रशंसा करने लगते हैं। इन्होंने अपनी बुद्धिमत्ता और काव्यात्मक औदात्य द्वारा आधुनिक हिन्दी कविता को चरम उत्कर्ष तक पहुँचाया।

प्रसाद का सम्पूर्ण लेखन गुण और परिमाण, दोनों ही दृष्टियों उत्कृष्ट एवं विपुल होने के साथ-साथ साहित्य की सनातन प्रवृत्ति के चित्रण का अपूर्व निदर्शन है। इनके साहित्य में मनुष्य मात्र के मन, प्राण और आत्मा की चिरन्तन भूख मिटाने की शक्ति है। वह भले ही एक विशिष्ट ऐतिहासिक परिवेश और जीवन-जगत के प्रति गहन एवं तीव्र संवेदनात्मक प्रतिक्रिया के फलस्वरूप अभिव्यक्त हुआ है परन्तु इसमें जीवन-जगत, मनुष्य, समय-समाज और साहित्य के बारे में चिरन्तन सत्य की अभिव्यंजना हुई है। इनमें ऐसी समस्याएँ और जीवन-स्थितियाँ चित्रित हैं जो देश-काल की सीमाओं से परे हैं—जो देश-देशान्तर और युग-युगान्तर के लिए प्रासंगिक हैं। यही कारण है कि इनकी प्रासंगिकता निरन्तर विकासमान है। इनकी रचनाएँ वैश्वीकरण के वर्तमान दौर में नूतन अर्थवत्ता प्राप्त कर रही हैं।

मेरा मानना है कि जब-जब मनुष्य सभ्यता एवं संस्कृति के दबावों, कृत्रिमता, वैज्ञानिकता के अतिरेक तथा यांत्रिकता के सीमाहीन प्रसार के कारण घुटन, जड़ता और ऊब का अनुभव करेगा तब-तब उसे संवेदनात्मक और बौद्धिक खुराक प्राप्त करने तथा तरोताजा होने के लिए प्रसाद साहित्य एक स्वर्गीय पर्यावरण उपलब्ध कराता रहेगा। इनका सम्पूर्ण साहित्य न केवल अपने समय की श्रेष्ठतम कलात्मक उपलब्धि का चरम आदर्श है अपितु वह आगामी सर्जनात्मकता के लिए भी सदैव

प्रेरक एवं उपयोगी बना रहेगा। इनका लेखन कृति एवं कृतिकार की चिरन्तन महिमा का शाश्वत मानक एवं अनुकरणीय आदर्श है। यह मनुष्य की सर्जनात्मक शक्ति को चरम सीमा तक ले जाता है। उसे श्रेष्ठता के नये प्रतिमान निर्मित करने के लिए प्रेरित करता है।

इसमें सन्देह नहीं है कि 'कामायनी' हिन्दी ही नहीं, सम्पूर्ण विश्व साहित्य की बीसवीं सदी की श्रेष्ठतम सर्जनात्मक उपलब्धि है। 'कामायनी' की जटिल एवं गहनस्तरीय संरचना में वैयक्तिक और वैश्विक जीवन की बहुस्तरीय अर्थवत्ता, जीवन के सार्वभौम-शाश्वत पक्षों का चित्रण, दार्शनिक और वैज्ञानिक सन्दर्भों की गम्भीर प्रस्तुति, स्वानुभूत एवं विश्व-जीवन की समस्या के प्रति अत्यन्त तीव्र संवेदनात्मक प्रतिक्रिया तथा उसका अतिशय कलात्मक चित्रण, सनातन समस्याओं का आन्तरिक एवं बाह्य जीवन के मध्य सामरस्य की प्रतिष्ठा द्वारा चित्रित दार्शनिक निदान और दुख-दग्ध जगत की चिरन्तन पिपासा को जिस कौशल के साथ तृप्त करने का उपक्रम हुआ है, उसकी अद्वितीयता का क्या कहना! इसमें आधुनिक सभ्यता की विसंगतियों पर प्रखर काव्यात्मक आक्रमण करते हुए मानव भविष्य के प्रति अत्यन्त विवेकपूर्ण संकेत विराट फलक पर बहुरंगी-बहुवर्णी चित्रों द्वारा जिस काव्यात्मक औदात्य और वैभव के साथ चित्रित किया गया है, वह अन्य महाकाव्यों से इसकी पहचान को अलग एवं विशिष्ट बना देता है। इसका काव्य-वैभव, अनन्त रमणीय सौन्दर्य का व्यापक विधान, प्रकृति-नियति एवं संसृति की संश्लिष्ट त्रिवेणी, चिरन्तन मानवीय सत्य के रुचिर विन्यास में जगत की अकेली मंगल कामना का संश्लेषण तथा कवि की शाश्वत चेतना का समकालीन विश्व-जीवन एवं आन्तरिक सूक्ष्म भावांकन का बेहद सर्वांगपूर्ण ऐश्वर्य और कल्पनात्मक मोहक छवियों से ओत-प्रोत वैविध्यपूर्ण चित्र पाठक ही नहीं, एक बार तो बड़े-से-बड़े आलोचक को भी सम्मोहित कर लेता है। यह भी आलोचकों के लिए बेहद चुनौतीपूर्ण है कि वह इस महान काव्य में विन्यस्त काव्य-सौष्ठव, प्रकृति के अनन्त रमणीय मनोहारी चित्र, प्रेम, सौन्दर्य एवं मनुष्य की भीतरी संवेदनात्मक चिन्तनात्मकता की बहुरंगी छवियों तथा कलात्मक उत्कर्ष के जादू से मुक्त होकर ही इसके वस्तुनिष्ठ विश्लेषण में प्रवृत्त हों।

प्रसाद का विकासमान और सर्जनात्मक व्यक्तित्व 'कामायनी' की रचना-प्रक्रिया के दौरान भी स्वयं को परिष्कृत और परिशोधित करता रहा है। चूँकि इनकी नव-नवोन्मेष शालिनी विराट प्रतिभा पूर्णता के संधान में रत होने के कारण किसी भी प्रतिमान को अन्तिम नहीं मानती थी और

वह अपनी बनाई हुई सीमाओं का भी अतिक्रमण करती रही है, अतः यह सम्भव ही नहीं था कि 'कामायनी' परम्परागत महाकाव्य शैलियों का शास्त्रीय निर्वाह नहीं करती। फलस्वरूप हमें यह समझना होगा कि 'कामायनी' एक ओर सम्पूर्ण विश्व के काव्य-चिन्तन एवं आलोचना के समक्ष महाकाव्य के नये प्रतिमान निर्मित करने की चुनौती देती है तो दूसरी ओर इसकी गत्यात्मक अर्थवत्ता महाकाव्य के सार्वभौम-शाश्वत महत्त्व के अभिनव प्रतिमान निर्मित करने का सुअवसर भी प्रदान करती है। हमने इस चुनौती को स्वीकार करके अभिनव प्रतिमान निर्मित किये हैं। यह ग्रंथ इस दृष्टि से भी अपनी उपादेयता सिद्ध करता है।

प्रसाद का सम्पूर्ण साहित्य अर्थ की जटिलता से सुविन्यस्त है। इनका शब्द-विधान अत्यन्त कसा हुआ और तत्सम-बहुल है। इनका भाषिक अनुप्रयोग मानक और शास्त्रीय है। इन्होंने साहित्य की हर विधा के अनुरूप लक्षणा-व्यंजना और अभिव्यक्तिगत सम्भावनाओं से युक्त अप्रतिम बिम्ब-विधान द्वारा अर्थों में परस्पर विरोधी तत्त्वों के मध्य सन्तुलन और सामंजस्य स्थापित किया है। इनका काव्य और गद्य साहित्य अपनी बहुस्तरीय व्यंजना, सांगीतिकता, नाद-सौन्दर्य और नई सभ्यता की जटिलताओं के अनुरूप संवेदनात्मक घनत्व और सटीक शब्द-निवेश से परिपूर्ण है। यहाँ अन्तर्वस्तु और रूप-विधान में अद्वैत स्थापित करके बिम्बात्मक भाषा को ही कविता का विलक्षण व्यक्तित्व प्रदान किया गया है। इनका साहित्य भारतीय पुरावृत्तों, मिथकों, पुराणों और ऐतिहासिक सन्दर्भों के माध्यम से अपने समकालीन विश्व-जीवन, राष्ट्रीय आन्दोलन, मानवीय आकांक्षाओं और प्रवृत्तियों का जो संघात उपस्थित किया है, वह अपनी चित्रमयता, संवेदनगत घनीभूतता, वर्ण-वैचित्र्य और कलात्मक वैभव में केवल अद्वितीय ही कहा जा सकता है।

महाकवि जयशंकर प्रसाद को समझना इसलिए भी कठिन रहा है कि हम सबके जीवन से उदात्तता और गहन परम्परा-बोध लुप्त होता जा रहा है। प्रसाद साहित्य का सम्यक् निर्वचन प्रसाद के मानसिक धरातल पर पहुँचकर ही सम्भव है। अतः प्रस्तुत ग्रंथ में हमने अन्तर्दृष्टि और विश्व-संदृष्टि के बल पर भारत-बोध को आत्मसात् करके उनके कृतित्व से आन्तरिक संलग्नता स्थापित करते हुए उसके वस्तुनिष्ठ विश्लेषण का गहन प्रयास किया है।

इस ग्रंथ में गीता के अठारह अध्याय की तरह महाकवि जयशंकर प्रसाद की महानता के अठारह प्रतिमान निर्मित हुए हैं। इन प्रतिमानों के आधार पर विश्व के महत्तम कलाकारों की महानता का विश्लेषण

सहज-सम्भाव्य है। प्रसाद के जीवन और व्यक्तित्व के अनछुए सन्दर्भों को इसमें देखा जा सकता है। इनका आरम्भिक काव्य ही किस तरह विराट सम्भावना का उन्मेष करते हुए 'झरना 'को छायावाद का घोषणा-पत्र बनाता है, इस पर नवीन स्थापनाएँ देखी जा सकती हैं। इस ग्रंथ में 'आँसू' के पुनर्पाठ के बहाने उसके सृजन के प्रेरक तत्त्वों तथा उसमें आत्मवेदना के विश्व-वेदना में रूपान्तरण की प्रक्रिया पर बहुत कुछ नया मिल सकता है। प्रसाद के 'लहर' संकलन में तरल सौन्दर्यबोध के प्रगीत और लम्बी कविताओं का औदात्य किस तरह उनके कवि को महाकाव्यात्मक धरातल प्रदान करता है, इसकी गहरी छानबीन भी परिलक्षित होती है। इसमें प्रसाद के चम्पू-काव्य का भी सुचिन्तित विवेचन उपलब्ध है। 'महात्मा गांधी और जयशंकर प्रसाद', 'कामायनी में प्रकृति-चित्रण', 'स्त्री विमर्श और प्रसाद काव्य के श्रेष्ठ नारी चरित्र', 'कामायनी : एक उत्तर-आधुनिक विमर्श', 'कामायनी : महाकाव्य का अभिनव प्रतिमान', 'कामायनी : परवर्ती प्रभाव-सन्दर्भ' तथा प्रसाद-परम्परा' के कवि आलोचक मुक्तिबोध जैसे अध्यायों में ऐसी मौलिक, गहन और नूतन स्थापनाएँ इस ग्रंथ में मिलेंगी जो सम्पूर्ण हिन्दी साहित्य को आन्दोलित करेंगी। उन्हें नये सिरे से विचार करने के लिए प्रेरित करेंगी।

इसके साथ ही, 'हिन्दी का प्रथम पद्यनाटक 'करुणालय'' तथा इनके नाटकों की कालजयी गीतियों का विश्लेषण बिलकुल अलग ढंग से किया गया है। इसमें प्रसाद के नाटकों में उपलब्ध 206 गीतियों को भी इनके कवि-व्यक्तित्व के विकास का एक उत्तुंग शिखर सिद्ध किया गया है। इसी तरह 'अप्रतिम सर्जनात्मक प्रतिभा की रंग-दृष्टि का स्फुरण और विकास', 'इतिहास और राष्ट्रीय चेतना का महाकाव्यात्मक विन्यास', 'इतिहास और युग बोध का संश्लिष्ट चित्र' तथा 'ध्रुवस्वामिनी : रंगबोध का प्रकर्ष' जैसे अध्यायों में प्रसाद के सम्पूर्ण नाटकों का साहित्यिक एवं रंगमंचीय दृष्टि से विश्लेषण हुआ है। इसी क्रम में 'हिन्दी की पहली एकांकी 'एक घूँट'' और 'कामना की प्रतीकात्मकता' का भी नये प्रतिमानों के आलोक में विश्लेषण किया गया है। प्रसाद के उपन्यास साहित्य के अन्तर्गत 'कंकाल का यथार्थ दर्शन', 'जीवन के गूढ़ रहस्यों की सहज अभिव्यक्ति 'तितली'' और 'विराट सृजन का मंगलाचरण 'इरावती'' जैसे अध्यायों में अनेक नई स्थापनाएँ देखी जा सकती हैं। यहाँ प्रसाद को हिन्दी कहानी का आकाशदीप बतलाते हुए इनकी कहानियों को शिल्प का ताजमहल बतलाया गया है।

प्रसाद के चिन्तन और सृजन का एक बड़ा आयाम उनके निबन्ध हैं जिसमें प्रस्तुत इनके काव्य-चिन्तन और आलोचनात्मक प्रदेय का मूल्यांकन भी गहरी अन्तर्दृष्टि के साथ किया गया है। प्रसाद साहित्य में विद्यमान राष्ट्रीय चेतना का स्वरूप-विश्लेषण करते हुए उसमें निहित भारत-बोध और विश्व-बोध पर नया पाठ तैयार हुआ है। जयशंकर प्रसाद के पुनर्मूल्यांकन के विविध आयामों का विश्लेषण करते हुए विश्व के महाकवियों के साथ प्रसाद की तुलना करते हुए इनके महत्त्व का प्रतिपादन किया गया है। इस तरह प्रसाद की महानता के विविध प्रतिमानों से लेकर विश्व के श्रेष्ठतम महाकवियों के साथ प्रसाद के तुलनात्मक अध्ययन द्वारा इस ग्रंथ को भी प्रसाद साहित्य की भाँति ही मौलिक, तलस्पर्शी और गहन बनाया गया है। इसमें सम्पूर्ण प्रसाद और उनके साहित्य को नई स्थापनाओं के साथ एकत्र उपलब्ध कराया गया है। यह भी सम्भव है कि अनेक नई स्थापनाएँ घनघोर विमर्श का कारक बनें।

मेरा मानना है कि जयशंकर प्रसाद ऐसे कालजयी कवि हैं जो तब तक पढ़े और पढ़ाए जाएँगे, जब तक यह धरती है। इसी तरह यदि इसे बड़बोलापन न समझा जाए तो मैं यह भी कहना चाहूँगा कि 'प्रसाद के अमर साहित्य के साथ यह आलोचना ग्रंथ भी सहवर्ती यात्रा करता रहेगा।' इसका अन्तर्विधान इतना सशक्त है कि मुझे पूर्ण विश्वास है, समूचा हिन्दी जगत इस ग्रंथ का खुले मन से स्वागत करेगा और प्रसाद साहित्य के मूल्यांकन के क्षेत्र में इससे नूतन प्रेरणा ग्रहण करेगा।

अन्त में, मैं राजकमल प्रकाशन समूह के प्रबन्ध निदेशक श्री अशोक महेश्वरी के प्रति कृतज्ञ हूँ जिन्होंने इस ग्रंथ को आप पाठकों तक पहुँचाने का सार्थक प्रयास किया है।

—डॉ. करुणाशंकर उपाध्याय

जयशंकर प्रसाद : महानता के आयाम

महाकवि जयशंकर प्रसाद हिन्दी ही नहीं बल्कि सम्पूर्ण विश्व साहित्य में बीसवीं सदी के श्रेष्ठतम कवि हैं। इनका साहित्य विराट प्रतिभा प्रसूत एवं बहुआयामी है। यदि इनका संवेदनात्मक व्यक्तित्व वाल्मीकि, व्यास, कालिदास, भारवि, भवभूति, सूर और तुलसीदास का समन्वित रूप है तो इनका बौद्धिक व्यक्तित्व बृहस्पति की मेधा, शुक्राचार्य की कुशाग्रता, वैदिक ऋषियों की संदृष्टि, बुद्ध की करुणा, चाणक्य की तेजस्वी मनीषा, शंकराचार्य की तर्कशक्ति एवं दार्शनिक चिन्तन का संश्लेषण है। इसे हम इनके सम्पूर्ण साहित्य में निहित ज्ञान-विज्ञान, अध्यात्म-दर्शन, इतिहास-पुराण, सामाजिक-सांस्कृतिक और राष्ट्रीय चेतना के सामरस्य के रूप में देख सकते हैं। ऐसा माना जाता है कि प्रतिभाएँ विरल होती हैं और प्रतिभा को सराहना सबसे कठिन कार्य है। इनके सम्यक् मूल्यांकन के रास्ते की सबसे बड़ी बाधा इनकी विराट प्रतिभा ही है जो इन्हें जिस गहनतर और उच्चतर भूमि पर प्रतिष्ठित करती है, वहाँ पहुँचना साधारण प्रतिभावान आलोचकों के लिए सम्भव नहीं है। प्रसाद अतिशय विराट, बहुआयामी और बहुस्तरीय प्रतिभा-सम्पन्न व्यक्तित्व हैं जिनका किसी एक दृष्टि अथवा प्रतिमान से मूल्यांकन सम्भव नहीं है। इनकी मानसिक संघटना जटिल, वैविध्यपूर्ण और गहनस्तरीय है। आप आत्मलीन भागवत समाधि के कवि हैं। इनसे यह सीख मिलती है कि हम अपने व्यक्तित्व को संघटित रखकर और एकाग्र चित्त होकर उपलब्धियों के बड़े शिखर पार कर सकते हैं। इनके अध्ययन का पाट अत्यन्त चौड़ा है। इसमें भारतीय इतिहास, परम्परा, धर्म, दर्शन, साहित्य, संस्कृति और ज्ञान-विज्ञान की समस्त उपलब्धियों के साथ पश्चिमी ज्ञान-विज्ञान और साहित्य का समावेश है। प्रसाद का सर्जनात्मक व्यक्तित्व इतना ऊर्जावान और चिन्तक व्यक्तित्व इतना ऊँचा है कि उसे कोई विदेशी विचारधारा नियंत्रित नहीं कर पाती। इनकी मानसिक संरचना अन्तर्दृष्टि और विश्व-संदृष्टि सम्पन्न है और यह घोर रूप से आत्मचेतस एवं विश्वचेतस हैं। इनका सृजन और चिन्तन, दोनों ही बृहद फलकीय (Macro) और गहनस्तरीय (Micro) है। इन्होंने अपने जीवनानुभवों एवं विश्व-संदृष्टि के आधार पर जिस विराट बोध का विकास किया था, वह सम्पूर्ण भारतीय साहित्य की अस्मिता का प्रतीक बन जाता है।

इनके समक्ष भारतवर्ष की वैश्विक पहचान, राष्ट्रीय अस्मिता का छवि-सृजन, इस महादेश के विश्व गुरु वाली स्वाभाविक छवि का निर्माण और हिन्दी साहित्य को विश्वस्तरीय बनाने की चुनौती थी जिसे इन्होंने अपने विराट अध्ययन, जीवनानुभव, लोकनिरीक्षण, गहन सर्जनात्मकता और विजन द्वारा साकार किया। प्रसाद जी भारतवर्ष की गतिशील लोकोन्मुख परम्परा की सम्यक् पहचान, शास्त्रीय, दार्शनिक एवं वैज्ञानिक चिन्तन के अनुप्रयोग तथा पश्चिम के समस्त चिन्तन के सार्थक मुठभेड़ करते हुए जिस आत्मविश्वास का दर्शन बनाकर उसका प्रमाणीकरण करते हैं, वह भारतीय राष्ट्रीय अस्मिता का प्रतीक बन जाता है। इनका संवेदनात्मक चिन्तन विरुद्धों के सामंजस्य पर आधारित है जिसमें संघर्ष के बजाय बड़े प्रश्नों को उठाकर उसके निवारण का सुचिन्तित प्रावधान है। आप विशुद्ध भारतीय चिन्तन और समरसतावादी दर्शन में विश्व की हर समस्या का निदान प्रस्तुत करते हैं। यह इनके अनवरत चिन्तन एवं जीवन-जगत के प्रति आलोचनात्मक दृष्टिकोण के फलस्वरूप विकसित हुआ है। इसका अपना वैज्ञानिक और दार्शनिक आधार है। वह गहन सांस्कृतिक बोध तथा विश्व-विवेक के संश्लेषण से तैयार रसायन है जिसे वायवीय कहना बुद्धि का अपमान है।

यही कारण है कि निराला जी ने प्रसाद को 'खड़ी बोली का उन्नायक रचनाकार' और 'मौलिक साहित्य-निर्माण के चतुरंग प्रथम श्रेष्ठ साहित्यिक' की संज्ञा से अभिहित किया और उनकी मृत्यु के उपरान्त बतौर श्रद्धांजलि एक लम्बी कविता लिखी, जिसमें उन्हें 'गरल-पान करके भी जाति-साहित्य को अमर' करनेवाला बताया। आचार्य नन्ददुलारे वाजपेयी को लिखना पड़ा कि "प्रसाद जी एक नये साहित्य-युग के निर्माता ही नहीं हैं, एक नई रचना-शैली और नव्य-दर्शन के उद्भावक भी हैं। उनमें अपने युग की प्रगतिशीलता प्रचुर मात्रा में पाई जाती है। यही नहीं, वे एक बड़ी हद तक भविष्य-द्रष्टा और आगम के विधायक कलाकार हैं। सभी महान साहित्यकारों की भाँति उन्होंने अपने युग की प्रगतिशील शक्तियों को पहचाना और उन्हें अभिव्यक्ति दी।"[1] इनके प्रतिभा प्रसूत परिनिष्ठित साहित्य को देखकर मुक्तिबोध को भी लिखना पड़ा था : "प्रसाद जी में विश्व के महत्तम कलाकार के सभी गुण विद्यमान हैं।"[2] हिन्दी के मूर्धन्य कथाकार जैनेन्द्र ने जयशंकर प्रसाद की प्रशंसा 'हमारे साहित्य के पहले महान स्वतंत्रचेता' के रूप में की है। कहने का आशय यह है कि जयशंकर प्रसाद आधुनिक हिन्दी साहित्य के विश्वस्तरीय रचनाकार हैं जिनका सर्जनात्मक और कलात्मक व्यक्तित्व वैभवशाली है। वे सभी चीजों को प्रश्नवाचक लेने का अपार साहस लेकर अवतीर्ण हुए थे। उनमें कवित्व और सर्जना की अपरम्पार शक्ति थी। प्रतिभा के क्षेत्र में उतनी क्षमता का कोई दूसरा कलाकार नहीं मिलता। उनकी महानता के विविध आयामों का विश्लेषण इस प्रकार किया जा सकता है :

विकासमान, सुसंगठित एवं गतिशील व्यक्तित्व

जयशंकर प्रसाद सुसंगठित एवं विकासमान व्यक्तित्व के धनी रचनाकार हैं। आप मौलिक उद्‌भावनाओं, आकांक्षाओं से भरपूर, अपार ऊर्जा और उत्प्रेरणाओं से युक्त ऐसे साहित्यकार हैं जो दुख-दग्ध जगत और आनन्दपूर्ण स्वर्ग के एकीकरण के लक्ष्य को लेकर सृजनरत हुए थे। ऐसा माना जाता है कि जो रेगिस्तान में पैदा हो, काँटों में पले फिर भी अपना गुण-धर्म न छोड़े और सुगन्ध बिखेरे, वही राजा है। गुलाब इसी कारण फूलों का राजा है। जयशंकर प्रसाद ऐसे ही राजसी प्रकृति वाले महनीय कलाकार थे। आपका व्यक्तित्व नव-नवोन्मेष शालिनी प्रज्ञा-प्रतिभा का साकार विग्रह है। आप ऐसे प्रतिभा-सम्पन्न सर्जक हैं जो न केवल बड़े सपने देखते हैं अपितु विराट स्वप्न की सृष्टि द्वारा उसे सार्थक परिणति तक पहुँचाते हैं। स्वप्न देखना बड़े मनुष्य और व्यक्तित्व का लक्षण है। इनका व्यक्तित्व और जीवनानुभव इनके साहित्य की गहन कलात्मक बुनावट में अन्तर्भुक्त होकर अभिव्यक्त हुआ है। इनका रचनात्मक व्यक्तित्व जीवन की हलचलों और संघर्ष के साथ सहयात्रा करता है। इन्होंने आरम्भ में ही अपना चरम लक्ष्य निर्धारित करते हुए 'प्रेम पथिक' में लिख दिया था :

इस पथ का उद्‌देश्य नहीं है श्रान्त भवन में टिक रहना।
किन्तु पहुँचना उस सीमा पर जिसके आगे राह नहीं॥

इन्होंने 'चित्राधार' से 'कामायनी' तक की यात्रा करके अपने व्यक्तित्व की परिकल्पना को महाकाव्यात्मक विन्यास प्रदान किया। इनके विराट व्यक्तित्व की गहराई और बौद्धिक उत्कर्ष की सापेक्षता में ही इनके सम्पूर्ण साहित्य का वस्तुनिष्ठ विश्लेषण सम्भव है। इनके सम्पूर्ण व्यक्तित्व, चिन्तन एवं सृजन का उद्‌देश्य 'कामना' की इन पंक्तियों में देखा जा सकता है : "उस दिन की प्रतीक्षा में कठोर तपस्या करनी होगी, जिस दिन ईश्वर और मनुष्य, राजा और प्रजा, शासितों और शासकों का भेद विलीन होकर विराट विश्व, जाति, जाति और देश के वर्णों से स्वच्छ होकर, एक मधुर क्रीड़ा का अभिनय करेगा।" प्रसाद जी का व्यक्तित्व बनाए हुए चरम लक्ष्य तक पहुँचने के लिए निरन्तर आत्मालोचन भी करता है। वह आन्तरिक और बाह्य संघर्षों से निरन्तर जूझते हुए संवेदना, चिन्तन और अभिव्यक्ति के विविध सोपानों को पार करता है। आप सांस्कृतिक धैर्य और गहन बौद्धिकता के कवि हैं। आपकी प्रतिभा धीमी आँच पर पककर तैयार हुई है। इन्होंने महाकाव्य की पीड़ा को आत्मसात् करके प्रेम और सौन्दर्य का जो ऐश्वर्य रचा है, वह भारतीय साहित्य का नितान्त गौरवशाली पृष्ठ है। इनके व्यक्तित्व के इन्हीं गुणों को अन्तर्भुक्त करते हुए मुक्तिबोध ने ठीक ही लिखा है : "प्रसाद का

मूल व्यक्तित्व और उस व्यक्तित्व की शक्तियाँ गत्यात्मक हैं; वे कुछ करना, पाना, घटित करना, विकसित करना और प्रवर्द्धित करना चाहती हैं; वे कुछ खोज करना, सिद्ध करना और स्थापित करना चाहती हैं। प्रसाद जी की आत्मा जीवन के विविध क्षेत्रों में, जीवन की विविध स्थितियों में, भटकती रहती है, प्यासी-प्यासी। इतनी भटकन, इतना व्यापक पर्यटन, इतनी विस्तृत, विविध और प्रदीर्घ यात्रा—हिन्दी में किसी और लेखक ने नहीं की। प्रसाद जी एक कवि, दार्शनिक, जीवन-चिन्तक, नाटककार, उपन्यासकार, कहानीकार, निबन्ध लेखक अनुसंधानकर्ता तथा विद्वान थे। अतीत और वर्तमान के, उत्कर्ष और अध:पतन के, अत्यन्त आत्मीय क्षणों और ऐतिहासिक पलों के बाह्य जीवन स्थितियों तथा आन्तरिक मन:स्थितियों के जो चित्र और चित्रों का जी वैविध्य इन्होंने उपस्थित किया है, वह अन्यत्र दुर्लभ है। यदि प्रसाद जी अनुभव-सम्पन्न, अनुभूति-प्रवण व्यक्ति थे तो दूसरी ओर वे बड़े तजर्बेकार आदमी थे। उनकी चिन्तन-प्रधान बुद्धि वर्तमान सामाजिक और ऐतिहासिक वास्तविकताओं में समान रूप से गतिमान थी।"[3] जयशंकर प्रसाद भारतीय मनीषा के रससिद्ध मनीषी हैं। इन्होंने भारतीय मनीषा के सर्वोत्तम दाय को आत्मसात् करते हुए भारतवर्ष की गतिशील लोकोन्मुख परम्परा को पुरस्कृत करने का अत्यन्त साहसिक कार्य किया है। फलस्वरूप इनकी भारतीयता आधुनिक काल के समस्त भारतीय भाषाओं के रचनाकारों में अपेक्षाकृत अधिक आधिकारिक, प्रशस्त और दायित्वबोध से परिपूर्ण है। इनका सर्जनात्मक व्यक्तित्व जिस गहनता और संश्लिष्टता से उसकी ठोस बुनियाद रखता है, वह सम्पूर्ण भारतीय साहित्य के लिए गौरव की बात है। प्रसाद के व्यक्तित्व के अनेक आयामों का संश्लेषण करते हुए डॉ. रमेशचन्द्र शाह ने लिखा है : "प्रसाद का अन्तरंग काँच का नहीं, हीरे का बना हुआ था। परिस्थिति से मौलिक प्रतिशोध लेते हुए उन्होंने कुछ ही वर्षों के अंदर न केवल अपने कुटुम्ब की माली हालत सुदृढ़ कर ली बल्कि अपनी मानसिक सम्पत्ति को भी—अपनी बौद्धिक और भावनात्मक कमाई को भी—इस सारे वात्याचक्र से अक्षत उबार लिया।...साहित्यिक दलबन्दी, द्रोहपूर्ण आलोचना, षड्यंत्र पूर्ण चुप्पी—कुछ भी इस प्रतिभा को आगे बढ़ने से नहीं रोक सके। इसका कारण यही था कि इन रचनाओं में भी वही तेजस्विता, वही अनिवार्य मोहिनी शक्ति थी जो कि इन रचनाओं के स्रोत प्रसाद के व्यक्तित्व में थी।...प्रसाद के व्यक्तित्व में शालीनता, अचूक व्यावहारिक बुद्धिमत्ता, मधुर मिलनसारी, गम्भीरता और विनोद-वृत्ति का स्पृहणीय समावेश और सन्तुलन था।...आत्मसम्मान की उनकी जो धारणा थी, उसमें दूसरों के व्यक्तित्व का सम्मान अन्तर्निहित था। साथ ही, उसमें जो जिन्दादिली थी, जो रस था, वह इस अभिजात शालीनता की स्वेच्छा-स्वीकृत मर्यादा के भीतर था।"[4] इस तरह प्रसाद का व्यक्तित्व निरन्तर विकासमान, सुसंगठित और गत्यात्मक है। वह इनकी महानता का पहला प्रतिमान हो सकता है। इनका रचनाकार विगत सदी का सर्वश्रेष्ठ

सांस्कृतिक-साहित्यिक व्यक्तित्व है जो अपनी रचनाओं में गुणात्मक उत्कर्ष प्राप्त करता है। इनका समस्त साहित्य इनके व्यक्तित्व की श्रेष्ठता, गुणवत्ता, सुपरिणत रूप और महत्त्व का ऐसा प्रतिबिम्बन है जिसमें भारतीय विश्व-दृष्टि अपनी सम्पूर्ण सर्जनात्मकता एवं कलात्मकता के साथ व्यंजित हुई है। अतः भारतीय साहित्य की अस्मिता, जातीय सृजन की श्रेष्ठता और राष्ट्रीय उपलब्धियों का जो सर्वांगपूर्ण समाहार इनके व्यक्तित्व में उपलब्ध होता है, वह युग-युगान्तर तक अनुकरणीय बना रहेगा। प्रसाद का सम्पूर्ण साहित्य अपनी गतिशील अर्थवत्ता के कारण हर समय नये पाठ की गुंजाइश रखता है। इनकी रचनाएँ आज और भी प्रासंगिक तथा अर्थगर्भी लगती हैं। 'कामायनी' तो वैश्वीकरण के दौर का महाकाव्य प्रतीत होता है। प्रसाद का सर्जनात्मक व्यक्तित्व इस बात का प्रमाण है कि महान प्रतिभाएँ अपनी ही बनाई हुई सीमाओं का अतिक्रमण करती हैं।

अन्तर्दृष्टि एवं विश्व-संदृष्टि सम्पन्न गहनस्तरीय और वृहद फलकीय सर्जक

ऐसा माना जाता है कि बिना दृष्टि के सृष्टि सम्भव नहीं है। प्रसाद जी की महानता का दूसरा प्रतिमान उनका अन्तर्दृष्टि और विश्व-संदृष्टि-सम्पन्न होना है। वे युग प्रवर्तक ही नहीं, युगद्रष्टा रचनाकार हैं जिनकी विश्व-दृष्टि से जीवन-दृष्टि का विकास हुआ है। इनकी अन्तर्दृष्टि सत्य को उसके मूल चारुत्व, वैशिष्ट्य एवं विराटता में ग्रहण करती है। आप अन्तःप्रज्ञा को मानवीय चेतना की चरम सत्ता के रूप में प्रतिपादित करते हैं। आपने दर्शन और साहित्य की समानता मानवात्मा के रूपक द्वारा की है और मानवीय दुख में सामाजिक चेतना का प्रवेश करवाया है। फलतः इनकी गहन संवेदन क्षमता श्रेय और प्रेय के सामरस्य पर आधारित है। प्रसाद जी की अन्तर्दृष्टि मनुष्य की आन्तरिक मनःस्थितियों के जटिल चित्रांकन करती है। इस दृष्टि से इनका प्रेम आन्तरिक चेतना की निगूढ़ताओं को भेदकर सीमाहीन हो जाता है। इनकी अन्तर्दृष्टि शैवागम से उन्मीलित हुई है जो इन्हें चिति के स्वरूप-विश्लेषण की ओर ले जाती है। यह चिति प्रकाशरूपा और विश्व का उन्मीलन करनेवाली है। उसे आत्मसात् करनेवाली है। इस चिति की प्रधानता के कारण ही शिव विश्वोन्मेष की दिशा में सक्रिय होते हैं। अतः यह शिवत्व को उद्‌बुद्ध करनेवाली शक्ति है। 'कामायनी' में प्रलय-निशा की समाप्ति के उपरान्त अरुणोदय के समय प्रबुद्ध हो रही प्रकृति का नेत्र निमीलन करना चित्रित किया गया है। सजग तथा व्यक्त महाचिति लीलामय आनन्द करती हुई, अभिराम विश्व का उन्मीलन करती है। अतः शिवत्व से अनुप्राणित विश्व उसकी इच्छा का परिणाम है :

कर रही लीलामय आनन्द, महाचिति सजग हुई सी व्यक्त।
विश्व का उन्मीलन अभिराम, इसी में सब होते अनुरक्त॥
काम मंगल से मंडित श्रेय सर्ग इच्छा का है परिणाम।

प्रसाद जी शंकराचार्य के जगन्मिथ्या वाली अवधारणा को न मानकर उसके आविर्भाव और तिरोभाव को मानते हैं जो चिति शक्ति की धारणा की देन है। इनके अनुसार चिति नित्य है। वह अव्यक्त विश्व को व्यक्त अथवा अप्रकाशित विश्व को प्रकाशित करती है। विश्व की सत्ता सदैव रहती है। वह नष्ट नहीं होती क्योंकि वह चिति का ही स्वरूप है। इसी कारण वह नित्य और शाश्वत है :

चिति का स्वरूप यह नित्य जगत, यह रूप बदलता है शत शत;
क्या विरह-मिलनमय नृत्य निरत, उल्लासपूर्ण आनन्द सतत?

यह चिति विश्व का उन्मीलन करने के साथ-साथ उसे आत्मसात् भी करती है। यह चिति ही शिव-शक्ति के समन्वय से सृष्टि का स्फुरण करवाती है। अतः कहा जा सकता है कि प्रसाद जी के आनन्दवाद को चरम परिणति तक पहुँचाने में इस चिति की केन्द्रीय भूमिका है। प्रसाद की अन्तर्दृष्टि उनसे गहनस्तरीय लेखन करवाती है जो उनकी कहानियों, गीतियों, प्रलय की छाया जैसी लम्बी कविता, 'कामायनी' और निबन्धों के आर्षवाक्य के रूप में अपनी पराकाष्ठा पर पहुँच गया है। आप कवि को आध्यात्मिक द्रष्टा और अनिर्वचनीय आनन्द का प्रदाता कहकर अपनी अन्तर्दृष्टि का प्रमाण देते हैं। वे जब उस सीमाहीन, विराट और अनन्त सत्ता के अनुसंधान के साहसिक अभियान पर निकलते हैं तब उनकी ऋषि-दृष्टि खुलती है। जब कवि दृष्टि अतिक्रमित होती है तब ऋषि-दृष्टि खुलती है। प्रकृति के संसर्ग से इनकी ऋषि-दृष्टि का उन्मेष होता है जो इनकी विश्व-दृष्टि को चेतना वादी बनाती है। इनकी जीवन-दृष्टि आनन्दवादी और काव्य-दृष्टि मानवतावादी है। प्रसाद की विश्व-संदृष्टि की ओर सबसे पहले मुक्तिबोध का ध्यान गया। मुक्तिबोध का मानना था : "प्रसाद ने अतीत की गौरव-छायाओं से ग्रस्त, वेदोपनिषदिक आर्य वातावरण से अनुप्राणित, समाजादर्श से प्रेरित होकर अपनी विश्व-दृष्टि तैयार की। यह विश्व-दृष्टि 'कामायनी' में प्रकट हुई।" उन्होंने अपनी बात को स्पष्ट करते हुए लिखा है : "वे यदि एक ओर गहन रूप से आत्मचेतस थे तो निस्सन्देह दूसरी ओर विश्वचेतस भी। आत्मचेतना के अतिरिक्त, उनकी विश्व-चेतना अत्यन्त प्रबल थी। वे अपने काल के विश्व जीवन के प्रति जाग्रत थे—इतने कि उस विश्व जीवन के सम्बन्ध में उनका चिन्तन निरन्तर सक्रिय था।...प्रसाद जी का मन अन्तर्जीवन तथा बाह्य जीवन के प्रति समान रूप से संवेदनशील था, और उनका मन अन्तर्जीवन तथा बाह्य जीवन-जगत की स्वानुभूत समस्याओं को लेकर भटकता फिरता था।

हाँ, प्रसाद जी की संवेदना इतनी तीव्र थी कि वह स्वयं उनके लिए एक समस्या हो उठती थी। प्रसाद जी में बहुत गहन समस्यानुभूति है, इसीलिए उनकी बुद्धि विश्लेषण-प्रधान है। प्रतीत होता है कि इन संवेदनाओं की आत्यन्तिक तीव्रता के कारण, उन्हें समस्या रूप में धारण करके, प्रसाद जी ने उनपर चिन्तन किया। उनका काव्य मात्र प्रतिक्रियात्मक नहीं है, भावुक संवेदनात्मक चिन्तन है। उनके प्रत्येक संवेदन में चिन्तन के कण विद्यमान हैं।...उनका मूल व्यक्तित्व और उसकी शक्तियाँ गत्यात्मक हैं। महान कल्पना शक्ति, गहन संवेदन क्षमता और उनसे ग्रस्त न होनेवाली, साथ ही उनमें डूब सकनेवाली, प्रखर विलक्षण बुद्धि—प्रसाद जी की प्रतिभा के अंग हैं।"[5]

इस तरह प्रसाद की विराट और महाकाव्यात्मक प्रतिभा इतनी समर्थ एवं बहुस्तरीय है कि वह जिस साहित्य को रचती है, वह काल का अतिक्रमण करते हुए कालजयी हो जाता है। प्रसाद की विश्व-संदृष्टि पर विचार करते हुए डॉ. चन्द्रकान्त बांदिवडेकर ने ठीक ही लिखा है : "सम्भवतः प्रसाद हिन्दी के एक ऐसे महाकवि हैं जिनमें पहली बार विश्व-दृष्टि अपने संश्लिष्ट रूप में व्यक्त हुई। विज्ञान और तर्क का बढ़ता प्रभाव, विज्ञान के युगजयी पदाधानों से कुचलती जा रही मानवीय करुणा, भावनात्मक विश्व की सम्पन्नता, सहज समर्पण की आकुलता, आत्मकेन्द्रित देह सुख के विरोध में भविष्य के प्रति आशाभरी दृष्टि एवं शिवत्व-बोध से परिचालित होकर सूक्ष्म विवेक, संयुक्त और समंजस चरण बढ़ाने की अभिवृत्ति, शक्ति के उन्माद में लोकाभिमुखता एवं जन-संयुक्ति से हटकर आत्मपूजा की घातक परिणति का दारुण संकेत और उस पर समरसता के सरकार का निदान, व्यक्ति जीवन में और समाज जीवन में व्याप रहे विविध साहित्य, असन्तुलन को रोककर सन्तुलन और सामंजस्य की ओर लौटने का गम्भीर इशारा, नारी की शक्ति और सीमा का यथोचित भान कराते हुए स्त्री-पुरुष के संवाद के माध्यम से सार्थकता की खोज की ओर निर्देश, प्रकृति और संस्कृति के संश्लेष के माध्यम से प्रगति की राह का अनुसंधान—ये कुछ घटक हैं प्रसाद जी की विश्व-दृष्टि के। यह प्रश्न रोचक होगा कि क्या 1935 के आस-पास यह विश्व-दृष्टि इतनी सम्पन्न काव्यात्मक ऊर्जा के साथ कहीं प्रकट हुई थी? चिन्तन और भावना का इतना समृद्ध रसायन कहीं उपलब्ध हुआ था? सत्य, शिव और सौन्दर्य का इतना आवेगमय परन्तु सन्तुलित अनुभव बिम्ब कहीं आकारित हुआ था?"[6] कहना न होगा कि प्रसाद जी की विश्व-संदृष्टि उन्हें वृहद फलकीय सर्जक बनाती है जिससे वे विश्वस्तरीय समस्याओं के चित्रण और उनके निराकरण की ओर उन्मुख होते हैं। आप 'कामायनी' में पर्यावरण की विश्वस्तरीय समस्या का विराट प्रश्न उठाते हैं और एक वैज्ञानिक की भाँति यह स्थापित करते हैं कि प्रकृति का अविवेकपूर्ण एवं मनमाना दोहन ही प्रलय का कारण है। देव-सभ्यता के ध्वंस का कारण प्रकृति के साथ उनका अतिचार था। वे प्रकृति-पर्यावरण का

मनमाना दोहन कर रहे थे। उनका अनियंत्रित भोग-विलास ही प्रकृति के कोप का भाजन बना। प्रसाद जी की विश्व-दृष्टि इसका निदान भी प्रस्तुत करवाती है। वे यह प्रतिपादित करते हैं कि मनुष्य प्रकृति के साथ सन्तुलन और सामंजस्य की अवस्था में रहकर ही आनन्दपूर्ण जीवन व्यतीत कर सकता है। प्रसाद की विश्व-दृष्टि अपने वैश्विक परिदृश्य के प्रति अतिशय सचेष्ट थी। वे अपने उपन्यासों और 'स्कन्दगुप्त', 'चन्द्रगुप्त' जैसे नाटकों में राष्ट्रीय, सामाजिक-सांस्कृतिक, वैयक्तिक-दार्शनिक सन्दर्भों के भीतर अत्यन्त प्रशस्त एवं सुसंघटित राष्ट्रीय चेतना का संधान करते हैं और उसमें पारिवारिक-व्यक्तिगत सम्बन्धों, जातीय स्मृतियों एवं मानवीय मूल्यों को एक साथ गूँथकर युगीन स्थितियों और संघर्षों को महाकाव्यात्मक और बृहद फलकीय धरातल प्रदान करते हैं। यही कार्य वे 'कामायनी' में कल्पनात्मक छवियों से ओत-प्रोत चिन्तन-दर्शन, भावना-संवेदना के विराट चित्र की निर्मिति द्वारा करते हैं। प्रसाद जी अपने त्रिश्व-जीवन के प्रति अत्यधिक सजग और प्रथम विश्वयुद्ध के बाद के बदलावों को लेकर उन्मथित थे। वे हिटलर और मुसोलिनी जैसे तानाशाहों के अभ्युदय तथा उनके अन्धराष्ट्रवाद से उत्पन्न अन्तर्दाह से गहराइयों तक उन्मथित थे। वे जिस विश्वस्थिति का आकलन करते हैं, वह विभिन्न राष्ट्रों एवं समाजों के बीच विकसित परस्पर-विरोध का ज्वालामुखी है, अन्तरदाह है जिसके कारण विश्व का कण-कण आतंक-त्रस्त है। यह प्रसाद से अधिक हमारे समय का सच है जब सम्पूर्ण विश्व आतंकवाद का शिकार है। फलतः वे 'कामायनी' में लिखते हैं :

विश्व विपुल आतंक-त्रस्त है, अपने ताप विषम से।
फैल रही है घनी नीलिमा, अन्तर्दाह परम से॥

प्रसाद जी की चिन्ता लोकहित और विश्व-जीवन की चिन्ता ही 'कामायनी' की वास्तविक चिन्ता है।

तत्कालीन विश्व-जीवन के प्रति अत्यधिक सचेष्टता के कारण वे 'कामायनी' में जीवन-जगत, समय-समाज, सभ्यता-संस्कृति, दर्शन-मनोविज्ञान, मानवीय चेतना और वैश्विक जीवन के वृहत्तर आयामों के जिस अद्वितीय एवं विराट बिम्ब की सृष्टि करते हैं, वह 'कामायनी' को आधुनिक विश्व सभ्यता का प्रतिनिधि महाकाव्य बना देता है। प्रसाद जी जीवन और जगत के वृहत्तर सन्दर्भों के प्रति आत्यन्तिक लगाव महसूसते हैं और अपनी विश्व दृष्टि के बल पर हिन्दी ही नहीं, सम्पूर्ण विश्व कविता का अतिशय भव्य एवं विराट रूपक गढ़ते हैं। फलस्वरूप उनकी दृष्टि में यह समूचा जगत ही चिति का विराट वपु बन जाता है, जो मंगलमय है, सदैव सत्य है, चिर सुन्दर है। अपने इन्हीं गुणों के कारण 'कामायनी' विश्व मनुष्यता के उज्ज्वल भविष्य के प्रति संकेत करनेवाली सदी की श्रेष्ठतम कलाकृति बन जाती है।

विराट, बहुआयामी, बहुस्तरीय एवं नव-नवोन्मेष शालिनी प्रतिभा

महाकवि जयशंकर प्रसाद बीसवीं सदी की श्रेष्ठतम प्रतिभा हैं। इनकी प्रतिभा अतिशय विराट, बहुआयामी, बहुस्तरीय और नव-नवोन्मेष शालिनी है। इनकी साहित्यिक प्रतिभा की प्रशंसा लगभग एकमत से सारे आलोचकों एवं साहित्यकारों ने की है। सर्वप्रथम आचार्य रामचन्द्र शुक्ल ने इनकी प्रतिभा को 'मधुमयी और जागरूक' कहा। तदुपरान्त महादेवी वर्मा ने लिखा है : "उनके बहुश्रुत होने का प्रमाण तो स्वयं उनका साहित्य है, परन्तु दर्शन, इतिहास, साहित्य आदि के सम्बन्ध में इतने कम शब्दों में इतने सहज भाव से वे अपने निष्कर्ष उपस्थित कर सकते थे कि श्रोता का विस्मित हो जाना स्वाभाविक ही था। वे कम शब्दों में अधिक कह सकने की जैसी क्षमता रखते थे, वैसी कम साहित्यकारों में मिलेगी।... प्रसाद के रूप में हिन्दी ने शिव और वाणी, दोनों का प्रसाद एक साथ ही पाया है। शिव के समान ही प्रसाद का ज्ञान विष को अमृत बनाकर, भस्म को चाँदनी का अंगराग बनाकर, जटिल बुद्धि की दुरूहता को गंगा की तरंगाकुलता देकर, आनन्द की सृष्टि करता रहा है। वह हृदय से अत्यन्त कोमल, भावुक कवि थे और बुद्धि की प्रखरता में इतिहास के अन्धकार में भी उन्होंने जीवन के ऐसे तत्त्व खोज लिये, जो अच्छा इतिहासकार भी न खोज पाता, जो इतिहासकार के लिए भी स्पर्द्धा का विषय होता है।" इसके आगे उनके सम्पूर्ण कृतित्व का निर्वचन करते हुए महादेवी जी ने लिखा है : "प्रसाद की प्रतिभा ने साहित्य के अनेक क्षेत्रों को एक साथ स्पर्श किया है। करुण मधुर गीत, अतुकान्त रचनाएँ, मुक्त छंद, खंड काव्य—सभी उनके काव्य के बहुमुखी प्रसार के अन्तर्गत हैं। लघुकथा के वैचित्र्य से लम्बी कहानियों की विविधता तक उनका कथा-साहित्य फैला है। 'कंकाल' उपन्यास के विषम नागरिक यथार्थ से 'तितली' के भावात्मक ग्रामीणों तक उनकी औपन्यासिक प्रतिभा का विस्तार है। एकांकी, प्रतीक रूपक, गीति-नाट्य, ऐतिहासिक नाटक आदि में उन्होंने नाटकीय स्थितियों का संचयन किया है। उनका निबन्ध-साहित्य किसी भी गम्भीर दार्शनिक चिन्तक को गौरव देने में समर्थ है।...बुद्धि के आधिक्य से पीड़ित हमारे युग को प्रसाद का सबसे महत्त्वपूर्ण दान 'कामायनी' है—अपने काव्य-सौन्दर्य के कारण भी और अपने समन्वयात्मक जीवन-दर्शन के कारण भी।"[7]

प्रसाद एक ऐसी बहुस्तरीय और बहुआयामी प्रतिभा का नाम है जिसने साहित्य की जिस विधा का संस्पर्श किया, वही उत्कर्ष पर पहुँच गई। इनके लेखन का एक अपना स्तर एवं मानक है जहाँ तक पहुँचना सबके लिए सम्भव नहीं है। इनमें कारयित्री और भावयित्री प्रतिभा का ऐसा विरल संयोग मिलता है जो जटिल, वैविध्यपूर्ण, बहुलार्थी एवं अनेक रेखीय है। वह इतना उत्कृष्ट और विश्वस्तरीय है

कि उसका सामान्यीकरण सम्भव नहीं है। इनकी प्रतिभा का विश्लेषण करते हुए आचार्य नन्ददुलारे वाजपेयी ने ठीक ही लिखा है : "प्रसाद जी हिन्दी के युगप्रवर्तक कवि और साहित्य-स्रष्टा तो थे ही, एक असाधारण समीक्षक और दार्शनिक भी थे।...प्रसाद जी की ये उद्भावनाएँ इतनी मार्मिक हैं, इनकी ऐतिहासिक प्रामाणिकता का पुट इतना प्रगाढ़ है, और साथ ही इनकी मनोवैज्ञानिक विवृत्ति इतनी सुन्दर रीति से हृदय का स्पर्श करती है कि हम सहसा भूल जाते हैं कि ये अधिकांश एकदम नवीन हैं।...प्रसाद जी न केवल इन दोनों (ललित, उदात्त और सुग्रथित कल्पनाओं और रचना-शैलियों) गुणों से युक्त थे, ऐसी असाधारण क्षमता इनमें रखते थे कि उनकी क्षमता का कोई दूसरा कलाकार हिन्दी साहित्य के इस युग में दिखाई नहीं देता। इस प्रकार वे युग प्रवर्तक ही नहीं, उसकी सर्वश्रेष्ठ विभूति भी सिद्ध होते हैं।"[8]

इस तरह प्रसाद की प्रतिभा उनके सम्पूर्ण कृतित्व की सृजनात्मक अवधारणाओं, आन्तरिक शक्ति, महाकाव्यात्मक परिकल्पना और रचनात्मक सम्भावनाओं में अपने सम्पूर्ण वैभव के साथ व्यंजित हुई है। इन्होंने अपने समय और समाज की राजनीतिक उथल-पुथल, अन्तर्विरोध, तनाव, भारतीय मनुष्य का संघर्ष एवं नियति को नई अन्तर्दृष्टियों के साथ परिवर्तनकारी शक्ति बहुस्तरीय रचनात्मकता में बदलने का साहसिक कार्य किया है। जयशंकर प्रसाद की अतुल्य प्रतिभा की प्रशंसा करते हुए डॉ. नगेन्द्र को भी यह लिखना पड़ा था : "प्रसाद जी हिन्दी जगत में अमर शक्तियाँ लेकर अवतीर्ण हुए थे। उनकी प्रतिभा सर्वथा मौलिक थी। उन्होंने साहित्य के जिस अंश का स्पर्श किया, उसी को सोना बना दिया। उनका महत्त्व ऐतिहासिक तो है ही—वे एक प्रकार से आधुनिक युग के निर्माता भी हैं।"[9]

मुक्तिबोध ने भी प्रसाद की प्रतिभा की मुक्त कंठ से प्रशंसा की है। वे लिखते हैं : "प्रसाद जी का जीवन-चिन्तन व्यापक जीवन क्षेत्रों से गहन-निगूढ़ सम्बन्ध रखता है। प्रसाद जी की संवेदनाएँ जीवन-क्षेत्रों के वैविध्य में विचरण करती है। प्रसाद जी का विचार-संचरण व्यापक है। प्रसाद जी की आत्मा अन्तर्जीवन तथा बाह्य जीवन-जगत के यथार्थ क्षेत्रों में समान रूप से, समान गति से विचरण करती है। प्रसाद जी जहाँ कलाकार हैं, वहाँ उनका मनोमय जीवन बाह्य का जितना आकलन-विवेचन करता है, उतना ही अन्तस का भी आकलन-विवेचन। अन्तर्बाह्य यथार्थ के प्रति उनकी दृष्टि विश्लेषणमयी है। एक ओर समग्र जीवन स्थिति को एक रूपक द्वारा बाँधनेवाली उनकी अनुभूति है तो दूसरी ओर वही अनुभूति मन की सूक्ष्म तरंगों का सूक्ष्म विश्लेषण करते हुए उनका अंकन करती है। संक्षेप में, प्रसाद जी में विश्व के महत्तम कलाकार के सभी गुण विद्यमान हैं।...जीवनानुभवों के विकास के साथ-साथ ज्यों-ज्यों ज्ञान और चिन्तन का विकास होता गया, त्यों-त्यों चिन्तन में एक दार्शनिक भाव-व्यवस्था उत्पन्न होती गई। प्रसाद जी के

पास अपना एक निजी दर्शन है, और उस दर्शन के भीतर एक व्यवस्था है। उनका दर्शन केवल दृष्टिकोण नहीं है, सिर्फ एक रुख नहीं है, वरन एक व्यवस्था है। यह व्यवस्था उन्होंने अपनी अनुभवात्मक खोज से पाई है। 'कामायनी' में उनका यह जीवन-दर्शन पूर्ण आभा के साथ प्रकट हुआ है।"[10] कहने का आशय यह है कि जयशंकर प्रसाद एक ऐसी अप्रतिम एवं बहुआयामी प्रतिभा का नाम है जिसने साहित्य की प्रायः हर महत्त्वपूर्ण विधा में लेखनी चलाकर हिन्दी साहित्य को विश्वस्तरीय बनाने का उपक्रम किया है। यह इनकी प्रतिभा को नये-नये उन्मेष में समर्थ सिद्ध करता है। इनका सम्पूर्ण साहित्य नवीनता, मौलिकता, गहनता, सूक्ष्मता, दृढ़ता, तेजस्विता, प्रखरता एवं व्यापकता जैसे प्रतिभा के सार्वभौम-शाश्वत तत्त्वों से परिपूर्ण होने के कारण अद्वितीय और कालजयी है। ऐसी विराट, बहुस्तरीय और नव-नवोन्मेष शालिनी प्रतिभा पर विश्व का कोई भी भाषा-साहित्य एवं राष्ट्र गर्व कर सकता है। इस आधार पर भी उनकी महानता अनुपेक्षणीय है।

बड़े नास्तिक, सूक्ष्म, प्रश्नाकुल एवं क्रान्तिदर्शी साहित्यकार

जयशंकर प्रसाद का सर्जनात्मक व्यक्तित्व एवं सम्पूर्ण साहित्य इतना मनोहर, बहुरंगी, वैविध्यपूर्ण और कालजयी महत्त्व का है कि वह हर आलोचक और साहित्यकार के समक्ष एक चुनौती की तरह स्थापित है। यही कारण है कि हर आलोचक को कभी न कभी उससे टकराना पड़ता है और वह अपनी मानसिक क्षमता एवं समझ के अनुसार उसका विश्लेषण तथा मूल्यांकन करता है। प्रसाद जी हिन्दी के सबसे बुद्धिवादी एवं पौरुषवान कवि हैं जिनकी क्रान्तिदर्शी चेतना अत्यन्त सूक्ष्म, महीन एवं संकेतगर्भी है। यही कारण है कि प्रख्यात चिन्तक कथाकार जैनेन्द्र ने उनकी पहचान हिन्दी के पहले बड़े नास्तिक लेखक के रूप में की है। उन्होंने यह पूछे जाने पर कि आपको प्रसाद का कौन-सा रूप सबसे अच्छा लगा, इसका उत्तर देते हुए कहा : "समूचे प्रसाद का शायद अविश्वास का पहलू ही अधिक प्रिय लगा। मेरे भाव में वह पहले बड़े नास्तिक लेखक हैं। प्रेमचन्द मूल में नास्तिक नहीं थे, उनकी नास्तिकता ईश्वर के आस-पास चुक जाती थी" ('ये और वे', 1954)। अविश्वास और नास्तिकता के आयाम को स्पष्ट करते हुए जैनेन्द्र जी ने आगे लिखा है : "उनकी अतिशय सप्रश्नता, प्रखर बौद्धिकता, जैसाकि अनिवार्य है, उन्हें उस जगह तक ले गई, जहाँ खुद बुद्धि पर टिका रहना व्यक्ति के लिए सम्भव नहीं रहता। अपनी परिपक्व परिणति में बुद्धि यह दिखाए बिना रह नहीं सकती कि वह अपर्याप्त है और श्रद्धा में ही पूरी हो सकती है।" कहने का आशय यह है कि प्रसाद जी का क्रान्तिदर्शी व्यक्तित्व उन्हें सभी चीजों को प्रश्नवाचक लेने का अपार साहस प्रदान करता है। यहाँ तक कि वे ईश्वर और सत्य के अस्तित्व को भी प्रश्नवाचक के

साथ लेते हैं। वे 'हे अनन्त रमणीय, कौन तुम? यह मैं कैसे कह सकता' द्वारा ईश्वर तथा 'और सत्य यह एक शब्द तू, कितना गहन हुआ है?' के द्वारा सत्य के समक्ष प्रश्नचिह्न लगाते हैं। यह क्रान्तिकारी साहस हिन्दी के किसी अन्य साहित्यकार में नहीं दिखाई पड़ेगा। जिस तरह गोस्वामी तुलसीदास ने कहा है : 'सत्य के अन्वेषण में रत तमाम ग्रंथ उलझाने का ही कार्य करते हैं—श्रुति पुरान बहु कहेउ उपाई। छूट न अधिक अधिक अरुझाई...'—उसी तरह प्रसाद भी लिखते हैं कि जीवन के सत्य से साक्षात्कार करानेवाले ग्रंथ आवरण का ही कार्य करते हैं। इस कारण दार्शनिक ग्रंथों की भीड़ लगती जा रही है और वे जीवन के वास्तविक सत्य के स्वरूप का निर्वचन नहीं कर पा रहे हैं। वे 'कामायनी' के 'काम सर्ग' में लिखते हैं :

सब कहते हैं खोलो, खोलो
छवि देखूँगा जीवन धन की
आवरण स्वयं बनते जाते
है भीड़ लग रही दर्शन की।

इस तरह प्रसाद जी की सत्यान्वेषी दृष्टि शास्त्रों की एकांगिकता को भी रेखांकित कर देती है। फलस्वरूप कविता उनके लिए 'आत्मा की संकल्पात्मक अनुभूति' बन जाती है। यह बात प्रसाद की आलोचना परम्परा पर भी लागू होती है जिसने प्रसाद साहित्य के वास्तविक मर्म का उद्घाटन करने के बजाय उस पर पर्दा डालने का ही कार्य किया है। चूँकि प्रसाद अपनी रचनाओं में अन्तश्चेतना और बाह्य जीवन के व्यापक यथार्थ के नूतन संश्लेषण द्वारा रचनारत होते हैं, अतः उनका मूल्यांकन भी समग्रतावादी दृष्टि द्वारा ही सम्भव है। प्रसाद जी हिन्दी के पहले कवि हैं जिन्होंने न केवल अन्तर्वस्तु, काव्य के रूपात्मक तंत्र, समस्या-निरूपण और अभिव्यंजना की नूतन पद्धतियों के क्षेत्र में सूक्ष्म एवं सांकेतिक क्रान्ति की है अपितु 'कामायनी' में क्रान्ति को बाकायदा घटित होते हुए दिखलाया है। प्रसाद आधुनिक काल के सबसे बड़े विद्रोही एवं क्रान्तिकारी रचनाकार हैं। इनकी क्रान्ति चेतना इतनी महीन और अन्तरवर्तिनी है कि उसे अन्तर्दृष्टि के बिना समझना असम्भव है। प्रसाद जी 'कामायनी' में इड़ा के माध्यम से भोगवाद की अतिशयता का विरोध करते हुए मनुष्य के सुख की मर्यादा निर्धारित करवाते हैं। फलतः मनु जैसे ही इड़ा पर अतिचार के लिए उद्यत होते हैं, वैसे ही प्रकृति और देवशक्तियों के साथ प्रजा भी कुपित हो उठती है। वह राजा द्वारा मर्यादा भंग करने की स्थिति में अपनी सीमाएँ तोड़ने के लिए बाध्य हो जाती है। फलतः जनक्रान्ति होती है। जनता अपनी रानी इड़ा के बचाव में आततायी मनु से लोहा लेती है। मनु के आजगव धनुष से निकलनेवाले वाणों से क्षत-विक्षत होकर भी वह मनु को घायल करके दंडित करती है। यह जनशक्ति का पहला वैध प्रदर्शन था। प्रसाद का सम्पूर्ण साहित्य गहन सामाजिक-सांस्कृतिक

सरोकार और अंग्रेजी सत्ता के प्रति दाहक विद्रोह का समुच्चय है। इनकी विद्रोही चेतना शोषण के हरेक रूप का निषेध करती है। इन्होंने सबल और क्रान्तिकारी नारी चरित्रों की सृष्टि द्वारा अपने संकेतगर्भी क्रान्तिदर्शिता को अमली जामा पहनाया है। इनकी क्रान्तिचेतना के निर्माण में इनके आन्तरिक-बाह्य संघर्ष, जीवन-जगत, समय-समाज, व्यष्टि-समष्टि, अतीत और वर्तमान के पार जाकर भविष्य की चिन्तनात्मकता की समन्वित भूमिका रही है। इन्होंने जाति, धर्म, सभ्यता-संस्कृति, साहित्य-दर्शन और सामाजिक यथार्थ के विविध रूपों के चित्रांकन द्वारा अपनी क्रान्ति-धर्मिता को तार्किक परिणति प्रदान की है। प्रसाद सत्याग्रह के दौरान क्रान्तिकारियों से निकट रागात्मक सम्बन्ध रखते थे। यह ऐतिहासिक सत्य है कि स्वयं चन्द्रशेखर आज़ाद प्रसाद जी के अभिन्न मित्र थे और प्रसाद जी ने अपने अत्यन्त विश्वसनीय सेवक की देखरेख में उन्हें अपनी गोदाम में छिपा रखा था। यह इस बात का सबूत है कि वे सच्चे अर्थों में क्रान्तिकारी थे किन्तु उनके कृतित्व के गौरव-बोध की तरह उनकी क्रान्ति-धर्मिता को समझने के लिए गहरी अन्तर्दृष्टि अपेक्षित है। आप बौद्धिक धरातल पर मानवतावादी, भावनात्मक स्तर पर क्रान्तिकारी तथा क्रियात्मक स्तर पर भारतीय अस्मिता-बोध एवं कर्मठता के उन्नायक हैं। इन्होंने अपने सम्पूर्ण साहित्य में अतिशय सबल नारी चरित्रों और चरित्रों का जो वैविध्य रचा है, उनमें क्रान्ति एवं विद्रोह की अन्तर्धारा प्रवहमान है। उसमें हर अवांछित और अग्राह्य सन्दर्भ का निषेध मिलता है। यदि उनके रचनात्मक साहित्य के अन्तर्विधान में गहन, बहुस्तरीय और संश्लिष्ट क्रान्ति-धर्मिता अन्तर्निहित है तो उनका आलोचनात्मक लेखन छायावाद, रहस्यवाद, यथार्थवाद और काव्य-कला के चिरन्तन प्रश्नों पर जिस साहस और गहनता के साथ अपनी स्थापनाएँ देता है, वह भी ऐतिहासिक महत्त्व का है। इनका साहित्यिक चिन्तन नवजागरण-कालीन परिवेश और उससे जुड़े हुए तमाम मानवीय प्रयासों की सार्थकता में अभिव्यक्त हुआ है। फलस्वरूप वह तात्कालिक और सार्वभौम-शाश्वत प्रश्नों पर अत्यन्त निगूढ़ एवं उपयोगी महत्त्व की सामग्री उपलब्ध कराता है। प्रसाद के सम्पूर्ण साहित्य को समग्रता में विश्लेषित करके तथा उनके केन्द्रीय विजन को समझकर ही हम उनके प्रश्नाकुल और क्रान्तिदर्शी व्यक्तित्व तथा लेखन का सम्यक् विश्लेषण कर सकते हैं। यह उनकी महानता का ऐसा प्रतिमान है जो किसी अन्य साहित्यकार में एकान्त विरल है।

शैवागम से उन्मीलित विरुद्धों का सामंजस्य

भारतीय साहित्यिक दृष्टि सदा-सर्वदा से समग्रतावादी रही है और हमारा साहित्य आरम्भ से ही मानवतावादी और लोककल्याण से परिचालित रहा है। उसके सृजन क्षेत्र के भीतर मनुष्य के अलावा पर्वत-नदी, पशु-पक्षी, वृक्ष-वनस्पति, देव-दानव,

यक्ष-किन्नर, गंधर्व तथा मानवेतर प्राणियों को भी समाहित किया गया है। इस चराचर जगत का कोई भी तत्त्व और सन्दर्भ उसके सृजन क्षेत्र से बाहर नहीं है। वह व्यापक मनुष्यता की प्रतिष्ठा करनेवाला अन्तर्दृष्टि और विश्व-संदृष्टि-सम्पन्न साहित्य है 'जो सुरसरि सम सब कहँ हित होई' के आदर्श से अनुप्राणित है। यह हमारा सौभाग्य है कि इस महादेश में यूरोप से भी अधिक भौगोलिक, सांस्कृतिक, भाषिक एवं साहित्यिक विविधता है। इसलिए विरुद्धों के सामंजस्य की प्रतिष्ठा इसकी अनिवार्यता है। सर्वप्रथम आचार्य रामचन्द्र शुक्ल ने विरुद्धों के सामंजस्य का स्वरूप-विश्लेषण करते हुए लिखा है : "लोक में फैली दुख की छाया को हटाने में ब्रह्म की आनन्द कला जो शक्तिमय रूप धारण करती है, उसकी भीषणता में भी अद्‌भुत मनोहरता, कटुता में भी अपूर्व मधुरता, प्रचंडता में भी गहरी आर्द्रता साथ लगी रहती है। विरुद्धों का यही सामंजस्य कर्म-क्षेत्र का सौन्दर्य है जिसकी ओर आकर्षित हुए बिना मनुष्य का हृदय नहीं रह सकता। इस सामंजस्य का कई और रूपों में भी दर्शन होता है। किसी कोट-पतलून-हैट वाले को धाराप्रवाह संस्कृत बोलते अथवा किसी पंडित वेशधारी सज्जन को अंग्रेजी की प्रगल्भ वक्तृता का यही सौन्दर्य समझना चाहिए। भीषणता और सरसता, कोमलता और कठोरता, कटुता और मधुरता, प्रचंडता और मृदुता का सामंजस्य ही लोकधर्म का सौन्दर्य है।"[11]

जयशंकर प्रसाद जैसा युगद्रष्टा रचनाकार इस तथ्य से भली भाँति परिचित था। वे जानते थे कि भारतीय जनजीवन में विद्यमान वैविध्य को सामंजस्य द्वारा ही सुन्दर बनाया जा सकता है। इस कार्य में उनकी पारिवारिक शैव-दर्शन की पृष्ठभूमि सहकारी भूमिका में आती है। प्रसाद का जन्म ही भगवान शिव के प्रसाद-स्वरूप हुआ था। उनके पैतृक निवास परिसर में शिव मन्दिर का सबसे महत्त्वपूर्ण स्थान था। वे स्वयं शिव-भक्त और शिव सम्बन्धी तमाम भारतीय निष्पत्तियों को आत्मसात् कर गए थे। वे जानते थे कि भारतीय मनीषियों ने हमारे देश को एक राष्ट्र-राज्य की संज्ञा न देकर उसे एक कुल अथवा परिवार की संज्ञा से अभिहित किया है जिसमें चराचर जगत समाहित है। इस कुल के रूपक के तौर पर शिव के परिवार को स्थान दिया गया है। यह परिवार हमारे देश की प्रतीकात्मक व्यंजना करता है। यहाँ सब एक दूसरे के स्वाभाविक शत्रु हैं। शिव का वाहन नन्दी है और पार्वती का वाहन शेर है परन्तु वह सिंह कभी नन्दी का शिकार नहीं करता। इसी तरह कार्तिकेय का वाहन मोर है तथा शिव के गले में नाग है लेकिन वह मोर उस नाग को अपना भक्ष्य नहीं बनाता है। यही नहीं, शिव के गले का नाग गणेश के वाहन चूहे को भी अपना निशाना नहीं बनाता है। इसी प्रकार शिव की जटा में स्थित अमृतवर्षी चन्द्रमा उनके गले में अवस्थित विष का शमन नहीं करता। विरुद्धों का यह सामंजस्य ही शिवत्व का आधारभूत कारण है। कहने का आशय यह है कि यदि हम भारतीय शिव के पारिवारिक सदस्यों की तरह अपने कर्तव्य का समुचित निर्वहन करें और एक दूसरे

के अधिकार क्षेत्र में प्रवेश न करें तो हम भी शिवत्व ला सकते हैं। शिव-परिवार की तरह निर्लिप्त रहकर सम्पूर्ण विश्व का कल्याण कर सकते हैं। आखिर, विरुद्धों के सामंजस्य का ऐसा अप्रतिम उदाहरण समूचे विश्व में कहाँ मिलेगा? यही कारण है कि प्रसाद जी विरुद्धों के सामंजस्य को अपने समरसतावाद द्वारा तार्किक परिणति प्रदान करते हैं। प्रसाद ने शैवागम के प्रभाव स्वरूप सामरस्य को आनन्दानुभूति की चरम स्थिति माना है। शैव दर्शन में सामरस्य की अवधारणा अत्यन्त पवित्र और गूढ़ है जिसमें शिव और शक्ति को अन्तर्भुक्त अथवा अद्वैत माना गया है। प्रसाद जी की मनोदृष्टि अत्यन्त व्यापक और अद्वैतपरक है। वे शैवागम की आनन्दवादी अवधारणा को उपनिषदों की आत्मवादी विचारधारा से समन्वित करते हैं। वे वैष्णव माधुर्य भाव के समान ही इसका विकास भी दिखलाते हैं। शैवमत के प्रत्यभिज्ञा दर्शन में जीव के आत्मबोध की कल्पना प्रत्यभिज्ञान के रूप में की गई है। ऐसी स्थिति में जीव भी परम शिव से अभिन्न हो जाता है। प्रसाद जी सामरस्य की अवधारणा को नितान्त मानवीय एवं व्यावहारिक रूप में प्रस्तुत करते हैं। उनके अनुसार रति और काम की समरसतामयी प्रेरणा से ही सृष्टि का निर्माण और विकास होता है। यह सृष्टि शिव और शक्ति का प्रसाद है। शिव आनन्द स्वरूप हैं। जीव प्रत्यभिज्ञान की स्थिति में शिव से एकत्व स्थापित करके आनन्द स्वरूप हो जाता है। शिव समरसता के प्रतीक हैं। प्रसाद जी के अनुसार शिव-शक्ति से विश्व-निर्माण होता है। संसार शक्ति का उन्मेष है। शक्ति अन्तर्मुखी होकर शिव बन जाती है। शिव बहिर्मुख होकर शक्ति बन जाता है। शिव-शक्ति के सामरस्य की दशा परमशिव है। प्रसाद जी समरसता को आन्तरिक और बाह्य जीवन-जगत से सम्बद्ध करके उसे अर्थ व्याप्ति प्रदान करते हैं। वे केवल शक्ति के विद्युत्कणों तथा इच्छा, क्रिया एवं ज्ञान के समन्वय की ही बात नहीं करते बल्कि अतीत-वर्तमान और भविष्य, सुख-दुख, अधिकार-अधिकारी, शासक-शासित, प्रकृति-पुरुष, राजा-प्रजा, कोमल-कठोर, भयावह-मनोरम, लघु और विराट के मध्य भी समरसता की प्रतिष्ठा द्वारा विषमता के शमन का विकल्प उपलब्ध कराते हैं। हम भाव, विचार और कर्म के मध्य समन्वय एवं सन्तुलन स्थापित करके ही आनन्द तक की यात्रा कर सकते हैं। प्रसाद जी इस दुख-दग्ध जगत को आनन्दपूर्ण स्वर्ग से मिलाने के लिए 'सर्वे भवन्तु सुखिनः' की विराट कामना चरितार्थ करते हैं जो आत्मिक और मानसिक स्तर पर सम्पूर्ण विश्व मानव से गहन तादात्म्य स्थापित करता है। फलस्वरूप यह विश्व चिति का ही विराट वपु प्रतीत होता है, जो मंगलमय है, सदैव सत्य है, चिर सुन्दर है। अतः श्रद्धा अर्थात् जगत की अकेली मंगल कामना की प्रेरणा से समरस होने के उपरान्त मनु इस निष्कर्ष पर पहुँचते हैं कि सबकी सेवा अपनी सेवा है। इसी में अपना सुख है। सब अणु-अणु अपने हैं। भेद का बोध ही विस्मृति अथवा विरसता है, भूल है। अभेद का भाव सामरस्य है। आचार्य रामचन्द्र शुक्ल ने भी लिखा

है : "ग्रंथ के अन्त में जो हृदय, बुद्धि और कर्म के मेल या सामंजस्य का पक्ष रखा गया है, वह बहुत समीचीन है।" इस तरह प्रसाद जी द्वारा प्रतिपादित समरसतावाद अथवा विरुद्धों का सामंजस्य उनके सम्पूर्ण जीवनानुभव और चिन्तन का निचोड़ है। वे यह मानकर चलते हैं कि मनुष्य के सारे संघर्ष और दुख का कारण आन्तरिक बिखराव है। इसलिए वे आन्तरिक सामंजस्य द्वारा ही बाह्य जीवन और जगत में सामरस्य लाने का उपक्रम करते हैं। यह अत्यन्त वैज्ञानिक एवं व्यावहारिक भी है क्योंकि मनुष्य के अन्तर्मन में सारी गतिविधियाँ पहले उद्भूत होती हैं, तब उनका बाह्य जीवन के तमाम क्षेत्रों में अनुप्रयोग होता है। इसकी सिद्धि द्वारा चराचर जगत को आनन्द सुधा में डुबोया जा सकता है।

सत्यं, शिवं एवं सुदरम् के स्वरूप-विश्लेषण द्वारा उदात्त की सिद्धि

मानव जाति ने अब तक जो उपलब्धियाँ अर्जित की हैं, उसे तीन सार्वभौम-शाश्वत महत्त्व के मूल्यों में समन्वित किया जा सकता है। इन्हें हम सत्यं, शिवं और सुन्दरम् के अन्तर्गत समन्वित कर सकते हैं। जहाँ तक मूल्य शब्द के स्वरूप-विश्लेषण का सवाल है तो इसे ऐसा मान अथवा आदर्श प्रतिमान माना जा सकता है जिसके आधार पर मनुष्य किसी भाव, विचार, व्यक्ति, वस्तु या कृतित्व के गुण, योग्यता, श्रेष्ठता व महत्त्व का आकलन करता है। इन तीनों का सामंजस्य मानव जीवन को सुखमय बनाता है और यदि किसी एक का भी अभाव हो जाए तो सारा सन्तुलन बिगड़ जाता है। हम अध्ययन की सुविधा के लिए सत्य का सम्बन्ध दर्शन व विज्ञान से, शिव का धर्म से और सुन्दर का साहित्य व कला से समन्वित कर सकते हैं। माखनलाल चतुर्वेदी ने प्रसाद के व्यक्तित्व के इस पक्ष का विश्लेषण करते हुए लिखा है : "कबीर हिन्दी के सत्य थे, तुलसी शिव थे, और सूर सुन्दर थे, किन्तु प्रसाद सत्य और सुन्दर की आँखमिचौनी थे।" लेकिन यह स्थापना प्रसाद के सम्पूर्ण व्यक्तित्व को रेखांकित नहीं कर पाती क्योंकि उनका सम्पूर्ण साहित्य तीनों का ही समन्वित रूप है। जयशंकर प्रसाद अपनी आरम्भिक रचना 'चित्राधार' के 'भक्ति' शीर्षक निबन्ध में सत्यं, शिवं और सुन्दरम् का निर्वचन करते हुए लिखते हैं : "श्रद्धा के परिपाक में भक्ति से उसे मनुष्य कहता है—'सत्यं।' जब उसके मंगलमय स्वरूप को देखता है, तब उसके मुख से अनायास ही—'शिवं' निकलता है, पुनः मनुष्य उस अलौकिक सौन्दर्य से आनन्दित होकर कहता है—'सत्यं, शिवं सुन्दरम्'।" प्रसाद जी अन्तर्जगत और वस्तुजगत की चारुत्वपूर्ण प्रस्तुति द्वारा 'सत्यं, शिवं और सुन्दरम्' के वास्तविक स्वरूप का निर्वचन करते हैं। इन्होंने सर्वप्रथम 'आँसू' में लिखा है :

तुम सत्य रहे चिरसुन्दर, मेरे इस मिथ्या जग के,
थे केवल जीवन-संगी कल्याण कलित इस मग के।

इस तरह कवि यह प्रतिपादित करता है कि उसे शिवत्व से युक्त मार्ग में जो जीवन-संगी मिला है, वह इस मिथ्या जगत में चिर सत्य और सुन्दर है।

वेदों में सत्य को प्रकाशमय और त्रिकाल से अबाधित माना गया है। इस अनन्त ब्रह्मांड में जो कुछ भी घटित हो रहा है, उसमें सृष्टि का संचालन करनेवाले अनन्त-विवेक का ही हाथ है। देव सत्य से और मनुष्य अनृत भाव से संयुक्त होते हैं। शतपथ ब्राह्मण के अनुसार सत्य का पालन करने से तेज का संचय होता है। मुंडोपनिषद में 'सत्यमेव जयते नानृतम्' अर्थात् सत्य ही विजयी होता है, असत्य नहीं—कहकर सत्य के सार्वभौम-शाश्वत महत्त्व का प्रतिपादन किया गया है। महाकवि जयशंकर प्रसाद एक ऋषिदृष्टि-सम्पन्न मनीषी की तरह 'कामायनी' के 'कर्म सर्ग' में सत्य का स्वरूप-विश्लेषण करते हैं जो उत्तर सत्य (Post & Truth) के वर्तमान दौर में बेहद प्रासंगिक बन पड़ा है :

बन जाता सिद्धान्त प्रथम फिर पुष्टि हुआ करती है।
बुद्धि उसी ऋण को सबसे ले, सदा भरा करती है॥

× × ×

सदा समर्थन करती उसका तर्कशास्त्र की पीढ़ी।
ठीक यही है सत्य, यही है उन्नति सुख की सीढ़ी॥
और सत्य यह एक शब्द तू कितना गहन हुआ है।
मेधा के क्रीड़ा पंजर का पाला हुआ सुआ है॥
सब बातों में खोज तुम्हारी रट सी लगी हुई है।
किन्तु स्पर्श के तर्क करों से बनता छुई-मुई है॥

प्रसाद जी की सत्यान्वेषी दृष्टि यह प्रतिपादित करती है कि सत्य तर्क के कठोर हाथों का स्पर्श पाकर छुई-मुई हो जाता है। अतः बुद्धि पर लोगों को विश्वास नहीं होता क्योंकि उसके द्वारा सत्य को छोड़कर सब कुछ सिद्ध हो सकता है। जब लोग बुद्धि का सहारा अपनी भली-बुरी वृत्तियों को ठीक प्रमाणित करने के लिए लेते हैं तब प्रसाद जी अनुभूति की प्रामाणिकता एवं आत्मा के सत्य की प्रतिष्ठा करते हैं। फलस्वरूप इनका सर्जनात्मक लेखन भी ईश्वर की तरह अन्तर्निहित और परात्पर बन गया है। प्रसाद जी सत्य, शिव और सुन्दर में अभेद स्थापित करनेवाले कलाकार हैं। इन्होंने काव्य के चरम उद्देश्य के रूप में 'श्रेय' और 'प्रेय' की प्रतिष्ठा की है। इनकी शिवत्व सम्बन्धी मान्यता अत्यन्त व्यापक है जो मानव मात्र को दुख की भावना को आनन्द की अग्नि में जला देने का सन्देश देती है। प्रसाद जी शिवत्व

की भौतिकवादी व्याख्या भी करते हैं और 'स्कन्दगुप्त' जैसे महाकाव्यात्मक नाटक में स्पष्ट शब्दों में लिखते हैं : "अन्न पर स्वत्व है भूखों का और धन पर स्वत्व है देशवासियों का।" इनकी शिवं सम्बन्धी अवधारणा ग्रहण और त्याग के विवेक पर आधारित है। इन्होंने श्रद्धा और इड़ा, दोनों ही चरित्रों के माध्यम से शिवत्व-बोध को तार्किक परिणति प्रदान की है। इनकी दृष्टि में श्रद्धा स्वयं जगत की अकेली मंगल कामना है। वह विश्व की पुलकित चेतना और पूर्ण काम की प्रतिमा है। वह 'चेतना का उज्ज्वल वरदान' और 'वसुधा का गौरव' है। वह मनु को उज्ज्वल नव-मानवता के स्वरूप का बोध कराते समय बड़े ही आधुनिक ढंग से अविवेकपूर्ण संग्रह वृत्ति का निषेध करती है :

मनु क्या यही तुम्हारी होगी, उज्ज्वल नव-मानवता,
जिसमें सबकुछ ले लेना हो, हंत बची क्या शवता!!

वह प्रकारान्तर से वर्तमान उत्तर-आधुनिकतावाद के उस अभिलक्षण की प्रतिष्ठा करती है जिसमें सर्वसत्तावाद, अधिनायकवाद और सर्वाधिकारवाद का विरोध किया गया है। वह सुख के केन्द्रीकरण का प्रतिरोध करते हुए वर्तमान भौतिकवादी सभ्यता के सर्वभक्षी रूप का प्रभावी तरीके से निषेध करती है। वह जिन शब्दों में मनु को विश्व-मानवतावाद और सर्वजनहिताय के विराट लक्ष्य के प्रति संकल्पित होने के लिए सनद्ध करती है, वह वर्तमान समय के विश्व-बाजारवाद और उपभोक्तावाद की आयोजक-नियोजक शक्तियों की अंधी स्वार्थपरता तथा सीमाहीन लाभवृत्ति पर प्रखर काव्यात्मक आक्रमण है। शिवत्व-बोध का ऐसा उदाहरण अत्यन्त दुर्लभ है :

अपने में भर सब कुछ कैसे, व्यक्ति विकास करेगा।
यह एकान्त स्वार्थ भीषण है, अपना नाश करेगा॥
औरों को हँसते देखो मनु, हँसो और सुख पाओ।
अपने सुख को विस्तृत कर लो, सबको सुखी बनाओ॥

कहना न होगा कि यह प्रसाद के शिवत्व-बोध का चरम बिन्दु है जो मनुष्य के अभावों तथा दुख-दग्ध जगत की तमाम व्याधियों के निराकरण का सम्यक् निदर्शन है। यह मनुष्य जीवन के लिए एक सार्वभौम-शाश्वत आचार-संहिता की तरह है जिनके सम्यक् अनुपालन द्वारा सम्पूर्ण मनुष्यता का कल्याण सम्भव है। इसी तरह वे इड़ा के माध्यम से भी सम्पूर्ण मनुष्य जाति को निर्बाध भोग-लालसा के खतरे के प्रति सचेत करते हैं। वह मनु को सुख मर्यादा निर्धारित करने के लिए कहती है :

अपना हो या औरों का सुख, बढ़ा कि बस दुख बना वहीं।
कौन बिन्दु है रुक जाने का यह जैसे कुछ ज्ञात नहीं॥

इस तरह प्रसाद जी शिव के केवल दार्शनिक स्वरूप का ही निर्वचन नहीं करते बल्कि अपने जीवन-जगत के गहरे और पुष्ट बोध द्वारा उसके भौतिकवादी वैश्विक स्वरूप का भी निर्वचन करते हैं। इससे उनके जीवन के व्यापक एवं विकसित ज्ञानात्मक आधार का परिचय मिलता है। प्रसाद जी की कविता सत्यं, शिवं और सुन्दरम् के द्वारा उदात्त मूल्यों की सृष्टि करती है। इनकी सौन्दर्य सम्बन्धी अवधारणा उपभोग के बजाय भावनात्मक उन्नयन का साधन है। इनका सम्पूर्ण साहित्य सौन्दर्य की नाना रूपात्मक छवियों का साक्षात् विग्रह है। इनसे बड़ा सौन्दर्य-स्रष्टा कवि सम्पूर्ण विश्व में दुर्लभ है। यह अपने मूल रूप में सौन्दर्यकार ही हैं। इनका काव्य सौन्दर्य की पराकाष्ठा पर पहुँचकर उदात्त का चरम प्रतिमान बन गया है। प्रसाद की सौन्दर्य सम्बन्धी अवधारणा मांगलिक अवधारणा है जो प्रणम्य है। इनके सौन्दर्यशास्त्रीय पक्ष का विश्लेषण करते हुए डॉ. हजारीप्रसाद द्विवेदी ने ठीक ही लिखा है : "प्रसाद के समान सौन्दर्य के प्रेमी कवि बहुत ही विरल हैं और पार्थिव सौन्दर्य को स्वर्गीय महिमा से मंडित करके प्रकट करने का सामर्थ्य तो इतना और किसी में नहीं है।" प्रसाद जी 'कामायनी' के 'लज्जा सर्ग' में सौन्दर्य का स्वरूप-विश्लेषण जिन पंक्तियों में करते हैं, उसकी कोई समकक्षता नहीं कर सकता। वे सौन्दर्य मात्र का चित्रण करते हुए लिखते हैं :

अम्बर-चुंबी हिम-शृंगों से कलरव कोलाहल साथ लिए,
विद्युत की प्राणमयी धारा बहती जिसमें उन्माद लिए।
मंगल कुंकुम की श्री जिसमें निखरी हो ऊषा की लाली,
भोला सुहाग इठलाता हो ऐसी हो जिसमें हरियाली।
हो नयनों का कल्याण बना आनन्द सुमन सा विकसा हो,
वासंती के वन-वैभव में जिसका पंचम स्वर पिक सा हो।
जो गूँज उठे फिर नस-नस में मूर्च्छना समान मचलता-सा,
आँखों के साँचे में आकर रमणीय रूप बन ढलता-सा।
नयनों की नीलम की घाटी, जिस रस घन से छा जाती हो,
वह कौंध की जिससे अन्तर की शीतलता ठंडक पाती हो।
हिल्लोल भरा हो ऋतुपति का गोधूली की सी ममता हो,
जागरण प्रात-सा हँसता हो जिसमें मध्याह्न निखरता हो।
हो चकित निकल आई सहसा जो अपने प्राची के घर से ,
उस नवल चन्द्रिका से बिछले जो मानस की लहरों पर-से।
फूलों की कोमल पंखुड़ियाँ बिखरें जिसके अभिनन्दन में,
मकरन्द मिलाती हो अपना स्वागत के कुंकुम चन्दन में।

कोमल किसलय मर्मर-रव से जिसका जयघोष सुनाते हों जिसमें दुख-सुख मिलकर मन के उत्सव आनन्द मनाते हों।

उज्ज्वल वरदान चेतना का सौन्दर्य जिसे सब कहते हैं,
जिसमें अनन्त अभिलाषा के सपने सब जगते रहते हैं।

इस तरह प्रसाद जी जिन पंक्तियों में सौन्दर्य का स्वरूप-विश्लेषण करते हैं, उसका स्वरूप तो अद्वितीय है ही, लेकिन मेरा मानना है कि ऐसी अप्रतिम काव्य-पंक्तियाँ विश्व की किसी भी भाषा के साहित्य में नहीं मिलेंगी। यह हम वाल्मीकि, व्यास, कालिदास, भारवि, जायसी, तुलसी, होमर, वर्जिल, दांते, मिल्टन, गेटे और इलियट के अध्ययन के उपरान्त कह रहे हैं। यहाँ सौन्दर्य की परिभाषा ही नहीं अपितु काव्य-सौन्दर्य भी अपने प्रकर्ष पर पहुँच गया है। कविता का ऐसा औदात्य किसी स्वर्गीय अनुभव से कम नहीं है। इस तरह प्रसाद जी के अनुसार सौन्दर्य वह है जिसमें अम्बरचुंबी हिमश्रृंगों से कलरव-कोलाहल के साथ विद्युत की उन्मादमयी प्राणधारा बहती है। यह अनुराग-सुहाग और मंगल-कुंकुम की श्री से उन्मीलित और परिपूर्ण है जो आनन्द-सुमन के समान विकसित होकर नयनों का कल्याण बन जाता है। यह वसन्त ऋतु के वन-वैभव में कोकिल के पंचम स्वर-सा मनोहर है। यह संगीत के मूर्च्छना राग के समान मचलता-सा शरीर की नस-नस में गूँज उठता है और आँखों के साँचे के साँचे में आकर रमणीय रूप बनकर ढल जाता है। कवि के अनुसार नयन रूपी नीलम की घाटी में जब सौन्दर्य-रूपी रस के बादल छा जाते हैं तब सौन्दर्य वह कौंध बन जाता है जिससे अन्तर की शीतलता तक ठंडक पाती है। इस सौन्दर्य में वसन्त का हिल्लोल, गोधूलि की-सी ममता प्रभातकालीन जागरण और मध्याह्न की-सी प्रखरता का संश्लेषण है। वह सौन्दर्य अपने प्राची के घर से सहसा चकित होकर निकलनेवाली नवल चन्द्रिका से प्रकट होकर मानसरोवर की लहरों पर बिछलता है। यह सौन्दर्य फूलों की पंखुड़ियों-सा कोमल, मकरन्द-सा रसमय और नये पत्तों के मर्मर-सा सुख संगीतपूर्ण है जिसमें मन के दुख और सुख, दोनों मिलकर उत्सव एवं आनन्द मनाते हैं। यह चेतना का उज्ज्वल वरदान है जिसे सम्पूर्ण संसार सौन्दर्य कहकर सम्बोधित करता है। इस सौन्दर्य में अनन्त अभिलाषा के सब सपने जगते रहते हैं अर्थात् यह अनन्त अभिलाषाओं का पूरक है। इस तरह प्रसाद जी का मानना है कि जो मानवीय चेतना को उज्ज्वल बनाए, वही सौन्दर्य है। इन्होंने सौन्दर्य को शुभ्र जीवन-चेतना के रूप में प्रस्तुत करके न केवल उसकी परिभाषा को अर्थ-व्याप्ति प्रदान की है अपितु उक्त चित्रण में काव्यत्व का जो ऐश्वर्य प्रस्तुत किया है, वह उदात्त की चरम सिद्धि है।

भारतीय अस्मिता के मौलिक अन्वेषी और सांस्कृतिक राष्ट्रवाद के प्रशस्त चित्रकार

जयशंकर प्रसाद का सम्पूर्ण साहित्य भारतीयता के संधान और निर्माणक तत्त्वों से परिपूर्ण है। उसकी पृष्ठभूमि में एक समग्र भारतीय दृष्टि एवं सृजन-धर्मिता कार्य करती है। इन्होंने अपने विराट अध्ययन से भारतीयता का एक व्यापक एवं संश्लिष्ट रूप विकसित किया है। प्रसाद जी ने अपने व्यापक अनुसंधान और प्रातिभ-कौशल के बल पर भारतीय इतिहास, दर्शन, सभ्यता-संस्कृति, ज्ञान-विज्ञान और साहित्य को विशुद्ध भारतीय चिन्तन परम्परा के द्वारा विश्लेषित किया है।

प्रसाद का मानना है कि आध्यात्मिकता भारतीय साहित्य एवं अस्मिता का प्राण है। भारतवर्ष का सांस्कृतिक व्यक्तित्व बहुलतावादी समाज और साझी विरासत का बहुस्तरीय संश्लेषण है। इनकी भारतीयता सम्बन्धी स्थापनाएँ पश्चिम भक्त लेखकों और औपनिवेशिक मानसिकता से आक्रान्त इतिहासकारों के विरोध में जाती है। प्रसाद जी अपनी भेदक एवं प्रशस्त इतिहास-दृष्टि के बल पर विदेशी सत्ता द्वारा देश के इतिहास को विकृत करने और भारतवर्ष के राष्ट्रीय गौरव तथा जातीय अस्मिता के साथ हो रहे खिलवाड़ का प्रतिकार कर रहे थे। वे मैकाले और मैक्समूलर के भारत विरोधी षड्यंत्र से भी परिचित थे जो भारतीय दर्शन, साहित्य, संस्कृति और इतिहास को सुनियोजित तरीके से विकृत कर रहे थे। फलस्वरूप वे इतिहास को देखने की आत्मनिर्भर दृष्टि का विकास करते हैं जो अतीत को वर्तमान की आँख से और भविष्य को अतीत एवं वर्तमान के अनवरत विकास में देखते हैं। इनकी भारतीयता आत्मनिर्भर और आत्मचेतस है। वह स्वदेशी-भावना, गहन दायित्वबोध और आत्मान्वेषण की फलश्रुति है। यही कारण है कि इनकी साहित्यिक दृष्टि जीवन-संघर्ष और दुख-दग्ध जगत से जूझते हुए भी जीवन-मूल्यों की प्रतिष्ठा तथा मानव भविष्य के प्रति अत्यन्त विवेकपूर्ण संकेत करती है। इनकी भारतीयता सत्यान्वेषण, गहन संवेदना और जीवन-जगत के बाह्य परिवेश को परस्पर समन्वित करके अपना स्वरूप विकसित करती है। प्रसाद जी भली भाँति जानते थे कि किसी भी राष्ट्र का अस्मिताबोध उसके इतिहास, संस्कृति, ज्ञान-परम्परा, साहित्यिक समृद्धि और भाषिक अनुप्रयोग पर निर्भर करता है। फलतः इनकी विचार-दृष्टि भारतीय चिन्तनधारा के अनुरूप उदार और सर्वसमावेशी है। इन्होंने भारतीय चिन्तनधारा के क्रम में वेद, उपनिषद्, ब्राह्मण ग्रंथ, श्रीमद्भगवद्गीता, शैवमत, बौद्धिक और वैष्णव मत को रखा है। आप सम्पूर्ण भारतीय ज्ञान परम्परा और पश्चिम के वरेण्य पक्षों द्वारा जिस जटिल, वैविध्यपूर्ण और गहनस्तरीय-संश्लिष्ट भारतीय अस्मिता का बोध विकसित करते हैं, वह सही मायने में भारतीय चिन्तनधारा का सफलतम प्रतिनिधित्व करती है। प्रसाद जी स्वाधीनता-संग्राम के समानान्तर अपने साहित्य द्वारा राष्ट्रीय-संग्राम

लड़ रहे थे। इन्होंने स्वदेशाभिमान, जातीय गौरव और राष्ट्रीय अस्मिता के पुनर्निर्माण द्वारा भारतवासियों के मन में आत्मविश्वास भरने का कार्य किया। आपने राष्ट्रीयता, देशभक्ति, विदेशी शिकंजे से देश को आज़ाद कराने का संघर्ष, एकता और समवेत जागरण के स्वप्न तथा साहित्यिक-सांस्कृतिक और भाषिक विकास को अपने लेखन की प्रेरणा के रूप में नियोजित किया। प्रसाद के लिए सांस्कृतिक राष्ट्रवाद एक मूल्य है। फलतः वे व्यक्तिगत संघर्ष को राष्ट्रीय एवं जातीय जीवन के संघर्ष में रूपान्तरित कर देते हैं। इन्होंने भारतीय जनमानस के बिखरे हुए स्वाभिमान को जगाते हुए भारतीय अस्मिता, संस्कृति एवं दर्शन के बीच एक प्रगाढ़ सम्बन्ध स्थापित किया। वे जिन बड़ी चिन्ताओं, प्रश्नों और महान जीवन-सत्यों को वाणी देते हैं, वे अपनी बहुस्तरीय अर्थवत्ता में अब और भी प्रासंगिक हो गए हैं। इन्होंने एक युगद्रष्टा रचनाकार की भाँति अपनी भविष्य-वेधी दृष्टि द्वारा भारतीय परम्परा के पुनर्मूल्यांकन करते हुए उसका नया पाठ तैयार किया। आपकी भारतीयता एक विशेष भौगोलिक और ऐतिहासिक परम्परा के भीतर मनुष्य के सर्वोत्तम अंश को प्रकाशित करने के प्रयास की अभिव्यक्ति है। इन्होंने अपनी अप्रतिम प्रतिभा के बल पर भारतीयता के निर्माणक तत्त्वों के अन्तर्गत भारतीय मनुष्य, साहित्य, चिन्तन की स्वतंत्रता, बाहरी ग्रहण करने योग्य तत्त्वों को पचाकर हजम कर जाने की क्षमता और समय के अनुकूल इसी में परिवर्तन कर देने की योग्यता का समावेश किया। यही कारण है कि समरसता प्रसाद साहित्य का मेरुदंड है। इन्होंने अनेक धर्मों, विचारधाराओं, जीवन प्रणालियों, भौगोलिक, सांस्कृतिक और भाषिक विविधता के रहते हुए भी अपनी भारतीयता में विद्यमान असन्दिग्ध एकता को रमणीय रूप में प्रस्तुत किया है। इनकी भारतीयता सम्बन्धी सम्पूर्ण अवधारणा स्कन्दगुप्त के समवेत गीत में है जिसमें हमारी चिन्तनधारा का सार आ गया है। वे लिखते हैं :

हिमालय के आँगन में उसे प्रथम किरणों का दे उपहार।
उषा ने हँस अभिनन्दन किया और पहनाया हीरक हार॥
जगे हम लगे जगाने विश्व लोक में फैला तब आलोक।
व्योम तम पुंज हुआ तब नष्ट, अखिल संसृति हो उठी अशोक॥

× × ×

किसी का हमने छीना नहीं, प्रकृति का रहा पालना यहीं।
हमारी जन्मभूमि थी यही कहीं से हम आए थे नहीं॥

× × ×

वही है रक्त, वही है देश, वही साहस है वैसा ज्ञान।
वही है शान्ति, वही है शक्ति, वही हम दिव्य आर्य संतान॥

जिएँ तो सदा उसी के लिए, यही अभिमान रहे यह हर्ष।
निछावर कर दें हम सर्वस्व, हमारा प्यारा भारतवर्ष॥

इस तरह प्रसाद जी भारतीय संस्कृति, समृद्धि और औदात्य का भास्वर चित्र उपस्थित करके देशवासियों को राष्ट्रीयता का आधार देते हैं। इनके सम्पूर्ण साहित्य में स्वाधीनता-आन्दोलन की लय से प्राप्त मुक्तिचेतना का जो प्रबल आग्रह मिलता है, वह सांस्कृतिक राष्ट्रवाद के व्यक्तित्व का निर्धारक है। प्रसाद जी न केवल देशवासियों के भीतर देश-प्रेम की आग जलाते हैं अपितु उन्हें देश की स्वतंत्रता के लिए लड़ने और अपना सर्वस्व न्योछावर कर देने के लिए प्रेरित भी करते हैं। प्रसाद जी का सांस्कृतिक राष्ट्रवाद और राष्ट्रीय चेतना अतिशय प्रशस्त एवं व्यापक है। उनके यहाँ राष्ट्र-राज्य की संकल्पना तब अपने परिष्कृत रूप में आती है जब वे कार्नेलिया द्वारा भारतीय संगीत का अभ्यास करते हुए भारत-प्रेम से अनुप्राणित गीत प्रस्तुत करवाते हैं :

अरुण यह मधुमय देश हमारा।
जहाँ पहुँच अनजान क्षितिज को मिलता एक सहारा॥

यह गीत न केवल देशानुराग से अनुप्राणित है अपितु सांस्कृतिक राष्ट्रवाद का अत्यन्त काव्यात्मक चित्र भी है। आचार्य रामचन्द्र शुक्ल ने प्रकृति-प्रेम और देश-प्रेम को पर्याय के रूप में उपस्थित किया है। इस आधार पर प्रसाद जी सबसे बड़े देश-प्रेमी ठहरते हैं। इनके सम्पूर्ण साहित्य में प्रकृति का जो वैविध्यपूर्ण, मनोरम और काव्यात्मक चित्रण हुआ है, वह अपना सानी नहीं रखता। अज्ञेय ने प्रसाद के अस्मिता-बोध पर विचार करते हुए लिखा है : "प्रसाद के साहित्य ने भारतीय समाज में एक ऐतिहासिक अस्मिता-बोध, एक नियति-बोध (सेंस ऑफ डेस्टिनी) जगाने का प्रयत्न किया और ऐसे काल में किया जब देश अपनी स्वाधीनता के लिए लड़ रहा था। राष्ट्रत्व के लिए ऐसा अस्मिता-बोध और नियति-बोध केवल प्रेरक तत्त्व ही नहीं होते, इस बोध पर राष्ट्र खड़ा होता है। आत्म-बोध और ऐतिहासिक नियति-बोध से वह आस्था मिलती है जो स्वाधीनता-संग्राम का असली बल होती है, और प्रसाद ने उस संग्राम के आरम्भिक युग में इस आस्था का एक पुष्ट आधार दिया।" इस तरह प्रसाद जी ने अपने व्यापक एवं गहनस्तरीय लेखन द्वारा भारतीय अस्मिता के सभी आयामों एवं सम्भावनाओं को तराशा। उन्हें अपने चिन्तन का बल देकर दीप्तिमान बनाया। आपने मानव सभ्यता और विश्व मनुष्यता के विकास में न केवल भारत की भूमिका को रेखांकित किया अपितु संसार को भारत के आध्यात्मिक-दार्शनिक, साहित्यिक-सांस्कृतिक दान का पूरी निष्ठा के साथ निर्वचन किया। इनका सम्पूर्ण साहित्य इस अर्थ में विशिष्ट है कि वह भारतीय अस्मिता के मौलिक अन्वेषण और सांस्कृतिक राष्ट्रवाद के सभी

आशयों को संश्लिष्ट रूप में प्रस्तुत करता है। उसे विराट भावना और हार्दिक बौद्धिकता द्वारा निरूपित करता है।

विविध विधाओं में विश्वस्तरीय लेखन

जयशंकर प्रसाद की महानता का एक बहुत बड़ा कारण उनकी बहुआयामी प्रतिभा है जो उन्हें साहित्य की हर महत्त्वपूर्ण विधा में उच्च स्तरीय लेखन कार्य करने के लिए संलग्न करती है। इनकी काव्य-कृतियों में 'चित्राधार', 'प्रेम राज्य', 'प्रेम पथिक', 'कानन कुसुम', 'महाराणा का महत्त्व', 'झरना', 'आँसू', 'लहर' और 'कामायनी' महाकाव्य का समावेश किया जाता है। इसके अलावा इन्होंने 'करुणालय' नामक गीति नाट्य अथवा पद्य नाटक भी लिखा है। 'उर्वशी' और 'बभ्रुवाहन' नामक चम्पू काव्य की रचना करके आप संस्कृत की इस लुप्तप्राय विधा का पुनराविष्कार करते हैं। आपने 'सज्जन', 'प्रायश्चित्त', 'कल्याणी-परिणय', 'राज्य-श्री', 'विशाख', 'अजातशत्रु', 'जनमेजय का नागयज्ञ', 'स्कन्दगुप्त', 'चन्द्रगुप्त', 'ध्रुवस्वामिनी' और 'अग्निमित्र' जैसे नाटकों की सृष्टि द्वारा हिन्दी नाटक को विश्वस्तरीय बनाने का ऐतिहासिक कार्य किया। आप हिन्दी के प्रथम एकांकी 'एक घूँट' और पहले अन्यापदेशिक नाटक 'कामना' के भी ख्यातिलब्ध स्रष्टा हैं। आपने 'कंकाल', 'तितली' और 'इरावती' (अपूर्ण) जैसे उपन्यासों की रचना द्वारा हिन्दी उपन्यास को ठोस भित्ति प्रदान की। आपके द्वारा रचित 'कंकाल' उपन्यास हिन्दी का पहला यथार्थवादी उपन्यास है। आपके द्वारा लिखित 70 कहानियाँ 'छाया', 'प्रतिध्वनि', 'आकाशदीप', 'आँधी' और 'इन्द्रजाल' नामक संकलनों में संगृहीत हैं। इनका शिल्प-विधान अद्वितीय और विश्वस्तरीय है। इन्होंने 'चन्द्रगुप्त मौर्य की जीवनी' और 'मधुप गुनगुनाकर कह जाता कौन कहानी यह अपनी' शीर्षक लम्बी कविता द्वारा आत्मकथा का भी प्रणयन किया। इन्होंने 'काव्य कला और अन्य निबन्ध' में न केवल विश्वस्तरीय निबन्धों की रचना की अपितु छायावाद, रहस्यवाद, यथार्थवाद और काव्य-कला के विवेचन में सैद्धान्तिक आलोचना का उत्कृष्ट रूप प्रस्तुत किया है। साथ ही, निराला की 'गीतिका' की भूमिका में 'सभी स्वरों का समावेश' बताते हुए अत्यन्त सुन्दर व्यावहारिक समीक्षा भी लिखी। आपने 'इन्दु' पत्रिका के सम्पादन द्वारा न केवल साहित्यिक विधाओं के विकास में उल्लेखनीय भूमिका निभाई बल्कि उसके सफल सम्पादन द्वारा एक उच्च स्तरीय साहित्यिक पत्रिका के सम्पादक की छवि भी निर्मित की। इस तरह प्रसाद का सम्पूर्ण लेखन हिन्दी साहित्य को विश्वस्तरीय और वैविध्यपूर्ण बनाने के विराट संकल्प की अभिव्यक्ति है। इस महान संकल्प के कारण वे गुण और परिमाण, दोनों ही दृष्टियों से अत्यन्त उत्कृष्ट और विपुल साहित्यिक-सृजन में बहुमुखी उपलब्धियाँ अर्जित करते हैं। आप इस दृष्टि से भी

अतिशय विशिष्ट रचनाकार हैं कि आपके जीवनानुभव, चिन्तन-मनन और लेखन में एकरूपता है। ये सब परस्पर अनुस्यूत हैं। इनका जीवन और जगत सम्बन्धी अनवरत चिन्तन जिस गहनता और सर्जनात्मकता के साथ इनके सम्पूर्ण साहित्य में रूपायित हुआ है, वह इन्हें विश्व के महानतम कलाकारों की पाँति में बिठाता है।

प्रसाद जी काव्य के विविध रूपों के क्षेत्र में भी नित नये प्रयोग करते हैं। इन्होंने मुक्तक काव्य, चम्पू काव्य, गद्य काव्य, गीति काव्य, खंड काव्य, लम्बी कविता और महाकाव्य जैसे काव्य रूपों का सफल प्रयोग करते हुए उसमें अपने निजी वैशिष्ट्य को भी सुरक्षित रखा है। इनके काव्य के सभी रूपों में उसके अन्तरंग और बहिरंग का जो सर्वांगपूर्ण ऐश्वर्य प्रस्तुत हुआ है, वह हिन्दी साहित्य की अनमोल निधि है। इनके जटिल, बहुस्तरीय और बहुआयामी साहित्य को किसी एक विचारधारा अथवा प्रतिमान के आधार पर विश्लेषित नहीं किया जा सकता। इनका सम्पूर्ण साहित्य आलोचकों के लिए आज भी चुनौती एवं पहेली बना हुआ है। क्योंकि एक संश्लिष्ट और समग्र सर्जक के बहुविध रूपों के मूल्यांकन का कोई भी एकांगी निकष कमतर सिद्ध होता है। इनका सम्यक् मूल्यांकन भारतीय और पाश्चात्य काव्य-चिन्तन एवं आलोचना पद्धतियों के सुपरिणत संश्लेषण द्वारा ही सम्भव है। इनके गुणवत्तापूर्ण विपुल साहित्य में अन्तर्वस्तु ऐतिहासिक, मनोवैज्ञानिक, रोमांटिक, दार्शनिक, वैज्ञानिक, सामाजिक-सांस्कृतिक और राष्ट्रीय अस्मिताबोध से अनुप्राणित है तो शिल्प-विधान क्लासिक अथवा आभिजात्यवादी है। अत: मूल्यांकन का इकहरा मानदंड हमेशा हेठा सिद्ध हो जाता है। वस्तुत: 'क्लासिक' और 'रोमांटिक' काव्य कला तथा साहित्यिक अध्ययन की सार्वभौम-शाश्वत प्रवृत्तियाँ एवं रचना-पद्धतियाँ हैं। ये दोनों ऊपर से विपरीत दिखने पर भी अन्तरावलम्बित हैं। क्योंकि साहित्य-सृजन और मूल्यांकन का सबसे बड़ा किन्तु आश्चर्यजनक सत्य यह भी है कि स्वच्छंदतावादी सर्जना अपनी रचनात्मक उपलब्धि के चरम शिखर पर पहुँचकर क्लासिक हो जाती है। दोनों की सहस्थिति ही रचनात्मक उपलब्धि, कलात्मक उत्कर्ष और काव्यात्मक औदात्य के सर्वोच्च शिखर तक ले जाती है। प्रसाद इसी समन्वित उपलब्धि के रचनाकार हैं। यही कारण है कि इनके विरोधी भी इनके सर्जनात्मक सम्मोहन से बँध जाते हैं और इनके काव्यात्मक वैभव की प्रशंसा करने लगते हैं। प्रसाद का सम्पूर्ण लेखन गुण और परिमाण, दोनों ही दृष्टियों में उत्कृष्ट एवं विपुल होने के साथ-साथ साहित्य की सनातन प्रवृत्ति के चित्रण का अपूर्व निदर्शन है। इनके साहित्य में मनुष्य मात्र के मन, प्राण और आत्मा की चिरन्तन भूख मिटाने की शक्ति है। वह भले ही एक विशिष्ट ऐतिहासिक परिवेश और जीवन-जगत के प्रति गहन एवं तीव्र संवेदनात्मक प्रतिक्रिया के फलस्वरूप अभिव्यक्त हुआ है परन्तु इसमें जीवन-जगत, मनुष्य, समय-समाज और साहित्य के बारे में चिरन्तन सत्य की अभिव्यंजना हुई है। इनमें ऐसी समस्याएँ और जीवन-स्थितियाँ चित्रित हैं जो देश-काल की सीमाओं से परे हैं—जो देश-

देशान्तर और युग-युगान्तर के लिए प्रासंगिक हैं। यही कारण है कि इनकी प्रासंगिकता निरन्तर विकासमान है। मेरा मानना है कि जब-जब मनुष्य सभ्यता एवं संस्कृति के दबावों, कृत्रिमता, वैज्ञानिकता के अतिरेक तथा यांत्रिकता के सीमाहीन प्रसार के कारण घुटन, जड़ता और ऊब का अनुभव करेगा तब-तब उसे संवेदनात्मक और बौद्धिक खुराक प्राप्त करने तथा तरोताजा होने के लिए प्रसाद साहित्य एक स्वर्गीय पर्यावरण उपलब्ध कराता है। इनका सम्पूर्ण साहित्य न केवल अपने समय की श्रेष्ठतम कलात्मक उपलब्धि का चरम आदर्श है अपितु वह आगामी सर्जनात्मकता के लिए भी सदैव प्रेरक एवं उपयोगी बना रहेगा। इनका लेखन कृति एवं कृतिकार की चिरन्तन महिमा का शाश्वत मानक एवं अनुकरणीय आदर्श है। यह मनुष्य की सर्जनात्मक शक्ति को उस सीमा तक ले जाता है जिसके बारे में स्वयं इन्होंने कहा था : "जिसके आगे राह नहीं।" इस तरह प्रसाद का सम्पूर्ण लेखन विश्वस्तरीय एवं सार्वभौम-शाश्वत महत्त्व का है।

आत्मवेदना का विश्ववेदना तथा प्रगीतात्मक प्रतिभा का महाकाव्यात्मक विन्यास में रूपान्तरण

यह सर्वविदित है कि महाकवि जयशंकर प्रसाद का जन्म काशी के सुप्रसिद्ध सुँघनी साहु परिवार में हुआ था परन्तु उनका वैयक्तिक जीवन कितना संघर्षमय और वेदना से परिपूर्ण था, यह बहुत कम लोग जानते हैं। इनका बचपन जितना ऐश्वर्य और वैभव से परिपूर्ण परिवेश में व्यतीत हुआ, किशोर वय तथा उसके बाद का जीवन उतना ही त्रासद और वेदना के दुर्वह भार से आक्रान्त रहा है। प्रसाद का दुख-दग्ध जीवन संघर्ष और वेदना का ऐसा पारावार था जो दोहरे तनाव को लेकर चल रहा था। उनकी अपार वेदना का पहला कारण अत्यन्त प्रिय व्यक्तियों का विछोह था तो दूसरा कारण गृहकलह से उत्पन्न भयावह आर्थिक कष्ट था। सबसे पहले 1901 ई. में इनके पिता देवीप्रसाद सुँघनी साहू का स्वर्गवास हो गया और काशी का यह प्रतिष्ठित परिवार गृह कलह का शिकार हो गया। इनकी माँ ने रोकने का अनथक प्रयास किया परन्तु इनके चाचा के आगे उनकी एक न चली। फलस्वरूप इनके बड़े भाई और चाचा के बीच चले मुकदमे में शम्भुरत्न प्रसाद की जीत हुई। अन्ततः पैतृक सम्पत्ति का बँटवारा हो गया। जब प्रसाद जी ने बड़े भाई शम्भुरत्न प्रसाद और अपनी माँ के साथ बँटवारे के बाद मिले घर में प्रवेश किया तो इनके घर में भोजन आदि के पात्र भी न थे। इनके बड़े भाई को दुकान के साथ ही रुपये 198200/- का उस समय कर्ज भी मिला, जिसे उतारने के लिए उन्हें जौनपुर स्थित फार्महाउस और ज्ञानवापी की बड़ी कोठी बेचनी पड़ी। इस दुरवस्था के संत्रास से 1905 ई. में इनकी माता श्रीमती मुन्नी देवी भी चल बसीं। तदुपरान्त बड़े भाई शम्भुरत्न प्रसाद

भी 1907 ई. में इन्हें दुख-दग्ध जगत और आनन्दपूर्ण स्वर्ग को मिलाने का दायित्व देकर चल बसे। प्रसाद जी को मात्र सत्रह वर्ष की आयु में रुपये 198200/- (जो आज के हिसाब से करोड़ों के बराबर है) से अधिक के कर्ज के साथ जीवन और दायित्वबोध के घनघोर युद्ध में उतरना पड़ा। इन्होंने जिस श्रम और साधना से अपने परिवार को कर्ज, मुक्त किया, वह भी साहित्यक इतिहास का दुर्लभ पृष्ठ है। प्रसाद की सारी ऊर्जा कर्ज उतारने और पैतृक व्यवसाय को पटरी पर लाने में खर्च हो गई। लेकिन दुख और विपत्ति ने इनका पीछा नहीं छोड़ा। इनके अन्तरतम में महाकाव्य की पीड़ा पुंजीभूत होती रही। इस बीच इनकी कथित प्रेयसी भी इन्हें अकेला छोड़कर अनन्त यात्रा पर चली गई। इसके बाद सन् 1909 ई. में विन्ध्यवासिनी देवी से इनका विवाह हुआ किन्तु नियति ने तय कर रखा था कि विपत्ति, वेदना और अकेलेपन से इन्हें मुक्ति नहीं मिल सकती। फलत: 1916 ई. में इनकी पहली पत्नी का भी निधन हो गया। फिर भाभी और सम्बन्धियों के दबाव के चलते इन्हें सरस्वती देवी से 1917 ई. में दूसरा विवाह करना पड़ा। प्रसाद साहित्य में नियति-बोध उनके जीवन में नियति के क्रूर-विधान से निष्पन्न है। एक वर्ष बाद जब इनकी पत्नी ने पुत्र को जन्म दिया और बहुत समय बाद घर में छठी मनाने का सुअवसर आया तो क्रूर काल ने इनकी दूसरी पत्नी को भी छीन लिया। इस पर भी नियति का क्रूर व्यंग्य देखिए कि जब वह दूसरी पत्नी का अन्तिम संस्कार करने की तैयारी कर रहे थे, तभी वह नवजात शिशु भी भगवान को प्यारा हो गया। सम्भव है कि वेदना और मृत्यु की इन्हीं घटनाओं ने प्रसाद के मन में बुद्ध के दुखवाद के साथ समानुभूति पैदा की होगी परन्तु उनकी अपराजेय प्रतिभा दुख और वेदना के सागर को पार करके आनन्द के साम्यमूलक उत्कर्ष तक पहुँचती है। अब यहाँ सवाल पैदा होता है कि जो व्यक्ति दुख और वेदना के अपार सागर में निमग्न रहा हो, उसे तो महादुखवादी कवि होना चाहिए। लेकिन हुआ उलटा। प्रसादजी हिन्दी के एक मात्र आनन्दवादी कवि हैं। इसका कारण प्रसाद की विराट प्रतिभा और अपरिमित ऊर्जा है जो उन्हें आत्मवेदना को विश्ववेदना में रूपान्तरित करने की शक्ति देती है। वह उन्हें तमाम कष्टों का अतिक्रमण करने की सामर्थ्य प्रदान करती है। इस सन्दर्भ में महादेवी वर्मा का यह कथन चिन्तनीय बन पड़ा है : "कोई महान कवि विशुद्ध आनन्दवादी दर्शन नहीं स्वीकार करता, क्योंकि अधिक और अधिक सामंजस्य की पुकार ही उसके सृजन की प्रेरणा है और वह निरन्तर असन्तोष का दूसरा नाम है। बहुत सम्भव है कि सब प्रकार के अन्तरंग और बहिरंग संघर्षों में मानसिक सन्तुलन बनाए रखने के प्रयास में ही उन्हें उस आनन्दवादी दर्शन की उपलब्धि हो गई हो, जिसके भीतर करुणा की अन्त:सलिला प्रवाहित है। जीवन और मृत्यु के संघर्ष का यह रोमांचक पृष्ठ हमारे मन में एक जिज्ञासा की पुनरावृत्ति करता रहता है" ('पथ के साथी', 1956)। इस तरह प्रसाद जी की असाधारण प्रतिभा उनके समस्त आन्तरिक और बाह्य संघर्ष से पुंजीभूत आत्मवेदना को विश्ववेदना में रूपान्तरित

कर देती है। 'आँसू' उनकी इन्हीं संचित पीड़ाओं की तीव्रतम संवेदना और गहनतम व्यंजना है। वे भली भाँति जानते थे कि यह विश्व अपने सुख से बेसुध है, अतः वह करुण-कथा अथवा त्रासदी को सुनने-देखने की स्थिति में नहीं है :

बेसुध जो अपने सुख से जिनकी हैं सुप्त व्यथाएँ।
अवकाश भला है किनको सुनने को करुण कथाएँ!!

यही कारण है कि प्रसाद जी आत्मवेदना को विश्ववेदना में रूपान्तरित करके उसे विश्व-मंगल से समंजित कर देते हैं। वे लिखते हैं :

वेदना विकल फिर आई, मेरी चौदहों भुवन में।
सुख कहीं न दिया दिखाई, विश्राम कहाँ जीवन में?

कवि अपने अन्तर्जगत के संघर्ष और विषाद को विश्ववेदना में रूपान्तरित करके सम्पूर्ण जगत के प्रति मंगलाशा प्रकट करता है :

वह ज्वालामुखी जगत की, वह विश्व वेदना वाला।
तब भी तुम सतत अकेली, जलती हो मेरी ज्वाला॥
निर्मम जगती को तेरा मंगलमय मिले उजाला।
इस जलते हुए हृदय की कल्याणी शीतल ज्वाला।

प्रसाद जी की आन्तरिक वेदना और विश्ववेदना में एक गहरी संगति है। जिस तरह प्रसाद का अपना जीवन दुख और वेदना का सारतत्त्व था, उसी प्रकार सम्पूर्ण विश्व के विभिन्न राष्ट्रों के बीच जो गलाकाट साम्राज्यवादी आकांक्षा तथा आपसी वैमनस्य बढ़ रहा था, उसके कारण वह दुख-दग्ध था। यह पारस्परिक विरोध और अविश्वास एक सीमाहीन अन्तर्दाह और ज्वालामुखी उत्पन्न कर रहा था जिसके चलते विश्व का कण-कण आतंक-त्रस्त था। वे 'कामायनी' के 'कर्म सर्ग' में लिखते हैं :

विश्व विपुल आतंक-त्रस्त है, अपने ताप विषम से।
फैल रही है घनी नीलिमा, अन्तर्दाह परम से॥

प्रसाद की विराट प्रतिभा तीन स्तरों पर संघर्षरत थी। उनके वैयक्तिक स्तर पर आन्तरिक संघर्ष, राष्ट्रीय स्तर पर दैत्याकार औपनिवेशिक सत्ता के साथ रचनात्मक संघर्ष और प्रथम विश्वयुद्ध की विभीषिका से उत्पन्न यूरोपीय अन्ध राष्ट्रवाद के द्वितीय विश्वयुद्ध की ओर बढ़ रहे विश्व के प्रति उनके वैचारिक संघर्ष का समुच्चय एवं संश्लेषण 'आँसू' और 'कामायनी' में अत्यन्त तीव्र, प्रबल एवं कल्पनात्मक छवियों के साथ चित्रित हुआ है। फलतः प्रसाद जी 'आँसू' का समापन आत्मवेदना तथा विश्ववेदना के अन्तरावलम्बन में करते हैं :

सबका निचोड़ लेकर तुम, सुख से सूखे जीवन में।
बरसो प्रभात हिम-कन-सा, आँसू इस विश्व-सदन में॥

हमारा कवि केवल आत्मवेदना को विश्ववेदना में ही नहीं रूपान्तरित करता, बल्कि वह विश्व का इकलौता कवि है जो अपनी प्रगीतात्मक प्रतिभा को महाकाव्यात्मक विन्यास में भी रूपान्तरित कर देता है। इनका कवि अपने मूल रूप में प्रगीतकार है। यह भी हिन्दी कविता का दुर्लभ-संयोग है कि जिस कवि का अन्तर्विधान पूर्णत: प्रगीतात्मक है, वही आधुनिक काल का सर्वश्रेष्ठ महाकाव्यकार भी है। प्रसाद के नाटकों की सैकड़ों गीतियाँ, 'झरना' एवं 'लहर' संकलन के प्रगीत और 'कामायनी' के 'निर्वेद सर्ग' का गीत उन्हें एक विश्वस्तरीय गीतकार सिद्ध करता है। इनका सांगीतिक बोध कितना गहरा था, इसका अनुमान उनमें प्रयुक्त सम, ताल, लय, नाद, श्रुति, स्वर, पंचम, सात सुर, आरोह-अवरोह, मूर्च्छना, आलाप, तान, रागिनी, भैरवी, विहाग आदि के संगीतपरक गतिशील संश्लेषण में देखा जा सकता है। इन्होंने अपने तमाम गीतों में चार ताल, अठारह रागों के अलावा अर्द्धशास्त्रीय गायन शैलियों—ठुमरी, दादरा, कजरी, आल्हा इत्यादि का विलक्षण अनुप्रयोग किया है। इनके सुप्रसिद्ध गीतों में 'तुम कनक-किरण के अन्तराल में', 'अरुण यह मधुमय देश हमारा', 'मधुप कब एक कली का है', 'हिमाद्रि तुंग शृंग से', 'प्रबुद्ध शुद्ध भारती', 'हिमालय के आँगन में उसे प्रथम किरणों का दे उपहार', 'आह! वेदना मिली विदाई', 'पैरों के नीचे जलधर हों', 'उठ-उठ री लघु लोल लहर', 'मधुप गुनगुनाकर कह जाता', 'अरी वरुणा की शान्त कछार', 'हे सागर संगम अरुण नील', 'बीती विभावरी जाग री!', 'वे कुछ दिन कितने सुन्दर थे', 'अपलक जलती हो एक रात' और 'तुमुल कोलाहल कलह' में संगीत का अनन्त रमणीय खजाना छिपा हुआ है। प्रसाद अपनी इस अद्वितीय प्रगीतात्मक प्रतिभा के द्वारा लम्बी कविताओं और 'कामायनी' जैसे विश्व के श्रेष्ठतम अलंकृत एवं बिम्बात्मक महाकाव्य की सृष्टि करते हैं। इस वैशिष्ट्य से प्रभावित होकर आचार्य रामचन्द्र शुक्ल जैसे आलोचक को भी लिखना पड़ा कि "प्रसाद जी प्रबन्ध क्षेत्र में भी छायावाद की चित्रप्रधान और लाक्षणिक शैली की सफलता की आशा बँधा गए हैं।" इनका तरल, सूक्ष्म, गहनस्तरीय और सांगीतिक संवेदना से सम्पन्न व्यक्तित्व जिस विश्व-संदृष्टि के साथ 'कामायनी' जैसे जटिल एवं बहुस्तरीय महाकाव्य का सृजन करता है, वह इनकी काव्यात्मक प्रतिभा को अद्वितीय सर्जनात्मक उपलब्धि से मंडित कर देता है। इनकी गहन यथार्थ चेतना और गहरी संवेदना अभिव्यक्ति के विविध सोपानों पर आरूढ़ होकर सुरुचिपूर्ण काव्यात्मक सृजन का नया प्रतिमान निर्मित करती है। यह प्रसाद की महानता का एक अभिनव प्रतिमान है।

प्रेम, सौन्दर्य और प्रकृति के अनन्त रमणीय चित्रकार

प्रसाद की कविता प्रेम और सौन्दर्य के उदात्त मूल्यों की कविता है। यह प्रेम नर-नारी, शिशु-प्रकृति, राष्ट्र-विश्व तथा मनुष्य-मनुष्यता तक परिव्याप्त है। इनका प्रेम मानसिक तथा अशरीरी है। इनके लिए सौन्दर्य उपभोग के बजाय भावनात्मक उन्नयन का साधन है। प्रसादजी का प्रेम-दर्शन अत्यन्त व्यापक है। प्रसाद जी ने 'आँसू' में प्रेम के एकनिष्ठ समर्पण का चित्रण करते हुए लिखा है :

छलना थी, तब भी मेरा उसमें विश्वास घना था।
उस माया की छाया में कुछ सच्चा स्वयं बना था॥

इनके प्रेम और सौन्दर्य-चित्रण का स्वरूप-विश्लेषण करते हुए आचार्य नन्ददुलारे वाजपेयी ने लिखा है : "रूप-वर्णन की जो विशिष्टता प्रसाद में पाई जाती है, अन्यत्र दुर्लभ है। इन्द्रिय संवेदनाओं की मूल भूमिका से उत्थित होकर प्रसाद का रूप-वर्णन रहस्यवादी ऊँचाइयों तक पहुँचा है। प्रेम और सौन्दर्य के शारीरिक उपादानों से लेकर अतिशय आध्यात्मिक भावस्तर पर ले जाने का श्रेय प्रसाद को ही दिया जा सकता है। इस प्रेम और सौन्दर्य-दर्शन की समग्रता प्रसाद के 'कामायनी' महाकाव्य में पूर्णतः प्रतिफलित हुई है।"

प्रसाद जी राष्ट्रप्रेम, मानवीय प्रेम, नारी सौन्दर्य और पल-पल परिवर्तित प्रकृति वेश के अप्रतिम चित्रकार हैं। जहाँ तक सौन्दर्य के चित्रण का सवाल है तो इन्होंने नारी और प्रकृति सौन्दर्य का जो अनन्त रमणीय बिम्ब निर्मित किया है, वह हिन्दी ही नहीं, सम्पूर्ण विश्व साहित्य में एकान्त विरल है। चूँकि नारी के प्रति इनके मन में एक उदात्त भाव भरा था, अतः इनके काव्य में नारी 'देवी, माँ, सहचरी और प्राण' के रूपों में चित्रित होने के बावजूद आजीवन प्रेयसी ही बनी रही। यह दूसरी बात है कि प्रसाद जी ने कमलावती के रूप में रूप-गर्विता भारतेश्वरी, पुरुष की पथ-प्रदर्शिका श्रद्धा, आधुनिका इड़ा तथा नाटकों, उपन्यासों और कहानियों में वैविध्यपूर्ण चित्र खींचकर अपनी नारी-दृष्टि को अर्थव्याप्ति प्रदान की है। जहाँ तक सौन्दर्य के चित्रण का सवाल है तो इनसे स्पर्धा कर पाना अत्यन्त दुष्कर है। मेरा मानना है कि प्रसाद की श्रद्धा के सौन्दर्य के समक्ष विश्व साहित्य की कोई भी नायिका नहीं टिक सकती है। यहाँ तक कि वाल्मीकि की सीता, व्यास की द्रौपदी, कालिदास की पार्वती और शकुन्तला, बाणभट्ट की महाश्वेता एवं कादंबरी, जायसी की पद्मावती, सूर की राधा, तुलसी की सीता, रीतिकाल की समस्त नायिकाएँ, होमर की हेलेन, वर्जिल, दांते, मिल्टन, शेक्सपियर, गेटे तथा समस्त स्वच्छंदतावादी कवियों की नायिकाएँ हेठी पड़ जाएँगी। मैंने स्वयं लिखा है कि प्रसाद जी ने श्रद्धा के शरीर की सुगन्ध और उसके मुख पर विद्यमान 'शुभ्र एवं नवल मधु राका-सी'

हँसी का जो अशरीरी एवं सूक्ष्म बिम्ब निर्मित किया है, वह अकेले ही उन्हें विश्व के महानतम कवियों की पाँति में बिठाने के लिए पर्याप्त है। ऐसी अप्रतिम काव्य-पंक्तियाँ विश्व की किसी भी भाषा के साहित्य में अब तक मुझे नहीं मिली हैं। यदि सौन्दर्यशास्त्रीय दृष्टि से तुलनात्मक अध्ययन किया जाए तो ये पंक्तियाँ उसे विश्व साहित्य की सबसे सुन्दर नायिका सिद्ध कर देंगी :

कुसुम कानन-अंचल में मन्द पवन प्रेरित सौरभ साकार।
रचित परमाणु पराग शरीर, खड़ा हो ले मधु का आधार॥
और पड़ती हो उस पर शुभ्र नवल मधु राका मधु की साध।
हँसी का मदविह्वल प्रतिबिम्ब, मधुरिमा खेला सदृश अबाध॥

प्रसाद जी ने पुरुष और शिशु सौन्दर्य के भी अद्‌भुत चित्र खींचे हैं। इन्होंने 'कामायनी' के 'चिन्ता सर्ग' में मनु के माध्यम से पुरुष सौन्दर्य का जो अतुल्य बिम्ब निर्मित किया है, वह अपना सानी नहीं रखता। प्रसाद की श्रद्धा, इड़ा एवं कमलावती अद्वितीय छवि से ओत-प्रोत ऐसी नायिकाएँ हैं कि उनके समक्ष शेष नायिकाएँ बहुत साधारण प्रतीत होने लगती हैं। प्रसादजी ने 'आँसू' में अपनी नायिका का जो चित्र खींचा है, वहाँ लेखनी टूट जाती है :

चंचला स्नान कर आवे चन्द्रिका पर्व में जैसी।
उस पावन तन की शोभा आलोक मधुर थी ऐसी॥

कवि कहना चाहता है कि उसकी नायिका इतनी गोरी है मानो स्वयं बिजली चाँदनी के महोत्सव में नहाकर चली आई हो! इसी तरह प्रकृति के बहुरंगी एवं वैविध्यपूर्ण रूपों का जो चित्र प्रसाद जी ने उकेरा है, उसकी अद्वितीयता का क्या कहना! इस चित्रण में फूलों की घाटी है, दुख-दग्ध संसार की तमाम छवियाँ हैं और मनुष्य की आन्तरिक मन:स्थितियों के सूक्ष्म चित्र से लेकर अन्तरिक्ष तथा ब्रह्मांडव्यापी चित्र भी हैं। यहाँ मैं जयशंकर प्रसाद के प्रकृति-चित्रण का सार बताकर अपनी बात पूरी करना चाहूँगा। यदि प्रसाद का आलम्बन रूप में प्रकृति-चित्रण वाल्मीकि के समकक्ष है तो उसका भयावह रूप बाण, भारवि और भवभूति की याद दिलाता है। इसी तरह प्रकृति का मनोरम और लाक्षणिक रूप उन्हें कालिदास की बराबरी प्रदान करता है तो मानवीकरण की दृष्टि से वे वड्सवर्थ, शेली और बायरन से स्पर्धा करके उन्हें पीछे छोड़ देते हैं। इसके अलावा जब दर्शन उनके प्राकृतिक चित्र में काव्य-सम्पत्ति बन जाता है और वे प्रकृति के माध्यम से रागपरक रहस्य-चेतना की चित्रामयी प्रस्तुति करने लगते हैं तो वे कीट्स तथा रवीन्द्रनाथ टैगोर को भी पीछे छोड़ देते हैं। यहाँ यह भी याद रखना होगा कि छायावादी कवियों के प्रकृति प्रेम के पीछे सुप्रसिद्ध वैज्ञानिक

डॉ. जगदीशचन्द्र बसु की खोजों का भी योगदान रहा है। डॉ. बसु ने प्रकृति को जीवित, चेतन एवं स्वतंत्र सत्ता के रूप में प्रमाणित किया जिससे नई पीढ़ी के कवियों को प्रकृति का नया परिचय प्राप्त हुआ। फलतः रवीन्द्रनाथ टैगोर से लेकर छायावादी कवियों तक एक नये प्रकृति-दर्शन का विकास हुआ। वे नये वैज्ञानिक अनुसंधानों के आलोक में प्रकृति के अनन्त रमणीय सौन्दर्य और पल-पल परिवर्तित रूप को जानने तथा उसके रहस्यों के उद्‌घाटन के लिए व्यग्र हो उठे। ऐसी स्थिति में जयशंकर प्रसाद उसके सारे सम्भाव्य रूपों को अपनी असाधारण प्रतिभा से उद्‌भासित करते हैं। वे 'कामायनी' के 'चिन्ता सर्ग' में प्रकृति के उग्र, भयावह और विध्वंसात्मक रूप का जो वैज्ञानिक पद्धति पर चित्र बनाते हैं, उसके समक्ष नतमस्तक हो जाना पड़ता है। इसी तरह कवि ने 'आशा सर्ग' में उषा, शरद ऋतु, संध्या एवं निशा सुन्दरी का जो आत्मीय और तन्मय कर देनेवाला चित्र खींचा है, वह सहृदय पाठक के लिए रमणीय वस्तु है।

नगाधिराज हिमालय भारतीय राष्ट्र का सिरमौर है। उसकी महिमा गाथा से भारतीय साहित्य, संस्कृति एवं समाज का इतिहास भरा पड़ा है। लेकिन प्रसाद जी का हिमालय वर्णन मानवीकरण एवं उक्ति वैचित्र्य की दृष्टि से सर्वोपरि है, ऐसा तुलनात्मक अध्ययन द्वारा जाना जा सकता है। मैंने स्वयं कालिदास एवं प्रसाद के हिमालय वर्णन का तुलनात्मक अध्ययन करके यह सिद्ध किया है कि प्रसाद का हिमालय वर्णन अपेक्षाकृत ज़्यादा संश्लिष्ट, व्यंजक, सूक्ष्म, नाद-सौन्दर्य, उक्ति-वैचित्र्य और वर्ण-वैचित्र्य से परिपूर्ण है। इस मोर्चे पर वे कालिदास से बहुत आगे के कवि सिद्ध होते हैं। यह हिन्दी आलोचना के अविवेक को दर्शानेवाला एक ज्वलन्त पृष्ठ है जो एक कवि के इतने बड़े अवदान की अनदेखी करता है। इसके अलावा प्रसाद जी प्रकृति के उपादानों का प्रयोग मनोवैज्ञानिक, दार्शनिक और आध्यात्मिक रूपक के स्तर पर भी करते हैं। वे मनुष्य की मनोवृत्तियों, सूक्ष्म भावांकन, सौन्दर्य मात्र के स्वरूप विश्लेषण के लिए प्राकृतिक बिम्बों का अपूर्व चित्र बनाते हैं। वे अपनी मूर्तिविधायिनी कल्पना के बल पर मानसरोवर का जो चित्र बनाते हैं, वह उनकी चित्रात्मक शैली का बेजोड़ उदाहरण है :

मरकत की वेदी पर ज्यों
रखा हीरे का पानी।
छोटा-सा मुकुट प्रकृति का
या सोयी राका रानी।

कहने का आशय यह है कि प्रकृति के वैविध्यपूर्ण चित्रकार के रूप में प्रसाद का कोई जोड़ नहीं है। इस दृष्टि से वे प्रकृति के बहुत बड़े चित्रकार हैं। उनका सम्पूर्ण साहित्य प्रकृति की नाना रूपात्मक छवियों का साक्षात् विग्रह है जो उन्हें

अपारता की ओर ले जाते हैं। इस तरह प्रसाद जी प्रेम, सौन्दर्य और प्रकृति के अनन्त रमणीय चित्रकार बनकर उभरते हैं।

विश्वस्तरीय समस्याओं और नये वैज्ञानिक अनुसंधानों का परिचय

महाकवि जयशंकर प्रसाद हिन्दी के पहले कवि हैं जो न केवल अपने समय के विश्व-जीवन के प्रति लगातार सचेष्ट हैं अपितु वे अपनी कविताओं में विश्वस्तरीय समस्याओं का गहन काव्यात्मक चित्रण भी करते हैं। आप बड़ी चिन्ता के कवि हैं और बड़े प्रश्न उठाते हैं। यहाँ तक कि आप अपने स्तर पर वैश्विक समस्याओं का निदान भी प्रस्तुत करते हैं। प्रसाद जी का महत्त्वपूर्ण लेखन दो विश्वयुद्ध के बीच सम्पन्न हुआ है। इन्होंने 'कामायनी' में देवासुर-संग्राम के बहाने विश्वयुद्ध के मूलभूत कारणों की छानबीन की है जिसे प्रकारान्तर से हरेक युद्ध का कारण माना जा सकता है। वे लिखते हैं :

था एक पूजता देह दीन।
दूसरा अपूर्ण अहंता में अपने को समझ रहा प्रवीण॥
दोनों का हठ था दुर्निवार, दोनों ही थे विश्वासहीन।
फिर क्यों न तर्क को शस्त्रों से वे करें सिद्ध, क्यों हो न युद्ध॥

इस तरह प्रसाद जी युद्ध के सार्वभौम-शाश्वत कारण का निरूपण करते हुए यह स्पष्ट करते हैं कि जब दो व्यक्तियों अथवा समूहों में विश्वासहीनता की खाई इतनी चौड़ी हो जाए कि वे अपने तर्क को शस्त्रों से सिद्ध करने के लिए सन्नद्ध हो जाएँ, तब युद्ध होता है। इस एक गीति में प्रसाद जी ने युद्ध के सम्पूर्ण मनोविज्ञान को प्रकट कर दिया है। इसी तरह प्रसाद जी 'आँसू' में वर्तमान समय की महाशक्तियों द्वारा अन्तरिक्ष युद्ध (स्टार्स वार) के लिए की जा रही तैयारियों को अपनी भविष्य-वेधी दृष्टि द्वारा संकेतित कर देते हैं :

चमकूँगा धूल कणों में सौरभ हो उड़ जाऊँगा।
पाऊँगा कहीं तुम्हें तो ग्रह पथ में टकराऊँगा॥

इसी क्रम में प्रसादजी 'कामना अन्यापदेशिक' नाटक द्वारा ब्रिटिश शासन के शोषक चरित्र, उनकी विभेदक नीति और छल-प्रपंच का अद्भुत चित्र खींचते हैं। यह प्रसाद के मनुष्य के अन्तर्मन से लेकर विश्व-जीवन तक की समस्याओं के अनवरत चिन्तन का प्रमाण है।

इनकी कविता का एक महत्त्वपूर्ण आयाम है नये वैज्ञानिक अनुसंधानों का परिचय। आप न केवल अपने समय के वैज्ञानिक अनुसंधानों से परिचित थे अपितु

अपनी कविताओं में उनका सर्जनात्मक अनुप्रयोग भी करते हैं। इनमें नवीनतम ज्ञान-विज्ञान के प्रति असीम उत्साह था। प्रसाद जी ने 'कामायनी' में नये विज्ञान का सर्वाधिक उपयोग किया है। यहाँ दर्शन और विज्ञान, दोनों काव्य-सम्पत्ति बन गए हैं। हम सब जानते हैं कि भौतिक विज्ञान में जल की तीन स्थितियाँ बतलाई गई हैं—जल, हिम और वाष्प। प्रसाद जी ने 'कामायनी' में तीनों ही स्थितियों का अद्भुत चित्र खींचा है :

नीचे जल था, ऊपर हिम था
एक तरल था, एक सघन।
एक तत्त्व की ही प्रधानता
कहो उसे जड़ या चेतन।

यहाँ कवि ने विज्ञान के साथ दर्शन का भी संश्लेषण कर दिया है। अद्वैतवाद का यह विशिष्ट उदाहरण भी है। इसी क्रम में कवि प्रलय के समापन के चित्रण द्वारा जल की तीसरी स्थिति वाष्प का भी चित्र खींचता है :

वाष्प बना उजड़ा जाता था
या वह भीषण जलसंघात।
सौर चक्र में आवर्तन था
प्रलय निशा का होता प्रात॥

कवि ने जिस वैज्ञानिक शब्दावली में प्रलय की रात के समाप्त होने का चित्र खींचा है, वह उसके विज्ञानबोध और वस्तुनिष्ठ दृष्टिकोण का परिचायक है। प्रसाद जी ने 'कामायनी' में न केवल प्रलय के वैज्ञानिक कारण का उल्लेख किया है अपितु प्रलय का जो भयावह चित्र खींचा है, वह भी अतिशय वैज्ञानिक है। वे ज्वालामुखियों का फटना, आग का धधकना, धरती का धँसना, धीरे-धीरे उसका सिकुड़ना, महाकच्छप-सी बेचैन धरती की ऊभ-चूभ अवस्था आदि का अत्यन्त भयावह चित्र खींचते हैं। कवि अत्यन्त वैज्ञानिक शब्दावली में कहता है कि जीवन पंचमहाभूतों का मधुर मिश्रण है। उनका विकर्षण प्रेरित होना मृत्यु और ध्वंस के आगमन की सूचना है। यहाँ तो निरन्तर उनका तांडव नृत्य चल रहा है। वैज्ञानिक भाषा में अणुओं का एक-दूसरे के प्रति ६३ की आकर्षण प्रेरित मुद्रा में आकर्षित होकर नाचना 'लास्य' और ३६ की मुद्रा में विकर्षण प्रेरित होकर नृत्यरत होना विनाश है। सृष्टि की रचना करनेवाले विद्युत्कणों में विकर्षण चल रहा है। बिजलियाँ वज्रपात करती हुई गिर रही हैं। सभी कुचले जा रहे हैं। विध्वंस ने सर्वनाश कर दिया। प्रकृति का उग्र और तामसी रूप ही प्रलय है जिसे साहित्य में वैज्ञानिक भाषा के रूपक में प्रस्तुत करने का श्रेय महाकवि जयशंकर प्रसाद को ही है।

प्रसाद जी ने 'कामायनी' के 'आशा सर्ग' में अन्तरिक्ष विज्ञान की शब्दावली का भी विशिष्ट प्रयोग किया है। सृष्टि का संचालन करनेवाली अनन्त सत्ता के सम्बन्ध में मनु की जिज्ञासा इसका सबसे बड़ा प्रमाण है। वे सोचते हैं :

महानील इस परमव्योम में, अन्तरिक्ष में ज्योतिर्मान।
ग्रह, नक्षत्र और विद्युत्कण, किसका करते से संधान॥
छिप जाते हैं और निकलते, आकर्षण में खिंचे हुए।
तृण वीरुध लहलहे हो रहे, किसके रस से सिंचे हुए॥

यहाँ प्रसाद जी की असाधारण प्रतिभा ने अन्तरिक्ष विज्ञान और वनस्पति विज्ञान का दर्शन के साथ जो समन्वय किया है, वह अपने कवितापन के कारण सहृदय पाठक के लिए रमणीय वस्तु है। इसी क्रम में श्रद्धा जब मनु से मिलती है तो अखिल मानव भावों के सत्य से युक्त चेतना का इतिहास लिखने के लिए उन्हें प्रेरित करती है। कवि ने सर्वत्र वैज्ञानिक शब्दावली का ही प्रयोग किया है—फिर चाहे वह मनु की सहायता से शक्ति के विद्युत्कणों के समन्वय द्वारा मनुष्यता को विजयिनी बनाने का उपक्रम हो अथवा काम के सर्जनात्मक चित्रण में उसकी सृष्टिव्यापी उत्प्रेक्षा हो या फिर सूक्ष्मातिसूक्ष्म मानवीय मनोवृत्तियों का प्रामाणिक अंकन हो। इसी तरह श्रद्धा द्वारा पशुबलि और हिंसा का विरोध इसी वैज्ञानिक सोच का नतीजा है।

प्रसाद जी ने इड़ा का चरित्र ही विज्ञान के साकार विग्रह अथवा आधुनिका नारी के रूप में गढ़ा है, जहाँ अनन्त ज्ञान भी स्ववश है। कवि उसके आगमन को सूर्योदय के रूपक द्वारा ज्ञानोदय के प्रतीक के रूप में चित्रित करता है। यहाँ स्वयं बुद्धि नारी देह धारण करके प्रकट हो रही है जिसके तन-बदन पर 'आलोक वसन लिपटा अराल' है। अतः उसके प्रकट होने पर सूर्योदय अर्थात् ज्ञानोदय अथवा नवोन्मेष होना ही है। प्रसाद जी के अनुसार सरस्वती-तट पर 'प्राची में फैला मधुर राग' है, जहाँ 'जीवन का तम विराग सोया' है। इड़ा नयन महोत्सव के प्रतीक के रूप में उपस्थित हुई है। वह 'रम्य फलक पर नवल चित्र-सी प्रकट हुई सुन्दर बाला' है। वह अम्लान नलिन की उस नवमाला की तरह है जो संसृति पर सुराग बरसा रही है। वह परम आधुनिक सुशिक्षित नारी की भाँति मनु के समक्ष उपस्थित होती है :

बिखरीं अलकें ज्यों तर्क-जाल।
वह विश्व-मुकुट सा उज्ज्वलतम शशिखंड सदृश था स्पष्ट भाल।
दो पद्म पलाश चषक से दृग देते अनुराग-विराग ढाल॥
गुंजरित मधुप से मुकुल सदृश वह आनन जिसमें भरा गान।
वक्षस्थल पर एकत्र धरे संसृति के सब विज्ञान-ज्ञान॥
था एक हाथ में कर्म-कलश जीवन वसुधा रस सार लिए।
दूसरा विचारों के नभ को था मधुर अभय अवलम्ब लिए॥

त्रिवली थी त्रिगुण तरंगमयी, आलोक वसन लिपटा अराल।
चरणों में थी गति भरी ताल॥

इस तरह प्रसाद जी ने इड़ा के व्यक्तित्व-निरूपण में एक गहरी तर्कसंगति और वैज्ञानिक सोच रखी है। उनका कवि अपनी सर्जनात्मकता में कितना बौद्धिक एवं वैज्ञानिक हो सकता है, यह इड़ा सर्ग में विशेष रूप से दर्शनीय है। इड़ा मनु को नवजागरण-कालीन उपदेश देते हुए उन्हें वैज्ञानिक संसाधनों के सहज उपयोग द्वारा जड़ता को चैतन्य करने के लिए प्रेरित करती है। 'इड़ा सर्ग' के अलावा प्रसाद जी स्वप्न और संघर्ष सर्ग में मनु द्वारा इड़ा के निर्देश पर सारस्वत नगर का निर्माण करते हैं। फलतः वे वैज्ञानिक आधारों पर नगर-रचना द्वारा सभी क्षेत्रों में आशातीत सफलता प्राप्त करते हैं। इड़ा के इंगित पर सब सहयोगी भूमिका में हैं। किसान खेतों में हल चलाते हैं। धातुएँ गलाकर नित्य-नवीन आभूषणों और शस्त्रास्त्रों का निर्माण होता है। यहाँ तक कि 'शस्त्र यंत्र बन चले न देखा जिसका सपना।' साथ ही, नवीन प्रसाधन बनाए जाते हैं। समूचा नगर सुख-समृद्धि से परिपूर्ण हो उठता है। अभिनव मनुष्य सुख-साधन एकत्र करने में संलिप्त हो जाता है। श्रम-शक्ति के विस्तृत-वितान तले ज्ञान-विज्ञान का व्यवसाय विकसित होता है। धरती की छाती भेदकर खनिज निकाले जाते हैं। फलतः सृष्टि का बीज हरा-भरा हो रहा है। यह सारा कार्य नवयुग की चेतना तथा बुद्धि-विज्ञान की प्रतीक इड़ा के निर्देश पर सम्पन्न हो रहा है।

आचार्य रामचन्द्र शुक्ल ने स्वयं 'कामायनी' में विज्ञान के चित्रण पर लिखा है कि "विज्ञान द्वारा सुख-साधनों की वृद्धि के साथ-साथ विलासिता और लोभ की असीम वृद्धि तथा यंत्रों के परिचालन से जनता के बीच फैली हुई घोर अशक्तता, दरिद्रता आदि के कारण वर्तमान जगत की जो विषम स्थिति हो रही है, उसका भी थोड़ा-सा आभास मनु की विद्रोही प्रजा के इन वचनों द्वारा दिया गया है :

प्रकृति शक्ति तुमने यंत्रों से सबकी छीनी।
शोषण कर जीवनी बना दी जर्जर झीनी॥

वर्गहीन समाज की साम्यवादी पुकार की भी दबी-सी गूँज दो-तीन जगह है। 'विद्युत्कण मिले झलकते से' में विज्ञान की भी झलक है।"

प्रसाद के यहाँ विज्ञान का संधान मनोविज्ञान की गहन किन्तु सूक्ष्म व्यंजनाओं का जो समारोह उपस्थित हुआ है, वह सम्पूर्ण विश्व साहित्य में दुर्लभ है। इन्होंने आन्तरिक जीवन में सामंजस्य की पुकार से लेकर अपने समय के राष्ट्रीय-अन्तरराष्ट्रीय जीवन तथ्यों का जिस कलात्मकता के साथ चित्रण किया है, उससे अपने समय, समाज और विश्व-जीवन के प्रति इनकी गहरी संलग्नता का परिचय मिलता है।

सभ्यता-विमर्श

हिन्दी में जयशंकर प्रसाद पहले कवि हैं जो वैश्विक जीवन और पाश्चात्य सभ्यता पर गहन विमर्श करते हैं। प्रसाद जी तत्कालीन साम्राज्यवादी और लाभवृत्ति पर आधारित शोषक सभ्यता के पाश्चात्य स्वरूप पर अत्यन्त तीव्र संवेदनात्मक प्रतिक्रिया व्यक्त करते हैं। वे साम्राज्यवाद विरोधी राष्ट्रीय स्वाधीनता-संग्राम के लिए भरपूर खुराक उपलब्ध कराते हैं और ब्रिटेन की लुटेरी सरकार तथा पश्चिम के अविवेकपूर्ण प्रौद्योगिकीय दोहन पर प्रखर काव्यात्मक आक्रमण करते हैं, यहाँ ध्यान रखना होगा कि प्रसाद भी गांधी जी की भाँति यंत्र और मशीन के बजाय यांत्रिक सभ्यता तथा मशीनीकरण के अतिरेक का विरोध करते हैं। प्रसाद जी काम की शाप-वाणी के रूप में आधुनिक सभ्यता की विसंगतियों पर जिस प्रकार प्रखर काव्यात्मक आक्रमण करते हैं, वह सम्पूर्ण विश्व साहित्य में दुर्लभ है। प्रसाद जी का गत्यात्मक व्यक्तित्व अपने समय तथा जीवन-जगत से सघन प्रतिक्रिया करते हुए आधुनिक सभ्यता की जैसी शल्य-चिकित्सा करता है, वह एक बड़े समाजशास्त्री के लिए भी चुनौती है। उनकी तीव्र संवेदना गहन समस्यानुभूति से अनुप्राणित होकर जो सभ्यता-विमर्श करती है, वह हर सुविज्ञ व्यक्ति के लिए चिन्तनीय है। वे काम द्वारा आधुनिक प्रजातंत्र को अभिशप्त करवा देते हैं। वे अपनी आँखों के सामने यह देख चुके थे कि प्रजातंत्र का नाश अधिनायकवाद में होता है। उस समय तक हिटलर और मुसोलिनी जैसे तानाशाहों का अभ्युदय हो चुका था और प्रजातांत्रिक प्रणाली अपने अभिशप्त रूप में कराह रही थी। फलतः वे लिखते हैं :

अब विकल प्रवर्तन हो ऐसा जो नियति चक्र का बने यंत्र।
हो शाप भरा तव प्रजातंत्र॥

प्रसाद जी युद्ध के मूल और सनातन कारणों पर भी विचार करते हैं। मनु को सारस्वत प्रदेश में देवासुर संग्राम का स्मरण हो आता है। वह आत्म-चिन्तन करता है :

था एक पूजता देह दीन।
दूसरा अपूर्ण अहंता में अपने को समझ रहा प्रवीण॥
दोनों का हठ था दुर्निवार, दोनों ही थे विश्वासहीन।
फिर क्यों न तर्क को शस्त्रों से वे करें सिद्ध, क्यों हो न युद्ध॥

'कामायनी' के अलावा भी प्रसाद जी युद्ध के भयावह परिणाम पर चिन्तन करते हैं। उसे मनुष्यता विरोधी मानते हैं। वे लिखते हैं : "युद्ध का परिणाम मृत्यु है। जीवन से युद्ध का क्या सम्बन्ध? युद्ध तो विच्छेद है! और जीवन में शुद्ध सहयोग है।" महात्मा गांधी ने हिटलर को जो पत्र द्वितीय विश्वयुद्ध रुकवाने के

लिए 25 दिसम्बर, 1940 में लिखा था, उसमें उन्होंने जयशंकर प्रसाद की बात को अपने शब्दों में कह भर दिया था : "I, therefore Appeal to you in the name of humanity to stop the war—

If you Attain success in the war, it will not prove that you were in the right. It will only prove that your power of destruction was greater."

गांधी और प्रसाद, दोनों ही यह मानते थे कि भारतीय आत्मवाद ही पश्चिमी सभ्यता के आसुरी एवं हिंसक स्वरूप को सन्तुलित कर सकता है। प्रसाद जी का स्पष्ट अभिमत था कि प्रकृति में जो विषमता है, उसे नियंत्रण के बजाय भारतीय आत्मवाद की मानसिक क्षमता के द्वारा ही समता में रूपान्तरित किया जा सकता है। वे 'तितली' उपन्यास में यांत्रिक सभ्यता की समीक्षा करते हुए लिखते हैं : "यांत्रिक सभ्यता पुरानी होते ही ढीली होकर बेकार हो जाएगी। उसमें प्राण बनाए रखने के लिए व्यावहारिक समता के ढाँचे या शरीर में, भारतीय आत्मिक साम्य की आवश्यकता कब मानव-समाज समझ लेगा, यही विचारने की बात है। मैं मानता हूँ कि पश्चिम एक शरीर तैयार कर रहा है किन्तु उसमें प्राण देना पूर्व के अध्यात्मवादियों का काम है। यही पूर्व और पश्चिम का वास्तविक संगम होगा, जिससे मानवता का स्रोत प्रसन्न धार में बहा करेगा।" कहने का आशय यह है कि प्रसाद जी पश्चिमी सभ्यता के अभावात्मक पक्ष के पूरक के रूप में भारतीय सभ्यता एवं उपलब्धियों को प्रस्तुत करते हैं। यह उनके उदात्त और प्रशस्त चिन्तन का प्रमाण है।

'कामायनी' में प्रसाद जी का विश्व-बोध अपनी परिपक्व परिणति में आधुनिक सभ्यता की विसंगतियों का जिस ढंग से चीर-फाड़ करता है, वह अन्यत्र दुर्लभ है :

यह अभिनव मानव प्रजा-सृष्टि।
द्वयता में लगी निरन्तर ही वर्णों की करती रहे वृष्टि।
अनजान समस्याएँ गढ़ती रचती हो अपनी ही विनष्टि॥
कोलाहल कलह अनन्त चले, एकता नष्ट हो बढ़ भेद।
अभिलषित वस्तु तो दूर रहे, हाँ मिले अनिच्छत दुखद खेद॥
हृदयों का हो आवरण सदा अपने वक्षस्थल की जड़ता।
पहचान सकेंगे नहीं परस्पर चले विश्व गिरता पड़ता॥
तब कुछ भी हो यदि पास भरा पर दूर रहेगी सदा तुष्टि।
दुख देगी यह संकुचित दृष्टि॥

मैंने 'कामायनी' और 'गीतांजलि' के तुलनात्मक सन्दर्भ पर विचार करते हुए कहा है कि 'कामायनी' का अकेला 'इड़ा सर्ग' ही समूची 'गीतांजलि' पर भारी है। 'गीतांजलि' में प्रकृति के अनन्त रमणीय चित्र, रागपरक रहस्य-चेतना और उच्चकोटि का आध्यात्मिक चिन्तन तो मिलेगा लेकिन उसमें तत्कालीन विश्व-जीवन

और समाज की विषमताओं की जबर्दस्त अनुभूति नहीं मिलेगी। प्रसाद जी ने अपने समय एवं समाज के भयावह यथार्थ, वर्ग-वैषम्य तथा पश्चिमी सभ्यता से उद्भूत विघटन, एकांगी विकास, भोगवाद तथा असामंजस्य का जो वस्तुनिष्ठ विश्लेषण किया है, वह सम्पूर्ण 'गीतांजलि' में एकान्त विरल है। इस कारण 'कामायनी' 'गीतांजलि' से बहुत बड़ी एवं महान कृति है। 'कामायनी' के समर्थ आलोचक और कवि मुक्तिबोध ने लिखा है : "प्रसाद जी की सभ्यता-समीक्षा के प्रधान तत्त्व हैं : (1) वर्ग-भेद का विरोध और उसकी भर्त्सना, अहंकार की निंदा—यह प्रसाद जी की प्रगतिशील प्रवृत्ति है। (2) शासक वर्ग की जन-विरोधी आतंकवादी नीतियों की तीव्र भर्त्सना—यह भी प्रगतिशील प्रवृत्ति है। (3) वर्ग-भेद का विरोध करते हुए भी मेहनतकशों के वर्ग-संघर्ष का तिरस्कार—यह एक प्रतिक्रियावादी तत्त्व है। (4) वर्गहीन सामंजस्य और सामरस्य का वायवीय अमूर्त आदर्शवाद।" इस सन्दर्भ में मेरा मानना है कि मुक्तिबोध सुप्रसिद्ध जर्मन विचारक कार्ल मार्क्स के विचारों से बँधे हुए थे। उनका चिन्तन मार्क्सवाद की परिधि के भीतर 'कामायनी' का विश्लेषण कर रहा था जबकि प्रसाद जी मुक्तिबोध की भाँति किसी विदेशी विचारधारा से आक्रान्त नहीं थे। आप भारतवर्ष की गतिशील लोकोन्मुख परम्परा की सम्यक् पहचान, शास्त्रीय एवं वैज्ञानिक चिन्तन के अनुप्रयोग तथा पश्चिमी चिन्तन से सार्थक मुठभेड़ करते हुए आत्मविश्वास का दर्शन बनाते हैं। उसका प्रमाणीकरण भी करते हैं। उनका संवेदनात्मक चिन्तन विरुद्धों के सामंजस्य पर आधारित है जिसमें संघर्ष के बजाय उसके निवारण का सुचिन्तित प्रावधान है। वे भारतीय चिन्तन और समरसतावादी दर्शन में विश्व की हर समस्या का निदान प्रस्तुत करते हैं। यह उनके अनवरत चिन्तन एवं जीवन-जगत के प्रति आलोचनात्मक दृष्टिकोण के फलस्वरूप विकसित हुआ है जिसका अपना वैज्ञानिक और दार्शनिक आधार है। वह गहन सांस्कृतिक निष्ठा तथा विश्व-विवेक के संश्लेषण से तैयार रसायन है जिसे वायवीय कहना बुद्धि का अपमान है।

प्रसाद जी दिखलाते हैं कि काम की शाप-वाणी आधुनिक सभ्यता की समग्र और संश्लिष्ट समीक्षा करती है। काम हृदय और मस्तिष्क के संघर्ष पर बेहद सटीक टिप्पणी करता है। वह कहता है कि अपने राग-विराग के कारण मनुष्य स्वयं को ही शतशः विभक्त कर रहा है, फलतः वह अतीत के सुख-स्वप्न में खोया हुआ वर्तमान पर आँसू बहाते हुए हार-जीत के द्वंद्व में निमग्न है :

मस्तिष्क हृदय के हो विरुद्ध, दोनों में हो सद्भाव नहीं।
वह चलने को जब कहे कहीं, तब हृदय विकल चल जाय कहीं॥
रोकर बीतें सब वर्तमान क्षण सुन्दर सपना हो अतीत।
पेंगों में झूले हार-जीत॥

काम मनु के माध्यम से आधुनिक मानव को समझाता है कि बुराई की तुलना में कल्याण-कामना में बड़ी शक्ति है। इस कारण तर्कभरी युक्ति विफल हो जाती है। वह स्पष्ट रूप से कहता है कि इस बीच विकसित विभिन्न प्रकार की विद्या-शाखाएँ और ज्ञानानुशासन विघटनकारी तत्त्व बन गए हैं।

फलतः वे कोरे बुद्धिवाद की मर्यादाएँ भी तय करते हैं। इसके लिए प्रसाद जी तर्काधारित आधुनिक सभ्यता की प्रतीक इड़ा का सृजन करते हैं जिसके प्रकट होने पर सूर्योदय अर्थात् ज्ञानोदय अथवा नवोन्मेष होता है। वह परम आधुनिक नारी के रूप में मनु के समक्ष उपस्थित होती है। प्रसाद जी उसके व्यक्तित्व-निरूपण में एक गहरी तर्कसंगति रखते हैं। इड़ा मनु के समक्ष सारस्वत प्रदेश के पुनर्निर्माण का प्रश्न उपस्थित करती है। वह भौतिक विप्लव को सारस्वत प्रदेश के उजाड़ का प्रमुख कारण मानती है। अतः उसका पुनर्निर्माण भी सर्वथा भौतिक धरातल पर ही सम्भव है। प्रसाद जी सभी चीजों को प्रश्नवाचक लेने का अपार साहस लेकर अवतीर्ण हुए थे। वे इड़ा के माध्यम से सृष्टि का संचालन करनेवाले अनन्त-विवेक के प्रति भी प्रश्न उत्पन्न करते हैं। इड़ा नास्तिक के लहजे में जो ईश्वरीय-विमर्श प्रस्तुत करती है, वह ज्ञान-विज्ञान से सम्पन्न, सुसभ्य आधुनिकता के लिए भी एक चुनौती ही है :

उस निष्ठुर की रचना कठोर केवल विनाश की रही जीत।
तब मूर्ख आज तक क्यों समझे हैं सृष्टि उसे जो नाशमयी?
उसका अधिपति? होगा कोई जिस तक दुख की न पुकार गई॥

कवि की दृष्टि में इड़ा का व्यक्तित्व वर्चस्ववादी है। वह मनु को नवजागरण-कालीन उपदेश देते हुए उन्हें वैज्ञानिक संसाधनों के सहज उपयोग द्वारा जड़ता को चैतन्य करने के लिए प्रेरित करती है जिससे वे विश्वव्यापी यश अर्जित कर सकते हैं। मनु उसके इंगित पर सारस्वत प्रदेश के पुनर्निर्माण के लिए प्रस्तुत होते हैं। फलतः उनके व्यक्तित्व को एक अपेक्षित ऊँचाई प्राप्त होती है। वे स्वयं कहते हैं : "मैं बढ़ा सहज तो स्वयं बुद्धि को मानो आज यहाँ पाया।" मनु इड़ा की प्रेरणा से ही सारस्वत नगर का अभिकल्पन करते हैं। उसका सुन्दर और सुपरिणत प्रबन्धन करते हैं। साथ ही, वैज्ञानिक आधारों पर नगर-रचना और उसके सभी क्षेत्रों में आशातीत सफलता प्राप्त करते हैं। प्रसाद जी भली भाँति जानते थे कि उत्पादन की नूतन यांत्रिक पद्धति इन्द्रिय सुख की असीम लालसा पैदा करती है। उनकी अतृप्त विलास-भावना इड़ा में प्रतिपूर्ति देखती है। उनके भीतर स्थित शासक का अहंकार तथा उद्दाम काम-वासना इड़ा पर अतिचार करने के लिए उन्हें उद्यत करता है जिसके प्रतिरोध में प्रकृति एवं देव शक्तियाँ कुपित होती हैं। जनता अपनी रानी इड़ा के बचाव में आततायी मनु को सजा देती है। प्रसाद जी इस भयावह प्रसंग में भी विज्ञानमयी अभिलाषा की

प्रतीक इड़ा के व्यक्तित्व की गहरी समीक्षा करते हैं। उनकी भेदक दृष्टि आधुनिक सभ्यता के संकटों के मूल का संधान कर लेती है :

वह विज्ञानमयी अभिलाषा, पंख लगाकर उड़ने की।
जीवन की असीम आशाएँ कभी न पीछे मुड़ने की॥
अधिकारों की सृष्टि और उनकी वह मोहमयी माया।
वर्गों की खाई बन बैठी कभी नहीं जो जुड़न की॥

इस तरह प्रसाद जी की दृष्टि में बुद्धिवाद की प्रतीक इड़ा वर्गों की खाई पैदा करती है। वह विश्लेषणपरक है। फलतः विभेद और विषमता को बढ़ावा देती है जो संघर्ष का मूल कारण है। गांधी जी ने मशीनीकरण से उत्पन्न जिस भोगवाद, पर्यावरणीय शोषण, वर्गभेद का हिन्द स्वराज में जिक्र किया था, उसका अत्यन्त दृप्त रूप प्रजा के विद्रोह और विप्लव के समय 'कामायनी' के 'संघर्ष सर्ग' में प्रस्तुत हुआ है :

प्रकृति शक्ति तुमने यंत्रों से सब की छीनी।
शोषण कर जीवनी बना दी जर्जर झीनी॥

प्रसाद जी इड़ा द्वारा भी निरंकुश मनु के निर्बाधित अधिकार और भोग-लालसा का पूरी शक्ति के साथ विरोध करवाते हैं। वह मनु से राष्ट्र-रूपी शरीर में प्राण की तरह रमने का निवेदन करती है। कवि के अनुसार मनु वर्तमान वैज्ञानिक और प्रौद्योगिकीय प्रगति के चरम प्रतिमान बन गए हैं। उनके राज्य में तो यंत्रों की यंत्रणा यहाँ तक पहुँच गई है : 'शस्त्र यंत्र बन गए न देखा जिसका सपना।' फलतः प्रसाद जी यांत्रिक सभ्यता में निहित शोषण और हिंसा से विधिवत् सचेत करते हैं :

आज शक्ति का खेल खेलने में आतुर नर।
प्रकृति संग संघर्ष निरन्तर अब कैसा डर?

आज जब मानवीय जीवन अपने विकास के चरम पर पहुँचकर भी कम्प्यूटर तथा जैविक वायरस से संत्रस्त है और उसकी तमाम उपलब्धियाँ खतरे में पड़ गई हैं तब हमें 'कामायनी' के निदान की ओर रुख करने की ज़रूरत है। श्रद्धा 'विश्व विपुल आतंक-त्रस्त है' से पूर्णतः परिचित है इसलिए वह अपने पुत्र को इड़ा के साथ राष्ट्रनीति देखने का निर्देश देती है और शासक बनने के बाद भय न फैलाने की सलाह देती है। प्रसाद जी बुद्धि को परिपक्व परिणति तक पहुँचाने के लिए श्रद्धा की विधायक भूमिका को अनिवार्य बतलाते हैं। आज जब मस्तिष्क और हृदय का विरोध भाव बढ़ता जा रहा है, इच्छा-क्रिया-ज्ञान के बीच असन्तुलन का पाट चौड़ा होता जा रहा है और चतुर्दिक आतंकी, विघटनकारी एवं मनुष्यता विरोधी

ताकतें सक्रिय हैं तब 'कामायनी' का सामरस्य ही एकमात्र विकल्प है। प्रसाद जी दिखलाते हैं कि इड़ा आनन्द सर्ग में श्रद्धा के पास पहुँचकर 'श्रम, ताप और पथ पीड़ा' से मुक्त हो जाती है। वह अपना खाली हृदय उसके पीयूष से भर लेती है। दूसरी ओर श्रद्धा-मनु को भी समरसता तभी प्राप्त होती है जब वहाँ इड़ा आ जाती है। अतः 'कामायनी' का प्रतिपाद्य यह है कि श्रद्धा और इड़ा की सहस्थिति में ही समरसता सम्भव हो सकती है।

कहने का आशय यह है कि उत्तर-आधुनिकता और सूचना-प्रौद्योगिकी के वर्तमान दौर में जिस वैश्वीकरण और विश्वग्राम की स्थापना की बात हो रही है, 'कामायनी' उसका चरम निदर्शन है, जहाँ पर विश्ववाद की प्रतिष्ठा करते हुए कवि सम्पूर्ण विश्व को एक परिवार की तरह चित्रित करता है। वह 'सर्वे भवन्तु सुखिनः' की विराट कामना करता है। यह विश्व-बोध सूचना तंत्र के कृत्रिम जुड़ाव के रूप में न होकर आत्मिक एवं मानसिक स्तर पर अंगांगिभाव का गहन तादात्म्य है। यहाँ आत्मवाद एवं विश्ववाद का भी समन्वय हो जाता है। फलतः यह विश्व चिति का विराट वपु है, जो मंगलमय है, सदैव सत्य है, चिर सुन्दर है। यहाँ कोई अभिशप्त तथा संतप्त नहीं है :

शापित न यहाँ है कोई, तापित पापी न यहाँ है;
जीवन वसुधा समतल है, समरस है जो कि जहाँ है।
अपने सुख दुख से पुलकित, यह मूर्त विश्व सचराचर;
चिति का विराट वपु मंगल, यह सत्य सतत चिर सुन्दर॥

जयशंकर प्रसाद हिन्दी के ऐसे महाकवि हैं जो विश्व-जीवन तथा आधुनिक सभ्यता के समस्त आयामों का परीक्षण करते हैं। वे आधुनिक प्रौद्योगिकी, विज्ञान की निस्पृह वस्तुनिष्ठता, मूल्यनिरपेक्षता और अवैयक्तिकता के अन्तरतम में निहित हिंसा और शोषण का उद्घाटन करते हैं। यह हिंसा प्रकृति के प्रौद्योगिकीय दोहन, आर्थिक उपनिवेशीकरण तथा अत्याधुनिक वैज्ञानिक शस्त्रास्त्रों द्वारा होनेवाले युद्ध के रूप में देखी जा सकती है। प्रसाद जी अपने समय एवं समाज के जाग्रत सन्दर्भों पर आलोचनात्मक टिप्पणी करते हैं। वे अपने स्वानुभूत सत्य, भोगे हुए यथार्थ और विश्व जीवन के तमाम सन्दर्भों और बदलावों को कल्पना के गाढ़े रंग से रँगकर जिस तरह पुनःसृजित करते हैं, वह उनकी कलाकृतियों में गुणात्मक परिवर्तन उपस्थित कर देता है। प्रसाद ने अपने समय, समाज और जीवन की हलचलों के बीच संघर्ष के महत्त्व और समय के बदलाव का रेखांकन किया है। कवि का विराट अध्ययन, गहन चिन्तन, आत्मजीवन और बाह्य जीवन के प्रति संलग्नता का जिस आत्मविश्वास के साथ 'कामायनी' में रूपायन हुआ है, वह संवेदना एवं कला का स्वयंसिद्ध प्रतिमान है। इस तरह प्रसाद जी आधुनिक सभ्यता के तमाम

खतरों के प्रति विश्व मनुष्यता को जिस वस्तुनिष्ठता के साथ आगाह करते हैं और जिस क्षमता एवं बौद्धिक तैयारी के साथ सभ्यता-विमर्श का एक व्यापक आधार निर्मित करते हैं, वह उन्हें महान द्रष्टा कवि सिद्ध करता है।

आत्मलीन भागवत समाधि के विश्व-मानवतावादी कवि

महाकवि जयशंकर प्रसाद आत्मलीन भागवत समाधि के कवि हैं जिनकी कृतियों के भीतर उतरने पर अपरिमित गहराई का आभास मिलता है। प्रसाद स्कन्दगुप्त के बहाने अपनी स्वयं की स्थिति का निर्वचन करते हुए कहते हैं : "बौद्धों का निर्वाण, योगियों की समाधि और पागलों की-सी सम्पूर्ण विस्मृति मुझे एक साथ चाहिए।" प्रसाद का सम्पूर्ण साहित्य इस बात का प्रमाण है कि सर्जनात्मक अवस्था में व्यक्तिगत सीमा टूट जाती है। उस समय कवि-संवेदना विगलित हो जाती है और व्यष्टि चेतना समष्टि चेतना में रूपान्तरित हो जाती है। कवि अपने संवेदन, चिन्तन और कलात्मक सौष्ठव को जिस कौशल के साथ साधता है, उससे यही मानना पड़ता है कि उसकी सम्भावनाओं की कोई सीमा नहीं। प्रसाद जी मानवता को चरितार्थ करनेवाले साधक कलाकार हैं। वे इतने गहरे संवेदन के रचनाकार हैं कि उनकी साधनावस्था सर्जनात्मक उपलब्धि के साथ आध्यात्मिक उपलब्धि का भी कारक बन जाती है। चूँकि इनकी सर्वमंगला मानवतावादी दृष्टि चेतना की अन्तिम स्थिति बुद्धि के बजाय अन्तःप्रज्ञा को मानती है और इन्होंने काव्य को "आत्मा की संकल्पात्मक अनुभूति कहा है, जिसका सम्बन्ध विश्लेषण, विकल्प या विज्ञान से नहीं है। वह एक श्रेयमयी प्रेय रचनात्मक ज्ञानधारा है। विश्लेषणात्मक तर्कों से और विकल्प के आरोप से मिलन न होने के कारण आत्मा की मनन-क्रिया जो वाङ्मय रूप में अभिव्यक्त होती है, वह निःसन्देह प्राणमयी और सत्य के उभय लक्षण प्रेय और श्रेय, दोनों से परिपूर्ण होती है।" जयशंकर प्रसाद का काव्य साहित्य स्वयं उनके द्वारा निर्धारित काव्य के अभिलक्षण का सम्यक् निदर्शन है। वे आगे लिखते हैं : "इसी कारण हमारे साहित्य का आरम्भ काव्यमय है। वह एक द्रष्टा कवि का सुन्दर दर्शन है। संकल्पात्मक मूल अनुभूति कहने से मेरा जो तात्पर्य है, उसे भी समझ लेना होगा। आत्मा की मनन शक्ति की वह असाधारण अवस्था, जो श्रेय सत्य को उसके मूल चारुत्व में सहसा ग्रहण कर लेती है, काव्य में संकल्पात्मक मूल अनुभूति कही जा सकती है। कोई भी यह प्रश्न कर सकता है कि संकल्पात्मक मन की सब अनुभूतियाँ श्रेय और प्रेय, दोनों से ही पूर्ण होती हैं, इसमें क्या प्रमाण है? किन्तु इसीलिए साथ-ही-साथ असाधारण अवस्था का भी उल्लेख किया गया है। असाधारण अवस्था युगों की समष्टि अनुभूतियों में अन्तर्निहित रहती है; क्योंकि सत्य अथवा श्रेय ज्ञान कोई व्यक्तिगत सत्ता नहीं, वह

एक शाश्वत चेतनता है, या चिन्मयी ज्ञानधारा है, जो व्यक्तिगत स्थानीय केन्द्रों के नष्ट हो जाने पर भी निर्विशेष रूप से विद्यमान रहती है। प्रकाश की किरणों के समान भिन्न-भिन्न संस्कृतियों के दर्पण में प्रतिफलित होकर वह आलोक को सुन्दर और ऊर्जस्वित बनाती है।" कहना न होगा कि प्रसाद का काव्य आत्मा की मनन शक्ति की इसी असाधारण अवस्था की चारुत्वपूर्ण अभिव्यक्ति है। वे सृजन की जिस अवस्था का उल्लेख करते हैं, वही आत्मलीन भागवत समाधि की अवस्था है। जाहिर है कि कोई अन्तर्दृष्टि और विश्व-संदृष्टि सम्पन्न द्रष्टा महाकवि ही इस असाधारण अवस्था में पहुँचकर क्लासिक और कालजयी काव्यकृतियों का सृजन कर सकता है। प्रसाद ऐसे ही अन्यतम कृती हैं जो अपनी गहन साधना द्वारा दर्शन और विज्ञान को भी काव्य सम्पत्ति बना देते हैं। आप पाश्चात्य विचारकों के बजाय भारतीय मनीषा की उस मान्यता का पुरस्करण करते हैं जो काव्य को विद्या तथा कलाओं को उपविद्या मानती है। इन्होंने काव्य को कलाओं से श्रेष्ठतर प्रतिपादित करके अपना सम्पूर्ण जीवन उसके व्यापक-विधान में न्योछावर कर दिया। आप जीवन और जगत के तत्त्वबोधी अबाध सर्जक हैं। प्रसाद के सम्पूर्ण साहित्य में आन्तरिक सामंजस्य और एकाग्र चित्त मस्तिष्क की तीव्र संवेदनात्मक प्रतिक्रिया दिखाई पड़ती है। वे मानव-स्वभाव और उसकी वास्तविकता की जटिलताओं के गहन चित्रकार हैं। वे जिस कौशल के साथ आन्तरिक जीवन और मानव-समाज के वास्तविक प्रत्यक्ष संवेदनात्मक बोध के मध्य संगति बिठाते हैं, वह उनके अद्वितीय साधक होने का प्रमाण है।

प्रसाद विश्व-मानवतावाद के प्रतिष्ठाता साहित्यकार हैं। इन्होंने आरम्भिक दौर के काव्य 'कानन-कुसुम' में ही 'विश्व विमल आनन्द-भवन-सा बन जाता है' की विराट संकल्पना प्रस्तुत की है। वे स्वयं स्वीकार करते हैं कि इस तत्त्वबोध द्वारा ही विश्वबोध का संज्ञान हो सकता है। वे 'चित्राधार' में लिखते हैं : "स्मरण तुम्हारा जब होता, विश्वबोध बन जाता।" प्रसाद का विश्व-मानवतावाद चराचर जगत की चिन्ता एवं कल्याण के प्रति संकल्पित है। वे अपने विश्व-जीवन और समस्याओं के प्रति इतनी तीव्र संवेदनात्मक प्रतिक्रिया देते हैं कि उसमें विश्व-चेतना और मनुष्यता के सामूहिक अवचेतन एवं अनुभवों का संश्लेषण कर देते हैं। प्रसाद जी भारतवर्ष की उस परम्परा के पुरस्कर्ता हैं जो भौतिक विकास और आध्यात्मिक उन्नति को परस्पर पूरक मानती है। चूँकि मुक्तिबोध आध्यात्मिक का अर्थ मानसिक निकालते हैं जिसके कारण वे प्रसाद के विश्व-मानवतावाद का विपथित विश्लेषण करते हैं। पहले तो वे मर्म को पकड़कर यह स्थापना देते हैं : "भारतीय जनता ने बहुत आत्मविश्वास, गम्भीर मनोबल तथा मानव-भविष्य में आस्था प्रकट करते हुए, मुक्ति संघर्षों की मंजिलें नापने के लिए अपने विराट भुजदंड बढ़ाए। उनके प्रथम आत्मविश्वास की सांस्कृतिक झलक न केवल 'कामायनी' में, वरन प्रसाद जी के अन्य साहित्य में

मिलती है।" लेकिन जब वे मनु की प्रभुत्व-भावना, आत्मछल तथा विलासाकुलता को प्रसाद जी पर आरोपित करने लगते हैं तो वे मार्क्सवादी धुन में भटक जाते हैं, जबकि सचाई यह है कि प्रसाद जी मनु की इन्हीं दुर्बलताओं का विरोध कर रहे हैं। वे विश्व-मानवतावाद की प्रतिष्ठा के लिए श्रद्धा जैसे असाधारण चरित्र को आधार बनाते हैं, न कि मनु जैसे निरंकुश व्यक्तित्व को सीख देते हैं। सर्वप्रथम श्रद्धा मनु के सहयोग से प्रलय के कारण शक्ति के जो विद्युत्कण निरुपाय होकर बिखर गए हैं, उन्हें फिर से समन्वित करके मानवता को विजयिनी बनाना चाहती है :

शक्ति के विद्युत्कण, जो व्यस्त विकल बिखरे हैं हो निरुपाय।
समन्वय उनका करे समस्त विजयिनी मानवता हो जाय॥

प्रसाद जैसा परम बौद्धिक कवि जो अपने समय के विश्व-जीवन की हर गतिविधि और विवर्तन के प्रति गहन मानसिक प्रतिक्रिया देता है, उसके द्वारा प्रतिपादित विश्व-मानवतावाद को भी तत्कालीन वैश्विक घटनाओं तथा बदलावों की सापेक्षता में देखने की ज़रूरत है। प्रसाद जी प्रथम विश्वयुद्ध की विनाशक परिणति के उपरान्त 'कामायनी' का लेखन आरम्भ करते हैं और द्वितीय विश्वयुद्ध के आसन्न संकट के समय समाप्त करते हैं। अतः प्रसाद जी अपने पात्रों द्वारा न केवल उस समय की वैश्विक परिदृश्य का निर्देश करते हैं अपितु मानवतावाद के अत्यन्त उदात्त और प्रशस्त रूप की प्रतिष्ठा भी करते हैं। हमें इन पंक्तियों की बहुलार्थता को तत्कालीन सन्दर्भों की सापेक्षता में ही समझना होगा :

विश्व विपुल आतंक त्रस्त है, अपने ताप विषम से,
फैल रही है घनी नीलिमा, अन्तर्दाह परम से॥
उद्वेलित है उदधि, लहरियाँ लोट रहीं व्याकुल सी।
चक्रवाल की धुँधली रेखा, मानो जाती झुलसी॥
जगतीतल का सारा क्रन्दन, यह विषमयी विषमता।
चुभनेवाला अन्तरंग छल अति दारुण निर्ममता॥

कहना न होगा कि प्रसाद जी 'अति दारुण निर्ममता' द्वारा दमनकारी ब्रिटिश सत्ता और हिटलर, मुसोलिनी जैसे तानाशाहों के क्रूरतापूर्ण कृत्यों पर एक साथ टिप्पणी कर रहे हैं। आखिर, ऐसा कौन-सा कवि है जो विश्व-जीवन की आतंककारी गतिविधियों पर इतना प्रखर काव्यात्मक आक्रमण कर रहा हो? इस सन्दर्भ में मुक्तिबोध भी लिखते हैं : "प्रसाद उस पूँजीवादी राष्ट्रवाद पर भी आक्रमण कर रहे हैं जिसका नमूना उनके सामने जापान से लेकर अमरीकी तथा ब्रिटिश साम्राज्यवाद तक था।"

प्रसाद जी देख रहे थे कि किस तरह जापान, इटली और जर्मनी के सैन्यीकरण और दूसरे राष्ट्रों से उनके ईर्ष्या-द्वेष का जो ज्वालामुखी विस्फोट रूप धारण कर

रहा है, उससे विश्व का कण-कण आतंक-त्रस्त है। प्रसाद जी अपने विश्व-जीवन का आकलन करते हुए उज्ज्वल नव-मानवता की प्रतिष्ठा का संकल्प व्यक्त करते हैं। वे आगे लिखते हैं :

कल ही यदि परिवर्तन होगा तो फिर कौन बचेगा।
क्या जाने कोई साथी बन नूतन यज्ञ रचेगा!

इसी क्रम में श्रद्धा जो प्रश्न उठाती है, वह कितना बौद्धिक और वैज्ञानिक है! यह भी हिन्दी आलोचना की परम विडम्बना है कि जो श्रद्धा अपनी बौद्धिक प्रखरता से विश्वस्तरीय प्रश्नों पर गहन विमर्श करती है, उसे ही बुद्धि-विरोधी बता दिया गया। यह हिन्दी काव्यालोचन के अविवेक को दर्शानेवाला सबसे ज्वलन्त पृष्ठ है। इससे प्रखर, बौद्धिक, तेजस्वी और विश्व-जीवन पर विमर्श करनेवाला दूसरा चरित्र और कोई हो तो बताएँ। आखिर, आचार्य रामचन्द्र शुक्ल जैसे विश्वस्तरीय आलोचक से जो चूक विनोदपूर्ण भंगिमा में हुई, वह हिन्दी आलोचना में रूढ़ि क्यों बन गई? क्या यह हिन्दी आलोचना का बौद्धिक दिवालियापन नहीं है? इसका सबसे बड़ा कारण पाठ-केन्द्रित समीक्षा पद्धति का अभाव है। आप स्वयं इन पंक्तियों पर विचार करें :

ये प्राणी जो बचे हुए हैं इस अचला जगती के;
उनके कुछ अधिकार नहीं क्या वे सब ही हैं फीके?
मनु! क्या यही तुम्हारी होगी उज्ज्वल नव-मानवता,
जिसमें सबकुछ ले लेना हो हंत बची क्या शवता?

आज जब हम लुप्तप्राय प्रजातियों का शोकगीत रच रहे हैं और सम्पूर्ण विश्व पर्यावरण की भयावह समस्या से जूझ रहा है तब श्रद्धा के कथन को नई अर्थ भंगिमा मिल रही है। यही कारण है कि 'कामायनी' आज और भी प्रासंगिक लग रही है। वह वैश्वीकरण के दौर का महाकाव्य प्रतीत हो रहा है। श्रद्धा की चिन्ता सम्पूर्ण विश्व और मानव जाति की चिन्ता है। अब जब मनुष्य इन समस्याओं से होकर गुजर रहा है तो इसकी नूतन अर्थवत्ता प्रकट होती जा रही है। श्रद्धा केवल उदात्त मानवीय वृत्तियों तथा मानव-मूल्यों का साकार विग्रह ही नहीं है अपितु वह अपने समय, समाज और विश्व-जीवन के तमाम सन्दर्भों की जटिलता को समझने, विश्लेषित करने और उसके निवारण में समर्थ अतिशय बौद्धिक चरित्र है। यही कारण है कि उसने विश्व-मानवतावाद का प्रतिपादन करते समय भोगवाद, लाभवृत्ति और मनुष्य की स्वार्थपरता पर जिन शब्दों में प्रखर काव्यात्मक आक्रमण किया है, वह प्रसाद की विश्व-दृष्टि का चरम निदर्शन है। इस विश्वस्तरीय गहन विमर्श करनेवाले चरित्र को बुद्धिहीन व्यक्ति भी बुद्धिविरोधी नहीं कह सकता है लेकिन इस सन्दर्भ

में हिन्दी आलोचना लकीर का फकीर बनी रही। श्रद्धा कहती है :

यह विराग सम्बन्ध हृदय का, कैसी यह मानवता!
प्राणी को प्राणी के प्रति बस बची रही निर्ममता!
अपने में भर सबकुछ कैसे व्यक्ति विकास करेगा?
यह एकान्त स्वार्थभीषण है अपना नाश करेगा!
औरों को हँसते देखो मनु, हँसो और सुख पाओ।
अपने सुख को विस्तृत कर लो, सब को सुखी बनाओ॥

श्रद्धा मनु को पशुत्व से ऊपर उठकर भव जलनिधि में सेतु बनने के लिए प्रेरित करती है। वह मनु को इच्छा, क्रिया और ज्ञान के समन्वय द्वारा जिस सामंजस्य और उदात्त भावभूमि पर ले जाती है, वह प्रसाद के समय से अधिक हमारे समय में प्रासंगिक है। प्रसाद जीवन-तथ्यों के आलोक में जिस तरह भेद-भाव का विसर्जन करते हुए मानवतावाद की प्रतिष्ठा करते हैं, वह उनकी वैश्विक चिन्ता का सबसे बड़ा प्रमाण है। अब मनु को केवल हम का भान हो रहा है। वे श्रद्धा के प्रभाववश हर प्रकार के भेद-भाव से ऊपर उठ चुके हैं। यथा :

शापित न यहाँ है कोई तापित पापी न यहाँ है;
जीवन वसुधा समतल है समरस है जो कि जहाँ है।
चेतन समुद्र में जीवन लहरों सा बिखर पड़ा है;
कुछ छाप व्यक्तिगत अपना निर्मित आकार खड़ा है।

इस तरह प्रसाद जी ने श्रद्धा के माध्यम से जिस सामरस्य और विश्व-मानवतावाद की प्रतिष्ठा करते हैं उसका गंतव्य इन्होंने 'प्रेम पथिक' में ही सुनिश्चित कर लिया था। इन्होंने कहा था कि विश्वात्मा ही प्रियतम और सुन्दरम् है : "प्रकृति मिला दो विश्व प्रेम में, विश्व स्वयं ही ईश्वर है" ('प्रेम पथिक', पृ. 24)। इस तरह प्रसाद जी का विश्वबोध और विश्व-मानवतावाद उनके सम्पूर्ण कृतित्व में परिव्याप्त है जो जीवन और जगत के प्रति उनके अनवरत चिन्तन का परिणाम है। प्रसाद जी ने श्रद्धा में समस्त मानव-मूल्यों एवं मानवीय गुणों का समाहार करके विश्व-मानवतावाद को भी अपारता (एपोरिया) प्रदान कर दिया है। कवि ने श्रद्धा को जगत की अकेली मंगल कामना, विश्व की पुलकित चेतना, पूर्ण काम की प्रतिमा, चेतना का उज्ज्वल वरदान और वसुधा का गौरव से सम्बोधित किया है। उसके अनन्त रमणीय सौन्दर्य और महनीय व्यक्तित्व के प्रभाव से हिमवती पाषाणी प्रकृति भी मांसल हो उठती है। उस विमल प्रेम-ज्योति के प्रताप से चराचर जगत भी सुन्दर साकार बनकर समरस हो जाते हैं, घनीभूत अखंड आनन्द में निमग्न हो उठते हैं। यह विश्व-मानवतावाद की पराकाष्ठा है।

महाकाव्यात्मक रंग-परिकल्पना के भीतर बहुआयामी अर्थ-स्वरों का अनुप्रयोग

जयशंकर प्रसाद की महानता का एक अतिशय महत्त्वपूर्ण कारण उनका नाटककार रूप है। वे हिन्दी नाटक को विश्वस्तरीय बनाने और उसे जीवन एवं रंगमंच के व्यापक सन्दर्भों से जोड़कर उसे एक बहुस्तरीय दृश्यात्मक विधा का गौरव प्रदान करते हैं। उसे राष्ट्र-प्रेम और पुनर्जागरण का प्रभावी माध्यम बनाते हैं। जयशंकर प्रसाद हिन्दी के श्रेष्ठतम नाटककार हैं। वे भारतीय मनीषा को पूर्णत: आत्मसात् कर गए थे। वे अपने नाटकों में भारतवर्ष की तमाम उपलब्धियों एवं अभावों का ऐसा संघर्ष उपस्थित करते हैं कि पाठक के समक्ष समूची परम्परा दृश्य की भाँति उपस्थित हो जाती है। काव्य की भाँति इनका नाटककार भी निरन्तर विकासमान रहा है। वह 'सज्जन' से अपनी नाट्य-यात्रा का आरम्भ करता है और अन्त में वह रंगबोध के प्रकर्ष बिन्दु 'ध्रुवस्वामिनी' तक पहुँचता है। वे अपने नाटकों के माध्यम से भारतीय रंगसृजन का अधिकतम दोहन करते हैं। हिन्दी आलोचना और रंगमंच ने विराट प्रतिभा के धनी प्रसाद के नाटककार के साथ घोर अन्याय किया है। आचार्य रामचन्द्र शुक्ल ने अपने विश्व-प्रसिद्ध निबन्ध 'काव्य में अभिव्यंजनावाद' में प्रसाद के नाटकों का मूल्यांकन करते हुए लिखा है : "जिस देश में दृश्य काव्य का आविर्भाव अत्यन्त प्राचीनकाल में हुआ हो, उसके भीतर उसका स्वतंत्र रूप में विकास न हो सके, यह खेद की बात होगी। यह देखकर मुझे अत्यन्त आनन्द होता है कि प्रसाद जी के नाटकों में इस प्रकार के विकास के पूरे लक्षण मिलते हैं। उनके ऐतिहासिक नाटकों की सबसे बड़ी विशेषता है—प्राचीन काल के रीति-व्यवहार, शिष्टाचार, शासन-व्यवस्था, आदि का ठीक इतिहास सम्मत चित्रण। वस्तु-विन्यास और शील निरूपण का कौशल भी उत्कृष्ट कोटि का है। उनके रचे 'अजातशत्रु', 'स्कन्दगुप्त', 'चन्द्रगुप्त' आदि नाटकों को लेकर आज हिन्दी पूरा गर्व कर सकती है।" मुझे ऐसा लगता है कि आचार्य शुक्ल की कथित टिप्पणी 'ध्रुवस्वामिनी' लिखे जाने के पहले की है अन्यथा वे न केवल उसका उल्लेख करते अपितु उसके मंचीय कौशल को भी रेखांकित करते। प्रसाद के नाटकों पर एक अतिशय महत्त्वपूर्ण टिप्पणी महादेवी वर्मा की है जिसमें प्रसाद की नाट्यालोचना तथा नाटकों की अभिनेयता के सभी पक्षों का संश्लेषण हो गया है। वे लिखती हैं : "प्रसाद हमारी सांस्कृतिक चेतना के वैतालिक हैं। उन्होंने साहित्य की सभी विधाओं में लिखा है। नाटकों के लिए उन्होंने इतिहास का गहन अध्ययन किया था। उन्होंने जब अपने नाटकों की रचना की, उस समय रंगमंच का कोई आदर्श नहीं था। पारसी नाटकों की प्रतिक्रियास्वरूप ही उन्होंने नाटक लिखे। पश्चिम तथा पूर्व के नाटकों का उन्होंने अध्ययन किया था। हिन्दी में मंच प्रस्तुति की कमी उनको बहुत खली थी। हिन्दी में अब भी मंच की कमी है। सिनेमा के कारण मंच का अभाव हो गया है। वास्तव में नाटक की जो कसौटी है, वह हमारे पास नहीं

है। प्रसाद के नाटकों को प्रस्तुत करने के लिए अपना मंच आवश्यक है। प्रसाद के नाटकों की भाषा सांस्कृतिक एवं साहित्यिक हिन्दी है। प्रसाद के नाटकों के मंचन के सम्बन्ध में हम निश्चित रूप से तो नहीं कह सकते हैं, किन्तु यदि 'मृच्छकटिकम्' का मंचन हो सकता है, शेक्सपियर के नाटकों का मंचन हो सकता है, तो प्रसाद के नाटकों का क्यों नहीं हो सकता? जिस संघर्ष के युग में प्रसाद ने नाटक लिखे थे, वह संघर्ष का युग अभी समाप्त नहीं हुआ है। प्रसाद के नाटकों में संघर्ष है, कोमल और कठोर पक्ष ही है।" कहना न होगा कि महादेवी जी ने अपने सहज संवेद्य कथन के माध्यम से प्रसाद के नाटकों का सर्वांगीण विवेचन कर दिया है जो शायद किसी आलोचक की गूढ़ोक्तियों द्वारा सम्भव नहीं था।

यह भी अत्यन्त विचारणीय है कि प्रसाद चिन्तक नाटककार थे जो रंगमंच के कलात्मक दायित्व का प्रश्न भी उठाते हैं। उनका 'रंगमंच' शीर्षक निबन्ध सम्पूर्ण विश्व के रंगमंचीय चिन्तन का गहन उद्घाटन है। वे भारतवर्ष के पारम्परिक रंगमंच पर विचार करते हुए लिखते हैं : "मध्यकालीन भारत में जिस आतंक और अस्थिरता का साम्राज्य था, उसने यहाँ की सर्वसाधारण प्राचीन रंगशालाओं को तोड़-फोड़ दिया। धर्मांध आक्रमणों ने जब भारतीय रंगमंच के शिल्प का विनाश कर दिया तो देवालयों से संलग्न मंडपों में छोटे-मोटे अभिनय सर्वसाधारण के लिए सुलभ रह गए। उत्तरीय भारत में तो औरंगजेब के समय में साधारण संगीत का जनाजा निकल चुका था; किन्तु रंगमंच से विहीन कुछ अभिनय बच गए, जिन्हें हम पारसी स्टेजों के आने के पहले भी देखते रहे हैं। इसमें मुख्यतः नौटंकी (नाटकी) और भाँड़ ही थे। रामलीला और यात्राओं का भी नाम लिया जा सकता है।" उनके अनुसार : "पारसी रंगमंच में दृश्यों और परिस्थितियों के संकलन की प्रधानता है। वस्तु-विन्यास चाहे कितना ही शिथिल; किन्तु अमुक परदे के पीछे वह दूसरा प्रभावोत्पादक परदा आना ही चाहिए।" वे इस बात को लेकर चिन्तित थे कि पारसी रंगमंच में उनके नाटकों की सघन और गहन नाट्यानुभूति को स्वर देने की शक्ति नहीं थी। वे हिन्दी आलोचना और रंगमंच की सीमाओं से भी परिचित थे। उन्होंने बड़े दुख के साथ कहा था : "हिन्दी के कुछ अकाल-पक्व आलोचक, जिनका पारसी स्टेज से पिंड नहीं छूटा है, सोचते हैं, स्टेज में यथार्थवाद। अभी वे इतने भी सहनशील नहीं कि फूहड़ परिहास के बदले—जिससे वह दर्शकों को उलझा लेता है—तीन-चार मिनट के लिए काला परदा खींचकर दृश्यान्तर बना लेने का अवसर रंगमंच को दें। हिन्दी का कोई अपना रंगमंच नहीं है। जब उसके पनपने का अवसर था, तभी सस्ती भावुकता लेकर वर्तमान सिनेमा में बोलनेवाले चित्रपटों का अभ्युदय हो गया, और फलतः अभिनयों का रंगमंच नहीं-सा हो गया।" इन तमाम सीमाओं पर विचार करने के उपरान्त उन्होंने कहा : "रंगमंच के सम्बन्ध में यह भारी भ्रम है कि नाटक रंगमंच के लिए लिखे जाएँ। प्रयत्न तो यह होना चाहिए कि नाटक के लिए रंगमंच हो, जो व्यावहारिक है।

हाँ, रंगमंच पर सुशिक्षित और कुशल अभिनेता तथा मर्मज्ञ सूत्रधार के सहयोग की आवश्यकता है। इनके अभाव में रंगमंच नहीं है, ऐसा समझने का कोई साहस नहीं करता। चूँकि दोषदर्शन सहज है इसलिए आलोचकों में नाटकों के अभाव की पुकार होती रही।" कहने का आशय यह है कि प्रसाद जी सफल नाट्य-प्रस्तुति के लिए सुशिक्षित और समय एवं समाज के सरोकारों के मर्मज्ञ निर्देशकों तथा अभिनेताओं के सहयोग से नये रंगमंच की सम्भावना तलाश रहे थे। फलतः वे कवि, नट और सहृदय के मध्य सेतु स्थापित करते हुए नाटक को उसकी सम्पूर्णता में जाँचने-परखने का प्रयास करते रहे। उनके प्रयासों के सतर्क उपयोग द्वारा नाट्यालोचना के स्तर पर भी नये प्रतिमानों का निर्माण किया जा सकता है। प्रसाद के नाटक उनके जीवनानुभव, वैश्विक समस्याओं के प्रति गहन चिन्तन, भारतीय इतिहास को विकृत करने के षड्यंत्र का विरोध, तत्कालीन सामाजिक-सांस्कृतिक और राजनीतिक परिवेश, राष्ट्रीय पुनर्जागरण के मूलभूत प्रश्नों और नारी जीवन के अन्तर्द्वंद्व एवं त्रासद आयामों को भारतीय एवं पाश्चात्य रंग परम्पराओं की युक्तियों, रूढ़ियों, व्यवहारों और अभिनय की सृजनात्मक भूमिका का रचनात्मक उपयोग करते हैं। प्रसाद के नाटकों की विषयवस्तु भी इतनी गहन एवं बहुस्तरीय है कि उसे अभिव्यक्ति देने के लिए अनेक रंग परम्पराओं का संश्लेषण करते हैं। वे इस अर्थ में क्रान्तिकारी नाटककार हैं कि अपनी नाट्य-कृतियों को शास्त्रीय जकड़न से मुक्त करते हुए उसे महाकाव्यात्मक रूप और विन्यास देते हैं। वे अपने नाटकों द्वारा सामाजिक चुनौतियों एवं बदलावों के विविध स्तरों को व्यापक धरातल पर देखने का प्रयास करते हुए भारतीय इतिहास की प्रामाणिकता स्थापित करते हैं। उसकी युगीन व्याख्या करते हुए साम्राज्यवादी शासन की प्रतिक्रिया में विपरीत ध्रुवों, जीवन-दृष्टियों, मूल्यों, संस्कृतियों, राज्यों एवं धर्मों के संघर्ष को तीखी रेखाओं में उभारकर भारतीय जनजीवन को एकजुट करते हैं। उसे अपनी अस्मिता तथा स्वाधीनता के लिए जागरूक बनाते हैं। यही कारण है कि इनके नाटक जीवन के नये अर्थ की तलाश और आन्तरिक-बाह्य संघर्ष एवं संगति की स्थापना के साथ-साथ प्रस्तुति सम्बन्धी अनेक दृश्यात्मक सम्भावनाओं को प्रकट करते हैं।

प्रसाद के नाटकों के साथ भी हिन्दी आलोचना न्याय नहीं कर सकी। इनके नाटकों को महान सिद्ध करने के बावजूद अधिकांश आलोचकों ने उनके अभिनेय होने पर प्रश्नचिह्न ही लगाया। इस सन्दर्भ में कलकत्ता के रंगकर्मी विमल लाठ ने सत्य कहा है : "हम सभी का निश्चित मत है कि प्रसाद के नाटक अभिनेय हैं। इनमें कलाओं का उत्कृष्ट समावेश है। उन्हें शायद हम वह स्तर न दे पाते हों तो यह कहीं हमारी ही कमजोरी है, न कि प्रसाद के नाटकों की" (निर्देशक विमल लाठ का पत्र—30-10-1976)। कहने का आशय यह है कि हिन्दी आलोचना ने अपनी और रंगमंचीय सीमाओं को जयशंकर प्रसाद पर आरोपित

कर दिया। यह एक बड़ी विडम्बना है। वस्तुतः प्रसाद के ही नहीं, विश्व के जितने भी महान नाटक हैं, उनमें इतनी जटिलता और बहुस्तरीयता होती है कि उनके साहित्यिक एवं रंग-मूल्यों का सम्यक् निर्वचन कर पाना आसान नहीं होता। जब एक अन्तर्दृष्टि और विश्व-संदृष्टि-सम्पन्न बहुश्रुत-बहुपठित कलाकार लिख रहा होता है तो उसके मर्म तक पहुँचने के लिए भी उसी स्तर की प्रतिभा की आवश्यकता होती है। इसलिए ऐसे नाटकों की प्रस्तुति भी परकाय प्रवेश तथा नई रंग संकल्पना द्वारा ही सम्भव है। इस सन्दर्भ में महेश आनन्द ने ठीक ही लिखा है : "प्रसाद के नाटकों की रंग-क्षमता पर विचार करने के लिए उनके बाहरी रूप से उलझने की अपेक्षा इस प्रश्न का सामना करना ज़रूरी है कि नाटक और प्रस्तुति के बीच किसी प्रकार की रचनात्मक स्थिति की सम्भावना है अथवा नहीं? अगर ऐसा सम्भव है तो शिल्पगत जटिलताएँ कोई अर्थ नहीं रखतीं। यही रचनात्मक स्थिति नाटक के भीतरी रंगमंच का काव्य है जिसे निर्देशक मंच पर प्रस्तुत करता है। इसलिए केवल बाहरी कार्य-व्यापार, तनाव या द्वंद्व के आधार पर नाटक की सफलता का विवेचन नहीं हो सकता, क्योंकि इन तत्त्वों को केवल बाहरी गतियों या क्रियाओं में ही नहीं देखा जा सकता, ये आन्तरिक भी हो सकते हैं। इसके साथ एक अन्य प्रश्न जुड़ा है। वह यह कि नाटककार इनके माध्यम से जीवन सत्य को कितने कलात्मक रूप में अभिव्यक्त करता है? इस दृष्टि से प्रसाद के रंगमंच का साक्षात्कार करने पर स्पष्ट होता है कि उन्होंने काव्यात्मक धरातल पर जीवन की विराटता के महत् क्षणों को जिन दृश्यात्मक इकाइयों में अंकित किया है, उनमें कल्पनाशील गैर-यथार्थवादी शैली की पर्याप्त सम्भावनाएँ हैं। यही शैली उनके नाटकों के वास्तविक स्वरूप की तलाश और अर्थान्वेषण में सहायक हो सकती है।"

प्रसाद के नाटकों में सूक्ष्म अनुभूतियों, काव्यात्मक भाषा की व्यंजनाओं, स्तरीय संवादों, दृश्यानुरूप गीतों, क्लासिकी शिल्प और आन्तरिक संगति में दृश्यत्व और काव्यत्व का जो कलात्मक समन्वय हुआ है, वह सहृदय पाठक एवं दर्शक के लिए रमणीय वस्तु है। प्रसाद संस्कृत, यूनानी, पारसी और शेक्सपियर के नाटकों से भली भाँति परिचित थे। फलतः वे ग्रहण और त्याग का विवेक रखते हुए, उसके वरेण्य पक्षों को आत्मसात् करते हुए, उसे अर्थपूर्ण सन्दर्भ देते हैं। वे एक प्रकार से भारतीय एवं पाश्चात्य नाट्य परम्परा के सर्वोत्तम पक्षों के पुनःसृजन द्वारा सर्जनात्मक भावों तथा अभिनय का बहुस्तरीय रूपायन करते हैं। प्रसाद जी परिनिष्ठित भाषिक अनुप्रयोग द्वारा न केवल जातीय स्मृति को उद्दीप्त करते हैं अपितु उसमें स्थितियों एवं चरित्रों के गहरे रंग मिलाकर अपने समय एवं समाज के सरोकारों, सांस्कृतिक-राजनीतिक दबावों तथा सनातन प्रश्नों के साथ गहरा द्वंद्व भी उपस्थित करते हैं। इस तरह उनके स्वगत-कथन, संवाद तथा गीत पात्रों के भीतरी-बाहरी तनावों से टकराकर एक अद्भुत नाटकीयता पैदा करते हैं। यह दूसरी बात है कि

इसे कोई अन्तर्दृष्टि और विश्व-संदृष्टि-सम्पन्न निर्देशक ही समझ सकता है अन्यथा गहरी समझ के अभाव में प्रसाद के नाटकों का सम्यक् निर्वचन सम्भव नहीं है। वे विशिष्ट रंगमंच के अनुरूप लिखे गए हैं और एक असाधारण मनीषा वाला निर्देशक ही उसको पूर्ण प्रस्तुति प्रदान कर सकता है। यह कार्य भारतीय रंग-परम्परा की गहरी समझ तथा प्रशस्त रंग-चिन्तन द्वारा ही सम्भव है। प्रसाद के नाटकों में जीवनानुभूति, काव्यानुभूति तथा नाट्यानुभूति का ऐसा अद्‌भुत समन्वय हुआ है कि उसकी सम्पूर्ण प्रस्तुति रंगशिल्प को पराकाष्ठा तक ले जा सकती है। यह तभी सम्भव है जब निर्देशक और कलाकार, दोनों ही साहित्यिक संवेदना, भाषिक संस्कार और अभिनय शैली में निष्णात हों। इनके नाटकों में विचार, सृजन, गहन अन्तर्दृष्टि तथा जीवन सत्य की अर्थपूर्ण व्यंजना के कारण जो जटिलता आई है, वह रंगकर्मियों से बहुआयामी अर्थ-स्वरों के संधान और नई प्रस्तुति शैलियों के प्रयोग की अपेक्षा रखती है। हमें यह मानने में कोई परेशानी नहीं होनी चाहिए कि जयशंकर प्रसाद के 'सज्जन' से लेकर 'ध्रुवस्वामिनी' तक की नाट्यकृतियाँ अपने जटिल एवं बहुस्तरीय पाठ के गहन विश्लेषण की माँग करती है। इसमें निहित यथार्थवादी रंगबोध, युगीन भाव-बोध की बहुस्तरीयता तथा नवीन रंग-शिल्प 'कामायनी' की तरह आज भी हिन्दी आलोचना के समक्ष चुनौती बना हुआ है। हमें इस दिशा में एक वस्तुनिष्ठ एवं गम्भीर प्रयास करना होगा। यह हमारे लिए गौरव का विषय है कि प्रसाद जी का रंगकर्म महाकाव्यात्मक विन्यास और बहुस्तरीय अर्थ-स्वरों के अनुप्रयोग की पराकाष्ठा तक पहुँचता है। इसके माध्यम से उनके नाट्य लेखन को जो ऊँचाई प्राप्त होती है, वह सम्पूर्ण हिन्दी जगत की अद्वितीय उपलब्धि है।

आन्तरिक एवं गहन यथार्थ चेतना के विलक्षण कथाकार

जयशंकर प्रसाद हिन्दी के सबसे दुर्निवार कथाकार हैं। इन्होंने काव्य और नाटक के अलावा कहानी एवं उपन्यास लेखन के क्षेत्र में भी ऐतिहासिक उद्योग किया है। कविता की भाँति कहानी के क्षेत्र में भी प्रसाद जी का गत्यात्मक व्यक्तित्व निरन्तर विकासमान है। वे जीवन-जगत, प्रवृत्ति-निवृत्ति, आदर्श-यथार्थ, देह और गेह में निरन्तर धँसनेवाले कहानीकार हैं। आप मूलतः राष्ट्रीय-सांस्कृतिक चेतना के कहानीकार हैं। वे जितना गहरे उतरते हैं, उनका कथाकार व्यक्तित्व उतना ऊपर ही उठता जाता है। प्रसाद जी की कथा-अवधारणा एवं कथा-सर्जना हिन्दी कहानी की सम्भावनाओं का द्वार खोलती है। अतः इनके सही और सम्पूर्ण मूल्यांकन का गहन और वस्तुनिष्ठ प्रयास ज़रूरी है। जब हम इनकी कहानियों का विश्लेषण करते हैं तो पाते हैं कि उनमें जितना अद्वितीय प्रेम-सौन्दर्य, प्रकृति-पर्यावरण, आदर्श-यथार्थ, इतिहास-समकालीनता, अन्तर्दृष्टि-विश्व-संदृष्टि है, उतना ही उसका सघन सर्जनात्मक

पाठ-वितान और अन्तर-पाठीय लय-तान भी है। उनमें प्रसाद का समय-समाज, तत्कालीन परिवेश, राजनीतिक-सामाजिक-सांस्कृतिक-धार्मिक विवर्तन तथा बहुतेरी घटनाओं और संवेदनाओं का एक जादुई ऐन्द्रजालिक लोक भी है। फलतः इन कहानियों का रूपात्मक तंत्र अद्‌भुत और शिल्प का ताजमहल है। इन कहानियों की अन्तर्वस्तु मानसिक आवेग, अन्तर्द्वंद्व, जीवन मूल्य, भेदक-दृष्टि, वैयक्तिक और सामूहिक चेतना, जातीय-स्मृति, परम्परा-निष्ठा और देश-प्रेम के उज्ज्वल स्वरूप से संवलित है।

कहने का आशय यह है कि कहानीकार जयशंकर प्रसाद हिन्दी कहानी के आकाशदीप हैं जो हिन्दी कहानी के शैशवकाल में पथ-प्रदर्शक बनकर आते हैं। इन्होंने विषयवस्तु तथा रचना-विधान, दोनों ही दृष्टियों से न केवल हिन्दी कहानी का स्वरूप सुनिश्चित किया अपितु अपनी प्रयोगशील सर्जनात्मकता के द्वारा उसे विश्वस्तरीय बनाने का अनथक प्रयास भी किया। इनकी 'मधुआ' कहानी पर स्वयं प्रेमचन्द एकान्त-मुग्ध थे और उसके प्रभाव स्वरूप उन्होंने 'कफन' कहानी का सृजन किया। प्रसाद की कहानियों में प्रेम-सौन्दर्य और प्रकृति-चित्रण अपने उत्सवीकृत रूप में विद्यमान है। साथ ही, उसमें समय-समाज और इतिहास की वास्तविकता का भी प्रभावी अंकन हुआ है। मानव-मन को विचलित और विचारोन्मुख करने की क्षमता के कारण इन कहानियों के ताने-बाने से बाद के कथाकार विशेष रूप से आकर्षित हुए हैं। यदि प्रसाद के सूक्ष्म और आन्तरिक प्रभाव का सम्यक् निर्वचन किया जाए तो यह स्पष्ट हो जाता है कि जैनेन्द्र, इलाचन्द्र जोशी और अज्ञेय को मनोवैज्ञानिक विश्लेषण की दृष्टि जयशंकर प्रसाद से ही प्राप्त हुई है, जबकि मोहन राकेश, निर्मल वर्मा और उदय प्रकाश अपने रचना-विधान तथा शिल्पगत प्रयोगों के लिए प्रसाद के ऋणी हैं। उदय प्रकाश की श्रेष्ठतम कहानी 'वारेन हेस्टिंग्स का साँड़' अपने क्लासिकी शिल्प-सौष्ठव में प्रसाद का स्मरण कराती है। इसी तरह प्रसाद की ऐतिहासिक कहानियों के प्रभाव-सन्दर्भ के अन्तर्गत भगवतीचरण वर्मा, चतुरसेन शास्त्री, वृन्दावन लाल वर्मा और शरद पगारे भी आते हैं। चूँकि प्रसाद की कहानियाँ अन्तर्वस्तु, मनोजगत के गहन छानबीन और शिल्प सौष्ठव में अपने ढंग की बेजोड़ कहानियाँ हैं, अतः इनका अनुकरण भी अत्यन्त दुष्कर है। इन कहानियों में कवित्वपूर्ण अलंकृत भाषा का उत्कर्ष, कल्पनात्मक छवियों से ओत-प्रोत चित्रात्मकता, देश-प्रेम का प्रकर्ष और नाटकीय संवाद का जो समारोह उपस्थित हुआ है, वह हिन्दी ही नहीं, सम्पूर्ण भारतीय साहित्य की विशिष्ट उपलब्धि है। इस दृष्टि से इनका अवदान अविस्मरणीय है। ये हिन्दी कहानी के नींव के पत्थर हैं जिनके बिना उसका भव्य प्रासाद नहीं टिक सकता है। हिन्दी कहानी के इस टिमटिमाते आकाशदीप को समझने का यह एक अभिनव प्रयास है। मुझे पूर्ण विश्वास है कि हम प्रसाद के कथाकार के सम्यक् निर्वचन द्वारा ही हिन्दी कहानी

का भी स्वरूप-विश्लेषण कर सकते हैं। प्रसाद की कहानियाँ इस कारण भी सदैव याद की जाएँगी कि ये कलात्मक अभिव्यक्ति के नये क्षितिज उद्घाटित करती हैं। प्रसाद के लिए कहानी-सृजन एक सांस्कृतिक कर्म रहा है। फलतः सनातन मूल्यों में गहन आस्था के बावजूद इनमें सम्पूर्ण भारतीय परम्परा पर सार्थक ढंग से सोचने की दृष्टि और स्व की पहचान का गहरा बोध है। अतः हमें नवीनतम आलोचना पद्धतियों के आलोक में इनकी आन्तरिक शक्ति और सम्भावनाओं से सार्थक मुठभेड़ करते हुए उनमें निहित वास्तविक अनुगूँजों तथा आशयों तक पहुँचना होगा। ऐसा करके ही हम हिन्दी कहानियों के इन गौरवपूर्ण कलात्मक शिखरों का सही मूल्यांकन कर सकेंगे। प्रसाद की कहानियों के शिल्प-लालित्य के साथ उनमें निहित लोकमंगल का भाव, देश-प्रेम, समाज-सुधार तथा विश्व-मानवतावादी चेतना का भी नया पाठ तैयार करने की आवश्यकता है। प्रसाद की कहानियाँ यह प्रमाणित करती हैं कि आवेग-प्रधान भावदशा और विस्फोटक शैली भी एक खास सीमा के बाद नियमित एवं मर्यादित हो जाती है। इनकी रोमांटिक कहानियाँ भी अपनी रचनात्मक उपलब्धि के चरम शिखर पर पहुँचकर क्लासिक हो जाती हैं। इनका शिल्प व्यक्तित्व शील है जो क्षण-क्षण अधीर, क्षण-क्षण पिपासित, जिज्ञासु, साहसिक, आन्तरिक अनुभव से समृद्ध तथा वैचारिक विक्षुब्धता से भरपूर है। वह पत्थर की कठोर साहसी चट्टानों को फोड़कर निकलनेवाली निर्झरिणी का तुमुल नाद है। यहाँ चित्र-काव्य की मूर्त विधायिनी कल्पना, मनोवैज्ञानिक अन्तर्द्वंद्व, यथार्थ निरूपण का सम्भाव्य अथवा आदर्श बिम्ब, गहन दायित्वबोध, भाषिक अनुप्रयोग और शिल्पगत सौन्दर्य अपने कलात्मक उत्कर्ष के सर्वोच्च शिखर तक ले जाता है। इस दृष्टि से इन कहानियों में मनुष्य की चिरन्तन भूख मिटाने की क्षमता है। अतः इनका महत्त्व अक्षुण्ण है। इनकी कालजयता और प्रासंगिकता असन्दिग्ध है।

चूँकि प्रसाद जी हिन्दी साहित्य के भंडार को विविधतापूर्ण कृतियों से सजाकर उसे विश्वस्तरीय बनाना चाहते थे। अतः वे उपन्यास लेखन के क्षेत्र में भी अपनी गति का परिचय देते हैं। जिस समय प्रेमचन्द आदर्श और यथार्थ के द्वंद्व में फँसकर नई राह तलाश रहे थे, उसी दौरान प्रसाद जी ने हिन्दी के पहले यथार्थवादी उपन्यास 'कंकाल' का सृजन करके इतिहास बना देते हैं। 'कंकाल' अपनी अतियथार्थवादी व्यंजनात्मक प्रस्तुति के कारण क्लासिक बन गया है। इसमें संवेदनहीन तथा क्रूर समाज के बहुविध शोषण एवं अमानुषिक कृत्यों का जो व्यंग्य-गर्भित चित्र खींचा गया है, वह सम्पूर्ण हिन्दी साहित्य में दुर्लभ है। इस उपन्यास के महत्त्व का प्रतिपादन करते हुए आचार्य नन्ददुलारे वाजपेयी ने लिखा है : "एक संघटित और चुस्त कथानक के अन्तर्गत रोचक घटनाचक्र और अतिशय रोचक वर्णन शैली में अंकित होकर समाज के अत्याचारों और पाखंडों की यह कथा अतीव मार्मिक हो गई है। 'कंकाल' की यह सफलता हिन्दी में अपूर्व है। आधुनिक अंग्रेजी साहित्य

में गाल्सवर्दी के नाटक व्यक्ति पर समाज के अत्याचारों को दिखाते हैं। विपन्नता के चित्रण में वे सामयिक साहित्य में शायद सर्वोच्च स्थान रखते हैं; पर उनके पात्रों का अर्थ-कष्ट हमें उतना अधिक आकर्षित नहीं करता, जितना 'कंकाल' के पात्रों की समाज-पीड़ा, दम्भ और दुर्गुणों का भंडाफोड़, नकली और खोखले आदर्शों की निस्सारता, अनर्थकारी बन्धनों की जटिलता के पथ-प्रदर्शन पद-पद पर करते हैं। समाज का यह रूप देखकर हम आशंकित और क्षुब्ध होते हैं, अश्लीलता की शिकायत नहीं करते। ग्लानि, क्षोभ और विडम्बना के भाव ही हम पर अधिकार कर लेते हैं। इस महाकार दुर्लंघ्य और विवशकारी कालिमा का प्रदर्शन तथा उसके प्रति विद्रोह का सृजन ही उपन्यास का उज्ज्वल लक्ष्य है।" इस तरह 'कंकाल' भारतीय समाज और जीवन का आलोचनात्मक विमर्श करनेवाला उपन्यास है। इसने भौतिक जगत और आन्तरिक जगत की वस्तुस्थिति का जिस निर्ममतापूर्वक उद्घाटन किया है, वह प्रसाद की विश्व-मानवतावादी दृष्टि का चरम परिपाक है। यह उपन्यास अपनी व्यंजनात्मकता, औपनिवेशिक सत्ता से अभिशप्त भारतीय समाज का विद्रूप मायाजाल, अन्तर्जगत और बाह्य जीवन के बहुआयामी अर्थ-स्वर की यथार्थवादी प्रस्तुति के कारण अद्वितीय महत्त्व का अधिकारी बन गया है। यह हिन्दी उपन्यास को समाजशास्त्रीय पीठिका प्रदान करता है। इसी क्रम में प्रसाद जी का दूसरा उपन्यास 'तितली' आता है जो 'कंकाल' की भयावहता को सामाजिक सरोकार और सामंजस्य द्वारा सन्तुलित करता है। इनकी सर्जनात्मक प्रतिभा 'तितली' में बेहद सन्तुलित एवं सुपरिणत रूप में अभिव्यक्त हुई है। यहाँ लेखक गरीब और पिछड़े किसानों की पहचान कायम करते हुए उनके बहुस्तरीय संघर्ष का रूपायन करता है। प्रसाद जी 'तितली' के माध्यम से समाज, परिवार, विवाह, धर्म और शैक्षणिक संस्थानों की जड़बद्धता का अतिक्रमण करते हैं। यह उपन्यास एक विशिष्ट प्रकार का बौद्धिक खुलापन लेकर आता है। इसमें भारतवर्ष की गतिशील लोकोन्मुख परम्परा के महत्त्व का प्रतिपादन किया गया है। सामाजिक-सांस्कृतिक परिवर्तन की महीन अन्तर्वर्ती धारा उपन्यास में सर्वत्र प्रवहमान है। लेखक ने स्वाधीनता-संग्राम के कठिन संघर्ष के यथार्थ को उसके जटिल स्वरूप में चित्रित किया है। यहाँ प्रसाद की भाषा-शैली अपेक्षाकृत अधिक सहज और सर्जनात्मक पाठ-वितान के साथ प्रस्तुत है। लेखक ने मानक हिन्दी के सर्जनात्मक रूप का सदुपयोग करते हुए पाठ की बोधगम्यता को बरकरार रखा है। इसमें व्यक्ति के आन्तरिक जीवन, मूल्यबोध, भारतीय ज्ञान आधारित जीवन्त समाज-व्यवस्था की स्थापना का लक्ष्य और सामाजिक-सांस्कृतिक यथार्थ के मध्य विलक्षण सन्तुलन साधा गया है। प्रसाद की उपन्यास-दृष्टि यहाँ खुलकर प्रकट हुई है। वे व्यावहारिक समता की स्थापना की बात करते हैं। इनकी राष्ट्रोद्धार की अवधारणा 'तितली' में ग्रामोद्धार के रूप में अभिव्यक्त हुई है। इसमें जीवन और समाज की विविध समस्याओं पर मौलिक चिन्तन, अनुभव की ताजगी,

बोधगम्य भाषा, शैल्पिक कसाव तथा भारतीय एवं पाश्चात्य जीवन-पद्धतियों पर नये सिरे से दृष्टिपात किया गया है। प्रसाद अपने समय और समाज की गतिविधियों तथा जीवन-जगत के प्रति कितने जागरूक थे, इसका एक पुष्ट प्रमाण 'तितली' है।

प्रसाद का अगला उपन्यास 'इरावती' है जो उनके अल्पायु में निधन के कारण अपूर्ण रह गया है। यह उनकी ऐतिहासिक प्रतिभा को महाकाव्यात्मक विन्यास प्रदान करनेवाला उपन्यास है। इसमें बौद्ध नरेश बृहस्पति मित्र के अत्याचार, कामुकता और बौद्ध धर्म की अकर्मण्यता एवं कायरता से पनप रही घुटन के बीच लेखक जिस आत्मविश्वास को प्रतिष्ठित करता है, वह समसामयिक युगबोध और सन्दर्भों से जुड़कर अत्यन्त सार्थक एवं प्रासंगिक हो उठता है। जो लोग प्रसाद पर केवल बौद्ध प्रभाव का संधान करते हैं, वे उनके मूल मर्म को नहीं समझ सके हैं। उनकी मूल चेतना भारतीय ज्ञानधारा और ब्राह्मण धर्म के उस दर्शन से अनुप्राणित है जो यह सत्यापित करती है कि राम एवं कृष्ण की तरह अन्याय एवं अत्याचार का विरोध शस्त्र उठाकर भी करना चाहिए। इसके माध्यम से वे नये युग की चुनौतियों के अनुरूप भारतीय ज्ञान परम्परा और चिन्तन की जो ठोस आधारशिला रख रहे थे उसे उन्होंने चाणक्य जैसे महामनीषी से यह कहलवाकर किया था : "ब्राह्मणत्व और कुछ नहीं बल्कि एक सार्वभौम-शाश्वत बुद्धि-वैभव है। प्रसाद जी ब्राह्मण धर्म के आत्मवाद के बहाने सर्वसमतावाद की प्रतिष्ठा करते हैं। वे जिस प्रखरता से बौद्ध विहारों में फैले दुराचार और बौद्ध शासकों की काम-लोलुपता पर प्रहार करते हैं, उसका कोई सानी नहीं है। बौद्धों ने सम्पूर्ण देश को निवृत्ति की ओर ढकेलकर किस तरह बाह्य आक्रमणों के लिए अनुकूल वातावरण तैयार किया, यह इरावती का मूल प्रतिपाद्य है। यही कारण है कि प्रसाद जी भारतीय मनुष्यता को जगाने के लिए भारत में प्रतिष्ठित चिरन्तन आत्मवादी दर्शन के द्वारा शैवों के आनन्दवादी जीवन-दर्शन की प्रतिष्ठा करते हैं। वे जिस भावभूमि पर खड़े होकर इरावती में भारतीय राष्ट्रीयता, जन-जीवन और चिन्तनधारा के मूलभूत प्रश्नों को उठाते हैं, उसके कारण ऐतिहासिक पृष्ठभूमि पर लिखा गया यह अधूरा उपन्यास ऐतिहासिक महत्त्व का अधिकारी बन जाता है। हिन्दी के अधिकांश आलोचकों ने इतने महत्त्वपूर्ण उपन्यास को पढ़े बिना 'कंकाल' और 'तितली' के साथ इसका नामोल्लेख मात्र किया है। इसका वस्तुनिष्ठ विश्लेषण आलोचना की अनिवार्य माँग है। इस उपन्यास में वे राष्ट्र को एक मूल्य बनाकर जातीय अस्मिता की सुरक्षा के लिए सर्वात्मवादी दर्शन की प्रतिष्ठा करते हैं। वे अपने समय के संघर्ष के लिए एक मुकम्मल विकल्प उपलब्ध कराते हैं। वे भारतीय चिन्तन-परम्परा के जिस अर्थ पूर्ण, अन्तर्गर्भी साभिप्रायता को अपने कलात्मक सृजन द्वारा उपस्थित करते हैं, वह उनकी पारखी दृष्टि और दार्शनिक समझ का प्रतिदर्पण है। यह उनके गहन इतिहास-बोध, सामाजिक और राजनीतिक सरोकार तथा दार्शनिक चिन्तन का एक

सुदृढ़ स्तम्भ है। संक्षेप में, प्रसाद की कहानियाँ और उपन्यास उनकी आन्तरिक और बाह्य यथार्थ चेतना की गहन एवं विलक्षण प्रस्तुति हैं जो उनके कथाकार को एक अपेक्षित ऊँचाई प्रदान करती हैं।

अप्रतिम निबन्धकार, सर्जनात्मक आलोचक एवं विश्वस्तरीय इतिहासवेत्ता

महाकवि जयशंकर प्रसाद की महानता के एक महत्त्वपूर्ण आयाम उनका निबन्धकार, आलोचक और इतिहासकार का रूप है। इनके कतिपय निबन्ध अपने चिन्तन की गहनता में आचार्य रामचन्द्र शुक्ल के निबन्धों से भी अधिक गम्भीर और तलस्पर्शी हैं। इन निबन्धों में मानवीय चेतना के इतिहास के साथ-साथ प्रसाद के चिन्तन और संवेदना का विकास भी परिलक्षित होता है। इनके निबन्ध लेखन का आरम्भिक रूप 'चित्राधार' में संकलित निबन्धों में दिखाई पड़ता है। इन निबन्धों में 'ब्रह्मर्षि', 'पंचायत', 'प्रकृति सौन्दर्य', 'सरोज' और 'भक्ति' का समावेश है। ये निबन्ध प्रसाद जी की ऊर्जस्वित संवेदना और विकासमान चिन्तन का प्रमाण हैं। प्रसाद ने 'भक्ति' के अन्तर्गत 'कामायनी' की श्रद्धा का बीजरूप विवेचित कर दिया है। वे लिखते हैं : "श्रद्धा जल है, भक्ति वेग है तथा उसका गमन ही ज्ञान है, और उसका योग हो जाना ही महासम्मेलन है।" इसके अनन्तर प्रसाद जी के निबन्धों का दूसरा चरण आता है जिसमें इन्दु-प्रस्तावना, चम्पू, कविता रसास्वाद, हिन्दी साहित्य सम्मेलन, कवि और कविता तथा हिन्दी में नाटक का स्थान रखा जा सकता है। इन्होंने कवि के महत्त्व का प्रतिपादन करते हुए लिखा है : "कवियों को लोगों ने सृष्टिकर्ता माना है, क्योंकि वह मनुष्य को, जब वह कविता का अनुशीलन करने लगता है, तब एक अभिनव सृष्टि का दर्शन कराता है। वह संसार के साँचे में नहीं ढलता, किन्तु संसार को अपने साँचे में ढालना चाहता है। मनुष्य के हृदय के लिए वह बड़ी सुन्दर सृष्टि रचता है।" इसी तरह प्रसाद जी नाटक के महत्त्व का निरूपण करते हुए लिखते हैं : "यदि साहित्य अपने काल की सभ्यता का ज्ञापक है तो यह कहना ही होगा कि सभ्यता को नाटक से बड़ी सहायता मिलती है।"

इसी क्रम में प्रसाद जी के निबन्ध लेखन का उत्कर्ष-काल आता है। एक दर्जन सैद्धान्तिक, ऐतिहासिक और व्यावहारिक समीक्षा सम्बन्धी निबन्धों का समावेश है जो प्रसाद जी को एक बड़े चिन्तक, अनुसन्धित्सु और दार्शनिक निबन्धकार की गरिमा प्रदान करते हैं। इसके अन्तर्गत हैं : 'काव्य और कला', 'रहस्यवाद', 'रस', 'नाटकों में रस का प्रयोग', 'नाटकों का आरम्भ', 'रंगमंच', 'आरम्भिक पाठ्यकाव्य', 'यथार्थवाद और छायावाद', 'कवि निराला की कविता' ('गीतिका' पर अभिमत), 'प्राचीन आर्यावर्त', 'प्रथम सम्राट इन्द्र' और 'दाशराज्ञ युद्ध' और 'आदिपुरुष'। इनमें काव्य और कला, रंगमंच, रहस्यवाद, रस, यथार्थवाद और छायावाद इतने उत्कृष्ट

निबन्ध हैं कि इनपर विश्व का कोई भी साहित्य गर्व कर सकता है। यहाँ प्रसाद जी का सैद्धान्तिक चिन्तन काव्य को अध्यात्म-दर्शन की गरिमा प्रदान करते हुए जिस प्रशस्त दृष्टि का प्रकाशन करता है, वह उन्हें बहुत बड़ा सिद्धान्तशास्त्री बनाता है। इन्होंने रहस्यवाद, यथार्थवाद और छायावाद पर न केवल आचार्य रामचन्द्र शुक्ल की मान्यताओं की सीमाओं का भान कराया अपितु यह भी प्रमाणित किया कि उनके पास शुक्ल जी की अनेक स्थापनाओं का पुष्ट प्रमाण के साथ उत्तर है। अतः भारतीय परम्परा का उनका ज्ञान आचार्य शुक्ल की तुलना में अधिक गहरा एवं तलस्पर्शी है। चूँकि प्रसाद के काव्य-चिन्तन पर स्वतंत्र अध्याय है, अतः यहाँ केवल उनकी व्यावहारिक समीक्षा का एक नमूना प्रस्तुत कर रहा हूँ। वे निराला की गीतिका के सन्दर्भ में लिखते हैं : "निराला जी हिन्दी कविता की नवीन धारा के कवि हैं, और साथ ही भारती मन्दिर के गायक भी हैं। उनमें केवल पिक की पंचम पुकार ही नहीं, कनेरी की-सी एक ही मीठी तान नहीं, अपितु उनकी 'गीतिका' में सब स्वरों का समारोह है। उनकी स्वर-साधना हृदय के ग्रामों को झंकृत कर सकती है कि नहीं, यह तो कवि के स्वरों के साथ तन्मय होने पर ही जाना जा सकता है।

"'गीतिका' हिन्दी के लिए एक सुन्दर उपहार है। उसके चित्रों की रेखाएँ पुष्ट, वर्णों का विकास भास्वर है। उसका दार्शनिक पक्ष गम्भीर और व्यंजना मूर्तिमती है। आलम्बन के प्रतीक उन्हीं के लिए अस्पष्ट होंगे, जिन्होंने यह नहीं समझा है कि रहस्यमयी अनुभूति, युग के अनुसार, अपने लिए विभिन्न आधार चुना करती है। केवल कोमलता ही कवित्व का मापदंड नहीं है। निराला जी ने नृम्ण और ओज, सौन्दर्य-भावना और कोमल-कल्पना का जो माधुर्यमय संकलन किया है, वह उनकी कविता में शक्ति-साधना का उज्ज्वल परिचायक है।"

इसी तरह इनके 'नाटकों की भूमिकाएँ', 'प्राचीन आर्यावर्त', 'प्रथम सम्राट इन्द्र' और 'दाशराज्ञ युद्ध' तथा 'कामायनी' का आमुख इनके अपार ऐतिहासिक ज्ञान का बोधक है। प्रसाद की इतिहास दृष्टि पर विचार करते हुए आचार्य हजारीप्रसाद द्विवेदी ने अभिषेक की भूमिका में लिखा है : "प्रसाद जी की कई ऐतिहासिक गवेषणाएँ गम्भीर विद्वत्तापूर्ण हैं। परन्तु इन गवेषणाओं का उद्देश्य इतिहास मनीषियों की भाँति तथ्य निर्धारण न होकर मनुष्य की भावधारा के जीवन्त विकास का संधान पाना है। कविता की भाँति वे इतिहास के मनुष्य को भी दो रूपों में स्वीकार करते थे—इतिहास का मनुष्य और मनुष्य की भावधारा का इतिहास।...इतिहास के मनुष्य में नये प्रमाणों की उपलब्धि से परिवर्तन होता रहता है। परन्तु भावलोक में रचित मनुष्य का इतिहास सदा सरस बना रहता है। अजातशत्रु, चन्द्रगुप्त, समुद्रगुप्त आदि पुरुषों का जो रूप उपलब्ध सामग्री से प्राप्त होता है, वह अधूरा भी है और नई समस्याओं के उपलब्ध होने पर परिवर्तन-सापेक्ष भी, पर प्रसाद जी ने इन इतिहास कथित पुरुषों को कल्पना द्वारा सजीव बनाकर जो पूर्ण परिस्फुट रूप हमें दिया

है, वह शाश्वत होकर रह गया है। वह निस्सन्देह उपलब्ध सामग्रियों पर आधारित है और प्रसाद जी ने उनके ऐतिहासिक परिप्रेक्ष्य का जैसा गम्भीर अध्ययन किया था, वैसा अन्य साहित्यकारों में मिलना कठिन है, तथापि नये तथ्यों के मिल जाने पर भी वे जहाँ के तहाँ अपनी पूरी महिमा के साथ प्रतिष्ठित बने रहेंगे। उनकी इतिहास की जानकारी अद्‌भुत थी। परन्तु उससे भी अधिक आश्चर्यजनक था उनका ऐतिहासिक परिप्रेक्ष्य में जीवन्त मानव का निर्माण।"

इस तरह प्रसाद की इतिहास-दृष्टि मानव-सभ्यता के चिरन्तन मूल्यों के अन्वेषण का गम्भीर प्रयास है जो तत्कालीन राष्ट्रीय-सांस्कृतिक पुनर्जागरण से उत्प्रेरित और दार्शनिक विवेचन से संवलित है। आप इतिहास को काल के अखंड अथवा प्लुत प्रवाह की चेतना धारा के रूप में प्रतिष्ठित करते हैं। प्रसाद के निबन्ध उनके सैद्धान्तिक विवेचन और ऐतिहासिक नियति-बोध को जिस कौशल के साथ प्रकट करते हैं, उसका कोई प्रतिद्वंद्वी नहीं है। इन्होंने वैदिक काल से अब तक विकसित भारतवर्ष की साहित्यिक-सांस्कृतिक परम्परा का जनता एवं समाज की चित्तवृत्तियों और दर्शन की सापेक्षता में विश्लेषित किया है। वह मनुष्य की ज्ञान-पिपासा को शान्त करने के साथ-साथ हिन्दी के साहित्यिक भंडार में श्रीवृद्धि करनेवाला है। इनका आलोचनात्मक और ऐतिहासिक प्रदेय राष्ट्रीय महत्त्व का ही नहीं बल्कि अन्तरराष्ट्रीय महत्त्व का भी है। क्योंकि इन्होंने जिन विषयों पर लेखनी चलाई है, उसे दर्शन और मनन का आधार देकर सार्वभौम-शाश्वत महत्त्व का अधिकारी बना दिया है। संक्षेप में, प्रसाद जी हिन्दी के ऐसे आचार्य महाकवि और बहुआयामी साहित्यिक हैं जो अपराजेय कारयित्री प्रतिभा के साथ-साथ उच्च स्तरीय भावयित्री प्रतिभा के भी धनी हैं। अतः इनकी महानता का निर्वचन करने के लिए यह भी जरूरी है कि हम इनके इतिहास-बोध के साथ सम्पूर्ण लेखन का सापेक्ष विश्लेषण करें। उसका एक परिपूर्ण पाठ तैयार करें।

शिल्प का ताजमहल के कृती स्त्रष्टा

जयशंकर प्रसाद का सम्पूर्ण साहित्य अपने अप्रतिम शैल्पिक सौष्ठव के कारण क्लासिकी गरिमा से अनुप्राणित है। सर्वप्रथम सुमित्रानन्दन पंत ने 'कामायनी' को 'हिन्दी साहित्य का ताजमहल' कहा था। इनके साहित्य में स्वच्छंदतावादी प्रवृत्ति भी अपने शैल्पिक कसाव के कारण क्लासिक हो जाती है। 'कामायनी' के शिल्प-सौष्ठव पर विचार करते समय आचार्य रामचन्द्र शुक्ल ने भी कई महत्त्वपूर्ण बातें कही हैं। उनके अनुसार : "यह काव्य बड़ी विशद कल्पनाओं और मार्मिक उक्तियों से पूर्ण है।... यदि हम इस विशद काव्य की अन्तर्योजना पर न ध्यान दें, समष्टि रूप में कोई समन्वित प्रभाव न ढूँढ़ें; श्रद्धा, काम, लज्जा, इड़ा इत्यादि को अलग-अलग लें तो

हमारे सामने बड़ी रमणीय चित्र कल्पना, अभिव्यंजना की अत्यन्त मनोरम पद्धति आती है। इन वृत्तियों की आभ्यन्तर प्रेरणाओं और बाह्य प्रवृत्तियों को बड़ी मार्मिकता से परखकर इनके स्वरूपों की नराकार उद्भावना की गई है। स्थान-स्थान पर प्रकृति की मधुर, भव्य और आकर्षक विभूतियों की योजना का तो कहना क्या है! प्रकृति के ध्वंसकारी भीषण रूपवेग का भी अत्यन्त व्यापक परिधि के बीच चित्रण हुआ है। इस प्रकार प्रसाद जी प्रबन्ध क्षेत्र में भी छायावाद की चित्रप्रधान और लाक्षणिक शैली की सफलता की आशा बँधा गए हैं।"

इस तरह शुक्ल जी 'कामायनी' के काव्य-सौष्ठव की मुक्त कंठ से प्रशंसा करते हैं। इसी क्रम में आचार्य नन्ददुलारे वाजपेयी ने भी 'कामायनी' के विवेचन के उपरान्त यह निष्कर्ष दिया है : "'कामायनी' की मूल कल्पना उदात्त है और उक्त उदात्त कल्पना का व्यक्तीकरण भी सफलतापूर्वक किया गया है। प्रसाद की काव्य-शैली में नवीनता और उनके भाषा-प्रयोगों में पर्याप्त व्यंजकता और काव्यानुरूपता है। प्रथम बार काव्योपयुक्त पदावली का प्रयोग 'कामायनी' में किया गया है।"

डॉ. नगेन्द्र ने 'कामायनी' के शिल्प को असाधारण सिद्ध करते हुए लिखा है : "'कामायनी' की शैली सर्वत्र ही एक अपूर्व लोकोत्तर स्तर पर अवस्थित रहती है।... इसमें अद्भुत ऐश्वर्य एवं अलंकार-विलास है, लक्षणा-व्यंजना का विचित्र चमत्कार है। कल्पना तथा भावना के अपूर्व वैभव के कारण इस शैली में मूर्ति-विधान एवं बिम्ब-योजना की अद्भुत समृद्धि मिलती है।...शैली की असाधारणता के प्रति आग्रह के कारण ही 'कामायनी' की शैली में इतिवृत्त वर्णन का एकान्त अभाव है।...'कामायनी' में कथा का स्तर कल्पना-विलास, दार्शनिक गरिमा और रागात्मक ऐश्वर्य के कारण सामान्य से इतना भिन्न रहा है कि वृत्त-वर्णन की ऋजुता इस समृद्धि का वहन नहीं कर सकती थी।...'कामायनी' की शैली निश्चय ही भव्य है। कवि की प्रतिभा ने एक विराट शून्य को कल्पना और भावना के ऐश्वर्य से जगमग कर दिया है।"

'कामायनी' की भाषा-शैली इतनी उदात्त, अतुल्य और गरिमामयी है कि हर आलोचक को उसकी प्रशंसा के लिए विवश होना पड़ा है। इस सन्दर्भ में डॉ. बच्चन सिंह का कथन है : "'कामायनी' एक अभिनव कलाकृति है। मनुष्य की अन्तर्वृत्तियों के इतने गूढ़ और संश्लिष्ट रचनात्मक चित्र बहुत ही कम मिलेंगे। हिन्दी के पिछले प्रबन्ध काव्यों से इसके बिम्ब, भाषा, प्रतीक आदि एकदम अलग, नवीन और कल्पनात्मक छवियों से ओत-प्रोत हैं।"

प्रसाद हिन्दी कविता में बिम्बों के सर्वाधिक सफल प्रयोक्ता हैं। यह भी विचारणीय है कि 'कामायनी' पूर्णतः चित्रात्मक अथवा बिम्बात्मक महाकाव्य है। उसमें बिम्ब-शृंखला का जैसा सगुम्फन मिलता है, वह अन्यत्र दुर्लभ है। प्रसाद की भाषा प्रतीक-बहुला है। इनके यहाँ शब्द चित्र के वाहक हो गए हैं। 'कामायनी' की भाषा उसे कवितापन की सर्वोच्च ऊँचाई तक ले जाती है। वह मूर्तिविधायिनी कल्पना,

शक्ति-सम्पन्न चित्रामयता, अर्थ की लय और संगीत के वैविध्यपूर्ण सुरों से अनुप्राणित है। 'कामायनी' का शिल्प-विधान अपनी मौलिकता और नव्यता के कारण अद्वितीय एवं क्लासिक है। 'कामायनी' के अलावा 'आँसू', 'लहर', 'झरना' और प्रसाद के नाटकों की तमाम गीतियाँ भी अपने सांगीतिक सौष्ठव के कारण अप्रतिम सौन्दर्यबोध और वैविध्यपूर्ण फलक पर जीवन एवं मानवीय अन्तर्वृत्तियों के गतिशील चित्र बनाती हैं। इसी तरह इनकी लम्बी कविताएँ विशेष रूप से 'प्रलय की छाया' अपने काव्यात्मक औदात्य एवं संरचनात्मक अन्विति के कारण न केवल महाकाव्य की गरिमा से परिपूर्ण है अपितु अपनी भव्यतम कलात्मक प्रस्तुति में संश्लिष्ट कालजयी रचना (Total Classical Poetry) का गौरव भी प्राप्त कर लेती है।

प्रसाद के काव्य साहित्य की भाँति उनका गद्य साहित्य भी अपने लालित्य, मार्दव, कवित्वमय चित्र, कल्पना-वैचित्र्य, कलात्मक उत्कर्ष और कल्पनात्मक मोहक छवियों का संग्रथन है। इस सन्दर्भ में डॉ. नामवर सिंह का अभिमत है : "प्रसाद रुचिर गद्य के शिल्पी थे। भूसाभरी उनके यहाँ कहीं नहीं मिलेगी। तनिक भी ओछापन वहाँ नहीं है। उनकी स्थापना में तुंगता और वैभव है तो विरोध और खंडन की भव्यता और ऊर्जस्विता भी।"

प्रसाद की कहानियाँ अपने अनन्त रमणीय शिल्प-सौष्ठव के कारण अप्रतिम सौन्दर्यबोध का प्रतिमान हैं। जब मैं इनकी कहानियों को शिल्प का ताजमहल कहता हूँ तो इसके पीछे यही दृष्टि काम कर रही है कि इनका शिल्प-विधान अद्वितीय एवं विलक्षण है। यहाँ कल्पना प्रतिभा का प्रतीक बनकर प्रस्तुत हुई है जो जीवन और जगत के अदृश्य आयामों के अन्वेषण का माध्यम बन जाती है। अत: इनकी अन्वेषणपरक कल्पना भी जीवन तत्त्व के वास्तव की विस्फारित प्रतिमा है। इनकी कहानियों की पृष्ठभूमि जिस तरह विशुद्ध भारतीय है, उसी प्रकार इनका शिल्प भी प्रसाद जी की मौलिक सृष्टि है। प्रसाद जी केवल अपने लेखन द्वारा आत्मविश्वास का दर्शन ही नहीं बनाते अपितु उसका प्रमाणीकरण करते हुए अपना स्वायत्त संरचना-शिल्प भी विकसित करते हैं। इस दृष्टि से कहानियों के अन्तरंग और बहिरंग को समझना होगा। इनके केन्द्रीय विजन तक पहुँचकर उनका निर्वचन करना होगा। प्रसाद की कहानियाँ अर्थ की समृद्धि पर जोर देती हैं। इनमें शिल्प और अभिव्यंजना के भिन्न-भिन्न रूपों द्वारा अन्तर्वस्तु को उत्कर्ष पर पहुँचाने का गम्भीर प्रयास दिखाई पड़ता है। लेखक ने वैविध्यपूर्ण शैलियों, परम्पराओं और कल्पनात्मक छवियों से ओत-प्रोत अभिव्यक्तियों से इन्हें जो व्यक्तित्व प्रदान किया है, वह कलागत साज-सज्जा का अपूर्व निदर्शन है। लेकिन यह सब शरीर और त्वचा की भाँति सहजात हैं। इनके पारायण के समय पाठक कहीं भी यह अनुभव नहीं करता कि इस कलाकृति में बिम्बों और चित्रों का अनावश्यक प्रयोग हुआ है। कथा-भाषा अपनी बिम्बधर्मी काव्यात्मकता के कारण अपना प्रतिमान आप ही है। इनका दृश्य-

विधान कल्पनात्मक छवियों से आलोकित है। इन्होंने अपनी अधिकांश कहानियों में दृश्यात्मक प्रभाव की निष्पत्ति के लिए चित्र एवं लयप्रधान अनुच्छेद-व्यवस्था का शैल्पिक उपकरण के रूप में प्रयोग जिस कौशल के साथ किया है, वह चलचित्र की दृश्यावलियों का-सा प्रभाव पैदा करता है। प्रसाद का कवि उनके कथाकार का प्रेरक बनकर प्रकृति के उन्मुक्त फैलाव और मनोरम दृश्यों के साथ मानवीय जीवनानुभवों को कल्पनात्मक मोहक छवियों के कथा-बिम्बों में जिस नफासत से गूँथता है, वह सहृदय पाठक के लिए रमणीय वस्तु है। प्रसाद जी दुख-दग्ध जगत की विडम्बनाओं के प्रति सन्तुलन के लिए प्रकृति के अनन्त रमणीय चित्र को काव्यात्मक संवेदना का अंग बनाकर प्रस्तुत करते हैं। यहाँ संगीतात्मक लय, कला-चेतना की नाटकीयता और ऐन्द्रजालिक वातावरण जीवनोत्सव की तरह उपस्थित होता है। शिल्प-सौष्ठव का यही सौन्दर्य और अपूर्व समारोह इनके उपन्यासों एवं नाटकों के पाठ-विन्यास में भी दृष्टिगोचर होता है। जब हम प्रसाद के नाटकों से गुजरते हैं तब हमें उनकी विशिष्ट नाट्यभाषा की निगूढ़ता और साभिप्रायता का बोध होता है। इनकी नाट्यभाषा भी इनकी काव्यभाषा की अन्तरंगता से संवलित है। प्रसाद के साहित्य में ऐतिहासिक, दार्शनिक, सामाजिक-सांस्कृतिक और नैतिक सन्दर्भ इनके कला को पूर्णता प्रदान करने में सहायक हैं। अत: सौन्दर्य की सर्वोत्तम अभिव्यक्ति वहाँ दर्शनीय बन पड़ी है। इनके नाटक अपने महाकाव्यात्मक विन्यास, जीवन और जगत की जटिलता की कल्पनाशील प्रस्तुति, राष्ट्रीय-अन्तरराष्ट्रीय सांस्कृतिक प्रश्नों तथा युगीन सन्दर्भों के भीतर से जिस दृश्यात्मक प्रभाव की निर्मिति करते हैं, नये रंगशिल्प के यथार्थवादी और गैर-यथार्थवादी शैलियों को सर्वगुणसम्पन्न बना देता है। इनकी सर्जनात्मक चेतना जीवन-मूल्यों और कला-मूल्यों के सानुपातिक संयोजन में निरत होने के कारण शिल्प-विधान का नया सौन्दर्यशास्त्र रचती है। इनके सम्पूर्ण कृतित्व में कलाओं के दूसरे रूप भी संश्लिष्ट अभिव्यक्ति पाते हैं जिनमें नृत्यकला, नाट्यकला, चित्रकला, संगीतकला, मूर्तिकला और वास्तुकला समेत तमाम रूपों का समावेश है। इस तरह प्रसाद का सम्पूर्ण साहित्य अपने बहुविध शिल्प-सौष्ठव और उदात्त सौन्दर्यबोध के कारण अर्थ की अनेक छवियों का सार्वभौम-शाश्वत आगार बन गया है।

शताब्दी के श्रेष्ठतम महाकवि

'कामायनी' महाकाव्य यूनेस्को के विश्व-विरासत की सूची में सम्मिलित है। इसे बीसवीं सदी की श्रेष्ठतम कलाकृति होने का गौरव प्राप्त है। यदि 'कामायनी' बीसवीं सदी का सर्वश्रेष्ठ महाकाव्य है तो जयशंकर प्रसाद भी बीसवीं सदी के सबसे बड़े

रचनाकार हैं। इनका सम्पूर्ण साहित्य गुण और परिमाण, दोनों ही दृष्टियों से अत्यन्त विपुल और उत्कृष्ट है। आपने हिन्दी साहित्य की अनेक विधाओं का सूत्रपात करते हुए उसे विश्वस्तरीय बनाने का भी प्रयास किया। इनका लेखन भारतीय इतिहास, संस्कृति और राष्ट्रीयता को प्रशस्त रूप देने के साथ-साथ उसका नया पाठ भी तैयार करता है। प्रसाद जी अपने युगबोध के प्रति अत्यन्त सजग होकर आधुनिक सभ्यता की विसंगतियों पर प्रखर काव्यात्मक आक्रमण करते हैं। वे भारतीय जनजीवन और विश्व-जीवन के प्रति अत्यन्त सचेष्ट एवं गहन रचनात्मक संलग्नता रखते हैं। इनके सन्दर्भ में सुशीला देवी विमला देवी ने लिखा है : "उनकी सर्वश्रेष्ठ कहानियाँ भारत ही नहीं वरन संसार की सर्वश्रेष्ठ कहानियों से टक्कर ले सकती हैं।...रवि बाबू की भाँति ही उन्होंने साहित्य के प्रत्येक क्षेत्र को उदारतापूर्वक अपनी सर्वतोमुखी प्रतिभा का अक्षयदान दिया है, जिससे उन्हें हिन्दी का रवीन्द्र कहा गया है।...यह निश्चित है कि आधुनिक हिन्दी साहित्य में प्रसाद का व्यक्तित्व और उनका साहित्य अत्यन्त चमत्कारप्रद है।...उनके उपन्यासों में हिन्दी की नई साहित्य-परम्परा की बहुत बड़ी निधि है।" इसी तरह प्रसाद के नाटकों के सन्दर्भ में महेश आनन्द का यह कथन भी महत्त्वपूर्ण है : "प्रसाद के नाटकों के मूल्यांकन के लिए ऐसे मानकों की ज़रूरत है जिनके आधार पर उनकी आन्तरिक शक्ति और सम्भावनाओं से रचनात्मक सम्बन्ध स्थापित किया जा सके। नाटकों और प्रस्तुति-पद्धतियों के बदलते रूपों, द्वंद्वात्मक रिश्तों की छानबीन किये बिना यह सम्भव नहीं है। उनके नाटकों में रूप और रंग का जो तनाव दिखाई देता है, वह इन्हीं सम्बन्धों की तलाश के कारण आया है। ऐसा इसलिए भी हुआ है कि ये नाटक, अपने समय से जूझते हुए, उन अनुगूँजों और आशयों तक पहुँचते हैं, जो अतिरंजित शिल्प और कथ्य वाले पारसी नाटकों के वश के न थे। प्रसाद के रंगचिन्तन और नाट्य लेखन का यह संश्लिष्ट पहलू, बहुस्तरीय दृश्यात्मकता का समावेश करके उनके नाटकों को महाकाव्यात्मक स्वरूप देता है।" प्रसाद के नाटकों के महत्त्व का प्रतिपादन करते हुए डॉ. इन्द्रनाथ मदान ने लिखा है : "प्रसाद के सम्बन्ध में आलोचक चाहे जो कहें परन्तु उनकी सांस्कृतिक पुनरुत्थान की भावना, उनका कवित्व तथा दार्शनिक चिन्तन, उनकी स्वाभाविक चरित्र-कल्पना, उनकी राष्ट्रीयता के प्रति आग्रह, उनका संघर्ष के विष से जीवन के अमृत की खोज का प्रयत्न आदि ऐसी बातें हैं, जो उन्हें हिन्दी का सर्वश्रेष्ठ नाटककार घोषित करती हैं और उनकी रचनाओं को स्थायी महत्त्व की वस्तु बना देती हैं।"

इस तरह प्रसाद जी केवल हिन्दी के श्रेष्ठतम नाटककार ही नहीं हैं अपितु वे एक अद्वितीय नाट्य-चिन्तक भी हैं। हिन्दी ही क्या, सम्पूर्ण विश्व साहित्य में ऐसा कोई रचनाकार नहीं है जो सम्पूर्ण विश्व-जीवन और आन्तरिक संवेदनाओं को इतने एकीकृत एवं संश्लिष्ट रूप में प्रस्तुत कर सका हो। इन्होंने 'कामायनी' में तत्कालीन

विश्व-जीवन और विश्वस्तरीय समस्याओं तथा मनुष्य के अन्तर्मन के संघर्षों का समन्वय करते हुए अपनी विधायक कल्पना द्वारा जीवन और जगत का जो पुन: सृजन किया है, वह हर प्रबुद्ध पाठक के लिए आकर्षण की वस्तु है। इनकी विराट प्रतिभा ने जिस काव्यात्मक औदात्य के साथ उस समय की वास्तविकताओं और मानवीय चेतना के विकास के विविध सोपानों को कल्पना के विविध रंगों में, बिम्बों, प्रतीकों एवं उपमानों के साथ जिस कौशल के साथ अभिव्यक्त किया है, वह अपनी मनोहर प्रस्तुति में सार्वभौम-शाश्वत महत्त्व का अधिकारी बन गया है। इन्होंने अपनी अन्तर्दृष्टि एवं विश्व-संदृष्टि का संश्लेषण करते हुए आत्मानुभव, मानवीय अन्तर्वृत्तियों एवं मनुष्य के बाह्यसंघर्षों तथा व्यवहारों के सार तत्त्व का अतिशय चित्रात्मक पद्धति में जिस कमनीयता के साथ प्रस्तुत किया है, वह सहृदय पाठक को सम्मोहित करता है। वे वैदिक ऋषियों की तरह ऋषिदृष्टि-सम्पन्न रचनाकार हैं। प्रकृति संसर्ग से उनकी ऋषिदृष्टि खुलती है। इन्हें कोई विदेशी विचारधारा नियंत्रित नहीं कर सकी। इन्होंने आत्मविश्वास का दर्शन बनाकर भारतीयों में अस्मिता-बोध जगाया। आपने स्वाधीनता-संग्राम के कठिन संघर्ष के दिनों में भारतीय जनमानस में जो नियति-बोध और विश्व-बोध विकसित किया है, वह भारतीय राष्ट्रीयता और सांस्कृतिक पुनर्जागरण को तार्किक परिणति प्रदान करता है। आप मनीषी की तरह काल-चिन्तन करनेवाले महाकवि हैं। आपकी भेदक इतिहास-दृष्टि मानव-सभ्यता सम्बन्धी प्रश्नों, जाति, समाज, संस्कृति के अभ्युत्थान के लिए अतीत के जो गौरव चित्र उपस्थित करती है, वह कवि की संचित संवेदनात्मक प्रतिक्रिया का जीवन सार बन जाती है। सम्पूर्ण बीसवीं सदी में जीवनानुभूति को काव्यानुभूति में गहरी अन्तर्दृष्टि और दार्शनिकता के साथ इतने विशाल फलक पर प्रस्तुत करने का दूसरा विराट प्रयास नहीं मिलता, जैसाकि वह 'कामायनी' में अभिव्यक्त हुआ है। यहाँ तक कि महर्षि अरविन्द के 'सावित्री' महाकाव्य में आध्यात्मिक एवं दार्शनिक गहराई भले ही 'कामायनी' के समकक्ष हो परन्तु 'कामायनी' का अप्रतिम काव्य-सौष्ठव उसमें भी नहीं है। हरिऔध-कृत 'प्रियं प्रवास', मैथिलीशरण गुप्त-कृत 'साकेत' तो कहीं 'कामायनी' की स्पर्धा में आते ही नहीं हैं। जहाँ तक 'कामायनी' और 'गीतांजलि' की तुलना का सवाल है तो मेरा मानना है कि 'कामायनी' 'गीतांजलि' से ज़्यादा मौलिक रचना है। आधुनिकता के सभी अभिलक्षण 'कामायनी' में मौजूद हैं। 'कामायनी' 20वीं सदी की सबसे बड़ी काव्यात्मक सृष्टि है। उसके महत्त्व को विश्व के अधिकांश आलोचक स्वीकार करते हैं। वह समग्र युग-जीवन का चित्रण, सभ्यता-समीक्षा तथा आगामी मनुष्यता के उज्ज्वल भविष्य के प्रति अत्यन्त विवेकपूर्ण संकेत करती है। उसमें पहली बार विश्व-स्तरीय समस्याओं का गहनस्तरीय चित्रांकन हुआ है। वह जीवन और जगत के वृहत्तर सन्दर्भों से जुड़कर अपने समय एवं समाज का गहन निर्वचन करती है। वह मानव-जीवन की सार्वभौम-शाश्वत अन्तर्वृत्तियों एवं बाह्य

जीवन-संघर्षों के मध्य जिस सामंजस्य की प्रतिष्ठा करती है, उससे बेहतर विकल्प विश्व की किसी भी अन्य रचना में नहीं है। उसके बहुस्तरीय एवं बहुलार्थी सन्दर्भों को एक साथ उद्घाटित करना सम्भव नहीं है। 'कामायनी' के 'इड़ा सर्ग' की गीतियाँ ही अपने सन्देशों के कारण समूची 'गीतांजलि' पर भारी हैं। 'कामायनी' की स्पर्धा में 'गीतांजलि' नहीं ठहरती है। यह इस बात का प्रमाण है कि महान, कालजयी और विश्वस्तरीय रचनाएँ किसी पुरस्कार की मोहताज नहीं होतीं।

इसी तरह निराला की लम्बी कविताएँ 'तुलसीदास', 'सरोज-स्मृति' और 'राम की शक्ति-पूजा' की समकक्षता में प्रसाद की लम्बी कविताओं 'महाराणा का महत्त्व', 'शेरसिंह का शस्त्र-समर्पण', 'पेशोला की प्रतिध्वनि' और 'प्रलय की छाया' को रखा जा सकता है। यदि किसी को आपत्ति हो तो 'कामायनी' के तीन सर्ग यह कार्य सम्पन्न कर देते हैं। पंत ने 'लोकायतन', 'चिदंबरा' और 'सत्यकाम' नामक तीन महाकाव्यात्मक ग्रंथ लिखे परन्तु यहाँ काव्य-सौन्दर्य एकान्त विरल है। जहाँ 'कामायनी' में दर्शन एवं विज्ञान काव्य-सम्पत्ति बन गया है, वहाँ पंत जी के उक्त ग्रंथों में नीरसता का प्रबोधात्मक विश्लेषण मात्र रह गया है। इसी तरह दिनकर की 'उर्वशी' भी 'कामायनी' की चित्र-योजना, संरचनागत जटिलता, बिम्बधर्मिता एवं कल्पनात्मक छवियों के समक्ष निष्प्रभ और दोयम दर्जे की है। वह मध्यकालीन और सामंती-बोध से अनुप्राणित रचना है। फलस्वरूप 'कामायनी' जैसे आधुनिक एवं बहुस्तरीय महाकाव्य से उसकी तुलना सम्भव ही नहीं।

इसी क्रम में टी.एस. इलियट की 'वेस्टलैंड' शीर्षक लम्बी कविता भी विचारणीय है। इस सन्दर्भ में डॉ. नामवर सिंह ने लिखा है : "प्रसाद ने अपने युग की वास्तविकता को इतने व्यापक सामाजिक परिवेश में तथा भावना के गहरे स्तरों के साथ चित्रित किया है कि इन प्रतीकों में युग-युग को रसमग्न और प्रेरित करने की क्षमता आ गई है। इतने विशाल आधार पर इतने चित्रात्मक ढंग से आधुनिक समाज का संघर्ष किसी हिन्दी काव्य में चित्रित नहीं हुआ है, और जहाँ तक मैंने पढ़ा है, अन्य भाषाओं में भी शायद ही कोई ऐसी कविता मिले। इलियट की 'वेस्टलैंड' अत्यधिक व्यंग्यात्मक, प्रसंगगर्भी और प्रतीकात्मक होते हुए भी मानव-विकास के भविष्य की ओर इतना विवेकपूर्ण संकेत नहीं करती।...सबसे दिलचस्प प्रतीक है सारस्वत नगर, जो इलियट के वेस्टलैंड की याद दिलाता है, परन्तु दोनों में अन्तर भी काफी है। इलियट का वेस्टलैंड यूरोप—विशेषत: इंग्लैंड—की ह्रासोन्मुखी बुर्जुआ सभ्यता का प्रतीक है, जबकि प्रसाद का सारस्वत नगर भारत के विकासोन्मुखी राष्ट्र-जागरण का प्रतीक है। सारस्वत नगर के वर्ग-भेद, ज्ञान-इच्छा, क्रिया-भेद आदि की आलोचना करते हुए भी प्रसाद ने उसके वैज्ञानिक विकास, औद्योगिक उत्थान तथा लोक-संगठन की प्रशंसा की है। इसके साथ ही उन्होंने अधिनायकवाद की पराजय तथा जनशक्ति की विजय का चित्रण करके भारतीय स्वाधीनता के भावी

रूप की ओर भी संकेत किया है।"[12] इस तरह प्रसाद जी न केवल देशवासियों को संगठित होकर स्वाधीनता प्राप्ति के लिए तत्पर करते हैं अपितु वे अधिनायकवाद के सक्रिय प्रतिरोध द्वारा जनशक्ति का पहला वैध प्रदर्शन करते हैं। यह लोकतांत्रिक शक्तियों को दृढ़ता और मजबूती प्रदान करने का प्रसाद जी का गत्यात्मक प्रयास है। प्रसाद जी ने जिस तरह निरंकुश सत्ता का प्रतिरोध किया है, वह उस समय के घटनाक्रम में प्रकारान्तर से हिटलर और मुसोलिनी का भी प्रतिरोध है। यह एक बड़ी चिन्ता वाले कवि का अभिलक्षण है। 'कामायनी' अपने जटिल अन्तर्विधान और बहुस्तरीय गतिशील अर्थवत्ता के कारण अपने युग का ही नहीं, युग-युगान्तर का महाकाव्य है जो हर युग के रचनाकार एवं आलोचक के समक्ष चुनौती उपस्थित करती है। कहने का आशय यह है कि प्रसाद जी का बहुआयामी साहित्यिक सदी का श्रेष्ठतम रचनाकार है।

निष्कर्ष

महाकवि जयशंकर प्रसाद केवल बीसवीं सदी के ही श्रेष्ठतम कवि नहीं हैं अपितु सार्वकालिक महानतम कवियों की पाँति में भी उनका स्थान सुरक्षित है। प्रसाद जी की अन्तर्दृष्टि और विश्व-संदृष्टि उन्हें गहनस्तरीय रचनाकार बनाती है। वे महाकाव्य का शिल्प और रचनातंत्र बदलनेवाले महाकवि हैं। जिस तरह कालिदास ने 'रामायण' और 'महाभारत' की परम्परा को 'कुमारसम्भव' और 'रघुवंश' में परिवर्तित किया, कुछ वैसा ही कार्य आधुनिक काल में जयशंकर प्रसाद करते हैं। प्रसाद जी जगत को चिति का स्वरूप अर्थात् चैतन्य मानते हैं। वे सृष्टि का संचालन करनेवाले अनन्त-विवेक को तर्कातीत और अनुभूत्यात्मक मानते हैं। उनके अनुसार जो परमशिव अर्थात् स्वयंप्रकाश है, उसकी प्रतिष्ठा में कोई सन्देह नहीं है। क्योंकि वह स्वयंसिद्ध है। वे बुद्धि के अतिरेक अथवा तर्क की प्रतिष्ठा नहीं मानते; क्योंकि बौद्धिक प्रतिष्ठान भी विश्वास की सुदृढ़ भित्ति पर आधारित है। चूँकि तर्क की ही जब कोई प्रतिष्ठा नहीं है तो वह दूसरे को कैसे प्रतिष्ठित कर सकता है? फलस्वरूप अनुभव और संवेदना बुद्धि से ऊपर हैं, उससे श्रेष्ठ हैं और वस्तुनिष्ठ रूप हैं। श्रद्धा इसी अनुभव और मानवीय हृदय के उज्ज्वलतम पक्ष की प्रतीक है और इड़ा तर्काधारित बुद्धिवाद की। ऐसी स्थिति में यदि प्रसाद जी का झुकाव श्रद्धा की ओर है तो यही सर्वोत्तम निदान है। हमें यह भी समझना होगा कि श्रद्धा की ओर झुकाव का अर्थ बुद्धि-विरोध नहीं है, क्योंकि मनुष्य का अनुभव, विश्वास, उसकी समस्त रागात्मक वृत्ति बुद्धि से ही पोषित होती है। प्रसाद की श्रद्धा केवल मनु के जीवन को ही आलोकित नहीं करती बल्कि आधुनिक सभ्यता की विसंगतियों पर प्रखर काव्यात्मक आक्रमण भी करती है। उसकी विश्व-चिन्ता प्रसाद की वास्तविक चिन्ता है। यही कारण है कि

प्रसाद जी के सामरस्य के अन्तर्गत बुद्धि, भावना और कर्म—तीनों का ही समन्वित रूप है। इसे प्रमाणित करने के लिए वे श्रद्धा-सुत को इड़ा के हाथों में सौंप देते हैं। प्रसाद जी आत्मा के साथ इन्द्रियों का तादात्म्य स्थापित करनेवाले कलाकार हैं। ये सारी खूबियाँ प्रसाद जी को विश्वकवि बना देती हैं। प्रसाद की कविता उदात्त मानवीय मूल्यों की प्रतिष्ठा और सांस्कृतिक राष्ट्रवाद के विराट विजन के कारण भी स्मरणीय है। संक्षेप में, अपनी अन्तर्वस्तु, विश्व-बोध, श्रेय-प्रेय के संश्लेषण, प्रतिपाद्य, समस्या-निरूपण, मनुष्यता के साम्यमूलक उत्कर्ष का सन्देश, शिल्प-सौष्ठव, मौलिकता, गहनता तथा नवीनता जैसे प्रतिमानों पर खरा उतरने के कारण प्रसाद साहित्य की कालजयता और अमरता स्वयंसिद्ध है।

जयशंकर प्रसाद को विश्वकवि सिद्ध करते हुए डॉ. प्रेम शंकर ने लिखा है : "उनका कृतित्व उन्हें भारतीय काव्य-परम्परा के सच्चे कवियों में स्थान देता है। वे हिन्दी के कालिदास हैं, और उन्होंने देश की स्वाभाविक काव्य-परम्परा को नवजीवन प्रदान किया। विश्व की महाकाव्य परम्परा में 'कामायनी' का अपना स्वतंत्र स्वरूप है।...प्रसाद के सम्पूर्ण कृतित्व पर एक विहंगम दृष्टि डालने के उपरान्त उन्हें विश्व के शीर्ष कवियों के निकट स्थान देना पड़ता है।" इसी क्रम में डॉ. रामेश्वरलाल खंडेलवाल ने भी प्रसाद को विश्वस्तरीय रचनाकार सिद्ध करते हुए लिखा है : "साहित्य-गुणों के उत्कर्ष को प्रसाद-साहित्य में देखते हुए यह विश्वास सहज ही बँधने लगता है कि प्रसाद विश्व-साहित्यकारों के मंडल में एक उच्च व सम्मानित स्थान के अधिकारी ठहराए जा सकेंगे।" प्रसाद जी वाल्मीकि, व्यास, कालिदास, भारवि, बाणभट्ट, भवभूति, अमीर खुसरो, जायसी, सूर, तुलसी, ग़ालिब, रवीन्द्रनाथ टैगोर से भारतीय सन्दर्भ में और होमर, वर्जिल, दांते, मिल्टन और गेटे से पाश्चात्य सन्दर्भ में तुलनीय हैं। इन कवियों ने विश्व मनुष्यता के कल्याण के साथ-साथ युग-युगान्तर को रसमग्न, प्रेरित और प्रभावित करने की कालजयी सामग्री उपलब्ध कराई है। इन्होंने अपनी रचनात्मकता का सर्वोत्तम अवदान देते हुए सार्वभौम-शाश्वत कलात्मक प्रतिमान प्रस्तुत किये हैं। ये सभी अपने-अपने क्षेत्र की अप्रतिम विभूतियाँ हैं। इनकी तुलना लगभग असम्भव है। इन कवियों ने अपने काव्य साहित्य में जिस सत्य का उद्घाटन किया है, वह मानव मात्र की आदिम प्रवृत्तियों, मूलभूत अन्तर्वृत्तियों, विराट घटनाक्रमों, वैविध्यपूर्ण चरित्र-सृष्टि, विश्व-जीवन के युगनद्ध चित्रण और सम्पूर्ण मनुष्यता को मूल्यों का सन्देश देने के कारण देशकाल की सीमा से परे है। ये सब विश्व के प्रतिभा-सम्पन्न कवि हैं, इनकी शैली भव्य, उदात्त और अनुकरणीय है तथा इनकी कृतियाँ विश्व साहित्य की अमर निधियाँ हैं। प्रसाद जी का सम्पूर्ण साहित्य अपने वैविध्यपूर्ण शिल्प-विधान तथा अद्वितीय ऐतिहासिक ज्ञान, विश्व-संदृष्टि, दार्शनिक चिन्तन और नये वैज्ञानिक अनुसंधानों

का परिचय उपलब्ध कराने के कारण क्लासिक बन गया है। यह भी कम चिन्तनीय नहीं है कि हिन्दी आलोचना ऐसे प्रतिभा-सम्पन्न सर्जक और अप्रतिम कलाकार को समझने में सक्षम नहीं हो सकी। अत: इनकी रचनाएँ अभी भी वस्तुनिष्ठ विश्लेषण के लिए ललकारती हैं और हर रचनाकार एवं आलोचक जाने-अनजाने उनसे जूझता रहता है। इस दृष्टि से इतनी गतिशील अर्थवत्ता और बहुलार्थता अन्यत्र दुर्लभ है। यह प्रसाद के बीसवीं सदी का श्रेष्ठतम रचनाकार होने का स्वयंसिद्ध प्रमाण है कि इक्कीसवीं सदी की आलोचना भी उससे जूझने और समझने के लिए बदलते सन्दर्भों की सापेक्षता में भी उन्हें अपने अत्यधिक निकट पा रही है। इस दृष्टि से उनकी महानता के सभी आयामों पर एक गम्भीर प्रयास बहुप्रतीक्षित था जिसकी, फलश्रुति यह पुस्तक है।

सन्दर्भ-सूची

1. जयशंकर प्रसाद—नन्ददुलारे वाजपेयी, पृ. 2
2. कामायनी : एक पुनर्विचार—मुक्तिबोध, पृ. 146
3. वही, पृ. 146
4. जयशंकर प्रसाद—डॉ. रमेशचन्द्र शाह, पृ. 21
5. कामायनी : एक पुनर्विचार—मुक्तिबोध, पृ. 147
6. प्रसाद का साहित्य : विविध आयाम—सम्पा. डॉ. चन्द्रकान्त बांदिवडेकर, पृ. ब
7. पथ के साथी—महादेवी वर्मा, पृ. 56
8. जयशंकर प्रसाद—नन्ददुलारे वाजपेयी, पृ. 18
9. प्रसाद जी की कविता—डॉ. नगेन्द्र (डॉ. गुलाबराय द्वारा सम्पादित 'प्रसाद की कला' में संकलित), उपसंहार
10. कामायनी : एक पुनर्विचार—मुक्तिबोध, पृ. 146
11. रामचन्द्र शुक्ल संचयन—सम्पा. डॉ. नामवर सिंह, पृ. 63
12. 'कामायनी : मूल्यांकन और मूल्यांकन' में 'कामायनी के प्रतीक' शीर्षक से डॉ. नामवर सिंह का लेख, पृ. 106

जीवन और व्यक्तित्व के अनछुए सन्दर्भ

इस पथ का उद्देश्य नहीं है, श्रान्त-भवन में टिक रहना,
किन्तु पहुँचना उस सीमा तक, जिसके आगे राह नहीं।

यह स्वयं महाकवि जयशंकर प्रसाद द्वारा निर्धारित जीवन-लक्ष्य था जिसे वे कठोर परिश्रम तथा अपने सुसंगठित व्यक्तित्व द्वारा अर्जित करते हैं। प्रसाद का आगमन आधुनिक हिन्दी साहित्य की सबसे महत्त्वपूर्ण घटना है। महाकवि वही हो सकता है जो अपने भीतर महाकाव्य की पीड़ा समेटकर गतिशील हो। आपका जीवन सुख-दुख की आँखमिचौनी और त्रासद पीड़ाओं की महागाथा है और आपके जीवन और व्यक्तित्व के तमाम सन्दर्भों को समझे बिना आपके बहुआयामी सृजन का सम्यक् निर्वचन नहीं हो सकता। आपका सम्पूर्ण लेखन अनेक विचारधाराओं, दार्शनिक मान्यताओं और संवेदनात्मक औदात्य का भास्वर चित्र है। आप सही मायने में भारतीय कृतिकार हैं और अपने विपुल व उत्कृष्ट लेखन द्वारा भारतीयता के सच्चे स्वरूप का निर्वचन करते हैं। आप विश्वबोध और विश्व-मानवतावादी साहित्यिक हैं जिसे भारतीय और पाश्चात्य साहित्यिक परम्परा का गहरा ज्ञान था। अपने लेखन द्वारा भारतवर्ष की गतिशील लोकोन्मुख परम्परा को पुरस्कृत करते हुए प्रसाद जी सही मायने में भारतीयता के खोए हुए राजनीतिक, सांस्कृतिक, साहित्यिक और आध्यात्मिक गौरव को पुनःसृजित करते हैं। आपके पितामह शिवरतन साहू काशी के अत्यन्त प्रतिष्ठित और सम्भ्रान्त नागरिक थे। उस समय शिवरतन साहू के परिवार को देखकर लोग महादेव-महादेव का अभिवादन करते थे। गौरतलब है कि यह अभिवादन-सम्मान केवल काशी नरेश को ही प्राप्त था। वे तम्बाकू के बड़े व्यापारी थे और एक विशेष प्रकार की सुगन्धित सुरती बनाने के कारण 'सुँघनी साहू' के नाम से लोकप्रिय थे। वे अपनी दानशीलता के लिए भी प्रसिद्ध थे और लोग उन्हें महादेव की संज्ञा से अभिहित करते थे। उनके यहाँ कवियों, गायकों, कलाकारों के कार्यक्रम लगातार होते रहते थे। कवि के पिता देवीप्रसाद साहू भी पितामह के गुणों के सच्चे पुरस्कर्ता थे। ऐसे ही अतिशय सम्पन्न एवं सुसंस्कृत परिवार में 30 जनवरी, 1890 (वि.सं. 1946) को जयशंकर प्रसाद का जन्म हुआ। जब पाँचवें

मास में अन्नप्राशन के समय प्रसाद जी ने दूसरी वस्तुओं को छोड़कर लेखनी उठा ली थी तभी इनके भविष्य का सही संकेत मिल गया था। पाँच वर्ष की अवस्था में इन्हें जौनपुर के शीतला पीठ और विंध्यवासिनी के दर्शन हेतु पर्यटन का पहला सुअवसर मिला। फलत: विंध्याचल की मनोहारिणी प्रकृति के अवलोकन से इनका बाल मन जिज्ञासु बना। प्रसाद जी का सात वर्ष की अवस्था में कलकत्ता, विन्ध्य-क्षेत्र, केदार क्षेत्र और वैद्यनाथ धाम में चूड़ा-कर्म सम्पन्न हुआ। यद्यपि इनके बड़े भाई शम्भुरत्न चाहते थे कि पारिवारिक विग्रह के सुव्यवस्थित होने तक इन यात्राओं को स्थगित रखा जाए परन्तु इनकी माता ने स्पष्ट शब्दों में कहा कि 'बालक कब तक कन्या की भाँति केश बढ़ाए रहेगा, अब तो उसके कसरत-कुश्ती का समय आ गया है।' फलत: प्रसाद की एक लम्बी यात्रा सम्पन्न होती है जिसका क्रम नैमिषारण्य, चित्रकूट, उज्जैन, गोदावरी (नासिक), नर्मदा (जबलपुर) तक के पर्यटन का समावेश है। जबलपुर से यात्रा का दूसरा चरण नर्मदा के जल-मार्ग से दक्षिण कैलास अर्थात् धाराक्षेत्र—अमरकंटक की ओर सम्पन्न हुआ।

इस सन्दर्भ में रत्नशंकर प्रसाद ने एक अद्भुत और अचर्चित सन्दर्भ का ज़िक्र किया है। वे लिखते हैं : "मध्यभारत में एक छोटी रियासत 'मोरटक्का' रही जिसके शासक काशी आने पर कवि के यहाँ आतिथ्य ग्रहण करते थे। उन्हें जब यह ज्ञात हुआ कि काशी के देवीप्रसाद साहू सपरिवार अमरकंटक की यात्रा पर जाएँगे तब उन्होंने जल-यात्रा के लिए बजड़ों-नावों की व्यवस्था कराई और साथ में सुरक्षा के लिए बारह बन्दूकची भी दिये। वह क्षेत्र हिंसक पशुओं से आक्रान्त तो था ही, मध्यभारत और अपरान्त के व्यापक क्षेत्र में लम्बे अकाल ने परिस्थितवश अनेक जलदस्युओं की सृष्टि कर दी थी (जिसकी परम्परा कदाचित् अधुनापि चालू है)। इसी भुखमरी को लेकर लोकमान्य तिलक ने अपना पहला संघर्ष चलाया था। इसलिए भी मार्ग की सुरक्षा आवश्यक थी। जबलपुर से यात्रा की दूसरी रात कवि के शब्दों में 'टहाकी चाँदनी फैली थी'—बजड़े की छत पर बैठे कवि अपलक उस नैसर्गिक छटा को निहार रहे थे। दूर तट पर एक बाघ पानी पी रहा था, कुतूहल में एक बन्दूकची से उन्होंने कहा, 'क्या तुम इसे मार सकते हो?'...'हाँ, हुजूर', कहकर उसने निशाना साधा और पलीता दाग दिया। उसकी बन्दूक टोटेदार नहीं, मजल-लोडिंग कड़ाबीन (कारबाइन) थी। उसने बजड़े के सिर पर खड़े होकर जो यह निशाना साधा तो तेज आवाज के साथ ही बेचारा बन्दूकची बारूदी धक्के से छपाक से पानी में चला गया। कवि कहते थे कि उसकी आशंकित जल-समाधि से मैं ऐसा उद्विग्न हो गया कि उसे निकालने के लिए मैं तत्काल कूद पड़ा, उसका परतला हाथ में आ गया जिसे खींचता ऊपर ले आया। ज्ञातव्य होगा कि बहुत छोटी अवस्था से ही कवि कुशल तैराक थे। फिर भी, उन्हीं के शब्दों में, यह दुस्साहस रहा : "क्योंकि एक तो नर्मदा हिंस्र जंतुओं से संकुल थी और वह बन्दूकची कहीं घबराहट में उद्धार करनेवाले पर

आरूढ़ होने की चेष्टा करता, जो कि स्वाभाविक है, तब कठिन हो जाता। अस्तु, और भी नाविक कूद पड़े और शीघ्र ही सब लोग यथास्थान पहुँच गए, उपद्रव शान्त हो गया और बाघ के भी प्राण बच गए। किन्तु उस रात नाव की छत पर कवि न बैठ पाए क्योंकि माता ने अपने गले की मोटी सिकड़ी से कवि का हाथ अपने हाथ से बँधवा दिया और यह दंड प्रात:काल तक के लिए नियत हो गया।

जबलपुर के संगमरमरी कगारों में नर्मदा के धारापथ से उसके गोमुख अमरकंटक पर्यन्त आरोहण और अवरोहण एवं तीर्थवास में प्राय: बीस दिन बीते। जबलपुर वापसी के समय प्रचुर अन्न साथ में रख लिया गया था क्योंकि प्रत्येक स्टेशन पर अकाल-पीड़ितों को अन्न वितरण करना था। कदाचित् उस भुखमरी के वातावरण में यह बात कवि के मन में घर कर गई थी कि "अन्न पर स्वत्व भूखों का है" ('स्कन्दगुप्त', पंचम अंक, द्वितीय दृश्य)। उस यात्रा में कवि के सम्मुख प्रकृति का अक्षय श्रृंगार और प्रकृति के क्षुधार्त पुतलों का दारुण हाहाकार-युगपत रहा। वैसे उनकी नारियल बाजार वाली त्रयी पुरुष गद्दी भी राग और विराग की सन्धि भूमि पर ही रही—ऊपर कोठे से रसीली तान और नूपुरों की झनकार तथा नीचे 'राम नाम सत्य है' के घोष सहित शवयात्रा। 'संहार सृजन से युगल पाद' में कर्म-कुसुम की अंजलि 'देनेवाले कवि मानस से भावधारा का एक नर्मदा प्रवाह' भी कदाचित् उसी समय चल पड़ा जिसमें कुछ 'चित्र वाले पत्थर', कुछ भीतर से अमल-लावण्य वाले स्फटिक और बाहर की धातु, परीक्षा के लिए कुछ निकषोपल, भाव के नर्मदा प्रवाह में बह चले। आज वे साहित्य में आराध्य-लिंग रूपेण प्रतिष्ठित हैं। किन्तु कवि का ध्यान कदाचित् आरम्भ से ही महाचिति की अलिंग-सत्ता पर रहा, इसीलिए जहाँ सभी ने उस कुंड में डुबकी लगाकर एक-एक नार्मदेय शिव-लिंग लाकर प्रतिष्ठित किया जिससे कवि विरत रहे, अन्यथा कवि के प्रपितामह द्वारा संस्थापित गणपतेश्वर शिवालय (टेढ़ीनीम) अथवा पितामह द्वारा संस्थापित शिवरत्नेश्वर शिवालय (गोवर्धन सराय) में जैसे परिवार के पूर्व एवं समकालीन पुरुषों द्वारा स्थापित पूज्य-लिंग प्रतिष्ठित हैं। वहाँ आज नर्मदेश्वर लिंग की प्रतिष्ठा पाई जाती है। इससे प्रतीत होता है कि कवि का ध्यान आदित: उस अलिंग-सत्ता पर ही रहा जहाँ समस्त लिंगभाव अवयवीभूत होकर समरस अखंड आनन्दवेश में एकीकृत रहते हैं। प्रकृति से कवि के संवेदनमय और भावपरक—तन्मयीभूत तादात्म्य में—नर्मदा-गोदावरी की घाटियाँ और विन्ध्य-सह्याद्रि पर्वतमालाएँ योगवाहिनी रहीं। सुतराम कवि के काव्यपुरुष के कलेवर-गठन में इस यात्रा का कुछ विशेष महत्त्व तो है ही—स्थायी मूल्य भी है। शिप्रा की प्रदोष बेला, महाकाल की घंटाध्वनि एवं सहस्त्रदीपा आरती के बिम्ब कवि-जीवन की अतिसंध्या—इरावतीपर्यन्त यथावत रहे।"[1]

इनके बालमन पर पड़नेवाला मध्यभारत के भयावह अकाल और भुखमरी का दृश्य इन्हें आजीवन सालता रहा। साथ ही, झारखंड स्थित वैद्यनाथ धाम में चूड़ा-

कर्म सम्पन्न होने के बाद इन्हें झारखंडी संज्ञा मिली। इसमें सन्देह नहीं कि प्रसाद के कवि व्यक्तित्व के निर्माण में इन यात्राओं की महती भूमिका रही। इससे प्रसाद के सौन्दर्यबोध का सीमाहीन विकास हुआ। इन क्षेत्रों के अनन्त रमणीय प्राकृतिक दृश्यों ने प्रसाद के भीतर ऋषिदृष्टि का उन्मेष किया जो उन्हें अन्ततः वैदिक ऋषियों की समकक्षता में ले जाता है। प्रसाद जी के विशाल भवन के सामने इनके पूर्वजों द्वारा निर्मित एक शिवालय है जहाँ पर हमेशा धार्मिक उत्सव आयोजित होते थे। इस कारण आरम्भ में प्रसाद का बाल मन शिव-भक्ति की ओर उन्मुख हुआ जिसे उनके अनवरत चिन्तन ने परिष्कृत करके दर्शन की उदात्त भावभूमि पर पहुँचा दिया।

जहाँ तक प्रसाद की शिक्षा का सवाल है तो उनका पाँचवें वर्ष में बाबा शैवध्वज के द्वारा अक्षरारम्भ हुआ। इनके पिता देवीप्रसाद साहू ने घर पर ही संस्कृत, हिन्दी, अंग्रेजी, फारसी आदि भाषाओं के लिए शिक्षक नियुक्त किये। मोहिनीलाल जी 'रसमय सिद्ध' इनके प्रधान गुरु थे। इनके निर्देशन में संस्कृत के आर्षग्रंथों की शिक्षा प्रसाद जी को मिली। साथ ही विभिन्न ग्रंथ विशेषज्ञों द्वारा संस्कृत साहित्य के कालजयी और प्रस्थान प्रवर्तक ग्रंथों का अध्ययन अग्रज के जीवन-पर्यन्त जारी रहा।

श्री विश्वंभरनाथ जिज्जा के अनुसार : "आठ-नौ वर्ष की अवस्था में ही उन्होंने 'अमरकोश' तथा 'लघुकौमुदी' कंठस्थ कर ली थी।" प्रसाद जी के सन्दर्भ में स्वयं इनके सुपुत्र रत्नशंकर प्रसाद ने लिखा है : "सात वर्षों की ही अवस्था में उन्हें समग्र 'अमरकोश' और 'पाणिनि के सूत्र' कंठाग्र हो गए। यह कंठाग्रता अन्त तक रही।... उस समय के संस्कृत साहित्य के ग्रंथ विशेषों के विशेषज्ञों द्वारा उन्हें ग्रंथ लगवाए गए। किन्तु उस गृह-कलह और पारिवारिक परिस्थिति ने मेरे पितृव्य को बाध्य किया कि उनकी अध्ययन प्रवृत्ति पर कुछ रोक लगाई जाए। अपने बड़े सहोदर का वह पिता की भाँति आदर करते थे। इसलिए दुकान जाने के समय टिफिन और टमटम की गद्दियों के नीचे ग्रंथ छिपाए जाते थे। दुकान पर भी बोरों और तम्बाकू के पत्तों के भीतर नैषध, माघ छिपाए जाते थे। अँगरखे के भीतर से 'अभिज्ञानशाकुन्तल' और बहियों में से 'किरात' और 'परिभाषेन्दु' निकलते थे। रात में सबके सो जाने पर पत्तों और कागदों से गोपित कन्दील के प्रकाश में सारस्वत साधना चलती। भावों के अनुरणन, शब्दों के प्राण और छंदों के शरीर लेकर पुरानी बहियों के रद्दी कागदों पर उतरते। मध्य निशा से प्रत्यूष पर्यन्त यह समय भी कुछ अधिक न था। किरणों के साथ अखाड़े में उतरना पड़ता और शरीर से मल्ल कौशल और बल के मयूख निकालने पड़ते। अठारह-बीस जोड़ कुश्ती और डेढ़ हजार सपाटे खींचने के बाद घी-दूध में पकाया बादाम का हरीरा पीकर मिट्टी हरी होती और कारखाने का श्रम और विवेकसाध्य क्षेत्र स्वागत को प्रस्तुत रहता।

मध्याह्न तक पाँच-छह घंटे काम करने के अनन्तर बड़े भाई के सामने बैठकर भोजन करना पड़ता। वह कहते थे कि यही सबसे कंटक का काल होता था, कारण

वह अधिक से अधिक घी खिलाते, पानी और चावल कम लेने देते थे। प्रायः डेढ़ पाव बादाम, पाव भर घी और पाँच सेर दूध का हरीरा; दिन में पाव भर से डेढ़ पाव तक घी; तीसरे पहर दो-ढाई सेर बेदाने का रस और सायंकाल व्यायाम से पहले डेढ़ पाव बादाम की ठंढाई और रात में आधा सेर-तीन पाव मलाई के साथ पूरियाँ खाने के बाद, पाँच सेर दूध के अधावट से दैनिक भोजन-सूत्र की समाप्ति करनी पड़ती। इसमें कमी होना उनके अग्रज को सह्य न था और डाँट सुननी पड़ती।

सन् 1901 ई. में मेरे पितृव्य (पितामह) ने देहत्याग किया और उत्तरदायित्वों का समग्र बोझ पिताजी पर आ पड़ा। व्यायाम देह स्तर से हटकर मन और बुद्धि के स्तर पर चला गया। व्यायाम अत्यन्त कम हो जाने से पाचन-तंत्र में दोष आने लगे, किन्तु शरीर पुष्ट होने से बहुत दिनों तक कोई विशेष कष्ट नहीं हो पाया। वह 1925 से नियमित रूप से उदर रोगी हो गए और आध सेर दूध या छटाँक मलाई भी पचाना कठिन हो गया। वर्षों रात-रात भर बैठकर पढ़ना-लिखना और दिन में कारखाने का काम देखना, सायंकाल दुकान देखना। श्रम अधिक, विश्राम कम—ये दोनों उनकी गम्भीर व्याधि के हेतु बने। जीवन के अन्तिम दस वर्षों में भोजन बहुत ही अल्प और हल्का, दिन में मूँग की दाल और दो-एक फुलके, एक-दो कलछी चावल और अपने हाथों भावित तरकारियाँ और थोड़ा मट्ठा, तीसरे पहर थोड़ा बेदाने का रस और रात में तीन-चार महीन पूरियाँ और एक पाव दूध, यही रह गया। भोजनचर्या में सन्तुलन करने में वह सफल हुए, किन्तु मानसिक और बौद्धिक स्तर के श्रम सन्तुलन न हो पाए। कभी-कभी श्रम को ही विश्राम मानते थे।

'कामायनी' की पांडुलिपि खुली कलम सहित सम्मुख रहती और वे इत्र-मसालों का मजमूआ करते जाते थे। कुछ देर तक मसालों-सुर्तियों का कार्य करते-करते वे सहसा कलम पकड़ लेते और 'कामायनी' के जिल्द में सहज प्रवाह में दस-बीस छंद ढल जाते। यदि मैं भूला नहीं तो लगभग आधी 'कामायनी' और कितनी स्फुट कविताएँ इसी भाँति सुँघनी साहू के कारखाने में लिखी गईं। व्यावसायिक कार्यों को करते हुए भी; केसर, कस्तूरी और गंधों के मिश्रण करते हुए भी 'कामायनी' की पांडुलिपि पर हाथ पहुँच जाता और हृदय के संचित छंद कलम के माध्यम से कागद पर उतर आते। साधक विशेषतया शक्ति-परम्परा को माननेवाले, क्रिया का योग नहीं छोड़ते। कुछ इसी भाव से उनकी भी व्यवसाय और काव्य के माध्यम से तत्त्व-चिन्तन की साधना चलती थी।"

प्रसाद का दुख-दग्ध जीवन-संघर्ष और वेदना का ऐसा पारावार था जो दोहरे तनाव को लेकर चल रहा था। उनकी अपार वेदना का पहला कारण अत्यन्त प्रिय व्यक्तियों का विछोह था तो दूसरा कारण गृहकलह से उत्पन्न भयावह आर्थिक कष्ट था। सबसे पहले 1901 ई. में इनके पिता देवीप्रसाद सुँघनी साहू का स्वर्गवास हो गया और काशी का यह प्रतिष्ठित परिवार गृह-कलह का शिकार हो गया। इनकी

माँ ने रोकने का अनथक प्रयास किया परन्तु इनके चाचा के आगे उनकी एक न चली। फलस्वरूप इनके बड़े भाई और चाचा के बीच चले मुकदमे में शम्भुरत्न की जीत हुई। अन्तत: पैतृक सम्पत्ति का बँटवारा हो गया। जब प्रसादजी ने बड़े भाई शम्भुरत्न और अपनी माँ के साथ बँटवारे के बाद मिले घर में प्रवेश किया तो इनके घर में भोजन आदि के पात्र भी न थे। इन्होंने जिस श्रम और साधना से अपने परिवार को कर्ज़-मुक्त किया, वह भी साहित्यिक इतिहास का दुर्लभ पृष्ठ है। प्रसाद की सारी ऊर्जा कर्ज़ उतारने और पैतृक व्यवसाय को पटरी पर लाने में खर्च हो गई। सन् 1909 ई. में रायकृष्णदास से इनकी पहली मुलाकात हुई जो आजीवन मित्रता में पर्यवसित हुई। लेकिन दुख और विपत्ति ने इनका पीछा नहीं छोड़ा। इनके अन्तरतम में महाकाव्य की पीड़ा पुंजीभूत होती रही। इस बीच इनकी कथित प्रेयसी भी इन्हें अकेला छोड़कर अनन्त यात्रा पर चली गई। इसके बाद सन् 1909 ई. में विन्ध्यवासिनी देवी से इनका विवाह हुआ। इसी वर्ष सावन में 'इन्दु' का प्रकाशन आरम्भ हुआ जिसे 1915 ई. में रोकना पड़ा। चूँकि नियति ने तय कर रखा था कि विपत्ति, वेदना और अकेलेपन से इन्हें मुक्ति नहीं मिल सकती, फलत: 23 अगस्त, 1916 ई. में इनकी पहली पत्नी श्रीमती विन्ध्यवासिनी देवी का यक्ष्मा से निधन हो गया। ऐसा माना जाता है कि इन्होंने 'आँसू' की रचना पहली पत्नी की मृत्यु के शोक से उद्‌भूत पुंजीभूत वेदना के विरेचन हेतु की थी। 'आँसू' की निम्नांकित पंक्तियाँ इस बात का प्रमाण हैं :

चेतना लहर न उठेगी, जीवन समुद्र थिर होगा।
संध्या हो सर्ग प्रलय की, विच्छेद मिलन फिर होगा॥

फिर भाभी और सम्बन्धियों के दबाव के चलते इन्हें बलोचहा, गोरखपुर के श्री शिवप्रसाद जी की कन्या श्रीमती सरस्वती देवी से 1917 ई. में दूसरा विवाह करना पड़ा। यह विन्ध्यवासिनी देवी की ही चचेरी बहन थीं। प्रसाद साहित्य में नियति-बोध उनके जीवन में नियति के क्रूर-विधान से निष्पन्न है। एक वर्ष बाद जब इनकी पत्नी ने पुत्र को जन्म दिया और बहुत समय बाद घर में छठी मनाने का सुअवसर आया तो क्रूर काल ने इनकी दूसरी पत्नी को भी छीन लिया। इस पर भी नियति का क्रूर व्यंग्य देखिए कि जब वह दूसरी पत्नी का अन्तिम संस्कार करने की तैयारी कर रहे थे, वह नवजात शिशु भी भगवान को प्यारा हो गया। फलत: दोनों का एक ही चिता पर अन्तिम संस्कार करना पड़ा। प्रसाद जी ने अत्यन्त व्यथित हृदय से 'कामायनी' के 'स्वप्न सर्ग' में इस प्रसंग का संकेत किया है :

दग्ध-श्वास से आह न निकले, सजल कुहू में आज यहाँ।
कितना स्नेह जलाकर जलता, ऐसा है लघु-दीप कहाँ?

इन्होंने दिसम्बर, 1919 ई. में गया में श्राद्ध-कर्म सम्पन्न किया। प्रसाद जी पुत्र-शोक के वशीभूत होकर ही 'कामायनी' में 'कब तक और अकेले कह दो, ऐ मेरे जीवन बोलो' जैसी पंक्तियाँ लिखते हैं। सम्भव है कि वेदना और मृत्यु की इन्हीं घटनाओं ने प्रसाद के मन में बुद्ध के दुखवाद के साथ समानुभूति पैदा की होगी परन्तु उनकी अपराजेय प्रतिभा दुख और वेदना के सागर को पार करके आनन्द के साम्यमूलक उत्कर्ष तक पहुँचती है।

ऐसा बताया जाता है कि इस भयावह त्रासदी के उपरान्त प्रसाद जी विरक्त होकर विन्ध्य क्षेत्र में महासरस्वती पीठ के निकट अष्टभुजा पर्वत क्षेत्र में अज्ञातवास में चले गए थे। ऐसा बताया जाता है कि वहाँ एक सिद्ध ऋषि के सम्पर्क में आए। इनके पड़ोसी मित्र बचनू महाराज द्वारा भाभी की बीमारी का सन्देश पाने के बाद आन्तरिक कर्तव्य-बोध के कारण वापस लौटे। फिर फाल्गुन, 1920 ई. में श्री रघुवर दयाल जी की कन्या कमला (देवरिया) से इनका तीसरा विवाह सम्पन्न हुआ। तदुपरान्त 1 जनवरी, 1922 को पुत्र रत्नशंकर प्रसाद का जन्म हुआ। प्रसाद जी ऋषि पंचमी, 1927 को 'कामायनी' का सृजन आरम्भ करते हैं जो महाशिवरात्रि 1935 ई. को पूर्ण होती है। इस तरह वे हरेक वर्ष में औसतन दो सर्ग लिखते हैं। प्रसाद जी के निकट दो व्यक्ति परिवार के अंगभूतप्राय रहे : एक तो उनके कारखाने के व्यवस्थापक उनकी भाभी के भतीजे उमाप्रसाद और दूसरे, उनके अपने भानजे अम्बिकाप्रसाद जिनके नाम के साथ गुप्त जुड़ा हुआ है। अम्बिकाप्रसाद गुप्त एक कुशल पत्रकार और राष्ट्रीय विचारों के प्रबल समर्थक थे। वे अपने मामाजी से दो वर्ष बड़े भी थे। उनकी क्षमता का आकलन करके ही कवि ने उन्हें 'इन्दु' के सम्पादन का दायित्व सौंपा था। इसका प्रथम अंक 1909 ई. में निकलता है। 'इन्दु' और महाकवि जयशंकर प्रसाद का विकासमान व्यक्तित्व सहवर्ती यात्राएँ करते हैं। गुप्त जी द्विवेदीयुगीन बौद्धिक संस्कृति और आदर्शवादी विचारों से अनुप्राणित थे, फलत: वे प्रसाद जी की अन्तर्दृष्टि और विश्व-संदृष्टिपरक सूक्ष्म-सांकेतिक शैली वाले साहित्य को नहीं समझ पाते। इस कारण 1915 ई. में 'इन्दु' को बन्द होना पड़ा। इसके बाद 'इन्दु' को 1926 ई. दुबारा आरम्भ किया गया किन्तु छह महीने बाद उसे 1927 ई. में सदा-सर्वदा के लिए बन्द हो जाना पड़ा। 'इन्दु' के बन्द होने के उपरान्त प्रसाद जी की रचनाएँ 'जागरण' और 'हंस' में प्रकाशित होती रहीं। प्रसाद जी की 'गंगा' शीर्षक से एक कविता मुजफ्फरपुर से निकलनेवाली 'गंगा' पत्रिका के नवम्बर, 1930 ई. के अंक में प्रकाशित हुई थी, जो इस प्रकार है :

ऋद्धि-सिद्धि तू अचल हिमालय से ले आई।
उर्वर भारत-वसुन्धरा तू करने आई॥

सींच रही है स्नेहमयी दे जीवन-धारा।
सकल ताप तेरी पुनीत लहरों से हारा॥
कानन मुखरित हुए द्विजों के श्रुति-कलरव से।
पुण्य हुए कितने प्रवचन भव में अभिनव से॥
रह न सकेगा कभी देश यह भूखा नंगा।
मंगल जल-कण जब तक तुझमें बहती गंगा॥

यह इस बात का प्रमाण है कि प्रसाद जी की रचनाएँ उस समय पत्र-पत्रिकाओं में ससम्मान छपती थीं।

ऐसा माना जा सकता है कि प्रसाद जी जब 'स्कन्दगुप्त' का सृजन कर रहे थे, तभी उन्हें अपनी बीमारी की जानकारी मिल गई थी। फलस्वरूप वे स्वयं लिखते हैं कि किस तरह उन्होंने महाकाल से हारी हुई होड़ लगाई है :

चढ़कर मेरे जीवन-रथ पर, प्रलय चल रहा अपने पथ पर।
मैंने निज दुर्बल पद-बल पर उससे हारी होड़ लगाई॥

यह इस तथ्य का द्योतक है कि प्रसाद जी अपनी जिजीविषा के बल पर सृजनरत थे। उन्हें इस बात का गहरा अहसास था कि उनकी जीवन-यात्रा अधिक लम्बी नहीं है। यह भी सम्भव है कि उनके साहित्य में उपलब्ध नियति-बोध और क्षणवाद इस वेदना से ही जन्मा हो! महाकाल जीवन भर जिस महान कलाकार के प्रिय लोगों को एक-एक कर छीनते रहे और जब स्वयं उसे अपने महाप्रस्थान की घड़ी निकट आती दिख रही हो तो ऐसे भयावह आन्तरिक संघर्ष में मानसिक सन्तुलन बनाए रखना किसी विराट प्रतिभा का ही अभिलक्षण हो सकता है।

इस बोध के उपरान्त प्रसाद जी 25 अक्टूबर, 1936 को काशी विद्यापीठ में भारतमाता मन्दिर के उद्‌घाटन के समय महात्मा गांधी से भी मिलते हैं। आप गांधी जी को 'गीता' की प्रति भेंट करते हैं। आप दिसम्बर, 1931 से जनवरी, 1932 के मध्य गंगासागर, कलकत्ता और जगन्नाथ पुरी की यात्रा भी सम्पन्न करते हैं। इस यात्रा के दौरान ही वे पुरी तट की सैकत-बेला पर 'उठ-उठ री लघु-लघु लोल लहर' और गंगासागर में स्टीमर पर 'हे सागर संगम अरुण नील' जैसी कविताओं का सृजन होता है। जब रवीन्द्रनाथ टैगोर काशी की यात्रा पर आए थे तब प्रसाद जी उनसे लोहटिया के वारेन हेस्टिंग्स हाउस में रायकृष्णदास के साथ मिले थे। उस समय दोनों बड़े कवियों के बीच दो घंटे तक गहन विमर्श हुआ था। उसी समय गुरुदेव ने बताया था कि हिन्दी में वे कबीर आदि से अधिक प्रभावित हैं। उन्होंने यह भी स्वीकार किया कि उन्हें वैष्णव कवियों ने प्रभावित किया है। इसी तरह आप 1926 ई. में इटावा के स्वामीजी के संसर्ग में आते हैं। आप 1936 ई. में लखनऊ यात्रा पर जाते हैं तथा दिसम्बर, 1936 में कान्यकुब्ज महाविद्यालय में अन्तिम बार काव्यपाठ करते हैं। प्रसाद जी के कृतित्व

का सर्वोत्तम जहाँ लिखा गया, घर के उस नये खंड का निर्माण भी 1927 ई. में पूरा कर लिया। ध्यातव्य है कि 'कामायनी' महाकाव्य का प्रणयन भी यहीं सम्पन्न हुआ। यहीं 1927 ई. में 'कामना' का लेखन-कार्य सम्पन्न होता है। इन्होंने 'कामायनी' महाकाव्य के लेखन के लिए उस समय दस रुपये की पार्कर पेन खरीदी थी जो अभी भी राष्ट्रीय अभिलेखागार में सुरक्षित है। इन्हें पद से विरक्ति रहती थी। फलतः प्रसाद जी लिखित त्यागपत्र देकर आनुवंशिक और जातीय चौधराने का विसर्जन भी कर देते हैं। प्रसाद जी 28 जनवरी, 1937 से यक्ष्मा के प्रकोप के कारण शैयाग्रस्त होते हैं। संयोगवश उसी दिन 'कामायनी' के प्रथम संस्करण की 5 प्रतियाँ मिलती हैं जिसमें से एक प्रति राय मोतीचन्द जी को भेंट करते हैं। इन्हें राय मोतीचन्द के तिलकोत्सव से आने के बाद ही ज्वर पकड़ता है और बाद में जाँच रिपोर्ट में यक्ष्मा की जानकारी मिलती है। प्रसाद जी 'कामायनी' के 'आनन्द सर्ग' में इसका अत्यन्त सूक्ष्म संकेत भी देते हैं :

चेतन समुद्र में जीवन, लहरों-सा बिखर पड़ा है।
कुछ छाप व्यक्तिगत अपना निर्मित आकार खड़ा है॥

कहना न होगा कि प्रसाद जी इसी व्यक्तिगत छाप के साथ ही 'कामायनी' का अत्यन्त रमणीय और भव्य स्थापत्य निर्मित करते हैं। इसमें कवि के व्यक्तित्व का सर्वोत्तम अपने सार रूप में विद्यमान है। यहाँ कवि का तन-मन, प्राण-आत्मा सर्जनात्मक पाठ-वितान में संश्लिष्ट हो गया है।

इसके साथ ही, 23 फरवरी को यक्ष्मा का निदान भी होता है। प्रसाद जी ज्योतिष को जानते थे लेकिन फलित ज्योतिष में विश्वास नहीं करते थे। इस सन्दर्भ में उनके सुपुत्र रत्नशंकर प्रसाद ने लिखा है : "देहावसान से दो-तीन मास पूर्व जब अरिष्ट शान्ति के लिए शास्त्र-निष्णातों ने उन्हें तुलादान करने को कहा तब वे हँस पड़े। जानते हुए भी व्यंग्य से पूछा, 'तुलादान लेने के लिए तो किसी वणिक की आवश्यकता होगी, तुला उसी के व्यवहार की वस्तु है, ब्राह्मण से तुला का क्या तात्पर्य?' तो किसी बनिए को तराजू दे दी जाए। वैसे भी मैंने तराजू का उत्सर्ग कर ही दिया है, अब केसर-कस्तूरी तो तौलना नहीं है।" यह भी चिन्तनीय है कि जो प्रसाद जी 'ब्राह्मणत्व' को एक सार्वभौम-शाश्वत बुद्धिवैभव मानते हैं और अपनी परिभाषा पर स्वंयं महाकवि भी एक श्रेष्ठ ब्राह्मण ठहरते हैं, वे उसका अपकर्ष कैसे देख सकते हैं? इस सन्दर्भ में रत्नशंकर जी आगे लिखते हैं : इस बात पर शास्त्री जी भी मुस्कराकर बोले, 'बाबू साहब, तराजू पर एक ओर आपको बैठाकर, दूसरी ओर आपके भार से अधिक सप्तधान्य, सुवर्णरत्न रखकर संकल्प सहित दान होगा—आप तो सब जानते हैं।' चूँकि प्रसाद जी की भाभी लखरानी देवी ने सब व्यवस्था करवा रखी थी और कहा, 'चलकर बैठ जाना है।'...'भाभी, इससे क्या आप मुझे बचा लेंगी?' यह सुनकर भाभी जी की आँखें भर आईं और उनकी

आज्ञा का पालन करते हुए हमारा महाकवि अन्यमनस्क भाव से ही सही, तुला पर जा बैठता है। यह भी विचित्र संयोग रहा कि शास्त्री जी के संकल्प बाँचते-बाँचते सहसा तुला दंड टूट गया—सिर से रक्त निकलने लगा। 'अब तो ठीक है, रक्त की कमी थी।' यह सम्भव भी नहीं था। जयशंकर प्रसाद जैसे विश्वस्तरीय महाकवि को तौलनेवाली तुला हो भी नहीं सकती। यह प्रतीकात्मक घटना भी उनके असाधारण व्यक्तित्व की परिचायक है। हिन्दी साहित्य के इस अप्रतिम व्यक्तित्व को काल ने 47 वर्ष, 9 मास और 1 दिन की अवस्था में कार्तिक शुक्ला एकादशी 15 नवम्बर, 1937 ई. को ब्रह्म मुहूर्त में हमसे छीन लिया। निराला के शब्दों में : 'दुख ही जीवन की कथा रही'। यदि इन्हें और लम्बी उम्र मिलती तो सम्भव है कि हिन्दी साहित्य के भंडार को अनेक दूसरी विश्वस्तरीय रचनाओं से भर देते। फिर भी इन्होंने अल्पायु में ही जिस अप्रतिम और अद्वितीय सर्जनात्मक एवं आलोचनात्मक साहित्य से माँ भारती के भंडार को भरा है, उसका कोई सानी नहीं है। प्रसाद जी का जीवन उस समय का विश्व-जीवन है जो उनके सम्पूर्ण साहित्य में रूपायित हुआ है। प्रसाद जी अपनी मूर्ति विधायिनी कल्पना द्वारा अपने समय के विश्वजीवन के हर महत्त्वपूर्ण विवर्तन को प्रतिध्वनित करते हैं। वे जीवन के चरम सत्य की खोज करते हैं। वे अल्पायु में ही साहित्य की प्रायः हर महत्त्वपूर्ण विधा में जिन कलाकृतियों का सृजन करते हैं, वे हिन्दी साहित्य को विश्वस्तरीय बनाने के संकल्प का प्रतिफल प्रतीत होती हैं। यह भी उल्लेखनीय है कि काशी के तत्कालीन जिला अधिकारी रेडिशे ने इन्हें जूरी का सम्मानित सदस्य बनाया था जो उस समय बहुत बड़ा सम्मान था। लेकिन जब इन्होंने देखा कि अंग्रेज़ सरकार इन्हें निर्णय लेने की स्वतंत्रता नहीं दे रही है तब इन्होंने जाना छोड़ दिया। इस पर अंग्रेज़ सरकार ने जब बाकायदा नोटिस भेजा तब इन्होंने श्रवण-शक्ति की समस्या बताकर जाने से मना कर दिया।

यह भी चिन्तनीय है कि जब किसी ने प्रसाद जी से प्रश्न किया था कि "आपने तो एक सीमा बना ली है और मध्यकालीन इतिहास से नीचे उतरना ही नहीं चाहते?" इस पर प्रसाद जी का उत्तर था : "कुछ अर्थ है—कुछ आगे बढ़ने पर वर्ग-विशेष के प्रत्याख्यान में उसका कोपभाजन होना पड़ेगा और कुछ और आगे बढ़ने पर जेल जाना होगा। साम्प्रदायिकता का निर्मूल आरोप मुझे सह्य नहीं और सत्य का अपलाप सम्भव नहीं। अन्तिम मुगल से ही इतिहास जो देता है, उसे सम्मुख रखना राजद्रोह की श्रेणी में आएगा—जेल जाना ही होगा, फलतः मेरी समस्त कार्य-प्रवृत्तियाँ रुद्ध होंगी : तब 'आए थे हरिभजन को ओटन लगे कपास'। फिर मैं तो जेल भरने में नहीं, उसे तोड़ने में विश्वास करता हूँ—चाहे चहारदीवारी वाले जेल हों अथवा विचारों के।" यही कारण है कि वे 'कामना' जैसे प्रतीकात्मक नाटक की सृष्टि द्वारा अंग्रेज़ी सत्ता के शोषक चरित्र पर सांकेतिक रूप से प्रहार करते हैं। प्रसाद जी का यह वैचारिक खुलापन उन्हें उत्तर-आधुनिक चिन्तक बना देता है। वैसे भी वे

इतिहास और भविष्य को आर-पार देखनेवाली भेदक दृष्टि से सम्पन्न थे। प्रसाद जी का जीवन और व्यक्तित्व किस तरह उनके साहित्य-सृजन में सहायक रहा है, इस पर विचार करते हुए मुक्तिबोध ने लिखा है : "प्रसादजी ने अतीत की भावुक गौरव-छायाओं से ग्रस्त, वेदोपनिषदिक आर्य वातावरण से अनुप्राणित, समाजादर्श से प्रेरित होकर अपनी विश्व-दृष्टि तैयार की। यह विश्व-दृष्टि 'कामायनी' में प्रकट हुई। संक्षेप में, 'कामायनी'कार अपने युग से न केवल प्रभावित था, वरन अपनी युग-समस्याओं के प्रति उसने बहुत आवेग और विश्वास के साथ प्रतिक्रियाएँ की हैं।"[2] ऐसी स्थिति में प्रसाद के जीवन और व्यक्तित्व के अनछुए सन्दर्भ उनके साहित्य को समझने की दिशा दे सकते हैं। हम उनके व्यक्तित्व की अन्तर्वृत्तियाँ, साहित्यिक प्रवृत्तियाँ और तत्कालीन विश्व-जीवन के सापेक्ष विश्लेषण द्वारा अनेक नये निष्कर्ष प्राप्त कर सकते हैं।

प्रेमचन्द ने 'हंस' के आत्मकथा विशेषांक के लिए प्रसाद जी से आग्रहपूर्वक उनकी आत्मकथा लिखवाई थी जिसे उसके मुखपृष्ठ पर प्रकाशित किया था। यहाँ हम उसे उद्धृत कर रहे हैं जो उनके व्यक्तित्व के कतिपय अनछुए सन्दर्भों और आन्तरिक जगत का सूक्ष्म भावांकन करती है :

मधुप गुनगुना कर कह जाता कौन कहानी अपनी।
मुरझा कर गिर रही पत्तियाँ देखो कितनी आज घनी॥
इस गम्भीर अनन्त नीलिमा में असंख्य जीवन-इतिहास—
यह लो, करते ही रहते हैं अपना व्यंग्य-मलिन उपहास॥
तब भी कहते हो—काह डालूँ दुर्बलता अपनी बीती!
तुम सुनकर सुख पाओगे, देखोगे यह गागर रीती॥
किन्तु कहीं ऐसा न हो कि तुम खाली करनेवाले—
अपने को समझो-मेरा रस ले अपनी भरनेवाले॥
यह विडम्बना! अरी सरलते तेरी हँसी उड़ाऊँ मैं।
भूलें अपनी, या प्रवंचना औरों की दिखलाऊँ मैं॥
उज्ज्वल गाथा कैसे गाऊँ मधुर चाँदनी रातों की।
अरे खिलखिला कर हँसते होनेवाली उन बातों की॥
मिला कहाँ वो सुख जिसका मैं स्वप्न देख कर जाग गया?
आलिंगन में आते-आते मुसक्या कर जो भाग गया॥
जिसके अरुण-कपोलों की मतवाली सुन्दर छाया में।
अनुरागिनी उषा लेती थी निज सुहाग मधुमाया में॥
उसकी स्मृति पाथेय बनी है थके पथिक की पन्था की।
सीवन को उधेड़ कर देखोगे क्यों मेरी कन्था की?

छोटे-से जीवन की कैसे बड़ी कथाएँ आज कहूँ?
क्या ये अच्छा नहीं कि औरों की सुनता मैं मौन रहूँ?
सुनकर क्या तुम भला करोगे—मेरी भोली आत्म-कथा?
अभी समय भी नहीं—थकी सोई है मेरी मौन व्यथा॥

प्रसाद जी अपनी आत्मकथा में भी सूक्ष्म—सांकेतिक शैली का ही सहारा लेते हैं। इस सन्दर्भ में डॉ. नामवर सिंह का कथन समीचीन प्रतीत होता है : "कवि ने अपनी दुर्बलताओं की कोई फेहरिश्त पेश नहीं की, फिर भी इतना कह ही दिया कि 'तुम सुनकर सुख पाओगे, देखोगे यह गागर रीती।' जिस संयत हृदय ने 'अपनी भूलों' के साथ ही औरों की प्रवंचना दिखलाने से इनकार किया, उसी ने अपने मधुमय जीवन की झाँकी देने में संकोच नहीं दिखलाया और 'अरुण कपोलों' की इस झलक के बाद उस थके पथिक की कंथा की सीवन को उधेड़कर देखने का दुस्साहस कोई ऐसा ही निर्मम करेगा जिसकी दिलचस्पी स्थूल घटनाओं में होगी।"[3]

मेरा मानना है कि नामवर जी की टिप्पणी प्रसाद जी की आत्मकथा पर बेहद सटीक है। उसका अनावश्यक विश्लेषण उक्त कविता के सौष्ठव को भी बाधित करेगा। प्रसाद जी का जीवन एक ओर महाकाव्य की पीड़ा समेटे हुए था तो दूसरी ओर वह गौरवपूर्ण पारिवारिक उपलब्धियों एवं विग्रह का समुच्चय भी था। एक अन्तहीन वेदना, बहुस्तरीय मानसिक संघर्ष, स्मृतियों का धुँधला संसार और अपने समय के जटिल विश्व-जीवन के प्रति गहन दायित्वबोध उन्हें बड़ी रचनाओं तथा बड़े चरित्रों के सृजन के लिए उकसाता है। यही कारण है कि उनकी प्रतिभा धीमी आँच पर पकते हुए मनुष्यता के साम्यमूलक उत्कर्ष को साधने का मार्ग प्रशस्त करती है। प्रसाद का सम्पूर्ण व्यक्तित्व सुसंगठित और गत्यात्मक रहा है। वे सीधी रेखा में अनवरत विकास करते हैं।

इस सन्दर्भ में डॉ. नामवर सिंह का अभिमत है : "प्रसाद के काव्य, विशेषतः 'कामायनी' में एक अन्तर्गठन मिलता है। यही अन्तर्गठन 'कामायनी' को यह शक्ति देता है, जिसके कारण वह छायावाद की अनेक बिखरी रचनाओं के बीच स्तम्भ के समान खड़ी है। सम्भवतः प्रसाद के इस अन्तर्गठन का कारण उनका गठित व्यक्तित्व है, जिसकी जड़ें बहुत गहराई तक परम्परा में गई थीं। परम्परा का यह जीवित बोध ही है, जिसने प्रसाद को संगठन शक्ति दी और वे छायावाद के बिखरे प्रयत्नों को एक जीवन सत्य में पिरोकर 'कामायनी' जैसी कृति दे सके।"[4]

महाकवि जयशंकर प्रसाद के व्यक्तित्व का रूपायन करते हुए आचार्य नन्ददुलारे वाजपेयी ने लिखा है : "जयशंकर प्रसाद एक असाधारण व्यक्तित्व-सम्पन्न पुरुष थे। वे अधिक ऊँचे न थे; किन्तु उनका पुष्ट और सुसंगठित शरीर था। गोरे मुख

पर मुस्कान प्राय: सदैव खेला करती थी। मित्र-मंडली में उनके समक्ष अनावश्यक गम्भीरता, विषण्णता या दिखावट तो रह ही नहीं सकती थी। प्रसाद जी मित्रों का स्वागत बड़ी आकर्षक और आत्मीय नेत्रगति से करते थे। अक्सर मित्रों के कंधे पकड़कर हल्के ढंग से झकझोर देते थे, जिससे यदि कहीं खिन्नता या उपालंभ का भूत सवार हो तो तुरन्त उतर जाए। रहा-सहा अवसाद उनके ठहाकों से दूर हो जाता था। प्रसाद जी के ठहाकों में उदारता और घनिष्ठ मैत्री के भाव व्यंजित होते थे। यह कहना सत्य है कि प्रसाद जी की गोष्ठी में खिन्नता के लिए कोई स्थान न था। यह भी सच है कि उनकी गोष्ठी से लोग प्रसन्न और हँसते हुए ही निकलते थे। प्रसाद जी के पतले ओठों में सरल आत्मीय मुस्कान खूब फबती थी। पान का हल्का रंग उनके ओठों को ताजगी और चमक दिये रहता था। प्रसाद जी घर पर प्राय: खद्दर के कुर्ते और धोती में रहा करते थे; परन्तु बाहर निकलने पर रेशमी कुर्ता, रेशमी गांधी टोपी, महीन खद्दर की धोती, रेशमी चादर या दुपट्टा, फुल स्लीपर जूते और एक छड़ी हाथ में रहती थी। प्रसाद जी को छड़ी रखने का विशेष शौक था, यद्यपि वह पूरी तरह अलंकार का ही काम देती थी। एक बार जब आचार्य श्यामसुन्दर दास जी ने उन्हें मसूरी से लाकर एक पहाड़ी छड़ी भेंट की थी, तब प्रसाद जी बड़े प्रसन्न हुए थे और सभी मित्रों को बारी-बारी से दिखाकर ही उन्हें सन्तोष हुआ था। मन्दिर, फुलवारी और अखाड़ा—प्रसाद-गृह के तीन सर्वप्रिय अंग रहे। प्रसाद जी अपने मित्रों को जब वे अकेले-दुकेले आते थे, अपने साथ ले जाकर फुलवारी में ही बैठाते थे, वहीं बातचीत चलती थी। अधिक संख्या होने पर वे मित्रों के लिए बैठक खुलवाते थे, फुलवारी में ही अखाड़ा था और उसी के एक शीर्ष पर शिवमन्दिर था। अखाड़े की सबसे अधिक रमणीय वस्तु वे मुग्दर थे, जिनका वजन देखकर यह अनुमान करना कठिन हो जाता था कि प्रसाद जैसे कलाकार भी उन्हें भाँजते रहे होंगे। परन्तु बात सच है, प्रसाद जी बतलाते थे कि वे मुद्गर उन्हीं के भाँजने के लिए बनवाए गए थे और एक पहलवान उन्हें इसकी शिक्षा देने के लिए आया करता था।"[5] इस तरह वाजपेयी जी ने प्रसाद के अन्तर्बाह्य व्यक्तित्व का एक अतिशय प्रभावशाली चित्र खींचा है।

यदि जयशंकर प्रसाद का संवेदनात्मक व्यक्तित्व कालिदास, भारवि और भवभूति का समन्वित रूप है तो उनका बौद्धिक व्यक्तित्व बृहस्पति की मेधा, शुक्राचार्य की कुशाग्रता, बुद्ध की करुणा, चाणक्य की तेजस्विता, शंकराचार्य की तर्कशक्ति एवं दार्शनिकता का संश्लेषण है। इसे हम उनके सम्पूर्ण साहित्य में निहित ज्ञान-विज्ञान, अध्यात्म-दर्शन एवं सामाजिक-सांस्कृतिक चेतना के सामरस्य के रूप में देख सकते हैं। इनके साहित्य की तरह इनका जीवन और व्यक्तित्व भी गूढ़, रहस्यमय और बहुआयामी है। इनके व्यक्तित्व और कृतित्व का सही आकलन न तो इनके समय में हो पाया और न ही बाद की आलोचना द्वारा सम्भव हो सका है। भारतीय मनीषा

के ऐसे रससिद्ध मनीषी कृतिकार को न समझ पानेवाले वाचाल टिप्पणी करते रहे परन्तु इनका गुरु-गम्भीर, संयमी मन विचलित नहीं हुआ। इनकी ओर कनिष्ठ सहयोगी निराला ने कहा :

रहित बुद्धि से लोग असंयत हुए अनर्गल।
किन्तु नहीं तुम हिले, तुम्हारे उमड़े बादल॥
गरजे सारा गगन घेर बिजली कड़काकर।
काँपे थे कापुरुष सभी अपने-अपने घर॥

निराला ने प्रसाद को खड़ी बोली का उन्नायक रचनाकार, मौलिक साहित्य-निर्माण के चतुरंग प्रथम श्रेष्ठ साहित्यिक और गरल पान करके भी जाति साहित्य को अमर करनेवाला बतलाया है। माखनलाल चतुर्वेदी ने लिखा है : "कबीर हिन्दी के सत्य थे, तुलसी शिव थे और सूर सुन्दर थे किन्तु प्रसाद सत्य और सुन्दर की आँखमिचौली थे।" इसी तरह राय कृष्ण दास ने भी इनके सर्जनात्मक और कलात्मक व्यक्तित्व का चित्रण करते हुए लिखा है : "प्रसाद अपनी रचनाओं में ही नहीं, अपने जीवन में भी पूरे कलाकार थे। उनकी निष्ठा, उनकी सुरुचि, उनकी भावुकता, उनकी मस्ती, उनका रहन-सहन और उनका पोर-पोर कलापूर्ण था। भगवान ने उनके रूप और स्वभाव, दोनों को ही कवित्वमय बनाया था।" इसी तरह राजेन्द्र नारायण शर्मा ने भी लिखा है : "प्रसाद जी का जो आन्तरिक व्यक्तित्व था, वह कृष्ण के आदर्श से प्रेरणा पाता था और उनका जो सामाजिक व्यक्तित्व था, वह मर्यादा पुरुषोत्तम राम को अपना आदर्श मानता था। महाकवि जयशंकर प्रसाद का क्रान्तिदर्शी व्यक्तित्व चन्द्रशेखर आज़ाद जैसे क्रान्तिवीर का भी पुरस्कर्ता रहा है, यह इतिहास का अनजाना पृष्ठ है। डॉ. राजेन्द्र नारायण शर्मा ने ही प्रसाद पर लिखे गए संस्मरणों में इस तथ्य को उजागर किया है। उस समय भी विद्या और कला के केन्द्र के रूप में काशी का अपना आकर्षण था। यहीं चन्द्रशेखर के आज़ाद बनने की कथा भी निर्मित होती है। वस्तुतः काशी में ज्ञानार्जन करने आए तेरह वर्षीय किशोर चन्द्रशेखर को बेंतों की मार से मिली दीक्षा ने 'आज़ाद' बना दिया था। जब गांधी का सत्याग्रह आन्दोलन बनारस में जोरों से चल रहा था तब चन्द्रशेखर जैसे स्वाभाव से भावुक, संवेदनशील और स्वाभिमानी युवा को भी उसने उन्मथित किया। चन्द्रशेखर आदर्शवादी और दृढ़निश्चयी थे। वे भी अपने संस्कृत विद्यापीठ के साथियों के साथ जुलूस में देशभक्ति के नारे लगाते हुए निकले ही थे कि पुलिस ने पकड़ लिया और पन्द्रह बेंतों की सजा मिली। यहीं से उस महान क्रान्तिकारी का उदय हुआ, जिसे इतिहास ने सगर्व चन्द्रशेखर 'आज़ाद' की संज्ञा से अभिहित किया। इस बहुचर्चित कथा का जो अचर्चित पक्ष है, वह प्रसाद से जुड़ा है। उसे समझने की ज़रूरत है।

प्रसाद-मन्दिर के निकट रहनेवाले कवि, लेखक, अरविन्द-दर्शन के अध्येता व होम्योपैथी के डॉक्टर राजेन्द्र नारायण शर्मा ने इसका रहस्योद्घाटन किया है। बेनियाबाग में ही सड़क से लगी उनकी क्लिनिक भारती होमियो हॉल थी। वे गोबरधन सराय में ही रहते थे। उनका बचपन व किशोर वय प्रसाद जी के सान्निध्य में काव्याभ्यास करते हुए बीता था। उन्होंने अपने संस्मरण 'प्रसाद जी का अन्तरंग' में इस घटना का ब्योरा दिया है : "प्रसिद्ध क्रान्तिकारी अमर शहीद चन्द्रशेखर आज़ाद को काली महल के नीम माई वाले मकान के भूगर्भ में, निवास संज्ञक अपरोक्ष, अगोचर ढंग से रहने की व्यवस्था प्रसाद जी ने स्वयं की। संतू नाम के भृत्य को प्रसाद जी ने उनकी देख-रेख के लिए तैनात किया था (उस मकान में सुँघनी साहू का सुर्ती के पत्ते का गोदाम था)।" इस प्रकार हम कह सकते हैं कि प्रसाद जी ने उस क्रूर अंग्रेज़ी शासन व्यवस्था के समय अत्यन्त साहसिक और जोखिमपूर्ण निर्णय लिया था। प्रसाद जी का सम्पूर्ण साहित्य जिस ऐतिहासिक अस्मिता-बोध, नियति-बोध और भारत-बोध का भास्वर चित्र है, वह उनके व्यावहारिक जीवन का भी अविच्छिन्न हिस्सा रहा है। वे सही मायने में राष्ट्रीय कवि थे। उनकी देश-भक्ति और उनके द्वारा रचित देश-भक्ति पूर्ण साहित्य दूसरे कवियों के लिए आदर्श प्रतिमान है।

इस तरह प्रसाद जी राम-कृष्ण के समन्वित आदर्श से अनुप्राणित थे। लेकिन मित्र की इनकी परिभाषा में अँट सकनेवाला कोई मित्र इन्हें नहीं मिला। ऐसा बताया जाता है कि प्रसाद जी कृष्ण-अर्जुन की मित्रता को अपना चरम आदर्श मानते थे। यद्यपि वे अर्जुन की भाँति आधुनिक हिन्दी साहित्य के अपराजेय योद्धा थे परन्तु उन्हें कृष्ण की तरह कोई मार्ग प्रशस्त करनेवाला सच्चा मित्र आलोचक नहीं मिला। जयशंकर प्रसाद सुसंगठित एवं विकासमान व्यक्तित्व के धनी रचनाकार हैं। आप मौलिक उद्भावनाओं, आकांक्षाओं से भरपूर, अपार ऊर्जा और उत्प्रेरणाओं से युक्त ऐसे साहित्यकार थे जो दुख-दग्ध जगत और आनन्दपूर्ण स्वर्ग के एकीकरण के लक्ष्य को लेकर सृजनरत हुए थे। ऐसा माना जाता है कि जो रेगिस्तान में पैदा हो, काँटों में पले फिर भी अपना गुण-धर्म न छोड़े और सुगन्ध बिखेरे, वही राजा है। गुलाब इसी कारण फूलों का राजा है। जयशंकर प्रसाद ऐसे ही राजसी प्रकृति वाले महनीय कलाकार थे। आपका व्यक्तित्व नव-नवोन्मेष शालिनी प्रज्ञा-प्रतिभा का साकार विग्रह है। आप ऐसे प्रतिभासम्पन्न सर्जक हैं जो न केवल बड़े सपने देखते हैं अपितु विराट स्वप्न की सृष्टि द्वारा उसे सार्थक परिणति तक पहुँचाते हैं। स्वप्न देखना बड़े मनुष्य और व्यक्तित्व का लक्षण है। इनका व्यक्तित्व और जीवनानुभव इनके साहित्य की गहन कलात्मक बुनावट में अन्तर्भुक्त होकर अभिव्यक्त हुआ है। इनका रचनात्मक व्यक्तित्व जीवन की हलचलों और संघर्ष के साथ सहयात्रा करता है। इन्होंने आरम्भ में ही अपना चरम लक्ष्य निर्धारित करते हुए 'प्रेम पथिक' में ही लिख दिया था :

इस पथ का उद्देश्य नहीं है श्रान्त भवन में टिक रहना।
किन्तु पहुँचना उस सीमा पर जिसके आगे राह नहीं॥

इन्होंने 'चित्राधार' से 'कामायनी' तक की यात्रा करके अपने व्यक्तित्व की परिकल्पना को महाकाव्यात्मक विन्यास प्रदान किया। इनके ।वेराट व्यक्तित्व की गहराई और बौद्धिक उत्कर्ष की सापेक्षता में ही इनके सम्पूर्ण साहित्य का वस्तुनिष्ठ विश्लेषण सम्भव है। इनके सम्पूर्ण व्यक्तित्व, चिन्तन एवं सृजन का उद्देश्य 'कामना' की इन पंक्तियों में देखा जा सकता है : "उस दिन की प्रतीक्षा में कठोर तपस्या करनी होगी, जिस दिन ईश्वर और मनुष्य, राजा और प्रजा, शासितों और शासकों का भेद विलीन होकर विराट विश्व, जाति, जाति और देश के वर्णों से स्वच्छ होकर, एक मधुर क्रीड़ा का अभिनय करेगा।" प्रसाद जी का व्यक्तित्व बनाए हुए चरम लक्ष्य तक पहुँचने के लिए निरन्तर आत्मालोचन भी करता है। वह आन्तरिक और बाह्य संघर्षों से निरन्तर जूझते हुए संवेदना, चिन्तन और अभिव्यक्ति के विविध सोपानों को पार करता है। आप सांस्कृतिक धैर्य और गहन बौद्धिकता के कवि हैं। आपकी प्रतिभा धीमी आँच पर पककर तैयार हुई है। इन्होंने महाकाव्य की पीड़ा को आत्मसात् करके प्रेम और सौन्दर्य का जो ऐश्वर्य रचा है, वह भारतीय साहित्य का नितान्त गौरवशाली पृष्ठ है। इनके व्यक्तित्व के इन्हीं गुणों को अन्तर्भुक्त करते हुए मुक्तिबोध ने ठीक ही लिखा है : "प्रसाद का मूल व्यक्तित्व और उस व्यक्तित्व की शक्तियाँ गत्यात्मक हैं; वे कुछ करना, पाना, घटित करना, विकसित करना और प्रवर्द्धित करना चाहती हैं; वे कुछ खोज करना, सिद्ध करना और स्थापित करना चाहती हैं। प्रसाद जी की आत्मा जीवन के विविध क्षेत्रों में, जीवन की विविध स्थितियों में, भटकती रहती है, प्यासी-प्यासी। इतनी भटकन, इतना व्यापक पर्यटन, इतनी विस्तृत, विविध और प्रदीर्घ यात्रा हिन्दी में किसी और लेखक ने नहीं की। प्रसाद जी एक कवि, दार्शनिक, जीवन-चिन्तक, नाटककार, उपन्यासकार, कहानीकार, निबन्ध लेखक, अनुसंधानकर्ता तथा विद्वान थे। अतीत और वर्तमान के, उत्कर्ष और अध:पतन के, अत्यन्त आत्मीय क्षणों और ऐतिहासिक पलों के, बाह्य जीवन स्थितियों तथा आन्तरिक मन:स्थितियों के जो चित्र और चित्रों का जो वैविध्य इन्होंने उपस्थित किया है, वह अन्यत्र दुर्लभ है। यदि प्रसाद जी अनुभव-सम्पन्न, अनुभूति-प्रवण व्यक्ति थे तो, दूसरी ओर, वे बड़े तजर्बेकार आदमी थे। उनकी चिन्तन-प्रधान बुद्धि वर्तमान सामाजिक और ऐतिहासिक वास्तविकताओं में समान रूप से गतिमान थी।"[6] जयशंकर प्रसाद भारतीय मनीषा के रससिद्ध मनीषी हैं। इन्होंने भारतीय मनीषा के सर्वोत्तम दाय को आत्मसात् करते हुए भारतवर्ष की गतिशील लोकोन्मुख परम्परा को पुरस्कृत करने का अत्यन्त साहसिक कार्य किया है। फलस्वरूप इनकी

भारतीयता आधुनिक काल के समस्त भारतीय भाषाओं के रचनाकारों में अपेक्षाकृत अधिक आधिकारिक, प्रशस्त और दायित्वबोध से परिपूर्ण है। इनका सर्जनात्मक व्यक्तित्व जिस गहनता और संश्लिष्टता से उसकी ठोस बुनियाद रखता है, वह सम्पूर्ण भारतीय साहित्य के लिए गौरव की बात है। प्रसाद के व्यक्तित्व के अनेक आयामों का संश्लेषण करते हुए डॉ. रमेशचन्द्र शाह ने लिखा है : "प्रसाद का अन्तरंग काँच का नहीं, हीरे का बना हुआ था। परिस्थिति से मौलिक प्रतिशोध लेते हुए उन्होंने कुछ ही वर्षों के अंदर न केवल अपने कुटुम्ब की माली हालत सुदृढ़ कर ली बल्कि अपनी मानसिक सम्पत्ति को भी—अपनी बौद्धिक और भावनात्मक कमाई को भी—इस सारे वात्याचक्र से अक्षत उबार लिया।...साहित्यिक दलबन्दी, द्रोहपूर्ण आलोचना, षड्यंत्रपूर्ण चुप्पी—कुछ भी इस प्रतिभा को आगे बढ़ने से नहीं रोक सके। इसका कारण यही था कि इन रचनाओं में भी वही तेजस्विता, वही अनिवार्य मोहिनी शक्ति थी जो कि इन रचनाओं के स्रोत प्रसाद के व्यक्तित्व में थी। प्रसाद के व्यक्तित्व में शालीनता, अचूक व्यावहारिक बुद्धिमत्ता, मधुर मिलनसारी, गम्भीरता और विनोद-वृत्ति का स्पृहणीय समावेश और सन्तुलन था।...आत्मसम्मान की उनकी जो धारणा थी, उसमें दूसरों के व्यक्तित्व का सम्मान अन्तर्निहित था। साथ ही, उसमें जो जिन्दादिली थी, जो रस था, वह इस अभिजात शालीनता की स्वेच्छा-स्वीकृत मर्यादा के भीतर था।"[7]

इस तरह प्रसाद का व्यक्तित्व निरन्तर विकासमान, सुसंगठित और गत्यात्मक है। वह इनकी महानता का भी प्रतिमान है। प्रसाद का कवि व्यक्तित्व उत्तुंग शिखरों पर छँटते हुए कुहासे के बीच चढ़ता ही गया है और वह सबसे ऊँचे शिखर 'कामायनी' पर पहुँचा है। इनका रचनाकार विगत सदी का सर्वश्रेष्ठ सांस्कृतिक-साहित्यिक व्यक्तित्व है जो अपनी रचनाओं में गुणात्मक उत्कर्ष प्राप्त करता है। इनका समस्त साहित्य इनके व्यक्तित्व की श्रेष्ठता, गुणवत्ता, सुपरिणत रूप और महत्त्व का ऐसा प्रतिबिम्बन है जिसमें भारतीय विश्व-दृष्टि अपनी सम्पूर्ण सर्जनात्मकता एवं कलात्मकता के साथ व्यंजित हुई है। अतः भारतीय साहित्य की अस्मिता, जातीय सृजन की श्रेष्ठता और राष्ट्रीय उपलब्धियों का जो सर्वांगपूर्ण समाहार इनके व्यक्तित्व में उपलब्ध होता है, वह युग-युगान्तर तक अनुकरणीय बना रहेगा। प्रसाद का सम्पूर्ण साहित्य अपनी गतिशील अर्थवत्ता के कारण हर समय नये पाठ की गुंजाइश रखता है। इनकी रचनाएँ आज और भी प्रासंगिक तथा अर्थगर्भी लगती हैं। 'कामायनी' तो वैश्वीकरण के दौर का महाकाव्य प्रतीत होता है। प्रसाद का सर्जनात्मक व्यक्तित्व इस बात का प्रमाण है कि महान प्रतिभाएँ अपनी ही बनाई हुई सीमाओं का अतिक्रमण करती हैं। प्रसाद भारत की ऐसी विलक्षण प्रतिभा थे जिसने जीवन और मृत्यु की आँख-मिचौनी के बीच अपने साहित्यिक व्यक्तित्व को निर्मित किया और उसे वह ऊँचाई प्रदान की जिसके बारे में स्वयं कवि का कहना

है : 'जिसके आगे राह नहीं'। ऐसी अप्रतिम साहित्यिक विभूति शताब्दियों में आती हैं। इन्होंने अपने जीवन और व्यक्तित्व को अपनी कलाकृतियों में रूपान्तरित कर दिया है। फलत: दोनों का सापेक्ष अनुशीलन अपेक्षित है।

सन्दर्भ-सूची

1. चित्राधार की भूमिका में रत्नशंकर प्रसाद का अभिमत
2. कामायनी : एक पुनर्विचार—मुक्तिबोध, पृ. 16
3. छायावाद—डॉ. नामवर सिंह, पृ. 21
4. वही, पृ. 155
5. जयशंकर प्रसाद—नन्ददुलारे वाजपेयी, पृ. 19-20
6. कामायनी : एक पुनर्विचार-मुक्तिबोध, पृ. 146-47
7. जयशंकर प्रसाद—डॉ. रमेशचन्द्र शाह, पृ. 21

आरम्भिक काव्य : विराट सम्भावना का उन्मेष

महाकवि जयशंकर प्रसाद हिन्दी के बहुआयामी साहित्यकार हैं। इनका जन्म 30 जनवरी, 1890 को काशी के सुप्रतिष्ठ सुँघनी साहू परिवार में हुआ था। इन्होंने सातवीं कक्षा तक विद्यालयीन शिक्षा प्राप्त करने के उपरान्त घर पर ही हिन्दी, संस्कृत और अंग्रेजी भाषा एवं साहित्य का अध्ययन किया। आप भारतीय इतिहास, संस्कृति, दर्शन, ज्ञान-विज्ञान, कला और साहित्य के निष्णात विद्वान माने जाते हैं। गोस्वामी तुलसीदास की तरह ही आप हिन्दी के बहुश्रुत कवि और श्रेष्ठतम प्रतिभा के रूप में हमारे सामने आते हैं। आपकी नव-नवोन्मेषशालिनी प्रतिभा ने न केवल हिन्दी में अनेक विधाओं का सूत्रपात किया अपितु उसे विश्वस्तरीय भी बनाया। अत: इनके सम्पूर्ण साहित्य का पुनर्पाठ वर्तमान समय की माँग है। आपके व्यक्तित्व से यह सीख मिलती है कि यदि हम अपने व्यक्तित्व को सुसंगठित एवं सक्रिय रखें तो कम आयु में ही उपलब्धियों के बड़े शिखर पार कर सकते हैं। आपने 'चित्राधार' से 'कामायनी' तक की यात्रा करके इसका अभूतपूर्व दृष्टान्त प्रस्तुत किया है। आप जीवन और जगत के बृहत्तर सन्दर्भों के साथ-साथ मनुष्य की नियति एवं उसके अन्तर्जगत के गहरे पारखी हैं।

प्रसाद जी के रचनात्मक जीवन का आरम्भ काव्य-लेखन से ही हुआ। आपकी आरम्भिक कविताएँ 'चित्राधार' में संकलित हैं। आपने 'कलाधर' उपनाम से ब्रजभाषा में काव्यारम्भ किया। यद्यपि यहाँ रीतिकाल का पूर्ण रूप से अतिक्रमण नहीं हो सका है परन्तु नई उद्‌भावनाओं का संकेत बड़े ही स्पष्ट तरीके से व्यक्त हुआ है। 'चित्राधार' में 'वनमिलन', 'प्रेमराज्य' और 'अयोध्या का उद्धार' नामक तीन आख्यानक कविताएँ संकलित हैं। 'वनमिलन' में कालिदास के 'अभिज्ञान शाकुन्तल' की कथा को नये युगबोध के आलोक में प्रस्तुत किया गया है। यहाँ प्रसाद का जिज्ञासु मन प्रकृति के अनन्त रमणीय सौन्दर्य के प्रति जिज्ञासा ही प्रकट नहीं करता अपितु वह प्रेम-सौन्दर्य के साथ-साथ प्रकृति के वैविध्यपूर्ण चित्र भी उकेरता है। इसी तरह अयोध्या का उद्धार भी कालिदास के 'रघुवंश' महाकाव्य के सोलहवें सर्ग पर आधारित हैं जिसमें राम के सुपुत्र कुश द्वारा अयोध्या के पुनरुद्धार की कथा वर्णनात्मक शैली में प्रस्तुत की गई है। इसकी तीसरी आख्यानक कविता

'प्रेम राज्य' प्रसाद की मौलिक सृष्टि है जिसका आधार इतिहास है। इतिहासकारों के अनुसार सन् 1564 ई. में विजयनगर और अहमदाबाद के बीच टालीकोट का युद्ध हुआ था। इस काव्य का आरम्भ युद्ध से किन्तु इसका समापन एक महान मानवीय सन्देश में होता है। इसमें शिव के विराट स्वरूप का चित्रांकन हुआ है। कवि इस कविता में पाठक को उच्चतर भावभूमि पर ले जाता है। वह लौकिक धरातल पर अलौकिक आदर्श की प्रतिष्ठा करता है। प्रसाद जी ने स्वयं लिखा है कि छंद की दृष्टि से इसमें रोला छंद है।

इसमें स्फुट कविताओं को 'पराग' और 'मकरन्द बिन्दु' के अन्तर्गत रखा गया है जिनमें अधिकांश रचनाएँ प्रकृतिपरक हैं। प्रसाद जी के भीतर प्रकृति के रहस्यों के प्रति जो जिज्ञासा भाव है, वही उन्हें प्रकृति संसर्ग की ओर ले जाता है। प्रसाद की ऋषि-दृष्टि प्रकृति के संसर्ग से खुलती है। जब कवि-दृष्टि अतिक्रमित होती है तब ऋषि-दृष्टि का उन्मीलन होता है। यही दृष्टि प्रसाद जी को उच्चतर भावभूमि और लम्बी यात्रा पर ले जाती है। इन कविताओं ने विराट सम्भावना का संकेत कर दिया है। इसमें प्रकृति के प्रति रागपरक रहस्य चेतना और अन्तर्दृष्टि क्रमशः सूक्ष्मतर होती गई है। कवि का नवीन भाव-बोध पूरी तरह खुलकर सामने आ गया है।

इनके द्वारा रचित 'प्रेम पथिक' पहले ब्रजभाषा के छंदगत अनुशासन में प्रकाशित हुआ किन्तु समय की माँग और ज़रूरत को ध्यान में रखकर प्रसाद जी ने उसे 1913 में दुबारा प्रकाशित करवाया। यह खड़ी बोली हिन्दी के अतुकान्त रूप में है। यह एक सम्भावनावान कवि की किशोर भावनाओं के अनुरूप प्रेम के उदात्त, भावनात्मक और सार्वभौम-शाश्वत स्वरूप का निर्वचन है। किसी के प्रेम में योगी होकर प्रकृति के स्वच्छंद एवं अकृत्रिम परिवेश में रहने की आदिम आकांक्षा मनुष्य की स्वाभाविक वृत्ति है। इस मूल भावना को प्रेम, सौन्दर्य एवं कल्पना के द्वारा व्यवस्थित रूपक प्रदान किया गया है जिससे यह हिन्दी की पहली लम्बी कविता भी बन गई है। यह अपने रूपात्मक तंत्र में एक विराट कवि की सम्भावनाओं का निदर्शन करती है।

'प्रेम पथिक' में प्रसाद जी किशोर और चमेली के माध्यम से प्रेम, सौन्दर्य और प्रकृति के अनन्त रमणीय सौन्दर्य का जो रूपायन करते हैं, वह हर युग के युवाओं के लिए रमणीय वस्तु है। पथिक अनन्त की जिज्ञासा से प्रेरित होकर जब प्रदीर्घ यात्रा पर निकलता है तो वह प्रकृति की अनन्त विभूति तथा जीवन-साधना के विलक्षण रूप से परिचित होता है। कवि पथिक द्वारा तापसी के समक्ष अपनी अन्तहीन यात्रा और प्रेम की व्यथा-कथा का वृत्तान्त प्रस्तुत करवाता है। चूँकि वह पुतली अथवा चमेली ही थी, अतः वह किशोर को पहचान जाती है। वह भी अपनी करुण-कथा कह डालती है। फलतः पथिक भी उसे पहचान लेता है और

दोनों के बाल्यकाल की स्मृतियाँ उन्हें उदात्त भावभूमि पर पहुँचा देती हैं। वे दोनों विश्व के प्रत्येक परमाणु में अपरिमित सौन्दर्य के दर्शन करते हुए 'विश्वात्मा ही सुन्दरतम है'—की प्रतिष्ठा करते हैं। उनके प्रेम में प्रेय (आनन्द) के स्थान पर श्रेय (लोकमंगल) का पक्ष प्रबल हो जाता है। वे अपने प्रेम की मानवीय सीमाओं का अतिक्रमण करते हुए उसे चराचर जगत अथवा विश्वप्रेम में रूपान्तरित कर देते हैं। प्रेम के अत्यन्त व्यापक और उदात्त रूप के चित्रण के कारण यह कविता आज वेलेंटाइन डे मनानेवाली पीढ़ी को भी प्रेरित और प्रभावित कर सकती है।

यह कविता अपने विश्वबोध, प्रकृति और कृषक जीवन के बहुस्तरीय एवं बहुरंगी चित्रों, उदात्त भावना, जीवन-संघर्ष, त्याग-तपस्या तथा मानवीय मूल्यों की अपूर्व सृष्टि के कारण हिन्दी की एक अतिशय महत्त्वपूर्ण तथा कालजयी कृति है। इसे खंडकाव्य और लम्बी कविता, दोनों का गौरव प्राप्त है। लेकिन मैं इसे हिन्दी की पहली लम्बी कविता के रूप में प्रतिष्ठित करना चाहता हूँ। यह कविता न केवल भाव-बोध, वस्तुविन्यास, मनोवैज्ञानिक अन्तर्द्वंद्व के धरातल पर रीतिकालीन काव्य-परम्परा का अतिक्रमण करती है अपितु रचना-विधान, आत्मव्यंजना, भाषिक अनुप्रयोग, कल्पनात्मक छवियों तथा समुचित अलंकार-योजना के कारण भी 'कामायनी' जैसे महाकाव्य के स्रष्टा की विराट प्रतिभा का स्फुरण भी बन जाती है। प्रसाद जी की इस बहुचर्चित घोषणा को सम्पूर्णता में विश्वसनीयता प्रदान करते हुए यह कविता स्वयं ही ऐतिहासिक महत्त्व की अधिकारिणी बन जाती है :

इस पथ का उद्देश्य नहीं है श्रान्त भवन में टिक रहना
किन्तु पहुँचना उस सीमा पर जिसके आगे राह नहीं।

इन आरम्भिक कविताओं में प्रसाद जी भक्ति से जीवनादर्श तथा प्रकृति से दार्शनिक चिन्तन का विकास करते हैं। वे अपने को ब्रजभाषा से खड़ी बोली की ओर ले जाते हैं। कविता के कथ्य के साथ-साथ वे काव्यभाषा के प्रति भी निरन्तर सतर्क और सचेष्ट रहे हैं। सन् 1912 में प्रकाशित 'कानन कुसुम' में खड़ी बोली की कविताएँ पहली बार प्रकाशित होती हैं। सर्वप्रथम 'चित्रा' शीर्षक से 'इन्दु' पत्रिका में उनकी खड़ी बोली की पहली कविता प्रकाशित हुई। प्रसाद जी अपने समय एवं समाज की बिखरी हुई शक्तियों के समन्वय द्वारा भारतीय मनुष्यता का चतुर्दिक विकास चाहते थे। वे अपने व्यक्तिगत जीवन में नियति की क्रूरता को झेलते हुए भी स्वयं को बिखरने नहीं देते और शक्ति के विद्युत्कणों के समन्वय द्वारा अपने जीवन-दर्शन का विकास करते हैं। प्रसाद जी इस बात को लेकर लगातार चिन्तित एवं उन्मथित थे कि अंग्रेज़ तथा पश्चिम भक्त इतिहासकार एक षड्यंत्र के अन्तर्गत भारतीय इतिहास को विकृत कर रहे थे। उनका ऐतिहासिक ज्ञान अद्भुत और अद्वितीय है। वे अपनी भेदक दृष्टि द्वारा भारतीय इतिहास का नया पाठ तैयार

करते हैं। वे भारतीय इतिहास के गौरव चिह्नों का संधान करके उन्हें अपने लेखन का विषय बनाते हैं। इस दृष्टि से उनका पहला ऐतिहासिक काव्य 'महाराणा का महत्त्व' है। इस कविता में महाराणा प्रताप सिंह के महत्त्व का प्रतिपादन करते हुए राष्ट्रीय आकांक्षा की अभिव्यक्ति हुई है। महाराणा प्रताप देशभक्ति, राष्ट्रीय अस्मिता तथा हिन्दू गौरव के चरम प्रतीकों में से एक हैं। प्रसाद अपनी इतिहास अन्वेषी दृष्टि के बल पर उनके संघर्ष और बलिदान को अमरत्व प्रदान करते हैं। वे महाराणा के शत्रु विदेशी आक्रान्ता के मुख से भी प्रताप का यशोगान करवाते हैं। वह महाराणा प्रताप की प्रशंसा करते हुए कहता है :

सच्चा साधक है सपूत निज देश का,
मुक्त पवन में पला हुआ वह वीर है।

इस कविता में प्रकृति की मनोरम छवि का भी अंकन किया गया है। कवि ने लिखा है :

विस्तृत तरु शाखाओं के ही बीच में
छोटी-सी सरिता थी, जल भी स्वच्छ था।
कल-कल ध्वनि भी निकल रही संगीत-सी
व्याकुल को आश्वासन-सा देती हुई॥

इस कविता का विन्यास अत्यन्त नाटकीय शैली में हुआ है। सम्पूर्ण कविता चार भागों में सुविन्यस्त है। कविता के आरम्भ में राजकुमार अमरसिंह यवनों को उनकी बेगमों समेत बन्दी बनाकर महाराणा प्रताप सिंह के समक्ष उपस्थित करते हैं। महाराणा उन्हें मुक्त कर देते हैं। इसके बाद बेगम और खानखाना के मध्य वार्तालाप चित्रित हुआ है। बेगम अकबर के पास जाने के लिए कहती हैं। जब खानखाना अकबर को समस्त वृत्तान्त सुनाते हैं तो वे आज्ञा देते हैं कि अब महाराणा पर आक्रमण न हो। इस तरह प्रसाद जी महाराणा के महत्त्व का प्रतिपादन करते हैं।

इसमें कवि ने अमरसिंह के शौर्य एवं युद्धकौशल का भी सुन्दर चित्रण किया है। यहाँ एक साथ महाराणा प्रताप तथा राजकुमार अमरसिंह के पराक्रम का निदर्शन परिलक्षित होता है। यह कविता देश की स्वाधीनता, सुरक्षा और अस्मिता के लिए अपना सर्वस्व न्योछावर करने की प्रेरणा देती है। कहना न होगा कि कवि ने स्वतंत्रता-संग्राम के कठिन संघर्ष के उन दिनों में भारतीय जनमानस में राष्ट्रीय चेतना का अमर मंत्र फूँकने के लिए इस कविता का सृजन किया था। अतः ऐतिहासिक पृष्ठभूमि पर रचित यह कविता भले ही खंडकाव्य के ताने-बाने में बुनी गई है परन्तु इसका रूपात्मक तंत्र लम्बी कविता का ही है। यह कविता ऐतिहासिक वस्तु-योजना, सुपरिणत रचना-विधान, सहज एवं स्वाभाविक भाषा तथा उदात्त शैली की दृष्टि

से ऐतिहासिक महत्त्व की अधिकारिणी है। इसका पुनर्पाठ राष्ट्रीय स्वाभिमान की प्रतिष्ठा के लिए बेहद ज़रूरी है।

प्रसाद जी के 'कानन कुसुम' में 'चित्रकूट', 'भरत', 'शिल्प-सौन्दर्य', 'कुरुक्षेत्र', 'वीर बालक', 'श्री कृष्ण जयन्ती' आदि आख्यानक कविताओं का समावेश हुआ है। इन कविताओं की पृष्ठभूमि इतिहास और पुराण पर आधारित है परन्तु उसमें प्रसाद जी ने अपने नये दृष्टिकोण तथा भाव-बोध का प्रकटन किया है। 'चित्रकूट' की कथा रामचरितमानस के अयोध्या कांड से प्रेरित है। लेकिन प्रसाद जी यहाँ भी अपने आदर्श एवं मौलिक दृष्टिकोण की प्रतिष्ठा करते हैं। आपने राम और सीता के प्रेम का अत्यन्त परिष्कृत एवं छविमान चित्र प्रस्तुत किया है। राम के अंक में सीता नीले गगन में चन्द्रमा की भाँति सुशोभित होती हैं। राम जानकी के मुख-मंडल की शोभा पर मोहित होकर पूछ बैठते हैं :

स्वर्गंगा का कमल मिला कैसे कानन को,
नील मधुप को देख, वहीं उस कुंज कली ने
स्वयं आगमन किया कहा यह जनक लली ने।

इसी तरह कवि भरत आगमन को लेकर लक्ष्मण के रोष, राम-भरत मिलन तथा रजनी के अन्तिम प्रहर के चित्रण में निहायत नवीन और अनछुए उपमानों का सन्निवेश करता है।

कवि ने 'अभिज्ञान शाकुन्तल' के सप्तक अंक के आधार पर 'भरत' शीर्षक से कविता लिखी है। हम सब जानते हैं कि इस देश का भरत के नाम पर ही भारतवर्ष नाम पड़ा है। वह भारतवर्ष का गौरव है। कवि देश-प्रेम की भावना से अनुप्राणित होकर इतिहास-पुरुष भरत के गौरवशाली व्यक्तित्व का अंकन करता है। जिस तरह 'अभिज्ञान शाकुन्तल' का भरत शिशु सिंह के दाँत गिनता है, उसी तरह प्रसाद का भरत भी कहता है :

गोल, गोल मुख सिंह बाल, मैं देखकर,
गिन लूँगा तेरे दाँतों को हैं भले
देखूँ तो कैसे यह कुटिल कठोर हैं।

इसी क्रम में अगली कविता 'शिल्प सौन्दर्य' शीर्षक से है। 'भरत' की भाँति यह भी अतुकान्त छंद में विरचित है। कवि भारतवर्ष के अनन्त रमणीय शिल्प-सौष्ठव का निर्वचन करता है। वह एक सार्वभौम-शाश्वत सत्य की प्रतिष्ठा करते हुए लिखता है कि धार्मिक कट्टरता कभी-कभी अनेक अनिष्ट कर जाती है। आततायी आलमगीर ने आर्य मन्दिरों को खुदवाकर उनके शिल्प सौन्दर्य को मटियामेट कर दिया था। फलतः मुगल साम्राज्य के बालू की दीवार भी ढह जाती है। कवि यह

स्थापित करता है कि क्रूरता को वीरता नहीं माना जा सकता है। आक्रान्ताओं की धार्मिक कट्टरता ने अनेक सुन्दर ग्रंथों को नष्ट करने के साथ-साथ विज्ञान, शिल्प, कला, साहित्य और वास्तुकला का भी भयावह नुकसान किया है। बावजूद इसके भारत के ध्वंस शिल्प करुण वेश में भी अपने गौरव को छिपाए हुए हैं। 'कुरुक्षेत्र' में श्रीकृष्ण के जीवन चरित, गीता के उपदेश तथा महाभारत के युद्ध का चित्रांकन हुआ है। 'वीर बालक' कविता में भी धर्मांधता की निस्सारता बतलाई गई है। कवि सिक्ख बालक जोरावर सिंह तथा फतेह सिंह के स्वाभिमान तथा अस्मिता-बोध का चित्रण करता है। कवि स्पष्ट करता है कि दोनों वीर बालक दीवार में चुने जाने के बावजूद इस्लाम स्वीकार नहीं करते। यह अपनी आन-बान और शान पर मर मिटने का अभूतपूर्व दृष्टान्त है। इसमें भी अतुकान्त छंद के साथ-साथ अद्‌भुत उपमानों का प्रयोग हुआ है। इस तरह प्रसाद की आरम्भिक काव्य उनमें निहित विराट सम्भावना का उन्मेष है जिसकी चरम उपलब्धि 'कामायनी' है।

छायावाद का घोषणा-पत्र : झरना

जयशंकर प्रसाद कृत 'झरना' (1918) पहली उल्लेखनीय काव्य-कृति है जिसमें छायावाद के अधिकांश अभिलक्षण उपलब्ध होते हैं। यह प्रसाद के छायावादी गीतों एवं प्रगीतात्मक की प्रयोगशाला है। इससे प्रसाद के कवि रूप की एक पहचान सुनिश्चित होती है। छायावाद आधुनिक हिन्दी कविता का श्रेष्ठतम काव्यांदोलन है। इस दौर में गुण और परिमाण, दोनों ही दृष्टियों से अतिशय उत्कृष्ट तथा विपुल काव्य-रचना हुई है। इसकी श्रेष्ठता को लक्षित करके ही इसे आधुनिक हिन्दी कविता का 'स्वर्ण युग' तक कहा गया है। इस तरह के शब्द-बंध का प्रयोग उसके कालजयी महत्त्व को स्वतः रेखांकित करता है। कुछ वर्ष पूर्व समूचे देश में छायावाद का शताब्दी वर्ष मनाया गया और ऐसा प्रतीत हुआ कि शायद उसके प्रति एक नई समझ विकसित हो। आखिर क्या कारण है कि आचार्य रामचन्द्र शुक्ल से लेकर नामवर सिंह तथा सूर्यप्रसाद दीक्षित तक सैकड़ों आलोचकों ने छायावाद का स्वरूप-विश्लेषण करने का प्रयास किया परन्तु वे भी उसका वस्तुनिष्ठ एवं समग्र मूल्यांकन नहीं कर सके। हमारे पूर्ववर्ती आलोचकों ने छायावाद के सन्दर्भ में क्या लिखा है, मैं यहाँ उसे पुनः उद्धृत करने से बच रहा हूँ। क्योंकि हिन्दी के अधिकांश पाठक उन स्थापनाओं से परिचित हैं। ऐसी स्थिति में मेरे लिए श्रेयस्कर यही होगा कि मैं स्वयं को उसके पुनर्पाठ के नये प्रतिमान तक सीमित रखूँ। मेरा मानना है कि आचार्य रामचन्द्र शुक्ल में ही वह प्रतिभा थी जो छायावाद के निहितार्थ का विरहस्यीकरण कर सकती थी। लेकिन वे जब छायावाद पर अपनी अवधारणा निर्मित करते हैं तब तक छायावाद की श्रेष्ठतम रचनाएँ नहीं आई थीं। वे छायावाद के समापन के उपरान्त इतने लम्बे समय तक जीवित नहीं रहे कि स्वयं अपनी स्थापनाओं का पुनरीक्षण कर सकें। मेरा आज भी दृढ़-विश्वास है कि यदि आचार्य शुक्ल जैसा काव्य का सहृदय एवं मर्मज्ञ आलोचक दीर्घायु प्राप्त करता तो वह देर-सबेर छायावाद पर दुबारा अवश्य दृष्टिपात करता। खैर, छोड़िए, जो नहीं हो सका, उस पर विमर्श का कोई मतलब नहीं है।

छायावादी कविता में ही आधुनिकता के सारे अभिलक्षण उपलब्ध होते हैं। हम ऐतिहासिक क्रम में भले ही भारतेन्दु एवं द्विवेदी-युग की कविता को आधुनिक काल में रखते हैं परन्तु वह पूरी तरह से मध्यकालीनता से मुक्त होकर आधुनिक नहीं बन

सकी है। यदि हम आधुनिकता के अभिलक्षणों में वैयक्तिकता, विवेकवाद अथवा ज्ञानोदय, मुक्ति, अमूर्तीकरण, भविष्यवाद, पर्यावरणवाद, राष्ट्रवाद, नवजागरण, नूतन अभिव्यंजना शैली तथा धर्मनिरपेक्षीकरण को मानें तो ये सारी विशेषताएँ छायावादी कविता में भरपूर मिल जाएँगी। अतः यह सही मायने में आधुनिक कविता है। मेरा मानना है कि तिथियाँ बदलने से शताब्दियाँ नहीं बदलतीं। उनकी मूलभूत प्रवृत्तियाँ आगे-पीछे परिवर्तित होती हैं। इसलिए बीसवीं सदी भी अपनी सम्पूर्णता में छायावाद के साथ ही आती है द्विवेदी-युग प्रवृत्ति के धरातल पर उन्नीसवीं शताब्दी की प्रवृत्तियों का ही विस्तार है। इस दृष्टि से भी छायावाद का स्वाधीन व्यक्तित्व है। उसका सुनिश्चित बोध है। ऐसा माना जाता है कि जो मरुभूमि में जन्मे, काँटों में पले तो भी अपने स्वाभाविक गुणों को न छोड़े, वह राजा होगा। गुलाब इसीलिए फूलों का राजा है। छायावादी काव्य का उद्‌भव भी स्वाधीनता-आन्दोलन के कठिन संघर्ष के दिनों की मरुभूमि में हुआ तथा वह घोर विरोधी आलोचकों तथा प्रतिकूल परिवेश के काँटों में पला, फिर भी वह काव्य के सार्वभौम-शाश्वत प्रतिमानों की प्रतिष्ठा तथा कालजयी कृतियों के सृजन का आधार बना। अतः उसका महत्त्व किसी राजा से कम नहीं है। इस काव्यांदोलन के प्रवर्तन का श्रेय पं. मुकुटधर पांडेय को भले ही दिया जाता हो परन्तु उसे व्यवस्थित रूप देने का श्रेय महाकवि जयशंकर प्रसाद को ही है। जब हिन्दी के आलोचक छायावाद को समग्रता में परिभाषित करने में असफल रहे तो स्वयं छायावादी कवियों ने उस पर लिखा। इस दृष्टि से जयशंकर प्रसाद का 'छायावाद' शीर्षक निबन्ध विशेष रूप से उल्लेखनीय है। उन्होंने छायावाद की परिभाषा देते हुए लिखा : "मोती के भीतर छाया की जैसी तरलता होती है, वैसे ही कान्ति की तरलता अंग में लावण्य कही जाती है। इस लावण्य को संस्कृत साहित्य में छाया और विच्छित्ति के द्वारा कुछ लोगों ने निरूपित किया था। छंद और अर्थ की स्वाभाविक वक्रता विच्छित्ति और छाया कान्ति का सृजन करती है।" प्रसाद जी स्वयं अपनी कविताओं में इस परिभाषा का निकष तैयार करते हैं। इस दृष्टि से उन्होंने कमलावती एवं श्रद्धा के सौन्दर्य-चित्रण में इस 'कान्ति' का अद्‌भुत प्रयोग किया है। इसके अलावा 'आँसू' में उन्होंने नायिका के सौन्दर्य-चित्रण में लावण्य का जो बिम्ब निर्मित किया है, वह सचमुच अतुल्य है। वे लिखते हैं :

चंचला स्नान कर आवे चन्द्रिका पर्व में जैसी।
उस पावन तन की शोभा आलोक मधुर थी ऐसी।

कहने का आशय यह है कि छायावादी कवियों को ही उसे व्याख्यायित करने के लिए भी मैदान में उतरना पड़ा जो इस बात का सबूत है कि उस समय के आलोचक उसे पूर्णतः समझने में असमर्थ थे।

छायावादी कविता जटिल, बहुस्तरीय, वैविध्यपूर्ण, बहुलार्थी एवं अनेक रेखीय है। उसका सामान्यीकरण सम्भव नहीं है। उसे किसी निश्चित पारिभाषिक दायरे में रखने से उसका कोई न कोई पक्ष अवश्य छूट जाता है। इस दृष्टि से उसे अपरिभाषेय कहना ज़्यादा समीचीन होगा। लेकिन आलोचना की वैज्ञानिकता का तकाज़ा यह भी है कि उसे पारिभाषित किया जाए। मेरी दृष्टि में छायावाद दो विश्वयुद्ध के बीच की कविता है जो संतप्त एवं निराश मनुष्यता में ऊर्जा तथा रस का संचार करने के लिए युगानुरूप भाषा-शैली में प्रस्तुत हुई। इसमें ईश्वर की तरह ही अन्तर्निहित और परात्पर अर्थात् ब्रह्मांडव्यापी विषयों पर नूतन बोध की कल्पनात्मक छवियों से परिपूर्ण लाक्षणिक शैली में बहुविध-बहुरंगी कविताओं की सृष्टि हुई। छायावादी कवि जब साहित्य के क्षेत्र में प्रवेश करते हैं तो उनके समक्ष उन्नीसवीं सदी की उर्दू कविता, अंग्रेज़ी की स्वच्छंदतावादी और प्रतीकवादी कविता तथा बंगला कवि, विशेष रूप से रवीन्द्रनाथ टैगोर, चुनौती की तरह उपस्थित थे। अतः इन कवियों के समक्ष हिन्दी कविता को विश्वस्तरीय बनाने की चुनौती थी। उन्हें स्वयं को कथित कवियों की समकक्षता तथा श्रेष्ठता में पहुँचाने की चुनौती थी जिसे प्रसाद, निराला, पंत, महादेवी ने जाने-अनजाने ही स्वीकार भी किया। उसे उपलब्धियों के उस शिखर तक पहुँचाया जिसके बारे में स्वयं जयशंकर प्रसाद ने लिखा था कि 'जिसके आगे राह नहीं।'

प्रसाद जी अन्तर्दृष्टि और विश्व-संदृष्टि-सम्पन्न कवि हैं जिनका काव्य-विकास समूचे आधुनिक हिन्दी काव्य की विकास-यात्रा का सार-संक्षेप जैसा है। आप 'झरना' संकलन की कविताओं में नूतन भावाभिव्यक्ति के लिए न केवल खड़ी बोली हिन्दी के मानक रूप का समर्थ अनुप्रयोग करते हैं अपितु उसे लक्षणा-व्यंजना और उपचार वक्रता से सुसज्जित भी करते हैं। यहाँ कवि का प्रेम लौकिक और अलौकिक के बीच के अन्तराल को मिटा देता है। वह प्राकृतिक बिम्बों के सहारे अपनी रागपरक रहस्य-चेतना को निश्चित आयाम एवं आकार प्रदान करता है। यहाँ कवि लौकिक और अलौकिक प्रेम को समरस बना देता है। 'झरना' के छह वर्ष पूर्व ही रवीन्द्रनाथ टैगोर की 'गीतांजलि' प्रकाशित हुई थी। प्रसाद की काव्य-चेतना में इन छह वर्षों का विकास भी परिलक्षित होता है जिसे 'झरना' के समर्पण द्वारा समझा जा सकता है :

हृदय ही तुम्हें दान कर दिया। क्षुद्र था उसने गर्व किया॥
तुम्हें पाया अगाध गम्भीर। कहाँ जल बिन्दु, कहाँ निधि नीर॥
हमारा कहो न अब क्या रहा? तुम्हारा सब कब का हो रहा॥
तुम्हें अर्पण, और वस्तु त्वदीय? छीन लो छीन ममत्व मदीय॥

यहाँ प्रसाद के प्रेम की भावनात्मक गहराई ही उन्हें परम्परागत और विशेष रूप से द्विवेदी-युगीन कवियों से अलग करती है। इसमें 'तुम्हें' और 'तुम्हारा' शब्द

जितना परम तत्त्व का संकेतक है, उतना ही प्रेमास्पद का। अब नूतन भावधारा की कविता में अभिव्यक्त प्रेम आलम्बन की लौकिकता-अलौकिकता पर निर्भर न होकर प्रेम भाव की उत्कटता और अनुभूति की तीव्रता की व्यंजक है। यह बड़े बदलाव का सूचक है क्योंकि अब स्वयं कविता के केन्द्र में मनुष्य आ गया है। प्रसाद जी इसी मानवीय प्रेम के अप्रतिम चित्रकार हैं। यहाँ प्रसाद जी की मूल संवेदना और काव्य-दृष्टि जातीय अस्मिता-बोध तथा वैयक्तिक चेतना-बोध के अन्तर्विधान के रूप में चित्रित हुई है। यहाँ 'प्रेम पथिक' का आदर्शवादी प्रेम अपने सहज, समुज्ज्वल, स्वाभाविक, सजीव और मांसल रूप में उपस्थित हुआ है। फलस्वरूप इस संकलन की कविताओं में निर्झर के समान स्वच्छंदता है जो प्राकृतिक उपादानों के माध्यम से देशवासियों में स्वातंत्र्य-चेतना विकसित करने के प्रयास की अभिव्यक्ति भी है। यहाँ पर्वतीय नदी की भाँति उछलती-कूदती कवि भावनाओं में गति है, जीवन की त्वरा और आवेग है। कवि की परिष्कृत कल्पना, संवेदनगत गहनता, उपमाओं की नवीनता, भावनात्मक सरसता यहाँ एक नूतन भाव-बोध और सौन्दर्यशास्त्रीय प्रतिमानों की प्रतिष्ठा करती आभासित होती है। कवि प्रकृति के मानवीकरण द्वारा पारम्परिक सौन्दर्य-चित्रण को नवीनता एवं गति प्रदान करता है। वह किरण से कह उठता है :

किरण! तुम क्यों बिखरी हो आज, रँगी हो तुम किसके अनुराग।
स्वर्ण सरसिज किंजल्क समान, उड़ाती हो परमाणु पराग।
धरा पर झुकी प्रार्थना सदृश, मधुर मुरली-सी फिर भी मौन
किसी अज्ञात विश्व की विकल वेदना दूती-सी तुम कौन?

× × ×

चपल! ठहरो कुछ लोग विश्राम, चल चुकी हो पथ शून्य अनन्त
सुमन मन्दिर के खोलो द्वार, जगे फिर सोया वहाँ वसन्त॥

इस तरह कवि किरण को जीवित सत्ता मानकर जो संवाद करता है, वह प्रकृति से उसके नूतन परिचय का प्रमाण है। प्रकृति में सौन्दर्य, मुक्ति, स्वच्छंदता और विराटता है, यह बोध कवि को मन की सहज वृत्तियों के आदेश पर प्राप्त होता है। यहाँ यह भी चिन्तनीय है कि छायावादी कवियों के प्रकृति प्रेम के उन्मेष में डॉ. जगदीश चन्द्र बोस की स्थापनाओं का भी योगदान रहा है। डॉ. बोस ने प्रकृति को जीवित, चेतन और स्वतंत्र सत्ता के रूप में प्रमाणित किया जिससे नई पीढ़ी के कवियों को प्रकृति का एक नया परिचय प्राप्त हुआ। फलतः रवीन्द्रनाथ टैगोर से लेकर छायावादी कवियों तक एक नये प्रकृति-दर्शन का विकास हुआ। वे नये वैज्ञानिक अनुसंधानों के आलोक में प्रकृति के अदृश्य आयामों, उसके अनन्त रमणीय सौन्दर्य

और पल-पल परिवर्तित रूप को जानने तथा उसके रहस्यों के उद्घाटन के लिए व्यग्र हो उठे। यह व्यग्रता अपने सम्पूर्ण भाव-वैभव के साथ पहली बार 'झरना' संकलन की कविताओं में प्रकट हुई। जयशंकर प्रसाद अपने सम्पूर्ण साहित्य में भारत-बोध के साथ-साथ प्रकृति के सारे सम्भाव्य रूपों का कुशल चित्रांकन भी करते हैं। इनका सम्पूर्ण काव्य-साहित्य प्रकृति की नाना रूपात्मक छवियों का साक्षात् विग्रह है जो उन्हें अपारता की ओर ले जाता है।

प्रसाद जी इस संकलन की कविताओं में अज्ञात के प्रति जिज्ञासा का भाव भी प्रकट करते हैं। वे 'दीप' शीर्षक कविता में प्रकाश को सर्वव्यापक और अविनाशी बताते हैं। इनके अनुसार जीवन-स्रोत के किनारे जलता हुआ आत्मा का दीप कामना-वीचियों को राग-रंजित कर देता है। सृष्टि के नीरव एकान्त में इसका आलोक बिखरता है। इसमें सम्पूर्ण संसार समभागी है क्योंकि वह स्वयं अद्वैत है। यह दीप कभी बुझता नहीं और जीवन-स्रोत के बह जाने पर भी यह अनन्तकाल तक अपनी ज्योति विकीर्ण करता रहता है। रत्न को प्रतीक रूप में लेकर प्रसाद जी यहाँ आत्मा के आलोक की ओर संकेत करते हैं : 'चमक थी, न थी तड़प की झोंक, रहा केवल मधुर स्निग्धालोक।' प्रसाद जी उपनिषदों के अनुसार आत्मा को निर्लिप्त एवं निष्काम मानते हैं। वे मानसवासिनी आत्मा की लहर को शुद्ध मानते हैं। इस पर लिखी उदात्त पंक्तियों को निर्लिप्त होकर ही पढ़ा और समझा जा सकता है :

शुद्ध मानस की लहरी लोल पंक्तियाँ पावन लिखीं विचित्र।
छोड़ ममता पढ़ ले इसको यही है शुभ आदेश महान॥

यह भी प्रत्येय है कि प्रसाद जी उत्तरोत्तर जिस जटिल तथा संश्लिष्ट अनुभवों का चित्रण करते हैं, उसका आरम्भिक रूप 'झरना' की 'विषाद' कविता में देखा जा सकता है :

कौन प्रकृति के करुण काव्य-सा, वृक्ष-पत्र की मधु छाया में।
लिखा हुआ-सा अचल पड़ा है, अमृत सदृश नश्वर काया में॥
अखिल विश्व के कोलाहल से, दूर सुदूर निभृत निर्जन में।
गोधूली के मलयाचल में, कौन जंगली बैठा वन में॥
शिथिल पड़ी प्रत्यंचा किसकी, धनुष भग्न सब छिन्न जाल है।
वंशी नीरव पड़ी धूल में, वीणा का भी बुरा हाल है॥
किसके तममय अन्तर में, झिल्ली की झनकार हो रही।
स्मृति सन्नाटे से भर जाती, चपला ले विश्राम सो रही॥
किसके अन्तःकरण अजिर में, अखिल व्योम का लेकर मोती।
आँसू का बादल बन जाता, फिर तुषार की वर्षा होती॥

विषयशून्य किसकी चितवन है, ठहरी पलक अलक में आलस!
किसका यह सूखा सुहाग है, छिना हुआ किसका सारा रस॥
निर्झर कौन बहुत बल खाकर, बिलखाता ठुकराता फिरता।
खोज रहा है स्थान धरा में, अपने ही चरणों में गिरता॥
किसी हृदय का यह विषाद है, छेड़ो मत यह सुख का कण है।
उत्तेजित कर मत दौड़ाओ, करुणा का विश्रान्त चरण है॥

इस कविता में प्रसाद जी ने संध्या और विषाद को एक-दूसरे में अनुस्यूत कर दिया है। कवि विषाद क. चित्रण करते समय भी निर्जन कानन में बैठे खिन्नमना जंगली का बिम्ब उपस्थित किया है। प्रसाद जी जंगली के चित्रण के लिए प्रत्यंचा, धनुष, जाल, वंशी और वीणा का चित्रण किया है। वे झरने के प्रतीकात्मक बिम्ब और मानवीकरण द्वारा सचेतन झरनों के बिम्ब निर्मित करते हैं। इस तरह प्रसाद जी इस कविता के द्वारा वस्तु-रूप और अर्थ के अद्वैत को भी अभिव्यंजित कर देते हैं। यहाँ पहली बार अर्थ के स्तर अलग-अलग दिखने पर भी अन्तरावलम्बित हैं। यही इस कविता का सौन्दर्य है कि यहाँ अर्थ के भिन्न स्तर एक-दूसरे से टकराकर अपेक्षाकृत व्यापक अर्थ की सृष्टि करते हैं और स्वयं में विलीन हो जाते हैं। कवि यहाँ जीवन के सत्य को भी खोजता है। वह यह संकेतित करता है कि जीवन का झंझावात अभी भी पूर्णतः शान्त नहीं हुआ है किन्तु ज्वार उतरने लगा है। कवि अपनी संवेदना को सुन्दर चित्रों द्वारा प्रस्तुत करता है। इस संकलन की कविताएँ दार्शनिक धरातल पर सौन्दर्यपरक प्रतिबिम्बवाद की कोटि में आती हैं। प्रसाद के कवि का दार्शनिक और चिन्तक रूप यहाँ खुलकर सामने आ गया है। आप ईश्वर के पूर्ण परात्पर और निर्गुण-निर्लेप रूप के उपासक हैं। फलस्वरूप राम को दाशरथि रूप में देखकर भी उन्हें ज्ञानानुमान से परे आत्म-रमणशील निर्गुण ब्रह्म के रूप में चित्रित किया है। आप लिखते हैं :

जीवन जगत के, विकास विश्व वेद के हो,
परम प्रकाश हो, स्वयं ही पूर्ण काम हो।
विधि के विरोध हो, निषेध की व्यवस्था तुम
खेद भय रहित, अभेद अभिराम हो।
कारण तुम्हीं थे, अब कर्म हो रहे हो तुम्हीं,
धर्म कृषि मर्म के नवीन घनश्याम हो।
रमणीय आप महामोदमय धाम तो भी,
रोम-रोम रम रहे कैसे तुम राम हो।
बुद्धि के, विवेक के, या ज्ञान, अनुमान के भी
आए जो पतंग तुम्हें देखने जले गए;

बलिहारी माधुरी अनन्त कमनीयता की
रूपवाले लोटने को पैरों के तले गए।

'झरना' संकलन में कुल 50 कविताएँ संगृहीत हैं जो लगभग इतने ही विषयों पर प्रकृति, जीवन और अनन्त सत्ता का उदात्त भाव चेतना के रूप में चित्रण है। यहाँ सारी कविताओं का विश्लेषण सम्भव नहीं है। अतः 'झरना' कविता, जिस शीर्षक के आधार पर संकलन का नामकरण हुआ है, उसका विश्लेषण करना समीचीन होगा। कवि झरना के नैसर्गिक चित्र के माध्यम से अपने हृदय के तीव्र संवेगों का भी अद्‌भुत संश्लेषण करता है। वह लिखता है :

मधुर हैं स्रोत मधुर हैं लहरीन हैं उत्पात,
छटा हैं छहरी मनोहर झरना।
कठिन गिरि कहाँ विदारित करना बात कुछ छिपी हुई हैं गहरी
मधुर हैं स्रोत मधुर हैं लहरी
कल्पनातीत काल की घटना
हृदय को लगी अचानक रटना देखकर झरना।
प्रथम वर्षा से इसका भरना
स्मरण हो रहा शैल का कटना कल्पनातीत काल की घटना
कर गई प्लावित तन मन सारा
एक दिन तब अपांग की धारा हृदय से झरना—
बह चला, जैसे गजल ढरना।
प्रणय वन्या ने किया पसारा
कर गई प्लावित तन मन सारा
प्रेम की पवित्र परछाईं में
लालसा हरित विटप झाँईं में
बह चला झरना।
तापमय जीवन शीतल करना
सत्य यह तेरी सुघराई में
प्रेम की पवित्र परछाईं में।

इस प्रकार स्पष्ट है कि प्रसाद जी 'झरना' संकलन की कविताओं के माध्यम से छायावाद को एक निश्चित आयाम और आकार प्रदान करते हैं। इस संकलन की कविताओं में छायावादी कविता की अधिकांश विशेषताएँ और उसका सम्पूर्ण अन्तर्जगत अभिव्यक्ति पाता है। इसमें छायावादी कल्पना-प्रवणता, विश्व-मानवतावाद, मुक्ति का स्वप्न, आत्मवेदना का लोकवेदना में रूपान्तरण और प्रकृति के प्रति

रागपरक रहस्य चेतना का रूपायन युगानुरूप भाषा-शैली एवं क्लासिकी शिल्प में हुआ है। इस दृष्टि से यदि हम 'झरना' को छायावाद का घोषणा-पत्र कहें तो कोई अत्युक्ति न होगी। इस दृष्टि से प्रस्तुत संकलन का ऐतिहासिक महत्त्व है। इसका पुनर्पाठ सौ वर्ष बाद एक अनिवार्य माँग है।

आँसू : एक पुनर्पाठ

महाकवि जयशंकर प्रसाद आधुनिक काल के ऐसे रचनाकार हैं जिनका संवेदना-जगत अतिशय व्यापक और गहरा है। इनका वैयक्तिक जीवन सुख-दुख की आँखमिचौली खेलते हुए इनकी संवेदनाग्राही तंत्रिका को इतना तीव्र, गत्यात्मक और सबल बना देता है कि वह कवि मन की निगूढ़ अन्तर्वृत्तियों के साथ उसके समय, समाज एवं विश्व-जीवन का उसमें संश्लेषण कर लेती है। फलस्वरूप उनका अन्तर्जगत और निजी जीवन जन्मजात संस्कारों के अलावा बाह्य विश्व-जीवन को अन्तर्भुक्त कर लेता है। अत: उनका निजी जीवन भी प्रकारान्तर से तत्कालीन विश्व-जीवन बन जाता है। यही कारण है कि प्रसाद जी अपने संवेदनात्मक अनुभव तथा गहन चिन्तन से जिस निष्कर्ष तक पहुँचते हैं, वह उनके मनोजगत का अविच्छिन्न अंग बन जाता है। अपनी जीवनानुभूति को काव्यानुभूति में रूपान्तरित करने के लिए जिस विराट प्रतिभा की आवश्यकता होती है, वह प्रसाद जी को नैसर्गिक रूप से प्राप्त थी। इस सन्दर्भ में मुक्तिबोध का कथन निश्चित रूप से चिन्तनीय बन पड़ा है : "वे अपने काल के विश्व-जीवन के प्रति जाग्रत थे—इतने कि उस विश्व जीवन के सन्दर्भ में उनका चिन्तन निरन्तर सक्रिय था। यह आकस्मिक बात नहीं है कि जो व्यक्ति ऐतिहासिक नाटक लिखता हो, वह अपने युग के प्रति अवधानपूर्ण भी रहता हो। मैं यह कहने का लोभ संवरण नहीं कर सकता कि प्रसाद जी प्रथम विश्वयुद्ध के कुछ पूर्व से लेकर द्वितीय विश्वयुद्ध (के पहले) तक चलनेवाली उन विचारधाराओं से भी पूर्णत: अवगत थे जो विचारधाराएँ पश्चिमी दुनिया में चलीं और वहाँ से हमारे यहाँ आईं। (प्रसाद जी मार्क्सवाद से अनभिज्ञ जान पड़ते हैं, किन्तु प्लेटो तथा हेगेल के राज-दर्शन तथा दर्शन से अवगत प्रतीत होते हैं।) संक्षेप में, प्रसाद का मन अन्तर्जीवन तथा बाह्य जीवन के प्रति समान रूप से संवेदनशील था, और उनका मन अन्तर्जीवन और बाह्य-जीवन-जगत की स्वानुभूत समस्याओं को लेकर भटकता फिरता था। हाँ, प्रसाद की संवेदना इतनी तीव्र थी कि वह स्वयं उनके लिए एक समस्या हो उठती थी। प्रसाद जी में बहुत गहन समस्यानुभूति है, इसीलिए उनकी बुद्धि विश्लेषण-प्रधान है। प्रतीत होता है कि इन संवेदनाओं की आत्यन्तिक तीव्रता के कारण, उन्हें समस्या रूप में धारण करके, प्रसाद जी ने

उनपर चिन्तन किया। उनका काव्य मात्र प्रतिक्रिया नहीं है, भावुक संवेदनात्मक चिन्तन है। उनके प्रत्येक संवेदन में चिन्तन के कण विद्यमान हैं। जीवनानुभवों के विकास के साथ-साथ ज्यों-ज्यों ज्ञान और चिन्तन का विकास होता गया, ज्यों-त्यों चिन्तन में एक दार्शनिक भाव-व्यवस्था उत्पन्न होती गई। प्रसाद जी के पास अपना एक निजी दर्शन है और उस दर्शन के भीतर एक व्यवस्था है। उनका दर्शन केवल दृष्टिकोण नहीं है, सिर्फ़ एक रुख नहीं है वरन् एक व्यवस्था है। यह व्यवस्था उन्होंने अपनी अनुभवात्मक खोज से पाई है।"[1] कहना न होगा कि 'आँसू' और 'कामायनी' में उनका यह जीवन-दर्शन सम्पूर्ण भाव-वैभव और संवेदनात्मक औदात्य के साथ प्रकट हुआ है।

इसमें सन्देह नहीं कि 'आँसू' कवि संवेदनाओं की आत्यन्तिक तीव्रता का काव्य है। अनुभूति की इतनी तीव्रता हिन्दी की किसी अन्य कविता में नहीं मिलती। यह आलोचना की नैतिकता का तकाजा है कि 1925 ई. में जिस 'आँसू' का प्रथम संस्करण आया था और उसके अन्तर्विधान के सौ वर्ष पूरे होने जा रहे हैं तब हम इसका व्यापक पुनर्पाठ तैयार करें। यह पुनर्पाठ प्रसाद के अन्तर्बाह्य जीवन और विश्व-जीवन की स्वानुभूत समस्याओं की सापेक्षता में ही सम्भव है। अत: अब इस बात पर भी विमर्श होना चाहिए कि जो महाकवि अपने विश्व-जीवन के प्रति इतना सचेष्ट रहा है वह क्या 'आँसू' जैसी काव्यकृति का प्रणयन केवल वैयक्तिक वेदना की फलश्रुति के रूप में करेगा? शायद नहीं। अत: अब ज़रूरत इस बात की है कि हम इस तथ्य का भी संधान करें कि 'आँसू' के सृजन की मनोभूमि का प्रथम विश्वयुद्ध की विभीषिका और उससे उत्पन्न सामाजिक-राजनीतिक-आर्थिक संकटों से कितनी प्रेरित एवं प्रभावित है। वस्तुत: प्रथम विश्वयुद्ध की परिणति भयावह नरसंहार और विश्वव्यापी आर्थिक मन्दी में हुई। इसका एकमात्र सकारात्मक पक्ष यही था कि समूचे यूरोप से राजतंत्र और सामंतशाही का लगभग विनाश हो गया और लोकतांत्रिक गणराज्यों की स्थापना का मार्ग प्रशस्त हुआ। परन्तु शीघ्र ही सोवियत संघ में सम्पन्न हुई सर्वहारा वर्ग की बोल्शेविक क्रान्ति ने लोकतंत्र के विकास की सम्भावनाओं पर कुठाराघात कर दिया। चूँकि यह व्यवस्था सर्वहारा के अधिनायक-तंत्र के आदर्श से अनुप्राणित थी, अत: लोकतंत्र और व्यक्ति-स्वातंत्र्य के विरोध में जाती थी। फलस्वरूप इटली में भी मुसोलिनी जैसे तानाशाह का अभ्युदय हुआ जिसकी परिणति से समूचा विश्व परिचित है। कदाचित् इसी स्थिति को ध्यान में रखकर प्रसाद जी ने 'दुख-दग्ध जगत' जैसे पदबंध का प्रयोग किया। इसमें सन्देह नहीं कि प्रसाद का मन प्रथम विश्वयुद्ध की भयावह परिणति तथा समूची मनुष्यता को दहला देनेवाली स्थिति से उन्मथित था। फलस्वरूप 'आँसू' जैसी रचना के प्रणयन में तत्कालीन विश्व-जीवन के त्रासद सन्दर्भों की अनदेखी नहीं की जा सकती। आख़िर, प्रसाद जैसा कवि 'विश्व-वेदना, जगती की सजग व्यथा, विश्व-मन्दिर और विश्व सदन' जैसे शब्दों का प्रयोग अनायास

तो नहीं करेगा। यह सर्वविदित है कि प्रथम विश्वयुद्ध में और उसके बाद स्पैनिश लू महामारी से करोड़ों लोग मारे गए थे। प्रथम विश्वयुद्ध के दौरान 74000 भारतीय सैनिक भी शहीद हुए थे जिन्हें अंग्रेजी सत्ता ने जबरन मोर्चे पर भेज दिया था। इस दौरान आततायी साम्राज्यवादी सत्ता ने जलियांवाला बाग जैसा जघन्य हत्याकांड भी किया था। तदुपरान्त आई वैश्विक महामन्दी ने सम्पूर्ण विश्व-जीवन को गहराइयों तक प्रभावित किया। यह सम्भव है कि प्रसाद के वैयक्तिक जीवन में प्रियजनों के बिछोह की त्रासद घटनाएँ, स्वाधीनता-आन्दोलन पर दमनात्मक कार्रवाई और उस समय के विश्व-जीवन की भयावह घटनाएँ तीव्र संवेदनात्मक प्रतिक्रिया के कारण परस्पर घुल-मिल मिल गई हों जो उनके अन्तर्विधान का मेरुदंड है। यही कारण है कि 'आँसू' व्यक्तिगत वेदना, लोकवेदना और विश्ववेदना का संश्लिष्ट चित्र है। यह प्रसाद की पुंजीभूत वेदना का बेहद प्रगल्भ चित्रण है। ऐसा करके हम अनेक रेखीय निष्कर्ष प्राप्त कर सकते हैं। यह बहुलार्थता ही 'आँसू' के सर्जनात्मक पाठ-वितान को सम्पूर्ण हिन्दी काव्य साहित्य में एक विशिष्ट गौरव प्रदान करता है। यदि हम 'आँसू' पर आचार्य रामचन्द्र शुक्ल की प्राथमिक टिप्पणी का विश्लेषण करें तो भी इस बात के संकेत मिल जाते हैं। वे लिखते हैं : "'आँसू' वास्तव में हैं तो श्रृंगारी विप्रलंभ के, जिनमें अतीत संयोग सुख की खिन्न स्मृतियाँ रह-रहकर झलक मारती हैं, पर जहाँ प्रेमी की मादकता की बेसुधी में प्रियतम नीचे से ऊपर आते और संज्ञा की दशा में चले जाते हैं, जहाँ हृदय की तरंगें 'उस अनन्त कोने को नहलाने चलती हैं, वहाँ वे आँसू उस अज्ञात प्रियतम' के लिए बहते जान पड़ते हैं। फिर जहाँ कवि यह देखने लगता है कि ऊपर तो :

अवकाश असीम सुखों से आकाशतरंग बनाता,
हँसता सा छायापथ में नक्षत्र समाज दिखाता।

पर :

नीचे विपुला धरणी है दुखभार वहन सी करती।
अपने खारे आँसू से करुणासागर को भरती॥

और इस 'चिर दग्ध दुखी' वसुधा को, इस निर्मम जगती को, अपनी प्रेमवेदना की कल्याणी शीतल ज्वाला का मंगलमय उजाला देना चाहता है, वहाँ वे आँसू लोकपीड़ा पर करुणा के आँसू-से जान पड़ते हैं। पर वहीं पर जब हम कवि की दृष्टि अपनी सदा जगती हुई अखंड ज्वाला की प्रभविष्णुता पर इस प्रकार जमी पाते हैं कि 'हे मेरी ज्वाला!' :

तेरे प्रकाश में चेतन संसार वेदनावाला।
मेरे समीप होता है पाकर कुछ करुण उजाला॥

तब ज्वाला या प्रेम-वेदना की अतिरंजित और दुरारूढ़ भावना ही—जो शृंगार की पुरानी रूढ़ि है—रह जाती है। कहने का तात्पर्य यह है कि वेदना की कोई एक निर्दिष्ट भूमि न होने से सारी पुस्तक का कोई एक समन्वित प्रभाव नहीं निष्पन्न होता।"[2] इस तरह आचार्य शुक्ल यह स्पष्ट कर देते हैं : "'आँसू' में वेदना की कोई एक भूमि निर्दिष्ट नहीं है। यही कारण है कि हिन्दी आलोचना ने सबसे अधिक बौद्धिक व्यायाम आँसू के आलम्बन के अनुसंधान पर किया है। इस प्रयास में भिन्न-भिन्न की प्रकृति वाले आलोचकों ने प्रसाद की पहली पत्नी से लेकर उनकी प्रेयसी तक के दूरारूढ़ सूत्र को ढूँढ़ने का यत्न किया है। आचार्य नन्ददुलारे वाजपेयी ने 'आँसू' को कवि के जीवन की वास्तविक प्रयोगशाला का आविष्कार मानते हुए लिखा है कि 'आँसू' में कवि निःसंकोच भाव से विलास-जीवन का वैभव दिखाता, फिर उसके अभाव में आँसू बहाता और अन्त में जीवन से समझौता करता है। विलास में जो मद, जो विराट आकर्षण है, उसे कवि उतने ही विराट रूपकों और उपमानों से प्रकट करता है। उसके अभाव में जो वेदना है, वही 'आँसू' बनकर निकली है। इसे आप कवि का आत्म-स्वीकार मान सकते हैं, जिससे बढ़कर काव्योपयोगी वस्तु दूसरी है ही नहीं। यह कहने से क्या लाभ कि यह वियोग किसी परोक्ष सत्ता के प्रति है जब प्रत्यक्ष जीवन का यह वियोग अधिक मार्मिक और अधिक सत्य है। जब कवि किसी अत्यन्त आवश्यक सांसारिक समस्या पर अपने अन्तरतम की बातें कह रहा है, तब उसे उसी रूप में न ग्रहण कर हम न अपने प्रति न्याय कर सकते हैं, न कविता के प्रति। 'आँसू' में छायावाद कहाँ है? उसके वियोग-वर्णन में? नहीं, वह तो साक्षात् मानवीय है। क्या उसकी सम्मिलन-स्मृति में? नहीं, वह तो कवि की साहसपूर्ण आत्माभिव्यक्ति है। हिन्दी में जब किसी के पास इतनी शक्ति नहीं थी कि वह इस तरह की बातें कहे, तब प्रसाद जी ने उन्हें कहा। यह साहस और कवि की संवेदना स्वतः ही काव्य को आध्यात्मिक ऊँचाइयों पर ले गई है।"[3] इसमें सन्देह नहीं है कि प्रसाद जी ने जिस साहस और आत्मप्रसार के उदात्त भाव के साथ अपने प्रेम के ऐकान्तिक सन्दर्भों तथा उसके वियोग से उत्पन्न मानसिक वेदना का अप्रतिम चित्रण किया है, वह सहृदय पाठक के लिए रमणीय वस्तु है। हम 'आँसू' के लौकिक आलम्बन के आधार पर ही इस अनन्त रमणीय काव्यात्मक चित्रण का आनन्द उठा सकते हैं। अनेक विद्वानों ने इस लौकिक आलम्बन को अपने-अपने ढंग से चिह्नित करने का उपक्रम किया है जिनमें श्री रामनाथ सुमन का अभिमत सत्य के अधिक निकट प्रतीत होता है। इन्होंने 'आँसू' के मूल उत्स पर विचार करते हुए लिखा है : "मैं लिख चुका हूँ कि प्रसाद अपनी प्रथम पत्नी को बहुत चाहते थे। उनको पाकर वे पूर्ण सन्तुष्ट थे। अपने संघर्षमय जीवन में इस पत्नी के कारण उन्होंने आश्वासन प्राप्त किया। ये सुदर्शना, विदुषी तथा समझदार थीं। उनसे प्रसाद का पूर्ण मतैक्य था। उन्हीं को लेकर प्रसाद ने अपनी कल्पना-सृष्टि सजाई थी। इसलिए उनके मरने पर प्रसाद

बड़े बेहाल हो गए थे। उनका मन कहीं न लगता था। सदा उन्हीं की बात सोचा करते थे। एकान्त में रहने लगे थे गुमसुम। उन्होंने पत्नी को बचाने के लिए बड़ी दौड़-धूप की थी, काफी चिकित्सा-व्यवस्था की थी, परन्तु उन्हें राजयक्ष्मा हो गया था। उस जमाने में राजयक्ष्मा सबसे भयंकर और प्राय: असाध्य माना जाता था। प्राणवायु सेवन के लिए उन्हें पिशाचमोचन के पास एक बाग में रखा गया था, किन्तु अन्त में सब निष्फल हुआ। इस वज्रपात से प्रसाद बिलकुल श्रीहत हो गए और उनका लिखना-पढ़ना सब छूट गया, ऐसा आघात था वह।" इसके आगे वे लिखते हैं : "मैथिलीशरण गुप्त प्राय: प्रतिवर्ष राय कृष्णदास के यहाँ आकर कई-कई दिनों तक रहते थे। वे प्रसाद के भी अन्यतम मित्र थे। जब वे काशी आए तो प्रसाद से मिलने गए उनकी दुरवस्था देख बड़े दुखी हुए और आश्वासन देते हुए बोले—तुम कवि हो, पत्नी-वियोग में इस प्रकार रोते और आँसू बहाते हो? जानते हो, कवि के अश्रुबिन्दु कितने मूल्यवान होते हैं? फिर तुम्हारे आँसू बहाने से तुम्हारी प्रियतमा की आत्मा भी अशान्त होकर भटकती रहेगी, उसे शान्ति नहीं मिलेगी।"[4] इसके उपरान्त प्रसाद जी अपनी संचित एवं घनीभूत वेदना को आँसू के रूप में पिघला देते हैं जिससे वह लोकवेदना तथा विश्ववेदना के अन्तरीपों का भी संस्पर्श कर लेती है। उसे सीमाहीन और कालातीत बना देती है। फलत: हम आत्मवेदना, लोकवेदना और विश्ववेदना के संश्लिष्ट एवं जटिल अन्तर्विधान द्वारा भली भाँति रेखांकित कर सकते हैं। आचार्य रामचन्द्र शुक्ल ने स्वयं ही इसके लोकवेदना वाले पक्ष का भी निर्वचन किया है। वे लिखते हैं : "पर अलग-अलग लेने पर उक्तियों के भीतर बड़ी ही रंजनकारी कल्पना, व्यंजक चित्रों का बड़ा ही अनूठा विन्यास, भावनाओं की अत्यन्त सुकुमार योजना मिलती है।" प्रसाद जी की यह पहली काव्य-रचना है जिसने बहुत लोगों को आकर्षित किया। अभिव्यंजना की प्रगल्भता और विचित्रता के भीतर प्रेमवेदना की दिव्य विभूति का, विश्व में उसके मंगलमय प्रभाव का, सुख और दुख—दोनों को अपनाने की उसकी अपार शक्ति का और उसकी छाया में सौन्दर्य और मंगल का भी आभास पाया जाता है। 'नियतिवाद' और 'दुखवाद' का विषण्ण स्वर भी सुनाई पड़ता है। इस चेतना को दूर हटाकर मदतन्द्रा, स्वप्न और असंज्ञा की दशा का आह्वान रहस्यवाद की एक स्वीकृत विधि है। इस विधि का पालन 'आँसू' से लेकर 'कामायनी' तक हुआ है। अपने लिए नहीं, उजाले में हाथ-पैर मारनेवाली 'चिर-दग्ध दुखी वसुधा' के लिए भी यही नींद लानेवाली दवा लेकर आने को कवि निशा से कहता है :

चिर-दग्ध दुखी यह वसुधा आलोक माँगती तब भी।
तुम तुहिन बरस दो कन कन, यह पगली सोए अब भी॥

चेतना की शान्ति या विस्मृति की दशा में ही 'कल्याण की वर्षा' होती है, मिलन-सुख प्राप्त होता है। अत: उसके लिए रात्रि की भावना को बढ़ाकर प्रसाद

जी महारात्रि तक ले गए हैं, जो सृष्टि और प्रलय का सन्धिकाल है, जिसमें सारे नाम-रूपों का लय हो जाता है :

चेतना लहर न उठेगी जीवन समुद्र थिर होगा।
संध्या हो सर्ग प्रलय की विच्छेद मिलन फिर होगा॥ [5]

इस तरह आचार्य शुक्ल स्वयं ही 'आँसू' में विद्यमान लोकवेदना, दार्शनिक वैभव, रागपरक रहस्य चेतना तथा कलात्मक बुनावट का विश्लेषण कर देते हैं। 'आँसू' इसी अर्थ में विशिष्ट काव्य है कि यह आत्मवेदना का लोकवेदना तथा विश्ववेदना में रूपान्तरण कर देता है जिससे लोकमंगलपरक विश्ववेदना का शिवरूप प्रस्तुत हो जाता है। यह बहुलार्थता ही 'आँसू' का प्राण है। कवि आरम्भ में ही प्रिय-वियोग के कारण अन्तरतम में उठनेवाले वेदना के सागर का चित्रण करता है। वह अपने जीवन के सुखद सर्ग का स्मरण करता है जो अब वेदना का महाकाव्य बन गया है। इस काल के स्मृति की लघु लहरें भी मानस को झकझोर देती हैं :

इस करुणा कलित हृदय में अब विकल रागिनी बजती।
क्यों हाहाकार स्वरों में वेदना असीम गरजती॥

वह प्रश्नाकुल है परन्तु उसके प्रश्नों का उत्तर नहीं मिलता बल्कि उसकी प्रतिध्वनि ही शून्य क्षितिज से टकराकर लौट आती है। कवि इन अतीत-स्मृतियों को महामिलन के अवशेष के रूप में याद करता है। अनेक अभिलाषाएँ जाग-जागकर सो जाती हैं। वे मन में करवट बदलती हैं और सुप्त व्यथा जाग उठती है। वह उस कहानी के विषय में सोचता है :

मादक थी मोहमयी थी मन बहलाने की क्रीड़ा।
अब हृदय हिला देती है वह मधुर प्रेम की पीड़ा॥

इसके उपरान्त कवि यह भी स्पष्ट करता है कि किसी के पास भी उसकी करुण कहानी सुनने के लिए समय नहीं है—विशेष रूप से वे लोग, जो अपने सुख में बेसुध हैं और जिनकी व्यथा अभी सुषुप्त है। कवि रो-रोकर जिनके समक्ष अपनी करुण-कथा सुनाता है, वे जाने-अनजाने सुमन नोचते परिलक्षित होते हैं। वह 'आँसू' की वैज्ञानिक परिभाषा देते हुए अत्यन्त लाक्षणिक पदावली में अपनी प्रियतमा के नश्वर शरीर त्याग देने के बाद अपनी त्रासद मनःस्थिति का चित्रण करता है। वह लिखता है :

अवकाश भला है किसको, सुनने को करुण कथाएँ।
बेसुध जो अपने सुख से जिनकी हैं सुप्त व्यथाएँ॥

जो घनीभूत पीड़ा थी मस्तक में स्मृति-सी छाई।
दुर्दिन में आँसू बनकर वह आज बरसने आई॥
मेरे क्रन्दन में बजती क्या वीणा, जो सुनते हो।
धागों से इन आँसू के निज करुणापट बुनते हो॥
रो-रोकर सिसक-सिसक कर कहता मैं करुण कहानी।
तुम सुमन नोचते सुनते करते जानी अनजानी॥
झंझा झकोर गर्जन था बिजली थी नीरद माला।
पाकर इस शून्य हृदय को इन सब ने आ डेरा डाला॥

कवि अपनी वैयक्तिक वेदना को विश्ववेदना में रूपान्तरित करके अपनी प्रेम-पीड़ा को चराचर जगत और प्राणिमात्र के प्रति घटित होनेवाली करुणा में सुपरिणत कर देता है जिससे आँसू को बुद्ध की करुणा का गौरव भी मिल जाता है। कवि जिस सर्जनात्मक कौशल के साथ आत्मवेदना को लोककल्याण और समष्टि के हित साधन हेतु सन्नद्ध करता है, वह इस काव्य को कलात्मक उत्कर्ष प्रदान करता है। इस सन्दर्भ में डॉ. सत्यप्रकाश मिश्र ने ठीक ही लिखा है : "आत्म-सांत्वना के कारण धीरे-धीरे वेदना सामान्यीकृत होते-होते सारे संसार के 'चिर-दग्ध दुखी' व्यक्तियों तक पहुँचकर 'लोक पीड़ा' का रूप धारण कर लेती है। स्वानुभूति की ज्वाला और संसार-व्याप्त दुख से लोगों को मुक्त करने की आकांक्षा 'आँसू' की करुणा को बुद्ध की करुणा में रूपान्तरित कर देती है।...भीतर और बाहर के हाहाकार का यह तादात्म्य 'आँसू' को अत्यन्त महत्त्वपूर्ण रचना बनाता है।"[6] कवि का प्रिय इस मिथ्या जग में 'चिर सत्य और चिर सुन्दर' है। वह कवि के कल्याण-कलित मार्ग में जीवनसंगी बनकर आया है :

तुम सत्य रहे चिरसुन्दर मेरे इस मिथ्या जग के।
थे केवल जीवनसंगी कल्याण-कलित इस मग के॥

कवि अपनी प्रेयसी के अनन्त रमणीय सौन्दर्य का भी स्मरण करता है। यहाँ परम्परागत शिख-नख-वर्णन में नवीन उपमानों, उत्प्रेक्षाओं और बिम्बों की जो मालिका निर्मित की है, वह अन्यत्र दुर्लभ है :

माना कि रूप सीमा है सुन्दर! तव चिर यौवन में।
पर समा गये थे, मेरे मन के निस्सीम गगन में॥
लावण्य शैल राई-सा जिस पर वारी बलिहारी।
उस कमनीयता कला की सुषमा थी प्यारी-प्यारी॥
बाँधा था विधु को किसने इन काली जंजीरों से।
मणि वाले फणियों का मुख क्यों भरा हुआ हीरों से?

काली आँखों में कितनी यौवन के मद की लाली?
मानिक मदिरा से भर दी किसने नीलम की प्याली?
तिर रही अतृप्ति जलधि में नीलम की नाव निराली।
कालापानी वेला-सी हैं अंजन रेखा काली॥
अंकित कर क्षितिज पटी को तूलिका बरौनी तेरी।
कितने घायल हृदयों की बन जाती चतुर चितेरी॥
कोमल कपोल पाली में सीधी सी स्मित रेखा।
जानेगा वही कुटिलता जिसने भौं में बल देखा॥
विद्रुम सीपी सम्पुट में मोती के दाने कैसे।
हैं हंस न, शुक यह, फिर क्यों चुगने को मुक्ता ऐसे?
विकसित सरसिज वन-वैभव मधु-ऊषा के अंचल में।
उपहास करावे अपना जो हँसी देख ले पल में!!
मुख-कमल समीप सजे थे दो किसलय से पुरइन के।
जलबिन्दु सदृश ठहरे कब उन कानों में दुख किनके?
थी किस अनंग के धनु की वह शिथिल शिंजिनी दुहरी।
अलबेली बाहुलता या तनु छवि सर की नव लहरी?
चंचला स्नान कर आवे चन्द्रिका पर्व में जैसी।
उस पावन तन की शोभा आलोक मधुर थी ऐसी!!

कवि इस अनन्त रमणीय सौन्दर्य के प्रेम में गहराइयों तक डूबा हुआ था। कवि ने मुख के लिए विधु और कमल, बालों के लिए जंजीर और सर्प, होंठों के लिए विद्रुम सीपी सम्पुट, दाँतों के लिए मोती के दानों का तथा नासिका के लिए शुक के अप्रस्तुत को जिस काव्यात्मक कौशल के साथ चित्रित किया है, वह अत्यन्त मोहक है। यहाँ कवि के अतिशय प्रबल और शक्तिशाली संवेग जिस तीव्रता एवं रमणीयता के साथ कविता में आकारित हुए हैं, वह सम्पूर्ण हिन्दी काव्य-साहित्य के लिए अपूर्व उपलब्धि है। प्रसाद जी जिस अशरीरी, तरल और स्पंदनशील सौन्दर्य-चित्रण के लिए जाने जाते हैं, उसका भी 'आँसू' में अत्यन्त भव्य चित्रण हुआ है। वे लिखते हैं :

जिसमें इतराई फिरती नारी निसर्ग सुन्दरता।
छलकी पड़ती हो जिसमें शिशु की उर्मिल निर्मलता॥
आँखों का निधि वह मुख हो अवगुंठन नील गगन-सा।
यह शिथिल हृदय ही मेरा खुल जावे स्वयं मगन-सा॥

कवि प्रसाद यहाँ नारी के मुख के नैसर्गिक सौन्दर्य और उस पर झलकनेवाली हृदय की निश्छलता को अंकित करते हैं। इनके अनुसार अवगुंठन भी नीले गगन

के समान है जिसमें वर्ण के साथ ही उसकी निर्मलता का भी प्रकटन हो जाता है। यह प्रसाद की कला-चातुरी का प्रकर्ष है। प्रसाद जिस प्रेम और सौन्दर्य के अप्रतिम चित्रकार के रूप में जाने जाते हैं, उसे उक्त पंक्तियों में बखूबी देखा जा सकता है। कवि का विश्वास अपनी प्रेयसी के प्रति बेहद घना था। उसके प्रेम में समर्पण और सचाई थी परन्तु नियति ने उस जादूगरनी को छीन लिया। कवि उसके दारुण वियोग का शिकार हो गया :

छलना थी, तब भी मेरा उसमें विश्वास घना था।
उस माया की छाया में कुछ सच्चा स्वयं बना था॥

कवि को विश्वास है कि वह काल के अनन्त प्रवाह और इस सीमाहीन ब्रह्मांड में कभी-न-कभी अपनी प्रेयसी से अवश्य टकराएगा। वह एक बड़े वैज्ञानिक तथ्य को प्रकट करते हुए कहता है :

चमकूँगा धूल कणों में सौरभ हो उड़ जाऊँगा।
पाऊँगा तुम्हें कहीं तो ग्रह पथ में टकराऊँगा॥

यह वैज्ञानिक सत्य है कि ब्रह्मांड और पृथ्वी में जहाँ कहीं भी जीवन है, वह सब तारों की धूल से है। वैज्ञानिकों के मुताबिक यही धूल ब्रह्मांड में जीवन को फैलाती है। ब्रह्मांड में फैले धूल के गुबार के साथ जैविक कण भी पृथ्वी पर आए होंगे और इन्हीं की बदौलत धरती पर जिन्दगी ने जन्म लिया होगा। यू.के. की एडिनबरा यूनिवर्सिटी के वैज्ञानिकों की टीम इसी नतीजे पर पहुँच रही है। वैज्ञानिकों के मुताबिक ब्रह्मांड में मौजूद धूल लगातार पृथ्वी के वायुमंडल में घुसने की कोशिश करती है। वैज्ञानिक इसे लगातार होनेवाली बमबारी कहते हैं। रिसर्चरों को लगता है कि धूल के इसी प्रसार के चलते दूसरे ग्रहों तक भी जीवन पहुँच सकता है। शोध टीम में शामिल एक भारतीय वैज्ञानिक प्रोफ़ेसर अर्जुन बेरेरा कहते हैं : "जिस मात्रा में ब्रह्मांड की धूल टकराती है, उससे ऑर्गेनिज्म्स बहुत ही लम्बी दूरी तक दूसरे ग्रहों तक यात्रा करने लग सकते हैं। इससे जीवन और ग्रहों के वायुमंडल के जन्म के बारे में दिलचस्प नजरिया पैदा होता है।" प्रोफ़ेसर बेरेरा के मुताबिक ब्रह्मांड में मौजूद सभी तारा मंडलों में धूल मौजूद है और शायद जीवन के पीछे एक साझा कारण भी है। 'रिसर्च एस्ट्रोबॉयोलॉजिकल' पत्रिका में छपी है। अब तक समझा जाता था कि जीवन की उत्पत्ति किसी बड़ी टक्कर से हुई होगी। लेकिन एडिनबरा यूनिवर्सिटी का शोध दूसरा नज़रिया पेश कर रहा है। हम उक्त पंक्तियों का सम्बन्ध ब्रह्मांडीय जीवन-प्रक्रिया से लेकर अन्तरिक्ष और नक्षत्र युद्ध तक से जोड़ सकते हैं। यह प्रसाद जैसे वैज्ञानिक दृष्टि-सम्पन्न द्रष्टा कवि द्वारा ही सम्भव है।

इसी क्रम में प्रसाद जी यह प्रतिपादित करते हैं कि मानव जीवन की नियति यही है कि वह अपने सुख-दुख को सहन करता हुआ सदैव गतिमान रहे। यह क्रूर संसार उस पर कभी दयार्द्र नहीं होगा। वह कहता है :

दुख-सुख में उठता-गिरता, संसार तिरोहित होगा।
मुड़कर न कभी देखेगा किसका हित अनहित होगा॥

प्रसाद जी की विकल वेदना चौदहों भुवन में घूम आई है पर वह सुख कहीं दिखाई नहीं पड़ा। फलस्वरूप कवि इस निष्कर्ष पर पहुँचा है कि जीवन में विश्राम नहीं है :

वेदना विकल फिर आई मेरी चौदहों भुवन में।
सुख कहीं न दिया दिखाई विश्राम कहाँ जीवन में॥

प्रसाद जी का विकासमान और संघटित व्यक्तित्व उन्हें यह शक्ति देता है कि वे नियति-बोध और दुखवाद का अतिक्रमण करें क्योंकि जीवन रोते हुए नहीं बीत सकता। फलस्वरूप वे एक दार्शनिक कवि की भाँति वैयक्तिक वेदना को सहकर मनुष्यता के कल्याण की कामना करते हैं। वे अपनी वेदना को विश्वमंगल की विधायिनी बनाकर प्रस्तुत करते हैं। वे अपने दुखी हृदय में दुख-दग्ध जगत की पीड़ा देखते हुए अपनी वैयक्तिक पीड़ा को विस्मृति के गह्वर में छिपाने का यत्न करते हैं :

ताराओं की वे रातें कितने दिन कितनी घड़ियाँ।
विस्मृति में बीत गईं वे निर्मोह काल की कड़ियाँ॥

इन सबकी अपेक्षा मनुष्यता की वृहत्तर भाव-भूमि पर पहुँचते ही कवि की वेदना संसार के दुखों को देखकर करुणार्द्र हो जाती है। इस वेदना की दिव्य दृष्टि से कवि मानस कुमुदों का रोना और बौने जलधि का शशि को छूने के लिए ललचाना तथा हाहाकार मचाकर उठ-उठ कर गिर जाना देख लेता है :

देखा तुमने कब रुककर मानस कुमुदों का रोना।
शशिकिरणों का हँस हँसकर मोती मकरन्द पिरोना॥
देखा बौने जलनिधि का शशि छूने को ललचाना।
वह हाहाकार मचाना फिर उठ-उठकर गिर जाना॥

इस तरह कवि यह चित्रित करता है कि सागर की पागल लहरियाँ जब कलानिधि की असीमता को छूने का प्रयास करती हैं तो अन्ततः उन्हें हाहाकार मचाते हुए उठ-उठकर गिर जाना पड़ता है। कवि अभिशाप ताप की ज्वालाओं को मौन रहकर सहनेवाली शैल मालाओं की पीड़ा को भी देखता है। कवि का प्रणय

अपने ही अन्तस्तल में बसी पीड़ और वेदना का सृष्टिव्यापी संधान करता है। वह अनुभव करता है कि पृथ्वी का अणु-अणु और कण-कण किसी अनन्त सत्ता की स्नेह छाया के लिए मचल रहा है। एक क्षण का मिलन अनन्त विरह में परिणत हो गया है। इस सम्पूर्ण संसार में सर्वत्र वेदना का ही साम्राज्य है। यह सम्पूर्ण जगतीतल भूखा-प्यासा और चिर-वंचित है :

फिर उन निराश नयनों की जिनके आँसू सूखे हैं।
उस प्रलय दशा को देखा जो चिर वंचित भूखे हैं॥
सूखी सरिता की शय्या वसुधा की करुण कहानी।
कूलों में लीन न देखी क्या तुमने मेरी रानी॥

कवि वेदना के इस विश्वव्यापी मंगल विधान द्वारा 'स्व' से 'पर' और 'सर्व' तक की यात्रा करता है। अब वह विरह एवं वेदना के गीत न गाकर अपने आन्तरिक विषाद को विश्ववेदना में केन्द्रित कर देता है। यह आत्मवेदना का लोकवेदना और विश्ववेदना में रूपान्तरण का अनूठा प्रयोग है। अब कवि की घनीभूत वेदना जगत के ओर-छोर नाप लेती है। कवि लिखता है :

वह ज्वालामुखी जगत की वह विश्व वेदना बाला।
तब भी तुम सतत अकेली जलती हो मेरी ज्वाला॥

वह सदा सुहागिन अरुणा को मनुष्यता के सिर की रोली मानकर जीवन सागर में बड़वानल की भाँति सारा कलुष जलाकर स्वयं जलने का निर्देश देता है। वेदना के करुण क्रन्दन से प्रसाद जैसा महान कवि ही आशा, विश्वास और मंगलाशा का उजाला फैला सकता है। वे लिखते हैं :

इस व्यथित विश्व पतझड़ की तुम जलती हो मृदु होली।
हे अरुणे सदा सुहागिनि मानवता सिर की रोली॥
निर्मम जगती को तेरा मंगलमय मिले उजाला।
इस जलते हुए हृदय की कल्याणी शीतल ज्वाला॥

प्रसाद जी 'आँसू' के अन्त में प्रेम, संयोग जनित मादकता, अनन्त रमणीय सौन्दर्य की पूर्व स्मृति और सीमाहीन वेदना का संश्लेषण करते हुए केवल अपने ही नहीं अपितु सभी चिर वंचित भूखे प्राणियों के कल्याण की कामना करते हैं। वे इन आँसुओं को वरदान मानकर इस काव्य-कृति का उदात्त भाव-बोध में पर्यवसान करते हैं :

सबका निचोड़ लेकर तुम सुख से सूखे उपवन में।
बरसो तुषार हिमकण सा आँसू इस विश्व सदन में॥

सारांश यह है कि 'आँसू' प्रसाद के उदात्त भाव-बोध और प्रेम-वेदना का अप्रतिम काव्य है। इसमें कवि एक बिलखते हुए प्रेमी से ऊपर उठकर एक विश्वदृष्टि-सम्पन्न दार्शनिक कवि की तरह अपने दायित्व का निर्वाह करता है। यह प्रसाद की उज्ज्वल नव मानवता है जिसकी प्रतिष्ठा वे 'कामायनी' में विराट फलक पर करते हैं। कवि की विश्व-दृष्टि यहाँ एक निश्चित आयाम और आकार प्राप्त करती है। कवि जिस अन्तर्दृष्टि के साथ प्रेम और वेदना को आत्मप्रसार द्वारा विश्वव्यापी बना लेता है, वह श्रेय और प्रेय की चरम सिद्धि है। इस तरह 'आँसू' आधुनिक हिन्दी कविता की एक अनुपम उपलब्धि है। यह प्रसाद की विराट प्रतिभा और गहन संवेदना का एक अद्‌भुत कलात्मक विधान है। ऐसी काव्यकृतियाँ युगों-युगों के अनन्तर लिखी जाती हैं। 'कामायनी' की तरह 'आँसू' भी एक श्रेष्ठ और अप्रतिम काव्यात्मक उपलब्धि है जिस पर हिन्दी जगत सदैव गर्व करता रहेगा।

सन्दर्भ-सूची

1. कामायनी : एक पुनर्विचार—मुक्तिबोध, पृ. 147
2. हिन्दी साहित्य का इतिहास—रामचन्द्र शुक्ल, पृ. 540
3. जयशंकर प्रसाद—नन्ददुलारे वाजपेयी, पृ. 52
4. छायावाद मन्वन्तर के मनु—रामनाथ सुमन का लेख, कादम्बिनी, 1975
5. हिन्दी साहित्य का इतिहास—रामचन्द्र शुक्ल, पृ. 540
6. प्रसाद के सम्पूर्ण काव्य—सम्पा. डॉ. सत्य प्रकाश मिश्र, प्राक्कथन से

तरल सौन्दर्यबोध के प्रगीत और लम्बी कविताओं का औदात्य

महाकवि जयशंकर प्रसाद हर बड़े रचनाकार की भाँति अपने को कभी दुहराते नहीं हैं। वे अपनी बनाई हुई सीमाओं का भी लगातार अतिक्रमण करते हैं। प्रसाद का कवि व्यक्तित्व इस बात का साक्ष्य देता है कि मनुष्य की सम्भावनाओं की कोई सीमा नहीं है। आप अन्तर्दृष्टि और विश्व-संदृष्टि-सम्पन्न रचनाकार हैं और अन्त:प्रज्ञा के माध्यम से सत्य तक पहुँचने का उपक्रम करते हैं। इनका सांस्कृतिक व्यक्तित्व चेतना के धरातल पर निरन्तर विकासमान है और भारतवर्ष की गतिशील लोकोन्मुख परम्परा के सर्वोत्तम को आत्मसात् करता चला है। इस दृष्टि से 'लहर' संकलन के प्रगीत एवं लम्बी कविताएँ 'कामायनी' पूर्व इनकी श्रेष्ठतम काव्यात्मक उपलब्धि हैं। यहाँ प्रसाद का संवेदन जितना गहरा है, उतना ही ऊँचा प्रयास इतिहास के अन्तर्सूत्रों की तलाश द्वारा साहित्य को सांस्कृतिक धरातल प्रदान करने का है। पहली बार 'लहर' का प्रकाशन 1933 ई. में हुआ। इसमें कुल 33 गीतियाँ और 4 ऐतिहासिक पृष्ठभूमि पर लिखी गई लम्बी कविताएँ संगृहीत हैं। यह संकलन एक चिन्तनशील कलाकार के श्रेष्ठतम प्रगीतों तथा क्लासिकी ताने-बाने में बुनी गई लम्बी कविताओं के उत्कर्ष का संग्रथन है। इसमें अन्तर्वस्तु की दृष्टि से प्रेमपरक, सौन्दर्यपरक, जागरणपरक, करुणामूलक और ऐतिहासिक सन्दर्भों पर गीत-प्रगीत एवं लम्बी कविताएँ संगृहीत हैं। यहाँ 'आँसू' का उद्दाम आवेग अपेक्षाकृत संयत, सन्तुलित और गम्भीर हो गया है। कवि प्रेम और सौन्दर्य के अप्रतिम चित्रण द्वारा अपने जीवन-दर्शन को भी एक निश्चित आयाम और आकार देता चला है। इस संकलन का पहला प्रगीत 'लहर' पर है जिसके आधार पर संकलन का नामकरण हुआ है। प्रसाद जी अपने काव्य में बिम्बों, प्रतीकों और रूपकों का जो वैभव खड़ा करते हैं, वह अद्वितीय है। इन्होंने जलीय बिम्ब के अन्तर्गत समुद्र, सरिता, झरना और लहर का बिम्ब निर्मित किया है। कवि के मन में लहर के प्रति विशिष्ट आकर्षण है। उसका स्पंदन और उठने-गिरने की लयपूर्ण क्रिया कवि मन में विचित्र थिरकन उत्पन्न कर देती है। कवि लिखता है :

उठ उठ री लघु लघु लोल लहर!
करुणा की नव अँगराई-सी,
मलयानिल की परछाईं-सी,
इस सूखे तट पर छिटक छहर!

× × ×

उठ-उठ गिर-गिर फिर-फिर आती।
नर्तित पद-चिह्न बना जाती,
सिकता की रेखाएँ उभार—
भर जाती अपनी तरल-सिहर![1]

यहाँ कवि ने अपने सर्जनात्मक कौशल द्वारा उठ-उठ, लघु-लघु, गिर-गिर की पुनरावृत्ति द्वारा लहर की लघुता और उसके बार-बार उठने-गिरने की क्रिया के साथ ही उसकी चंचलता को मूर्तिमान कर दिया है। कवि कल्पना करता है कि किनारे पर सिहरन-भरी लहर आकर बालू में जो लहरदार रेखाएँ बन जाती हैं, वे मानो नृत्य के दौरान बने हुए पदचिह्न हैं। प्रसाद जी सिकता में उभरी हुई रेखाओं को साकार करके लहर के बिम्ब की दृश्य-संवेदना को और भी प्रवर्द्धित कर दिया है। कवि इस संकलन की दूसरी गीति में अपनी प्रेयसी के सूक्ष्म सौन्दर्यबोध और उसके प्रति उत्कट प्रेम की मानवीय कोमलता को उजागर करता है। यहाँ कवि अपने प्रेम को सामाजिक-सांस्कृतिक और साहित्यिक स्वीकृति दिलाने के प्रयास में एक गहरे तनाव से भी गुजरता है। वह कह उठता है :

निज अलकों के अन्धकार में तुम कैसे छिप आओगे?
इतना सजग कुतूहल! ठहरो यह न कभी बन पाओगे।
आह, चूम लूँ जिन चरणों को चाँप-चाँप कर उन्हें नहीं
दुख दो इतना अरे अरुणिमा ऊषा-सी वह उधर बही।

इस तरह कवि अपनी प्रियतमा के चरणों के प्रति अपने प्रबल आकर्षण को व्याकुल भाव से कह देता है। प्रसाद जी जिस अनन्त रमणीय सौन्दर्य के भोक्ता रहे हैं और जो उनके सम्पूर्ण साहित्य में बार-बार झलक मारता है, वह यहाँ भी प्रकट हुआ है। कवि अपनी प्रेयसी की उँगलियों को 'किरण उँगलियाँ' कहकर प्रकृति के मानवीकरण और सादृश्य-विधान द्वारा अपनी प्रियतमा के अद्वितीय सूक्ष्म सौन्दर्य का जो भावांकन करता है, वह सचमुच अतुल्य है। वह लिखता है :

देख न लूँ इतनी ही तो है इच्छा? लो सिर झुका हुआ।
कोमल किरण उँगलियों से ढँक दोगे यह दृग खुला हुआ।

इसमें कवि धार्मिक-नैतिक और सामाजिक मर्यादा के दबाव में एक-दूसरे की

पहचान छिपाने के लिए विवश हो जाता है। फलतः छायावाद जिस अमूर्तीकरण के लिए प्रसिद्ध है, उसका रहस्यात्मक अनुप्रयोग करने के लिए कवि विवश हो जाता है। वह अतिशय व्याकुल भाव से लिखता है :

फिर कह दोगे, पहचानो तो मैं हूँ कौन बताओ तो।
किन्तु उन्हीं अधरों से, पहले उनकी हँसी दबाओ तो।
सिहर भरे निज शिथिल मृदुल अंचल को अधरों से पकड़ो
बेला बीच चली है चंचल बाहु-लता से आ जकड़ो।
तुम हो कौन और मैं क्या हूँ? इसमें क्या है धरा सुनो।
मानस जलधि रहे चिर चुम्बित मेरे क्षितिज उदार बनो।[2]

मेरा मानना है कि यह विशुद्ध रहस्यवाद नहीं है। यहाँ कवि की आत्मप्रसार की भावना अधिक प्रभावी बनकर प्रकट हुई है। इसके पीछे कवि की गहरी संवेदना और नैसर्गिक जीवन की आकांक्षा है। प्रेम स्वयं में भावनात्मक और मानसिक तनाव का कारण होता है और जब सामाजिक एवं नैतिक मर्यादा अत्यधिक कठोर हो तो प्रसाद जैसे उदात्त प्रेमी के लिए चुनौती और भी कठिन हो जाती है। ऐसी स्थिति में प्रसाद का कवि अपने आन्तरिक तनाव का अतिक्रमण करने के लिए विश्व-संदृष्टि और विश्व-बोध का आश्रय लेता है। वे अपने प्रेम को विश्व-व्याप्ति प्रदान करके स्वयं को आन्तरिक तनाव से ऊपर उठा लेते हैं।

इसी क्रम में अगले गीत के रूप में 'हंस' के आत्मकथांक में प्रकाशित प्रसाद की आत्मकथा आती है जो उनके आन्तरिक जीवन के कोमलतम पक्षों, प्रेम के ऐकान्तिक सन्दर्भों और साहसिक अभिव्यक्ति का परिचायक है। यह कविता रहस्यवाद का अतिक्रमण करते हुए कवि के निजी, लौकिक एवं ऐकान्तिक प्रेम का अत्यन्त सूक्ष्म, सांकेतिक और भावनात्मक चित्रण करती है। प्रसाद जी एक कुशल शब्द-शिल्पी और विधायक कलाकार की भाँति सांकेतिक भाषा एवं सार्थक बिम्बों द्वारा अपनी करुण गाथा को मूर्तिमान कर देते हैं। कवि अन्त में 'अभी समय भी नहीं थकी सोई है मेरी मौन व्यथा' कहकर अपनी वेदना को संयत करते हुए उसे अपेक्षित गम्भीरता, व्यापकता और समुज्ज्वल रूप देता है। प्रेम को उदात्त रूप देने का कवि का यह प्रयास विरल है। यह अत्यन्त संक्षिप्त किन्तु हिन्दी की श्रेष्ठतम आत्मकथाओं में से एक है। चूँकि इस गीति पर अन्यत्र भी चर्चा हुई है, अतः हम आगे बढ़ते हैं।

इसके बाद 'अरी वरुणा की शान्त कछार! तपस्वी के विराग की प्यार!' नामक कविता द्वारा प्रसाद जी भारतवर्ष की आध्यात्मिक ज्ञान-परम्परा का एक अध्याय प्रस्तुत कर देते हैं। कवि स्मरण करता है कि किस तरह महात्मा बुद्ध इसके तट पर पहुँचकर मनुष्यता के हित में अपना उपदेश देते हैं। प्रस्तुत कविता बौद्ध धर्म के

विस्तार के प्रति प्रसाद जी की पुनर्जागरण चेतना को व्यंजित करते हैं। इस कविता में कवि अतीत के माध्यम से भारतीय आध्यात्मिक विस्तार का चित्रण करता है। वह महात्मा बुद्ध की धार्मिक यात्रा के बारे में लिखता है कि किस प्रकार काशी में स्थित वरुणा नदी के तट से भगवान बुद्ध ने धर्म और ज्ञान का प्रचार-प्रसार आरम्भ किया। इसे अपने व्यापक लक्ष्य का प्रस्थान बिन्दु बनाया। इसी तरह जब उनके द्वारा प्रस्तावित ज्ञान का विस्तार होने लगा तो अन्य लोग धर्म और ज्ञान की तलाश में प्रभाववश उस तट पर अपनी सारी मोह-माया छोड़कर वैराग्य जीवन स्वीकारने हेतु बुद्ध से जुड़ने लगे। वे सब बौद्ध भिक्षु कहलाए। कवि के अनुसार; किसी समय जो चहल-पहल काशी में वरुणा के तट पर थी, वह अब शान्त है। पहले तट पर उपदेश 'लोक धर्म ज्ञान के संवाद की अनुगूँज' उठती रहती थी, अब वह गूँज पहले की तुलना में कम हो गई है। यह कवि की हार्दिक इच्छा है कि वरुणा नदी के तट पर धर्म और ज्ञान की चहल-पहल पूर्ववत् हो जाए। वह फिर से उस वैराग्य और आध्यात्मिक गूँज की चहल-पहल से अनुप्राणित हो जाए। कवि मनुष्यता के कल्याण हेतु उस गौरवपूर्ण अतीत को पुनर्जीवित करना चाहता है। वह अन्त में कामना करता है कि उस उपदेश की प्रतिध्वनि दिग-दिगंत में दुबारा गूँज उठे और वरुणा का पावन तट दुबारा विश्ववाणी का विहार-स्थल बने।

इसी क्रम में प्रसाद का कदाचित् सबसे विवादास्पद और कुचर्चित प्रगीत 'ले चल वहाँ भुलावा देकर, मेरे नाविक धीरे-धीरे' आता है। इस गीत की हिन्दी आलोचना ने सर्वाधिक विपथित व्याख्या करके प्रसाद और छायावाद का सम्बन्ध पलायनवाद से जोड़ा है, जबकि इस गीत में कवि पलायन-बोध का नहीं बल्कि प्रकृति-प्रेम और उसके साथ सन्तुलन की अवस्था में रहने की आकांक्षा व्यक्त करता है। कवि इस दुख-दग्ध जगत के कोलाहल-कलह से विक्षुब्ध होकर लिखता है :

जिस निर्जन में सागर लहरी, अम्बर के कानों में गहरी—
निश्छल प्रेम कथा कहती हो, तज कोलाहल की अपनी रे।
जहाँ साँझ सी जीवन छाया, ढीले अपनी कोमल काया,
नील नयन से ढुलकाती हो, ताराओं की पाँति घनी रे।
जिस गम्भीर मधुर छाया में, विश्व चित्र पट चल माया में—
विभुता विभु-सी पड़े दिखाई, दुख-सुख वाली सत्य बनी रे।
श्रम-विश्राम क्षितिज बेला से, जहाँ सृजन करते मेला से—
अमर जागरण उषा नयन से—बिखराती हो ज्योति घनी रे।[3]

कहना न होगा कि यह गीति प्रसाद जैसे आत्मलीन भागवत समाधि के कवि की एकान्तप्रियता का परिचायक है। प्रसाद अन्तर्मुखी प्रवृत्तियों के गहरे रचनाकार हैं। आप वैश्विक जीवन के तमाम अनुभव सन्दर्भों को भी अपनी गहन संवेदना के

रंग में रँगकर प्रस्तुत करते हैं। आपके यहाँ दर्शन और तमाम चिन्तन सूत्र काव्य-सम्पत्ति बन जाते हैं। इनके यहाँ कविता बहती है। वह स्वत:स्फूर्त ढंग से आती है। यहाँ प्रसाद जी रूसो के उस कथन से भी सहमत जान पड़ते हैं जब उसने कहा था : "प्रकृति की ओर लौट चलो। समाज में विकृति है, प्रकृति में सौन्दर्य; समाज बाँधता है और प्रकृति मुक्त करती है। विवेक के बन्धनों का परित्याग कर मन की सहज वृत्तियों के आदेश पर जीवन व्यतीत करना रूसो के मत से अधिक प्रकृत और अनुकूल है।"[4] प्रसाद जी इस गीत में पलायन के बजाय प्रकृति के स्वर्गीय परिवेश में आत्मपरिष्करण करने का विकल्प रखते हैं। कवि के लिए प्रकृति मांगलिकता का शाश्वत प्रतीक है। कवि अन्तर्बाह्य प्रकृति में सामंजस्य स्थापित करने के लिए भी प्रकृति के ऐकान्तिक परिवेश में कुछ समय बिताना चाहता है जिससे वह पुनः ऊर्जा ग्रहण कर इस दुख-दग्ध जगत के तमाम संघर्षों का सामना कर सके। यह आज की पिकनिक संस्कृति वाले भली भाँति जानते हैं। आख़िर जो कवि अपने आन्तरिक और बाह्य संघर्षों तथा नियति के क्रूर-विधान का सबसे अधिक शिकार रहा हो, यदि वह प्रकृति के मध्य अपनी ऊर्जा एवं मानसिक स्वास्थ्य को पुनः प्राप्त करना चाहता है तो इसमें गलत क्या है? जो कवि 'तप नहीं केवल जीवन सत्य' का प्रतिष्ठाता हो, उसे आप पलायनवादी कैसे कह सकते हैं? आख़िर, छायावाद जिस सांकेतिक अभिव्यक्ति के लिए जाना जाता है, वही तो इस गीत में भी है। यहाँ कवि ईश्वर को नाविक के रूप में चित्रित करते हुए कहता है कि हे ईश्वर! मेरे जीवन की नैया को धीरे धीरे इस सागर की लहरों से दूर ले चलें। मुझे एक ऐसी जगह ले चलें जहाँ सत्य-प्रेम का आवास हो, जहाँ दूर-दूर तक कोई आवाज़ न हो और कानों में एक मधुर आवाज़ गूँजती रहे, मुझे एक ऐसी जगह ले चलें। साथ ही, जहाँ जीवन छाया के समान होकर कोमलता के भावरूप में हो और नेत्र आसमान के नीले रंग के समान शान्त हो जाएँ। वह आगे कहता है कि हे ईश्वर! मुझे एक ऐसी दुनिया में ले चलें, जहाँ माधुर्य का वातावरण हो; जहाँ सुख-दुख का सत्यात्मक परिवेश हो। इसके अलावा जहाँ श्रम में भी आनन्द की प्राप्ति हो जहाँ जागरूकता की ज्योति दिखाती हो। कवि इस जगत की सांसारिकता से ऊब चुका है। उसे संसार में कहीं भी कोई तालमेल व सामरस्य नहीं दिखाई दे रहा है। फलत: वह अपने जीवन को ईश्वर के हाथ में देकर वह इस सांसारिकता से मुक्ति की कामना करता है। इस तरह यह गीत विज्ञान और प्रौद्योगिकी की निस्पृह तटस्थता और वस्तुनिष्ठता में निहित हिंसा तथा आधुनिक सभ्यता के दौरान विकसित कोलाहल और कलह से बचने तथा प्रकृति के संसर्ग से अपने मानसिक सन्तुलन को बनाए रखने और उसे परिष्कृत-परिवर्द्धित करने के उद्‌देश्य को लेकर संकल्पित है। यह सर्वज्ञात है कि प्रसाद की ऋषि-दृष्टि प्रकृति के संसर्ग से खुलती है और जब वे स्वयं प्रकृति के मध्य रहकर अपने आन्तरिक तनाव से मुक्त होकर जीवन और जगत की चुनौतियों

के अनुरूप स्वयं को तैयार करना चाहते हैं तो हम इस गीत की विपथित व्याख्या क्यों करे? यह प्रकृति के प्रति कवि की गाढ़ी प्रीति का परिचायक गीत है। इसके माध्यम से प्रसाद जी अपने अन्तरंग-बहिरंग संघर्षों में मानसिक सन्तुलन बनाए रखने के लिए सौन्दर्यमयी मादक प्रकृति का सान्निध्य तलाशते हैं जो मनोवैज्ञानिक दृष्टि से भी आत्मबोध को विकसित करने का सही मार्ग है। यहाँ इस बात का भी ध्यान रखना होगा कि प्रसाद के लिए प्रकृति विश्वात्मा का प्रतिबिम्ब है, वह चैतन्यपूर्ण आत्मा का प्रकाशन है। वह मूल आनन्द की उच्छल शक्ति-तरंग होने के कारण अनुराग का विषय है। प्रसाद प्रकृति को मनुष्य की सहचरी और विराट सत्ता का प्रतिबिम्ब मानते हैं। यह मनोवैज्ञानिक सत्य भी है कि मानवीय जीवन की अनुकूल या प्रतिकूल स्थितियाँ ही मनुष्य को प्रकृति के निकट लाती हैं। प्रसाद जी प्रकृति के प्रति आत्मप्रसार एवं आत्मोन्नयन की भावना के कारण प्रकृति के प्रति गहरा आकर्षण प्रकट करते हैं।

इसके बाद कवि 1932 ई. में गंगासागर-यात्रा के दौरान स्टीमर पर बैठकर जो गीत लिखता है, वह आता है। वह समुद्र का अत्यन्त प्रभावशाली चित्र खींचते हुए लिखता है :

हे सागर संगम अरुण नील!
अतलान्त महा गम्भीर जलधि—
तजकर अपनी यह नियत अवधि,
लहरों के भीषण हासों में
आकर खारे उच्छ्‌वासों में
बन्धन को देता जहाँ ढील।
हे सागर संगम अरुण नील।[5]

कवि कहता है कि नदियाँ व्याकुल भाव से दौड़ते हुए सागर के गले लग जाती हैं। समुद्र भी उनके स्वागत के लिए उच्छ्‌वसित हो आगे बढ़ता है। सागर की गहन नीलिमा, पिंगल किरणों से युक्त सान्ध्य बेला की अरुण आभा लिये अद्‌भुत रंग-सृष्टि करती है। कवि यहाँ प्रेम की तीव्रता एवं उन्मुक्तता व्यंजित करने के लिए 'लहरों के भीषण हास' का प्रयोग किया है। प्रसाद जी 'लहर' में प्रणय का अत्यन्त संयत, सुचिन्तित और गम्भीर रूप प्रस्तुत करते हैं। इस दृष्टि से 'आह रे अधीर यौवन, अब जागो जीवन के प्रभात, कितने दिन जीवन जलनिधि में, वे कुछ दिन कितने सुन्दर थे, मेरी आँखों की पुतली में, जग की सहज कालिमा रजनी में, अपने मुख चन्द्र दिखा जाओ, चिर तृषित कंठ से तृप्त-विधुर' जैसे उत्कृष्ट प्रणय गीत लहर में संकलित हैं। इन गीतों में प्रसाद की 'लिरिकल' संवेदना अपने प्रकर्ष पर पहुँची हुई है। कवि यहाँ अपनी प्रेम सम्बन्धी अवधारणा को भी प्रकट करता है।

उसका मानना है कि प्रेम में देना-ही-देना पड़ता है। उसमें कुछ पाने अथवा प्रतिदान की अपेक्षा रखना व्यर्थ है। कवि अपने विश्वबोध के बल पर प्रेम के जिस उदात्त स्वरूप का विश्लेषण करता है, वह प्रसाद जैसा विराट प्रतिभा-सम्पन्न सर्जक ही कर सकता है। वे लिखते हैं :

जीवन रजनी का अमल इन्दु न मिला स्वाती का एक बिन्दु।
जो हृदय सीप में मोती बन पूरा कर देता लक्षहार,
धीरे से वह उठता पुकार—मुझको न मिला रे कभी प्यार।
पागल रे! वह मिलता है कब उसको तो देते ही हैं सब
आँसू के कन, कन से गिरकर, यह विश्व लिये है ऋण उधार,
तू क्यों फिर उठता है पुकार? मुझको न मिला रे कभी प्यार।[6]

इस तरह प्रसाद जी अपने व्यापक दृष्टिकोण, उदात्त सौन्दर्यबोध और विश्वबोध के कारण प्रेम के अतिशय व्यापक, उत्कृष्ट एवं उदात्त रूप का चित्रण करते हैं। यह वर्तमान समय में 'वेलेंटाइन' दिवस मनानेवालों के समक्ष प्रेम का एक आदर्श प्रतिमान उपलब्ध कराता है। प्रसाद जी अपने प्रेम से प्राप्त वेदना के बखान के बजाय उसे मानस की अतल गहराइयों में सुषुप्त रखना चाहते हैं। वे प्रेम-वेदना को जागतिक दुख के प्रति करुणार्द्र बनाकर उसे विश्वात्मक बना देते हैं। उसका उदात्तीकरण कर देते हैं। इन गीतों में उदारता, विकलता, आत्मतोष, समर्पण, कामना, स्मृति, प्रतीक्षा और प्रेम एवं सौन्दर्य की मांगलिक अवधारणा अपने प्रशस्त रूप में प्रकट हुई है। कवि अप्रतिम सौन्दर्य को सामाजिक स्वीकृति दिलाता है। फलस्वरूप उसके परम निर्मल, पारदर्शी तथा मांगलिक रूप को प्रस्तुत करता है जो मनुष्य को सचेतन-सकर्मक करनेवाला है। वह अपने आलम्बन रूप में मानव-जाति के लिए वरदान-सदृश है।

जयशंकर प्रसाद राष्ट्रीय-सांस्कृतिक जागरण के कवि हैं। इस दृष्टि से उनके गीतों की अनेकार्थता विशेष रूप से उल्लेखनीय है। इन्होंने प्रकृति का अद्‍भुत रूपक गान 'बीती विभावरी जाग री!' के रूप में लिखा है। यह प्रकृति-चित्रण के द्वारा राष्ट्रीय जागरण का उद्‍भावक गीत है। यहाँ कवि प्रकृति-चित्रण और बौद्धिक ताप के संश्लेषण द्वारा सम्पूर्ण देश की चेतना को जगाने का उपक्रम करता है। कवि वस्तु-विधान के स्तर पर एकदम नवीन बिम्बों का सृजन करता है जिससे सम्पूर्ण गीत को एक विशिष्ट बहुआयामिता प्राप्त हो जाती है। वह लिखता है :

बीती विभावरी जाग री!
अम्बर पनघट में डुबो रही ताराघट ऊषा नागरी।
खगकुल कुल-कुल सा बोल रहा, किसलय का अंचल डोल रहा।

लो यह लतिका भी भर लाई—मधुर मुकुल नवल रस गागरी।
अधरों में राग अमन्द पिये, अलकों में मलयज बन्द किये—
तू अब तक सोई है आली, आँखों में भरे विहाग री।[7]

यहाँ कवि विभावरी का प्रयोग कालरात्रि के लिए करता है जो परतंत्रता की कालिमा और विलासिता के नक्षत्रों से घिरी हुई है। यह राष्ट्रीय और आध्यात्मिक जागरण का भी गीत है। इसमें अत्यन्त निगूढ़ व्यंजना है। यहाँ प्रसाद का सांस्कृतिक चैतन्य अपने सम्पूर्ण भाव-वैभव के साथ उपस्थित है। कवि अम्बर पनघट का प्रयोग इतिहास के प्रतीक रूप में करता है। विहाग आधी रात को गाया जानेवाला राग है। कवि 'अलकों में मलयज' तथा 'आँखों में भरे विहाग' जैसे असाधारण बिम्ब काव्य-संवेदना को सीमाहीन विस्तार देते हैं। कवि 'अलकों में बन्द मलयज' से केशों की सुगन्धि और नायिका के सौन्दर्य-सुकुमारता की व्यंजना होती है। साथ ही, इसके माध्यम से स्निग्धता, शीतलता एवं मादकता जैसी अनेक अर्थ-छवियाँ भी उद्‌भासित हो उठती हैं। यह अलकों की गंध का बिलकुल ताजा-टटका और अछूता बिम्ब है। यहाँ अलकों के सम्पर्क में ही मलयज का अत्यन्त मनोरम बिम्ब निर्मित हुआ है। इसी तरह कवि विहाग के अनुप्रयोग द्वारा रात्रिकालीन परिवेश, सांगीतिक प्रवाह और सहज-सलज्जता को परस्पर अनुस्यूत कर देता है। कवि उक्त बिम्ब द्वारा रात्रि जागरण, आलस्य-खुमारी एवं संगीत के मादक प्रभाव की अत्यन्त सघन व्यंजना की है। कवि यहाँ विहाग का अतिशय सूक्ष्म, सांकेतिक और सुन्दर बिम्ब प्रस्तुत करता है। कविता की ये पंक्तियाँ विभावरी बीतने पर लतिका मधुमुकुल की नवल रस-गागर भर लाती है, एक अनुपम प्राकृतिक दृश्य का चित्रण करती हैं। इसी तरह अम्बर और वनस्पति (लतिका-मुकुल) में निहित जागरण के समानान्तर आने के कारण इन बिम्बों में अद्वितीय सर्जनात्मकता एवं प्रभाव आ गया है। इस तरह कवि घ्राण बिम्ब में गंध संवेदना के सन्निवेश द्वारा उसे अत्यधिक प्रखर एवं प्रभावशाली बना देता है। यह प्रसाद के गहन राष्ट्रीय और सांस्कृतिक दायित्व का गीत है जो अपनी बहुलार्थता के कारण कालजयी बन पड़ा है। प्रसाद उन्मेष और जागरण के कवि हैं। फलतः वे 'लहर' में प्रभात बेला एवं ऊषा पर 'बीती विभावरी, आँखों में अलख, अब जागो जीवन के प्रभात तथा शशि-सी सुन्दर रूप विभा' नामक चार गीतियों का सृजन करते हैं। यह जागरण का भाव प्रकृति और चेतना में होनेवाले उन्मेष से लेकर राष्ट्रीय-सांस्कृतिक जागरण तक व्याप्त है। कवि ने संध्या, रात, प्रभात, लहर, सरिता-सागर, सावन-घन जैसे प्राकृतिक उपादानों के सहारे अतीत की स्मृतियों, प्रेम और सौन्दर्य के अनन्त रमणीय चित्र तथा अपने समय, समाज, राष्ट्र एवं विश्व-जीवन के अनेक सन्दर्भों को संश्लिष्ट रूप में प्रस्तुत किया है।

'लहर' की गीतियों में प्रसाद जी किस तरह प्रकृति के कोमल और मनोरम रूप की झाँकी प्रस्तुत करते हैं, इस पर विचार करते हुए डॉ. चन्द्रकान्त बांदिवडेकर ने ठीक ही लिखा है : "उनकी रात कोमल कुसुमों की होती है; शशिदल का विकास उसमें होता है। लाजभरी कलियों की दंत-पंक्ति परिमल घूँघट ढँकता है। पथ हरियाली में सोए रहते हैं। नीरव शान्ति के समय मलय वात भी चुपके से बिछलता है। तारा किरणों से पुलक गात मुकुलों-मधुपों के बीच घात चलते हैं। अलस, मृदुगात विहग नीड़ों में अंगड़ाई लेते हैं। प्रभात में खगकुल बोलता है। लतिका मधु-मुकुल, नवल रस-गागरी भर लाती है। आँखें मादकता से भर जाती हैं। उषा मधुबाला होती है और संध्या मधुर-माधवी होती है। सागर अपने भीषण हासों और खारे साँसों में आकर भी, मधुर कामना के बन्धन ढीला करने में ही अपने को कृतार्थ समझता है। हिम-शैल बालिका संगीत सुनाती है। लहर शीतल, कोमल, चिर-कंपन-सी होती है। अपनी गतिवधि में वह सौन्दर्य का ही सृजन करती है। सावन घन भी सुरधनु रंजित होते हैं।"[8] इस तरह प्रसाद जी अपने सूक्ष्म प्राकृतिक निरीक्षण द्वारा प्रकृति सम्बन्धी बिम्बों का ऐसा मनोरम और वैविध्यपूर्ण चित्र खींचते हैं कि इन गीतियों का सौष्ठव तथा प्रभाव शक्ति कई गुना बढ़ जाती है। प्रसाद जी जिस कौशल के साथ अपने गीतों में प्रेम और सौन्दर्य से आपूरित मन की जटिलताओं, अपरिचित आयामों, मनोरम प्राकृतिक दृश्यों, सूक्ष्म संवेदनाओं तथा उदात्त मूल्यों का संश्लिष्ट विधान करते हैं, वह इन गीतों को स्थायी अर्थ-बिन्दु, कालजयता तथा असाधारणता प्रदान करते हैं। प्रसाद के गीत अपने नाद-सौन्दर्य, सांगीतिक-विन्यास और लयात्मक गतिशीलता के कारण अद्वितीय बन पड़े हैं। इनके गीतों में प्रयुक्त सम, ताल, लय, नाद, श्रुति, स्वर, आरोह-अवरोह और वर्ण-वैचित्र्य इनके गहन सांगीतिक बोध का परिचायक हैं। इनके वर्ण सम्बन्धी चित्रण पर विचार करते हुए डॉ. चन्द्रकान्त बांदिवडेकर ने लिखा है : "प्रसाद में अरुण और नील रंग के प्रति विशेष आकर्षण है; अगणित अरुण कपोलों की छाया, सागर-संगम अरुण नील, नील नयन, पिंगल किरणों-सी मधुबेला, उसकी ललाई, अरुण गात, रोषभरी लाली, रागारुण रवि। उनकी कविता में 'अरुण' रंग प्रेम के उदय अथवा राष्ट्रीय जागरण का और 'नील' रंग वेदना का प्रतीक है। प्रेम का उदय प्रसाद की कविता में बहुआयामी अर्थ रखता है। अरुण और नील रंग प्रसाद की सम्पूर्ण काव्य मानसिकता को प्रतिबिम्बित करनेवाले रंग हैं—इन्हीं रंगों से जीवन के अनगिनत सृजनात्मक चित्रों की सृष्टि होती है। अरुण और नील परस्पर विरोधी रंग हैं, लेकिन विरुद्धों का यह युग्म 'सागर संगम अरुण नील' ही मानवता का सम्पूर्ण परिदृश्य उभारता है। प्रसाद की कोमल अनुभूति स्वाभाविक गेय रूप में व्यक्त होती है। अत: गेयता काव्य-सौन्दर्य में पूरक ही बनती है, बाधक नहीं बनती।...प्रसाद में नाद-सौन्दर्य का सूक्ष्म आकलन है। अत: शब्दों का नाद अर्थ को खंडित नहीं करता, बल्कि अर्थ के साथ सूक्ष्म लय उत्पन्न कर अर्थ को

अधिक सरस बनाने में योग देता है। प्रसाद जी ने नाद-सौन्दर्य के लिए कभी 'ण' का 'न' भी किया है, जैसे कन, प्रातकिरन इत्यादि।"[9] इस तरह प्रसाद जी अपने गीतों को भाव-सौन्दर्य तथा कलात्मक नाद-सौन्दर्य से संयुक्त बनाकर प्रस्तुत करते हैं। यहाँ प्रेम और सौन्दर्य का अतिशय सूक्ष्म और उदात्त चित्रण उसे मूल्य की गरिमा प्रदान करता है। इन गीतियों में अनन्त रमणीय प्राकृतिक दृश्यों, प्रेम और सौन्दर्य की सूक्ष्म अनुभूतियों, काव्यात्मक भाषा की व्यंजनाओं और आन्तरिक संगति में दृश्यत्व, संगीतत्व तथा काव्यत्व का जो कलात्मक उत्कर्ष प्रस्तुत हुआ है, वह सम्पूर्ण हिन्दी गीति साहित्य की अपूर्व उपलब्धि है।

'लहर' प्रसाद जी की प्रौढ़तम गीतियों और लम्बी कविताओं का संग्रह है। इसमें इनकी चार लम्बी कविताएँ संकलित हैं जिनमें 'अशोक की चिन्ता', 'शेरसिंह का शस्त्र-समर्पण', 'पेशोला की प्रतिध्वनि' तथा 'प्रलय की छाया' का समावेश है। इन लम्बी कविताओं में प्रसाद का महाकाव्यकार रूप अपना स्पष्ट संकेत छोड़ता है। चूँकि प्रसाद अपने विश्व-जीवन के प्रति इतनी तीव्र संवेदना रखते थे, अतः प्रथम विश्वयुद्ध की भयावह परिणति उन्हें युद्ध के ख़तरों से मनुष्यता को आगाह करने के लिए प्रेरित करती है। अतः प्रथम विश्वयुद्ध के भीषण नर-संहार को देखकर प्रसाद जी को कलिंग युद्ध का महानरसंहार स्मरण हो आया। फलतः वे 'अशोक की चिन्ता' जैसी लम्बी कविता का प्रणयन प्रथम विश्वयुद्ध की विभीषिका से प्रेरित होकर करते हैं। चूँकि शक्तिशाली राष्ट्रों की साम्राज्यवादी वृत्ति ही विश्वयुद्ध के महासंहार का कारण थी, अतः प्रसाद जी ऐतिहासिक पृष्ठभूमि पर साम्राज्यवादी वृत्तियों की निस्सारता का प्रतिपादन करते हैं। यह कविता प्रसाद के विश्व-मानवतावादी दर्शन की प्रतिष्ठा करती है। इस कविता के माध्यम से सुख-दुख, जय-पराजय की क्षणभंगुरता को संवेदना के गहरे रंग द्वारा प्रस्तुत किया गया है। यह इतिहास का बहुचर्चित प्रसंग है कि किस तरह सम्राट अशोक ने कलिंग विजय के बहाने भयावह नरसंहार किया था जिसकी परिणति से अशोक की क्रूरता भी करुणा में पर्यवसित हो गई। कवि यह प्रतिपादित करता है कि कलिंग विजय के बाद अशोक को ऐश्वर्य, विलासिता एवं सत्ता की क्षणभंगुरता का बोध हो जाता है। वह विजय प्राप्त करने के बाद भी किसी तर्कसंगत निराकरण तक नहीं पहुँच पाता; क्योंकि अब भी विजय का मान भंग करनेवाली स्थितियाँ मौजूद हैं :

है ऊँचा आज मगध शिर-पदतल में विजित पड़ा गिरि,
दूरागत क्रन्दन ध्वनि फिर, क्यों गूँज रही है अस्थिर—
कर विजयी का अभिमान भंग?[10]

कवि ने अशोक के हृदय-परिवर्तन और चिन्ता के माध्यम से विश्वयुद्धों की परिणति से उत्पन्न विश्व-समुदाय की चिन्ता का निर्वचन किया है। प्रसाद जी

चिन्ताग्रस्त अशोक द्वारा जब उससे आत्मावलोकन करवाते हैं, तब उसे अपनी उपलब्धियों की निस्सारता का गहरा बोध होता है। यहीं से उसका दार्शनिक चिन्तन आरम्भ होता है जो उसके सम्पूर्ण जीवन को विपरीत दिशा में मोड़ देता है। कवि अशोक की अन्तर्वृत्तियों का चित्रण करते हुए कहता है कि शासन तो मनुष्य के हृदय पर होना चाहिए। कुछ समय के पश्चात उत्सवशाला निर्जन हो जाएगी। नूपुर मालाओं में भी नीरवता छा जाएगी। मधुबाला भी सोने लगेगी और प्याला भी ढुलक जाएगा। तब मृदंग और वीणा भी न बजेंगे। फलतः दुख ही स्थायी है और सुख तो दुख-रूपी बादलों की मालिका में चपला की भाँति कभी-कभी कौंध जाता है। वह सोचता है कि मरु-मरीचिका के इस निर्जन-वन में चंचल मन-कुरंग उलझ गया है। सूने पल छूटते जा रहे हैं और काल का निषंग रिक्त नहीं होता। वह सृष्टिव्यापी उदासी की छाया देखता है और बुद्ध की भाँति अनुभव करता है :

वेदना विकल यह चेतन, जड़ का पीड़ा से नर्तन,
लय-सीमा में यह कम्पन, अभिनयमय है परिवर्तन।
चल रहा यही कब से कुढंग॥ [11]

यहाँ कवि विश्व-वेदना को अशोक की आत्मवेदना में रूपान्तरित कर देता है। अशोक के मन करुण-क्रन्दन से निर्वेद भाव का उन्मेष होता है। नियति इतनी कठोर है कि वह विजयी को भी परास्त कर देती है। वह अनुभव करता है कि वायु इसी करुण-गाथा को गा रही है। उषा भी उदास आती है और पीला मुख लेकर चली जाती है। कवि इस सत्य को प्रतिपादित करता है कि जब क्षणिक मिलन के उपरान्त चिर वियोग है तो इतनी तृष्णा क्यों? फलतः अशोक अपने भावी कार्य की घोषणा करता है :

जब पल भर का है मिलना, चिर वियोग में झिलना,
एक ही प्रात है खिलना, फिर सूख धूल में मिलना,
तब क्यों चटकीला सुमन रंग?
संसृति के विक्षत पग रे! वह चलती है डगमग रे!
अनुलेप सदृश तू लग रे! मृदु दल बिखेर इस मग रे!
कर चुके मधुर मधुपान भृंग। [12]

इस तरह कवि कहता है कि संसृति का पग विक्षत है। फलतः वह डगमग चली जा रही है। ऐसी स्थिति में अब अनुलेप सदृश लगना होगा और इस मार्ग पर मृदुदल बिखेरना होगा अर्थात् प्रेम और करुणा की धारा बहाकर ही इस संसार के विक्षत पगों पर मरहम लगाकर उसे गतिशील रखा जा सकता है। कवि यहाँ भारतीय दर्शन में विद्यमान मानवीय करुणा का प्रतिपादन करता है। जब अशोक यह

अनुभव करने लगता है कि उस विराट सत्ता के महापरिवर्तन में मनुष्य की पार्थिव सत्ता का कोई अस्तित्व नहीं, तब उसकी सब तृष्णाएँ एवं हिंसक वृत्तियाँ स्वयं शान्त हो जाती हैं। यह व्यापक जीवन की सापेक्षता में होनेवाला वैयक्तिक कर्तव्य-बोध भी है। इस कविता के एक महत्तर उपलब्धि यह भी है कि इसमें दर्शन काव्य-सम्पत्ति बन गया है और प्रत्येक छंद एक अद्‌भुत बिम्ब के सहारे उसे मूर्तिमान कर देता है। प्रसाद जी का दार्शनिक चिन्तन अत्यन्त व्यापक है। वे बुद्ध के दुखवाद, अनित्यता तथा करुणा सम्बन्धी अवधारणाओं से प्रभावित होकर भी उसे अपना चरम आदर्श नहीं बनाते। वे विवेकपूर्ण आस्था के समर्थक हैं और औपनिषदिक आत्मवाद को ही अपना आधारभूत दर्शन मानते हैं। प्रसाद जी कविता के अन्त में विश्व-मानवतावाद की प्रतिष्ठा करने के लिए अशोक की अन्तर्वृत्तियों का विरहस्यीकरण करते हुए लिखते हैं :

भुनती वसुधा तपते नग, दुखिया है सारा अग-जग,
कंटक मिलते हैं प्रति पग, जलती सिकता का यह मग,
बह जा बन करुणा की तरंग,
जलता है यह जीवन-पतंग। [13]

इस तरह प्रसाद जी करुणा की अवधारणा को मानवतावाद के सम्पूरक के रूप में प्रस्तुत करते हैं। यह करुणा की अवधारणा वैष्णव धर्म और बौद्ध मत, दोनों में प्राप्त होती है। प्रसादजी के 'अजातशत्रु' नाटक से यह तथ्य पुष्ट होता है कि प्रसाद जी महाकरुणा को महात्मा बुद्ध से ही लिया है। इसमें सन्देह नहीं है कि प्रसाद जी ने इस कविता में गहन मानवीय अन्तर्वृत्तियों तथा सूक्ष्मतम भावनाओं का विलक्षण चित्रण किया है। इसमें बिम्बों की अपूर्व वैभव परिलक्षित होता है। यह कविता संसार की क्षणभंगुरता, दुखात्मकता और अहंकार के विगलन द्वारा मानवतावाद की प्रतिष्ठा करती है।

प्रसाद इतिहास की आँख से अपने समय और समाज को देखनेवाले कवि हैं। इसीलिए जब स्वाधीनता-आन्दोलन अपने उग्र रूप में था, तब वे 'शेरसिंह का शस्त्र-समर्पण' जैसी लम्बी कविता का सृजन करते हैं। चूँकि स्वाधीनता-संग्राम के कठिन संघर्ष के दिनों में भी गद्‌दारों की कमी नहीं थी, अत: वे इस कविता में लालसिंह के देश-द्रोह को भी उजागर करते हैं। इस कविता का सम्बन्ध सिक्खों के इतिहास से है जिनके साथ अंग्रेज़ों के दो युद्ध हुए थे। इनमें पहला युद्ध 1845-1846 ई. में फिरोजपुर के पास हुआ जबकि दूसरा युद्ध जनवरी, 1849 ई. में लॉर्ड गाऊ के नेतृत्व में झेलम नदी के तट पर हुआ। इस युद्ध में लालसिंह ने तोपों में काठ के गोले और बारूद की जगह आटा भर दिया था जिसके कारण सिक्खों की पराजय हुई और शेरसिंह को अंग्रेज़ों के समक्ष समर्पण करना पड़ा। यह कविता शेरसिंह के द्वारा शस्त्र समर्पण और उससे उद्‌भूत सिक्खों के विषाद का रूपायन

करती है। प्रसाद जी 'लालसिंह! जीवित कलुष पंचनद का' लिखकर अतिशय खेद के साथ उसका स्मरण करते हैं। इस कविता के मूल प्रतिपाद्य पर विचार करते हुए डॉ. चन्द्रकान्त बांदिवडेकर ने लिखा है : "यहाँ कवि ने ऐसी ही अनुभूति को वाणी दी है जो विलक्षण एवं विरल है। इस अनुभूति की महानता, विलक्षणता एक ही पंक्ति में लेखक ने बताई है :

देख, दिये देता है
सिंहों का समूह नख दंत आज अपना।

यह पराजय का भाव शेरसिंह का व्यक्तिगत नहीं—यह पराजय उसकी जाति की, राष्ट्र की और कृपाण धर्म की है। एक तरह से शेरसिंह की विवशता इतनी बड़ी है कि खून की एक-एक बूँद के विद्रोह के बावजूद उसे 'शस्त्र-समर्पण' करना पड़ रहा है। शस्त्र-समर्पण सिक्खों का है—जिनका धर्म शस्त्र-धर्म है। प्रसाद ने निराशा, विवशता, क्रोध, विकलता, प्रतिहिंसा, कटुता, जाति-गौरव; धर्माभिमान आदि अनेक सम्मिश्र भावनाओं की सफल अभिव्यक्ति इस गीत में की है। यह सम्मिश्र भावना मुक्त छंद में ही प्रकट हो सकती है। अत: प्रसाद ने उसे गेय न बनाकर कलात्मकता का परिचय दिया है।"[14]

कवि यह प्रतिपादित करता है कि जन्मभूमि के अपमान और त्रास का हरण करने के लिए जो शस्त्र उठा था, वह प्रवंचना के कारण पराजित हो गया। काठ के गोलों और आटे की बारूद के बल पर दुर्दान्त शत्रु से मुकाबला कर पाना असम्भव था। वह शेरसिंह की मनोव्यथा और गहनतर त्रासदी को व्यंजित करते हुए लिखता है :

जन्मभूमि दलित विकल अपमान से, त्रस्त हो कराहती थी
कैसे फिर रुकती? आज विजयी हो तुम
और हैं पराजित हम, तुम तो कहोगे, इतिहास भी कहेगा यही—
किन्तु यह विजय प्रशंसा भरी मन की एक छलना है।
वीरभूमि पंचनद वीरता से रिक्त नहीं।
काठ के हों गोले जहाँ, आटा बारूद हो।
और पीठ पर हो दुरन्त दंशनों का त्रास
छाती लड़ती हो भरी आग; बाहुबल से
उस युद्ध में तो बस मृत्यु ही विजय है।
सतलज के तट पर मृत्यु श्यामसिंह की—
देखी होगी तुमने भी वृद्ध वीर मूर्ति वह
तोड़ा गया पुल प्रत्यावर्तन के पक्ष में, अपने प्रवंचकों से।[15]

प्रसाद जी मानते हैं कि अन्त:कलह भारतीय इतिहास की सबसे बड़ी त्रासदी और शरीरवाद राष्ट्र के पराभव का सबसे बड़ा कारण रहा है। इसलिए वे छली-कपटी और प्रवंचकों पर प्रखर काव्यात्मक आक्रमण करते हैं। यहाँ शेरसिंह की वाणी में प्रसाद

का आहत राष्ट्र-प्रेम करुण क्रन्दन कर रहा है। कवि शेरसिंह के माध्यम से सिक्खों की गौरवगाथा प्रस्तुत करता है और सतलज तट पर अपना सर्वोच्च बलिदान देनेवाले श्यामसिंह का स्मरण करता है। युद्ध में तो मृत्यु की ही विजय होती है। चूँकि प्रसाद जी ने प्रवंचनाओं का गहरा दंश वैयक्तिक और राष्ट्रीय स्तर पर अनुभव किया था, अत: वे शेरसिंह की वेदना के साथ पूर्ण तादात्म्य स्थापित कर लेते हैं। कवि यह प्रतिपादित करता है कि मातृभूमि के सपूत प्राणों की भिक्षा नहीं माँगते, वे तो देश की आन-बान-शान पर अपना सर्वस्व समर्पित करने के लिए सदैव तत्पर रहते हैं। लेकिन ऐसे वीरों के साथ विश्वासघात और छल करनेवाले जीवित कलुष के समान हैं। कवि इस त्रासदी को गहराते हुए लिखता है :

वीर पंचनद से सपूत मातृभूमि के
सो गए प्रतारणा की थपकी लगी उन्हें
छल बलिवेदी पर आज सब सो गए।
रूप भरी, आशा भरी, यौवन अधीर भरी,
पुतली प्रणयिनी का बाहुपाश खोलकर,
दूध भरी दूध सी दुलार भरी माँ की गोद,
सूनी कर सो गए। हुआ है सूना पंचनद॥ [16]

इस तरह प्रसाद जी सिक्खों की वीरता, बलिदान भाव के कंट्रास्ट में लालसिंह के विश्वासघात के द्वारा वीरों की त्रासदी को गहराते हैं। इस कारण यह कविता पराजित-पराक्रम की कविता बन जाती है। यह विरोधाभास और विडम्बना कविता को परम आधुनिक बना देता है। यहाँ कवि वेदना एवं त्रासदी को जिस काव्यात्मक कौशल और आन्तरिक गहराई के साथ चित्रित करता है, उससे इस कविता की प्रभाव शक्ति बहुत बढ़ गई है। प्रसाद जी ने यहाँ अपने सर्जनात्मक पाठ-वितान द्वारा कल्पनात्मक छवियों से ओत-प्रोत बिम्बों तथा मानसिक संघर्षों का जो कलात्मक वैभव उपस्थित किया है, वह ऐतिहासिक महत्त्व का है। इस दृष्टि से यह कालजयता की अधिकारिणी कविता है।

इसके अनन्तर ऐतिहासिक आख्यान के रूप में 'पेशोला की प्रतिध्वनि' शीर्षक से लम्बी कविता आती है। इस कविता का मूल प्रतिपाद्य देश-प्रेम और राष्ट्र-बोध जगाना है। इसमें अतीत का प्रयोग वर्तमान की आँख एवं भविष्य की दृष्टि के रूप में किया गया है। कवि उदयपुर स्थित पेशोला झील से प्रतिध्वनित हो रहे महाराणा प्रताप के शौर्य, पराक्रम तथा देश-भक्ति को सबल बिम्बों के माध्यम से मूर्तिमान किया है। कवि मेवाड़ के माध्यम से ब्रिटिश साम्राज्यवादी सत्ता द्वारा शोषित भारत का बिम्ब प्रस्तुत करता है। कवि कहता है कि मेवाड़ अस्ताचल सूर्य की भाँति 'करुणा का बिम्ब' मात्र रह गया है। वह भीतर ही भीतर चुपचाप जलता हुआ भस्म हो रहा है। वह लगातार हुए आक्रमणों और परिवर्तनों

की आँधी से श्रमित एवं नमित है। वह पश्चिम के व्योम में निरवलम्ब-सा है :

अरुण करुण बिम्ब! वह निर्धूम भस्म रहित ज्वलन पिंड!
विकल विवर्तनों में, विरल प्रवर्तनों में, श्रमित नमित सा—
पश्चिम के व्योम में है आज निरवलम्ब सा। [17]

कवि ने यहाँ अपनी प्रशस्त राष्ट्रीय चेतना का परिचय देते हुए मेवाड़ की दुर्दशा को भारत-दुर्दशा से जोड़ दिया है। प्रसाद की सबसे बड़ी चिन्ता का कारण यह है कि पराधीनता के इस भयावह झंझावात में इस देश की नौका की पतवार कौन अपने हाथ में थामेगा? इस समय अन्धकार नियति की भाँति गहन-निगूढ़ और देश का परिवेश रहस्यमय है। आशा की किरण कहीं भी दिखाई नहीं देती है। इस समय सम्पूर्ण राष्ट्र 'काल धीवर' के वशीभूत है। वह न जाने देश को किस दिशा में ले जा रहा है? कवि इस बात को लेकर व्यथित है कि मेवाड़-रूपी भारत का स्तूप धीरे-धीरे खंडित हो रहा है :

कौन लेगा भार यह! कौन विचलेगा नहीं?
दुर्बलता इस अस्थिमांस की—ठोंककर लोहे से, परखकर वज्र से,
प्रलयोल्का-खंड के निकष पर कस कर
चूर्ण अस्थि पुंज सा हँसेगा अट्टहास कौन?
साधना पिशाचों की बिखर चूर-चूर होके
धूलि सी उड़ेगी किस दृप्त फुत्कार से। कौन लेगा भार यह?
जीवित है कौन? साँस चलती है किसकी
कहता है कौन ऊँची छाती कर, मैं हूँ—मैं हूँ—मेवाड़?
अरावली श्रृंग-सा समुन्नत सिर किसका?
बोलो, कोई बोलो—अरे क्या तुम सब मृत हो?
आह, इस सेवा की! कौन थामता है पतवार ऐसे अंधड़ में?[18]

कवि पेशोला झील देखकर महाराणा प्रताप के ऐतिहासिक शौर्यपूर्ण व्यक्तित्व का स्मरण करता है। कवि प्रताप के अन्तिम समय में कहे गए शब्दों और मेवाड़ के माध्यम से देश का जो बिम्ब प्रस्तुत किया है, वह गहनस्तरीय संवेदना का विलक्षण चित्रण है :

आज भी पेशोला के तरल जल मंडलों में
वही शब्द घूमता सा, गूँजता विकल है।
किन्तु वह ध्वनि कहाँ? गौरव की काया पड़ी माया है प्रताप की
वही है मेवाड़! किन्तु आज प्रतिध्वनि कहाँ![19]

कवि ने इन पंक्तियों में श्रवणपरक बिम्ब का ऐसा अद्भुत प्रयोग किया है कि उससे प्रताप की अन्तिम अवस्था का क्षीण आभास मिलता है। इस कविता में मेवाड़ का 'गौरव की काया' के रूप में चित्रित छायात्मक बिम्ब अद्भुत है। इससे पाठक के मन में प्रताप के जीवन से सम्बन्धित अनेक सन्दर्भ स्वतः उद्दीप्त हो उठते हैं। कहना न होगा कि प्रसाद का सजग इतिहास-बोध उनके समकालीन सन्दर्भों का अत्यन्त प्रभावी संकेत करता है। इस दृष्टि से 'पेशोला की प्रतिध्वनि' अत्यन्त महत्त्वपूर्ण काव्यात्मक उपलब्धि है।

इसी क्रम में प्रसाद की श्रेष्ठतम लम्बी कविता 'प्रलय की छाया' आती है। यह हिन्दी की सर्वोत्तम लम्बी कविताओं में से एक है जिसके समक्ष केवल 'तुलसीदास', 'राम की शक्ति-पूजा', 'असाध्य वीणा' और 'अँधेरे में' जैसी कविताएँ ही टिकती हैं। यह कविता अपने सर्जनात्मक पाठ-वितान, काव्यात्मक औदात्य एवं संरचनात्मक अन्विति के कारण न केवल महाकाव्य की गरिमा लिये हुए है अपितु अपनी भव्यतम कलात्मक प्रस्तुति में संश्लिष्ट कालजयी रचना (Total Classical Poetry) बन पड़ी है। यह कविता गुजरात की राजेश्वरी कमला के जीवन की विडम्बनाओं की करुण गाथा है। उसके मन में कभी गुर्जरेश्वर के प्रति आत्मीय भाव जाग्रत होता है तो कभी अपने बाल सखा मानिक के प्रति ममत्व पैदा होता है; परन्तु उसमें रूप-गर्व का भाव सर्वाधिक प्रबल है। प्रसाद जी इस कविता में इतिहास के साथ छेड़-छाड़ करते हैं और अलाउद्दीन खिलजी के चित्तौड़ आक्रमण को गुजरात आक्रमण के पहले दिखाते हैं। इतिहासकारों के अनुसार अलाउद्दीन खिलजी ने गुजरात के विकसित बन्दरगाहों पर कब्जे के लिए आक्रमण किया था परन्तु प्रसाद ने कमलावती की गुजरात को स्वतंत्र देखने की आकांक्षा को खिलजी के आक्रमण का कारण माना है। इस युद्ध में वह स्वेच्छा से विजित होती है जिससे कवि को कमलावती के व्यक्तित्व के निर्माण और विकास का सुअवसर प्राप्त हो जाता है। इस कविता का आधार कमलावती की रूप-स्पर्धा है जो उसमें पद्मिनी के बहुचर्चित रूप और गौरव के प्रति ईर्ष्या का उद्भेद करता है। वह अपने रूप को पद्मिनी से अधिक मानती है और अलाउद्दीन द्वारा पद्मिनी को पाने के प्रयास में चित्तौड़ पर आक्रमण करना अपने रूप का अपमान समझ बैठती है। वह स्वयं को पद्मिनी से श्रेष्ठ सिद्ध करना चाहती है :

मैं भी थी कमला, रूप-रानी गुजरात की।
सोचती थी—पद्मिनी जली थी स्वयं किन्तु मैं जलाऊँगी—
वह दावानल ज्वाला जिसमें सुलतान जले।
देखे तो प्रचंड रूप-ज्वाला-सी धधकती
मुझको सजीव वह अपने विरुद्ध।
आह! कैसी वह स्पर्द्धा थी? स्पर्द्धा थी रूप की।[20]

प्रसाद जी ने इस कविता में कमलावती के मादक, मधुर और ललित सौन्दर्य का अत्यन्त मनोरम बिम्ब निर्मित किया है। इस कविता में उसके अबला तथा प्रमदा, दो नारी रूप उत्कर्ष प्राप्त करते हैं। इसकी अन्तर्वस्तु पर विचार करते हुए डॉ. चन्द्रकान्त बांदिवडेकर ने लिखा है : "अपने रूप के प्रति गौरव-बोध, पद्मिनी के रूप के प्रति ईर्ष्या, रूप की ईर्ष्या से उत्पन्न पद्मिनी के गौरव के प्रति ईर्ष्या, परन्तु पद्मिनी से नितान्त अलग मार्ग पर जाने की इच्छा (जो कमलावती की विशिष्ट मनोरचना का अवश्यंभावी परिणाम है), फिर वैभव और सत्ता के भोग की आकांक्षा से उत्पन्न होनेवाला राजनीतिक उत्थान-पतन कमलावती की सुलतान के निर्मम हृदय में सुन्दरता की अनुभूति जगाने की इच्छा (परन्तु जिसके पीछे थी वासना—लालसा, वैभव और ऐश्वर्य की), अलाउद्दीन के प्रति समर्पण, फिर सत्ता का विवेकहीन भोग और अन्तिम परिणति अभिमान के टूटने में—इन सबका गहरा, मनोवैज्ञानिक परन्तु काव्यात्मक प्रकटीकरण इस कविता की अन्तर्वस्तु है।"[21]

इस कविता का सबसे बड़ा वैशिष्ट्य इसका काव्यात्मक औदात्य और कलात्मक बिम्ब-विधान है। प्रसाद जी गहन अन्तर्द्वंद्व के माध्यम से सामंती सौन्दर्यबोध का निषेध करते हैं। इनकी काव्य-कला का सर्वोत्तम रूप इस कविता में देखा जा सकता है। कवि कमलावती में निहित अतृप्त वासना और शासन करने की भावना को सुलतान की अंकशायिनी बनने का मूल कारण मानता है। फलस्वरूप भारतेश्वरी बन जाने के बाद भी उसका जीवन अगरबत्ती की भाँति निराधार हो जाता है।

कवि उसके कृत्रिम देश-प्रेम का मुखौटा तब उतार देता है जब मानिक काफूर मुमूर्ष सुलतान का वध कर देता है और कर्णसिंह का बदला अलाउद्दीन के रक्त से रंजित राजमुकुट पहनकर लेता है। उसी कार्य के लिए रूप के साधन का प्रयोग करने का संकल्प लेनेवाली कमलावती जीवन की लालसा के समक्ष सामान्य मनुष्य के आत्मसम्मान को खो बैठती है। फलतः वह सैकड़ों बिच्छुओं के दंश की पीड़ा झेलनेवाले व्यक्ति के समान हो गई।

ऐसे लोगों के जीवन का पर्यवसान प्रलय की छाया में ही हो सकता है। अपने किये पर पश्चात्ताप और गहन अन्तर्द्वंद्व उसके चरित्र को आधुनिक बनाता है। प्रसाद जी यहाँ गलत सौन्दर्य-दृष्टि और जीवन-दृष्टि का विरोध करके छायावाद को एक व्यापक राष्ट्रीय-सांस्कृतिक आधार देते हैं।

यह कविता अपने सर्जनात्मक अन्तर्विधान, गहन अन्तर्द्वंद्व, उत्कृष्ट कलात्मक बुनावट तथा बहुलार्थी अर्थवत्ता के कारण सारे आलोचकों का ध्यान आकृष्ट करती रही है। इस सन्दर्भ में डॉ. नामवर सिंह ने एक रोचक बात कही है। इनका मानना है : "स्वराज पार्टी का इतिहास पढ़ते समय उन्हें अचानक 'प्रलय की छाया' की कमला याद आ गई। प्रलय की छाया का एक साहित्यिक सन्दर्भ है जिससे

राजनीतिक अर्थ ध्वनित होता है। कमलावती का रूप उसके लिए आत्मप्रवंचना है और इस कविता में कवि की दृष्टि इसी आत्मप्रवंचना के नाटक पर केन्द्रित है। इस आत्मछल का एक और आयाम है—पद्मिनी से स्पर्धा। कमलावती पद्मिनी को उसकी भूल समझाना चाहती है। प्रसाद जी वस्तुतः यही दिखाना चाहते हैं कि भूल पद्मिनी की नहीं, बल्कि कमलावती की थी। प्रसाद जी के लिए स्पर्धा का यह अंश इतना महत्त्वपूर्ण था कि इसके लिए उन्होंने इतिहास को बदलने में भी संकोच नहीं किया। इस स्पर्धा को दिखाने के लिए ही प्रसाद ने घटना विपर्यय किया। स्पर्धा के बिना 'प्रलय की छाया' की वह विडम्बना न होती, जो उसका प्राण है। इस विडम्बना में ही कमला की 'ट्रेजेडी' है। राजशक्ति को रूप से नष्ट करने की कोशिश में वह स्वयं नष्ट हो गई। राजशक्ति से रूप की यह टकराहट ही 'प्रलय की छाया' को राजनीतिक अर्थ प्रदान करती है।... राजसत्ता को तोड़ने के इरादे से उसके अंदर जानेवाले दरअसल एक ख़तरनाक खेल खेलते हैं। और अक्सर विडम्बना के शिकार होते हैं। 'प्रलय की छाया' का यह त्रासद सत्य भारत के स्वाधीनता-आन्दोलन के असहयोगोत्तर दौर के एक सीमित सन्दर्भ से पैदा होकर भी इतिहास का जीवित सत्य है और इसीलिए आज भी उतना प्रासंगिक है।"[22]

डॉ. सिंह अपनी स्थापना को और पुष्ट करने के लिए इस कविता के कंट्रास्ट में स्वराज पार्टी को लाते हैं। यह सर्वज्ञात है कि सन् 1923 ई. में स्वराज पार्टी का गठन हुआ जिसका उद्देश्य गांधी जी के असहयोग आन्दोलन से भिन्न था। इसके नेता काउंसिलों में जाकर सहयोग द्वारा राजसत्ता में प्रवेश पाकर उसे तोड़ने के लिए संकल्पित थे। स्वराज पार्टी इस कार्य में सफल न हो सकी। उसकी अन्तिम परिणति इतनी विडम्बनापूर्ण थी कि डॉ. नामवर सिंह को अनायास 'प्रलय की छाया' की कमलावती की याद आ गई।

कमलावती भी गुजरात की मुक्ति की आकांक्षा से अलाउद्दीन खिलजी की अंकशायिनी और भारतेश्वरी तो बन जाती है लेकिन अपने मूल उद्देश्य में सफल नहीं हो पाती। फलतः उसका जीवन एक विडम्बनापूर्ण त्रासदी बनकर रह जाता है। इस तरह कमलावती की यह स्पर्धा प्रसादकालीन नेताओं की आपसी स्पर्धा से भी जुड़ जाती है जिससे 'प्रलय की छाया' को नई अर्थवत्ता और प्रासंगिकता प्राप्त होती है। कमलावती के मन में उठी रूप और ऐश्वर्य की स्पर्धा किस तरह उसके जीवन को विडम्बनापूर्ण त्रासद अन्त की ओर ले जाती है, यही इस कविता का मूल प्रतिपाद्य है।

यहाँ प्रसाद का महाकवि अपने सम्पूर्ण भाव-वैभव, अन्तर्द्वंद्व, इतिहास-बोध तथा कलात्मक बुनावट के साथ उपस्थित है। वह जिस कौशल के साथ वैभव, ऐश्वर्य, प्रेम, रूप-सौन्दर्य की नश्वरता दिखलाता है, वह अपने आन्तरिक तनाव के

कारण सर्जनात्मक कला-विधान में प्रस्तुत हुआ है। इस महाकाव्यात्मक कविता में चित्र-काव्य की मूर्ति विधायिनी कल्पना, मनोवैज्ञानिक अन्तर्द्वंद्व, गहन एवं बहुवर्णी बिम्ब, विलक्षण भाषिक अनुप्रयोग, शिल्पगत सौन्दर्य और कलात्मक उत्कर्ष का ऐसा शिखर निर्मित हुआ है जो अद्वितीय एवं अतुलनीय है। यह सही मायने में एक क्लासिक अथवा कालजयी लम्बी कविता है। इसका महत्त्व असन्दिग्ध है।

सन्दर्भ सूची

1. लहर—जयशंकर प्रसाद, पृ. 9
2. वही, पृ. 10
3. वही, पृ. 14
4. Encyclopedia of Britannica, Vol.-19, p. 561
5. लहर—जयशंकर प्रसाद, पृ. 15
6. वही, पृ. 36
7. वही, पृ. 19
8. प्रसाद का साहित्य : विविध आयाम—सम्पा. डॉ. चन्द्रकान्त बांदिवडेकर, पृ. 67
9. वही, पृ. 70
10. लहर—जयशंकर प्रसाद, पृ. 46
11. वही, पृ. 49
12. वही, पृ. 49-50
13. वही, पृ. 50
14. वही, पृ. 72
15. वही, पृ. 53
16. वही, पृ. 54
17. वही, पृ. 56
18. वही, पृ. 57
19. वही, पृ. 58
20. वही, पृ. 64
21. प्रसाद साहित्य : विविध आयाम—सम्पा.डॉ. चन्द्रकान्त बांदिवडेकर, पृ. 73-74
22. प्रसाद सन्दर्भ—सम्पा. डॉ. प्रमिला शर्मा, पृ. 556 से 558, डॉ. नामवर सिंह का लेख, प्रासंगिकता पर पुनश्च; 'प्रलय की छाया' के माध्यम से।

प्रसाद का चम्पू काव्य

जयशंकर प्रसाद आधुनिक हिन्दी साहित्य में विराट प्रतिभा के साथ पदार्पण करते हैं। उनका सम्पूर्ण साहित्य बहुस्तरीय, बहुरंगी और अनेक रेखीय है। इन्होंने गद्य और पद्य, दोनों ही क्षेत्रों के प्राय: हर महत्त्वपूर्ण विधा में उच्च स्तरीय लेखन कार्य करके हिन्दी साहित्य को वैश्विक स्पर्धा के योग्य बनाया। ये अपने लेखन में स्वयं को निरन्तर परिष्कृत और परिशोधित करते हुए आगे बढ़ते हैं। हिन्दी के प्राय:सभी आलोचकों ने मुक्तकंठ से प्रसाद की प्रतिभा, विश्व-संदृष्टि, उदात्त संवेदना और कलात्मक बुनावट की प्रशंसा की है। इनके लेखन का एक मानक रूप और परिष्कृत धरातल रहा है। फलत: इनकी अधिकांश रचनाएँ अपने सर्जनात्मक वैभव के कारण कालजयता की कोटि में आ गई हैं। इनकी आरम्भिक रचनाएँ भी एक बड़ी सम्भावना का उन्मेष करती दिखलाई पड़ती हैं। इस दृष्टि से इनके द्वारा रचित चम्पू काव्य भी वस्तुनिष्ठ विश्लेषण और मूल्यांकन की अपेक्षा रखता है। इनका पहला चम्पू काव्य 'उर्वशी' 1906 और दूसरा 'बभ्रुवाहन' 1907 ई. में लिखा गया। चम्पू काव्य श्रव्य-परम्परा के अन्तर्गत आता है जिसमें गद्य-पद्य का समन्वय होता है। चम्पू शब्द का अर्थ है : गद्य और काव्य का मेल। यह भारतीय साहित्य की एक प्राचीनतम शैली है। चम्पू काव्य-परम्परा का उद्‌भव अथर्ववेद से माना जाता है। वैसे तो गद्य और पद्य शैली का मिश्रण वैदिक साहित्य, जातक साहित्य, संस्कृत महाकाव्यों और पुराणों में लगातार होता रहा है किन्तु चम्पू काव्य परम्परा का शुभारम्भ त्रिविक्रम भट्ट के 'नल चम्पू' से माना जाता है। यह दसवीं शताब्दी की रचना है। इस परम्परा को सोमदेव सूरि-कृत 'यश: तिलक' और भोजराज-कृत 'चम्पू रामायण' से बल मिला। हिन्दी में प्रसाद के पूर्व मैथिलीशरण गुप्त-कृत 'यशोधरा' को भी चम्पू काव्य के भीतर परिगणित किया जाता है।

प्रसाद ने संस्कृत नाट्य परम्परा, लोकनाट्य रूपों, भारतेंदु के गीत-प्रधान नाटकों के आधार पर 1906 में 'उर्वशी' का सृजन और 1918 में इसका पुनर्लेखन किया। साथ ही, 1907 में 'बभ्रुवाहन' भी लिखा। प्रसाद ने 'उर्वशी' की भूमिका में 'चम्पू' का स्वरूप-विश्लेषण करते हुए लिखा है : " 'चम्पू'—यह शब्द आप लोगों से अपरिचित नहीं है, क्योंकि 'नरहरि चम्पूकार' ने अपने ग्रंथ की भूमिका में लिखा है कि, 'काव्य जो

दृश्य और श्रव्य, इन दो रूपों में विभक्त है, उन दोनों भागों में प्रत्येक भेद के तीन-तीन भेद हैं—प्रथम पद्य, द्वितीय गद्य, तृतीय गद्य-पद्य चम्पू। अतः काव्य के छह भेद हुए। अब यह कवि की इच्छा पर निर्भर है कि चम्पू दृश्य बनावै या श्रव्य।' किन्तु हमारा कथन है कि चम्पू केवल श्रव्य ही होता है।" प्रसाद जी ने अपने मत के समर्थन में 'साहित्य दर्पण', साहित्याचार्य अम्बिकादत्त जी की 'गद्यकाव्य-मीमांसा', 'अग्निपुराण', 'नरहरि चम्पूकर्ता', 'साहित्य दर्पण' के टीकाकार तर्क वागीश इत्यादि को उद्धृत किया है। साथ ही, अन्त में इस निष्कर्ष पर पहुँचे हैं : "संस्कृत में अद्यावधि चम्पू नामांकित जितने ग्रंथ देखने में आते हैं, वे सब श्रव्य हैं तथा गद्य पद्यमय नाटक 'शकुन्तलादि' चम्पू नहीं कहे जाते हैं। यह भी एक समुज्ज्वल दृष्टान्त है कि संस्कृत में अद्यावधि किसी नाटक को, जोकि प्रायः गद्य-पद्यमय होते ही हैं, 'चम्पू' नहीं कहते हैं। अतः अग्निपुराण के 'मिश्रं वपुरिति ख्यातं' इत्यादि में जो मिश्र श्रव्य है अथवा जिसको साहित्याचार्य ने अपनी कारिका—'गद्यं पद्यं तथा गद्य-पद्यं श्रव्यमिति त्रिधा—में श्रव्य गद्य-पद्यमय माना है, उसी को 'साहित्य दर्पण'कार ने लिखा है : 'गद्यपद्यमयं काव्यं चम्पूरित्यभिधीयते' तथा टीकाकार ने भी लिखा है : 'गद्य-पद्यमयानि श्रव्यकाव्यानीत्यर्थः।'—इन प्रमाणों से यह सिद्ध हो गया है कि 'चम्पू' नामांकित गद्य-पद्यमय श्रव्य-काव्य ही होता है तथा दृश्य जिसकी मिश्र प्रणाली ही है, 'चम्पू' नहीं कहा जा सकता।" इस तरह प्रसाद जी अपनी इस कैशोर्य वय की आरम्भिक कृति में ही अपने विशद अध्ययन, गहन अनुसन्धित्सुवृत्ति और सुदृढ़ बौद्धिक तैयारी का परिचय देते हैं। यहीं से उनके आचार्य कवि का उन्मेष होता है। संक्षेप में, हम चम्पू काव्य को कथा गायन-शैली से भी जोड़कर देख सकते हैं। 'उर्वशी' में प्रसाद जी प्रेम, सौन्दर्य और शौर्यगाथा के नाटकीय विन्यास हेतु काव्य भाषा के रूप में ब्रज और गद्यात्मक संवादों के लिए संस्कृतनिष्ठ खड़ी बोली हिन्दी का प्रयोग किया है। इसमें गद्यात्मक संवादों के साथ-साथ पद्यात्मक संवादों तथा पारसी नाटक की तरह तुकान्त पदों का भी अनुप्रयोग होता है। 'उर्वशी' के आरम्भ में संस्कृत नाट्य साहित्य की तरह प्रकृति के कल्पनात्मक दृश्य-बिम्बों द्वारा नाटकीय पृष्ठभूमि का सफल चित्रांकन हुआ है। प्रसाद जी नन्दन कानन के अनन्त रमणीय प्राकृतिक वैभव का चित्रण करते हुए लिखते हैं :

कहुँ निकुंजन में कूजत कोकिल कलबानी।
कहुँ उपवन गृह लता माँहि सारस की बानी॥
कहुँ सुरशिशुगण क्रीड़त हैं मालिनि कमलन ते।
कहुँ सुन्दरीगण गूँथत अलकहिं कुसुमन तेज॥

इसके उपरान्त प्रसाद जी गद्य में भी प्रकृति के मनोरम सौन्दर्य का अनुपम चित्र खींचते हैं : "इन्द्र नगर में नन्दनकानन एक अपूर्व मनोहर स्थान है, उसकी शोभा को शोभा ही कह सकती है, कहीं-कहीं चंचल चंचरीक मंजुरसाल-मंजरी पर गूँज-गूँज कर

मकरन्द का आनन्द ले रहे हैं, कहीं-कहीं छोटे मृगछौने कान उठाकर इधर-उधर अपने आयत दृष्टिपात करते हुए हरित तृणावली चर रहे हैं, कहीं कामोन्मत्त अप्सराएँ सरोवर में अपने मुख से ईर्ष्या करनेवाले कमलों पर जल के छींटे डालकर उनको जलमग्न कर देना चाहती हैं, पर वे अपने गर्व से पुनः प्रफुल्लित पत्रावली सहित कमलनालों पर तनकर खड़े हो जाते हैं। उन्हीं में स्नान करती हुई कोई अप्सरा अपने अलकों को कमलावली पर विलुलित देखकर भ्रमरावली के भ्रम से चकित तथा भयभीत होकर, जलाप्लावित वस्त्रों को समेटकर बाहर निकलने को उद्यत हो जाती हैं।"

कहना न होगा कि प्रसाद जी का यह अनन्त रमणीय सौन्दर्यबोध उनके सम्पूर्ण कृतित्व का मेरुदंड है। प्रसाद जी कथानक को आगे बढ़ाने के लिए कथा नायक की मनोदशा एवं हाव-भाव का अद्‌भुत बिम्ब निर्मित करते हैं। प्रसाद जी उर्वशी-पुरूरवा की प्राचीनतम प्रेम-कथा और उसके मूल आधार ऋग्वेद एवं शतपथ ब्राह्मण के गहरे जानकार थे। वैदिक संहिताओं के व्याख्याकारों ने उर्वशी और पुरूरवा की प्रेम-कथा को प्रकृति में सूर्य तथा उषा के मानवीकरण रूप का परिणाम बतलाया है। अतः पुरूरवा सूर्य है और उर्वशी उषा। सूर्य (पुरूरवा) के प्रकट होते ही उषा (उर्वशी) लुप्त हो जाती है। आगे चलकर इस कथा में क्षेपक जुड़ता गया और इसे अपेक्षित विस्तार प्राप्त हुआ। अब इस बात का अनुमान लगाना कठिन हो गया है कि कब पुरूरवा इतिहास पुरुष और उर्वशी एक अप्सरा के पद पर सुशोभित हो गई। इसी क्रम में पुराणों में चन्द्रवंशीय राजाओं की परम्परा में सर्वप्रथम पुरूरवा का नाम आता है जो चन्द्रमा के पुत्र बुध और इला की संतान है। ऋग्वेद के उर्वशी-पुरूरवा सूक्त के ऋषि और देवता उर्वशी तथा पुरूरवा ऐल हैं। अतः यह माना जा सकता है कि ऋग्वैदिक काल में भी पुरूरवा ऐल अर्थात् इला पुत्र के रूप में प्रसिद्ध थे। यह कथा महाभारत, विष्णु पुराण, श्रीमद्‌भागवत पुराण और हरिवंश पुराण से होकर कालिदास तक पहुँचती है। महाकवि कालिदास ने इस पुरा कथा में अपनी ओर से चार मौलिक उद्‌भावनाएँ की है : 1. काशी राक्षस से पुरूरवा द्वारा उर्वशी को छुड़ाए जाने का प्रसंग; 2. उर्वशी भरतमुनि के शाप से मर्त्यलोक में आती है; 3. पुत्र-दर्शन से उर्वशी और पुरूरवा के वियोग का सन्दर्भ; 4. उर्वशी का लता के रूप में व्यक्तित्वांतरण अथवा रूप-परिवर्तन। प्रसाद ने मुख्य रूप से कालिदास प्रणीत प्रसंगों को ही ग्रहण किया है परन्तु उसमें अपनी मौलिक चिन्तनात्मकता का भी परिचय दिया है। प्रसाद जी की कथा में उर्वशी भरतमुनि के शाप से मर्त्यलोक पर अवतरित नहीं होती। इन्द्र पुरूरवा के मित्र हैं उन्हें जब उर्वशी और पुरूरवा के प्रेम सम्बन्ध का पता चलता है तो वे स्वयं ही उर्वशी को नरेन्द्र के आनन्दोपलब्धि के लिए पृथ्वी पर भेज देते हैं। इसका सबसे बड़ा कारण यह था कि स्वयं इन्द्र को भी अपने शत्रुओं के सर्वनाश के लिए पुरूरवा के सहयोग की अपेक्षा रहती थी। चूँकि प्रसाद प्रेम और सौन्दर्य के अप्रतिम चित्रकार हैं, अतः वे उर्वशी को प्रेम एवं सौन्दर्य की साकार प्रतिमा के रूप में चित्रित करते हैं। उर्वशी प्रसाद के लिए शापग्रस्त अपसरा न होकर सौन्दर्य की अमूर्त और अशरीरी अवधारणा है। इसीलिए

कवि द्वितीय संस्करण में उसे भावलोक का प्रतीकात्मक पात्र बना देता है। फलस्वरूप उसका वायवी सौन्दर्य प्रेम और काम के मिथक का कारण बनकर अभिव्यक्त हुआ है।

कवि इसमें स्त्री-पुरुष के सनातन आकर्षण, पुरुष का प्रेयसी नारी पर अधिकार प्रदर्शन, प्रेमजनित मोह और उससे उत्पन्न ईर्ष्या जैसे प्रश्नों को उजागर करता है। उर्वशी अप्सरा है। वह स्वच्छंद प्रेम की हिमायती है। फलस्वरूप किसी एक पुरुष के प्रेम और बन्धन में उसके आधिपत्य में रहना उसके स्वभाव में नहीं है। चूँकि पुरूरवा उसके सम्मोहनकारी सौन्दर्य से बिंध जाता है, फलत: वह उस आकर्षण के जाल में उर्वशी को भी बाँधना चाहता है, जबकि उर्वशी उन्मुक्त है। इस सन्दर्भ में यह चित्र दर्शनीय है : "पुरूरवा ने देखा, भयानक सौन्दर्य, हृदय अब नहीं सम्हल सकता।... युवती अब पूर्ण विजय पा चुकी थी। अब उसकी परीक्षा और भोग का समय आया। हँसकर बोली, 'राजन! स्मरण रहे कि मेरी स्वतंत्रता नहीं छीनी जा सकती।...मेरी इच्छा तुम्हें देखने की थी, सो देख लिया।...जाओ, अप्सरा के फेर में न पड़ो। मैं भी तुम्हारे रूप और शील का गीत वीणा पर गाती और बजाती हुई चली जाऊँगी।' कहना न होगा कि उर्वशी का प्रेम 'आधे गाते हुए गीत' की तरह प्रिय को सदा अतृप्त रखता है। प्रेम प्रलोभन में फाँसने के बाद वह पुरुष से कहती है कि जाओ, वह भ्रम था। उर्वशी पुरूरवा को छोड़कर जब जाती है तो 'मोह-निशा' की तरह और उसके केश भार अन्धकार की तरह पीछे पड़े हुए थे।" केयूरक के आने के बाद पुरूरवा का आत्मविश्वास डिगता है और उसके मन में ईर्ष्या और उर्वशी पर एकाधिकार का भाव जाग्रत होता है। यह ईर्ष्या भाव उनके प्रेम को जड़ बना देता है। वह मोहपाश के अन्धकार से भीतर-बाहर जकड़ा हुआ है। फलस्वरूप पुरूरवा की ईर्ष्या और संकीर्ण भावना के कारण उसका नारीत्व आहत होता है जिससे वह पुरूरवा को अभिशप्त करके चली जाती है। प्रसाद जी प्रेम और सौन्दर्य का उदात्त चित्रण करनेवाले कलाकार हैं। उनके अनुसार ईर्ष्या एवं मोह से मुक्त होकर ही प्रेम विराट तथा उदात्त बनता है। फलत: वे अन्त में यह प्रतिपादित करते हैं कि प्रेम के व्यामोह से मुक्ति पाकर ही पुरूरवा का हृदय आलोकित होता है : "पुरूरवा ने क्षणिक व्यामोह के बाद देखा कि भगवान भुवन भास्कर अरुण राग से सारी धरा को प्लावित कर रहे हैं।...पुरूरवा सब भूल गए। उनका हृदय भीतर भी उसी आलोक से आलोकित हो गया। विश्व-भर उस सौन्दर्य से भर उठा।"—ऐसा लिखकर प्रसाद जी नायक-नायिका के अलगाव के प्रश्न से हटकर रचना को बड़े उद्देश्य से जोड़ने की कोशिश करते हैं। प्रसाद जी ने उर्वशी के माध्यम से प्रेम, सौन्दर्य और स्वतंत्रता के संश्लेषण को नारी व्यक्तित्व में आरोपित किया है। वे यह प्रतिपादित करते हैं कि सच्चा प्रेम देह-भोग के बजाय आत्मसात् हो जाने में है। चूँकि स्वार्थ प्रेम की उज्ज्वलता को कलुषित करता है, अत: प्रसाद जी उर्वशी में नैतिक साहस एवं आत्मबल का सन्निवेश करते हैं। वे उर्वशी में नारी-सुलभ स्वातंत्र्य और अस्मिता-बोध भरते हैं जो केवल विश्व-विश्रुत नृत्यांगना

और दूसरों के विलास की सामग्री मात्र न होकर एक स्वतंत्र एवं परिपूर्ण व्यक्तित्व है। उसका अपना हृदय है, जो स्वच्छंद है। वह किसी बन्धन को नहीं मानता। संक्षेप में, प्रसाद जी 'उर्वशी चम्पू' का सृजन वैदिक मिथक के रूप में करते हैं जो स्वच्छंद प्रेम का प्रतीक है। यह प्रेम व्यक्ति को बन्धन और मोह के जकड़न से मुक्त रखता है। यह नैतिक प्रतिबद्धता पर आधारित है जो हृदय को.त्यागमय और उदार बनाता है। इस तरह प्रसाद जी 'चम्पू काव्य' के क्षेत्र में भी ऐतिहासिक कार्य कर गए हैं। वे रूप-सौन्दर्य और प्रकृति-सौन्दर्य के द्वारा जिस स्वर्गिक परिवेश की सृष्टि करते हैं, वह सहृदय पाठक के लिए रमणीय वस्तु है।

प्रसाद जी 'उर्वशी' के उपरान्त 'बभ्रुवाहन' नामक दूसरा 'चम्पू काव्य' भी लिखते हैं जिसकी कथा का आधार महाभारत है। यह सर्वज्ञात है कि बभ्रुवाहन मणिपुर की राजकुमारी चित्रांगदा और कौन्तेय अर्जुन का पुत्र है। जैसाकि महाभारत में उल्लिखित है कि युधिष्ठिर और द्रौपदी को एकान्त में देख लेने के दंडस्वरूप अर्जुन को वनवास भोगना पड़ा। इस दौरान वे लगातार तीर्थाटन और पर्यटन पर रहे। वे मणिपुर के उपवन में चित्रांगदा को देखकर उस पर मोहित हो जाते हैं। अगले दिन शिवालय में मणिपुर नरेश अर्जुन को पहचानकर चित्रांगदा से उनका विवाह कर देते हैं। इनके पुत्र का नाम बभ्रुवाहन रखा गया। जब अनेक वर्ष बीत जाने के बाद युधिष्ठिर के अश्वमेध यज्ञ का अश्व बभ्रुवाहन पकड़ लेते हैं तब उस अश्व के रक्षक अर्जुन से युद्ध की स्थिति उत्पन्न होती है। चित्रांगदा अपने पुत्र से कहती है कि वह अर्जुन से युद्ध करने के पूर्व उनका आशीर्वाद ले ले; क्योंकि वही उसके पिता हैं। जब बभ्रुवाहन पूजन-सामग्री के साथ रणक्षेत्र में पहुँचता है तो परिचय प्राप्त करने के उपरान्त भी यह अर्जुन को अच्छा नहीं लगता। वे पुत्र को क्षात्र-धर्म का पाठ पढ़ाकर उसे युद्ध के लिए ललकारते हैं। युद्ध में अर्जुन धराशायी होने के बाद पुत्र के शौर्य की प्रशंसा करते हैं। इस तरह महाभारत की इस पुराकथा के पुनराविष्कार के पीछे प्रसाद का उद्देश्य यह बताना था कि क्षात्र-धर्म का पालन ही क्षत्रिय का परम कर्तव्य होता है। जिस पिता ने क्षात्र-धर्म का पालन करने के लिए गुरु से भी युद्ध किया, महारुद्र से भी भिड़ गए, बभ्रुवाहन उसी पिता को आरती करके रिझाना चाहता है। ऐसे पुत्र और उसकी माता को धिक्कार है। इस तरह प्रसाद जी व्यक्ति-पूजा के बजाय समाज के सभी लोगों के समक्ष कर्म-निष्पादन का आदर्श रखते हैं। वे धर्म और न्याय को मजबूत करने के लिए कर्म-पालन का मार्ग सुझाते हैं। यह तत्कालीन परिवेश की एक अनिवार्य माँग थी। संक्षेप में, प्रसाद जी अपने दोनों चम्पू काव्यों के माध्यम से हिन्दी साहित्य को इस दृष्टि से भी समृद्ध करते हैं। उसे सम्पन्न करते हैं।

महात्मा गांधी और जयशंकर प्रसाद

महात्मा गांधी और महाकवि जयशंकर प्रसाद, दोनों ही दुर्निवार व्यक्तित्व हैं। इनसे सहमत-असहमत हुआ जा सकता है, लेकिन सर्वथा इनकी उपेक्षा सम्भव नहीं है। वैसे तो प्रख्यात क्रान्तिकारी चन्द्रशेखर आज़ाद को अपने घर एवं गोदाम में छिपानेवाले जयशंकर प्रसाद बाहरी तौर पर गांधी जी से एकदम अलग दीखते हैं। चाणक्य और चन्द्रगुप्त जैसे चरित्रों की सृष्टि करनेवाले प्रसाद की मूल चेतना क्रान्तिकारियों के निकट थी। लेकिन हमें यह नहीं भूलना चाहिए कि परम्परा और प्रभाव हमेशा अनुकूलता में ही नहीं चलते। वह प्रतिकूलता में भी हो सकता है। किसी के प्रति प्रतिक्रिया और प्रतिरोध भी प्रभाव का ही विस्तार है। गांधी और प्रसाद, दोनों ही विराट, बहुआयामी और बहुस्तरीय प्रतिभा-सम्पन्न व्यक्तित्व हैं। किसी एक दृष्टि अथवा प्रतिमान से दोनों का ही मूल्यांकन असम्भव है। दोनों की ही मानसिक संघटना जटिल एवं वैविध्यपूर्ण है। दोनों ही बड़े चिन्तक हैं। वे बड़े प्रश्न उठाते हैं और साहित्य एवं राजनीति की समानान्तर यात्रा द्वारा उनका समाधान भी ढूँढ़ते हैं। दोनों ही भारतीय परम्परा, इतिहास, दर्शन, संस्कृति और उपलब्धियों के साथ-साथ पश्चिमी ज्ञान-विज्ञान एवं विसंगतियों से परिचित थे। दोनों ही स्वप्न-द्रष्टा हैं। इन दोनों को ही कोई विदेशी विचारधारा नियंत्रित नहीं कर पाती। प्रसाद जी तो यहाँ तक लिखते हैं : "इस युग के तीन व्यक्तियों को महापुरुष मानता हूँ—गांधी जी, रवीन्द्र बाबू और मालवीय जी। और मैं अपने को इन तीनों में से किसी एक का अनुयायी नहीं मानता।"। प्रसाद जी अपने जीवनानुभवों एवं विश्व-संदृष्टि के आधार पर अपना बोध विकसित करते हैं। अत: दोनों के ही समक्ष भारत की वैश्विक पहचान, राष्ट्रीय अस्मिता तथा भारतवर्ष की परम्परागत छवि के उन्नयन की चुनौती थी। फलत: वे अपने अध्ययन, अनुभव एवं लोक-निरीक्षण द्वारा भारतवर्ष की गतिशील लोकोन्मुख परम्परा की व्यापक पहचान करते हैं। उसकी आत्मा का प्रकृति एवं ग्रामांचलों में संधान करते हैं। हमारे परम्परा-प्रसूत विराट शास्त्रीय तथा आध्यात्मिक चिन्तन का स्वानुभव एवं लोकानुभव पर अनुप्रयोग करते हैं। साथ ही, वे दोनों पश्चिमी चिन्तन से सार्थक मुठभेड़ करते हुए आत्मविश्वास का दर्शन बनाते हैं।

जब हम इन दोनों व्यक्तित्व की मानसिक बुनावट पर दृष्टिपात करते हैं तो

पाते हैं कि दोनों ही अन्तर्दृष्टि और विश्व-संदृष्टि-सम्पन्न हैं। दोनों ही आत्मचेतस और विश्वचेतस हैं। दोनों ही बृहद फलकीय (Macro) और गहनस्तरीय (Micro) चिन्तक हैं। दोनों ही अपने समय, समाज और मनुष्यता के भवितव्य को लेकर चिन्तित थे। अत: जयशंकर प्रसाद जैसा विराट चिन्तक तथा अपने समय एवं समाज के प्रति सचेष्ट रचनाकार गांधी जी के प्रभाव से पूर्णत: बच नहीं सकता था। वे 'विशाख', 'जनमेजय का नागयज्ञ' और 'कामना' में प्रतिहिंसा को करुणा में रूपान्तरित करके इस प्रभाव की पुष्टि करते हैं। प्रसाद और गांधी, दोनों ही करुणा को विशेष महत्त्व देते हैं। प्रसाद जी तो 'आँसू' का शुभारम्भ यदि 'करुणा कलित' हृदय से करते हैं तो 'कामायनी' का आरम्भ 'निकल रही थी मर्म वेदना करुणा विकल कहानी-सी' के द्वारा करते हैं। दोनों ही करुणा को मानवीय मूल्य के रूप में अपनाते हैं। उसे दो विश्वयुद्धों के बीच में वैश्विक व्याप्ति प्रदान करते हैं। प्रसाद जी ने 25 अक्टूबर, 1936 को काशी विद्यापीठ में भारतमाता मन्दिर के उद्घाटन-समारोह में महात्मा गांधी से विधिवत् मुलाकात की थी और उन्हें गीता की प्रति भेंट की थी। ध्यातव्य है कि गांधी जी भेंट में प्राप्त वस्तुओं को नीलाम करते थे और उस राशि का उपयोग देश के लिए करते थे। सन् 1932 में जब अम्बेडकर दलितों के लिए पृथक् निर्वाचन की माँग कर रहे थे और जिसे अंग्रेजों के छल-छद्म और हिन्दू समाज तथा राष्ट्र को तोड़ने की साजिश के तौर पर देखा जा रहा था, तब प्रसाद एवं प्रेमचन्द, दोनों ही गांधी जी का समर्थन करते हैं। यह सर्वविदित है कि गांधी जी को अंग्रेजों की इस कूटनीतिक चाल को निरस्त करने के लिए अनशन करना पड़ा था, जिसकी परिणति पूना पैक्ट के रूप में हुई। प्रसाद जी उस समय 'तितली' उपन्यास लिख रहे थे और मानो उस उपन्यास में इन्द्रदेव के माध्यम से वह गांधी जी की पीड़ा को ही अभिव्यक्त कर रहे थे : "बड़ी-बड़ी अभिलाषाएँ लेकर मैं इंगलैंड से लौटा था, यह सुधार करूँगा, वह करूँगा! किन्तु मैं अपने वातावरण में घिरा हुआ बेबस हो रहा हूँ। हम लोगों का जातीय जीवन संशोधन के योग्य नहीं रहा। धर्म और संस्कृति? निराशा की सृष्टि हैं। इतिहास कहता है कि संशोधन के लिए इसमें सदैव प्रयत्न हुआ है, किन्तु जातीय जीवन का क्षण बड़ा लम्बा होता है न। जहाँ हम एक सुधार करते हुए उठने का प्रयत्न करते हैं, वहीं कहीं अनजाने में रो-रुलाकर आँसुओं से फिसलन बनाते जाते हैं। जब हम लोग मन्दिर के सुवर्ण-कलश का निर्माण करते हैं, तभी उसके साथ कितने पीड़ितों का हृदय-रक्त उसकी चमक बढ़ाने में सहायक होता है।"

इस तरह प्रसाद जी अनेक विषयों पर गांधी जी के सहयात्री भी हैं।

प्राय: देखा गया है कि किसी बड़ी कलाकृति के मूल्यांकन में बड़े आलोचक से भी चूक हो जाती है। आचार्य रामचन्द्र शुक्ल ने भी जब 'कामायनी' का मूल्यांकन किया तो ऐसी चूक उनसे भी हो गई। उन्होंने 'कामायनी' में गांधीवाद

के बजाय वर्गहीन समाज की साम्यवादी पुकार सुनी, जबकि उन्होंने 'कामायनी' में बुद्धि के अतिरेक का विरोध तथा विज्ञान और यंत्रों की अनियंत्रित वृद्धि के प्रति क्षोभ इत्यादि का भी संधान किया। हम भली भाँति जानते हैं कि गांधी जी इसकी चर्चा हिन्द स्वराज में भिन्न रूप में कर चुके थे। शुक्ल जी ने यह तो लिखा है : "'कामायनी' में प्रकृति की मधुर, भव्य और आकर्षक विभूतियों की योजना का कहना ही क्या, प्रकृति के ध्वंसकारी भीषण वेग का अत्यन्त व्यापक परिधि के भीतर चित्रण हुआ है।"[1] प्रसाद जी 'कामायनी' में प्रकृति के अविवेकपूर्ण प्रौद्योगिकीय दोहन का खुला विरोध करते हैं। वे इसे आधुनिक वैज्ञानिक सभ्यता की हिंसा मानते हैं। यह हिंसा प्रकृति के प्रौद्योगिकीय दोहन, आर्थिक उपनिवेशीकरण तथा अत्याधुनिक वैज्ञानिक शस्त्रास्त्रों द्वारा होनेवाले युद्ध के रूप में देखी जा सकती है। गांधी ने 'हिन्द स्वराज' और प्रसाद ने 'कामायनी' में इस दिशा में विश्व-मनुष्यता को सचेत किया, जिसे और भी प्रभावी ढंग से प्रस्तुत करने की ज़रूरत है। गांधी जी ने स्पष्ट रूप से कहा कि मशीनी सभ्यता ने पृथ्वी का पर्यावरण नष्ट किया है, जिससे मानवीय जीवन नित नये और अनचाहे संकटों का सामना कर रहा है। प्रसाद जी ने इसे अपेक्षित वैज्ञानिकता तथा गहनता के साथ प्रस्तुत किया। वे प्रकृति के अनियंत्रित दोहन एवं शोषण को प्रलय का कारण मानते हैं। उनके अनुसार : प्रकृति इस शोषण के विरुद्ध प्रतिक्रिया करती है। प्रकृति की प्रतिक्रिया अर्थात् उसका रौद्र तथा तामसी रूप ही प्रलय है। प्रसाद जी ने ज्वालामुखियों के फटने, आग के धधकने, धरती के धँसने, धीरे-धीरे उसके सिकुड़ने इत्यादि को साकार करते हुए पृथ्वी की ऊभ-चूभ अवस्था का चित्रण करके प्रलय-वर्णन को गहनता एवं विश्वसनीयता प्रदान की है। इसी तरह कवि ने जिस वैज्ञानिक शब्दावली में प्रलय-निशा की समाप्ति की ओर संकेत किया है, वह उसके विज्ञान-बोध और वस्तुनिष्ठ दृष्टिकोण का परिचायक है :

वाष्प बना उजड़ा जाता था, या वह भीषण जलसंघात।
सौर चक्र में आवर्तन था, प्रलय निशा का होता प्रात॥

यही कारण है कि वे प्रकृति के साथ सन्तुलन की अवस्था में रहने की वकालत करते हैं। 'कामायनी' का प्रलय-वर्णन जिस वैज्ञानिक चेतना और वस्तुनिष्ठता के साथ प्रस्तुत किया गया है, वह समूचे विश्व साहित्य में दुर्लभ है।

महात्मा गांधी बार-बार जिस हृदय-परिवर्तन की बात करते हैं, क्या वही प्रसाद के सत्पात्रों में अनेक बार दुहराया नहीं गया है? क्या वही संवेदना प्रसाद के यहाँ रागात्मिका वृत्ति के समुच्चय के रूप में श्रद्धा नहीं बन जाती है? आखिर, गांधी जी मनुष्य मात्र के लिए जिन सद्‌वृत्तियों को अनिवार्य मानते थे, क्या श्रद्धा का व्यक्तित्व उसका साकार विग्रह नहीं है? आचार्य रामचन्द्र शुक्ल ने उसे 'विश्वासमयी

रागात्मिका वृत्ति' माना है, क्योंकि उसका स्वच्छ-हृदय रत्ननिधि है; जो दया, माया, ममता, क्षमा, मधुरिमा, सहानुभूति और अगाध-विश्वास से अनुप्राणित है। वह मनु के समक्ष बिना शर्त निःस्वार्थ रूप से भावनात्मक समर्पण करके उनके हृदय के तारों को जोड़ देती है :

दया, माया ममता लो आज, मधुरिमा लो अगाध विश्वास।
हमारा हृदय रत्ननिधि स्वच्छ, तुम्हारे लिए खुला है पास॥

इस भावनात्मक और आत्मिक संस्कृति के महत्त्व का स्वीकार गांधी जी भी करते हैं। यही कारण है कि वे अंग्रेज और अंग्रेजियत, दोनों का ही विरोध करते हैं। दोनों को ही भारत और भारतीयों के लिए घातक मानते हैं। वे बड़े ही साहस के साथ लिखते हैं : "हम अंग्रेजों को हटा दें और उन्हीं की सभ्यता और उन्हीं के आदर्श को स्वीकार करें तो हमारा उद्धार नहीं होगा। हमें अपनी आत्मा को बचाना चाहिए। भारत के लिखे-पढ़े चन्द लोग पश्चिम के मोह में फँस गए हैं। जो लोग पश्चिम के असर तले नहीं आए हैं, वे भारत की धर्मपरायण नैतिक सभ्यता को ही मानते हैं। उनको अगर आत्मिक शक्ति का उपयोग करने का तरीका सिखाया जाए, सत्याग्रह का रास्ता बताया जाए तो वे पश्चिमी राज्य-पद्धति का और उससे होनेवाले अन्याय का मुकाबला कर सकेंगे तथा शस्त्रबल के बिना भारत को स्वतंत्र कराके दुनिया को भी बचा सकेंगे।" कहना न होगा कि गांधी जी ने सत्य, अहिंसा और असहयोग के बल पर देश को स्वाधीनता ही नहीं दिलवाई, अपितु वे भारतीय संविधान में हिन्दी को राष्ट्रभाषा का दर्जा दिलवाने के लिए भी संकल्पित थे, जिससे हम अंग्रेजियत से भी मुक्त हो सकें। प्रसाद की श्रद्धा भी न केवल इन्हीं गुणों से परिपूर्ण है, अपितु वह मनु के समक्ष उज्ज्वल नवमानवता की प्रतिष्ठा का प्रस्ताव भी रखती है। हम बड़े शिद्दत से यह महसूस कर रहे हैं कि स्वाधीन भारत की सबसे बड़ी विडम्बना यह रही है कि हम अंग्रेजों से तो आज़ाद हो गए हैं, परन्तु आज भी अंग्रेजियत की जकड़न में फँसे हुए हैं। इस दृष्टि से वर्तमान भारत सरकार द्वारा प्रस्तावित नई राष्ट्रीय शिक्षा नीति-2020 इसी अंग्रेजियत से मुक्त होने के प्रयास की फलश्रुति है। इसका उद्देश्य ही ज्ञान आधारित जीवन्त समाज की स्थापना है, जो प्रसाद के उज्ज्वल नवमानवता का ही पूरक है।

यह सर्वविदित है कि गांधी जी भारत आने के उपरान्त देश भर में घूमकर लोगों को जिस तरह जगाते हैं, श्रद्धा भी मनु के सहयोग से प्रलय के फलस्वरूप शक्ति के जो विद्युत्कण निरुपाय होकर बिखर गए हैं, उन्हें फिर से समन्वित कराकर मानवता को विजयिनी बनाने का प्रस्ताव रखती है। महात्मा गांधी ने अहिंसा को एक साधना, शस्त्र एवं कला के रूप में प्रतिष्ठित किया। वे अहिंसा के जिस सिद्धान्त को जीवन की कसौटी पर खरा उतारने का प्रयास कर रहे थे, प्रसाद जी श्रद्धा के

माध्यम से उसका अतिशय काव्यात्मक रूप में उपयोग करते हुए मनु को हिंसा से विलगाकर सत्कर्मों में प्रवृत्त करवाने का उपक्रम करते हैं। यहाँ ऐसा प्रतीत होता है मानो प्रसाद जी के शब्दों में गांधी जी बोल रहे हों :

अपनी रक्षा करने में जो, चल जाएँ तुम्हारे कहीं शस्त्र।
मैं यह तो समझ सकी हूँ अब, हिंसक से रक्षा करें अस्त्र॥
पर जो निरीह जी करके भी, जीवन जीने में हों समर्थ।
वे क्यों न जिएँ उपयोगी बन, इसका मैं समझ सकी न अर्थ॥
वे द्रोह न करने के स्थल हैं, जो पाले जा सकते सहेतु।
पशु से यदि हम कुछ ऊँचे हैं, तो भव जलनिधि में बने सेतु॥

गांधी जी और प्रसाद जी, दोनों ही आत्मरक्षा तथा प्राणिरक्षा के आदर्श की प्रतिष्ठा करते हैं। गांधी जी प्रश्नोत्तर शैली में पश्चिमी सभ्यता और आधुनिकता की गहरी मीमांसा करते हैं। वे उसे राक्षसी सभ्यता की संज्ञा देते हैं। 'हिन्द स्वराज' के माध्यम से पश्चिमी उपनिवेशवाद से सीधे टकराते हैं और एक भविष्यद्रष्टा की भाँति उसमें निहित अशुभ प्रवृत्तियों तथा विसंगतियों का पर्दाफाश करते हैं। उनका मानना था कि आर्थिक साम्राज्यवाद ने विश्व में गैरबराबरी बढ़ाई है। वे आर्थिक उपनिवेशीकरण के साथ-साथ मानसिक उपनिवेशीकरण के खतरे के प्रति भी आगाह करते हैं। साथ ही, भारत के सन्दर्भ में वैकल्पिक तकनीक, स्वदेशी, सर्वोदय, ग्रामविकास इत्यादि को पुरस्कृत करने पर जोर देते हुए शिक्षा, स्वास्थ्य, रेल तथा भारत के बारे में अपने मौलिक विचार व्यक्त करते हैं। प्रसाद जी अपने विश्व-जीवन के प्रति निरन्तर सक्रिय चिन्तन कर रहे थे। उनकी विश्वदृष्टि उस समय के तमाम सामाजिक, सांस्कृतिक, आर्थिक एवं राष्ट्रीय प्रश्नों के प्रति जाग्रत थी। वे 'कामायनी' में आधुनिक सभ्यता की विसंगतियों पर जिस तरह प्रखर काव्यात्मक आक्रमण करते हैं, वह समूचे बीसवीं सदी के काव्य में दुर्लभ है। प्रसाद जी औपनिवेशिक ज्ञान-मीमांसा और वैज्ञानिक प्रगति की जैसी समीक्षा करते हैं, वह अन्यत्र दुर्लभ है। उनका यही प्रदेय उन्हें उस युग के हर भाषा-साहित्य के रचनाकारों से भिन्न बना देता है। गांधी जी जिन प्रश्नों को वैचारिक धरातल पर उठाते हैं, उसे और उसके अलावा भी अनेक सन्दर्भों को प्रसाद जी संवेदना एवं बुद्धि की परिपक्व परिणति तक पहुँचाते हैं। दोनों ही आधुनिक भौतिकवादी सभ्यता के सर्वभक्षी एवं स्वार्थी रूप का निषेध करते हैं। सर्वमंगला श्रद्धा विश्व-मानवतावाद के महत लक्ष्य से अनुप्राणित होकर मनु को सर्वजनहिताय के जिस विराट लक्ष्य के प्रति संकल्पित होने के लिए प्रेरित करती है, वह आज और भी प्रासंगिक है :

अपने में भर सबकुछ कैसे, व्यक्ति विकास करेगा।
यह एकान्त स्वार्थभीषण है, अपना नाश करेगा॥
औरों को हँसते देखो मनु, हँसो और सुख पाओ।
अपने सुख को विस्तृत कर लो, सबको सुखी बनाओ।

कहना न होगा कि आज जब वैश्वीकरण की आँधी चल रही है और विश्व-बाजारवाद की आयोजक-नियोजक शक्तियाँ उपभोक्तावाद, स्वार्थपरता तथा लाभ वृत्ति को विश्व स्तर पर प्रसारित कर रही हैं, तब उक्त पंक्तियों की अर्थवत्ता और भी बढ़ गई है। प्रसाद जी अपने विश्व-जीवन के सतर्क विश्लेषण द्वारा अपने युग के साथ-साथ भावी युग को भी जाँचते-परखते हैं।

महात्मा गांधी की ख्याति एक सत्यान्वेषी, सत्यसाधक, सत्यशोधक और सत्य को आत्मसात् करनेवाले व्यक्तित्व की रही है। वे जिस अदम्य साहस और संकल्प के साथ सत्य के संधान की साहसिक यात्रा करते हैं, वह मानवमात्र के लिए अनुकरणीय है। इसी तरह जयशंकर प्रसाद 'कामायनी' के 'कर्म सर्ग' में सत्य के स्वरूप का जैसा वस्तुनिष्ठ एवं वैज्ञानिक विश्लेषण प्रस्तुत करते हैं, वह विश्व के हर सजग नागरिक के लिए विचारणीय है। वे लिखते हैं :

बन जाता सिद्धान्त प्रथम फिर पुष्टि हुआ करती है।
बुद्धि उसी ऋण को सबसे ले, सदा भरा करती है॥
मन जब निश्चित सा कर लेता, कोई मत है अपना।
बुद्धि दैव बल से प्रमाण का सतत निरखता सपना॥
पवन वही हिलकोर उठाता, वही तरलता जल में।
वही प्रतिध्वनि अन्तरतम की, छा जाती नभ थल में॥
सदा समर्थन करती उसका तर्कशास्त्र की पीढ़ी।
ठीक यही है सत्य यही है उन्नति सुख की सीढ़ी॥
और सत्य यह एक शब्द तू कितना गहन हुआ है।
मेधा के क्रीड़ा पंजर का पाला हुआ सुआ है॥
सब बातों में खोज तुम्हारी रट सी लगी हुई है।
किन्तु स्पर्श के तर्क-करों से बनता छुई-मुई है॥

इस तरह तर्क के कठोर हाथों के स्पर्श से सत्य छुई-मुई हो जाता है। अत: बुद्धि पर लोगों को विश्वास नहीं होता, क्योंकि बुद्धि का सहारा लोग अपनी भली-बुरी वृत्तियों को ठीक प्रमाणित करने के लिए लेते हैं। ऐसी स्थिति में प्रसाद जी अनुभूति की प्रामाणिकता एवं आत्मा के सत्य की प्रतिष्ठा करते हैं। वे बुद्धिवाद को दुख और संघर्ष का मूल कारण मानकर बुद्धि-भावना एवं कर्म के मध्य सामरस्य

की वकालत करते हैं। उनकी विवेकशीलता सत्य के निर्वचन के क्षेत्र में भी अपेक्षित सफलता हासिल करती है। प्रसाद जी ऐसे सन्दर्भ भी सृजित करते हैं, जहाँ गांधी जी का प्रत्यक्ष प्रभाव भी देखा जा सकता है। वे चरखा चलवाने के बजाय श्रद्धा द्वारा पशुओं के ऊन से वस्त्र बनाने के लिए तकली का प्रयोग करवाते हैं। वह एक आदर्श गृहिणी की भाँति अपनी होनेवाली संतान के लिए सुख का आयोजन करते हुए गृहसज्जा में रत होती है। प्रसाद जी श्रद्धा के माध्यम से चरखाधर्मी उपकरण तकली के प्रतिवर्तन में चरखे का स्वर मुखरित करते हैं। श्रद्धा कहती है :

मैं बैठी गाती हूँ तकली के प्रतिवर्तन में स्वर-विभोर।
चल री तकली धीरे-धीरे, प्रिय गए खेलने को अहेर॥

इस प्रकार हम कह सकते हैं कि 'तकली के प्रतिवर्तन में स्वर-विभोर' प्रकारान्तर से गांधी जी के चरखे का ही स्वर है।

गांधी और प्रसाद, दोनों ही यंत्र और मशीन के बजाय यांत्रिक सभ्यता तथा मशीनीकरण के अतिरेक का विरोध करते हैं। प्रसाद जी काम की शाप-वाणी के रूप में आधुनिक सभ्यता की विसंगतियों पर जिस प्रकार प्रखर काव्यात्मक आक्रमण करते हैं, वह सम्पूर्ण विश्व साहित्य में दुर्लभ है। प्रसाद जी का गत्यात्मक व्यक्तित्व अपने समय तथा जीवन-जगत से सघन प्रतिक्रिया करते हुए आधुनिक सभ्यता की जैसी शल्य-चिकित्सा करता है, वह एक बड़े समाजशास्त्री के लिए भी चुनौती है। उनकी तीव्र संवेदना गहन समस्यानुभूति से अनुप्राणित होकर जो सभ्यता-विमर्श करती है, वह हर सुविज्ञ व्यक्ति के लिए चिन्तनीय है। वे काम द्वारा आधुनिक प्रजातंत्र को अभिशप्त करवा देते हैं। वे अपनी आँखों के सामने यह देख चुके थे कि प्रजातंत्र का नाश अधिनायकवाद में होता है। उस समय तक हिटलर और मुसोलिनी जैसे तानाशाहों का अभ्युदय हो चुका था और प्रजातांत्रिक प्रणाली अपने अभिशप्त रूप में कराह रही थी। फलतः वे लिखते हैं :

अब विकल प्रवर्तन हो ऐसा जो नियति चक्र का बने यंत्र।
हो शाप भरा तव प्रजातंत्र॥

प्रसाद जी युद्ध के मूल और सनातन कारणों पर भी विचार करते हैं। मनु को सारस्वत प्रदेश में देवासुर-संग्राम का स्मरण हो आता है। वह आत्म-चिन्तन करता है :

था एक पूजता देह दीन।
दूसरा अपूर्ण अहंता में अपने को समझ रहा प्रवीण।
दोनों का हठ था दुर्निवार, दोनों ही थे विश्वासहीन।
फिर क्यों न तर्क को शस्त्रों से वे सिद्ध करें—क्यों हो न युद्ध?

गांधी जी ने 'हिन्द स्वराज' में यंत्रीकरण के भयावह रूप का निषेध करते हुए लिखा था : "यंत्रों से यूरोप उजड़ रहा है और वहाँ की हवा भारत आ गई है। यंत्र आधुनिक सभ्यता की निशानी है और वह महापाप है। ऐसा मैं साफ कर सकता हूँ। अगर यंत्रों की यह हवा ज़्यादा चली तो भारत की बड़ी शोचनीय स्थिति हो जाएगी। भारत में मिलें कायम करने के बजाय मैनचेस्टर को और रुपया भेजते रहकर उसका सड़ा हुआ कपड़ा इस्तेमाल करने में केवल हमारा पैसा जाएगा। अगर तुम भारत में मैनचेस्टर बना डालो तो पैसा भारत में रहेगा।"

हमें यह स्मरण रखना होगा कि गांधी जी का विरोध यंत्रों के बजाय यंत्रों के प्रति पागलपन को लेकर था। वे नहीं चाहते थे कि भारत उस दिशा में जाए। प्रसाद जी न केवल इन तमाम संकटों से भली भाँति परिचित थे, अपितु वे यांत्रिक सभ्यता में निहित शोषण और हिंसा से विधिवत् सचेत भी करते हैं।

गांधी जी ने हिन्द स्वराज में जिन प्रश्नों का जिक्र भर किया था, उसे अतिशय गहन प्रभावी काव्यात्मक अभिव्यक्ति 'कामायनी' में प्रदान की गई है। प्रसाद जी आधुनिक सभ्यता के तमाम खतरों के प्रति विश्व-मनुष्यता को जिस वस्तुनिष्ठता के साथ आगाह करते हैं, वह उन्हें महान द्रष्टा कवि सिद्ध करता है। संक्षेप में, गांधी और प्रसाद, दोनों एक दूसरे के पूरक हैं। उनका तुलनात्मक सन्दर्भ एक नये पाठ की सामग्री उपलब्ध कराता है। दोनों के समवेत चिन्तन से एक समग्र भारतीय चिन्तन तैयार हो सकता है। गांधी जी केवल मानवतावादी हैं, जबकि प्रसाद जी उज्ज्वल नव-मानवता की प्रतिष्ठा के लक्ष्य से परिचालित हैं। फलत: वे अनेक स्थलों पर गांधी जी से भी आगे दिखाई देते हैं। उनकी विश्व-संदृष्टि मानव भविष्य के प्रति जिस विवेकशीलता के साथ 'कामायनी' में चरम परिपाक पर पहुँचती है, उसका कोई प्रतिद्वंद नहीं है। इस दृष्टि से दोनों के वैश्विक अवदान को नये सिरे से विश्लेषित किया जा सकता है। ऐसा करके ही हम गांधी एवं प्रसाद के समग्र अवदान को तार्किक परिणति तक पहुँचा सकते हैं। दोनों का ही चिन्तन प्राणिमात्र की कल्याण-कामना का समुच्चय है। दोनों ही बीसवीं सदी की अप्रतिम विभूतियाँ हैं। दोनों ने ही विश्व-जीवन तथा विश्व-मनुष्यता को गहराइयों तक प्रभावित किया है। दोनों भारतीय एवं पाश्चात्य चिन्तन के उपयोगी तत्त्वों के समन्वय के पक्षधर थे, जिससे मनुष्यता के सार्वभौम-शाश्वत हित में विश्वस्तरीय सिद्धान्तों का निर्माण किया जा सके। यही कारण है कि आज दोनों की ही प्रासंगिकता नई चुनौतियों के आलोक में बढ़ती जा रही है। अत: इन दोनों अद्वितीय विभूतियों के चिन्तन के समान बिन्दुओं का निर्वचन समय की माँग है। प्रस्तुत आलेख इस दिशा का संकेत करनेवाला प्रवेश-द्वार भर है। मुझे पूर्ण विश्वास है कि अब इस दिशा में गम्भीर विमर्श आरम्भ होगा।

'कामायनी' में प्रकृति-चित्रण

'कामायनी' हिन्दी जगत की सबसे चुनौतीपूर्ण रचना है। उसमें प्रसाद की रचनात्मक शक्ति का अधिकतम दोहन दिखाई पड़ता है। जयशंकर प्रसाद का कवि व्यक्तित्व उत्तुंग शिखरों पर छँटते हुए कुहासे के बीच चढ़ता ही गया है और अन्ततः वह सबसे ऊँचे शिखर 'कामायनी' पर पहुँचा है। यहाँ प्रसाद की सर्जनात्मक प्रतिभा साधनावस्था से सिद्धावस्था में रूपान्तरित हो जाती है। वह अपने प्रकर्ष पर पहुँच जाती है।

यद्यपि भारतीय कवियों ने अपने भावात्मक दृष्टिकोण के कारण प्रकृति में हमेशा से एक सजीव सत्ता का आभास पाया; परन्तु वाल्मीकि,कालिदास, बाण एवं भवभूति की विशुद्ध रूप में प्रकृति-चित्रण की परम्परा मध्यकाल में बाधित हो गई। हिन्दी कविता के आदिकाल तथा भक्तिकाल में प्रकृति-चित्रण बहुत उत्साहवर्धक नहीं है। अब तक कवियों ने कोकिल, चातक, मोर, राका, वर्षा, नदी, पहाड़, आम वगैरह के या तो खंडचित्र प्रस्तुत किए अथवा षटऋतु या बारहमासे के आधार पर उसे श्रृंगार के उद्दीपन रूप में प्रस्तुत किया। रीतिकाल के कवियों को अन्तःपुर और अरहर के खेतों से फुरसत ही नहीं मिली, इसीलिए वे प्रकृति की स्वतंत्र सत्ता से अनभिज्ञ बने रहे। भारतेंदु तथा द्विवेदी-युग में भी कविगण प्राकृतिक वस्तुओं की सूची गिनाने से आगे नहीं बढ़ पाए थे। लेकिन इस समय श्रीधर पाठक एवं रामनरेश त्रिपाठी ने प्रकृति के उन्मुक्त एवं स्वच्छंद वातावरण में प्रवेश किया। ऐसा नये विज्ञान के कारण सम्भव हो सका, क्योंकि विज्ञान ने प्रकृति के रहस्यों को खोलना शुरू किया, जिसे धर्म ने अंधश्रद्धा का भाव जगाकर जानने से रोक रखा था। इस दिशा में डॉ. जगदीशचन्द्र बोस का योगदान उल्लेखनीय है। उन्होंने प्रकृति को जीवित, चेतन एवं स्वतंत्र सत्ता के रूप में प्रमाणित किया। फलतः नई पीढ़ी के कवियों को प्रकृति का नया परिचय प्राप्त हुआ। मुझे लगता है कि डॉ. बोस की स्थापनाओं के कारण इस पीढ़ी के कवियों को जो नया आलोक मिला, उसी के चलते रवीन्द्रनाथ टैगोर से लेकर छायावादी कवियों तक में एक प्रकृति-दर्शन का विकास हुआ। वे प्रकृति के अनन्त रमणीय सौन्दर्य और नित्य नव-रूपाकार को जानने के लिए व्यग्र हो उठे।

जयशंकर प्रसाद ने चित्राधार के 'प्रकृति-सौन्दर्य' शीर्षक लेख में तथा अन्यत्र

भी प्रकृति के सम्बन्ध में अपनी धारणा प्रस्तुत की है। उनके अनुसार : "प्रकृति विश्वात्मा की छाया या प्रतिबिम्ब है। वह विश्वसुन्दरी है। उसमें आत्मविश्वास करने की शक्ति है। वह आन्तरिक आलोक प्रदान करती है और प्रकृति का प्रेम सर्वत्र सौन्दर्य का दर्शन करता है। प्रकृति में शान्ति का अलौकिक साम्राज्य है। उसमें हृदय का अनन्त विकास होता है। वह मानव के विकास में सहायक है। यह मूर्त चराचर विश्व 'चिति का विराट वपु मंगल' है। पाषाणी प्रकृति में आत्मतत्त्व से पुलकित होकर हँसमुखी कल्याणी हो जाती है।" ये स्फुट किन्तु सारगर्भित विचार प्रसाद जी की प्रकृति-चिन्ता के केन्द्र में हैं, जिनके आधार पर प्रसाद जी के प्रकृति-चिन्तन का सम्यक् विश्लेषण सम्भव है।

प्रसाद जी 'कामायनी' में प्रभावापन्न होकर प्रकृति के प्रचंड, भयावह, कठोर तथा कम्पकारी रूपों का आतंकित भाव से चित्रण करने के साथ उसके सौन्दर्य पर एकान्त मुग्ध भी हैं। उन्होंने 'चिन्ता सर्ग' में दिखलाया है कि देव सर्ग के अग्रदूत थे। उनके उत्कर्ष के दिन थे। आकाश उनके जन्म से काँपने लगता था। द्यावा-पृथ्वी उनका लोहा मानते थे। पवन उनको पंखा झलता है, विद्युत उनके दीप जलाता है, मेघ उनके इच्छानुकूल जल बरसाता है। इस बोध में वे मदान्ध हो उठे। उनको प्रकृति के निस्सीम शक्ति का भान नहीं रहा। वे अपने सुख के विस्तार के लिए प्रकृति का बलात् उपभोग करते रहे। वे प्रेय का संग्रह करने में श्रेय को भूल बैठे और ज्ञान-विवेक की विभा से दूर होते गए। प्रकृति देवों के उच्छृंखल बर्ताव को सहन नहीं कर सकी और क्रुद्ध हो गई। तब क्या? प्रलयंकारी जल-वर्षा होने लगी। बादलों की गर्जना से ब्रह्मांड काँप उठा। वज्रपात होने लगा। झंझावात तांडव दिखलाने लगा। चारों तरफ़ हाहाकार मच गया। सूर्य की धुँधली आभा अन्धकार में समा गई। समुद्र अपनी मर्यादा तोड़ बैठा। सारी पृथ्वी जलमग्न हो गई और देवजाति ने अपने सम्पूर्ण वैभव एवं विलास के साथ जल समाधि ली। देवों का दर्प चूर हो गया। प्रकृति विजयी हुई।

'कामायनी' का प्रलय-वर्णन प्रकृति के भीषण रूप का स्तवन है। प्रकृति का ऐसा उग्र, भयावह और विध्वंसात्मक चित्रण अन्यत्र दुर्लभ है। महाविनाश और महामौन के साथ महामृत्यु की भैरव-क्रीड़ा कितनी भीषण हो सकती है, इसे प्रसाद की प्रतिभा ने पूरी सफलता के साथ चित्रित किया है।

हाहाकार हुआ क्रन्दनमय, कठिन कुलिस होते थे चूर,
हुए दिगन्ध बधिर, भीषण रव बार-बार होता था क्रूर॥
पंचभूत का भैरव मिश्रण, शंपाओं के शकल-निपात,
उल्का लेकर अमर शक्तियाँ खोज रही ज्यों खोया प्रात।

प्रलय-निशा को काल-रात्रि भी कहा जाता है। प्रलय-विभीषका के विकर्षण-प्रेरित

अन्धकार में सूर्य बहुत समय के लिए छिप जाता है। इसी भूमंडल-व्यापी अन्धकार के लिए कितनी सुन्दर और सजीव उत्प्रेक्षा की गई है :

बार-बार उस भीषण रव से कँपती धरती देख विशेष,
मानो नील व्योम उतरा हो, आलिंगन के हेतु अशेष।

इसी तरह गरजती सिन्धु-लहरियों का भीषण और स्वाभाविक चित्रण कितना प्रभावशाली बन पड़ा है :

उधर गरजती सिन्धु लहरियाँ, कुटिल काल के जालों सी,
चली आ रही फेन उगलती, फन फैलाए व्यालों सी।

ऐसा चित्रण सम्भवत: अन्यत्र दुर्लभ है। प्रसाद जी ने जल-प्रलय को उसकी समूची उग्रता एवं भयंकरता में मूर्तिमान किया है। यह उनकी प्रतिभा की असाधारणता है। ज्वालामुखियों का फटना, आग का धधकना, धरती का धँसना, धीरे-धीरे उसका सिकुड़ना आदि कितना भयानक है, कितना हृदयविदारक है, मानो पृथ्वी की ऊभ-चूभ अवस्था का चित्रण प्रलय-वर्णन को गहनता और विश्वसनीयता प्रदान करता हो!

धँसती धरा, धधकती ज्वाला, ज्वालामुखियों के नि:श्वास।
और संकुचित क्रमश: उसके अवयव का होता था ह्रास॥
सबल तरंगाघातों से उस क्रुद्ध सिन्धु के विचलित सी।
व्यस्त महाकच्छप सी धरणी, ऊभ-चूभ थी विकलित सी।

जीवन पंचभूतों का मधुर मिश्रण है। उनका विकर्षण प्रेरित होना मृत्यु और ध्वंस के आगमन की पूर्व सूचना है। यहाँ तो निरन्तर उनका तांडव नृत्य ही चल रहा है। वैज्ञानिक भाषा में अणुओं का एक-दूसरे के प्रति ६३ की आकर्षण-प्रेरित मुद्रा में आकर्षित होकर नाचना 'लास्य' और ३६ की मुद्रा में विकर्षण-प्रेरित होकर नृत्यरत होना विनाश है। सृष्टि की रचना करनेवाले विद्युत्कणों में विकर्षण चल रहा है। बिजलियाँ वज्रपात करती हुई गिर रही हैं। सभी कुचले जा रहे हैं। विध्वंस ने सर्वनाश कर दिया :

बढ़ने लगा विलास वेग-सा, वह अति भैरव जल-संघात,
तरल तिमिर से प्रलय पवन का, होता आलिंगन प्रतिघात।
करका क्रन्दन करती गिरती, और कुचलना था सबका,
पंचभूत का यह तांडवमय नृत्य हो रहा था कब का॥

प्रकृति का उग्र और तामसी रूप ही प्रलय है, जिसे साहित्य में मूर्तिमान करने का श्रेय 'कामायनी'कार को है। कवि ने जिस वैज्ञानिक शब्दावली में प्रलय निशा

की समाप्ति की ओर संकेत किया है, वह उसके विज्ञान-बोध और वस्तुनिष्ठ दृष्टिकोण का परिचायक है :

वाष्प बना उजड़ा जाता था
या वह भीषण जलसंघात।
सौर चक्र में आवर्तन था
प्रलय निशा का होता प्रात॥

'कामायनी' का 'आशा सर्ग' प्रकृति-चित्रण की दृष्टि में सबसे ज़्यादा महत्त्वपूर्ण है। कवि ने आरम्भ में ही उषा और शरद ऋतु का बड़ा ही मनोरम चित्रण खींचा है। जल-प्लावन के पश्चात् उषा भी कितनी आशा, आह्लाद और उल्लास का स्रोत बनकर आई। 'सुनहरी तीर बरसना' कालरात्रि को जल में अन्तर्निहित करना, प्रकृति के विवर्ण मुख पर पुनः हँसी लाना, 'सित सरोज' (श्वेतकमल) पर 'पिंग पराग' (पीला) के समान कोमल आलोक बिखरना, अलसाई वनस्पतियों का शीतल जल से मुख धोते हुए जागना तथा प्रकृति को प्रबुद्ध करना, इसी उषा का वरदान है—यह नवजागरण नव विहान और नये ज्ञान के उन्मेष का जयघोष है :

उषा सुनहले तीर बरसती, जयलक्ष्मी सी उदित हुई
उधर पराजित कालरात्रि भी जल में अन्तर्निहित हुई।
नेत्र निमीलन करती मानो, प्रकृति प्रबुद्ध लगी होने
जलधि लहरियों की अँगड़ाई, बार-बार जाती सोने॥

इसके बाद कवि ने यह चित्र कल्पना की सारी सीमाओं को लाँघकर बनाया है, मनुष्य अथवा कवि की कल्पना शायद ही इससे आगे जा सके :

सिन्धु सेज पर धरा वधू अब, तनिक संकुचित बैठी-सी।
प्रलय निशा की हलचल स्मृति में मान किए सी ऐंठी-सी॥

अर्थात् समूची धरती समुद्र-रूपी सेज पर सिकुड़कर बैठी हुई नवोढ़ा-सी दिखाई देती थी। प्रलय रात्रि में उसके अंगों को पुरुष ने इस प्रकार झकझोर दिया कि वह बेसुध हो गई थी। अब उसे वही पूर्वानुभव स्मरण हो रहा है जिससे वह पुरुष से न बोलने का मान करने में प्रवृत्त है। यह कवि-कल्पना की पराकाष्ठा है।

प्रसाद जी ने इसी क्रम में रहस्य और अध्यात्म-भावना की अभिव्यक्ति के लिए भी प्राकृतिक उपादानों का उपयोग किया है। सृष्टि का संचालन करनेवाली अनन्त सतता के सम्बन्ध में मनु जिज्ञासा करते हैं :

महानील इस परम व्योम में,
अन्तरिक्ष में ज्योतिर्मान
ग्रह, नक्षत्र और विद्युतगण
किसका करते से संधान।
छिप जाते हैं और निकलते, आकर्षण में खिंचे हुए
तृण वीरुध लहलहे हो रहे, किसके रस से सिंचे हुए।

शालियों का उल्लेख शरद-वर्णन का अंग-सा बन गया है। कालिदास ने 'ऋतुसंहार' में 'आपक्वशालि रुचिरानतगात्र यष्टिः' में शरद को पके हुए धान के शरीरवाली कहा है। प्रसादजी ने लिखा है :

स्वर्ण शालियों की कलमें थीं, दूर-दूर तक फैल रहीं,
शरद इन्दिरा के मन्दिर की मानो कोई गैल रही।

अर्थात् दृष्टि पथ पर दूर तक धानों की सुनहली बाली दिखाई दे रही थी। ऐसा लगता था, जैसे शरद-लक्ष्मी के मन्दिर तक जाने का कोई हेम (स्वर्ण) निर्मित मार्ग हो। इस तरह प्रसाद जी का यह संकेत कालिदास के प्रत्यक्ष कथन से काफ़ी आगे है।

नगाधिराज हिमालय भारतीय राष्ट्र का सिरमौर है। उसकी महिमा-गाथा से भारतीय संस्कृति तथा समाज का इतिहास भरा पड़ा है। 'गिरमस्ते पर्वता हिमवन्तो' का उल्लेख पृथ्वी-सूक्त (अथर्ववेद) से लेकर 'हुआ हिमालय का शिर ऊँचा' (मदालसा) तक भारतीय साहित्य में निरन्तर होता आया है। रामायण, श्रीमद्भागवत के अतिरिक्त 'कुमारसम्भवम्' के प्रथम से सोलहवें श्लोक तक हिमालय का विशिष्ट वर्णन हुआ है। परन्तु, प्रसाद जी का हिमालय-वर्णन मानवीकरण एवं उक्ति वैचित्र्य की दृष्टि से सर्वोपरि है। ऐसा तुलनात्मक अध्ययन द्वारा जाना जा सकता है। प्रसाद जी ने लिखा है :

विश्व कल्पना-सा ऊँचा वह, सुख शीतल सन्तोष निदान,
और डूबती-सी अचला का अवलम्बन मणिरत्न निधान।
उमड़ रही जिसके चरणों में, नीरवता की विमल विभूति
शीतल झरनों की धाराएँ, बिखराती जीवन अनुभूति।
उस असीम नीले अचंल में देख किसी की मृदु मुस्कान,
मानो हँसी हिमालय की हो फूट चली करती कल गान!

कालिदास ने 'कुमारसम्भवम्' में हिमालय का पृथ्वी का अवलम्ब इसलिए कहा है कि हिमालय यज्ञ-सामग्री देता है और यज्ञ से विश्व वलता है। (यज्ञांगयो नित्वमवेक्ष्य यस्य धरिणी धरण क्षमे च।) प्रसाद जी ने प्राकृतिक चित्र से बल लेकर एक स्वाभाविक उक्ति द्वारा वही बात कही है। पानी पर पृथ्वी हिमालय का पैर पकड़े

खड़ी-सी लगती है। प्रसाद की यह कहन शैली ही उन्हें अन्यतम कवि ठहराती है।

हिमालय की तलहटी में शान्त कोलाहलहीन वातावरण था। लगता था, वह सिद्ध योगी की भाँति अचल समाधि में स्थित है और उसके चरणों में नीरवता की मलरहित सुन्दर शान्तिमय विभूति प्रवाहित हो रही है। हिमालय के शरीर से फूटते हुए शीतल पानी के झरनों को देखकर ऐसा प्रतीत होता था कि हिमालय अपने जीवन-अनुभूति की संचित राशि को सर्वजनहिताय लुटा रहा है। जैसे नील परिधान ओढ़े किसी नायिका की मन्द मुस्कान देखकर कोई धीर नायक विहँस पड़े और मन्द स्वरों में गाने लगे, उसी प्रकार नीले आकाश में फूटती आभाओं को देखकर हिमालय झरनों के रूप में विहँसता तथा कलरव करता दिखाई पड़ रहा था।

इसके आगे 'शिलासन्धियों' से जो कार्य हमारे कवि ने निकाला है, वह कार्य कालिदास ने बाँसों से सम्पन्न किया है। यहाँ भी प्रसाद कालिदास से ज़्यादा सूक्ष्म नाद-बिम्ब रचते हैं।

हिमालय की ऊँची आकाश छूनेवाली चोटियाँ संध्याकालीन बादलों की विभिन्न रंग-रंजित छींट पहने और हिम का मुकुट शिर पर धारण किये सुन्दर लगती थीं। सब मौन, गौरव और महत्त्व की भव्य प्रतिनिधि बनी हिमालय के अनन्त प्रांगण में मौन सभा कर रही थीं :

संध्या घन माला की सुन्दर, ओढ़े रंग-बिरंगी छींट,
गगनचुम्बिनी शैल श्रेणियाँ, पहने हुए तुषार किरीट।
विश्व मौन, गौरव महत्त्व की प्रतिनिधियों सी भरी विभा
इस अनन्त प्रांगण में मानो, जोड़ रही है मौन सभा।

हिमालय की चोटियों के शरीर पर संध्याकालीन छींट सदृश बादल के वस्त्र तथा सिर पर हिम का मुकुट शोभा पा रहा था। इस वर्णन में एक व्यंजना यह भी निहित है कि बादल हिमालय के शिखर तक नहीं पहुँच पाते। कालिदास ने इसका सीधे वर्णन 'आमेखलं संचरता- घ्नानांना' में किया है, जो कला की दृष्टि से उत्कृष्ट नहीं कहा सकता। प्रकृति का संश्लिष्ट चित्रण करते हुए प्रसाद जी ने व्यंजना से जो काम निकाला है, वह उन्हें महान कलाकारों की पाँति में बिठाने में समर्थ है। यह कार्य विराट प्रतिभा-सम्पन्न महान कलाकार ही कर सकता है।

इसी क्रम में पृथ्वी की झाँकी के उपरान्त प्रसाद जी आकाश का तुलनात्मक चित्र उपस्थित करते हैं :

वह अनन्त नीलिमा व्योम की, जड़ता-सी जो शान्त रही,
दूर-दूर ऊँचे से ऊँचे निज अभाव में भ्रान्त रही।

हिमगिरि की शिखर श्रेणियाँ, ऊँची उभरी हुई चोटियाँ, विश्व-सुख की उत्ताल

तरंगों के समान अनन्त व्योम की पृथ्वी के सुख की ओर संकेत करती हुई हँस रही थीं और अपने सहज उल्लास में उसे बता रही थीं कि तुममें सूनापन है, जड़ता है, चेतना का अभाव है, अभाव का दुख है, दुख के कारण वैवर्ण्य है, इसके विपरीत पृथ्वी पर सुख है, उल्लास है, जिसका तुम्हें ज्ञान नहीं। इस तरह प्रसाद का हिमालय-वर्णन भारतीय साहित्य की अनमोल धरोहर है।

'कामायनी' में निशा सुन्दरी का जैसा सुन्दर चित्र मिलता है, वह समूचे भारतीय साहित्य में दुर्लभ है। रजनी का संध्या का सुनहली साड़ी फाड़कर प्रकट होना, फिर चाँदनी की खिलखिलाहट द्वारा उसका उपहास करना, रात का विश्व में बार-बार आना-जाना, रात्रि पवन का चलना, नक्षत्रमंडित निशा का खिलखिलाना तथा नैश वातावरण की स्तब्धता—इन सबमें से प्रत्येक के चित्रण में एक बेजोड़ प्रतिभा और अनूठी कला का परिचय मिलता है :

जब कामना सिन्धु तट आई, ले संध्या का तारा दीप
फाड़ सुनहली साड़ी उसकी, तू हँसती क्यों अरी प्रतीप?
घूँघट उठा देख मुसक्याती, किसे ठिठकती सी आती
विजन गगन में किसी भूल सी, किसको स्मृति पथ में लाती?

यहाँ पर रूपकों का जो सौन्दर्य है, वह रात्रि में नारी-सुलभ स्थितियों तथा व्यापारों के आरोप से द्विगुणित हो गया है। आगे कवि जिस घनिष्ठता एवं आत्मीयता की भावना के साथ रजनी को सम्बोधित करता है और विभूति ज्योत्स्ना के सौन्दर्य में तन्मय एवं गद्गद होता है, वह सहृदय पाठक के लिए रमणीय वस्तु है :

रजत कुसुम के नव पराग-सी, उड़ा न दे तू इतनी धूल,
इस ज्योत्स्ना की अरी बावली, तूँ इसमें जावेगी भूल,
पगली हाँ सम्हाल ले कैसे छूट पड़ा तेरा अंचल,
देख बिखरती है मणिराजी, अरी उठा बेसुध चंचल।
फटा हुआ था नील वसन क्या? ओ यौवन की मतवाली,
देख अकिंचन जगत लूटता तेरी छवि भोली भाली।

'कामायनी' में चाँदनी रात का यह अकेला चित्र नहीं है, कभी 'माधवी निशा की अलसाई अलकों' को किसी रूपक में या 'चन्द्र की विश्राम राका बालिका' को उपमा में स्थान मिला है, तो कभी रजनी के पिछले प्रहरों में, जीवन वन में किसी मधुमय वसन्त के प्रवेश का उल्लेख हुआ है। 'मदिर भीनी माधवी की गंध' के बीच मधु बरती विधु किरण का सुकुमारता में काँपना भी चित्रित है। तारागण को अभिभूत करने का चन्द्र प्रयास कैसा असफल रहता है और उस समय कुंजों और कुसुमों का कैसा सौन्दर्य होता है, उसके चित्र भी मिलते हैं। ये सारे चित्र अपने वैविध्य में

'कामायनी' के काव्य-सौष्ठव को अप्रतिम स्थान प्रदान करते हैं।

'कामायनी' में चाँदनी रात के अतिरिक्त चन्द्रहीन रात के भी कुछ चित्र बहुत सुन्दर बन पड़े हैं। तारों की झलमलाहट, नदी में उनका प्रतिबिम्ब, मन्द पवन, शान्त वृक्ष तथा उसकी धूमिल छायाएँ कवि के चित्रण में साकार हो उठी हैं :

यह चन्द्रहीन थी एक रात,
जिसमें सोया था स्वच्छ प्रात
उजले-उजले तारक झलमल
प्रतिबिम्बित सरिता वक्षस्थल
धारा बह जाती बिम्ब अटल
सुनता था धीरे पवन पटल।

'कामायनी' में प्रकृति के रमणीय एवं भयावह रूप के अलावा उसके कारुणिक रूप का भी चित्रण हुआ है। 'वासना सर्ग' में मनु के खिन्नमन को सान्ध्यकालीन समूचा प्राकृतिक दृश्य ही कारुणिक लग रहा है। यह करुणा मनु के दुखी मन की वेदना का आरोप मात्र है। ऐसा लगता है, मानो वह मनु के दुखी मन के प्रति संवेदना का रूप धारण कर रही है :

गिर रहा निस्तेज गोलक जलधि में असहाय
घन पटल में डूबता था किरण का समुदाय,
कर्म का अवसाद दिन से कर रहा छल छन्द,
मधुकरी का सुरस संचय हो रहा अब बन्द।
यह दरिद्र मिलन का रच एक सकरुण लोक
शोक भर निर्जन निलय से बिछुड़ते थे कोक।

यही नहीं, प्रसाद जी ने 'लज्जा' जैसे सूक्ष्म मनोभाव के आगमन का चित्र भी प्राकृतिक उपकरणों से बनाया है :

कोमल किसलय के अंचल में
नन्ही कलिका ज्यों छिपती-सी
गोधूली के धूमिल पट में
दीपक के स्वर में दिपती-सी...

इसी तरह प्राकृतिक उपकरणों की भित्ति पर निर्मित सौन्दर्य मात्र का यह चित्र भी कितना अपूर्व एवं मनोहर है :

अम्बर-चुम्बी हिमश्रृंगों से, कलवर कोलाहल साथ लिये,
विद्युत की प्राणमयी धारा बहती जिसमें उन्माद लिये,

नयनों की नीलम की घाटी जिस रस घन से छा जाती हो,
वह कौंध कि जिससे अन्तर की शीतलता ठंडक पाती हो।
फूलों की कोमल पंखड़ियाँ, बिखरें जिसके अभिनन्दन में,
मकरन्द मिलाती हों, अपना स्वागत के कुंकुम चन्दन में।

प्रसाद जी प्राकृतिक उपादानों की सहायता से अलंकारों में सोचते भी हैं। उनके पास उपमानों एवं बिम्बों का अक्षय भंडार है। वे अपनी मूर्तिविधायिनी कल्पना के बल पर 'आनन्द सर्ग' में मानसरोवर का जो चित्र उपस्थित करते हैं, वह उनकी चित्रात्मक शैली का बड़ा ही बेजोड़ उदाहरण है :

मरकत की वेदी पर ज्यों
रखा हीरे का पानी,
छोटा-सा मुकुट प्रकृति का
सो सोयी राका रानी।

इस तरह प्रसाद जी 'कामायनी' में प्रकृति का नाना रूपों में प्रयोग करते हैं। यह उनके कवित्व की जादूगरी है कि उन्होंने प्रकृति का जो रूप अंकित किया, वही विलक्षण बन गया। प्रसाद के दार्शनिक चिन्तन का निचोड़ समरसता है, जहाँ आकर सारे अन्तर्विरोधों का समाहार हो जाता है। समस्त सृष्टि में अभेद स्थापित हो जाता है। सारे भेद मिट जाते हैं। यहाँ तक कि जड़-चेतन भी समरस हो उठते हैं। प्रसाद जी अपनी इस चिन्तनात्मकता की प्रतिष्ठा प्राकृतिक उपादानों के सहारे रूप के माध्यम से करते हैं :

चिर-मिलित प्रकृति से पुलकित
वह चेतन पुरुष पुरातन,
निज शक्ति तरंगायित था
आनन्द अम्बुनिधि शोभन।

यह समरसता का साक्षात् विग्रह है, जहाँ चेतन पुरुष और पुरातन प्रकृति का सम्मिलन हो रहा है, जिसके कारण निज शक्ति तरंगायित है और आनन्द का अम्बुनिधि शोभायमान है। प्रसाद जी की समरसता में प्रकृति-पुरुष के द्वंद्व का समाहार हो जाता है। फलतः पाषाणी प्रकृति भी मांसल हो उठती है :

मांसल-सी आज हुई थी
हिमवती प्रकृति पाषाणी
उस लास-रास में विह्वल
थी हँसती सी कल्याणी।

कहने का आशय यह है कि 'कामायनी' में प्रकृति की जो बहुविविधता है, वह प्रसाद को प्रकृति का बड़ा चित्रकर सिद्ध करती है। प्रकृति की नाना रूपात्मक छवि से उनका सम्पूर्ण साहित्य भरा पड़ा है, परन्तु यहाँ सबका विश्लेषण अभीप्सित नहीं है। केवल 'कामायनी' के चित्र भी उन्हें अपारता तक ले जाते हैं।

सारांश यह है कि समूची 'कामायनी' प्रकृति के बहुरंगी, बहुआयामी एवं विधितापूर्ण चित्रों से भरी पड़ी है। 'कामायनी' का यह पक्ष ही प्रसाद जी को महाकवियों की पाँत में बिठाने के लिए पर्याप्त है। पंत जी को भले ही प्रकृति का अद्‍भुत चितेरा होने का गौरव प्राप्त हो, जबकि सच्चाई यह है कि इस क्षेत्र में भी वे प्रसाद जी के समक्ष नहीं उठा सकते। प्रसाद का आलम्बन रूप में प्रकृति-चित्रण वाल्मीकि के समकक्ष है तो भयावह रूप बाण, भारवि और भवभूति की याद दिलाता है। यदि प्रकृति का मनोरम और लाक्षणिक रूप कालिदास की बराबरी प्रदान करता है तो मानवीकरण की दृष्टि से वे वड्र्सवर्थ, शेली और बायरन से स्पर्धा करते हैं। जब दर्शन उनके प्राकृतिक चित्र में काव्य-सम्पत्ति बन जाता है और वे प्रकृति के माध्यम से आध्यात्मिक रहस्य की चित्रमयी प्रस्तुति करने लगते हैं तो वे कीट्स और रवीन्द्रनाथ को भी पीछे छोड़ देते हैं।

स्त्री विमर्श और प्रसाद काव्य के श्रेष्ठ नारी चरित्र

मानव समाज का इतिहास स्त्री को सत्ता, प्रभुत्व एवं शक्ति से दूर रखने का इतिहास है। विश्व के प्राय: सभी देशों, सभी कालों, सभी जातियों, सभी धर्मों में स्त्री को पुरुषों के बराबर न आने देने की संरचनात्मक व सांस्कृतिक मर्यादाएँ निर्मित की गई हैं। वर्तमान उत्तर-आधुनिक विमर्श के दौर में स्त्री विमर्श, स्त्री मुक्ति, नारी अधिकारवाद जैसे प्रत्यय बौद्धिकों में मीमांसा का विषय हैं लेकिन इस प्रकार के शब्द-बंध का उठना ही यह बताता है कि कहीं कुछ गड़बड़ है, कोई अन्याय हो रहा है, कहीं बेचैनी है, कोई आक्रोश है जो फूट पड़ना चाहता है। स्त्री विमर्श न केवल पुरुषप्रधान समाज के परम्परागत दृष्टिकोण का प्रत्याख्यान है अपितु पुरुष व स्त्री के मध्य असमानता को अस्वीकार कर नारी के सशक्तीकरण की प्रक्रिया को बौद्धिक कार्यरूप देने के लिए संकल्पित है। विश्व के विकसित देशों—यूरोप और अमेरिका में सर्वप्रथम महिलाओं ने पुरुष की भाँति आज़ादी, समानता और प्राकृतिक अधिकारों की खुलकर माँग की। स्त्री विमर्श की प्रमुख लेखिका केट मिलेट (Kate Millet) के अनुसार जब एक समूह दूसरे पर शासन करता है तो दोनों के मध्य स्थापित सम्बन्धों को राजनीतिक माना जाना चाहिए। यदि स्त्री विमर्श के तमाम पहलुओं का वस्तुनिष्ठ विश्लेषण किया जाए तो कतिपय रोचक तथ्य सामने आते हैं।

पहला यह कि जैसे-जैसे नारी अधिक स्वतंत्र होती है, वह अधिक आत्मनिर्भर होने से पुरुष की आवश्यकता व उसमें अभिरुचि कम लेती है। अत: पुरुष नारी को बन्धन में, उसे अपने प्रति अभिरुचि व निर्भरता बनाए रखने के लिए करता है। दूसरे, अनेक महिलाएँ जोकि शिक्षित हैं, व्यवसायों में कार्यरत हैं व प्रशासन से जुड़ी हुई हैं। अन्ततः महिला होने के नाते परोक्ष अथवा अपरोक्ष रूपेण अवसरों की समानता से वंचित रह जाती हैं। तीसरे, उच्चवर्ग की महिलाएँ भी अपने पति व पिता के स्वामित्व के अधीन रहती हैं और वे भी अन्य महिलाओं की तरह स्वामित्व के प्रभावों का शिकार होती हैं। वे भी स्वयं को सम्पत्ति के स्वामित्व का खुलकर प्रयोग करने की स्थिति में नहीं पातीं। चौथे, महिलाएँ वर्ग अथवा प्रजाति के कारण नहीं अपितु महिला होने के कारण शोषित होती हैं। उन्हें महिला होने के कारण निम्नकोटि का समूह माना जाता रहा है। महिलाओं को अनिवार्य रूप से लिंग की

भूमिकाओं में बाँटा जाता है, जिसके अन्तर्गत उन्हें विशेष प्रकार के कार्यों को सम्पन्न करने के लिए तैयार किया जाता है। पाँचवें, वे महिलाएँ जो कि सत्ता को प्राप्त करती हैं, वे अपनी आकांक्षाओं की पूर्ति के लिए सत्ता की होड़ को अधिक महत्त्वपूर्ण मानती हैं और महिलाओं का अनुभव गौण व सार्थकहीन प्रतीत होता है। यह बात इन्दिरा गांधी से लेकर मायावती तक समान रूप से लागू होती है।

इसी तरह पुरुष समाज द्वारा महिलाओं के प्रति आधुनिक एवं परम्परागत अपेक्षाओं के कारण पुरुष का स्त्री की शारीरिक सुन्दरता के प्रति नज़रिया नहीं बदला है। महिला वर्ग से यह अपेक्षा की जाती है कि वे पुरुष वर्ग की माँग और इच्छा के अनुरूप अपने शारीरिक सौन्दर्य को परिभाषित एवं परिमार्जित करें। साहित्य, पत्र-पत्रिकाएँ, फिल्में, दूरदर्शन, उपग्रह चैनल एवं इंटरनेट महिलाओं को ग्लैमरस एवं रूमानी छवि प्रदान करते हैं और प्रौद्योगिकीय क्रान्ति के सहारे महिलाओं के शारीरिक सौन्दर्य को असीम विस्तार देते हुए उसे 'ग्लोबल ब्रांड' के रूप में पेश कर रहे हैं। चूँकि हर समय और समाज सत्य की अपनी परिभाषा करता है और उत्तर-आधुनिकतावाद सत्य के सम्पूर्ण होने के विचार को नकारता है। वह खंडता, असतता, अपूर्णता का सत्य के रूप में संधान करता है। वह 'औरत क्या है' के स्थान पर 'औरत के अर्थ' को महत्त्व देता है। औरतों के अनुभव भिन्न-भिन्न हैं। अनुभव विविध हैं और उनके स्रोत भी अनेक। उत्तर-आधुनिकतावाद शक्ति के विभिन्न केन्द्रों की चर्चा करता है। वह अर्थों की भिन्नता, व्याख्याओं के अन्तर, इच्छाओं में विविधता के आधार पर यह प्रतिपादित करता है कि पुरुष और महिला का अन्तर प्राकृतिक और बौद्धिक नहीं है, वह समाज द्वारा गढ़ा गया है।

उत्तर-आधुनिकतावाद और उससे परिचालित स्त्री विमर्श ने नारी जीवन, उससे जुड़े तमाम प्रश्नों पर गहनतापूर्वक विचार करते हुए उसकी दुनिया में लोकतंत्र लाने का सराहनीय कार्य किया है। अब नारी विश्व की आधी आबादी से जुड़े सवालों पर खुला विमर्श करने में सक्षम है। वस्तुतः स्त्री विमर्श एक बहुस्तरीय, बहुआयामी एवं जटिल प्रत्यय है जिसकी भिन्न सन्दर्भों में परस्पर भिन्न व्याख्याएँ सम्भव हैं। स्त्री विमर्श का वस्तुनिष्ठ विश्लेषण भी उसके एकार्थी निष्कर्ष और सामान्यीकरण की इज़ाजत नहीं देता। इसी कारण स्त्री विमर्श के आलोक में प्रसाद काव्य के शिखर नारी चरित्रों का विश्लेषण और उसकी कोटियों का निर्धारण एक बौद्धिक अनिवार्यता है। यदि स्त्री विमर्श के समग्र पहलुओं की श्रेणियाँ बनाई जाएँ तो वे मोटे तौर पर तीन हो सकती हैं : (1) यौन की राजनीति (Politics of sexuality), (2) गृहकार्य की राजनीति (Politics of house work), (3) कार्यक्षेत्र की राजनीति (Politics of workplace)। यही वे संवेदनशील क्षेत्र हैं जिन्हें चिह्नित (Trace) करके स्त्री विमर्श पुरुष वर्चस्व को सीधी चुनौती दे रहा है।

जब हम स्त्री विमर्श के आलोक में भारतीय सन्दर्भ पर दृष्टिपात करते हैं तो

पाते हैं कि कम-से-कम यहाँ के साहित्य में नारी के प्रति सदा-सर्वदा से आदरभाव पाया जाता है। यहाँ नारी-प्रकृति के मध्य अद्वैतभाव पाया गया है। अपने शारीरिक सौष्ठव, आवयविक मसृणता, रागात्मिकता वृत्ति, उदात्त तथा महनीय गुणों के कारण भारतीय साहित्य में वह महत्त्वपूर्ण स्थान पर अधिष्ठित रही है। उसने अवसर मिलने पर साहित्य सृजन में भी अपनी कलात्मक निपुणता का परिचय दिया है। हमारे देश में अधिकांश लोकगीत न केवल नारी हृदय के भाव कण हैं अपितु वे नारी जाति के मधुर कंठों में ही सुरक्षित भी रहे हैं। आधुनिक काल में नारी शिक्षा और चेतना के चलते भारतीय नारी-व्यक्तित्व के नये आयाम उद्घाटित हुए। यदि बंगला में शरत्चन्द्र चट्टोपाध्याय के साहित्य में नारी जीवन के तमाम पहलुओं की विशिष्ट अभिव्यक्ति हुई तो हिन्दी में जयशंकर प्रसाद के साहित्य में उसे अभिनव दीप्ति और गरिमा प्राप्त हुई। प्रसाद की नारी चेतना एक गहरे सांस्कृतिक धैर्य पर अवलम्बित है जिसमें प्रतिरोधी चेतना बहुत महीन तथा तलस्पर्शी है।

जयशंकर प्रसाद हिन्दी के सबसे प्रतिभाशाली और बहुआयामी रचनाकार हैं। उनका सम्पूर्ण साहित्य ही नारी जीवन की बहुविध छवियों, शक्तियों, सम्भावनाओं, सीमाओं एवं मनोवैज्ञानिक विवर्तनों का विश्वकोश है। उसमें सैकड़ों नारी चरित्र अपनी विविधतापूर्ण किन्तु गहन उपस्थिति का अहसास कराते हैं। उनका समूचा साहित्य नारी की खोई हुई अस्मिता और गरिमा को पुनः प्रतिष्ठित करने का गम्भीर प्रयास है। जब हम प्रसाद के काव्य में विद्यमान नारी-चरित्रों पर दृष्टिपात करते हैं तो सर्वप्रथम हमारा ध्यान 'प्रलय की छाया' की कमलावती पर जाता है। 'प्रलय की छाया' प्रसाद की लम्बी आख्यानक कविता है जो अपने काव्यात्मक औदात्य एवं संरचनात्मक अन्विति के कारण न केवल महाकाव्य की गरिमा लिये हुए है बल्कि अपनी भव्यतम काव्यात्मक प्रस्तुति में संश्लिष्ट कालजयी रचना (Total classical poetry) की संज्ञा की अधिकारिणी बन पड़ी है। प्रसाद ने अपने सम्पूर्ण साहित्य में जितने सबल वैविध्यपूर्ण तथा व्यक्तित्ववान नारी चरित्रों का सृजन किया है, वैसा शायद स्त्री विमर्श की आयोजक-संयोजक लेखिकाएँ भी नहीं कर सकी हैं। 'प्रलय की छाया' का केन्द्रीय चरित्र कमलावती का है जो इतिहास-प्रसिद्ध गुजरात की सुन्दरी रानी है और जिसे अलाउद्दीन खिलजी ने विजित कर पत्नी रूप में ग्रहण किया था।

सुप्रसिद्ध इतिहासकार विपिन बिहारी सिन्हा ने अलाउद्दीन खिलजी के गुजरात आक्रमण के मूलभूत कारणों की छानबीन करते हुए लिखा है : "सन् 1297 में अलाउद्दीन खिलजी ने गुजरात पर आक्रमण किया। गुजरात के विकसित बन्दरगाहों पर अधिकार करना इस युद्ध का मूल कारण था। युद्ध में गुजरात पराजित हुआ और गुजरात का राजा कर्णदेव अपनी पुत्री देवल देवी को लेकर दक्षिण में देवगिरि की ओर भाग गया और रानी कमलावती पकड़ी गई। दिल्ली में अलाउद्दीन से उसकी शादी हो गई" ('मध्यकालीन भारत', पृ. 201)।

प्रसाद जी इस कविता में इतिहास के साथ छेड़छाड़ करने के साहस का परिचय देते हैं। वे अलाउद्दीन खिलजी द्वारा चित्तौड़ आक्रमण को गुजरात आक्रमण से पहले दिखाते हैं। ऐसा करके वे रूपगर्विता कमलावती को पद्मिनी से रूप-स्पर्धा करने का अवसर दिखा पाते हैं। समूची कविता स्त्री विमर्श का एक नया पाठ रचती है। इसमें नारी के अन्तरतम में रूप और यौवन को लेकर उठनेवाली आकांक्षा तथा पल-पल परिवर्तित होनेवाली भाव-भंगिमाओं को प्रसाद ने अपनी तूलिका से इस प्रकार साकार कर दिया है कि वह अमर नारी प्रतिमा बन गई है। इस कविता में अनेक संध्याओं का वर्णन है जो लरजती हुई प्रलय की छाया से संग्रथित है। कवि ने कमलावती द्वारा यौवन के ढलते प्रहरों में अपने उत्थान-पतन पर मनन करते हुए पूर्वदीप्ति (Flash back) शैली में कविता का रूपात्मक ढाँचा खड़ा किया है। प्रसाद जी ने अपनी बिम्बविधायनी कल्पना द्वारा कमलावती के यौवनागम का जो सूक्ष्म, सांकेतिक तथा अनन्तरमणीय चित्र खींचा है, उसके आगे हज़ारों विद्यापति पानी भरें। कवि के अनुसार कमलावती का यौवनोन्मुख सौन्दर्य मालती-मुकुल की तरह है और जो इतना नीरन्ध्र है कि रजनी की किरणों को भी रन्ध्र खोजने की ज़रूरत महसूस होती है। रजनी की नीली किरणें उसके अन्तर्गठित सौन्दर्य का उद्‌भेद करने के लिए व्यग्र जान पड़ती हैं। कवि ने सुदूर कहीं समुद्र के भीतर स्थित धीवरों की छोटी-छोटी नावों से आनेवाले वंशी-रव तथा रजनी की नीली किरणों की मोहक एवं ऐन्द्रजालिक पृष्ठभूमि पर कमलावती को अपने ही यौवन, अप्रतिम लुभावने सौन्दर्य पर मोहित होते हुए, पागल होते हुए भी चित्रित किया है।

कमलावती की अपूर्व रूप-राशि उसमें विमोहिनी आत्मसम्मोहन पैदा करती है। उसे ऐसा प्रतीत होता है कि प्रकृति की समस्त विभूतियाँ उसके यौवन को सुसज्जित करने के लिए संकल्पित हैं। यदि नीली अलकें लहरों के समान उसे चूमती हैं तो समीर उसे छूकर ही साँस ले पाता है। यौवन के अलस गम्भीर मधुभार से उसके चरण विजड़ित के लिए स्वयं काम बालाएँ स्वर्ग से उतर पड़ती हैं। समूचे गुजरात का समस्त सौन्दर्य और कौमार्य उसमें घनीभूत होकर खिल उठता है। सुगन्ध की नृत्यरत पुतलियों जैसी स्वर्ग-कानन की अप्सराएँ उसके अरुण अधरों का चुम्बन करती हैं। जिस तरह अन्तरिक्ष की अरुणिमा दिगन्तव्यापी सांध्य संगीत का पान कर लेती है, उसी तरह उसके नूपुर स्वतः झंकृत हो उठते हैं। वह मुग्ध भाव से देखती है कि निखिल विश्व का सम्पूर्ण सौन्दर्य और वैभव उसके चरणों पर लोटता है :

पागल हुई मैं अपनी ही मुदुगन्ध से—
कस्तूरी मृग जैसी।
पश्चिम जलधि में
मेरी लहरीली नीली अलकावती समान
लहरें उठती थीं मानो चूमने को मुझको,

और साँस लेता था समीर मुझे छूकर।
नृत्यशीला शैशव की स्फूर्तियाँ
दौड़कर दूर जा खड़ी हो हँसने लगीं।
मेरे तो?
चरण हुए थे विजड़ित मधु-भार से
हँसती अनंग-बालिकाएँ अन्तरिक्ष में
मेरी उस क्रीड़ा के मधु अभिषेक में
नत-शिर देख मुझे।
कमनीयता थी जो समस्त गुजरात की
हुई एकत्र इस मेरी अंगलतिका में।
पलकें मदिर भार से थीं झुकी पड़ती।
नन्दन की शत-शत दिव्य कुसुम-कुन्तला
अप्सराएँ मानो सुगन्ध की पुतलियाँ
आ-आकर चूम रहीं अरुण अधर मेरा
जिसमें स्वयं ही मुस्कान खिल पड़ती।
नूपुरों की झनकार घुली-मिली जाती थी
चरण अलक्तक की लाली से
जैसे अन्तरिक्ष की अरुणिमा
पी रही दिगन्त व्यापी संध्या-संगीत को।
कितनी मादकता थी?
लेने लगी झपकी मैं।
सुख-रजनी की विश्रम्भ-कथा सुनती;
जिसमें थी आशा
अभिलाषा से भरी थी जो कामरना के कमनीय मृदुल प्रमोद में
जीवन सुरा की वह पहली ही प्याली थी।
आँखें खुलीं
देखा मैंने चरणों में लोटती थी
विश्व की विभव राशि
और थे प्रणत वहीं गुर्जर-महीप भी?
वह एक संध्या थी।

इसके बाद कवि ने जिस प्रगल्भता के साथ मधुयामिनी का चित्र खींचा है, वह सहृदय पाठक के लिए रमणीय वस्तु है। उसने बड़ी तन्मयता के साथ रूप-गर्विता कमलावती को गुर्जर-नरेश की पत्नी बनाकर सौभाग्यगर्विता में रूपान्तरित कर दिया

है। जहाँ रूपगर्विता के केन्द्र में कमलावती का रूप-वैभव था, वहाँ सौभाग्यगर्विता के चित्र में समूची प्रकृति सौन्दर्य की धारा विकीर्ण करती परिलक्षित होती है। कमलावती के सौभाग्य से सृष्टि के समस्त परमाणु आह्लादित हो उठते हैं। ऐसा प्रतीत होता है कि एक केन्द्र से सौन्दर्य के अखिल अनन्त में अनेक केन्द्र बन जाते हैं। गुर्जर-नरेश प्रेमपूर्ण हृदय की समस्त भाव राशि लिये पलकों के लिए पाँवड़े बिछा देते हैं। वे उसके सम्मोहनकारी सौन्दर्य के इंगित पर चलने के लिए विवश हो जाते हैं। इस बीच नियति ने परिवर्तन किया और गुजरात का सम्पूर्ण सौभाग्य बदल जाता है। प्रसाद जी यहाँ इतिहास का दुबारा अतिक्रमण करते हैं। यदि इतिहासकार अलाउद्दीन द्वारा गुजरात पर आक्रमण का कारण वहाँ के विकसित बन्दरगाहों को मानते हैं तो प्रसाद जी कमलावती द्वारा गुजरात को स्वतंत्र देखने की आकांक्षा को अलाउद्दीन खिलजी के आक्रमण का मूल कारण बना देते हैं। ऐसा करके वे स्त्री विमर्श की एक सांस्कृतिक पीठिका तैयार करते हैं। इस कारण वे कमलावती के बौद्धिक व्यक्तित्व का निर्माण, उसके व्यक्तित्व में रूप-स्पर्धा और कृत्रिम वीरता के वैशिष्ट्य का निरूपण कर सके हैं।

यहाँ प्रसाद जी यह दिखलाते हैं कि चित्तौड़ की सती पद्मिनी के जौहर और आत्मगौरव की गाथाएँ गूँज उठने के कारण कुलांगनाएँ अपने जीवन का भविष्य नये सिरे से सोचना आरम्भ कर देती हैं। इसके पूर्व गुजरात दिल्ली के अधीन था। कमलावती के मन में अपने राज्य को स्वाधीन करने का और पद्मिनी की प्रतिस्पर्धा में अपने रूप का वीर रसोचित उपयोग करने के लिए एक संकल्प आकार लेता है। वह अपने रूप को बेहतर स्थिति में पाती हैं। उसे अलाउद्दीन द्वारा पद्मिनी को पाने के प्रयास में चित्तौड़ पर आक्रमण करना अपने रूप का अपमान जान पड़ता है। वह उसी क्षण तय करती है कि सुल्तान को अपने रूप की ज्वाला में जला देगी :

सोचती थी—
पद्मिनी जली थी स्वयं किन्तु मैं जलाऊँगी
वह दावानल ज्वाला
जिसमें सुलतान जले।
देखे तो प्रचंड रूप ज्वाला-सी धधकती
मुझको सजीव वह अपने विरुद्ध।
आह! कैसी वह स्पर्धा थी?
स्पर्धा थी रूप की।

इस कविता का एक महत्त्वपूर्ण वैशिष्ट्य यह भी है कि समूची कविता कमलावती का आत्मचिन्तन है। उसका यह आत्मविश्लेषण उसके व्यक्तित्व को उत्तर-आधुनिक आयाम प्रदान करता है। जायसी ने जिस पद्मिनी के रूप को 'पारस रूप' कहा था

और यह प्रतिपादित किया था कि सृष्टि के समस्त पदार्थ उसके रूप से उद्भासित हो रहे हैं। यदि उसका रूप भी कमला के रूप के आगे नगण्य-सा जान पड़े तो कमला के रूप की अद्वितीयता स्वतः सिद्ध हो जाती है। लेकिन कमलावती का आत्मविमर्श उसे एक नया आयाम तब प्रदान करता है जब वह पद्मिनी के हृदय की शुचिता और विराटता की समकक्षता में अपने हृदय को रखकर देती है :

देखकर मुकुर, पवित्र चित्र पद्मिनी का
तुलना कर उससे
मैंने समझा था यही।
वह अतिरंजित-सी तूलिका चितेरी की
फिर भी कुछ कम थी
किन्तु था हृदय कहाँ?
वैसा दिव्य अपनी कमी थी इतरा चली हृदय की
लघुता चली थी माप करने महत्त्व का।

प्रसाद जी नारी मनोविज्ञान के गहन अध्येता रहे हैं। वे कमलावती की अन्तर्वृत्तियों को बड़ी सूक्ष्मता से रूपायित करते हैं। उनके अनुसार लड़ने का यह उत्साह एक क्षणिक उफान मात्र था, क्योंकि यह केवल नारी के त्रिगुणात्मक सन्निपात रूप नयनों के इंगित के कारण हुआ। इसमें भीतर से धधकनेवाली आग और व्यावहारिक रणनीति नहीं थी। बड़े कार्य बनावटी साहस से पूर्ण नहीं होते। अतः जब सुलतान का क्रोध गुजरात के हरे-भरे कानन को दावानल बनकर जलाने लगा तब वह भी वीरपति के साथ संकट में कूद पड़ी। इस उत्साह की क्रमित परिणति इस रूप में हुई कि गुजरेश तलवारों से जूझते हुए लापता हो जाते हैं और कमलावती बन्दिनी हो जाती है। वह रूप-गर्व के भुलावे में इस कठिन परिस्थिति में भी पद्मिनी के मार्ग पर न चल सकी। उसे ध्यान आया कि सुलतान भी यह रूप देखे जो उसकी चेतना पर सम्मोहन की तरह छा जाएगा। उसके भीतर रूप की शक्ति से दिल्ली पर शासन करने की महत्त्वाकांक्षा काम कर रही थी जिसे वह सुलतान से प्रतिशोध की कृत्रिम भावना तले छिपाने का यत्न करती है। उसके मन की छलना को उसका आभास तब हुआ जब उसका जीवन सौन्दर्य का कलुषित नक्षत्र बनकर आभाहीन हो चुका था। लेकिन आत्मस्वीकार का यह साहस ही उसे सबल और चिन्तक नारी चरित्र बना देता है :

कभी सोचती थी प्रतिशोध लेना पति का
कभी निज रूप सुन्दरता की अनुभूति
क्षण भर चाहती जगाना मैं

सुलतान ही के उस निर्मम हृदय में
नारी मैं कितनी अबला थी, प्रमदा थी रूप की।
साहस उमड़ता था वेगपूर्ण ओघ-सा
किन्तु हल्की थी मैं तृण बह जाता जैसे
वैसे मैं विचारों में ही तिरती-सी फिरती;
कैसी अवहेला थी यह मेरी शत्रुता की
इस मेरे रूप की।

तुरुष्कपति के समक्ष रूप का प्रदर्शन करना ही उसके बन्दिनी होने का मूल रहस्य था :

रूप यह! देखे तो तुरुष्कपति मेरा भी
यह सौन्दर्य देखे, देखे यह मृत्यु भी
कितनी महान और कितनी अभूतपूर्व?

कमलावती का यह रूप-गर्व जौहर का अवसर उसके हाथ से छीन लेता है। दिल्ली के ऐश्वर्य का सम्मोहन उसकी चेतना पर छा जाता है। उसके अवचेतन में अवस्थित लालसाएँ अपना असर दिखाने लगती हैं :

अन्तर्निहित थीं,
लालसाएँ, वासनाएँ जितनी अभाव में
पलने लगीं वे चेतना के अनजान में।

वह सुलतान द्वारा फेंके गए वाग्जाल में फँस जाती है। उसके प्रलोभनों को सत्य मान लेती है। उसके अन्ततम में निहित भारतेश्वरी बनने की अदम्य लालसा जाग उठती है। वह अपने मीन-दृगों के चपल संकेत से दिल्ली का शासन चलाने की कामना से मतवाली हो जाती है। वह आत्ममुग्ध होकर सोचती है :

रूप ने बनाया रानी मुझे गुजरात की
वही रूप मुझे आज प्रेरित था करता
भारतेश्वरी का पद पाने को।

प्रसाद जी रूपकों में सोचनेवाले कवि हैं। वे कृष्णरजनी के रूप में जो संकेत, जो अर्थ भर देते हैं, उसके लिए दूसरे कवियों को शायद विस्तृत वर्णन की ज़रूरत पड़ती। उनके अनुसार रूप की भभक जीवन की कामना के आगे समर्पित हो जाती है। फलत: सदा-सर्वदा के लिए सुलतान के रंगमहल के स्वर्ण पिंजरे में यह रूप बन्दी हो जाता है। रूप का गर्व खंडित हो जाता है। जीवन की अलभ्यता का अहसास उसे

कचोटने लगता है। उसे समूची प्रकृति जीवन की भिखारी प्रतीत होती है। सुलतान की अनुनय-भरी वाणी से उसके इस विश्वास को बल मिलता है :

देखता हूँ मरना ही भारत की नारियों का
एक गीत-भार है।
रानी! तुम वन्दिनी हो मेरी प्रार्थनाओं में
पद्मिनी को खो दिया है किन्तु तुमको नहीं!
शासन करोगी इन मेरी क्रूरताओं पर
निज कोमलता से मानस की माधुरी से।
आज इस तीव्र उत्तेजना की आँधी में
सुन न सकोगी न विचार ही करोगी तुम।

यह प्रसाद का स्त्रीवादी पाठ है जहाँ रूपसी नारी के समक्ष अलाउद्दीन खिलजी जैसा सुलतान प्रणत होकर उससे अपनी क्रूरताओं पर शासन करने का आग्रह करता है। यह नारी महिमा का उद्घोष है पर प्रसाद जी बड़ी सूक्ष्मता से यह भी दिखाते हैं कि नारी को इन्हीं प्रलोभनों से छला जाता है। एक बार भुलावे में आ जाने के बाद उसके अपकर्ष की ढलान शुरू होती है। फलतः कमलावती कृष्ण अगरुवर्तिका की तरह सुलतान के महलों से जलने के लिए अभिशप्त हो जाती है। यहाँ प्रसाद की प्रतिभा उत्खनन की नई चेतना से उत्प्रेरित होकर यह दिखाती है कि कमलावती का रूप भारतेश्वरी पद पाकर अगरबत्ती की सुगन्ध की तरह देशव्यापी यश तो प्राप्त करता है परन्तु, उसका जीवन अगरबत्ती की ही भाँति निराधार हो जाता है। उसके भीतर विद्यमान मरने-मारने का उत्साह छूमन्तर हो जाता है। उसके ग्लानिमय जीवन की लाचारी आत्मपीड़क बनकर उसकी त्रासदी को और भी गहरा देती है। स्वर्ण-पिंजरे में बन्दिनी कमला का रूप तब भी बना रहा। तदुपरान्त प्रसाद एक और संध्या का चित्र खींचते हैं जब कमला किसी अपरिचित के पगचाप से काँप उठी। यह उसके बचपन का अनुचर मानिक था जो इतिहास में मलिक काफूर खुसरो के नाम से विख्यात है। वह जैसे ही कमला से स्नेहदान माँगता है। वैसे ही सुलतान की तातारी दासियाँ उसे बन्दी बना लेती हैं। कमला अपने बुद्धि-कौशल से मानिक का मृत्युदंड से बचा लेती है लेकिन प्रतिशोध की भावना आ-आकर लौट जाती है। दूसरी ओर मलिक काफूर उर्फ़ माणिक दास बनकर और इस्लाम ग्रहण करके भी प्रतिशोध की आग को बचाए रखता है। एक दिन वह प्रतिशोध के एक संकल्प से अपने जीवन को संचालित करते हुए अपने स्वामी कर्मसिंह का बदला अलाउद्दीन के रक्त में रँगे हुए राजमुकुट को पहनकर लेता है। उसी कार्य के लिए अभिमानवश रूप के साधन का प्रयोग करने का संकल्प लेनेवाली कमलावती जीवन की लालसा में सामान्य मनुष्यता के आत्मसम्मान को भी खो देती है। वह भारतेश्वरी

होकर भी उस दास की जीवन उपलब्धि के समक्ष अपने को तुच्छ महसूसती है। मणिक जब मुमूर्ष सुलतान का वध करता है तब कमलावती काँप उठती है। उसके मुँह से अनायास निकल पड़ता है :

नारी यह रूप तेरा जीवित अभिशाप है,
जिसमें पवित्रता की छाया भी पड़ी नहीं।

उसे अपनी सच्ची स्थिति और आत्मछल का आभास होता है कि 'वह छलना थी मिथ्या अधिकार की'। उसे ऐसा प्रतीत होता है मानो सैकड़ों बिच्छुओं का डंक एक साथ लगा हो। अब जब उसे सच्चे यथार्थ का बोध होता है तब तक बहुत देर हो चुकी है। वह देखती है कि 'सौन्दर्य के चपल आवरण की सत्ता' हिम बिन्दु-सी ढुलक रही है। प्रलय की छाया में असफल सृष्टि सोती है :

पुण्य ज्योतिहीन कलुषित सौन्दर्य का
गिरता नक्षत्र नीचे कालिमा की धारा-सा
असफल सृष्टि सोती
प्रलय की छाया में।

प्रसाद इस महाकाव्यात्मक कविता में स्त्री विमर्श के मूल सूत्र 'औरत होने के अर्थ' को महत्त्व देते हैं। समूची कविता कमलावती के आत्मान्वेषण और आत्म-पहचान का एक जटिल अभियान है। कमलावती में जो रूप-गर्व है, वह उसका फौलादी आत्मविश्वास भी है क्योंकि वह स्वातंत्र्य-बोध और बौद्धिकता से परिचालित है। उसे आत्मविश्लेषण के गहन क्षणों में अपनी भूल का अहसास होता है :

हाय, रे हृदय! तूने
कौड़ी के मूल बेचा जीवन का मणिकोश
और आकाश को पकड़ने की आशा में
हाथ ऊँचा किए सिर दे दिया अतल में।

यदि रूप और स्वातंत्र्य का गहन द्वंद्व उसके व्यक्तित्व को आधुनिक बनाता है तो महत्त्वाकांक्षा और सक्रिय स्त्रीत्व उसके व्यक्तित्व को उत्तर-आधुनिक आयाम भी प्रदान करता है। आज स्त्री विमर्श को पुरस्कृत करनेवाली लेखिकाएँ जिस 'अस्मिता की राजनीति' की बात कर रही हैं, प्रसाद की कमलावती उसका साक्षात् प्रतिरूप है। स्त्री विमर्श जिस 'इच्छा' और 'सीमाहीन खुलापन' से संचालित है, क्या 'प्रलय की छाया' की कमला उसका साकार विग्रह नहीं है? आज स्त्री विमर्श अपने अनुसार जीने, सृजन करने और नव निर्माण करने के लिए जो अधिकार नारी जाति को देता है, कमला मध्यकालीन वर्जनाओं को चकनाचूर करके उसका एकान्त

अनुभव करती है। प्रसाद की दूरदृष्टि इस कविता में स्त्री विमर्श का सांस्कृतिक पाठ तैयार करती है, भले ही, उसका पर्यवसान प्रलय की छाया में होता है। इस तरह यह कविता एक विफल अभिमान की गत्यात्मक और बहुस्तरीय होने का प्रमाण है। वह मध्यकालीन सामंती परिवेश में पुरुष वर्चस्ववाद को चुनौती देनेवाली अकेली नारी पात्र है। उसके द्वारा अपनाए गए प्रतिरोध के तरीक़े से असहमत हुआ जा सकता है लेकिन उस परिवेश में यह अपने ढंग का ऐतिहासिक कार्य था।

श्रद्धा

श्रद्धा प्रसाद काव्य की सर्वोत्तम नारी है। वह 'कामायनी' महाकाव्य की नायिका है। 'कामायनी' हिन्दी ही नहीं, कदाचित् विश्व का प्रथम नायिका-प्रधान महाकाव्य है। उसमें प्रसाद के सारे नारी चरित्रों के सद्गुणों का समुच्चय देखा जा सकता है। मसलन, तितली का साहस, देवसेना का त्याग, अलका की शक्ति, मधूलिका का प्रेम, सालवती का सौन्दर्य तथा कमला का रूप मानो उसमें एक साथ घनीभूत हो उठा है। प्रसाद ने उसे मानवीय सद्प्रवृत्तियों तथा सद्भावों के प्रतीक के रूप में निरूपित किया है। वह श्रेय (कल्याण) और प्रेय (आनन्द) का समन्वित रूप है। प्रसाद ने उसे जगत की अकेली मंगल-कामना कहा है। उसके शरीर का प्रत्येक परमाणु अनन्त रमणीय सौन्दर्य से उद्भासित है। वह काम और रति की पुत्री है इसलिए अप्रतिम रूप-सौन्दर्य से सम्पन्न है। उसका प्रथम दर्शन एक असाधारण एवं अलौकिक सौन्दर्य से युक्त नारी के रूप में होता है। प्रसाद स्त्री विमर्श का स्वायत्त पाठ तैयार करते हैं। अभी तक परम्परा प्रथम मिलन नायक के प्रयास से घटित होते हुए दिखाया गया अर्थात् नायक ही नायिका तक पहुँचाने का उपक्रम करता है। प्रसाद जी यहाँ परम्परागत क्रम को उलट देते हैं। यहाँ श्रद्धा ही मनु तक पहुँचती है और पहुँचने के बाद वह सिर झुकाकर चुपचाप खड़ी नहीं हो जाती बल्कि मनु से प्रश्न करती है। उसका इस तरह प्रश्न करना ही प्रसाद का स्त्रीवादी पाठ है। भारतीय परम्परा में स्त्री का बोलना ही पुरुष वर्चस्व को चुनौती है। यदि वह सवाल पूछ बैठे तो इसे सचमुच क्रान्तिकारी और स्वागतेय कदम माना जाना चाहिए। वह आते ही मनु से पूछ बैठती है कि संसार-रूपी समुद्र के तट पर परिस्थिति रूपी-लहरों के द्वारा उछाल फेंकी मणि के समान तुम कौन हो जो इस सुनसान प्रदेश का अपने आभामय व्यक्तित्व के संस्पर्श से अभिषेक कर रहे हो?

श्रद्धा द्वारा मनु से सहसा प्रश्न किए जाने पर मनु मधुर आघात का अनुभव करते हैं। वे उसे लुटे-से निरखने लगते हैं। कवि के शब्दों में : 'एक झटका-सा बना लगा सहर्ष, निरखने लगे लुटे-से कौन'। उसके शरीर का निर्माण फूलों के पराग-कणों के परमाणुओं से हुआ है। प्रसाद की मूर्ति-विधायिनी प्रतिभा श्रद्धा के

सौन्दर्य-चित्रण में अभिराम कल्पनाओं की पूरी शृंखला प्रस्तुत कर देती है :

और देखा वह सुन्दर दृश्य, नयन का इन्द्रजाल अभिराम।
कुसुम वैभव में लता समान, चन्द्रिका से लिपटा घनश्याम॥

कवि के अनुसार उसकी लम्बी काया उदार हृदय की बाह्य अनुकृति के समान है। उसका कान्तवपु गान्धार देश के नील रोम वाले मसृण मेषचर्म से ढँका हुआ है। उसके नील परिधान में से अधखुले सुकुमार अंग मेघवन में खिले हुए बिजली के गुलाबी रंग के फूल सदृश हैं :

नील परिधान बीच सुकुमार, खुल रहा मृदुल अधखुला अंग।
खिला हो ज्यों बिजली का फूल, मेघ वन बीच गुलाबी रंग॥

प्रसाद की दृष्टि में उसका मुख चन्द्रमा के बजाय सान्ध्यकालीन अरुण रविमंडल के तुल्य छविधाम है! उसके घुँघराले बाल सुकुमार नील घन-शावक के सदृश हैं। उसके सौन्दर्य की नवीनता, उष्मा और गरमाहट व्यक्त करने के लिए कवि ने बड़े ही अद्‌भुत बिम्ब का सृजन किया है :

या कि, नव इन्द्रनील लघु शृंग,
फोड़कर धधक रही हो कान्त।

'एक लघु ज्वालामुखी अचेत माधवी रजनी में अश्रान्त'—यहाँ 'लघु', 'अचेत' प्रयोग यौवन की नवीनता अथवा 'नित्य यौवन की छवि से दीप्त' की भरपूर व्यंजना करते हैं। वह विश्व की करुण-कामना मूर्ति है। उसका शरीर स्पर्श के आकर्षण से परिपूर्ण है। वह जड़ में स्फूर्ति उत्पन्न करने की क्षमता रखती है। इस जादुई सम्मोहन का वर्णन करते हुए प्रसाद जी बिना 'लिपस्टिक' वाले उसके अधरों की लाली में घुली हुई मुस्कान की हल्की लाली को एक-दूसरे से विलग करते हुए अतिशय सूक्ष्म सौन्दर्य बिम्ब की कल्पना प्रस्तुत करते हैं :

और उस मुख पर वह मुस्क्यान, रक्त किसलय पर ले विश्राम।
अरुण की एक किरण अम्लान, अधिक अलसाई हो अभिराम॥

यहाँ प्रसाद का उदात्त सौन्दर्यबोध 'अलसाई' शब्द के प्रयोग से समान वर्ण रक्त किसलय से किरण को अलगाते हुए अद्‌भुत मूर्तिमत्ता प्रदान करता है, मानो ललछौंहे नये पत्ते पर सूर्य की एक स्वच्छ किरण आलस्यपूर्वक अभिरामता में पड़ी हो! इसके बाद कवि श्रद्धा के शरीर की सुगन्ध और उसके मुख पर विद्यमान 'शुभ्र' एवं 'नवल मधु राका-सी' हँसी का जो अशरीरी एवं सूक्ष्म बिम्ब निर्मित करता है, वह अकेले ही उसे विश्व के महानतम कवियों की पाँत में बिठाने के लिए

पर्याप्त है। हमें यह स्वीकार करने और कहने में कोई हिचक नहीं होनी चाहिए कि ऐसी काव्य-पंक्तियाँ विश्व के किसी भी भाषा के साहित्य में शायद ही मिलें। यदि सौन्दर्यशास्त्रीय दृष्टि से तुलनात्मक अध्ययन किया जाए तो ये पंक्तियाँ उसे विश्व साहित्य की सबसे सुन्दर नायिका सिद्ध कर देंगी :

कुसुम कानन-अंचल में मन्द पवन प्रेरित सौरभ साकार।
रचित परमाणु पराग शरीर, खड़ा हो ले मधु का आधार॥
और पड़ती हो उस पर शुभ्र, नवल मधु राका मन की साथ।
हँसी का मदविह्वल प्रतिबिम्ब, मधुरिमा खेला सदृश अबाध॥

यह तो निश्चित है कि कोई महान कवि ही ऐसी काव्य पंक्तियों का सृजन कर सकता है। प्रसाद ने श्रद्धा के सौन्दर्य के मनोरम पक्ष की व्यंजना के लिए प्राय: विरोधी बिम्बों से अनुप्राणित कल्पनात्मक छवियों से ओत-प्रोत जो छविमान चित्र प्रस्तुत किया है, वह अपना प्रतिमान आप ही हैं। इस सन्दर्भ में डॉ. बच्चनसिंह ने ठीक ही लिखा है : "श्रद्धा की मधुगुँजार और प्रथम कवि के सुन्दर छंद में कोई तर्कसम्मत सम्बन्ध नहीं है। यह बात दृश्य और इन्द्रजाल, नीले परिधान और बिजली के फूल, मुखमंडल और ज्वालामुखी, सौरभ और साकार पराग आदि के सम्बन्ध में भी सच है। पर इनमें गहरा तर्केतर सम्बन्ध है, जो प्रस्तुत को ठोस आधार देकर अधिक छविमान, ऐन्द्रिय तथा अर्थवान बनाता है। एक बिम्ब दूसरे को शक्ति देता है और सब मिलकर एक समग्र छवि निर्मित करते हैं जो किसी अन्य की प्रतिकृति नहीं है बल्कि अद्वितीय और अप्रतिम है" ('आ. हि. सा. का इतिहास', पृ. 168)। इसी क्रम में जयशंकर प्रसाद ने स्त्री विमर्श का स्वायत्त पाठ निर्मित करने तथा नारी को पुरुष के बराबर लाने के लिए भाषा के व्याकरण को तोड़ दिया है। उनका स्पष्ट मत था : "मैं भाषा को सुधारने के पहले मनुष्यों को सुधारना चाहता हूँ।" इसलिए उन्होंने स्त्रीलिंग का पुल्लिंगीकरण कर दिया है। वे 'श्रद्धा कहने लगी' के बजाय :

लगा कहने आगन्तुक व्यक्ति, मिटाता उत्कंठा सविशेष
दे रहा हो कोकिल सानन्द, सुमन को ज्यों मधुमय सन्देश

'कहने लगा' का प्रयोग करते हैं। श्रद्धा के जीवनादर्श आज की उत्तर-आधुनिक नारी के जीवनादर्श से भी ज़्यादा स्वाभाविक और उदात्त हैं। उसमें कहीं भी रूढ़ि या कृत्रिम गौरव का आभास नहीं पाया जाता। वह आरम्भ में एक चपल किशोरी के रूप में उपस्थित होती है :

भरा था मन में नव उत्साह, सीख लूँ ललित कला का ज्ञान।
इधर रह गन्धर्वों के देश, पिता की हूँ प्यारी सन्तान॥

घूमने का मेरा अभ्यास, बढ़ा था मुक्त व्योम-तल नित्य।
कुतूहल खोज रहा था व्यस्त, हृदय सत्ता का सुन्दर सत्य॥

परन्तु, हृदय के सुन्दर सत्य की खोज में निकली प्रसाद की यह अल्हड़ किशोरी अतिशय संवेदनशील भी है। हिमालय को देखकर उसे ऐसा प्रतीत होता है, मानो एक छोर से दूसरे छोर तक धरती में सिकुड़न पड़ गई हो! कवि ने हिमालय के लिए जो बिम्ब प्रयुक्त किया है, वह सर्वथा मौलिक, ताज़ा और अनछुआ है। इसलिए उसके प्रति श्रद्धा की सहानुभूति भी दर्शनीय बन पड़ी है :

दृष्टि जब जाती हिमगिरि ओर, प्रश्न करता मन अधिक अधीर।
धरा की यह सिकुड़न भयभीत, आह, कैसी है? क्या है पीर?

उसकी अतिशय संवेदनशीलता हिमालय के भीतर 'मधुरिमा में अपने ही मौन, एक सोया सन्देश महान' का संधान कर लेती है। श्रद्धा प्रलयकाल की विनाशलीला से निराश एवं दुखी मनु के हृदय में नवीन आशा का संचार करती है। वह मनु से बड़े ही बेलौस ढंग से कहती है कि दुखरूपी रात्रि के चौथे प्रहर में ही सुख-रूपी प्रभात का नवोदय होता है :

दुख की पिछली रजनी बीच, विकसता सुख का नवल प्रभात।
एक परदा यह झीना नील छिपाए हो जिसमें सुख गात॥

प्रसाद जी ने जिन शब्दों में श्रद्धा द्वारा मनु को उपदेश दिलाया है, वह उनके समय में एक क्रान्तिकारी कदम था। श्रद्धा के व्यक्तित्व का यह पक्ष उसे उत्तर-आधुनिक नारी बना देता है। भारतीय परम्परा में कालिदास के बाद प्रसाद ही ऐसे शिखर कवि हैं जो काम का उदात्तीकरण करके उसे वैध सम्मान दिलवाते हैं। श्रद्धा का यह कथन कि 'काम मंगल से मंडित श्रेय सर्ग इच्छा का है वरदान'—इसी का संकेतक है। श्रद्धा विरक्त मनु में तपस्या एवं वैराग्य के बदले जीवन के प्रति आसक्ति तथा स्वीकृति का भाव भरती है :

तप नहीं केवल जीवन सत्य, करुण यह क्षणिक दीन अवसाद।
तरल आकांक्षा से है भरा, सो रहा आशा का आह्लाद॥

प्रसाद बड़ी चिन्ताओं के कवि हैं। वे श्रद्धा के माध्यम से गीता के कर्म-सिद्धान्त 'कर्मण्येवाधिकारस्ते मा फलेषु कदाचन्' की मर्यादा निर्धारित करते हुए यह प्रतिपादित करते हैं कि कर्मफल परस्पर अविच्छिन्न हैं। हम जैसा कर्म करते हैं, वैसा ही फल भोगते हैं। श्रद्धा मनु को कर्मपथ पर अग्रसर होकर समूचे विश्व के प्राकृतिक वैभव का उपभोग करने के लिए प्रेरित करती है।

वह मनु को संसृति का मूल रहस्य बनने के लिए तत्पर करती है और उनमें यह विश्वास भरती है कि विधाता उन्हें शक्तिशाली और विजयी बनने का वरदान दे रहे हैं।

श्रद्धा मनु को 'अखिल मानव भावों के सत्य से युक्त चेतना का सुन्दर इतिहास' लिखने के लिए प्रेरित करती है। इतना ही नहीं, वह 'श्रण्वन्तु विश्वे अमृतस्य पुत्राः' जैसा आश्वासन भी मनु को देती है।

आचार्य शुक्ल ने उसे 'विश्वासमयी रागात्मिका वृत्ति' माना है क्योंकि उसका स्वच्छ हृदय रत्ननिधि है जो दया, माया, ममता, क्षमा, मधुरिमा, सहानुभूति और अगाध विश्वास से अनुप्राणित है। वह मनु के समक्ष बिना शर्त निःस्वार्थ रूप से भावनात्मक समर्पण करके उनके हृदय के टूटे तारों को जोड़ देती है :

दया माया ममता लो आज, मधुरिमा लो अगाध विश्वास।
हमारा हृदय रत्ननिधि स्वच्छ, तुम्हारे लिए खुला है पास॥

ऐसा करके वह मनु के सहयोग से प्रलय के फलस्वरूप शक्ति के जो विद्युत्कण (Electrons) निरुपाय होकर बिखर गए हैं, उन्हें फिर से समन्वित करके मानवता को विजयिनी बनाना चाहती है :

शक्ति के विद्युत्कण, जो व्यस्त विकल बिखरे हैं, हो निरुपाय।
समन्वय उनका करें समस्त, विजयिनी मानवता हो जाय॥

यहाँ रूपक द्वारा यह अर्थ भी ध्वनित किया जा सकता है कि मानो स्वाधीनता-संग्राम के कठिन संघर्ष के दिनों में स्वयं भारत माँ देशवासियों को एकजुटता तथा सामरस्य का सन्देश दे रही हो। 'संघे शक्तिः कलियुगाः' का सन्देश तत्कालीन समय की माँग थी क्योंकि तैंतीस करोड़ लोग न केवल अपने बल-बुद्धि से समूचे देश को आज़ाद करा सकते थे अपितु समूची मनुष्यता को विजय-पथ पर अग्रसर करने में समर्थ हैं। श्रद्धा काम और रति की सुपुत्री है। काम की दृष्टि में वह रंग-बिरंगे फूलों से लदी हुई डाली है। वह मनु को स्वप्न में आकर श्रद्धा का परिचय इस प्रकार देता है :

हम दोनों की सन्तान वही, कितनी सुन्दर भोली-भाली।
रंगों ने जिनसे खेला हो, ऐसे फूलों की वह डाली॥

प्रसाद जी ने 'वासना सर्ग' के आरम्भ में मनु को सनातन पुरुष तथा श्रद्धा को सनातन नारी के प्रतीक रूप में प्रस्तुत किया है। वे क्रमशः पुरुष-स्त्री के लिए गृहपति-अतिथि, आकाश-घनश्याम, चन्द्र-किरण, सिन्धु-लोल लहर तथा प्रश्न-उत्तर जैसे अर्थगर्भी एवं व्यंजक प्रतीकों का प्रयोग करते हैं। श्रद्धा पुरुष की पथ-प्रदर्शिका है। वह मनु की आदर्श

सहचरी है। उसमें नारी सुलभ समस्त सद्गुणों की भरमार है। वह नवागता वधू की भाँति लज्जाशीलता, सरसता, कोमलता तथा अनन्त रमणीयता का आगार है। उसके निःस्वार्थ, सरल और उत्सर्गपूर्ण समर्पण को देखकर लज्जा भी फूट पड़ती है :

नारी तुम केवल श्रद्धा हो, विश्वास रजत नग-पग-तल में।
पीयूष स्रोत-सी बहा करो, जीवन के सुन्दर समतल में॥

जयशंकर प्रसाद के हृदय का स्वच्छतम सौन्दर्य तथा उच्चतम और पवित्रतम भाव श्रद्धा में मूर्तिमान हो उठा है। प्रसाद की मूर्ति-विधायिनी कल्पना उसके चित्रांकन में अपनी सृजनात्मकता का अधिकतम दोहन प्रस्तुत करती है। वे श्रद्धा को पुरुष की गुरु बना देते हैं। वह मनु पर पड़े आसुरी प्रभावों को निष्प्रभ करने का यत्न करती है। उन्हें हिंसा से विमुख करके सत्कर्मों में प्रवृत्त करने का उपक्रम करती है। वह मनु के बहाने समस्त मानव जाति को यह उपदेश देती है :

अपनी रक्षा करने में जो, चल जाए तुम्हारे कहीं शस्त्र।
मैं यह तो समझ सकी हूँ अब, हिंसक से रक्षा करें अस्त्र॥
पर जो निरीह जी करके भी, जीवन जीने में हो समर्थ।
वे क्यों न जिएँ उपयोगी बन, इसका मैं समझ सकी न अर्थ॥

आज जब वैश्वीकरण की आँधी चल रही है और विश्व बाज़ारवाद की आयोजक नियोजक शक्तियाँ उपभोक्तावाद, स्वार्थपरता तथा लाभवृत्ति को विश्वस्तर पर प्रसारित कर रही हैं तब विश्व मानवतावाद की भावना से अनुप्राणित, सर्वजनहिताय के महत लक्ष्य से परिचालित श्रद्धा द्वारा कथित निम्नलिखित पंक्तियाँ कितनी व्यंजक और प्रासंगिक बन पड़ी हैं, यह कहने की ज़रूरत नहीं है :

अपने में भर सब कुछ कैसे व्यक्ति-विकास करेगा।
यह एकान्त स्वार्थ भीषण है, अपना नाश करेगा॥
औरों को हँसो देखो मनु, हँसो और सुख पाओ।
अपने सुख को विस्तृत कर लो, सबको सुखी बनाओ॥

श्रद्धा बहुआयामी व्यक्तित्व की धनी है। वह आदि नारी होकर भी आदर्श गृहिणी की भाँति गृहसज्जा में रत होती है। वह पशुओं के ऊन से वस्त्र बनाने के लिए तकली चलाती है। प्रसाद ने उसके गर्भवती रूप का जो सूक्ष्म सांकेतिक और मनोरम चित्र उकेरा है, वह समूचे विश्व साहित्य की अनुपम निधि है :

केतकी गर्भ-सा पीला मुँह, आँखों में आलस भरा स्नेह।
कुछ कृशता नई लजीली-सी, कम्पित लतिका-सी लिये देह॥

सोने की सिकता में मानो कालिन्दी बहती भर उसाँस।
स्वर्गंगा में इन्दीवर की, या एक पंक्ति कर रही ह्रास॥

श्रद्धा वात्सल्य और ममता की साकार विग्रह है। वह अपने भावी शिशु के लिए सुन्दर कुटीर का निर्माण करती है जिसमें पुआलों का छोटा-सा छाजन और बेतसी लता का झूला डालती है। वह गर्भवती अवस्था में मनु के छोड़कर चले जाने के बावजूद अपने शिशु मानव को न केवल जन्म देती है अपितु उसका पालन-पोषण एवं संस्कार करती है। उसके व्यक्तित्व का निर्माण एवं पुरस्कारण करती है। वह मातृपद का उचित निर्वाह करती हुई विरह की त्रासदी को मौन रहकर झेल जाती है।

वह अपने प्रणयी मनु द्वारा ठुकराए जाने के बावजूद उनकी विपत्ति सहचरी बनती है। उसे जब स्वप्न में मालूम होता है कि मनु घायल हो गए हैं तो वह ज़रा- सी देर नहीं करती और कुमार के साथ सारस्वतनगर पहुँचकर एक कुशल महिला चिकित्सक की भाँति उनका उपचार करती है। वह 'म्यूजिक थेरैपी' का आश्रय लेते हुए मूर्च्छित मनु को होश में लाती है। उसके द्वारा गाया गया 'तुमुल कोलाहल कलह में, मैं हृदय की बात रे मन' नामक गीत हिन्दी ही क्या, समूचे भारतीय साहित्य का श्रेष्ठतम गीत है। उसके चरित्र की विराटता और भव्यता के समक्ष मनु नतमस्तक हो जाते हैं और उसे 'देवि' तथा 'सर्वमंगला' की संज्ञा से अभिहित करते हैं :

तुम देवि! आह, कितनी उदार
वह मातृमूर्ति है निर्विकार
हे सर्वमंगले, तुम महती!
सबका दुख अपने पर सहती।
कल्याणमयी वाणी कहती
तुम क्षमा निलय में हो रहती।

मानव के भौतिक विकास के साथ-साथ उसके हृदय का विकास नहीं हो सका है। यांत्रिक सभ्यता और बौद्धिकता के अतिरेक से उत्पन्न विसंगतियों के निराकरण हेतु प्रसाद श्रद्धा जैसे कालजयी चरित्र की सृष्टि करते हैं। वे मानव जाति के समरस और सर्वांगीण विकास के लिए श्रद्धा एवं इड़ा का सृजन करते हैं। यदि श्रन्द्रा हृदय और रागवृत्तियों की प्रतीक है तो इड़ा विज्ञान, बौद्धिकता और भौतिकता की। मानव के सन्तुलित विकास के लिए दोनों की सहस्थिति अनिवार्य है। जो लोग श्रद्धा को बुद्धि-विरोधी गानते हैं, उन्हें प्रसाद ने स्वयं जवाब दिया है। श्रद्धा स्वयं अपने पुत्र कुमार को इड़ा के हाथों में सौंपती हुई कहती है :

यह तर्कमयी तू श्रद्धामय
तू मननशील कर कर्म अभय
इसका तू सब सन्ताप निचय
हर ले, हो मानव भाग्य उदय
सबकी समरसता का प्रचार
मेरे सुत! सुन माँ की पुकार॥

श्रद्धा मानवीय चेतना तथा विश्व की समस्त उदात्त वृत्तियों का प्रतिनिधित्व करती है। मानव हृदय में जो कुछ भी उदात्त, भव्य, पवित्र और वरेण्य है, श्रद्धा उसका मूर्तिमान रूप है। वह 'कामायनी' के 'रहस्य सर्ग' तक पहुँचकर एक अलौकिक आभायुक्त दिव्य शक्ति बन जाती है। वह रागमयी महाशक्ति के रूप में मनु का मार्ग प्रशस्त करते हुए उन्हें कैलाश शिखर तक ले जाती है। श्रद्धा उन्हें ज्ञानलोक, इच्छालोक और कर्मलोक की भिन्न सत्ता के दर्शन कराती है। यह भिन्नता ही जीवन की समस्त विडम्बनाओं का मूल है। उसके स्मित के प्रभाव से इच्छालोक, ज्ञानलोक और क्रियालोक परस्पर संयुत एवं समरस हो जाते हैं। वह मनु को आनन्द सुधा में आप्लावित कर देती है।

प्रसाद जी श्रद्धा को 'कामायनी' के अन्त में जगत की अकेली मंगल कामना के रूप में चित्रित करते हैं। वह मानसरोवर के तट पर खिली हुई एक ज्योतिष्मती वनबेली है। वह विश्व की पुलकित चेतना है, पूर्ण काम की प्रतिमा है। वह 'चेतना का उज्ज्वल वरदान' और 'वसुधा का गौरव' है जिसके विहँसने से अग-जग मुखरित हो उठता है। उसका महान हृदय उस गम्भीर जलाशय की भाँति है जो विमल जल महिमा से आपूरित है। उसका निश्चल प्रेम, निःस्वार्थ त्याग, ध्रुवविश्वास, सहज कारुण्य भाव, सहिष्णुता, अपरिमित तितिक्षा, अतुल अनुराग तथा सर्वमंगलाशा जैसे गुण उसे विशाल अन्तःकरण सम्पन्न महानतम नारी का व्यक्तित्व प्रदान करते हैं। वह महाकाव्य के प्रकर्ष पर पहुँचकर आदर्श भारतीय नारी के व्यक्तित्व का भी अतिक्रमण करते हुए विश्व कल्याणमयी अप्रतिम नारी में रूपान्तरित हो जाती है। उसके व्यक्तित्व की उज्ज्वलता से महाकाव्य में भी एक अलौकिक आभा और रहस्यात्मक गरिमा का संचार हो जाता है। जायसी ने पद्मावती को 'पारसरूप' कहा था। 'पारस रूप' वह है जिससे सृष्टि के समस्त पदार्थ रूप ग्रहण करते हैं। उन्हीं के शब्दों में कहा जा सकता है :

रवि, ससि, नखत, दिपहिं ओहि जोती।
रतन पदारथ मानिक मोती॥

लेकिन प्रसाद की श्रद्धा के प्रभाव से हिमवती पाषाणी प्रकृति भी मांसल हो

उठती है। उस विमल प्रेम ज्योति के प्रताप से जड़-चेतन भी सुन्दर साकार बनकर समरस हो जाते हैं, घनीभूत अखंड आनन्द में निमग्न हो उठते हैं। कहने का आशय यह है कि क्या स्त्री विमर्श की धूम मचानेवाले रचनाकार भी इससे बेहतर, भव्य, ललित, उदात्त तथा सर्वगुणसम्पन्न नारी की सृष्टि कर सके हैं? क्या समूचे विश्व साहित्य में इससे भी मनोरम और उदात्त नारी सृष्टि अन्यत्र है? क्या आनन्द के चेतना के विलास तक पहुँचने का कोई और भी विकल्प है? क्या श्रद्धा के बग़ैर भी सुख के चरम अधिष्ठान आनन्द तक पहुँचा जा सकता है? सम्भव है, इन सबका उत्तर 'नहीं' हो। यही श्रद्धा का स्त्रीवादी पाठ है जो उसे 'अपारता' (एपोरिया) प्रदान करता है। यहाँ प्रसाद की अभेदमूलक दृष्टि स्त्री विमर्श का भी सीमाहीन विस्तार देती है।

इड़ा

इड़ा 'कामायनी' महाकाव्य का दूसरा शिखर नारी चरित्र है। वह स्वयं सरस्वती है, वाणी है, तर्कमयी है, बुद्धि की साकार प्रतिमा है। वह सारे आधुनिक उत्तर-आधुनिक विमर्शों का संश्लेषण है। वह कर्म की निरन्तरता का प्रतिनिधित्व करती है। उसके यहाँ अनन्त ज्ञान भी स्ववश है। उसके प्रभाववश पथिक भी निज निर्मित पथ पर चलता है। कवि उसके आगमन के दृश्य को ज्ञानोदय के रूप में चित्रित करने के बजाय सूर्योदय के रूपक के सहारे प्रस्तुत करता है। ज़ाहिर है कि बुद्धि यहाँ स्त्री देह धारण करके प्रकट हो रही है जिसके 'तन-बदन' पर 'आलोक वसन लिपटा अराल' है। अतः उसके प्रकट होने पर सूर्योदय अर्थात् ज्ञानोदय अथवा नवोन्मेष होना ही है। प्रसाद जी यहाँ एक पूरी गीति में उसके प्रवेश का चित्र अंकित करते हैं। उनके अनुसार सरस्वती-तट पर 'प्राची में फैला मधुर राग' है जहाँ 'जीवन का तम-विराग सोया' है। यहाँ इड़ा 'नयन महोत्सव' की प्रतीक है। वह 'रम्य फलक पर नवल चित्र-सी प्रकट हुई सुन्दर बाला' है। वह 'अम्लान नलिन की नवमाला' है, जो 'संसृति पर सुराग' बरसा रही है। वह परम आधुनिक नारी के रूप में मनु के समक्ष उपस्थित होती है :

बिखरी अलकें ज्यों तर्कजाल।
वह विश्वमुकुट-सा उज्ज्वलतम शशिखंड सदृश था स्पष्ट भाल।
दो पद्म पलाश चषक से दृग देते अनुराग विराग ढाल॥
गुँजरित मधुप सा मुकुल सदृश वह आनन जिसमें भरा गान।
वक्षस्थल पर एकत्र धरे संसृति के सब विज्ञान-ज्ञान॥
था एक हाथ में कर्मकलश जीवन वसुधा रस सार लिये।
दूसरा विचारों के नभ को था मधुर अभय अवलम्ब दिये॥

त्रिवली थी त्रिगुण तरंगमयी आलोक वसन लिपटा अराल।
चरणों में थी गति भरी ताल॥

यह जितना चित्र इड़ा का है, उतना ही एक सुशिक्षित उत्तर-आधुनिक नारी का भी। इस शिख-नख चित्रण पर रीतिकाल के सैकड़ों नखशिख वर्णन न्योछावर किए जा सकते हैं। प्रसाद जी ने उसके व्यक्तित्व-निरूपण में एक गहरी तर्कसंगति रखी है। प्रसाद का कवि अपनी सृजनात्मकता में कितना बौद्धिक हो सकता है, यह 'इड़ा सर्ग' में विशेष रूप से द्रष्टव्य है। इड़ा के व्यक्तित्व पर हिन्दी के अन्य आलोचकों ने भी अपने ढंग से विचार किया है। इस सन्दर्भ में सुधीश पचौरी की निम्नलिखित टिप्पणी चिन्तनीय बन पड़ी है। वे लिखते हैं : "इड़ा तर्काधारित आधुनिक सभ्यता है रूपक में। उसका सौन्दर्य वर्णन देह-प्रधान है। प्रसाद इड़ा की देह की 'तर्कमयता' दिखाते हैं। इड़ा सिर्फ़ देह दिखाते हैं। इड़ा की 'त्रिवली त्रिगुण तरंगमयी' है (लेकिन श्रद्धा की देह नहीं दिखती), ज्ञानविज्ञान रूप वक्षस्थल बताए जाते हैं। प्रसाद इस देह को कमनीय रमणीय नहीं कहते। नासिका नुकीली है, होंठ पतले हैं। 'नासिका नुकीली पतले पुट' (यह देह सभ्यता है। इससे प्रसाद का स्थायी बैर है। इड़ा के रूपक में इड़ा पश्चिमी रेनेसां ज्ञानविज्ञान की प्रतीक है। देह 'कामायनी' में बुरी तरह दबी है, दबाई जाती है। 'लिबिडो' दबाया जाता है)।" जब हम कथित टिप्पणी पर निर्लिप्त भाव से विचार करते हैं तो पाते हैं कि पचौरी साहब की कथित टिप्पणी विपथित व्याख्या की शिकार है। प्रसाद जी ने जब 'लज्जा सर्ग' में सौन्दर्य मात्र का निदर्शन किया था, तभी लिखा था कि 'हो नयनों का कल्याण बना आनन्द सुमन-सा विकास हो।' वे इड़ा को 'नयन-महोत्सव' की प्रतीक कहते हैं जो सौन्दर्य स्वयं में 'नयनों का कल्याण' है—इड़ा उसी के महोत्सव की प्रतीक है। यह अनन्त रमणीय सौन्दर्य का चित्रण नहीं तो और क्या है? प्रसाद जी ने इड़ा के व्यक्तित्व को अपेक्षित परिपक्वता प्रदान की है। वह आधुनिक सुशिक्षित नारी के तमाम गुणों की खान है। जब वह मनु को प्रथम भेंट में उजड़े सारस्वत प्रदेश के बारे में बताती है तो ऐसा प्रतीत होता है कि मानो स्वयं भारतमाता भारतवासियों के समक्ष आत्मवेदना का इजहार कर रही हो :

भौतिक हलचल से यह चंचल हो उठा देश ही था मेरा।
इसमें अब तक हूँ पड़ी इसी आशा से आए दिन मेरा॥

'आए दिन मेरा' वाक्यांश कितना व्यंजनात्मक बन पड़ा है! इड़ा मनु के समक्ष सारस्वत प्रदेश के पुनर्निर्माण का प्रश्न उपस्थित करती है। वह भौतिक विप्लव को सारस्वत प्रदेश के उजाड़ का प्रमुख कारण मानती है। अतः उसका पुनर्निर्माण

भी सर्वथा भौतिक धरातल पर ही सम्भव है। प्रसाद जी का कवि सभी चीज़ों को प्रश्नवाचक लेने का अपार साहस लेकर अवतीर्ण हुआ है। वह इड़ा के माध्यम से उस अनन्त सत्ता के प्रति प्रश्न उत्पन्न करता है। इड़ा नास्तिक के लहज़े में जो ईश्वरीय विमर्श प्रस्तुत करती है, वह ज्ञानविज्ञान से सम्पन्न, सुसभ्य आधुनिकता के लिए भी एक चुनौती हीं है :

उस निष्ठुर की रचना कठोर केवल विनाश की रही जीत
तब मूर्ख आज तक क्यों समझे हैं सृष्टि सृष्टि उसे जो नाशमयी?
उसका अधिपति? होगा कोई जिस तक दुख की न पुकार गई।

कवि ने इड़ा के व्यक्तित्व में वर्चस्ववाद (Dynamsism) का विशेष रूप से उन्मेष दिखलाया है। आज उत्तर-आधुनिकता जिस सक्रिय स्त्रीत्व की चर्चा करता है, इड़ा उसकी सूत्रधारिणी है। वह विपन्न और व्यथित मनु को सांत्वना देकर उन्हें अभिनव जीवन दिशाओं की ओर उन्मुख करती है। उनका सफलतापूर्वक पथ-प्रदर्शन करती है। वह मनु को नवजागरण-कालीन उपदेश देते हुए उन्हें वैज्ञानिक संसाधनों के सहज उपयोग द्वारा जड़ता को चैतन्य करने के लिए प्रेरित करती है जिससे वे विश्वव्यापी यश अर्जित कर सकते हैं :

हाँ तुम हो अपने हो सहाय!
जो बुद्धि कहे उसको न मानकर फिर किसकी नर शरण जाए?
× × ×
तुम जड़ता को चैतन्य करो विज्ञान सहज साधन उपाय।
यश अखिल लोक में रहे छाय।

मनु उसके इंगित पर सारस्वत सभ्यता के पुनर्निर्माण के लिए प्रस्तुत होते हैं। उनके भीतर स्वावलम्बन का बोध पैदा होता है। वे दूसरों के समक्ष पैर पसारने के बजाय अपने पैरों पर चलना ज़्यादा श्रेयस्कर समझते हैं। ऐसा करने पर उन्हें कोई रोक भी नहीं सकता :

अपनी दुर्बलता बल सँभाल, गंतव्य मार्ग पर पैर धरे
मत कर प्रसार, जिन पैरों चल, चलने की जिसको रहे झोंक,
उसको कब कोई सका रोक?

इड़ा जिन शब्दों में मनु को प्रकृति के रहस्यों की खोज में तत्पर करती है तथा जिस विज्ञान के सहारे जड़ता को चैतन्य करने की बात करती है, उससे न केवल उसके व्यक्तित्व को एक अपेक्षित ऊँचाई प्राप्त होती है अपितु मनु भी यह कहने के लिए विवश हो उठते हैं : 'मैं बढ़ा सहज तो स्वयं बुद्धि को मानो आज यहाँ पाया।' प्रसाद जी 'स्वप्न'

और 'संघर्ष सर्ग' में यह दिखलाते हैं कि मनु इड़ा की प्रेरणा से ही सारस्वती नगर की सुन्दर व्यवस्था करते हैं, वैज्ञानिक आधारों पर नगर रचना और उसके सभी क्षेत्रों में आशातीत सफलता प्राप्त करते हैं। इड़ा के इंगित पर सब सहयोगी की भूमिका में हैं। किसान खेतों में हल चलाते हैं। धातुएँ गलती हैं, नित्य नवीन आभूषणों और शस्त्रास्त्रों का निर्माण होता है। नवीन प्रसाधन बनाए जाते हैं। समूचे नगर में सुख-समृद्धि के विस्तृत वितान तले ज्ञान व्यवसाय विकसित होता है। धरती की छाती भेदकर खनिज निकाले जाते हैं। सृष्टि का बीज हरा-भरा हो रहा है। यह सारा कार्य नवयुग की चेतना की प्रतीक इड़ा के निर्देश पर सम्पन्न हो रहा है। यहाँ प्रसाद जी इड़ा के व्यक्तित्व में घोर आधुनिक नारी का वह गुण भी भर देते हैं जो अपने सौन्दर्य के आकर्षण का जाल फैलाकर पुरुष से सारे कार्य सम्पादित करवाती है और उससे एक सुरक्षित दूरी भी बनाए रखती है। मनु इड़ा के व्यक्तित्व के इस पहलू को बहुत गहरे स्तरों पर समझ लेते हैं। वे सोचते हैं कि इड़ा अपना स्वार्थ सम्पादित करवाने के लिए उन्हें अपने रूप के मोह-जाल में बाँधती तो है, किन्तु अपने व्यक्तित्व को उनके अधिकार से बनाए भी रखती है :

सारस्वती देश तुम्हारा, तुम हो रानी,
मुझको अपना अस्त्र बना करती मनमानी।
यह छल अब चलने से पंगु हुआ-सा समझो,
मुझको भी अब मुक्त जाल से अपने समझो।
शासन की यह प्रगति सहज़ ही अभी रुकेगी,
क्योंकि दासता मुझसे अब तो हो न सकेगी।

मनु इड़ा के विमोहनकारी रूपाकर्षण को गहराइयों तक महसूस करते हैं। इड़ा के प्रति मनु के मन में उद्भूत विलास-भावना उन्हें अपनी उपलब्धि से निराश करती है : 'सुन्दर मुख, आँखों की आशा, किन्तु हुए ये किसके हैं।' वे इड़ा के इंगित पर पूरा साम्राज्य बसा लेते हैं पर उनका मन आत्यन्तिक रूप से रिक्त है : 'देश बसाया पर उजड़ा है सूना मानस देश यहाँ।' वे 'खाली दिमाग़ शैतान का घर' वाली कहावत को चरितार्थ करते हैं। उनकी अतृप्त विलास-भावना इड़ा में प्रतिपूर्ति देखती है : 'कब डूबेगी प्यास हमारी इस मधु अक्षरों के रस में।' उनका काम-प्रेरित अहंकार उनसे इड़ा पर अपने अधिकार की घोषणा करवा देता है :

मैं शासक मैं चिर स्वतंत्र, तुम पर भी मेरा,
हो अधिकार असीम, सफल हो जीवन मेरा।

वह मनु को निरंकुश होने और निर्बाधित अधिकार भोगने के ख़तरे के प्रति आगाह करती है :

आह प्रजापति यह न हुआ है, कभी न होगा
निर्बाधित अधिकार आज तक किसने भोगा?

वैश्वीकरण एवं बाज़ारवाद के वर्तमान दौर में प्रतिस्पर्धा की जो बयार बह रही है और गुणवत्ता जब टिके रहने की एकमात्र शर्त बनती जा रही है तब इड़ा का निम्नांकित कथन आज के उत्तर-आधुनिक युग का युगसत्य सिद्ध हो रहा है :

स्पर्धा में जो उत्तम ठहरें वे रह जावें,
संसृति का कल्याण करें शुभ मार्ग बतावें।

वह राष्ट्र-रूपी शरीर में प्राण समान रमनेवाले को आदर्श शासक के रूप में प्रतिपादित करती है। उसके अनुसार जिस शासन की छत्रच्छाया में लोकजीवन सुखी होता है, वही सच्चा राष्ट्र-सेवक है। वह मनु को भी लोकसभा तथा राष्ट्रसेवा के प्रति निष्ठापूर्वक बढ़ने के लिए प्रेरित करती है :

लोक सुखी हो आश्रय ले यदि उस छाया में,
प्राण सदृश तो रमो राष्ट्र की इस काया में।

मनु को इड़ा का यह सारा उपदेश बहुत नागवार गुज़रता है। वे सोचते हैं कि जब उनकी अपनी इच्छाएँ ही अपूर्ण एवं अतृप्त हैं तो वे किस बात के प्रजापति हैं? उनकी उद्दाम विलास भावना अट्टहास कर उठती है। किसी भी शर्त पर इड़ा को प्राप्त करना उनकी एकमात्र इच्छा है। उनके भीतर स्थित शासक का अहंकार तथा उद्दाम काम-वासना इड़ा पर अतिचार करने को उद्यत करता है। वे कहते हैं :

इड़े! मुझे वह वस्तु चाहिए जो मैं चाहूँ,
तुम पर हो अधिकार, प्रजापति न तो वृथा हूँ।

× × ×

किन्तु पास ही रहो बालिके! मेरी हो तुम,
मैं हूँ कुछ खिलवाड़ नहीं, जो अब खेलो तुम।

इड़ा मनु के माध्यम से सम्पूर्ण मनुष्य जाति को निर्बाध भोग-लालसा के ख़तरे के प्रति सचेत करती है। वह सुख की मर्यादा निर्धारित करती है :

अपना हो या औरों का सुख, बढ़ा कि बस दुख बना वहीं,
कौन बिन्दु है रुक जाने का यह जैसे कुछ ज्ञात नहीं।

मनु जैसे ही इड़ा के साथ अतिचार करने का प्रयास करते हैं, वैसे ही प्रकृति और देवशक्तियाँ कुपित हो जाती हैं। आत्मजा-प्रजा के प्रति राजा द्वारा मर्यादा भंग करने की स्थिति में प्रजा भी अपनी सीमाएँ तोड़ने के लिए विवश हो उठती है। प्रसाद के समूचे व्यक्तित्व एवं कृतित्व में अन्तरवर्तिनी धारा के रूप में विद्यमान क्रान्तिधर्मिता यहाँ प्रकट हो उठती है :

प्रजा आज कुछ और सोचती अब तक जो अविरुद्ध रही।

यह वही प्रजा थी जिसका मनु ने स्वयं नियमन किया था और जिसकी रक्षा का भार स्वयं मनु के ही कंधों पर था। मनु द्वारा मर्यादा भंग करने पर वह प्रजा भी मर्यादा तोड़ती है। फलतः जनक्रान्ति होती है।

प्रसाद जी हिन्दी के पहले कवि हैं जो जनक्रान्ति को बाकायदा घटित होते हुए दिखलाते हैं। जनता अपनी रानी इड़ा के बचाव में आततायी मनु से लोहा लेती है। मनु के विध्वंसक अस्त्रों से क्षत-विक्षत होकर भी वह मनु को घायल कर देती है। उन्हें उनके उत्पात की सज़ा देती है। वह जनशक्ति का पहला वैध प्रदर्शन था। यहाँ यह भी चिन्तनीय है कि प्रजा में यह क्रान्ति चेतना आई कहाँ से? क्या प्रजा को इस योग्य बनानेवाली स्वयं इड़ा नहीं थी? प्रसाद जी संश्लेषण एवं सामरस्य के कवि हैं। वे इस भयावह प्रसंग में भी विज्ञानमयी अभिलाषा की प्रतीक इड़ा के व्यक्तित्व की समीक्षा करना नहीं भूलते। उनकी भेदक दृष्टि आधुनिक व्यवस्था के संकटों के मूल का संधान कर लेती है :

वह विज्ञानमयी अभिलाषा, पंख लगाकर उड़ने की,
जीवन की असीम आशाएँ कभी न नीचे मुड़ने की।
अधिकारों की सृष्टि और उनकी वह मोहमयी माया,
वर्गों की खाई बन फैली कभी नहीं जो जुड़ने की।

इस तरह कवि आधुनिक व्यवस्था के भीतर के संकटों का उद्‌घाटन करता है। प्रसाद जी की दृष्टि में इड़ा 'वर्गों की खाई' को पैदा करती है। वह विश्लेषणपरक है, फलतः विभेद और विषमता को बढ़ावा देती है। उसकी यह भेद-बुद्धि श्रद्धा की समरसता इसलिए भी है कि वह शक्ति और ज्ञान की प्रतीक है। समाज पर मनु की तुलना में उसका प्रभाव ज़्यादा है। बुद्धि और ज्ञान से संचालित उसका व्यक्तित्व अतिशय प्रभावी है जिसके कारण सारस्वत प्रदेश की प्रजा उसकी मर्यादा बचाने के लिए अपने शासक मनु से लोहा लेती है।

इड़ा का विचारवान व्यक्तित्व उस समय अपनी परिपक्वता और सहिष्णुता का परिचय देता है जब श्रद्धा उसे 'सिर चढ़ी रही पाया न हृदय' कहकर फटकारती है और वह चुपचाप उसे सुनती है। आचार्य शुक्ल ने उसे सुझाव दिया था कि वह

भी श्रद्धा को 'रस पगी रही पाई न बुद्धि' कहकर खरी-खोटी सुना सकती थी। यदि ऐसा हुआ होता तो दोनों ही चरित्रों की गरिमा खंडित होती है। फिर प्रसाद जैसा क्लासिक रचनाकार इस 'तू-तू, मैं-मैं' में कैसे उलझ सकता था? इड़ा का मौन श्रद्धा के मन में उसके प्रति अखंड विश्वास पैदा करता है। फलतः वह अपने पुत्र मानव को इड़ा के हाथों में सौंपती है जिससे उनका सर्वतोन्मुखी और सन्तुलित विकास सम्भव हो सके। श्रद्धा दोनों को राष्ट्रनीति देखने का निर्देश देती है। चूँकि श्रद्धा 'विश्व विपुल आतंक-त्रस्त है' से परिचित है, इसलिए वह दोनों को शासक बनने के बाद भय न फैलाने के प्रति आगाह करती है। गोस्वामी तुलसीदास ने भी मध्यकालीन शासकों के 'दंड कराल कठोर' पर काव्यात्मक प्रहार किया था। प्रसाद जी भी दंडविधान के विरोधी रहे हैं। वे समरसता और समन्विति के आग्रही हैं, फलतः वे श्रद्धा से 'सबकी समरसता का प्रचार, मेरे सुत सुन माँ की पुकार' का उपदेश दिलवाते हैं। प्रसाद जी श्रद्धा और इड़ा को यहाँ नज़दीक लाते हैं। यदि श्रद्धा अपने पुत्र मानव को इड़ा के हवाले करके अपने विशाल हृदय होने का सबूत पेश करती है तो इड़ा श्रद्धा की चरणधूलि मस्तक से लगाकर अपने आपको और ऊपर उठा लेती है।

इसके उपरान्त इड़ा का व्यक्तित्व एक बार और उभरकर सामने आता है। इड़ा 'आनन्द सर्ग' में मानव और सारस्वत-वासियों के यात्री दल के साथ कैलाश की ओर बढ़ रही है। उसके साथ धर्म का प्रतीक वृषभ भी है। मानव इड़ा से पूछता है कि इस पर बैठ क्यों नहीं जाती? इस पर इड़ा कहती है कि हम सारस्वती नगरनिवासी 'पीयूष सलिल से' अपने जीवन घट को भरने आए हैं। हम धर्म को स्वच्छंद रखने के लिए इस तलहटी में मुक्त कर देंगे। यहाँ प्रसाद जी धर्मनिरपेक्ष पाठ रचते हैं। इड़ा कहती है कि धर्म स्वतंत्र है, हम स्वतंत्र हैं। प्रसाद इड़ा के व्यक्तित्व को सम्पूर्णता प्रदान करने के लिए बुद्धि को परिपक्व परिणति तक पहुँचाने के लिए श्रद्धा की विधायक भूमिका को अनिवार्य बतलाते हैं। फलतः इड़ा श्रद्धा के पास पहुँचकर 'श्रम, ताप और पथ पीड़ा' से मुक्त हो जाती है, अपना खाली हृदय उसके पीयूष से भर लेती है। दूसरी ओर श्रद्धा-मनु को भी समरसता की प्राप्ति तब तक नहीं होती जब तक वहाँ इड़ा नहीं आ जाती। प्रसाद जी का निहितार्थ यह है कि श्रद्धा और इड़ा की सहस्थिति में ही समरसता सम्भव है। सारांश यह हैं कि इड़ा का व्यक्तित्व वर्तमान विश्व-व्यवस्था की उस अधुनातन नारी का प्रतिनिधित्व करता है जो विज्ञान, तकनीक और स्वायत्त सोच से परिचालित है। इड़ा का व्यक्तित्व प्रसाद के नारी चिन्तन का सर्वोत्तम अंश है जो गलाकाट प्रतिस्पर्धा तथा उपभोक्तावाद के इस युग में 'निर्बाधित अधिकार और भोग-लालसा' का पूरी शक्ति के साथ विरोध करती है। आज जब स्त्री विमर्श उपभोक्तावाद का शिकार होकर भटकाव के चौराहे पर खड़ा है, तब इड़ा का व्यक्तित्व अपने प्रभामंडल से उसे सन्मार्ग की

ओर अग्रसर कर सकता है। प्रसाद का नारी विमर्श इड़ा के माध्यम से पुरुष द्वारा नारी को बन्धन में, उसे अपने प्रति अभिरुचि व निर्भरता बनाए रखने के प्रयास के प्रत्याख्यान के रूप में प्रस्तुत हुआ है। वह मनु द्वारा निर्बाध भोग-लालसा की पूर्ति हेतु निर्मित संरचनात्मक मर्यादा में 'मिसफिट' है। वह पुरुष-स्त्री के मध्य विद्यमान असमानता को अस्वीकार करनेवाली तथा नारी के सशक्तीकरण की प्रक्रिया को बौद्धिक व कार्यरूप देनेवाली संकल्पना का मूर्त रूप है।

कामायनी : एक उत्तर-आधुनिक विमर्श

आज जब हम 21वीं सदी में विधिवत् प्रविष्ट हो चुके हैं तथा उत्तर-आधुनिकता, विश्व-बाजारवाद, भूमंडलीकरण एवं सूचना प्रौद्योगिकी के महाविस्फोट के दौर से गुज़र रहे हैं तो यह प्रश्न स्वाभाविक रूप से उठता है कि वर्तमान परिप्रेक्ष्य में 'कामायनी' जैसी कालजयी रचना की अर्थवत्ता को किस रूप में पहचाना जाए? 'कामायनी' आधुनिक भारतीय साहित्य की सर्वश्रेष्ठ काव्यात्मक उपलब्धि है जिसमें इस युग की प्रायः सारी काव्य-प्रवृत्तियाँ मौजूद हैं तथा जो विराट कवि प्रतिभा, विश्व-संदृष्टि, जीवनानुभव तथा युग-चेतना का समुच्चय है। वर्तमान समय में जब समूचा विश्व सूचना प्रौद्योगिक के क्षेत्र में आई क्रान्ति को उपभोक्ता केन्द्रित बनाने के लिए अपनी गतिशील भविष्य-दृष्टि का परिचय दे रहा है और हम विश्व-बाजारवाद, भूमंडलीकरण तथा विश्वग्राम के सपने को यथार्थ में बदलता देख रहे हैं, तो नवीनतम जीवन स्थितियों एवं समीक्षा-पद्धतियों के अनुरूप 'कामायनी' जैसी क्लासिक रचना का मूल्यांकन समय की माँग है। आज उत्तर-आधुनिकतावादी लेखन और समीक्षा-पद्धति का बोलबाला है। उत्तर-आधुनिकता एक विराट सांस्कृतिक आन्दोलन के बतौर उभरी है जिसकी व्याप्ति तमाम राजनीतिक, सामाजिक, आर्थिक, सांस्कृतिक, साहित्यिक तथा प्रौद्योगिकीय सन्दर्भों तक समान रूप से है। पाश्चात्य जगत में उत्तर-आधुनिकता को साहित्य के दो रूपों में सन्दर्भित किया जा रहा है। एक ओर इसका सरोकार रचनात्मक लेखन से जोड़ा जा रहा है तो दूसरी ओर साहित्य के मूल्यांकन की आलोचनात्मक प्रक्रिया से भी। पश्चिमी देशों में उत्तर-आधुनिकता के अभिलक्षण से निर्मित प्रतिमानों के आधार पर तमाम आधुनिक और मध्ययुगीन रचनाकारों की रचनाओं की पुनर्मीमांसा हुई जिसमें अनेक रोचक तथ्य सामने आए। उत्तर-आधुनिक विमर्श से साहित्य-समीक्षण दृष्टि का परिष्करण हुआ है।

दरअसल, उत्तर-आधुनिक विमर्श के सन्दर्भ में 'उत्तर' शब्द की विशिष्ट भूमिका है। यह एक तरफ़ जो आधुनिक नहीं है, उसका द्योतन करता है तो दूसरी तरफ़ इसकी सक्रिय निषेधपरक अर्थवत्ता आधुनिक युग के सैद्धान्तिक एवं सांस्कृतिक व्यवहारों के परे ले जाती है। इसका शब्दार्थ आधुनिकतावाद के पश्चात् आनेवाली अवधारणा की प्रतीति कराता है जिससे उसे आधुनिकता का उत्तरोत्तर

तथा अत्याधुनिकता जैसे शब्दबन्धों द्वारा भी अभिहित किया जाता है। इस तरह उत्तर-आधुनिक विमर्श एवं व्यवहार आधुनिकता के विरोध में उपस्थित होता है जो आधुनिक विचारधाराओं, शैलियों, व्यवहारों एवं सम्पूर्णता की अवधारणा को तोड़ता है, उस पर प्रहार करता है और आधुनिकतावाद को सिरे से ख़ारिज़ करता है। यदि आधुनिकतावाद के नाभिकेन्द्र में विवेक है तो उत्तर-आधुनिकतावाद के नाभिकेन्द्र में इच्छा है। वस्तुतः उत्तर-आधुनिकता एक जटिल प्रत्यय है जिसकी बौद्धिक मीमांसा अत्यन्त चुनौतीपूर्ण एवं जटिल कार्य है। यदि वह एक तरफ़ परम्परागत प्रतिष्ठित मूल्यों को ख़ारिज़ करती है तो दूसरी बौद्धिक-मीमांसा एवं मानवीय चिन्ता को आगे बढ़ाती है। सीमाहीन खुलापन उसकी केन्द्रीय विशेषता है। कदाचित् इसी कारण वह आधुनिकतावाद द्वारा प्रतिष्ठित राष्ट्र-राज्य की सीमाओं के रेखांकन का अतिक्रमण करती है और राष्ट्रीयता से अन्तरराष्ट्रीयता की ओर प्रयाण कर भूमंडलीकरण, विश्वग्राम और विश्व-नागरिकता की दिशा में अपने क़दम बढ़ाती है। उत्तर-आधुनिकता न केवल स्थलीय धरातल पर अपितु सामाजिक एवं सांस्कृतिक स्तर पर भी राष्ट्र की हदबन्दी को तोड़ती है। वह हर प्रकार की वैचारिक और धार्मिक कट्टरता को काटती है। संक्षेप में, वह प्रौद्योगिकीय क्रान्ति के रथ पर सवार होकर समयानुकूल उपस्थित एक ऐसा बहुआयामी बौद्धिक आन्दोलन है जिसने परम्परागत प्रादर्शों को चकनाचूर करते हुए मनुष्य को अपने अनुसार जीने, सृजन करने और नव-निर्माण करने के लिए खुला छोड़ दिया है। जहाँ मनुष्य तकनीकी कौशल के सहारे असम्भाव्य को सम्भाव्य बना सकता है। मानव जीवन का कायाकल्प करते हुए उसमें निहित तमाम सम्भावनाओं को साकार कर सकता है। उत्तर-आधुनिकता के अनेक अभिलक्षण और अन्तर्वृत्तियाँ 'कामायनी' में मौजूद हैं। उसकी गत्यात्मक अर्थवत्ता में वह शक्ति विद्यमान है जिससे वह उत्तर-आधुनिक समीक्षात्मक प्रतिमानों के आधार पर अपना पुनर्मूल्यांकन करवा सकती है। उत्तर-आधुनिकता की जो केन्द्रीय विशेषताएँ 'कामायनी' में उपलब्ध हैं, वे इस प्रकार विवेचित की जा सकती हैं :

कालातीत दृष्टिकोण और कालिक व्यतिक्रम की प्रतिष्ठा

उत्तर-आधुनिकता कालगत क्रमबद्धता का अतिक्रमण करते हुए कालातीत दृष्टिकोण का परिचय देती है। वह शुद्ध इतिहास के निषेध द्वारा बीती हुई घटनाओं की क्रमागत प्रस्तुति का विरोध करती है। वह इतिहास की मृत्यु की घोषणा करते हुए विगत घटनाओं के आभ्यन्तर को नकारकर कालदोषता को स्थापित करती है। वह काल-केन्द्रिकता और बिन्दुवारिता के बजाय घटनीयता, असमयपरकता और कालिक व्यतिक्रम को प्रतिष्ठित करती है। उत्तर-आधुनिकता की कालिक अवधारणा काल को निरवधि रूप

में देखने की है। वह सीमाहीन काल की संकल्पना प्रस्तुत करती है। साथ ही, भूत, वर्तमान एवं भविष्य काल को अलग न मानकर युगपत अथवा समानान्तर मानती है। संस्कृत साहित्य में भी निरवधि काल अथवा वृत्तीय काल का चिन्तन उपलब्ध होता है, जिसकी अनुगूँज 'कामायनी' में भी सुनाई पड़ती है। 'कामायनी'कार का कालचिन्तन भी कालिक व्यतिक्रम की प्रतिष्ठा करते हुए कालातीत दृष्टिकोण का परिचय देता है। प्रसाद काल की अखंड अनुभूति और शाश्वत चेतना को ही इतिहास का मूल समझते हैं। उनकी दृष्टि में वास्तविक इतिहास की सीमाओं के अतिक्रमण में ही इतिहास की शाश्वत चेतना-धारा प्रवहमान रहती है। प्रसाद का कवि मनीषी की तरह कालचिन्तन करता है। काल के आयाम को वह सीमाओं में बाँटकर नहीं परखता। उसकी दृष्टि में काल एक सतत प्रवहमान धारा है। जो कल था, वह आज नहीं, ऐसी सोच भ्रान्त बुद्धि का परिणाम होती है। काल की सतर्क व्याख्या से जो वस्तुस्थिति निर्मित होती है, उसके अनुसार अतीत के गर्भ से ही वर्तमान जन्म लेता है और अतीत ही वर्तमान में भविष्य के निर्माणधर्मी बीजों का पोषण करता है। यही कारण है कि प्रसाद जी अपने युग को ही नहीं अपितु भावी युग को भी अतीत के विश्लेषण द्वारा परखते हैं।

प्रसाद इतिहास को अविच्छिन्न अथवा प्लुत घटना-प्रवाह के रूप में देखते हैं। आपने मानव-समाज के जीवन को ही इतिहास कहा है। आप काल की वृत्तीय अथवा चाक्रिक अवधारणा का पुरस्करण करते हैं। 'कामायनी' में प्रसाद का कवि काल को युगपत रूप में उपस्थित करता है, जहाँ अतीत वर्तमान में विशिष्ट प्रकार की समकालीनता पाता है और भविष्य वर्तमान से निर्दिष्ट हो रहा है। प्रसाद जी वैदिक, औपनिषदिक तथा ब्राह्मणकालीन कथानक का प्रयोग फैंटेसी के सहारे अपने समय के जीवन-तथ्यों तथा निष्कर्षों को चित्रात्मक पद्धति द्वारा प्रस्तुत करते हैं। वे अपने युगसत्य, जीवनसत्य तथा तत्कालीन और भावी सन्दर्भों को इतिहास, पुराण तथा मिथक के साथ संश्लेषण कर कालगत दूरी का लाभ उठाकर रचनात्मक धरातल पर इस प्रकार प्रस्तुत करते हैं कि वह प्रसादकालीन एवं वर्तमान उत्तर-आधुनिक परिवेश से स्वाभाविक रूप से जुड़ जाता है।

'कामायनी' अखंड मानव संस्कृति तथा चेतना का संश्लिष्ट इतिहास प्रस्तुत करने के कारण उत्तर-आधुनिकता के कालातीत दृष्टिकोण से स्वाभाविक रूप से जुड़ जाती है जिससे वह पहले से भी ज़्यादा प्रासंगिक, अर्थगर्भी तथा उपादेय प्रतीत होने लगती है। प्रसाद जी 'देव न हम थे, और न ये हैं, सब परिवर्तन के पुतले' तथा 'दुख की पिछली रजनी बीज विकसता सुख का नवल प्रभात' और 'उस एकान्त नियति शासन में चले विवश धीरे-धीरे' जैसी उक्तियों द्वारा काल की गतिशीलता तथा घटनीयता का संकेत करते हैं जिसे वृत्तीय कालबोध का जो स्वरूप उभरता है, वह उत्तर-आधुनिक कालचिन्तन से स्वतः जुड़ जाता है।

सांस्थानिक शैथिल्य तथा सर्वसत्तावाद के स्थान पर बहुलता को प्रोत्साहन

उत्तर-आधुनिकतावाद ने विश्व-मानव को अपने अनुसार जीने, सृजन करने तथा नवनिर्माण करने के लिए खुला अवसर प्रदान किया है। वह प्रकारान्तर से स्थितियों का बहुवचनवाद है जो शक्ति, सत्ता तथा सम्पत्ति के विकेन्द्रीकरण पर ज़ोर देता है। इस युग में मनुष्य परम्परागत संस्थानों के शैथिल्य को देखकर अपने-आपको उनके नियंत्रण से मुक्त कर रहा है। उत्तर-आधुनिकता सांस्थानिकता के अन्तर्गत समाज, विवाह, परिवार, धर्म, राष्ट्र-राज्य, शैक्षणिक-सांस्कृतिक संस्था—सबकी जड़बद्धता का अतिक्रमण करती है। मानवाधिकार संगठनों, न्यायपालिका तथा संचार-माध्यमों की बढ़ती भूमिका प्रशासनिक संस्थानों तथा सैन्य तंत्र के दमन के विरोध में जाती है। अब स्थिति यह है कि शासक वर्ग की ही नागरिक विश्व-व्यवस्था में वही सरकारें प्रतिष्ठा पा रही हैं जिनके नागरिक मानवाधिकारों और स्वायत्तता का सर्वाधिक लाभ पा रहे हैं। मानव क्लोन बनाने का प्रयास शरीर विज्ञान के क्षेत्र में क्रान्तिकारी परिवर्तन का संकेत है। साथ ही, शल्य-चिकित्सा के ज़रिये लिंग परिवर्तन जैसी घटनाएँ पुरा-प्रसंगों का स्मरण कराती हैं जहाँ परकाय प्रवेश तथा व्यक्तित्वान्तरण का उल्लेख आता है।

उत्तर-आधुनिकतावाद सर्वसत्तावाद अथवा एकाधिकारवाद के स्थान पर बहुलतावाद, बहुवचनवाद को प्रोत्साहित करता है। यह केन्द्रहीनता अथवा विकेन्द्रीकरण का पक्षधर है। यह हाशिए की शक्तियों को प्रधान शक्तियों पर तरजीह देता है। यह इस तरह की निरंकुशता एवं तानाशाही की चुनौती देता है। उत्तर-आधुनिकता इस तथ्य की प्रतिष्ठापक है कि सर्वाधिकारवाद की परिणति निरंकुशता, एकरसता एवं एकरूपता में होती है जो रचनात्मकता के लिए घातक है। सच्चे सृजन के लिए निर्बन्ध तथा स्वच्छंद परिवेश अनिवार्य है। यदि रचनात्मकता यांत्रिक एकाधिकारवाद के अधीन होगी तो उसका अस्तित्व ही ख़तरे में पड़ जाएगा।

उत्तर-आधुनिकता साहित्यिक कृति की संरचनात्मक अन्विति अथवा रचनात्मक एकरूपता में विश्वास नहीं रखती। यह एक आधिकारिक कथा के इर्द-गिर्द रचना-विधान निर्मित करने के बजाय प्रासंगिक कथाओं और स्फुट संदर्भों के विश्लेषण पर ज़ोर देती है। कदाचित् इसी कारण ल्योतार्ड (J. Lyotard, 1984) जोर देकर विशाल व भव्य वृत्तान्तों (Grand Narratives) को नकारता है क्योंकि वे इतिहास के दर्शन बन जाते हैं। इसी कारण महान वृत्तान्त ओझल हो रहे हैं और उसका स्थान लघु एवं स्थानीय वृत्तान्त ले रहे हैं। उनके अनुसार वृत्तान्त-प्रधान ज्ञान (Narrative Knowledge) हमें केवल सौन्दर्य-ज्ञान देता है, अत: उसकी उपयोगिता नहीं। वस्तुस्थिति यह है कि आचार और विज्ञान के नाम पर सत्यं, शिवं और सुन्दरम् (Truth, Good and the Beautiful) पृथक् होकर स्वायत्त बन गए हैं।

आवश्यकता इस बात की है कि हम छोटी-छोटी घटनाओं का अध्ययन करके साहित्य एवं समाज का निर्माण करें। इस बात पर विचार करने की ज़रूरत है कि लघुवृत्तान्त भी महत्त्वपूर्ण है। उत्तर-आधुनिकता ने संसार की बहुकेन्द्रीयता का राग अलापकर बहुध्रुवीय विश्व का मार्ग प्रशस्त किया। यह कलाकृति को बहुरूपता, बहुस्तरीयता, बहुआयामिता तथा बहुलार्थता प्रदान करने की पक्षधर है जिससे कि जटिल संरचनात्मक केन्द्रगत शैक्षिक को विखंडित करते हुए सर्वाधिकारवाद का अतिक्रमण कर सके।

जब हम कथित प्रतिमान के आलोक में 'कामायनी' पर दृष्टिपात करते हैं तो पाते हैं कि उसमें सांस्थानिकता का अतिक्रमण और हर प्रकार की निरंकुशता को हतोत्साहित करने का प्रयास हुआ। उत्तर-आधुनिकता के नाभिकेन्द्र में 'इच्छा' है। 'कामायनी' का प्रधान पुरुष पात्र मनु सामाजिक अंकुश को न मानकर अपने मन की तरंग एवं उमंग के अनुसार चलना चाहता है। डॉ. नामवर सिंह के शब्दों में : "जिसका गत्वर व्यक्तित्व 'अबाध गति मरुत सदृश' है और जो सकल अग-जग को पार करता हुआ इतने वेग से आगे बढ़ रहा है कि उसके 'प्रति पग में कम्पन की तरंग' उठ रही है।"

प्रसाद जी उसके मनोभावों को मूर्तिमान करते हुए लिखते हैं :

स्थिर मुक्ति, प्रतिष्ठा मैं वैसी चाहता नहीं इस जीवन की
मैं तो अबाध गति मरूत सदृश हूँ चाह रहा अपने मन की।

'कामायनी' में कुल, परिवार, जाति, समाज, धर्म, राजनीति, राष्ट्र-राज्य—सबकी मर्यादा का अतिक्रमण करते हुए दिखलाया गया है। मनु में वैयक्तिक सुख-संग्रह का भाव इतना प्रबल है कि वह उसके लिए घर-परिवार की मर्यादा को ताक पर रख देते हैं। वह असुर-पुरोहित किलात-आकुलि के उकसावे पर पशुबलि करते हैं। मदिरापान में लिप्त होते हैं। श्रद्धा जैसी रागमयी सती स्त्री के समक्ष वासना की स्थूल-कामुक चेष्टाएँ प्रदर्शित करते हैं। वह गर्भवती श्रद्धा पर वासनाभरी दृष्टि डालते हैं। उनकी प्रबल भोग-लालसा अपनी होनेवाली संतान से ईर्ष्या करवाती है। आखिरकार, वह अपनी विलास-भावना की पूर्ति के लिए आसन्नगर्भा श्रद्धा को छोड़कर अपनी सुन्दर गृहस्थी को लात मार देते हैं। उनके ये सारे प्रतिकर्म उत्तर-आधुनिक अभिलक्षणों से स्वतः जुड़ जाते हैं। आज उत्तर-आधुनिकता मनुष्य को अपने अनुसार जीने का जो अवसर उपलब्ध कराती है, मनु के निम्नलिखित उद्‌गार उनके घोषणापत्र जैसे हैं। मनु श्रद्धा से कहते हैं :

यह जलन नहीं सह सकता मैं, चाहिए मुझे मेरा ममत्व,
इस पंचभूत की रचना में, मैं रमण करूँ बन एक तत्व।

यह द्वैत अरे यह द्विविधा तो, है प्रेम बाँटने का प्रकार,
भिक्षुक मैं? ना, यह कभी नहीं मैं लौटा लूँगा निज विचार।

उनकी कुंठा और स्वतंत्र चेष्टा हर जगह अभाव देखती है। वह अपने को 'चिरमुक्त पुरुष' कहते हैं जो निरीह बनकर अवरुद्ध श्वास नहीं ले सकते। मनु का एकान्त स्वार्थ सुख-संग्रह और सुख-भोग के सिलसिले में उत्तर-आधुनिक स्वेच्छारिता से भी आगे निकल जाता है। प्रसाद ने 'कामायनी' के आरम्भ में जिस सुख-संग्रहवाद को प्रलय का मूल कारण माना है, मनु उसी के लिए श्रद्धा के बन्धन को तोड़ बैठते हैं :

तुम अपने सुख से सुखी रहो, मुझको दुख पाने दो स्वतंत्र;
'मन की परवशता महा दुख' मैं यही जपूँगा महामंत्र॥
लो चला आज मैं छोड़ यहीं, संचित संवेदन भार पुंज;
मुझको काँटे ही मिलें, धन्य, हो सफल तुम्हें ही कुसुम कुंज!

इतना कहकर निर्मोही मनु 'ज्वलनशील अन्तर' लेकर चले जाते हैं। यह घर-परिवार तथा विवाह संस्था का एक साथ अतिक्रमण है। उत्तर-आधुनिकता सांस्थानिकता से पलायन का यही विमर्श रचती है। इसी क्रम में जब मनु सारस्वत प्रदेश के शासक बनते हैं और प्रजापति तथा पृथ्वीपति के रूप में सफलतापूर्वक सारस्वत प्रदेश का नियमन करते हैं तब वे सफल नियामक होकर भी निर्बाधित अधिकार एवं निरंकुश अधिकार भोगना चाहते हैं। वे इड़ा द्वारा समझाने पर भी 'निर्बाधित अधिकार आज तक किसने भोगा' को अपने पास रखना चाहते हैं। वे विज्ञानवेत्ता और सफल शासक होकर भी कामुकता एवं अविवेक से परिचालित होकर आत्मजा-प्रजा के साथ अतिचार का प्रयास करते हैं और जिस प्रजा का उन्होंने स्वयं नियमन किया था, उनके द्वारा शासकीय विधान के उल्लंघन करने पर वह भी मर्यादा तोड़ बैठती है। मनु का अहंकार एवं पराक्रमी व्यक्तित्व अपने आजगव धनुष की सहायता से आकुलि-किलात आदि जननेताओं को मार गिराता है परन्तु अन्त में जनता उन्हें घायल कर देती है। कदाचित् 'कामायनी' कार हिन्दी का पहला कवि है जो जनक्रान्ति को विधिवत् घटित होते हुए दिखलाता है। यह लोकशक्ति का पहला वैध प्रदर्शन था। इस तरह 'कामायनी' में राज्य एवं शासक की निरंकुशता का अतिक्रमण करते हुए लोकशक्ति एवं लोकाकांक्षा का जयघोष सुनाई पड़ता है। इन्हीं अन्तर्वृत्तियों के बल पर 'कामायनी' का उत्तर-आधुनिक पाठ निर्मित किया जा सकता है। प्रसाद जी यहाँ सामंती भोग-विलास तथा अधिनायकवादी स्वेच्छाचारिता का एक साथ निषेध करते हैं।

उत्तर-आधुनिकता उन स्थितियों को निर्मित करती है अथवा ढूँढ़ निकालती है जहाँ शान्ति नहीं, उदात्तता नहीं बल्कि 'कामायनी' कार के शब्दों में 'कोलाहल-कलह अनन्त चले, एकता नष्ट हो, बढ़े भेद' वाली स्थिति है। श्रद्धा जब मनु को इच्छा-

क्रिया-ज्ञान लोक का रहस्य दिखलाती है तब वह कर्मलोक के चित्रण रूप में मानो वर्तमान उत्तर-आधुनिक स्थितियों का निदर्शन कर रही हो :

यहाँ सतत संघर्ष, विफलता, कोलाहल का यहाँ राज है,
अन्धकार में दौड़ लग रही, मतवाला यह सब समाज है।

'कामायनी' के मनु जीवन की विषमता से प्रेरित होकर जिस तरह अनेक दिशाओं में दौड़ते हैं और शान्ति नहीं पाते, वह वर्तमान उत्तर-आधुनिक मनुष्य की नियति का यथार्थ चित्र है। उत्तर-आधुनिकता राष्ट्रीयता और राष्ट्र-राज्य की भी सीमा का अतिक्रमण करते हुए अन्तरराष्ट्रीयता, वैश्विक ग्राम तथा विश्व-नागरिकता की दिशा में क़दम बढ़ाती है। 'कामायनी' की स्वाभाविक परिणति इसी दिशा में हुई है जहाँ पर समूचा विश्व एक परिवार की तरह है और 'सर्वेभवन्तु सुखिनः' की विराट कामना चरितार्थ हो रही है। यह सूचना तंत्र के कृत्रिम जुड़ाव तथा बहुराष्ट्रीय निगमों के विराट भुजदंडों के स्वार्थ प्रेरित फैलाव के रूप में न होकर आत्मिक और मानसिक स्तर पर अंगांगि-भाव का गहन तादात्म्य है जिसके कारण वह विश्व चिति का ही विराट वपु है, जो मंगलमय है, सदैव सत्य है, चिर सुन्दर है :

हम अन्य न और कुटुम्बी, हम केवल एक हमीं हैं,
तुम सब मेरे अवयव हो, जिसमें कुछ नहीं कमी है।

और यह भी :

अपने सुख-दुख से पुलकित, यह मूर्त विश्व सचराचर,
चिति का विराट वपु मंगल, यह सत्य सतत चिर सुन्दर।

इसी प्रकार 'जगत की अकेली मंगल कामना' अर्थात् श्रद्धा की प्रेरणा से समरस होने के उपरान्त मनु कहते हैं कि सबकी सेवा अपनी सेवा है। इसी में अपना सुख है। सब अणु-अणु अपने हैं। 'भेद' मानना ही विस्मृति है, भूल है। अभेद का भाव सामरस्य है और भेद-बुद्धि विरसता पैदा करनेवाली है :

सबकी सेवा न परायी, वह अपनी सुख संसृति है,
अपना ही अणु-अणु, कण-कण, द्वयता ही तो विस्मृति है।

'कामायनी' में मनु अपने पुत्र मानव के समक्ष समरसता की जो व्याख्या करते हैं, वह विश्वग्राम के सपने को मूर्तिमान कर देता है। वे कहते हैं कि सुख-दुख दृश्य जैसे हैं। हे पुत्र मानव! तुझे 'यह मैं हूँ' अर्थात् अपने होने का भान जानना है, मानना है। ऐसा होते ही सम्पूर्ण जगत घोंसला बन जाएगा और अखिल भूमंडल अपना हो जाएगा। 'कामायनी' का यह निचोड़ उत्तर-आधुनिक वैश्वीकरण से साम्य स्थापित कर लेता है। यहाँ सांस्थानिकता का अतिक्रमण, निरंकुश सत्ता और सर्वाधिकारवाद

का विच्छेदन तथा विश्वायन एवं विश्व-नागरिकता की दिशा में प्रयाण एक साथ सम्पन्न हुआ है।

उत्पादन के स्थान पर लीलाभाव का आह्लादक समारोह

उत्तर-आधुनिकता साहित्यिक कलाकृति को वास्तविकता के बौद्धिक उत्पादन के रूप में नहीं देखती अपितु वह लीलाभाव की ऐन्द्रजालिकता को ही वास्तविकता के रूप में मूर्तिविधायिनी कल्पना द्वारा रूपायित करती है। इस सन्दर्भ में डॉ. पांडेय शशिभूषण 'शीतांशु' लिखते हैं : "लीलाभाव में उपस्थिति-अनुपस्थिति, प्रकटन और विलोपन की मुग्धकर क्रीड़ा है। यह जादुई और ऐन्द्रजालिक विमोहनकारी लीला है। यह क्रीड़ा विवेक के ज्ञानोदय के विपरीत और वैज्ञानिक तथ्यपरकता के विपरीत चलती है। साहित्य में अब उत्पादन जैसा प्रस्तुतीकरण नहीं है बल्कि छलनाभरी विमोहिनी लीला ही लीला है। साहित्य अब एक आह्लादक लीलाभाव है।"

'कामायनी' में यह आह्लादक लीलाभाव समारोहपूर्वक उपस्थित है। सर्वप्रथम देव-संस्कृति के निर्बाध विलास-भावना का चित्र है जहाँ 'विकल वासना के प्रतिनिधि' स्वरूप देव गणों को समृद्धि के सुख-संचरण द्वारा उद्वेलित लहरों में फँसकर जल-समाधि लेनी पड़ती है और उन्हीं के साथ :

गया, सभी कुछ गया, मधुरतम्, सुरबालाओं का श्रृंगार।
उषा ज्योत्स्ना-सा यौवन-स्मित, मधुप सदृश निश्चिन्त विहार॥

इसी तरह जल प्लावन के उपरान्त आशा, आह्लाद और उल्लास का स्रोत बनकर आई ऊषा का सुनहरे तीर बरसना, प्रकृति के विवर्ण मुख पर पुनः हँसी लाना, श्वेत कमल पर पिंग पराग के समान कोमल आलोक बिखेरना, समुद्र-रूपी सेज पर सिकुड़कर बैठी हुई नवोढ़ा-सी धरती का मान करना, हिमालय की हँसी के समान कल-कल करती सरिताओं का भागना सविता, पूषा, सोम, मरुत, पवमान आदि का संचालन करनेवाले अनुशासन में चलना प्रकारान्तर से उस परम पुरुष अथवा सृष्टि का संचालन करनेवाले अनन्तविवेक की लीला है। इस तरह आह्लादक लीला भाव निशा-सुन्दरी के सम्मोहनकारी चित्रण में देखी जा सकती है। 'कामायनी' के 'आशा सर्ग' में रंजनी का संध्या की सुनहरी साड़ी फाड़कर प्रकट होना, फिर खिलखिलाती चाँदनी द्वारा उसका उपहास करना, रात का विश्व में बार-बार आना-जाना, यामिनी में नारी सुलभ स्थितियों तथा व्यापारों का आरोपण तथा विभूति ज्योत्स्ना के सौन्दर्य का मनोरम चित्रांकन—छलनाभरी प्रकृति नटी की विमोहिनी लीला का विलक्षण चित्र है। साथ ही, प्रसाद जी ने 'श्रद्धा सर्ग' में श्रद्धा के अनन्त रमणीय सौन्दर्य का जो अशरीरी, सूक्ष्म, अप्रतिम एवं कल्पनात्मक छवियों से ओत-प्रोत छविमान चित्र

अपनी मूर्तिविधायिनी कल्पना द्वारा निर्मित किया है, वह समूचे विश्व-साहित्य की अतिशय रमणीय उपलब्धि है।

प्रसाद जी लीलाभाव की ऐन्द्रजालिकता को दार्शनिक स्पर्श प्रदान करते हैं। वह परमसत्ता विश्व के माध्यम से अपने को अभिव्यक्त करती हुई आनन्दमयी क्रीड़ा कर रही है। इसी पराशक्ति से संसार का सुन्दर सुमन खिलता है। यही पराशक्ति काम-कला है। काम के विकास से विकसित यह सर्ग परमसत्ता की मंगलमयी इच्छा का प्रतिफलन है :

कर रही लीलामय आनन्द महाचिति सजग हुई-सी व्यक्त।
विश्व का उन्मीलन अभिराम, इसी में सब होते अनुरक्त॥
काम मंगल से मंडित श्रेय सर्ग इच्छा का ही परिणाम॥

सम्भवत: कालिदास के बाद प्रसाद जी दूसरे बड़े कवि हैं जो काम को इतना वैध सम्मान दिलवाते हैं। वे काम के माध्यम से यह स्पष्ट करते हैं कि जीवन में जो आकर्षण बनकर हँसती थी, वही रति थी। रति अर्थात् अनादि वासना। रति के कारण ही यह प्रकृति उन्मीलित होती है। कामभाव की अनादि वासना अव्यक्त प्रकृति को जगाती है। प्रसाद जी श्रद्धा को कामगोत्रजा अथवा कामरति की संतान मानते हैं। वह कामना की अभिव्यक्ति होने के कारण 'कामायनी' है। कामे मनु को स्वप्न में आकर बतलाता है :

हम दोनों की सन्तान वही, कितनी सुन्दर भोली भाली।
रंगों ने जिनसे खेला हो, ऐसे फूलों की वह डाली॥

यह 'कामायनी' पृथ्वी पर प्रेम का सन्देश सुनाने के लिए ही अवतरित हुई है :

यह लीला जिसकी विकस चली, वह मूल शक्ति थी प्रेम कला।
उसका सन्देश सुनाने को, संसृति में आई वह अमला॥

प्रसाद जी ने 'कामायनी' में बौद्धिक उत्पादन के स्थान पर वास्तविकता का रूपायन लीलाभाव की ऐन्द्रजालिकता के रूप में किया है जहाँ भारतीय जीवनधारा के स्वप्न, मिथक, फैंटेसी, दर्शन, प्रादर्श अपने सम्मोहक रूप में उपस्थित होकर 'कामायनी' को उत्तर-आधुनिकता से सन्दर्भित कर देते हैं। 'कामायनी' के 'काम' एवं 'वासना' सर्ग में प्राकृतिक दृश्यों, व्यापारों तथा सृष्टिव्यापी भावोद्दीपन द्वारा आह्लादक लीलाभाव का अत्यन्त रमणीय चित्रविधान सौन्दर्यमयी व्यंजना के रूप में किया है। वासन्ती निशा की शुभ्र ज्योत्स्ना में जब प्रकृति-सुन्दरी की शोभा विचित्र रमणीयता से भर जाती है और समूचा परिवेश माधवी की मदिर भीनी गन्ध तथा मलयानिल से बोझिल हो उठता है तब ऐसे उन्मादक वातावरण में प्रेम में मतवाले

युगल (श्रद्धा-मनु) चन्द्रिका चर्चित यामिनी से मधुविलास (Honey moon) का मानो आनन्द उठा रहे हों :

सृष्टि हँसने लगी आँखों में खिला अनुराग।
रागरंजित चन्द्रिका थी, उड़ा सुमन पराग॥

× × ×

आ रही थी मदिर भीनी माधवी की गन्ध।
पवन के घन घिरे पड़ते थे बने मधुअन्ध॥

× × ×

मधु बरती विधु किरन है काँपती सुकुमार?
पवन में है पुलक मन्थर चल रहा मधुभार॥

ऐसे मादक परिवेश में मनु श्रद्धा से कहते हैं कि हे अतिथि! आज तक तुम्हें कितनी बार देखा परन्तु तुम छविभार से इतने दबे कभी नहीं थे। मनु का आवेग सँभाले नहीं सँभल रहा है। उन्हें मदिर घन में वासना के गीत गूँजते-से प्रतीत हो रहे हैं। यहाँ तक कि रागात्मक कुतूहल के चलते 'नारी-प्रतिमा उन्हें साकार विश्वमाया-कुहक-सी' प्रतीत होने लगी। मनु नारी को 'प्राण सत्ता के मनोहर भेद-सी सुकुमार' समझ बैठते हैं। इस उद्दाम भावना के बीच श्रद्धा-मनु का अनुराग परिणय में परिणत हो जाता है। फलतः श्रद्धा में मधुमिलन के समय की, प्रथम समर्पण के अवसर पर उद्भूत होनेवाली लज्जा का आगमन होता है :

मधुर व्रीड़ा मिश्र चिन्ता साथ ले उल्लास।
हृदय का आनन्द कूजन लगा करने रास॥
गिर रही पलकें, झुकी थीं नासिका की नोक।
भ्रू लता थी कान तक चढ़ती रही बेरोक॥
स्पर्श करने लगी लज्जा ललित कर्ण कपोल।
खिला पुलक कदम्ब सा था भरा गद्गद बोल॥

उत्तर-आधुनिकता में उपस्थिति-अनुपस्थिति, प्रकटन और विलोपन की जो मुग्धकर क्रीड़ा मिलती है, उसका विलक्षण-विन्यास अनुभावों तथा प्राकृतिक उपकरणों के सहारे लज्जा के काव्यात्मक बिम्ब के रूप में 'कामायनी' में दर्शनीय बन पड़ा है जहाँ उसका 'कोमल किसलय के अंचल में नन्ही कलिका ज्यों छिपती सी' के समान आगमन होता है, जिसे प्रसाद की तूलिका ने 'पुलकित कदम्ब की माला सी' के समान 'अंग मोम से बनते हैं', 'स्मित बन जाती है हरल हँसी नयनों में भरकर बाँकपना', 'कपोलों की लाली', 'आँखों का आँजन', 'कुंचित अलकों सी घुँघराली मन की मरोर', 'हलकी-सी मसलन से उद्भूत कानों की

लाली' जैसे पदबंधों में उभरनेवाले बिम्बों के माध्यम से छविमान तथा मूर्तिमान कर दिया है। शालीनता सिखानेवाली लज्जा के आगमन के उपरान्त श्रद्धा की भावदशा का चित्र कितना मोहक एवं रमणीय बन पड़ा है :

छूने में हिचक, देखने में, पलकें आँखों पर झुकती हैं।
कलरव परिहास भरी गूँजें, अधरों तक सहसा रुकती हैं॥

उत्तर-आधुनिक सैद्धान्तिकी के पुरस्कर्ता लीलापरक क्रियाकलापों के केन्द्र में जिस इच्छा की सक्रियता को दिखलाते हैं, मनु का लीलात्मक भाव विवेक को पीछे छोड़कर उसी इच्छा से निर्दिष्ट हो रहा है। वह अपनी प्रणयिनी श्रद्धा को जिस चाव एवं प्रवंचना से सोम रस का पान कराता है और उसके समक्ष सुखवाद का निरूपण करता है, वह उसे उत्तर-आधुनिक नायक की छवि प्रदान करता है। प्रसाद की अद्वितीय प्रतिभा ने श्रद्धा एवं मनु के चरम मिलन तथा संभोग का जो सूक्ष्म, सांकेतिक चित्र खींचा है, वह देखते ही बनता है :

श्रद्धे, होगी चन्द्रशालिनी, यह भव रजनी भीमा।
तुम बन जाओ इस जीवन के, मेरे सुख की सीमा॥

तदुपरान्त मनु के भीतर की सौन्दर्योपभोग की बलवती लालसा उसे लीलापरकता की ओर उन्मुख करती है :

और एक फिर व्याकुल चुम्बन, रक्त खौलता जिससे।
शीतल प्राण धधक उठता है, तृष्णा तृप्ति के मिस से॥
दो काठों के सन्धि बीच उस, निभृत गुफा में अपने।
अग्नि शिखा बुझ गई, जागने पर जैसे सुख सपने॥

यौन सम्बन्धों के मामले में उत्तर-आधुनिकता स्वेच्छाचारिता की हद तक उदार है। यह दौर है जब विकसनशील मनोविज्ञान (Evolutionary Psychology) के पुरस्कर्ता स्त्रियों के विवाहेतर सम्बन्धों से लेकर पुरुषों की बलात्कारी मनोवृत्ति तक को उचित ठहराने का प्रयास कर रहे हैं। मनु का इड़ा के साथ अतिचार का प्रयास भी उत्तर-आधुनिक आयाम प्रदान करता है।

'कामायनी' का पर्यवसान बहिरन्तर के जिस सामरस्य तथा आनन्दवाद में हुआ है, उसकी पृष्ठभूमि का प्रसाद की लेखनी ने अतिशय आह्लादकारी तथा ऐन्द्रजालिक चित्र खींचा है। जहाँ वल्लरियाँ नृत्यनिरत हैं, सुगन्ध की लहरें बिखरी हैं। मदमाते मधुकर गुज़ार कर रहे हैं। काकली के स्वर से झड़नेवाले सुमन परिमल से नहाया हुआ है। विश्व सुन्दरी श्रद्धा मादन मृदुतम कम्पन बनकर सम्पूर्ण सृजन पर छाने लगी है। जीवन की बजती मुरली से मनोहर संगीत उठ रहा है और :

रश्मियाँ बनी अप्सरियाँ अन्तरिक्ष में नचती थीं।
परिमल का कन-कन लेकर, निज रंगमंच रचती थीं॥
मांसल सी आज हुई थी, हिमवती प्रकृति पाषाणी।
उस लास रास में विह्वल, थी हँसी सी कल्याणी॥

इस तरह 'कामायनी' जड़ और चेतन के जिस सामरस्थ में सम्पन्न होती है और आनन्द की जिस चेतना का विलास होने लगता है, उसका चित्रण अतिशय ऐन्द्रजालिक, मुग्धकारी तथा मनोरम कल्पनाओं से ओत-प्रोत है। 'कामायनी' का यह सर्जनात्मक वैशिष्ट्य उसे उत्तर-आधुनिकता के मुग्धकर लीला विलास के आह्लादक समारोह से सम्बद्ध कर देता है।

नारी अधिकारवाद एवं पर्यावरणवाद

उत्तर-आधुनिकतावाद अपने वैचारिक खुलेपन के कारण नारीवाद अथवा स्त्री विमर्श को पुरस्कृत करता है। सन् 1970 से शुरू होनेवाले दशक में यूरोप और अमेरिका की अनेक जागरूक महिलाओं ने अनुभव किया कि अतीत तथा वर्तमान समाजों में स्त्रियों को अपने स्त्रीत्व के कारण अन्याय सहन करना पड़ा है और वे लगातार अन्याय झेलने के लिए अभिशप्त हैं जबकि स्त्री-पुरुष की मानसिक क्षमता में कोई अन्तर नहीं है। इसलिए ज़रूरी है कि स्त्रियों के अधिकारों को मानव-अधिकारों (Human Rights) की सामान्य श्रेणी के रूप में मान्यता दी जाए। साथ ही, सम्पूर्ण सामाजिक जीवन के सन्दर्भ में स्त्री-पुरुष की समानता स्वीकार की जाए और स्त्री को परम्परागत पराधीनता से मुक्ति प्रदान करने के लिए स्त्रीत्व (Womanhood)की नई परिभाषा दी जाए। उत्तर-आधुनिकतावाद और उससे परिचालित नारी अधिकारवाद अथवा स्त्री विमर्श ने नारी जीवन तथा उससे जुड़े तमाम प्रश्नों पर गहनतापूर्वक चिन्तन करते हुए उसकी दुनिया में लोकतंत्र लाने का सराहनीय कार्य किया है। वस्तुतः स्त्री विमर्श एक बहुआयामी, बहुस्तरीय एवं जटिल प्रत्यय है जिसकी भिन्न सन्दर्भों में परस्पर भिन्न व्याख्याएँ सम्भव हैं। स्त्री विमर्श का वस्तुनिष्ठ विश्लेषण भी उसके एकार्थी निष्कर्ष एवं सामान्यीकरण की इज़ाजत नहीं देता। इसी कारण 'कामायनी' में नारी अधिकारवाद का संधान सम्भव है।

'कामायनी' हिन्दी ही नहीं कदाचित् विश्व का प्रथम नायिकाप्रधान महाकाव्य है। श्रद्धा में नारी के सारे सद्गुणों का समुच्चय देखा जा सकता है। वह श्रेय और प्रेय का समन्वित रूप है। प्रसाद ने उसे जगत की अकेली मंगल-कामना कहा है और नारी अधिकारवाद की प्रतिष्ठा करते हुए उसे मनु के समक्ष 'लगा कहने आगन्तुक व्यक्ति' के रूप में उपस्थित किया है। 'हृदय सत्ता का सुन्दर सत्य' के अन्वेषण में लगी श्रद्धा मानवता को विजयिनी बनाने का संकल्प दिलवाती है। यदि

लज्जा उसे 'नारी तुम केवल श्रद्धा हो' का सम्मान प्रदान करती है तो मनु उसकी आरती उतारते हुए 'देवि' और 'सर्वमंगला' के गौरव से अभिषिक्त करते हैं। वह 'कामायनी' के अन्त में विश्व कल्याणमयी अप्रतिम नारी में रूपान्तरित होकर भव्यता तथा उदात्तता के प्रकर्ष पर पहुँच जाती है। उसका व्यक्तित्व जड़-चेतन को समरस बनाकर अपारता प्राप्त कर लेता है। वह प्राणिमात्र के प्रति सदय है। उसकी अभेदमूलक दृष्टि नारी अधिकारवाद को अतिशय व्यापक बना देती है।

'कामायनी' महाकाव्य का दूसरा शिखर नारी चरित्र इड़ा का है। वह स्वयं सरस्वती है, वाणी है, तर्क एवं बुद्धि की साकार प्रतिमा है। वह अपने वक्षस्थल पर समूची सृष्टि का ज्ञान-विज्ञान धारण किये हुए परम आधुनिक नारी के रूप में मनु के समक्ष प्रकट होती है। वह मनु को विज्ञान के सहारे जड़ता को चैतन्य करने का उपाय बतलाती है। वह वैज्ञानिक आधारों पर नगर रचना करवाकर सारस्वत प्रदेश को विलक्षण व्यवस्था प्रदान करती है। मनु को निरंकुश होने और निर्बाधित अधिकार भोगने के ख़तरे के प्रति सचेत करते हुए वह अद्वितीय साहसी प्रतीत होती है। उसके माध्यम से प्रसाद का नारी विमर्श पुरुष द्वारा नारी को बन्धन में, उसे अपने प्रति अभिरुचि व निर्भरता बनाए रखने के प्रयास के प्रत्याख्यान के रूप में प्रस्तुत हुआ है। वह पुरुष-स्त्री के मध्य विद्यमान असमानता को अस्वीकार करके नारी के सशक्तीकरण की प्रक्रिया को बौद्धिक व कार्यरूप देनेवाली संकल्पना का मूर्त रूप है।

नारीवाद के अतिरिक्त जिस अन्य विचारधारात्मक आन्दोलन से उत्तर-आधुनिकतावाद सम्बद्ध है, वह है पर्यावरणवाद! वातावरण के विज्ञान से गहरे सरोकार के कारण पर्यावरणवादियों को परिस्थिति-विज्ञानी भी कहा जाता है। इस आन्दोलन को हरित राजनीति (Green Politics), जैसे शब्दबन्ध से भी पुकारा गया। इसके पुरस्कर्ताओं का अभिमत है कि धरती किसी की निजी सम्पत्ति नहीं है। वह पूर्वजों से विरासत में मिलने के कारण हमारे पास भावी पीढ़ी की धरोहर है। अत: जीवन की गुणवत्ता को आर्थिक संवृद्धि से ऊँचा समझने की ज़रूरत है। साथ ही, प्राकृतिक संसाधनों, नैसर्गिक सुषमा, वातावरण की स्वच्छता तथा नगर-उपनगरों का सुपरिणत स्वरूप क़ायम रखने की ज़रूरत है। यह तभी सम्भव है जब मनुष्य प्रकृति के साथ सन्तुलन की अवस्था में रहे। प्रसाद जी 'कामायनी' में दिखलाते हैं कि प्रकृति देवों के उच्छृंखल बर्ताव तथा निर्बाध भोग-लालसा से क्रुद्ध होकर प्रलय करती है। मनु जलप्लावन के बाद देवों की विलास-भावना पर स्वगत चिन्तन करते हुए इस निष्कर्ष पर पहुँचते हैं :

प्रकृति रही दुर्जेय पराजित
हम सब थे भूले मद में,
भोले थे, हाँ तिरते केवल
सब विलासिता के मद में।

श्रद्धा मनु को प्रकृति के साथ सन्तुलन की अवस्था में रहने का उपदेश देते हुए प्राणिमात्र के अधिकार की वकालत करती है :

ये प्राणी जो बचे हुए हैं, इस अचला जगती के,
उनके कुछ अधिकार नहीं, क्या वे सब ही हैं फीके?

श्रद्धा पशु-पक्षियों की उपयोगिता बतलाते हुए 'पशु' से ऊपर उठकर भव जलनिधि में सेतु बनने का संकल्प व्यक्त करती है। श्रद्धा का यह संकल्प उस समय चरितार्थता प्राप्त करता है जब उसके व्यक्तित्व के प्रभाववश हिमवती पाषाणी प्रकृति भी मांसल होकर विहँसने लगती है। इस तरह प्रसाद जी पर्यावरणवाद के जबरर्दस्त वकील बनकर उपस्थित होते हैं।

दृश्यपरकता के स्थान पर श्रवणशीलता पर ज़ोर

उत्तर-आधुनिकतावाद साहित्य में दृश्यपरकता के स्थान पर श्रवणशीलता को बतौर प्रतिमान उपस्थिति करता है। वह रचना को पाठ एवं अन्तर्पाठ के संश्लेषण के रूप में देखने की सलाह देता है। उत्तर-आधुनिक साहित्य में अन्तर्पाठीय भाषा का रचाव यह स्थापित करता है कि रचना के चाक्षुष प्रत्यक्ष होने के बाद भी जो उसकी अनुसनी गूँज रह जाती है, उसे सुनने-सुनाने का प्रयास ही हमारा प्रधान लक्ष्य है। इस सन्दर्भ में डॉ. पांडेय शशिभूषण 'शीतांशु' लिखते हैं : "उसके यहाँ इस श्रवणशीलता की अपनी निश्चित दार्शनिक सैद्धान्तिकी और सक्रियात्मकता है, जो विसंरचनावाद की है। विसंरचनावाद कृति की अनसुनी अनूगूँजों को सुनता और उद्‌घाटित करता है। उसके लिए जो स्पष्ट कहा जा रहा है, वह नहीं कहा जा रहा है और जो रचना के तल से, उसकी आन्तरिकता से ध्वनित हो रहा है, वास्तव में वही कहा जा रहा है। इसलिए इस विसंरचनावादी दृष्टि से उत्तर-आधुनिकता साहित्य को 'चिह्न' मानती है। विसंरचनावाद साहित्य में इस चिह्न को तलाश करता है। ये चिह्न वस्तुतः अर्थचिह्न होते हैं, जिनको सुनने से ही रचना की समझ खुल पाती है। उत्तर-आधुनिकता की यह विसंरचनावादी दृष्टि मूलतः 'पाठ' को महत्त्व देती है और पाठ के भीतर चल रही अर्थ-क्रीड़ाओं के बीच से ही अर्थ-सम्भावनाओं को सुनती और उन्हें उद्‌घाटित करती है।"

ज़ाहिर है कि इस पैटर्न पर चलकर ही हम 'कामायनी' के मर्म एवं तल का स्पर्श करते हुए उसमें निहित सम्भावनाओं को उद्‌घाटित कर सकते हैं क्योंकि 'कामायनी' की काव्य-भाषाओं में बिम्ब है, उनकी अतिशय सघन मालिका भी है, पर उससे उभरती गूँजों-अनुगूँजों का महत्त्व बिम्ब माला से कहीं अधिक है। इस दृष्टि से नाद-सौन्दर्य का अतिशय उत्कट प्रयोग देवताओं के उन्मत्त

विलास तथा देवांगनाओं की सौन्दर्योपभोग की लालसा के सन्दर्भ में दर्शनीय बन पड़ा है :

कंकण क्वणित, रणित नूपुर थे,
हिलते थे छाती पर हार,
मुखरित था कलरव, गीतों में
स्वर लय का होता अभिसार।

यहाँ देवांगनाओं के गीत में सम्पन्न हो रहा स्वर-लय का अभिसार कितना व्यंजक बन पड़ा है! यह पदबंध देवजाति की विलासप्रियता तथा उसे उद्‌दीप्त करनेवाले सांगीतिक वैभव को प्रभावी रूप में मूर्तिमान करता है। वस्तुतः समूची 'कामायनी' पाठ के साथ गेय भी है। अब तक प्रस्तुत अनेक नृत्य नाटिकाओं तथा विशिष्ट गायकों के कंठ-स्वर द्वारा उसका यह वैशिष्ट्य सांगीतिक झंकार बनकर उभरा है। 'कामायनी' का 'इड़ा सर्ग' तो गीतियों में ही सृजित है। इसके अलावा 'निर्वेद सर्ग' का 'तुमुल कोलाहल कलह में' शीर्षक गीत आशा भोंसले का स्वर पाकर जिस अप्रतिम प्रभावशक्ति से भर उठा है, वह इस बात का स्पष्ट संकेत है। प्रसाद ने इस गीत में 'म्यूजिक थैरेपी' की शक्ति भर दी है जिसके कारण वह समूचे भारतीय साहित्य का श्रेष्ठतम गीत बन गया है। प्रख्यात गायिका आशा भोंसले के स्वर में उसका श्रवण किसी पुण्य के साकार होने जैसा है। कथित गीत की कतिपय पंक्तियाँ मानवीय अन्तर्वृत्तियों का जो गूढ़, सर्जनात्मक एवं सांगीतिक चित्र आलोकित करती हैं, वह दर्शनीय बन पड़ा है :

तुम न कोलाहल कलह में
मैं हृदय की बात रे मन!
विकल होकर नित्य चंचल,
खोजती जब नींद के पल,
चेतना थक सी रही तब
मैं मलय की बात रे मन!

× × ×

जहाँ मरु ज्वाला धधकती,
चातकी कन को तरसती
उन्हीं जीवन घाटियों की
मैं सरस बरसात रे मन।

यहाँ भाव-लय, छंद-लय तथा यति-लय के साथ अर्थ की लय का संश्लिष्ट नियोजित कथित गीतों को अतिशय उत्कर्ष प्रदान करता है जिसे सुनकर पाठकीय

मन गहराइयों तक आन्दोलित हो उठता है। उत्तर-आधुनिकतावाद में पाठ की जिस आवृत्ति की सक्रियात्मकता द्वारा अर्थ का विरहस्यीकरण किया जाता है, वह यहाँ 'ल', 'न', 'ब', 'की', 'रे', 'ती' इत्यादि वर्णों की आवृत्ति के रूप में देखा जा सकता है। प्रसाद जी वर्णों अथवा आक्षरिकता की आवृत्ति द्वारा यति को सुनिश्चित करते हैं जिससे अकथित अर्थ को वाणी मिलती है। इसी तरह प्रसाद जी बौद्ध संस्कृति से अविच्छिन्न रूप में जुड़े 'स्तूप' शब्द का मनु के लिए अपने एक बिम्ब में जिस कौशल के साथ प्रयोग करते हैं, उसके विखंडन द्वारा उसे सर्वथा नई दीप्ति प्रदान की जा सकती है। मनु श्रद्धा से आत्म-परिचय देते हुए कहते हैं :

एक विस्मृति का स्तूप अचेत,
ज्योति का धुँधला सा प्रतिबिम्ब,
और जड़ता की जीवन राशि,
सफलता का संकलित विलम्ब॥

कहना न होगा कि जब हम विसंरचनावादी दृष्टि से कथित पाठ की संरचना को खोलते हैं तो पाते हैं कि जलप्लावन के बाद एकाकी बचे हुए मनु के लिए 'विस्मृति का अचेत स्तूप' जैसा बहुलार्थी एवं अनछुआ बिम्ब प्रसाद की ऐतिहासिक कल्पना का सर्वोत्तम उदाहरण है। प्रस्तुत 'स्तूप' शब्द एक दम नये और सृजित अर्थ में प्रयुक्त हुआ है जो अपनी घनीभूत प्रतीकात्मकता के कारण उसे मिस्र के पिरामिड तक ले जाता है। मिस्र के निर्जीव पिरामिडों में निहित अभिव्यक्तिगत ज्यामितीय रूप से 'विस्मृति का स्तूप अचेत' स्वतः जुड़ जाता है जो यह संकेतित करता है कि निर्जीव कल्पना के पीछे भी कोई न कोई संवेदना अवश्य होती है। इस तरह उत्तर-आधुनिक प्रतिमानों के आधार पर 'कामायनी' का सम्यक् विश्लेषण और मूल्यांकन किया जा सकता है।

सारांश यह है कि समूची 'कामायनी' उत्तर-आधुनिक समीक्षात्मक प्रतिमानों के आलोक में खुले विमर्श की माँग करती है जिससे उसके अकादमिक मूल्यांकन से आगे जाकर उसकी, शक्ति प्रदेय तथा सम्भावना का समुचित एवं सही सन्दर्भ में मीमांसा हो सके। साथ ही उसमें विद्यमान सार्वभौम शाश्वत महत्त्व के विचारों, सन्देशों तथा अर्थच्छटाओं का वर्तमान सन्दर्भ में समायोजन हो सके। 'कामायनी' में उत्तर-आधुनिकता के अन्य वैशिष्ट्य भी मौजूद हैं। मसलन, यदि उत्तर-आधुनिकता परम्परा को नकारती है, मूल्य-मीमांसा को ख़ारिज़ करती है तथा राष्ट्र-राज्य की सीमाओं का अतिक्रमण करते हुए राष्ट्रीयता से अन्तरराष्ट्रीयता की ओर प्रयाण कर वैश्वीकरण, विश्वग्राम और विश्व-नागरिकता की दिशा में अपने क़दम बढ़ाती है तो 'कामायनी' भी प्रकारान्तर से इन्हीं पादर्शों का रूपायन है। उसमें परम्परागत महाकाव्य

के रचनाविधान का अतिक्रमण है तथा वैश्विक स्तर पर ही नहीं बल्कि जड़-चेतन के मध्य भी अभेद और सामरस्य की प्रतिष्ठा का सार्थक प्रयास है। उसमें समूचा विश्व एक परिवार की तरह है और 'सर्वेभवन्तु सुखिनः' की विराट कामना है। यह सूचनातंत्र के कृत्रिम जुड़ाव के रूप में न होकर आत्मिक और मानसिक स्तर पर अंगांगि-भाव का गहन तादात्म्य है जिसके कारण यह विश्व चिति का ही विराट वपु है, जो मंगलमय है, सदैव सत्य है, चिर-सुन्दर है। इसी तरह उत्तर-आधुनिकता जिस वैचारिक खुलेपन की हिमायती है, उसका अतिशय सुष्ठु रूप 'कामायनी' में परिलक्षित होता है। उसे कोई भी दर्शन अथवा सैद्धान्तिकी नियंत्रित नहीं कर सकी। यही कारण है कि विश्व के सारे दर्शन और वैचारिक तंतु उसमें विद्यमान हैं। संक्षेप में, 'कामायनी' की बहुस्तरीय संरचनात्मक अर्थवत्ता अपने पाठ के विखंडन की माँग करती है जिसे पूर्वग्रह से मुक्त होकर उत्तर-आधुनिक विमर्शों के अन्तर्गत सही सन्दर्भ में विश्लेषित किया जा सकता है।

कामायनी : महाकाव्य का अभिनव प्रतिमान

'कामायनी' महाकाव्य यूनेस्को के विश्वविरासत की सूची में सम्मिलित है। इसे बीसवीं सदी की श्रेष्ठतम कलाकृति होने का गौरव प्राप्त है। यदि 'कामायनी' बीसवीं सदी का सर्वश्रेष्ठ महाकाव्य है तो जयशंकर प्रसाद भी बीसवीं सदी के सबसे बड़े रचनाकार हैं। 'कामायनी' हिन्दी साहित्य की सबसे चुनौतीपूर्ण कृति है जो आलोचकों को सार्थक मुठभेड़ के लिए सदैव ललकारती है। चूँकि इसकी जटिल, बहुस्तरीय और गतिशील अर्थवत्ता बदलते सन्दर्भों के साथ और भी खुलकर प्रकट होती जा रही है। अतः यदि इसे आज का अर्थात् 'वैश्वीकरण के दौर का महाकाव्य' कहा जाए तो कोई अत्युक्ति न होगी। प्रसाद जी ने 'कामायनी' में इतिहास को वर्तमान की आँख से देखते हुए भविष्य के प्रति जो विवेकपूर्ण संकेत किया है, वह 'कामायनी' की अन्तर्वस्तु में निहित मानवीय चेतना के अद्यतन विकास एवं भावी सम्भावनाओं का निदर्शन करता है। वस्तुतः 'कामायनी' में प्रसाद की विश्व-दृष्टि, जीवन-दृष्टि और काव्य-दृष्टि का अद्भुत संश्लेषण और गहनस्तरीय समाहार हुआ है। 'कामायनी' जीवन-दृष्टि, वैश्विक चिन्तन, सभ्यता-विमर्श और कलात्मक उत्कर्ष की दृष्टि से विश्व का अनूठा और आधुनिक विश्व का प्रतिनिधि महाकाव्य है। इसमें केवल युग-युगान्तर को प्रेरित, प्रभावित एवं रस-मग्न करने की क्षमता ही नहीं है अपितु सम्पूर्ण सृष्टि और मनुष्य जाति के सार्वभौम-शाश्वत महत्त्व के प्रश्नों से गम्भीर टकराव तथा सामंजस्यपूर्ण सुपरिणत निराकरण का प्रशस्त मार्ग भी प्रस्तुत हुआ है। यह हिन्दी ही नहीं, सम्पूर्ण विश्व का सबसे चुनौतीपूर्ण महाकाव्य है जो विश्व आलोचना के समक्ष भारतीय एवं पाश्चात्य महाकाव्य के मूल्यांकन के लिए निर्मित प्रतिमानों को अपने मूल्यांकन के लिए अपर्याप्त सिद्ध करता है। 'कामायनी' की जटिल एवं गहनस्तरीय संरचना में वैयक्तिक और वैश्विक जीवन की बहुस्तरीय अर्थवत्ता, जीवन के सार्वभौम-शाश्वत पक्षों का चित्रण, दार्शनिक और वैज्ञानिक सन्दर्भों की गम्भीर प्रस्तुति, स्वानुभूत एवं विश्व-जीवन समस्या के प्रति अत्यन्त तीव्र संवेदनात्मक प्रतिक्रिया तथा उसका अतिशय कलात्मक चित्रण, सनातन समस्याओं का आन्तरिक एवं बाह्य जीवन के मध्य सामरस्य की प्रतिष्ठा द्वारा चित्रित दार्शनिक निदान और दुख-दग्ध जगत् की चिरन्तन पिपासा को अद्भुत कौशल के साथ मानव भविष्य के

प्रति अत्यन्त विवेकपूर्ण संकेत करते हुए विराट फलक पर बहुरंगी-बहुवर्णी चित्रों द्वारा जिस काव्यात्मक औदात्य और वैभव के साथ चित्रित हुआ है, वह अन्य महाकाव्यों से इसकी पहचान को अलग एवं विशिष्ट बना देता है। इसका काव्य वैभव, अनन्त रमणीय सौन्दर्य का व्यापक विधान, प्रकृति-नियति एवं संसृति की संश्लिष्ट त्रिवेणी, चिरन्तन मानवीय सत्य के रुचिर विन्यास में जगत् की अकेली मंगल कामना का संश्लेषण तथा कवि की शाश्वत चेतना का समकालीन विश्व-जीवन एवं आन्तरिक सूक्ष्म भावांकन का बेहद सर्वांगपूर्ण ऐश्वर्य और कल्पनात्मक मोहक छवियों से ओत-प्रोत वैविध्यपूर्ण चित्र पाठक ही नहीं, एक बार तो बड़े-से-बड़े आलोचक को भी सम्मोहित कर लेता है। यह भी आलोचकों के लिए बेहद चुनौतीपूर्ण है कि वह इस महान काव्य में विन्यस्त काव्य-सौष्ठव, प्रकृति के अनन्त रमणीय मनोहारी चित्र, प्रेम, सौन्दर्य एवं मनुष्य की भीतरी संवेदनात्मक चिन्तनात्मकता की बहुरंगी छवियों तथा कलात्मक उत्कर्ष के जादू से मुक्त होकर ही इसके वस्तुनिष्ठ विश्लेषण में प्रवृत्त हो। प्रसाद का विकासमान और सर्जनात्मक व्यक्तित्व 'कामायनी' की रचना-प्रक्रिया के दौरान भी स्वयं को परिष्कृत और परिशोधित करता रहा है। चूँकि इनकी नव-नवोन्मेष शालिनी विराट प्रतिभा पूर्णता के संधान में रत होने के कारण किसी भी प्रतिमान को अन्तिम नहीं मानती थी और वह अपनी बनाई हुई सीमाओं का भी अतिक्रमण करती रही है। अत: यह सम्भव ही नहीं था कि 'कामायनी' परम्परागत महाकाव्य शैलियों का शास्त्रीय निर्वाह करती। फलस्वरूप हमें यह समझना होगा कि 'कामायनी' एक ओर सम्पूर्ण विश्व के काव्य-चिन्तन एवं आलोचना के समक्ष महाकाव्य के नये प्रतिमान निर्मित करने की चुनौती देती है तो दूसरी ओर इसकी गत्यात्मक अर्थवत्ता महाकाव्य के सार्वभौम-शाश्वत महत्त्व के अभिनव प्रतिमान निर्मित करने का सुअवसर भी प्रदान करती है।

यही कारण है कि हिन्दी का हर बड़ा आलोचक 'कामायनी' के महाकाव्यात्मक विन्यास से भी जूझता रहा है। सर्वप्रथम आचार्य रामचन्द्र शुक्ल को कहना पड़ा : "प्रसाद जी प्रबन्ध के क्षेत्र में भी छायावाद की चित्रप्रधान और लाक्षणिक शैली की सफलता की आशा बँधा गए हैं।" इसी क्रम में प्रसाद जी के कनिष्ठ सहयोगी कवि सुमित्रानन्दन पंत ने लिखा है : "छायावाद केवल स्वप्न-सम्मोहन बनकर रह जाता, यदि प्रसाद जी उसमें 'कामायनी' जैसी महान काव्य-सृष्टि की अवतारणा न कर जाते।" इसी प्रकार आचार्य नन्ददुलारे वाजपेयी ने 'कामायनी' को महान काव्य सिद्ध करते हुए लिखा है : "परम्परागत महाकाव्य के लक्षणों की पूर्ति न करने पर भी 'कामायनी' को नये युग का प्रतिनिधि महाकाव्य कहने में हमें कोई हिचक नहीं होती।" प्रो. विनयमोहन शर्मा ने 'कामायनी' को 'छायावाद का प्रथम महाकाव्य' माना है। डॉ. नगेन्द्र लोंजाइनस के उदात्त सिद्धान्त के आधार पर 'कामायनी' को महाकाव्य सिद्ध करते हुए लिखते हैं : "'कामायनी' का महाकाव्यत्व असन्दिग्ध

है।...मानव चेतना के विकास का यह महाकाव्य अथवा मानव-सभ्यता के विकास का यह विराट रूपक साहित्य के इतिहास में एक नवीन प्रयोग है।" इसी तरह डॉ. वेदज्ञ आर्य 'कामायनी' को मानव जीवन और मानव मन का महाकाव्य कहते हैं तो डॉ. रामलाल सिंह इसे 'भाव-प्रधान महाकाव्य' कहते हैं। एक दक्षिण भारतीय विद्वान वाराणसी राममूर्ति रेणु लिखते हैं : "कविवर प्रसाद के महाकाव्य 'कामायनी' की रचना बीसवीं शती के भारतीय साहित्य जगत् की एक अनुपम घटना है।... प्रसाद जैसे एक साथ दर्शन और सौन्दर्य के कवि और 'कामायनी' जैसी महीयसी कृति का आविर्भाव युगों के अनन्तर ही सम्भव होता है। जहाँ तक मुझे ज्ञात है कि किसी भी आधुनिक भाषा-साहित्य में इसके टक्कर का महाकाव्य सम्भवत: नहीं है। प्रसाद की अमर वाणी का सहारा पाकर हिन्दी साहित्य अमर हो गया है।"[1] प्रसाद की 'कामायनी' से बीस वर्षों तक टकराने के उपरान्त मुक्तिबोध इस निष्कर्ष पर पहुँचते हैं : "प्रसाद जी में विश्व के महत्तम कलाकार के सभी गुण विद्यमान हैं।... उनकी विश्लेषणात्मक सूक्ष्मदृष्टि जो काव्य उपस्थित करती है, वह हमें अभिभूत कर देता है। प्रसाद जी शक्तिशाली कवि हैं, यह नि:सन्देह है। प्रसाद जी तो विशुद्ध कलावादी साहित्यिक हैं ही नहीं। वे स्वयं जीवन की समस्याएँ उठाते हैं। उनके पास अपनी दृष्टि, अपना चिन्तन और अपना विश्लेषण है। उनके भाव और भावनाएँ उस चिन्तन और विश्लेषण के इतने अंगभूत हैं कि वे लगभग एकरूप हो गए हैं।...'कामायनी' की महत्ता यही है कि प्रसाद जी इसे कर सके, चाहे हम उनके मतों से, टेक्नीक से अथवा दर्शन से सहमत हों अथवा न हों।"[2] 'कामायनी' के महाकाव्यत्व को लेकर डॉ. नामवर सिंह का अभिमत है : "प्रसाद ने 'कामायनी' में आधुनिक भारतीय सभ्यता के विविध पहलुओं का सजीव चित्रण किया है। इसी मायने में 'कामायनी' भारत की आधुनिक सभ्यता का प्रतिनिधि महाकाव्य है।"

कहने का आशय यह है कि अधिकांश आलोचक 'कामायनी' को महाकाव्य तो मानते हैं परन्तु इसका आधार 'कामायनी' से उत्पन्न प्रतिमान नहीं हैं। प्राय: सारे आलोचक उस पर अपनी आलोचकीय दृष्टि आरोपित करते हैं जिससे अब तक किये गए सारे मूल्यांकन एकांगी ठहरते हैं। 'कामायनी' के रचनात्मक विन्यास में ऐसी जटिलता और उसके काव्य सौष्ठव में इतना आकर्षण है कि उसको समग्रता में समझ पाना टेढ़ी खीर सिद्ध होता रहा है।

जब हम 'कामायनी' के महाकाव्यात्मक पाठ-वितान पर विचार करते हैं तो सर्वप्रथम हमारा ध्यान एवरक्रॉम्बी के इस कथन पर जाता है : "संसार के सभी महान महाकाव्यों में उनके युग की चेतना के अनुरूप भिन्न-भिन्न विशेषताएँ दिखाई पड़ती हैं; कवि अपने महाकाव्यों में अपने युग की मानव-चेतना को, जो पूर्वकाल से उस समय तक की सम्पूर्ण मानव उपलब्धियों का समष्टि रूप होती है, अभिव्यक्त करना चाहता है। इस तरह युग-चेतना महाकाव्य की शैली को भी गहराई

तक प्रभावित करती है।"[3] हमें 'कामायनी' के महाकाव्यत्व का परीक्षण आधुनिक युग के सन्दर्भ-सापेक्षता में करना चाहिए। इसके लिए हमें भारतीय और पाश्चात्य महाकाव्य शैलियों के बजाय 'कामायनी' के अन्तर्विधान से निकलनेवाले प्रतिमानों का आश्रय लेना चाहिए। चूँकि 'कामायनी' के महाकाव्यत्व के परीक्षण के लिए भारतीय और पाश्चात्य दोनों ही प्रतिमान कमतर एवं अपूर्ण हैं अत: हमें नवीनतम प्रतिमानों का निर्माण करना होगा। इस कार्य में स्वयं 'कामायनी' हमारी सबसे अधिक सहायता कर सकती है। 'कामायनी' परम्परागत महाकाव्य के प्रतिमानों का अतिक्रमण करती है और महाकाव्य के रचनात्मक विन्यास का एक नूतन प्रतिमान निर्मित करती है। फलत: इसके मूल्यांकन का प्रतिमान भी नूतनता की माँग करता है। ऐसा करके हम न केवल एक जटिल और बहुस्तरीय काव्यकृति का सम्यक् निर्वचन कर सकते हैं अपितु महाकाव्य के नये मानदंड भी बना सकते हैं। चूँकि 'कामायनी' में भारतीय एवं पाश्चात्य महाकाव्य शैलियों के साथ-साथ कतिपय नूतन प्रतिमान भी उसकी विश्लेषणमयी काव्य संवेदना के भीतर आ गए हैं, अत: हमें प्रसाद के जीवनानुभव, समय-समाज और वैश्विक परिदृश्य के बदलावों की सापेक्षता में नये प्रतिमान बनाने होंगे। आज जब वैश्वीकरण तथा विश्वग्राम की प्रतिष्ठा से परिचालित उत्तर-प्रौद्योगिकीय युग में भारतीय और पाश्चात्यकाव्य-चिन्तन की विविध सरणियों में परस्पर निर्भरता और समायोजन की आवश्यकता बहुत बढ़ गई है तब यह आवश्यक हो गया है कि हम साहित्य एवं महाकाव्य के विश्लेषण और मूल्यांकन के विश्वप्रतिमान निर्मित करें। यदि हम मानव चेतना और सभ्यता विकास के अद्यतन सन्दर्भों तथा 'कामायनी' के जटिल अन्तर्विधान में सन्निहित सम्भावनाओं का सही आकलन करते हैं तो सम्भव है कि हम विश्व की हर भाषा-साहित्य के महाकाव्यों के निर्वचन के लिए अत्यन्त सुदृढ़ और सर्वग्राह्य प्रतिमान बना सकते हैं। 'कामायनी' अत्यन्त उत्कृष्ट, भव्य, ललित और उदात्त कलाकृति है जिसमें जयशंकर प्रसाद की प्रतिभा का अधिकतम दोहन जिस काव्यात्मक औदात्य और दार्शनिक वैभव की सृष्टि करता है, वह भावी कलाकारों के लिए चुनौती एवं प्रतिमान, दोनों हैं। इस मूल्यांकन का यही वैशिष्ट्य भी है कि यह अभिनव प्रतिमानों पर आधारित है। हम यहाँ ऐसे ही सनातन प्रतिमान के निर्माण द्वारा 'कामायनी' के महाकाव्यत्व की नये सिरे से पड़ताल करेंगे, जो इस प्रकार हैं :

जीवन और जगत् के सार्वभौम-शाश्वत पक्ष का चित्रण

जब हम महाकाव्य के मूल्यांकन के वैश्विक प्रतिमान निर्मित करते हैं तो जो मानदंड सबसे पहले आता है, वह है—'जीवन और जगत् के सार्वभौम-शाश्वत पक्ष का चित्रण।' महाकवि जयशंकर प्रसाद ने 'कामायनी' में जीवन और जगत् के सार्वभौम-

शाश्वत सन्दर्भों और उसके अदृश्य आयामों का अत्यन्त काव्यात्मक चित्रण किया है। इन्होंने 'कामायनी' की रचना किसी एक व्यक्ति या युग के लिए नहीं वरन हर युग और सम्पूर्ण समाज एवं मनुष्य मात्र के लिए की है। मुक्तिबोध ने लिखा है : "प्रसाद जी मुख्यतः कवि-मनीषी थे।" प्रसाद जी मनीषी की भाँति काल-चिन्तन करनेवाले कलाकार हैं। इन्होंने इतिहास को प्लुत प्रवाह अथवा शाश्वत चेतना के रूप में देखा है। इन्होंने काल के आयाम को सीमाओं में बाँटकर नहीं देखा है। इनके लिए काल एक अनवरत प्रवाह है। जो कल था, वह आज नहीं है, ऐसी सोच भ्रान्त बुद्धि का परिणाम मानी जा सकती है। वस्तुतः अतीत ही वर्तमान का मूल उत्स है और वही वर्तमान में भविष्य के निर्माणधर्मी बीजों का पोषण करता है। प्रसाद जी के पारिवारिक सूत्र बताते हैं कि एक बार क्रोध में वे बालक रत्नशंकर प्रसाद को बोल गए थे कि तुम उससे झूठ बोल रहे हो जो आज से दस हजार साल पहले और दस हजार साल आगे देख सकता है। कहने का आशय यह है कि जयशंकर प्रसाद के पास काल को आर-पार देखने की निभ्रान्त दृष्टि थी जो केवल अपने समय और समाज को ही नहीं, अपितु आगामी युग को भी अतीत के विश्लेषण से आयाम एवं आकार प्राप्त करती है। प्रसाद के इतिहास-दर्शन को समझने के लिए 'कामायनी' के आमुख पर दृष्टिपात करना आवश्यक है।

आपने लिखा है : "आर्य-साहित्य में मानवों के आदि-पुरुष मनु का इतिहास वेदों से लेकर पुराण और इतिहासों में बिखरा हुआ मिलता है। श्रद्धा और मनु के सहयोग से मानवता के विकास की कथा को, रूपक के आवरण में, चाहे पिछले काल में मान लेने का वैसा ही प्रयत्न हुआ हो जैसाकि सभी वैदिक इतिहासों के साथ नियुक्त के द्वारा किया गया, किन्तु मन्वन्तर के अर्थात् मानवता के नवयुग के प्रवर्तक के रूप में मनु की कथा आर्यों की अनुभूति में दृढ़ता से मानी गई है। इसलिए वैवस्वत मनु को ऐतिहासिक पुरुष ही मानना उचित है। प्रायः लोग गाथा और इतिहास में मिथ्या और सत्य का व्यवधान मानते हैं। किन्तु सत्य मिथ्या से अधिक विचित्र होता है। आदिम युग के मनुष्यों के प्रत्येक दल ने ज्ञानोन्मेष के अरुणोदय में जो भाववृत्त संग्रह किये थे, उन्हें आज गाथा या पौराणिक उपाख्यान कहकर अलग कर दिया जाता है; क्योंकि उन चरित्रों के साथ भावनाओं का भी बीच-बीच में सम्बन्ध लगा हुआ-सा दीखता है। घटनाएँ कहीं-कहीं अतिरंजित-सी भी जान पड़ती हैं। तथ्य-संग्रहकारिणी तर्क बद्धि को ऐसी घटनाओं में रूपक का आरोप कर लेने की सुविधा हो जाती है। किन्तु उनमें भी कुछ सत्यांश घटना से सम्बद्ध है, ऐसा तो मानना ही पड़ेगा। आज के मनुष्य के समीप तो उसकी वर्तमान संस्कृति का क्रम पूर्ण इतिहास ही होता है; परन्तु उसके इतिहास की सीमा जहाँ से प्रारम्भ होती है, ठीक उसी के पहले सामूहिक चेतना की दृढ़ और गहरे रंगों की रेखाओं से बीती हुई और भी पहले की बातों का उल्लेख स्मृति-पट पर अमिट रहता है; परन्तु कुछ अतिरंजित-सा। वे घटनाएँ आज विचित्रता से पूर्ण जान पड़ती हैं।

सम्भवत: इसीलिए हमको अपनी प्राचीन श्रुतियों का निरुक्त के द्वारा अर्थ करना पड़ा, जिससे कि उन अर्थों का अपनी वर्तमान रुचि के साथ सामंजस्य स्थापित किया जाए।... यह आख्यान इतना प्राचीन है कि इतिहास में रूपक का भी अद्‌भुत मिश्रण हो गया है। इसीलिए मनु, श्रद्धा और इड़ा इत्यादि अपना ऐतिहासिक अस्तित्व रखते हुए, सांकेतिक अर्थ की भी अभिव्यक्ति करें तो मुझे कोई आपत्ति नहीं।"[4]

इस तरह प्रसाद जी 'कामायनी' की कथा में इतिहास, कल्पना और रूपक का संश्लेषण मानते हैं। इनकी इतिहास-दृष्टि इस अर्थ में वैज्ञानिक है कि इसमें प्राचीनतम गाथाओं में विद्यमान इतिहास के अंश के संधान की दृष्टि है। हमारे पास जिन अत्यन्त प्राचीन आख्यानों की ऐतिहासिकता के ठोस प्रमाण उपलब्ध नहीं हैं, उनमें इतिहास के अंश का कैसे संधान किया जाए, प्रसाद जी इसका मार्ग प्रशस्त करते हैं। इन्होंने मनु, श्रद्धा, इड़ा से सम्बन्धित पुरातन सन्दर्भों को वेद, ब्राह्मण ग्रंथ, इतिहास-पुराण और साहित्य से संकलित करके उसका मौलिक विकास प्रस्तुत किया है। इसके साथ उक्त तीनों चरित्रों के संकेतार्थ मन, हृदय और बुद्धि के साथ प्रलय के उपरान्त सृष्टि के भौतिक विकास-क्रम को भी सुचिन्तित रूप में प्रस्तुत किया है। इस तरह 'कामायनी' का अन्तर्विधान जटिल और बहुस्तरीय हो गया है। 'कामायनी' विश्व का एकमात्र महाकाव्य है जिसकी कथावस्तु इतिहास, मनोविज्ञान और दर्शन की भूमिका पर समानान्तर विकसित होती है।

जयशंकर प्रसाद यह मानकर चलते हैं कि इतिहास की सीमाओं के अतिक्रमण में ही इतिहास की शाश्वत चेतनाधारा प्रवहमान रहती है। यही कारण है कि आप मानव-समाज के जीवन को ही इतिहास कहते हैं। अरस्तू ने काव्य और इतिहास की तुलना करते हुए लिखा है : "कवि का कार्य यह नहीं है कि वह घटनाओं का विवरण प्रस्तुत करे बल्कि उसका कार्य यह बताना है कि सम्भावना और आवश्यकता के नियमों के अनुसार क्या सम्भाव्य है। कवि और इतिहासकार में भेद यह नहीं है कि एक पद्य में लिखता है और दूसरा गद्य में। वास्तविक भेद यह है कि एक तो उसका वर्णन करता है जो घटित हो चुका है और दूसरा उसका जो घटित हो सकता है। परिणामत: काव्य में दर्शन तत्त्व अधिक होता है, उसका स्वरूप इतिहास से भव्यतर है क्योंकि काव्य सामान्य (सार्वभौम) की अभिव्यक्ति है और इतिहास विशेष की। सामान्य (सार्वभौम) से मेरा तात्पर्य यह है कि विशेष प्रकार का कोई व्यक्ति सम्भाव्यता अथवा आवश्यकता के नियम के अनुसार किसी अवसर पर किसे बातचीत या व्यवहार करेगा। नाम-रूप से विशिष्ट व्यक्तियों के माध्यम से इसी सार्वभौमता की सिद्धि काव्य का लक्ष्य होती है।"[5]

कहने का आशय यह है कि अरस्तू उत्कृष्ट काव्य में जिस सार्वभौम-शाश्वत सन्दर्भ की बात करते हैं; 'कामायनी' उसका प्रमाणीकरण करनेवाला महाकाव्य है। प्रसाद जी इस अर्थ में आधुनिक ही नहीं, उत्तर-आधुनिक भी हैं कि वे काल की

वृत्तीय अथवा चाक्रिक अवधारणा का पुरस्करण करते हैं। 'कामायनी' में प्रसाद का कवि काल को युगपत रूप में उपस्थित करता है। यहाँ अतीत वर्तमान में विशिष्ट प्रकार की समकालीनता पाता है और भविष्य वर्तमान से निर्दिष्ट हो रहा है। प्रसाद जी वैदिक, औपनिषदिक तथा ब्राह्मणकालीन कथानक का अनुप्रयोग एक विराट फंतासी के माध्यम से अपने समय के जीवन तथ्यों, निष्कर्षों और विश्व-जीवन के तमाम सन्दर्भों को जिस काव्यात्मक कौशल एवं चित्रात्मक पद्धति द्वारा प्रस्तुत करते हैं, वह सार्वभौम-शाश्वत महत्त्व का है। वे अपने युगसत्य, जीवनसत्य, समकालीन और भावी सन्दर्भों को इतिहास, पुराण तथा मिथक के साथ संश्लेषण कर कालगत व्याप्ति का लाभ उठाकर जो सर्जनात्मक पाठ-वितान निर्मित करते हैं, वह वर्तमान वैश्वीकरण और उत्तर-आधुनिकतावादी दौर से स्वाभाविक रूप से जुड़ जाता है।

इस तरह 'कामायनी' अखंड मानव-संस्कृति और चेतना का संश्लिष्ट इतिहास है जिसका मुख्य सरोकार अपने समय-समाज, युगीन भाव-बोध, विश्व-जीवन और साहित्य के बारे में काल के अतिक्रमण द्वारा चिरन्तन सत्य की अभिव्यक्ति है। इसमें मनुष्य के अन्तर्जगत और विश्व-जीवन की ऐसी समस्याएँ और जीवन-स्थितियाँ चित्रित हुई हैं जो देश-काल की सीमाओं से परे हैं। साथ ही, देश-देशान्तर और युग-युगान्तर के लिए पर्याप्त प्रासंगिक हैं। इसकी विराट कलात्मक बुनावट प्रसाद की अतुल्य प्रतिभा और ऐतिहासिक परिवेश की उपज तो है, परन्तु वह अपने अनन्त रमणीय प्रस्तुति में सार्वजनीन और सार्वकालिक मीमांसा का विषय भी है। प्रसाद जी केवल प्रलय-वर्णन द्वारा विश्वस्तरीय प्रकृति एवं पर्यावरण की भयावह समस्या के मूलभूत कारणों की गहरी छानबीन ही नहीं करते अपितु मनुष्य मात्र को समरसता का पाठ पढ़ाकर प्रकृति के साथ सन्तुलन की अवस्था में रहने का आदर्श भी उपस्थित करते हैं। वे श्रद्धा द्वारा मनु को दिये गए उपदेश में प्राचीनता के मैले-कुचैले वस्त्रों को उतारकर विश्व जीवन के निर्माण एवं विकास की ओर मनु के बहाने सम्पूर्ण मनुष्य-जाति को उन्मुख करते हैं। श्रद्धा के उद्बोधन में प्रसाद जी की सम्पूर्ण जीवन-दृष्टि और विश्व-संदृष्टि आकारित हुई है। वह मनु को 'तप नहीं, केवल जीवन सत्य' के साथ-साथ कर्म-फल के अन्तरावलम्बन का भी उपदेश देती है।

वह मनु को कर्मपथ पर अग्रसर करके समूचे विश्व के प्राकृतिक वैभव का उपभोग करने के लिए प्रेरित करती है।

ऐसा करके वह मनु के सहयोग से प्रलय के फलस्वरूप शक्ति के जो विद्युत्कण (Electron) निरुपाय होकर बिखर गए हैं, उन्हें फिर से समन्वित करके सम्पूर्ण मानवता को विजयिनी बनाने का संकल्प व्यक्त करती है। यहाँ उसके उपदेश से यह अर्थ भी ध्वनित होता है कि मानो स्वयं भारतमाता स्वाधीनता के लिए संघर्षरत भारतीयों को एकजुटता तथा सामंजस्य का सन्देश दे रही हैं :

शक्ति के विद्युत्कण जो व्यस्त विकल बिखरे हैं हो निरुपाय।
समन्वय उनका करें समस्त, विजयिनी मानवता हो जाय॥

इस तरह 'कामायनी' में निहित काव्यात्मक वैभव, संवेदनगत-सम्पन्नता, भावात्मक गहराई, अनोखी सूझ-बूझ, प्रतिभाशाली संकल्पना, चिर-नवीनदृष्टि, गतिशील अर्थवत्ता, उच्च स्तरीय चिन्तन एवं कलात्मक सौष्ठव उसे सार्वभौम-शाश्वत महत्त्व का अधिकारी ही नहीं बनाते अपितु उसकी अन्तर्वर्तिनी शक्तियाँ बदलते जीवन सन्दर्भों के साथ अपने-आपको समायोजित करते हुए कराल-काल की वेगवती धारा में भी अविच्छिन्न एवं अविचलित रखती हैं। यह भी चिन्तनीय है कि 'कामायनी' में जीवन और जगत् के सार्वभौम-शाश्वत पक्ष का जो चित्रण मिलता है, वह विश्व के किसी भी महाकाव्य से कमतर नहीं है। इसके संश्लिष्ट रूपात्मक तंत्र में तत्कालीन परिवेश और प्रयोजनों की अभिव्यक्ति के साथ चिरन्तन सत्य की चारुत्वपूर्ण अभिव्यंजना भी हुई है। इसका सम्पूर्ण रचना-विधान ऐसी गरिमामयी कलाकृति का चरम प्रतिमान है जिसमें सार्वभौम-शाश्वत जीवन-मूल्यों की गहरी प्रतिष्ठा हुई है। इसी अर्थ में 'कामायनी' जीवन के जटिल और बहुस्तरीय यथार्थ का उदात्त चित्रण करते हुए जीवन और जगत् के सार्वभौमिक सत्यों को प्रकाश में लाती है। यह प्रकृति से संयोग स्थापित कर जीवन को अपूर्णता से पूर्णता की ओर ले जाती है।

निसर्गजात विराट प्रतिभा, अपरिमित ज्ञान और संवेदना की अप्रतिम सृष्टि

यह सर्वमान्य तथ्य है कि महाकवि की काव्य प्रतिभा भी असाधारण और अतुल्य होती है। भारतीय मनीषा जिसे 'नव-नवोन्मेषशालिनी प्रज्ञा प्रतिभा' की संज्ञा से अभिहित करती है, वह निसर्गजात मानी गई है। जयशंकर प्रसाद हिन्दी के सबसे प्रतिभाशाली कवियों में से एक हैं। आप सही मायने में आचार्य-कवि हैं जो काव्य-सृजन के साथ उसकी गहन अर्थ-मीमांसा भी करता है। आपने अर्थ-मीमांसा और तत्त्व-मीमांसा के बीच का भेद मिटा दिया है। आप प्रतिभा को निसर्गजात मानते हैं जिसके विकास में लोकनिरीक्षण और अभ्यास की यथेष्ट भूमिका रहती है। आप प्रतिभा और संवेदना को जितना महत्त्व देते हैं, उतना रूप को नहीं। आपका स्पष्ट अभिमत है कि वस्तु या अनुभूति में यदि वेग और सौन्दर्य है तो रूप तदनुरूप ढलकर रहेगा। वस्तुतः कोरा रूप अनुभूति का आधार छोड़कर निर्जीव और अर्थहीन है। इनका कहना है कि व्यंजना वस्तुतः अनुभूतिमयी प्रतिभा का स्वयं परिणाम है, क्योंकि सुन्दर अनुभूति का विकास सौन्दर्यपूर्ण होगा ही। कवि की अनुभूति को उसके परिणाम में हम अभिव्यक्त देखते हैं। फलस्वरूप प्रसाद स्वयं ही एक मौलिक प्रश्न उठाते हुए इस सार्वभौम-शाश्वत प्रश्न का उत्तर भी देते हैं। वे लिखते हैं : "हाँ, फिर एक प्रश्न खड़ा होता है कि काव्य में शुद्ध अनुभूति की

प्रधानता है या कौशलमय आकारों या प्रयोगों की?...काव्य में जो आत्मा की मौलिक अनुभूति की प्रेरणा है, वही सौन्दर्यमयी और संकल्पात्मक होने के कारण अपनी उपादान स्थिति में रमणीय आकार में प्रकट होती है। वह आकार वर्णनात्मक रचना-विन्यास में कौशलपूर्ण होने के कारण प्रेय भी होता है। रूप के आवरण में जो वस्तु सन्निहित है, वही तो प्रधान होगी।...मैं तो यही कहूँगा कि यही प्रमाण है अनुभूति की प्रधानता का।... इसीलिए अभिव्यक्ति सहृदयों के लिए अपनी वैसी व्यापक सत्ता नहीं रखती, जितनी की अनुभूति। श्रोता, पाठक और दर्शकों के हृदय में कविकृत मानसी प्रतिभा की जो अनुभूति होती है, उसे सहृदयों में अभिव्यक्ति नहीं कह सकते।...इसीलिए व्यापकता आत्मा की संकल्पात्मक मूल अनुभूति की है।"[6]

अरस्तू की तरह यूनानी चिन्तक लोंजाइनस ने भी प्रकृति को ही सृजनशक्ति का मूल माना है। आप भी भारतीय चिन्तकों की तरह अलौकिक प्रतिभा को काव्य का प्रधान हेतु स्वीकार करते हैं। इनकी दृष्टि में नैसर्गिक प्रतिभा का विस्फोट विराट ज्वालामुखी की तरह होता है, जो युग-युगान्तर तक मानव मन पर अपनी अमिट छाप छोड़ती है। कहना न होगा कि प्रसाद की नैसर्गिक प्रतिभा जो पर्वत के भीतर ज्वालामुखी की तरह धधक रही थी, वह 'कामायनी' में एक विराट ज्वालामुखी विस्फोट बन जाती है। 'कामायनी' का संश्लिष्ट रचना-विधान महाकाव्य के परम्परागत प्रतिमानों की मर्यादा भी सुनिश्चित कर देता है। इसकी बहुस्तरीय विराटता, सन्दर्भगत व्यापकता, दार्शनिक एवं भावनात्मक गहराई प्रसाद की अप्रतिम प्रतिभा का प्रमाण-पत्र हैं। प्रसाद की अन्तर्दृष्टि और विश्व-संदृष्टि ने चेतना के सुन्दर इतिहास और अखिल मानव भावों के सत्य के साथ जीवन को सम्पूर्णता में समझकर मन की संकल्पात्मक अनुभूति को उसके मूल चारुत्व के साथ व्यंजित किया है, वह अद्वितीय सर्जनात्मक उपलब्धि है। यहाँ कविता आत्मा की मननशील अवस्था का प्रतीकात्मक चित्र बन गई है। प्रसाद जी प्रतिभा को ही प्रतिभा के रूप में चित्रित करते हैं। यह बिम्बों में निर्मित होने के सौन्दर्यपरक विलक्षणताओं का अक्षय कोष बन गई है। यह प्रसाद की अतुल्य प्रतिभा के कारण ही सम्भव हो सका है कि उन्होंने मानव जाति के प्रागैतिहासिक काल से लेकर अब तक के और भावी काल को भी अपने रचना-विधान के अन्तर्गत समेट लिया है।

इन्होंने मानव जीवन की सम्पूर्ण जय-यात्रा को जिस भावनात्मक गहराई और कल्पनात्मक मोहक छवियों के अनन्त रमणीय चित्र-विधान द्वारा प्रस्तुत किया है, वह इनकी असाधारण प्रतिभा का घोषणा-पत्र है। 'कामायनी' इस अर्थ में विशिष्ट महाकाव्य है कि उसमें उन सभी गुणों और सौन्दर्यशास्त्रीय प्रतिमानों का समाहार हो गया है जो अलग-अलग किसी भी एक विद्या की पूर्णता के लिए पर्याप्त है। यह प्रसाद की सर्जनात्मक प्रतिभा का चरम निदर्शन है। इसका कार्य महान है। इसका कलेवर अत्यधिक विशाल न होकर भी अपने संश्लिष्ट रूप में जटिल, संकेतगर्भी,

बहुस्तरीय और बहुलार्थी है। इसके पात्र प्रतीकात्मक होते हुए भी गौरवशाली हैं। इसकी भाषा-शैली अतिशय उत्कृष्ट और कथानक वैविध्यपूर्ण है। इसका प्रभाव अधिक स्थायी और कालजयी है जो इस बात का प्रमाण है कि यह विराट प्रतिभा-सम्पन्न एवं प्रकृति-प्रदत्त मेधा की अप्रतिम सृष्टि है। इसमें सौन्दर्य का अतुल्य भंडार और काव्यत्व का सार्वभौम-शाश्वत मानदंड उपस्थित हुआ है। फलस्वरूप 'कामायनी' एक आह्लादकारी ऊष्मा से भरपूर है और इसमें मानव जाति को युग-युगान्तर तक प्रेरित, प्रभावित एवं रसमग्न करने की असाधारण क्षमता है। इसका अन्तर्विधान विज्ञान और यांत्रिक सभ्यता के सीमाहीन प्रसार के कारण जनमानस की भावनात्मक आवश्यकताओं में हुई वृद्धि को पूरा करने में पूर्णतः समर्थ है। इसमें मानवीय भावों, प्रेम-सौन्दर्य, जीवन और जगत् के संश्लिष्ट रूपों का ऐसा सुमधुर आयोजन हुआ है जो संगीत के नाद-लहरियों की भाँति पाठक के मन में आह्लाद की सृष्टि करता है। उसकी चिर-पिपासा को शान्त करता है। यह अपनी संश्लिष्ट अन्तर्वस्तु में विराट, सूक्ष्म, सांकेतिक और गहरी है। इसमें प्रसाद की प्रतिभा का जादू सिर चढ़कर बोलता है और पाठक उसके जादुई सम्मोहन में अपनी सुध-बुध खो बैठता है। प्रसाद द्रष्टा कवि हैं। इन्होंने द्रष्टा ऋषि की भाँति अपनी भेदक दृष्टि द्वारा मानव जीवन और उसकी चेतना के स्फुरण से लेकर भावी सम्भावनाओं तथा रूपों तक का चित्रण जिस प्रातिभ कौशल के साथ किया है, वह अपना प्रतिद्वंद्वी नहीं जानता। इसमें कविता अपनी पराकाष्ठा पर पहुँचकर क्लासिकी गरिमा, भव्यता और औदात्य प्राप्त कर लेती है जो प्रसाद की अपराजेय प्रतिभा का घोषणा-पत्र है। प्रसाद की काव्य-प्रतिभा मनुष्य मात्र और उसकी चेतना के सम्पूर्ण विकास, इतिहास की विशाल पृष्ठभूमि, मानव मन की अतल गहराई तथा वर्तमान समय और समाज के बहुविध सन्दर्भों को जिस काव्यात्मक कौशल तथा कल्पनात्मक छवियों से युक्त बिम्बों द्वारा प्रस्तुत करती है वह हिन्दी क्या, बीसवीं सदी के सम्पूर्ण विश्व के साहित्य में एकान्त विरल है। ये गोस्वामी तुलसीदास की तरह समन्वय एवं सामरस्य के सर्जक हैं और इनकी प्रतिभा बुद्धि, भावना और कर्म के समन्वय पर आधारित है। इस सन्दर्भ में आचार्य नन्ददुलारे वाजपेयी का अभिमत है : "आध्यात्मिक और व्यावहारिक तथ्यों के बीच सन्तुलन स्थापित करने की सर्वप्रथम चेष्टा इस काल में की गई है। इस कार्य में सफलता प्राप्त करने के लिए मानवीय वस्तुस्थिति से परिचय रखनेवाली जिस मर्मभेदिनी प्रकृति की आवश्यकता है, वह प्रसाद जी को प्राप्त थी। उन्होंने अपनी प्रतिभा के बल से शरीर, मन और आत्मा, कर्म, भावना और बुद्धि, क्षर-अक्षर और उत्तम तत्त्वों को सुसंगठित कर दिया है। यही नहीं, उन्होंने इन तीनों तत्त्वों के भेद को मिटाकर इन्हें पर्यायवाची भी बना दिया है।"[7]

इस तरह प्रसाद की नैसर्गिक प्रतिभा और अपरिमित ज्ञान को सभी आलोचकों ने स्वीकार किया है। प्रसाद की अतुल्य प्रतिभा पर विचार करते हुए डॉ. विजयेन्द्र

स्नातक ने ठीक ही लिखा है : "प्रसाद हिन्दी साहित्य के गौरव हैं। छायावाद की मूल प्रेरक शक्ति हैं, भारतीय तत्त्व-चिन्ता के प्रबल पोषक हैं और जातीय अस्मिता की स्मृति को अमिट अक्षरों में अंकित करनेवाले महान साहित्यकार हैं। वे ऐसे साहित्यकार हैं जो शताब्दियों में किसी भाषा में उत्पन्न होते हैं और अपनी से उस भाषा के साहित्य को उत्तुंग शिखर पर अवस्थित कर देते हैं। प्रसाद जी ने वैदिक युग से वर्तमान युग तक अपनी दृष्टि का प्रसार किया और उस व्यापक क्षितिज से उन जीवन-मूल्यों का चयन किया जो सार्वकालिक और सार्वदेशिक होते हैं। इसीलिए प्रसाद जी रससिद्ध कालजयी कवि हैं। उनकी यश:काया में अमरत्व निहित है।"

इसमें सन्देह नहीं है कि प्रसाद जी की प्रतिभा की स्नातक जी मुक्त कंठ से प्रशंसा करते हैं परन्तु प्रसाद जी की दृष्टि केवल उनके समय तक सीमित नहीं थी। वह भविष्योन्मुख होकर आगामी मनुष्यता के भवितव्य के प्रति अत्यन्त विवेकपूर्ण संकेत करती है। प्रसाद जी इतिहास, वेद, उपनिषद्, ब्राह्मण ग्रंथ, पुराकथा, विज्ञान, मनोविज्ञान, दर्शन, आदर्श-यथार्थ, समय-समाज और मानवीय अन्तर्वृत्तियों का जिस आत्मविश्वास के साथ चित्रण करते हैं, वह बीसवीं सदी के किसी अन्य महाकाव्य में नहीं मिलता। इस दृष्टि से 'कामायनी' का महत्त्व कालजयी है।

प्रसाद की सारग्राही प्रतिभा मनुष्य के मन की अतल गहराइयों में निहित रहस्यों का उद्घाटन जिस काव्यात्मक औदात्य के द्वारा करती है, उससे पाठक के मन का उदात्तीकरण होता है। उसका उन्नयन होता है। इसमें चिन्ता, शोक, आशा, काम, वासना, लज्जा, ईर्ष्या, स्पर्धा, क्रोध, अन्तर्दाह, वात्सल्य, विरह, करुणा, क्षमा, उदारता आदि भावों का जिस उत्कर्ष के साथ चित्रण हुआ है, वह मनुष्यता का पूर्णता का आदर्श बन जाता है। कवि अपनी विराट कल्पना तथा अतुल्य प्रतिभा के बल पर चित्रों का जो वैविध्य और मानव जीवन स्थितियों का जो ऐश्वर्यपूर्ण चित्रांकन करता है, वह काव्य कला का उच्चतम मानक है। प्रसाद की महाकाव्यात्मक प्रतिभा 'कामायनी' में किस तरह जीवनानुभूति को काव्यानुभूति में रूपान्तरित करती है, इसका विश्लेषण करते हुए मुक्तिबोध ने लिखा है : "'कामायनी' में प्रसाद का आत्मरूप प्रकट हुआ है, और इस आत्मरूप में वह विश्व-रूप समाहित है, कि जो विश्व रूप आधुनिक जगत् की वास्तविक आधारभूमि पर उसी आधुनिक जगत् का मनोमय मन:-कृत बिम्ब-विधान है। दूसरे शब्दों में, आधुनिक वास्तविक जगत् प्रसाद जी के मनोलोक में, अन्तर्प्रवृत्तियों द्वारा सम्पादित और संशोधित होकर, व्याख्यायित और आलोचित होकर, अनुभवात्मक जीवन-ज्ञान के रूप में तथा जीवन-स्थितियों के माध्यम से प्रवाहित हो उठी। लेखक की कल्पना ने कथावस्तु को अपने रंग में डुबो दिया। कथावस्तु की आत्मा में लेखक की स्वानुभूत जीवन-समस्या झलकने लगी। फलत: इच्छित विश्वासों और इच्छित जीवन-स्थितियों के अतिरिक्त, उस फैंटेसी के फलक पर, हृदय के गहन अन्तराल में संचित अन्तर्वासी अनुभूतियाँ ज्ञान

रूप में उपस्थित जीवन निष्कर्ष, आत्म चरित्रात्मक स्वजीवन-जन्य अनुभव आदि तेजस्वी होकर प्रोद्भासित हो उठे। यहाँ तक कि वे जीवन निष्कर्ष और संचित अनुभव पात्र की वाणी में चढ़कर, अथवा लेखकीय व्याख्यानों द्वारा अनायास प्रकट होने लगे।"[8] इस तरह मुक्तिबोध ने 'कामायनी' में अभिव्यक्त अपरिमित ज्ञान और संवेदना के अपूर्व वैभव का सार्थक निर्वचन किया है। 'कामायनी' का पाठ-वितान और महाकाव्यात्मक विन्यास इस बात का प्रमाण है कि प्रसाद जी का मानसिक धरातल अत्यधिक ऊँचा है। इनकी विलक्षण प्रतिभा कल्पना का आश्रय पाकर महाकाव्य को अद्वितीय सर्जनात्मक गरिमा और काव्यात्मक उत्कर्ष प्रदान करती है। यह प्रसाद जी की असाधारण प्रतिभा ही है जो मनुष्य के मन की विविध स्थितियों तथा शक्तियों की सक्रियता और बौद्धिक सप्राणता को जिस सबलता के साथ चित्रित करती है, उतनी कार्य व्यापार सम्बन्धी सक्रियता तथा घटनाओं की बहुलता नहीं है। 'कामायनी' में मनुष्य की समस्त अन्तर्वृत्तियों, देश-काल, समय-समाज और मानवीय जिजीविषा का जो कलात्मक वैभव उपस्थित हुआ है, वह किसी अन्य कलात्मक कृति में नहीं। इस तरह प्रसाद की निसर्गजात विराट प्रतिभा प्रकृति प्रसूत होने के कारण 'कामायनी' में अस्मिताबोध और विश्वबोध का व्यापक विधान कर सकी है।

विराट एवं सुविन्यस्त विषयवस्तु और सभ्यता-विमर्श

जयशंकर प्रसाद ने अपने विराट अध्ययन और संवेदनात्मक व्यक्तित्व द्वारा भारतीय दार्शनिक-सामाजिक-सांस्कृतिक चिन्तन के अनुरूप महाकाव्य का जो विशिष्ट रूप विकसित किया, वह निस्सन्देह उनका अपना आविष्कार है। आपने 'कामायनी' के रूप में एक ऐसा महाकाव्यात्मक पाठ-वितान निर्मित किया है जिसका अनुकरण सम्भव नहीं। 'कामायनी' का अन्तर्विधान इतना जटिल और बहुस्तरीय है कि किसी बने-बनाए प्रतिमान द्वारा उसका मूल्यांकन असम्भव है। कवि ने अपने समय और समाज की जटिल अन्तर्वस्तु को जो गम्भीर काव्यात्मक औदात्य प्रदान किया है, वह उसकी सांकेतिक और प्रतीकात्मक विषयवस्तु को भी विराटता प्रदान करती है। 'कामायनी' अपने समय की कठोर वास्तविकता का अनन्त रमणीय काव्यात्मक साक्ष्य है। वह मानवीय चेतना के इतिहास का दुर्लभ रूपक होते हुए भी अतीत, वर्तमान और भविष्य का वैश्विक सन्दर्भ में आत्मपरक काव्यात्मक चित्रण है। यही कारण है कि उसके समक्ष स्वयं प्रतिमान ही हेठे पड़ जाते हैं। कवि की आत्मपरक अन्तर्दृष्टि गहरे रचनात्मक विन्यास द्वारा उसके जीवनानुभव को काव्यानुभव में रूपान्तरित करते हुए विराट विश्व-संदृष्टि को उन्मीलित करती है। ऐसा माना जाता है कि कार्य-व्यापारों के उदात्त प्रस्तुतीकरण के लिए घटनाओं एवं कथासूत्रों का भली भाँति संगठित होना आवश्यक है। प्रसाद ने अपने विराट प्रातिभ कौशल

के माध्यम से 'कामायनी' की अन्तर्वस्तु का जिस सतर्कता से विन्यास किया है, वह अत्यन्त प्राचीन और सांकेतिक कथासूत्रों को सुलझाकर सम्पूर्ण कथानक को सुपरिणत रूप दिया है। इस कार्य को इतनी सतर्कता के साथ अंजाम दिया है कि कथा की ऐतिहासिकता भी सुरक्षित रहे और सम्पूर्ण मानवीय चेतना के विकास का विराट रूपक भी खड़ा हो जाए। कवि ने वैज्ञानिक और मनोवैज्ञानिक शैली के सहारे आधुनिक सभ्यता का गहन विमर्श प्रस्तुत किया है।

कवि ने 'कामायनी' की विषयवस्तु में सरलता और मार्मिकता के नियोजन के लिए अवांतर कथाओं का समावेश नहीं किया है। साथ ही, परम्परागत काव्य-रूढ़ियों और वस्तु-वर्णनों का भी अतिक्रमण करते हुए एक मुख्य कथा को कार्यान्वित तक पहुँचाने का विश्वस्तरीय प्रयास किया है। इसमें जितना कथ्य काव्यात्मक औदात्य और वैभव द्वारा प्रकट हुआ है उससे अधिक अनकहा है, जिसे समझने के लिए कल्पना एवं भावानुप्रवेश की आवश्यकता होती है। इसका कथानक भले ही संक्षिप्त है परन्तु इसकी विषयवस्तु अपनी प्रस्तुति में विराट है। कवि ने कथ्यगत बिखराव और अनावश्यक विस्तार से बचने के लिए ही इस प्रविधि का अनुप्रयोग किया है। प्रसाद जी जटिल, महीन और संश्लिष्ट सर्जनात्मक पाठ-वितान के माध्यम से सांकेतिक कथा का अत्यन्त काव्यात्मक चित्र खींचते हैं। 'कामायनी' का कलात्मक विन्यास केवल भव्य और विराट विषयवस्तु को ही अभिव्यक्त नहीं करता अपितु उसमें मानव-मन की सूक्ष्म और गहन अन्तर्वृत्तियों को जिस संश्लिष्टता से उभारता है, उसके आगे नतमस्तक हो जाना पड़ता है। 'कामायनी' में परम्परागत महाकाव्यों की भाँति कथानक रूढ़ियों का सहारा नहीं लिया गया है। यह नायिका-प्रधान महाकाव्य है जो अपनी प्रस्तुति में मर्मस्पर्शी है। कवि का ध्यान आधिकारिक कथा और प्रासंगिक कथा को जटिल बनाने के स्थान पर उसकी कार्यान्विति पर रहा है। कवि ऐसे स्थूल वर्णनों से बचता रहा है जो कृति के काव्य-वैभव और दार्शनिक सौन्दर्य को कमज़ोर बनाते हैं। उसने कथानक के बजाय विषयवस्तु को विराटता प्रदान करने का कार्य किया है। वह कथासूत्रों को गतिशील बनाए रखने के लिए सांकेतिक वर्णन का सुपरिणत विधान करता है। अरस्तू जिस कथान्विति की एकता एवं पूर्णता पर विशेष जोर देते हैं, 'कामायनी' में उसका सफल अनुप्रयोग हुआ है। कथान्विति की एकता से अरस्तू का तात्पर्य आदि, मध्य और अन्त का सामंजस्य है। फलत: वे संकलन-त्रय के अन्तर्गत कार्य संकलन (Unity of Action), समय संकलन (Unity of Time) और स्थान संकलन (Unity of Place) का समावेश करके अपनी अवधारणा को तार्किक परिणति प्रदान करते हैं। हम 'कामायनी' में इसका अत्यन्त रमणीय विधान और सुन्दर निर्वाह देख सकते हैं। हम 'कामायनी' के कथानक में आदि के अन्तर्गत जल-प्लावन से मनु द्वारा श्रद्धा के त्याग तक की घटनाओं का समावेश कर सकते

हैं जबकि सारस्वत प्रदेश में मनु-इड़ा के मिलन से लेकर संघर्ष में मनु के घायल होने और सारस्वत नगर से पलायन तक की घटनाओं को रखा जा सकता है। इसी तरह मनु द्वारा नटराज का तांडव नृत्य देखने के बाद से आनन्द सुधा में आप्लावित होने तक के सन्दर्भ को अन्त के अन्तर्गत रखा जा सकता है। हम मूल्यांकन की सुविधा के लिए आदि भाग में आठ सर्ग, मध्य भाग में तीन सर्ग और अन्त भाग में चार सर्ग रख सकते हैं। तीनों ही भागों की विषयवस्तु कार्य-कारण शृंखला की भाँति एक दूसरे के साथ सुविन्यस्त हैं। प्रत्येक घटना और सन्दर्भ कथा को आगे बढ़ाते हुए उसे फलश्रुति तक ले जाते हैं। फलस्वरूप 'कामायनी' में कार्यान्विति सुविन्यस्त, सुपरिणत और सांकेतिक एवं मनोवैज्ञानिक विकास भावना से संश्लिष्ट है। उसमें कहीं भी अनावश्यक स्फीति नहीं है। वह अपने आशय में विराट होते हुए भी पूर्णतः शृंखलित, सुसंघटित और सुविन्यस्त है। यूनानी सौन्दर्य धारणा में जिस क्रमबद्धता, सामंजस्य, औचित्य एवं पूर्णता का आदर्श विद्यमान है, वह 'कामायनी' में प्रभावी रूप में विद्यमान है। जब अरस्तू ने उक्त सौन्दर्य धारणा को जीवित प्राणी के साथ जोड़ा था तो वह संरचना की पूर्णता और भव्यता के साथ-साथ सुन्दर स्वास्थ्य की भी अपेक्षा करता है। कहना न होगा कि 'कामायनी' इस प्रतिमान पर एक श्रेष्ठतम निर्मिति है। वह विषयवस्तु और उसके सम्यक् निर्वाह की दृष्टि से अतिशय महत्त्वपूर्ण है। इन्होंने विराट विषयवस्तु को कलात्मक उत्कर्ष के निकट लाकर जिस काव्यात्मक औदात्य की सृष्टि की है, वह अन्यत्र दुर्लभ है। 'कामायनी' का सुविन्यस्त रचना-विधान और महाकाव्यात्मक औदात्य उसे जिस उत्कर्ष तक ले जाता है, वह अपना प्रतिमान आप ही है। अतः 'कामायनी' श्रेष्ठ महाकाव्य का प्रतिमान निर्मित करनेवाली कृति भी है। प्रसाद जी मनुष्य के भीतर जिस आन्तरिक संगति की स्थापना को लेकर चलते हैं, उसका निर्वाह 'कामायनी' की विषयवस्तु में भी हो गया है।

'कामायनी' बीसवीं सदी का ऐसा महाकाव्य है जो आधुनिक सभ्यता-विमर्श पर गहन प्रतिक्रिया देता है। इसमें आधुनिक विश्व-जीवन के राजनीतिक, सामाजिक, सांस्कृतिक, आर्थिक, वैज्ञानिक एवं प्रौद्योगिकीय बदलावों से उत्पन्न चुनौतियों का गहन विश्लेषण किया गया है। प्रसाद के सभ्यता-विमर्श में जो गहराई और संवेदनात्मक तीव्रता है, वह उनकी वैश्विक चिन्ता तथा समय और समाज से उद्‌भूत स्थितियों का प्रतिबिम्ब है। प्रसाद जी का व्यक्तिगत जीवन प्रकारान्तर से विश्व-जीवन का पर्याय बन जाता है जिसके कारण उन्होंने सभ्यता-विमर्श का जो ठोस प्रासाद निर्मित किया है, वह आज और भी प्रासंगिक बन गया है। प्रसाद जी मनु के माध्यम से आधुनिक भोगवादी सभ्यता पर भी जमकर आक्रमण करते हैं। उनके अनुसार : मनु जीवन के सहज लब्ध सुखों को छोड़ना नहीं चाहते। उनकी अतिशय महत्त्वाकांक्षा उन्हें जीवन-संघर्ष में विफल और प्रवंचित होने से रोकना चाहती है :

मैं यह तो मान नहीं सकता सुख सहजलब्ध यों छूट जायँ,
जीवन का जो संघर्ष चले वह विफल रहे हम छले जायँ?

मनु का यह भोगवादी दृष्टिकोण उसमें निरंकुश भावना का उन्मेष करता है और वह एक अधिनायक की भाँति अपने मन की करना चाहता है। कवि के अनुसार : वह अन्धकारयुक्त पर्वतों के विरुद्ध प्रचंड समीर और प्रखर सूर्य से अपनी तुलना करता है। यह आत्मप्रतिष्ठा का भाव उसके निरंकुश मनोजगत् का ही प्रतिबिम्ब है :

स्थिर मुक्ति प्रतिष्ठा वैसी, मैं नहीं चाहता इस जीवन की।
मैं तो अबाध गति मरुत सदृश हूँ चाह रहा अपने मन की॥
जो चूम चला जाता अगजग, प्रतिपद में कंपन की तरंग।
वह ज्वलनशील गतिमय पतंग॥

उसकी यह स्वेच्छाचारिता 'संघर्ष सर्ग' में हिंसात्मक रूप धारण कर लेती है और मनु अपनी प्रजा से क्षमा-याचना के स्थान पर उसका संहार करने लगते हैं। प्रसाद जी मनु के माध्यम से ब्रिटिश सत्ता से लेकर हिटलर तक के निरंकुश व्यवहारों और अतिचारों का संकेत कर दिया है। यह तत्कालीन शासन-व्यवस्था पर टिप्पणी है। उसकी समीक्षा है। प्रसाद जी यांत्रिक सभ्यता के सीमाहीन प्रसार में निहित हिंसा और विनाश को अच्छी तरह पहचानते हैं। इन यंत्रों की शक्ति पर भरोसा करके आधुनिक मनुष्य प्रकृति के दोहन के लिए निकल पड़ा है। उसने अपने जीवन को संघर्षमय बना दिया है। वह प्रतिपल, प्रतिपद निर्माण और विनाश में अपनी क्षमता का प्रदर्शन कर रहा है। वह सबसे राग-विराग रखते हुए संघर्षरत है :

निर्माण और प्रतिपद विनाश में दिखलाता अपनी क्षमता।
संघर्ष कर रहा है सबसे, सबसे विराग, सबसे ममता॥

मुक्तिबोध ने 'कामायनी' में चित्रित सभ्यता-विमर्श का जो पाठ-वितान निर्मित किया है, उसके वैशिष्ट्य का विश्लेषण करते हुए मुक्तिबोध ने लिखा है : "विभेद, वर्ग-संघर्ष, शासनादेश-घोषणा, विजयों की हुंकार, युद्ध, रक्त-अग्नि की वर्षा, भय की उपासना, प्रणतिभ्रान्त 'भीति विवश कम्पित' होकर काम करते रहना, भूख से विकल, दलित, राष्ट्र के भावों का नियमों में रूपान्तर, नियमों का दंडों में परिवर्तन, और दंडों के कारण सर्वत्र पीड़ा और कराह, नियम-स्रष्टाओं द्वारा आतंक-विप्लवों की वृष्टि, सुविभाजनों का विषम होना, नियमों का नित्य टूटना और बनना, अन्धकार में दौड़, विनाश का मुख हमेशा खुला होना, मस्तिष्क का हृदय से विरोध; ज्ञान, इच्छा तथा क्रिया में परस्पर विरोध-वैषम्य, श्रद्धा का अंध-श्रद्धा में रूपान्तर ('श्रद्धा-वंचक बनकर अधीर, मानव-संतति ग्रह रश्मि रज्जु से भाग्य

बाँध पीटे लकीर'), दलित-दारिद्र्य, कलह, असफलतामूलक आँसू, अहंकार, दम्भ, कष्ट, संताप और मृत्यु इत्यादि।

प्रसाद जी के अनुसार इस ह्रासग्रस्त सभ्यता के प्रधान कारण हैं: 1. विभेद, वर्गों की खाई, 2. शासनकर्ताओं की आतंकवादी नीति, 3. श्रमभाग वर्ग बन गया जिन्हें, अपने बल का है गर्व उन्हें, 4. बनावटी नियम, कृत्रिम सीमाएँ और दंड, 5. शोषण और दारिद्र्य। इस सभ्यता का 'कामायनी' के अनुसार, व्यक्तिगत मानसिक स्तर पर इस प्रकार प्रभाव है : 1. मनुष्य का कृत्रिम स्वरूप, 2. ज्ञान, इच्छा और क्रिया में परस्पर-विरोध-विषमता, 3. अहंकार, लालसा, असफलता, आँसू और दम्भ आदि।

प्रसाद जी मूलतः यह मानते-से प्रतीत होते हैं कि सामंजस्य-विरोधी विघटन-प्रक्रिया, जो सामाजिक स्तर पर वर्ग-विभेद की खाई के रूप में प्रकट होती है, ठीक वही प्रक्रिया व्यक्तिगत स्तर पर भी सक्रिय है। 'संकुचित असीम अमोघ शक्ति की भेद से भरी भक्ति' ही यह विघटन की प्रक्रिया है, जो जीवन के हर क्षेत्र में सक्रिय है। प्रसाद जी विघटन की इस प्रक्रिया को मूलतः वर्गभेद-वर्गसंघर्ष और अहंकार मानते-से प्रतीत होते हैं। सारी 'कामायनी' में नवीन सभ्यता के उत्कर्ष, सुखोल्लास और सफलताओं पर कोई सर्ग नहीं। ('स्वप्न सर्ग' में केवल 189 और 190 पृष्ठ ही में इस सम्बन्ध में थोड़ा कहा गया है।) श्रीवृद्धि, विज्ञानोन्नति और सत्ता—ये तीन बातें नई सभ्यता की सफलताओं में गिनाई जा सकती हैं। किन्तु अपने जन्म से ही यह बालक रोगग्रस्त रहा है। प्रसाद जी बार-बार यह कहते हैं कि यह समाज विनाश के मुँह में जा रहा है।

प्रसाद की सभ्यता-समीक्षा के प्रधान तत्त्व हैं : (1) वर्ग-भेद का विरोध और उसकी भर्त्सना, अहंकार की निंदा—यह प्रसाद जी की प्रगतिशील प्रवृत्ति है। (2) शासक वर्ग की जन-विरोधी आतंकवादी नीतियों की तीव्र भर्त्सना—यह भी प्रगतिशील प्रवृत्ति है। (3) वर्ग-भेद का विरोध करते हुए भी मेहनतकशों के वर्ग-संघर्ष का तिरस्कार—यह एक प्रतिक्रियावादी तत्त्व है। (4) वर्गहीन सामंजस्य और सामरस्य का वायवीय अमूर्त आदर्शवाद—यह तत्त्व अपने अन्तिम अर्थों में इसलिए प्रतिक्रियावादी है कि (क) वर्ग-वैषम्य से वर्गहीनता तक पहुँचने के लिए उसके पास कोई उपाय नहीं; इस उपायहीनता का आदर्शीकरण है—आदर्शवादी-रहस्यवादी विचारधारा; (ख) इस उपायहीनता का एक अनिवार्य निष्कर्ष यह भी है कि वर्तमान वर्ग-वैषम्यपूर्ण स्थिति चिरंजीवी है; (ग) अगर इस यथार्थ की भीषणता में कुछ कमी की जा सकती है तो वह शासक की अच्छाई और उसके उदार दृष्टिकोण द्वारा ही सम्पन्न हो सकती है—श्रद्धा अपने पुत्र को इड़ा के पास इसलिए रखती है; (घ) इस विचारधारा के कारण आदर्श और यथार्थ के बीच अनुल्लंघ्य, अवांछनीय खाई पड़ जाती है। ध्यान रहे कि

प्रसाद जी के सम्मुख उनके आज की दुनिया थी। वे इस आज की वास्तविकताओं से इतने ज़्यादा परिचित थे कि वे स्वयं भारतीय कीर्ति के उद्‌गाता होकर भी राष्ट्रीय उत्थान और साम्राज्यवाद विरोधी वायुमंडल के बावजूद इस बात को कतई न भूल सके कि यह नवीन पूँजीवादी समाज और राष्ट्र भयानक रूप से रोगग्रस्त है। 'इड़ा सर्ग' की शाप-वाणी सुनिए। यह शाप-वाणी 1953 की वास्तविकताओं को भी ठीक चित्रित करती है।"[9] कहना न होगा कि 'कामायनी' के इड़ा का यथार्थ सर्ग जितना मुक्तिबोध के समय से जुड़ता है, उससे कहीं अधिक हमारे आज के समय पर टिप्पणी प्रतीत होता है। यह 'कामायनी' की गतिशील अर्थवत्ता का सबसे बड़ा प्रमाण है।

प्रसाद जी दिखलाते हैं कि किस तरह काम की शाप-वाणी आधुनिक सभ्यता की समग्र और संश्लिष्ट समीक्षा करती है। उसमें वर्तमान विश्व-जीवन के हरेक पहलू पर चिन्तन उपलब्ध होता है। काम हृदय और मस्तिष्क के संघर्ष पर बेहद सटीक टिप्पणी करता है। वह कहता है कि अपने राग-विराग के कारण मनुष्य स्वयं को ही शतशः विभक्त कर रहा है, फलतः वह अतीत के सुख-स्वप्न में खोया हुआ वर्तमान पर आँसू बहाते हुआ हार-जीत के द्वंद्व में निमग्न है :

मस्तिष्क हृदय के हो विरुद्ध, दोनों में हो सद्‌भाव नहीं।
वह चलने को जब कहे कहीं, तब हृदय विकल चल जाय कहीं॥
रो कर बीतें सब वर्तमान क्षण सुन्दर सपना हो अतीत।
पेंगों में झूले हार-जीत॥

काम मनु के माध्यम से आधुनिक मानव को समझाता है कि बुराई की तुलना में कल्याण-कामना में बड़ी शक्ति है। इस कारण तर्कभरी युक्ति विफल हो जाती है। वह स्पष्ट रूप से कहता है कि इस बीच विकसित विभिन्न प्रकार की विद्या शाखाएँ और ज्ञानानुशासन विघटनकारी तत्त्व बन गए हैं। प्रसाद जी यह संकेतित करते हैं कि आधुनिक यंत्रवाद आदिम शस्त्रों का ही विकसित रूप है। यह बहुराष्ट्रीय निगमों और विश्व-व्यापार की देन है। इस अर्थ केन्द्रित सभ्यता ने मानव जाति को एक सीमाहीन स्पर्धा में धकेल दिया है। फलस्वरूप अन्तरिक्ष युद्ध एवं साइबर युद्ध की तैयारी चल रही है। अब अदृश्य एवं लेजर तकनीक आधारित शस्त्र प्रणालियाँ, साइबर हमले और वायरस आधारित जैविक युद्ध एक वास्तविकता है। अतः हमें 'कामायनी'कार की भविष्यवाणी को गम्भीरता से लेना चाहिए :

जीवन सारा बन जाय युद्ध।
उस रक्त अग्नि की वर्षा में बह जायें सभी जो भाव शुद्ध।
अपनी शंकाओं से व्याकुल तुम अपने ही होकर विरुद्ध॥

अपने को आवृत किए रहो दिखलाओ निज कृत्रिम स्वरूप।
वसुधा के समतल पर उन्नत चलता फिरता हो दम्भ स्तूप॥
हो वर्तमान से वंचित तुम अपने भविष्य में रहो युद्ध।
सारा प्रपंच ही हो अशुद्ध॥

यही कारण है कि प्रसाद जी कोरे बुद्धिवाद की मर्यादाएँ भी तय करते हैं। इसके लिए प्रसाद जी तर्काधारित आधुनिक सभ्यता की प्रतीक इड़ा का सृजन करते हैं जिसके प्रकट होने पर सूर्योदय अर्थात् ज्ञानोदय अथवा नवोन्मेष होता है। वह परम आधुनिक नारी के रूप में मनु के समक्ष उपस्थित होती है। प्रसाद जी उसके व्यक्तित्व-निरूपण में एक गहरी तर्कसंगति रखते हैं। इड़ा मनु के समक्ष सारस्वत प्रदेश के पुनर्निर्माण का प्रश्न उपस्थित करती है। वह भौतिक विप्लव को सारस्वत प्रदेश के उजाड़ का प्रमुख कारण मानती है। अत: उसका पुनर्निर्माण भी सर्वथा भौतिक धरातल पर ही सम्भव है। प्रसाद जी अपने समय के विश्व जीवन की हर धड़कन को गहराइयों तक महसूस कर रहे थे। वे देख रहे थे कि किस तरह लोकतांत्रिक प्रणाली में निहित अतिचार ने इटली में मुसोलिनी जैसे तानाशाह को विकसित होने का सुअवसर दिया। मुसोलिनी ने जब कहा कि 'यूरोप के हरेक देश में एक सिंहासन समर्थ व्यक्ति की प्रतीक्षा में है', जिसके फलस्वरूप जर्मनी, स्पेन, पोलैंड, यूगोस्लाविया, यूनान, बुल्गारिया, पुर्तगाल, हंगरी और आस्ट्रिया जैसे देशों में निरंकुश हाथों में सत्ता चली गई। रूसी जार साम्राज्य तो पहले ही सर्वहारा की तानाशाही का शिकार हो चुका था। इसी तरह 30 जनवरी, 1933 को हिटलर जर्मनी का चांसलर बना और उसके बाद जो कुछ भी हुआ, उससे सम्पूर्ण विश्व परिचित है। प्रसाद जी इन घटनाओं पर अनवरत चिन्तन कर रहे थे और उन्होंने अनुभव किया कि जब लोकतंत्र शिथिल, कमज़ोर और पराजित होता है तो उसकी परिणति तानाशाही में होती है। प्रसाद जी यह भी प्रतिपादित करते हैं कि आधुनिक प्रजातंत्र में अनजान समस्याएँ उठती हैं, एकता नष्ट होती है और भेद बढ़ता है। फलत: अनचाहा दुख मिलता है और सन्तुष्टि सदैव दूर रहती है। ऐसी स्थिति में जो अनन्त कोलाहल-कलह चलता है, उससे दृष्टि संकुचित हो जाती है। कदाचित, इसी कारण से वे काम द्वारा, मनु के द्वारा स्थापित किये जानेवाले लोकतंत्र को ही शापग्रस्त करवा देते हैं। वह कहता है : 'हो शाप भरा तव प्रजातंत्र'। प्रसाद जी के समय का भयावह संवेदनात्मक यथार्थ किस तरह उनकी प्रतिभा एवं कल्पनाशक्ति से अनुप्राणित होकर प्रोद्भासित होता है, यह अत्यन्त रमणीय एवं भावपूर्ण है :

विश्व विपुल आतंक-त्रस्त है, अपने ताप विषम से।
फैल रही है घनी नीलिमा अन्तर्दाह परम से।

इसका अर्थ यह भी हो सकता है कि मनुष्य अपने वैषम्य के ताप और ईर्ष्या-द्वेष से जो ज्वालामुखी विकसित कर रहा है; उसके प्रकंपन से विश्व आतंक-त्रस्त है। विश्व के विभिन्न राष्ट्रों के बीच जो आन्तरिक विरोध और परस्पर द्रोह का ज्वालामुखी विकसित हो रहा था, उसके कारण विश्व का प्रत्येक परमाणु आतंक-त्रस्त है। यह प्रकारान्तर से प्रसाद जी द्वारा द्वितीय विश्वयुद्ध के आसन्न संकट का भी सांकेतिक चित्रण है। प्रसाद जी हिटलर जैसे तानाशाहों के अत्याचारों का भी संकेत करते हैं जो भारत में अंग्रेजी राज के दंडविधान का भी परिचायक है। वे बड़े ही स्पष्ट शब्दों में कहते हैं :

यहाँ शासनादेश घोषणा, विजयों की हुंकार सुनाती।
यहाँ भूख से विकल दलित को, पदतल में फिर-फिर गिरवाती।
यहाँ सतत संघर्ष, विफलता, कोलाहल का यहाँ राज है।
अन्धकार में दौड़ लग रही मतवाला यह सब समाज है।

प्रसाद जी अपने विश्व-जीवन और समाज की जिस संवेदनात्मक तीव्रता के साथ व्यंजना और समीक्षा करते हैं, वह उनके व्यापक दायित्वबोध एवं सामाजिक मंगल का विधान है।

इस तरह प्रसाद जी के जीवन-तथ्य विश्व-जीवन के प्रतिनिधि हैं जो अत्यन्त काव्यात्मक एवं संवेदनात्मक शक्ति के साथ 'कामायनी' में आकार प्राप्त करते हैं। उनकी अन्तर्दृष्टि विश्वदृष्टि से एकरूप होकर अन्तर्जगत को बाह्य जगत् के साथ समरस कर देती है। प्रसाद जी सम्पूर्ण विश्व-जीवन और यथार्थ के साथ एक विशिष्ट संगति बिठाते हैं। वे अपने समय के तमाम सामाजिक, सांस्कृतिक, आर्थिक, राजनीतिक, राष्ट्रीय और अन्तरराष्ट्रीय प्रश्नों के प्रति गहन संवेदनात्मक प्रतिक्रिया व्यक्त करते हैं। इन्होंने जिस शक्ति और दृढ़संकल्प के साथ आधुनिक सभ्यता की विसंगतियों पर प्रखर काव्यात्मक आक्रमण किया है, वह सम्पूर्ण शताब्दी के काव्य में एकान्त दुर्लभ है। वे आधुनिक भौतिकवादी सभ्यता के सर्वभक्षी एवं स्वार्थी रूप पर प्रखर प्रहार करते हैं। वे आधुनिक प्रौद्योगिकी, विज्ञान की निस्पृह वस्तुनिष्ठता, मूल्य-निरपेक्षता और अवैयक्तिकता के अन्तरतम में निहित हिंसा और शोषण का उद्‌घाटन करते हैं। यह हिंसा प्रौद्योगिकीय दोहन, आर्थिक उपनिवेशीकरण और अत्याधुनिक वैज्ञानिक शस्त्रास्त्रों द्वारा होनेवाले युद्ध के रूप में देखी जा सकती है। फलत: प्रसाद जी अपने समय के विश्व-जीवन के साथ-साथ औपनिवेशिक ज्ञान-मीमांसा और वैज्ञानिक प्रगति की भी समीक्षा करते हैं। इस तरह प्रसाद जी आधुनिक सभ्यता-विमर्श पर अपनी तीव्र संवेदनात्मक प्रतिक्रिया और उसके अदृश्य ख़तरों के प्रति विश्व मनुष्यता को जिस वस्तुनिष्ठता एवं विवेकशीलता के साथ चित्रित करते हैं, उससे 'कामायनी' के महाकाव्यत्व को एक अद्‌भुत अर्थ-व्याप्ति प्राप्त हो जाती

है। इस तरह 'कामायनी' अपनी विराट एवं सुविन्यस्त विषयवस्तु और सभ्यता-विमर्श के कारण भी एक अप्रतिम एवं विश्वस्तरीय महाकाव्य है।

महत्कार्य और महान, प्रेरक एवं अनुकरणीय चरित्र

महाकाव्य के भारतीय और पाश्चात्य, दोनों ही प्रतिमानों के अन्तर्गत महत्कार्य को विशेष महत्त्व दिया गया है। ऐसा माना जाता है कि जीवन के महान कार्य-व्यापार ही विषय को गम्भीरता प्रदान करते हैं। वस्तुतः महत्कार्य का आशय ऐसी विलक्षण और महत्त्वपूर्ण घटना है जो महाकाव्य का चरम बिन्दु है। इस दृष्टि से 'कामायनी' का महत्कार्य मानवीय पूर्णता अथवा मनुष्यता की चरम सिद्धि है। इस विषय पर विचार करते हुए अरस्तू ने अपने काव्यशास्त्र में लिखा है : "महाकाव्य और त्रासदी में यह समानता है कि उसमें उच्चतर कोटि के पात्रों की पद्यबद्ध अनुकृति रहती है। भेद यह है कि महाकाव्य में केवल एक प्रकार का छंद ग्राह्य होता है और उसका रूप समाख्यानात्मक होता है। दोनों के विस्तार में भी भेद होता है—त्रासदी को यथासम्भव सूर्य की एक परिक्रमा (एक दिन) या इससे कुछ अधिक समय तक सीमित रखने का प्रयत्न किया जाता है, परन्तु महाकाव्य के कार्यव्यापार में काल की सीमा का कोई बन्धन नहीं है।"[10] इसी तरह अरस्तू आगे भी लिखते हैं : "महाकाव्य में उसके समाख्यानात्मक रूप के कारण, एक ही समय में घटित होनेवाली अनेक घटनाएँ प्रस्तुत की जा सकती हैं और यदि वे विषय संगत हों तो इनसे काव्य को घनत्व और गरिमा प्राप्त होती है।"[11] जीवन के महान कार्य-व्यापार ही विषय को गम्भीरता प्रदान करते हैं। महाकाव्य का कार्य-व्यापार इतना उत्कृष्ट और विश्वस्तरीय होना चाहिए कि उससे शास्त्रोक्त फलागम की प्राप्ति हो सके। 'कामायनी' की कथा अपने विचित्र एवं संश्लिष्ट रचना-विधान में सामरस्य की प्राप्ति है। इस समरसता की प्राप्ति एवं प्रतिष्ठा ही 'कामायनी' की फलश्रुति है। वस्तुतः 'कामायनी' गम्भीर विषयों एवं मानवीय चेतना के इतिहास का अलंकृत भाव में निरूपण है। इसमें सामाजिक मंगल उदात्त सौन्दर्य सृष्टि द्वारा जिस सामंजस्य और सामरस्य की प्रतिष्ठा करता है, वह सम्पूर्ण मनुष्यता के लिए अनमोल उपहार है।

प्रसाद जी 'कामायनी' में प्रलय के दौरान देव-संस्कृति के नष्ट होने और उसके उपरान्त मानवीय संसृति के क्रमिक विकास की कथा कहते हैं। वे बड़े ही वैज्ञानिक ढंग से यह चित्रित करते हैं कि देव संस्कृति के विनाश का कारण देवताओं का उच्छृंखल भोगवाद और प्रकृति-पर्यावरण का अन्तहीन दोहन था। दूसरी ओर भाग्यहीन बौद्धिक प्राणोपासना के कारण असुर संस्कृति भी प्रलय में नष्ट हो गई। मनु को इन दोनों अतिवादी छोरों से बचकर एक मध्यमार्गी पूर्ण मानवीय संस्कृति का विकास

करना था जिसके लिए उन्होंने अनेक प्रयोग किये। वे कभी काम-यज्ञ का आश्रय लेते हैं तो कभी वासना-पथ पर अग्रसर होते हैं। कभी तप करते हैं तो कभी इड़ा के सहारे कर्म मार्ग में प्रवृत्त होकर सारस्वत सभ्यता का विकास करते हैं। लेकिन अपने आन्तरिक और बाह्य विरोधों तथा वैषम्य का शमन नहीं कर पाते और आनन्द तथा शान्ति के लिए बेचैन रहते हैं। वे अन्ततः श्रद्धा का अवलम्ब लेकर मानवीय पूर्णता और अखंड आनन्द का मार्ग खोज निकालते हैं। वे आन्तरिक सामंजस्य के प्रश्न को मनुष्यता के साम्यमूलक उत्कर्ष और वास्तविक संघर्ष से जोड़कर प्रस्तुत करते हैं जो 'कामायनी' की सिद्धि है, उसकी चरम परिणति है। प्रसाद अपनी ऋषि-दृष्टि और आत्मचेतना की आँखों के द्वारा शैव दार्शनिक शब्दावली में ही सही, जिस सामरस्य और आनन्द की प्रतिष्ठा करते हैं, वह 'कामायनी' के कार्य-व्यापार को अपूर्व ऊँचाई प्रदान करता है। वे आरम्भ में ही श्रद्धा द्वारा मनु को क्षणिक सुख-दुख छोड़कर समरसता की ओर बढ़ने का निर्देश करते हैं :

नित्य समरसता का अधिकार, उमड़ता कारण जलधि समान।
व्यथा से नीली लहरों बीच, बिखरते सुख मणिगण द्युतिमान॥

कहने का आशय यह है कि जिस तरह समुद्र परम व्यापक होने के कारण चतुर्दिक उमड़ता हुआ दिखाई पड़ता है और उसमें उठनेवाली लोल लहरियों के मध्य चमकते हुए मणि समूह बिखरते हुए दिखाई पड़ते हैं, वैसे ही अतिशय व्यापक समरसता में उठनेवाली दुख की नील लहरियों के बीच मणिगण के समान चमकीले सुख-स्वप्न भंग होते रहते हैं। अतः तुम्हें क्षणिक सुख-दुख की चिन्ता छोड़कर सीमाहीन समरसता की ओर बढ़ना चाहिए। इस तरह सामरस्य कारण-जलधि समान है। वह परम शिव तथा पराशक्ति के मौलिक तत्त्वों का संश्लेषण है। प्रसाद जी 'कामायनी' के महत्कार्य के रूप में त्रिपुर दाह का प्रसंग निर्मित करते हैं। वैसे तो त्रिपुर का क्षेत्र अत्यन्त व्यापक है परन्तु प्रसाद जी उसे इच्छा, क्रिया और ज्ञान लोक के अर्थ में निरूपित करते हैं। यह त्रिपुर जगत् से परे है। यहाँ ऊष्मा का अभिनव रूप परिलक्षित होता है। यहाँ ग्रह, नक्षत्र, तारकगण और विद्युत्कण अस्त रहते हैं। यहाँ दिन-रात और ऋतुचक्र भी नहीं है। यहाँ तक कि भूमंडलीय रेखा भी विलीन हो जाती है जिससे इस निराधार महादेश में एक नूतन चेतना का अभ्युदय होता है। यहाँ पहुँचने पर मनु को त्रिभुवन के प्रतीकस्वरूप तीन आलोक-बिन्दु दिखलाई पड़ते हैं :

त्रिदिक विश्व आलोक बिन्दु भी तीन दिखाई पड़े अलग वे,
त्रिभुवन के प्रतिनिधि थे मानो वे अनमिल थे किन्तु सजग थे।

जब मनु त्रिपुर के सम्बन्ध में भयमिश्रित जिज्ञासा प्रकट करते हैं, तब श्रद्धा उसका विरहस्यीकरण करती है :

यही त्रिपुर है देखा तुमने तीन बिन्दु ज्योतिर्मय इतने।
अपने केन्द्र बने दुख सुख में भिन्न हुए हैं ये सब कितने॥

श्रद्धा स्पष्ट करती है कि ये तीनों अलग एवं स्वकेन्द्रित होने के कारण एक दूसरे से नहीं मिल पाते। फलतः जीवन विडम्बनापूर्ण बना रहता है और मन की कोई इच्छा पूरी नहीं हो पाती, यथा :

ज्ञान दूर कुछ क्रिया भिन्न है, इच्छा क्यों पूरी हो मन की।
एक दूसरे से न मिल सके यह विडम्बना है जीवन की॥

प्रसाद जी इच्छा, क्रिया और ज्ञानलोक के बिन्दुओं में क्रमशः भाव-चक्र, कर्म-चक्र और बुद्धि-चक्र का संचालन करते हैं और रस सिद्धान्त के आधार पर इच्छा, क्रिया और ज्ञान-शक्तियों के अरुण, श्यामल और रजत रंग के लोक का चित्रण भी करते हैं। वे श्रद्धा के व्यक्तित्व में त्रिपुर सुन्दरी का आरोप करते हुए उसकी स्मिति के स्फूर्ति एवं सम्मोहन से जिस महाज्योति रेखा को प्रकट करते हैं, उससे तीनों मिल जाते हैं। वे अनाहत नाद में लीन हो गए। प्रसाद जी श्रद्धा की त्रिपुर सुन्दरी वाली मुस्कान से त्रिपुर दाह सम्पन्न करवाते हैं जिससे सामरस्य की सिद्धि होती है :

स्वप्न स्वाप जागरण भस्म हो, इच्छा-क्रिया-ज्ञान मिल लय थे।
दिव्य अनाहत पर निनाद में श्रद्धायुत मनु बस तन्मय थे॥

इस तरह प्रसाद जी त्रिपुर दाह द्वारा संघर्ष का शमन और समरसता द्वारा आनन्द-प्राप्ति का प्रादर्श रखते हैं। वे मनुष्य की आन्तरिक संगति के माध्यम से सामाजिक सेतु का प्रादर्श रखते हैं। प्रसाद जी लोकहित की बेचैनी को ही वास्तविक व्याकुलता के रूप में चित्रित करते हैं। इन्होंने स्वयं 'कामायनी' के आमुख में लिखा है : "बुद्धिवाद के विकास में अधिक सुख की खोज में दुख मिलना स्वाभाविक है। इसे भले ही कतिपय आलोचक फैंटेसी अथवा स्वप्नलोक कहते हों परन्तु इससे बेहतर दूसरा विकल्प क्या है? यह भले ही प्रत्यभिज्ञा दर्शन में जीव के आत्मबोध की स्थिति है परन्तु आन्तरिक संगति द्वारा बाह्य जीवन में सामंजस्य स्थापित करने का विकल्प मनोवैज्ञानिक दृष्टि से भी समीचीन है। प्रसाद जी दिखलाते हैं कि मनु को त्रिपुर दाह में गौतम बुद्ध की तरह प्रकाश प्राप्त होता है परन्तु इस सिद्धि के उपरान्त वे बुद्धत्व के बजाय आनन्दपूर्ण स्थिति में पहुँच जाते हैं। इस तरह त्रिपुर दाह, इच्छा-क्रिया-ज्ञान के सामरस्य की प्रतिष्ठा और अखंड आनन्द की उपलब्धि ही वह महत्कार्य है जिसके लिए 'कामायनी' के समस्त कार्य-व्यापारों की योजना हुई है। प्रसाद जी केवल कैलाश पर बिठाकर श्रद्धा-मनु से सबकी सेवा ही नहीं करवाते अपितु इड़ा, मानव और सारस्वत प्रदेशवासियों को भी वहाँ पहुँचाकर प्रकृति

और पुरुष का चिर मिलन दिखलाते हैं। ऐसी स्थिति में आनन्द सागर पुरातन चेतन पुरुष भी शक्ति तरंगों से परिपूर्ण होने के कारण सुशोभित हो उठता है :

चिरमिलित प्रकृति से पुलकित वह चेतन पुरुष पुरातन।
निज शक्ति तरंगायित था आनन्द अम्बुनिधि शोभन॥

इस असाधारण अवस्था में जड़-चेतन सभी समरस दिखाई देते हैं। सुन्दर-साकार अद्वैत चेतना शोभित होती है जिससे सघन अखंड आनन्द की अनुभूति होती है। प्रसाद जी यह प्रतिपादित करते हैं कि अन्तर्जगत और बहिर्जगत का सामरस्य ही जीवन की चरम सिद्धि है। इस तरह सृष्टि के उद्‌भव और विकास का मूल कारण सामरस्य से आनन्द की सिद्धि ही 'कामायनी' का महान कार्य है।

महाकाव्य के लिए आवश्यक है कि उसमें महत्कार्य की सिद्धि के साथ महान, प्रेरक और अनुकरणीय चरित्र की भी उद्‌भावना की गई हो। महाकाव्य की भारतीय अवधारणा धीरोदात्त नायक की परिकल्पना लेकर चली है, लेकिन 'कामायनी' नायिका-प्रधान महाकाव्य है। अत: महानता की दृष्टि से उसके चरित्र का मूल्यांकन करना होगा। यदि मनु का चरित्र आधुनिक मनुष्य की मानसिक जटिलताओं और यथार्थ जीवन के भीतर से विकसित हुआ है और इड़ा आधुनिक सुशिक्षित नारी का बौद्धिक-वैज्ञानिक संस्करण है तो श्रद्धा प्रसाद के आदर्शों, मूल्यबोध और भारतीय नारी के श्रेष्ठतम गुणों का समन्वित रूप है। उसका व्यक्तित्व नारी के अप्रतिम गुणों से अनुप्राणित है। उसमें प्रसाद के सारे नारी चरित्रों का समुच्चय देखा जा सकता है। उसमें तितली का साहस, देवसेना का त्याग, अलका की शक्ति, मधूलिका का प्रेम, सालवती का सौन्दर्य तथा कमला का रूप एकसाथ घनीभूत हो उठा है। प्रसाद ने उसे मानवीय सद्प्रवृत्तियों तथा सद्‌भावों के प्रतीक के रूप में चित्रित किया है। फलत: वह श्रेय और प्रेय का समन्वित रूप है। वह जगत् की अकेली मंगल कामना है और उसके शरीर का प्रत्येक परमाणु अनन्त रमणीय सौन्दर्य से उद्‌भासित है। प्रसाद की यह अल्हड़ किशोरी अप्रतिम सौन्दर्य का साकार विग्रह होकर भी अतिशय संवेदनशील भी है। वह हृदय के सुन्दर सत्य की खोज में निकली है और उसे हिमालय को देखकर ऐसा प्रतीत होता है कि मानो एक छोर से दूसरे छोर तक धरती में सिकुड़न पड़ गई है। इस तरह प्रसाद ने हिमालय के लिए जिस बिम्ब का सृजन किया है, वह सर्वथा मौलिक, ताजा और अनछुआ है। उसकी यही संवेदनात्मक दृष्टि हिमालय के भीतर 'मधुरिमा में अपनी ही मौन, एक सोया सन्देश महान' का संधान कर लेती है। वह प्रलयकाल के सर्वग्रासी तांडव से निराश, दुखी और विरक्त मनु में जीवन के प्रति आसक्ति एवं स्वीकृति का भाव भरती है। वह 'तप नहीं केवल जीवन सत्य' की प्रतिष्ठा द्वारा विश्व की दुर्बलता और पराजय को शक्ति एवं विजय में रूपान्तरित करने का मंत्र देती है :

विश्व की दुर्बलता बल बने, पराजय का बढ़ता व्यापार।
हँसाता रहे उसे सविलास, शक्ति का क्रीड़ामय संसार॥

आचार्य रामचन्द्र शुक्ल ने उसे विश्वासमयी रागात्मिका वृत्ति माना है क्योंकि उसका स्वच्छ हृदय रत्ननिधि है जो दया, माया, ममता, क्षमा, मधुरिमा, सहानुभूति और अगाध विश्वास से अनुप्राणित है। वह मनु के समक्ष बिना शर्त निःस्वार्थ भावनात्मक समर्पण द्वारा उनके हृदय के तारों को जोड़ देती है। फलतः वे दुबारा कर्म पथ पर अग्रसर होते हैं। वह प्रलय की फलश्रुति के रूप में शक्ति के जो विद्युत्कण निरुपाय होकर बिखर गए हैं, उन्हें दुबारा समन्वित करके सम्पूर्ण मानवता को विजयिनी बनाना चाहती है :

शक्ति के विद्युत्कण जो व्यस्त विकल बिखरे हैं हो निरुपाय।
समन्वय उनका करें समस्त, विजयिनी मानवता हो जाय॥

यहाँ रूपक द्वारा यह अर्थ भी ध्वनित किया जा सकता है कि मानो स्वाधीनता-संग्राम के कठिन संघर्ष के दिनों में स्वयं भारतमाता देशवासियों को एकजुटता और शक्ति के विद्युत्कणों के संयोजन द्वारा औपनिवेशिक सत्ता के अधीन कार्य कर रही मनुष्यता को विजयिनी बनाने का सन्देश दे रही हों! प्रसाद जी श्रद्धा को पुरुष की पथ-प्रदर्शिका बना देते हैं। वह मनु पर पड़े आसुरी प्रभावों को निष्प्रभ करने का यत्न करती है। उन्हें हिंसा से विमुख करके सत्कर्मों की ओर उन्मुख करती है। आज जब वैश्वीकरण के दौर में विश्व बाजारवाद की आयोजक-नियोजक शक्तियाँ उपभोक्तावाद, स्वार्थपरता तथा लाभवृत्ति को विश्व स्तर पर प्रसारित कर रही हैं तब उसकी निम्नांकित पंक्तियाँ और भी व्यंजक बन पड़ी हैं :

अपने में भर सबकुछ कैसे व्यक्ति विकास करेगा।
यह एकान्त स्वार्थ भीषण है अपना नाश करेगा।
औरों को हँसते देखो मनु हँसो और सुख पाओ।
अपने सुख को विस्तृत कर लो सब को सुखी बनाओ॥

श्रद्धा के बहुआयामी व्यक्तित्व के अन्तर्गत उसका गृहिणी रूप भी आता है। वह आदर्श गृहिणी की भाँति गृह-सज्जा में रत होती है। वह पशुओं के ऊन से वस्त्र बनाने के लिए तकली भी चलाती है और अपने होनेवाली संतान के लिए सुख का आयोजन करती है। वह शिशु मानव को जन्म देकर उसके पालन-पोषण, संस्कार और व्यक्तित्व निर्माण का दायित्व भी निभाती है। नारी का चरम रूप उसका मातृत्व है जिसे प्रसाद जी ने श्रद्धा के माध्यम से साकार किया है। वह प्रणयन मनु द्वारा ठुकराए जाने के बावजूद उसकी विपत्ति सहचरी बनती है। जब मनु इड़ा पर अतिचार करने के लिए उद्यत होते हैं और उन्हें प्रजा घायल कर देती है तब श्रद्धा

वहाँ पहुँचकर न केवल उनका उपचार करती है अपितु 'म्यूजिकल थेरैपी' द्वारा उन्हें होश में भी लाती है। उसके चरित्र की विराटता, परदुखकातरता और भव्यता के प्रति मनु नतमस्तक होकर उसे 'सर्वमंगला' की उपाधि देते हैं। वह इसे सार्थक करते हुए अपने स्मित के प्रभाव से इच्छा-क्रिया-ज्ञान लोक को परस्पर संयुक्त और समरस कर देती है जिससे मनु ही नहीं, इड़ा, मानव समेत समस्त सारस्वतवासी अखंड आनन्द में डूब जाते हैं। प्रसाद जी इसके व्यक्तित्व का विकास विश्व-कल्याणी के रूप में करते हैं और स्वयं उसे जगत् की अकेली मंगल कामना कहते हैं। वह मानसरोवर के तट पर विकसित एक ज्योतिष्मती वनबेली है। वह विश्व की पुलकित चेतना और पूर्ण काम की प्रतिमा है। वह चेतना का उज्ज्वल वरदान और वसुधा का गौरव है जिसके विहँसने से अग-जग मुखरित हो उठता है। वह 'कामायनी' के प्रकर्ष पर पहुँचकर आदर्श एवं अप्रतिम भारतीय नारी के व्यक्तित्व का अतिक्रमण करते हुए विश्व कल्याणमयी अलौकिक नारी में रूपान्तरित हो जाती है। उसके व्यक्तित्व की उज्ज्वलता से महाकाव्य को भी अपूर्व अर्थदीप्ति प्राप्त होती है। आखिरकार, किस महाकाव्य में इससे बेहतर, भव्य, ललित, उदात्त, अनन्त रमणीय सौन्दर्य से युक्त और सर्वगुण-सम्पन्न नारी चरित्र की सृष्टि हुई है? यही श्रद्धा के चरित्र की अपारता और महानता है जो महाकाव्य को भी अतुल्य उत्कर्ष प्रदान करता है। इसके अलावा मनु एवं इड़ा का चरित्र भी अपने-अपने स्तर पर आधुनिक मनुष्य के मनोजगत् और बौद्धिक जगत् का प्रतिनिधित्व करता है। यदि मनु मनुष्य की यथार्थ आन्तरिक वृत्तियों का प्रतिनिधित्व करते हैं तो इड़ा वैज्ञानिक उत्कर्ष और वर्ग-विभाजन के आधार पर नवीन सभ्यता का विकास करती है। इतना तेजस्वी और आधुनिक-बोध से अनुप्राणित दूसरा चरित्र किसी महाकाव्य में नहीं मिलेगा। इड़ा प्रसाद के नारी सृजन का सबसे साहसिक प्रयास है। प्रसाद जी मानव के सन्तुलित एवं सर्वतोन्मुखी विकास के लिए श्रद्धा द्वारा उसे इड़ा के हवाले करवा देते हैं। यह इड़ा के महत्त्व की स्वीकृति है। दोनों चरित्रों की परस्पर पूरकता है। इसी तरह प्रसाद जी मनु के माध्यम से भी अपने एक केन्द्रीय विचार का प्रतिनिधित्व करते हैं। इस सन्दर्भ में मुक्तिबोध ठीक ही कहते हैं : "मनु प्रसाद की किन्हीं बहुत भीतरी प्रवृत्तियों का प्रतिनिधित्व करता है तो हम यह नहीं कह सकते कि मनु प्रसाद जी के मन अथवा सम्पूर्ण व्यक्तित्व का पूर्णतः प्रतिनिधित्व करता है। निस्सन्देह नहीं। प्रसाद जी ने 'कामायनी' के अतिरिक्त, अपने विशाल साहित्य में बहुत गौरवपूर्ण तथा भव्य चरित्र खड़े किये हैं। ये दोनों चरित्र श्रद्धा के व्यक्तित्व को गत्यात्मक बनाते हैं। इनमें एक विशिष्ट प्रकार का अन्तरावलम्बन है। ये तीनों पात्र परस्पर भिन्न महानताओं से युक्त हैं। ये एक दूसरे के पूरक, उन्नायक और कथा को गति प्रदान करनेवाले हैं। इन तीनों में भी श्रद्धा का चरित्र 'कामायनी' का मेरुदंड है जिससे महाकाव्य भी गौरवान्वित हो उठा है। उसका

चरित्र मनुष्य मात्र को प्रेरित, प्रभावित एवं रसमग्न करने में सक्षम है। वह एक अनुकरणीय चरित्र है।

दार्शनिक गहनता, भावनात्मक गहराई और संवेदनात्मक औदात्य का चित्रण

किसी भी महाकाव्य के लिए यह आवश्यक है कि उसमें दार्शनिक गहनता, संवेदनात्मक औदात्य और समग्र युग जीवन का प्रभावी चित्रण हुआ हो। इससे कवि के विचारों में गम्भीरता आती है और महाकाव्य के अभिव्यंजना शिल्प को अनिर्वचनीय प्रकर्ष प्राप्त होता है। 'कामायनी' में भारतीय और पाश्चात्य, दोनों ही दार्शनिक प्रणालियाँ अभिव्यक्त हुई हैं। इसमें एक ओर भारतीय अद्वैतवाद, बौद्ध दर्शन की करुणा एवं दुखवाद, क्षणवाद, शैवागम का प्रत्यभिज्ञा दर्शन और आनन्दवाद का संश्लिष्ट रूप मिलता है तो दूसरी ओर पाश्चात्य जगत् का अस्तित्ववाद, आधुनिक मनोविज्ञान, विकासवाद, फ्रायड का काम सिद्धान्त, द्वंद्वात्मक भौतिकवाद भी प्रभावी रूप से अभिव्यंजित हुआ है। प्रसाद जी 'कामायनी' के आरम्भ में ही चिरन्तन भारतीय परम्परा में प्रतिष्ठित अद्वैतवादी दर्शन का चित्रण करते हैं। यह अद्वैतवाद आत्मवाद पर आधारित है। प्रसाद जी का अद्वैत चिन्तन उपनिषदों से निःसृत है। ये उपनिषदों के गहन अध्येता रहे हैं और स्थान-स्थान पर उपनिषदों के उद्धरण द्वारा आत्मवाद के स्वरूप का उद्घाटन करते हैं। इन्होंने आत्मवाद के प्रबल समर्थक के रूप में ब्रह्म, आत्मा, जीव, जगत, आत्मज्ञान तथा आनन्द सम्बन्धी अपनी मान्यताओं का निर्वचन किया है। वे 'कामायनी' के 'चिन्ता सर्ग' में अद्वैतवाद का चित्रण करते हुए लिखते हैं :

नीचे जल था ऊपर हिम था, एक तरल था एक सघन।
एक तत्त्व की ही प्रधानता कहो उसे जड़ या चेतन॥

प्रसाद जी ने जनमेजय का नागयज्ञ में भी ब्रह्म के सम्बन्ध में 'वही एक अद्वैत है', कहा है। प्रसाद जी बौद्ध दर्शन के करुणा एवं दुखवाद को भी 'कामायनी' में अभिव्यक्त करते हैं। वे प्रलय के उपरान्त चिन्तित मनु के मन की व्यथा का चित्रण करते हुए कहते हैं :

निकल रही थी मर्म वेदना, करुणा विकल कहानी सी।
वहाँ अकेली प्रकृति सुन रही हँसती सी पहचानी सी॥

इसी तरह वे जीवन को परिभाषित करते समय क्षणवाद का आश्रय लेते हैं। वे लिखते हैं कि जिस तरह नीले बादलों की मालिका में अकस्मात् बिजली की कौंध से प्रकाश हो जाता है, वैसे ही काल के अनन्त प्रवाह में मनुष्य का क्षणिक जीवन है :

जीवन तेरा क्षुद्र अंश है, व्यक्त नील घनमाला है।
सौदामिनी सन्धि सा सुन्दर, क्षणभर रहा उछाला में॥

प्रसाद जी सृष्टि का संचालन करनेवाले अनन्त-विवेक के रूप में सर्वनियन्ता ब्रह्म का संधान करते हैं। इनके अनुसार ब्रह्म सर्वनियामक है, विश्वपति है। वे उस अनन्त सत्ता के प्रति जिज्ञासा प्रकट करते हुए कहते हैं कि इस महानील और परम व्योम में ग्रह, नक्षत्र और विद्युत्कण किसकी खोज में निकले हुए हैं? साथ ही विश्वदेव, सविता, पूषा, सोम, मरुत, पवमान, वरुण आदि किसके शासन में घूम रहे हैं, जिसकी सत्ता को सभी सिर झुकाकर स्वीकार करते हैं और जिसके एक भ्रूभंग पर प्रलय हो जाती है, वह कौन है? कवि उस विराट सत्ता को लेकर जिज्ञासा से भर उठता है :

वह विराट था हेम घोलता, नया रंग भरने को आज।
कौन? हुआ यह प्रश्न अचानक, और कुतूहल का था राज!
विश्वदेव, सविता या पूषा सोम मरुत चंचल पवमान।
वरुण आदि सब घूम रहे हैं किसके शासन में अम्लान॥
महानील इस परमव्योम में अन्तरिक्ष में ज्योतिर्मान।
ग्रह, नक्षत्र और विद्युत्कण किसका करते से संधान।
छिप जाते हैं और निकलते आकर्षण में खिंचे हुए।
तृण-तीरुथ लहलहे हो रहे किसके रस से सिंचे हुए॥
सिर नीचा कर जिसकी सत्ता सब करते स्वीकार यहाँ।
सदा मौन हो प्रवचन करते जिसका वह अस्तित्व कहाँ?

इसके बाद प्रसाद जी अपनी मर्यादा भी बतला देते हैं जो प्रकारान्तर से यह संकेतित करती है कि कवि, दार्शनिक और वैज्ञानिक अनन्त कोटि ब्रह्मांड के स्रष्टा ब्रह्म के बारे में जान सकते हैं, ब्रह्म को नहीं। क्योंकि ब्रह्म का स्वरूप रहस्यमय है। वह सर्वव्यापक होते हुए भी सबसे परे है। सूक्ष्म होते हुए भी सम्पूर्ण जगत् को धारण किये हुए है तथा नाद रूप होकर भी शब्दार्थों की शक्ति से परे है। फलस्वरूप उसका स्वरूप-विश्लेषण असम्भव है :

हे अनन्त रमणीय कौन तुम? यह मैं कैसे कह सकता?
कैसे हो, क्या हो, इसका तो भार विचार न सह सकता॥

प्रसाद जी ने सृष्टि का संचालन करनेवाले अनन्त-विवेक के लिए अनन्त रमणीय जैसे उपमान का प्रयोग किया है जो अप्रतिम है। प्रसाद जी 'कामायनी' के 'आशा सर्ग' में उस समय अस्तित्ववादी दर्शन की अभिव्यक्ति करते हैं जिस समय तक पश्चिम में भी अस्तित्ववाद का स्वरूप सुनिश्चित नहीं हो पाया था।

अस्तित्ववाद के अनुसार मनुष्य में स्वतंत्रता और दायित्व की चेतना होती है और वह अपने अस्तित्व का भली भाँति अहसास करता है। इस सत्य का अत्यन्त सुन्दर उद्घाटन जयशंकर प्रसाद ने 'कामायनी' में किया है। जब मनु प्रलयोपरान्त प्रकृति के पुनर्जीवन प्राप्त करने, समूचे ब्रह्मांड में एक नियमन का आभास पाने, नये सिरे से सृष्टि का विकास होने तथा खिलखिलाती प्रकृति के साथ अपने होने का अनुभव करते हैं तब उन्हें सम्पूर्ण सृष्टि में जीवन का उल्लासपूर्ण लास्य दिखलाई पड़ता है :

मैं हूँ यह वरदान-सदृश क्यों लगा गूँजने कानों में।
मैं भी कहने लगा मैं रहूँ शाश्वत नभ के गानों में॥

हिन्दी कविता में अस्तित्ववाद का यह पहला उदाहरण है। जैसे ही मनु जीवन के अनन्त रमणीय अस्तित्व का अनुभव करते हैं, उनके प्राणों के भीतर-ही-भीतर एक गहरा उन्मेष होने लगता है। जिजीविषा के इस विस्फोट के बाद ही उनकी जीवनचर्या आरम्भ होती है और वह अस्तित्व-बोध की प्रक्रिया से गुजरते हैं।

प्रसाद जी जगत् के स्वरूप का निर्वचन करते समय अनन्त सत्ता अथवा महाचिति के उन्मीलन के रूपक द्वारा चित्रित करते हैं। चिति ही विश्व का उन्मीलन अथवा प्रकटीकरण करती है अर्थात् वह अव्यक्त विश्व को व्यक्त या अप्रकाशित विश्व को प्रकाशित करती है। श्रद्धा मनु से कहती है :

कर रही लीलामय आनन्द, महाचिति सजग हुई सी व्यक्त।
विश्व का उन्मीलन अभिराम, इसी में सब होते अनुरक्त॥

प्रसाद जी के अनुसार चिति केवल विश्व का उन्मीलन ही नहीं करती अपितु उसे धारण भी करती है। महाचिति के प्रसार की दशा में ही युग्मों का उदय ,एकात्म-बोध तथा सृष्टि का विकास होता है। जैसे ही महाचिति उद्बुद्ध होकर विकसित होती है, वैसे ही सृष्टि के समस्त परमाणु भी आकर्षणपूर्ण होकर गतिशील हो उठते हैं :

वह मूल शक्ति उठ खड़ी हुई अपने आलस का त्याग किये।
परमाणु बाल सब दौड़ पड़े जिसका सुन्दर अनुराग लिये॥

आनन्द मिलन-विरह तथा विविध परिवर्तनों से युक्त यह विश्व चिति का स्वरूप होने के कारण परिवर्तनशील होकर भी चिरन्तन है :

चिति का स्वरूप यह नित्य जगत, वह रूप बदलता है शत शत।

प्रसाद जी के अनुसार चिति के विषम कृत्य की परिणति परिवर्तनशीलता है। चिति केन्द्रों की संघर्षशील होने के कारण ही द्वयतामय परिवर्तन उपस्थित होता है :

चिति केन्द्रों में जो संघर्ष चला करता है।
द्वयता का जो भाव सदा मन में भरता है॥

जब शिव और शक्ति के अद्वैत की स्थिति आती है तब चिति का प्रव्यक्त रूप जगत् अपने सुख-दुख से पुलकित होकर शिव और सुन्दर महाचिति का विराट विश्वात्मक रूप बन जाता है जो निरन्तर सत्य और चिर सुन्दर है :

अपने सुख दुख से पुलकित, यह मूर्त विश्व सचराचर।
चिति का विराट वपु मंगल यह सत्य सतत चिर सुन्दर॥

प्रसाद जी 'कामायनी' में जगत् की अकेली मंगल कामना श्रद्धा के माध्यम से विश्व-मानवतावाद की प्रतिष्ठा भी करते हैं। यही कारण है कि 'कामायनी' भारत का सांस्कृतिक महाकाव्य होने के साथ-साथ विश्व काव्य के रूप में भी प्रतिष्ठा प्राप्त करता है। कवि ने श्रद्धा के माध्यम से इस दुख-दग्ध जगत् की मनुष्यता को 'मधुरिमा में अपनी ही मौन एक सोया सन्देश महान' देने का कार्य किया है। वह विश्व-मानवतावाद की प्रतिष्ठा करते हुए मनु को संग्रह वृत्ति से बचने और सबको सुखी बनाने के लिए प्रेरित करती है। वह स्पष्ट शब्दों में कहती है कि सुख को स्वयं में केन्द्रित करके मनुष्य न तो खुद सुखी रह सकता है और न ही इस संसार को सुखी बना सकता है। यदि कलियाँ ही सारा सौरभ अपने भीतर बन्द कर लें और मकरन्द की बूँदें बिखेरने से पलट जाएँ तो क्या होगा? ऐसी स्थिति में उनका ही खिलना सम्भव नहीं। क्योंकि उनके खिलते ही सौरभ भाग जाएगा और मकरन्द ढुलक पड़ेगा। फलस्वरूप न खिल सकने के कारण उनका जीवन भी तो सफल नहीं हो सकता। वह कहती है :

ये मुद्रित कलियाँ दल में सब सौरभ बन्दी कर लें।
सरस न हो मकरन्द बिन्दु से खुलकर तो ये मर लें॥
सूखे झड़े और तब कुचले सौरभ को पाओगे।
फिर आमोद कहाँ से मधुमय वसुधा पर लाओगे॥

फिर श्रद्धा मनु की उस नई मानवता पर भी प्रश्न करती है जिसकी वे रूप रचना करने जा रहे हैं। वह अत्यन्त चिन्तित है और सोचती है कि मनु ऐसी किस मनुष्यता का विकास करना चाहता है जिसमें एक दूसरे के खा जाने की प्रवृत्ति प्रबल हो :

मनु! क्या यही तुम्हारी होगी उज्ज्वल नव मानवता?
जिसमें सबकुछ ले लेना हो हंत, बची क्या शवता?

प्रसाद की श्रद्धा मनु द्वारा विकसित मानवता की समीक्षा के उपरान्त उनका उन्नयन करती है। उनमें 'सर्वे भवन्तु सुखिनः' की विराट भावना भरकर यह सोचने के लिए प्रेरित करती है कि सबकी सेवा ही अपनी सेवा है। इसी में अपना सुख है। सब अणु-अणु अपने हैं। यह चेतना ही मनु को भेद-मुक्त करती है जिससे वे पूर्णतः अभाव-मुक्त हो जाते हैं। प्रसाद जी का विश्वबोध और विश्व-मानवतावाद मानवीय करुणा से संवलित है। वे अन्ततः श्रद्धा के माध्यम से शक्ति के विद्युत्कणों के समन्वय द्वारा

मानवता को विजयिनी बनाने का विकल्प उपलब्ध कराते हैं। इसीलिए वे हर प्रकार के भेदभाव से ऊपर उठकर वसुधैव कुटुम्बकम् की प्रतिष्ठा करता है :

सब भेदभाव भुलवाकर सुख दुख का दृश्य बनाता।
मानव कह रहे यह मैं हूँ, यह विश्व नीड़ बन जाता॥
हम अन्य न और कुटुम्बी, हम केवल एक हमीं हैं।
तुम सब मेरे अवयव हो, जिसमें कुछ नहीं कमी है॥

प्रसाद जी 'कामायनी' में बुद्धिवाद और विज्ञानवाद का चित्रण करने के उपरान्त उसके अतिरेक का विरोध भी करते हैं। वे डार्विन के विकासवाद से भिन्न चेतना का विकास-क्रम लिखते हैं। प्रसाद जी 'कामायनी' में नियतिवाद का भी चित्रण करते हैं। वे नियति-बोध के कवि हैं। प्रत्यभिज्ञा दर्शन में नियति ग्यारहवाँ तत्त्व है। यह कार्य-कारण सम्बन्ध बनाकर प्रत्येक जीव को उसके कार्यों में नियोजित करती है। आरम्भ में मनु भी नियति के शासन में विवश होकर धीरे-धीरे चलते हैं :

उस एकान्त नियति शासन में चले विवश धीरे-धीरे।

इसी तरह काम जब मनु को अभिशाप देता है तब भी नियति का सन्दर्भ आता है। वह कहता है :

अब विकल प्रवर्तन हो ऐसा जो नियति चक्र का बने यंत्र।
हो शाप भरा तव प्रजातंत्र॥

मनु नियति के बन्धन से मुक्त होने के लिए इड़ा से उपाय पूछते हैं :

नियतिजाल से मुक्तिदान का कर उपाय।

चूँकि नियति शान्त भाव से विश्व का संचालन कर रही है, अत: उसके प्रभाव से विश्व में अनेक तांडव होते हैं। फलस्वरूप जीव जिन्हें कलियाँ समझकर अपनाता है, वे काँटे सिद्ध होते हैं। कवि ने नियति को नटी के रूप में चित्रित करते हुए लिखा है :

इस नियति नटी के अति भीषण
अभिनय की छाया नाच रही।

इसी तरह श्रद्धा मनु को त्रिपुर का परिचय देते समय बतलाती है कि कर्म लोक-नियति के प्रेरणा-स्वरूप चक्राकार घूमता रहता है :

कर्म चक्र सा घूम रहा है यह गोलक बन नियति प्रेरणा,
नियति चलाती कर्म चक्र यह।

इस तरह नियति मनुष्य की गतिविधि की नियामक है। प्रसाद जी 'कामायनी' में चरम दर्शन के रूप में आनन्दवाद की प्रतिष्ठा करते हैं। वे आनन्द-प्राप्ति को जीवन का चरम लक्ष्य निर्धारित करते हैं। जीव समस्त बन्धनों से मुक्त होकर ही आनन्द की ओर बढ़ता है। यह आनन्दानुभूति सामरस्य से उपलब्ध होती है। प्रसाद जी के अनुसार शिवत्व-बोध की स्थिति में जीव सामरस्य में लीन हो जाता है। कवि ने दृष्टान्त रूपक के सहारे आनन्द को उल्लासपूर्ण थिरकन बना देते हैं। जब संसृति के उच्छ्वासपूर्ण मधुर मिलन आकाश में मंगल गीत गाते हैं :

संसृति के मधुर मिलन के उच्छ्वास बनाकर निज दल।
चल पड़े गगन आँगन में कुछ गाते अभिनव मंगल॥

ऐसी स्थिति में 'मांसल सी आज हुई थी हिमवती प्रकृति पाषाणी' जैसे बिम्ब द्वारा आनन्द का रूपायन होता है। कवि आनन्द को आत्मा का उल्लास मानकर मनुष्य को संकीर्ण बुद्धिवाद के दुराग्रह से बचने की सलाह देता है। वह आनन्द को बिम्बों के माध्यम से मूर्त करता है जिससे एक अभूतपूर्व संवेदनात्मक औदात्य प्रकट होता है। वह 'आनन्द सर्ग' में परमाणुओं के मचलने, समीर के इठलाने, उच्छ्वासों के दल बनाकर चल पड़ने, वल्लरियों के नृत्य निरत होने, मधुकरों के गूँजने, काकली के परिमल से नहाने, विश्व सुन्दरी के तन पर कौशेय वसन के सिकुड़ने, जीवन की मुरली बजने, रश्मियों के अप्सरा बनकर नाचने, हिमवती प्रकृति के लास-रास में विह्वल होने जैसे अप्रतिम बिम्बों द्वारा आनन्द की अवस्था का काव्यात्मक विधान करते हैं।

'कामायनी' भावनात्मक गहराई और संवेदनात्मक औदात्य की दृष्टि से तो विश्व का श्रेष्ठतम महाकाव्य माना जा सकता है। सर्वप्रथम आचार्य रामचन्द्र शुक्ल ने कहा : "यदि हम इस विशद काव्य की अन्तर्योजना पर न ध्यान दें—श्रद्धा, काम, लज्जा, इड़ा इत्यादि को अलग अलग लें तो हमारे सामने बड़ी रमणीय चित्रमयी कल्पना, अभिव्यंजना की अत्यन्त मनोरम पद्धति आती है।"

यह 'कामायनी' की अपनी शक्ति है कि इसमें चिन्ता, आशा, श्रद्धा, काम, वासना, लज्जा, कर्म, ईर्ष्या, इड़ा, आनन्द आदि के स्वरूप का अत्यन्त काव्यात्मक चित्रण हुआ है। प्रसाद जी मानवीय भावों के अद्‌भुत चित्रकार हैं। प्रसाद की भाव प्रकाशन कला अपने सर्वोत्तम रूप में 'कामायनी' में आकार पाती है। इससे जिस काव्यात्मक एवं संवेदनात्मक औदात्य की सृष्टि होती है, वह सम्पूर्ण विश्व साहित्य में दुर्लभ है। इस दृष्टि से काम के उन्मेष का यह चित्र कितना मोहक बन पड़ा है :

मधुमय वसन्त जीवन वन के, बह अन्तरिक्ष की लहरों में।
कब आए थे तुम चुपके से रजनी के पिछले प्रहरों में॥

क्या तुम्हें देखकर आते यों मतवाली कोयल बोली थी।
उस नीरवता में अलसाई कलियों ने आँखें खोली थीं॥
जब लीला से तुम सीख रहे कोरक कोने में लुक रहना।
तब शिथिल सुरभि से धरणी में बिछलन न हुई थी सच कहना॥
निश्चिन्त आह वह था कितना उल्लास काकली के स्वर में।
आनन्द प्रतिध्वनि गूँज रही, जीवन दिगंत के अम्बर में॥
जब लिखते थे तुम सरस हँसी, अपनी फूलों के अंचल में।
अपना कलकंठ मिलाते थे झरनों के कोमल कलकल में॥

इसी तरह प्रसाद जी ने लज्जा जैसे सूक्ष्म भाव के आगमन और उसके स्वरूप का जो अनन्त रमणीय बिम्ब निर्मित किया है, वह इतना अद्वितीय एवं कल्पनात्मक, मोहक छवियों से ओत-प्रोत है कि सहृदय पाठक युग-युगान्तर तक उससे प्रेरित, प्रभावित और रसमग्न होता रहेगा। वे लिखते हैं :

कोमल किसलय के अंचल में नन्ही कलिका ज्यों छिपती सी।
गोधूली के धूमिल पट में दीपक के स्वर में दिपती सी॥
वैसी ही माया में लिपटी अधरों पर उँगली धरे हुए।
माधव के सरस कुतूहल का आँखों में पानी भरे हुए।॥

× × ×

मैं रति की प्रतिकृति लज्जा हूँ मैं शालीनता सिखाती हूँ।
मतवाली सुन्दरता पग में नूपुर सी लिपट मनाती हूँ॥
लाली बन सरल कोपलों में आँखों में अंजन सी लगती।
कुंचित अलकों सी घुँघराली मन की मरोर बनकर जगती॥
चंचल किशोर सुन्दरता की मैं करती रहती रखवाली।
मैं वह हल्की सी मसलन हूँ जो बनती कानों की लाली॥

इस तरह 'कामायनी' मनोभावों के चित्रण का विशिष्ट संश्लेषण है। यह मानव मन की अतल गहराइयों में निहित रहस्यों का उद्घाटन, हृदय की भावनाओं का उदात्तीकरण और संवेदनात्मक वैभव का विश्वकोश है। इस तरह 'कामायनी' जीवन की जटिलता और संघर्ष से दुख-दग्ध जगत् को आनन्दपूर्ण स्वर्ग से मिलाने का उपक्रम करती है। यह स्वयं प्रसाद का भी काव्यादर्श है। इस तरह 'कामायनी' दार्शनिक गरिमा, भावनात्मक गहराई और संवेदनात्मक औदात्य की दृष्टि से भी अप्रतिम कलाकृति है।

उत्कृष्ट भाषा, समुचित अलंकार-योजना एवं गरिमामयी उदात्त शैली

महाकाव्य का एक आवश्यक प्रतिमान उत्कृष्ट अथवा परिष्कृत भाषा है। उपयुक्त और प्रभावी शब्दावली के द्वारा रचना में भव्यता, मार्दव, गरिमा, ओज, शक्ति आदि गुणों का समावेश एवं जीवन्तता का संचार होता है। सुन्दर शब्दों द्वारा ही वस्तुतः विचार आलोकित होता है। वह भावाभिव्यक्ति का समर्थ माध्यम है। महाकाव्य की भाषा में अभिव्यक्तिगत भव्यता और समुचित अलंकार योजना परिलक्षित होनी चाहिए। लोंजाइनस के अनुसार अलंकार केवल वाणी की साज-सज्जा के लिए नहीं हैं, वे भावाभिव्यक्ति के भी सहज और समर्थ द्वार हैं। वे भाषा की सम्पूर्ण शक्ति को व्यंजित करते हैं और काव्योत्कर्ष में सहायक होते हैं। वे शैली में उक्ति-वैचित्र्य और विदग्धता को जन्म देते हैं तथा मानव मन के समस्त कलात्मक सौन्दर्य को प्रकाश में लाते हैं। अलंकारों का प्रयोग आरोपित न होकर शरीर में त्वचा की भाँति सहजात होना चाहिए। वे वाणी के अपरिहार्य अंग की तरह प्रयुक्त होने चाहिए। प्रसाद जी स्वयं भी शब्दों के अनुप्रयोग पर विचार करते हुए लिखते हैं : "शब्दों में भिन्न प्रयोग से एक स्वतंत्र अर्थ उत्पन्न करने की शक्ति है। समीप के शब्द भी उस शब्द विशेष के नवीन अर्थ का द्योतन करने में सहायक होते हैं। भाषा के निर्माण में शब्दों के इस व्यवहार का बहुत हाथ होता है। अर्थबोध व्यवहार पर निर्भर करता है।"

दिनकर प्रसाद के इसी वैशिष्ट्य को न समझ पाने के कारण 'कामायनी' में भाषायी दोष दिखलाते हैं जिसमें उनका पूर्वग्रह और भावकत्व का अभाव भी सहायक रहा है। कहना न होगा कि 'कामायनी' इस प्रतिमान पर विश्व का श्रेष्ठतम अलंकृत महाकाव्य है। 'कामायनी' की भाषा आत्मा की गहराइयों से निसृत है, अतः उसमें एक अप्रतिम भव्यता, विशिष्ट दीप्ति और सतेज ऊष्मा है। वह अपने भाषिक विधान और शैल्पिक विन्यास के कारण ही कथात्मक कम तथा चित्रात्मक एवं कलात्मक महाकाव्य ज़्यादा है। प्रसाद जी अत्यन्त समृद्ध प्राचीन भारतीय शब्दकोश और अपने समय और समाज से शब्द-चयन करते हैं। इन्होंने अनेक प्राचीन शब्दों का पुनरुद्धार करते हुए उन्हें नई अर्थच्छवियों से परिपूर्ण किया है। इसलिए उसमें एक विशिष्ट प्रकार की अभिजात गरिमा है। उसका बाह्य स्वरूप अत्यन्त व्यापक है। 'कामायनी' में सर्जनात्मक भाषा का प्रयोग हुआ है जिसके कारण जिन आलोचकों ने गद्यात्मक भाषा के व्याकरण के आधार पर उसका विश्लेषण किया है, उन्हें मुँह की खानी पड़ी है।

कुन्तक ने शब्द और अर्थ की स्पर्धा में काव्य भाषा के निहितार्थ को गहरे समझने का आग्रह किया है। वहाँ जिस तनाव का सृजन होता है, उससे बहुलार्थता अथवा अनेकार्थता आती है। 'कामायनी' का सर्जक अपने भाषिक अनुप्रयोग के प्रति बेहद सजग है। वह अनावश्यक स्फीति एवं स्थूलता से बचता है। फलतः

सांगीतिकता, लयबद्धता तथा ध्वन्यात्मकता पर विशेष जोर देता है। 'कामायनी' में प्रसाद की काव्य भाषा की मौलिक चिन्तना और सर्जना है, फलतः वह काव्य भाषा के परम्परागत मानक का अतिक्रमण करती है। इसकी काव्य भाषा पूर्ण अभिव्यक्ति की भाषा है जिसमें शिथिलता एकान्त विरल है। इसको समझने के लिए भी गहरी अन्तर्दृष्टि, परिष्कृत अभिरुचि और अपेक्षित सहृदयता चाहिए अन्यथा उसकी गम्भीरता-गहनता तक पहुँचना सम्भव नहीं है। 'कामायनी' जैसी गरिमामयी कृति के निर्माण में इसकी उत्कृष्ट भाषा एवं उदात्त शैली की भी विशेष भूमिका रही है।

'कामायनी' की भाषा-शैली ध्वनि, अलंकार, रीति, गुण, वक्रोक्ति, औचित्य, प्रतीक और बिम्ब जैसे तत्त्वों का अद्भुत संश्लेषण है। इस कारण वह चित्रात्मक और सांकेतिक अधिक है। वह कल्पनाशक्ति से पोषित होकर अतिशय भव्य और उदात्त बन गई है। उसमें चित्र-काव्य की मूर्तिविधायिनी कल्पना, मनोवैज्ञानिक अन्तर्द्वंद्व, चेतना का स्वाभाविक उन्मेष, सभ्यता-विमर्श और कलात्मक उत्कर्ष अपने सर्वोच्च शिखर पर पहुँच गया है। 'कामायनी' का पाठ वितान ऊपरी तौर पर रोमांटिक, कोमल, भीषण, प्रेम और सौन्दर्य के अनन्त रमणीय रूपक की भाँति दिखलाई पड़ता है परन्तु वह अपने आन्तरिक एवं प्रशस्त रूप में जीवनानुभूति को खोलने, परिष्कृत करने, चेतना को विकसित करने और आधुनिक सभ्यता का गहन विमर्श उपलब्ध कराता है। यहाँ कल्पना और प्रतिभा के बीच का भेद मिट गया है। वह जीवन और जगत् के सार्वभौम-शाश्वत तथा अदृश्य आयामों के अन्वेषण का माध्यम बन गई है। प्रसाद जी ने अनन्त रमणीय प्राकृतिक दृश्यों, सन्दर्भों और चित्रों का प्रयोग जातीय स्वभाव एवं मानवीय जीवन के बहुविध सन्दर्भों की व्यंजना के लिए किया है। 'कामायनी' में नई समीक्षा की बहुचर्चित विरोधाभासी काव्य भाषा भी प्रयुक्त हुई है। भारतीय काव्यशास्त्र में तो विरोधाभास अलंकार ही है। कवि 'कर्म सर्ग' में निपात-वक्रता के सहारे इसका अत्यन्त काव्यात्मक चित्र खींचता है :

कितना दुख जिसे मैं चाहूँ वह कुछ और बना हो,
मेरा मानस-चित्र खींचना सुन्दर-सा सपना हो।

इसका आशय यह है कि श्रद्धा के मन द्वारा खींचा जानेवाला चित्र सुन्दर स्वप्न बनकर रह जाता है। वह यथार्थ नहीं बन पाता। इसके पूर्व श्रद्धा यह कह चुकी है कि वह जिस भाव से मनु को चाहती है, उस भाव को मनु ग्रहण नहीं कर पाता, बल्कि कुछ और बना दीखता है। यह प्रसाद जी की प्रयोगधर्मिता है जो उनकी काव्य भाषा के उत्कर्ष का कारक है। प्रसाद जी ने 'कामायनी' में सर्वत्र लक्षणा और व्यंजना के सफल प्रयोग द्वारा शब्दों की ऐसी भंगिमा प्रस्तुत की है जिससे सूक्ष्मातिसूक्ष्म अनुभूतियाँ प्रभावी रूप में अभिव्यक्त हो गई हैं। 'कामायनी' विश्व-जीवन और चेतना से समन्वित महाकाव्य है जिसमें सम्पूर्ण विश्व तथा

मानव-जीवन के अन्तर्भूत सत्यों का उद्घाटन अर्थ-गौरव के उत्कर्ष के साथ हुआ है। 'कामायनी' में जीवन के बहुस्तरीय यथार्थ, मानसिक संवेगों और मानव मन की तरंगों को जिस सूक्ष्मता तथा कलात्मक बुनावट के साथ चित्रित किया गया है, वह प्रसाद के काव्यात्मक औदात्य का भास्वर रूप है। 'कामायनी' में लक्षणा और व्यंजना के प्राय: सभी भेदोपभेद उपलब्ध होते हैं। इस दृष्टि से प्रयोजनवती सारोपा गौणी लक्षण-लक्षणा का अत्यन्त रमणीय दृश्य दर्शनीय बन पड़ा है :

किरनों का रज्जु समेट लिया जिसका अवलम्बन ले चढ़ती।
रस के निर्झर में धँसकर मैं आनन्द शिखर के प्रति बढ़ती॥

इस तरह प्रथम पंक्ति में उपमान में उपमेय के अध्यवसान के कारण साध्यवसाना और दूसरी पंक्ति में आरोप होने से सारोपा लक्षणा है। चूँकि यहाँ सादृश्येतर सम्बन्ध प्रकट हुआ है, अत: शुद्ध लक्षणा भी है। कुल मिलाकर प्रथम पंक्ति में प्रयोजनवती शुद्धा साध्यवसाना और दूसरी पंक्ति में प्रयोजनवती सारोपा लक्षण-लक्षणा मानी जा सकती है। इसी तरह वस्तु व्यंजना का एक नूतन और अनन्त रमणीय बिम्ब निर्मित हुआ है जिसमें श्रद्धा के प्रथमावतीर्ण यौवनोन्मेष का स्वरूप व्यंजित हो रहा है :

उषा की पहली लेखा कान्त, माधुरी से भीगी भर मोद।
मद भरी जैसे उठे सलज्ज भोर की तारक द्युति की गोद।

इसी तरह प्रसाद जी 'कामायनी' में मूर्तिकला के ज्यामितीय स्वरूप का भी सन्निवेश करते हैं। वे बौद्ध संस्कृति से सम्बद्ध स्तूप शब्द का अपने एक बिम्ब में प्रयोग करके उसमें प्राण फूँक देते हैं। इस शब्द में एक अद्भुत प्रतीकात्मक शक्ति है जिसकी ओर सर्वप्रथम जयशंकर प्रसाद का ध्यान गया। इन्होंने उसे नई अर्थदीप्ति प्रदान की जिससे उसकी अर्थवत्ता में चार चाँद लग गया है :

एक विस्मृति का स्तूप अचेत, ज्योति का धुँधला-सा प्रतिबिम्ब।
और जड़ता की जीवन राशि सफलता का संकलित बिलम्ब॥

कहना न होगा कि जल-प्लावन के बाद एकाकी बचे मनु के लिए 'विस्मृति का स्तूप' जैसा अनछुआ बिम्ब प्रसाद की ऐतिहासिक कल्पना का सर्वोत्तम उदाहरण है। यह 'स्तूप' शब्द का एकदम नया और सृजित अर्थ है जो उसकी घनीभूत प्रतीकात्मकता के कारण उसे मिस्र के पिरामिड तक ले जाता है। मिस्र के निर्जीव पिरामिडों में निहित अभिव्यक्तिगत ज्यामितीय रूप से विस्मृति का स्तूप अचेत स्वत: ही जुड़ जाता है जो इस बात का प्रमाण है कि इस निर्जीव कला के पीछे कोई-न-कोई संवेदना अवश्य रही है। इसमें सन्देह नहीं कि प्रसाद जी ने 'कामायनी' में बिम्बवादी अनुषंगों का श्रेष्ठतम एवं विलक्षण प्रयोग किया है। प्रसाद जी ने लज्जा के वर्णन में

अनेक सूक्ष्म अनुभूतिपूर्ण बिम्बों का प्रयोग किया है। आखिर नीली किरणों से बने हुए अंचल के ऐसे नवीन बिम्ब की योजना कहाँ मिलेगी?

वरदान सदृश हो डाल रही नीली किरणों से बुना हुआ।
यह अंचल कितना हल्का सा कितने सौरभ से सना हुआ॥

'कामायनी' के अतिरिक्त वर्ण, गंध, स्पर्श की इतनी कोमल समन्वित अनुभूति को सम्प्रेषित करनेवाले बिम्ब अन्यत्र दुर्लभ हैं। नीला वर्ण स्वयं ही शान्ति और शीतलता प्रदान करता है। अत: यहाँ नीली किरणों से बुने हुए अंचल का जो बिम्ब उभरता है, उसमें स्थूलता नाम मात्र के लिए भी नहीं आने पाई है। वह बहुत ही हल्का और सौरभ से सना हुआ है। 'सना हुआ' कहने से सुगन्ध की बहुत ही तीव्र संवेदना जगती है, जो किसी अन्य शब्द से व्यंजित नहीं हो सकती थी। इस अंचल के डाले जाने से जिस सुख, सन्तोष और तृप्ति का अनुभव होगा, उसके लिए 'वरदान सदृश हो डाल रही' जैसे पदबंध का प्रयोग किया गया है। चूँकि वरदान भावी जीवन के लिए श्रेयस्कर होता है, अत: इन नीली किरणों के अंचल के डाले जाने से श्रद्धा के मन में ऐसे ही कल्याण का विश्वास प्रकट होता है।

इसी क्रम में प्रसाद जी 'इड़ा सर्ग' में अन्धकार जैसे परिचित प्राकृतिक उपादान के साथ जीवन निशीथ को संयुक्त करके एक नया एवं प्रतीकात्मक बिम्ब सृजित करते हैं। वे दुबारा 'अभिलाषा के नव ज्वलन धूम' के बिम्ब द्वारा इस अन्धकार के बिम्ब को गहनता प्रदान करते हैं। यहाँ भी अन्धकार को पुष्ट करनेवाला एक और नवीन बिम्ब निर्मित हुआ है। कवि के अनुसार जादूगरनी की आँखों में लगा हुआ काजल अन्धकार के समान काला तो होता ही है, वह सम्मोहक और छलनेवाला भी होता है। जीवन निशीथ के अन्धकार भी ऐसा ही सम्मोहनकारी और छलपूर्ण बिम्ब है :

जीवन-निशीथ के अन्धकार,
तू घूम रहा अभिलाषा के नव ज्वलन-धूम-सा दुर्निवार।
जिसमें अपूर्ण-लालसा, कसक चिनगारी-सी उठती पुकार॥
यौवन मधुवन की कालिन्दी बह रही चूम कर सब दिगंत।
मन-शिशु की क्रीड़ा नौकाएँ बस दौड़ लगाती हैं अनन्त॥
कुहुकिनि अपलक दृग के अंजन हँसती तुझमें सुन्दर छलना।
धूमिल रेखाओं से सजीव चंचल चित्रों की नव-कलना॥
इस चिर प्रवास श्यामल पथ में छायी पिक प्राणों की पुकार—
बन नील प्रतिध्वनि नभ अपार॥

इस तरह 'कामायनी' के नित्य-नवीन और ताजे-टटके बिम्बों में वर्णों के अनेक स्तरों का अत्यन्त काव्यात्मक चित्रण हुआ है। इन बिम्बों से कवि के व्यापक अनुभव,

सांस्कृतिक व्यक्तित्व, कल्पनात्मक मोहक छवियों की चित्रण-क्षमता और अनिर्वचनीय अभिव्यंजना के प्रकर्ष का पता चलता है। 'कामायनी' समुचित अलंकार योजना, सौन्दर्यमय प्रतीक विधान, मूर्तिविधायिनी कल्पना तथा अतुल्य कलात्मक बिम्बों के अलावा छंद गत वैविध्य के कारण भी अप्रतिम कलाकृति है। 'कामायनी' में ऐसे वैविध्यपूर्ण छंदों का अनुप्रयोग हुआ है जिसमें उसकी अन्तर्वस्तु सम्पूर्ण गरिमा के साथ उद्भासित हो सके। सम्पूर्ण 'कामायनी' में एक दर्जन से अधिक छंदों का सार्थक प्रयोग हुआ है। इस दृष्टि से 'चिन्ता' व 'आशा सर्ग' में आल्हा या वीर छंद, 'श्रद्धा सर्ग' में शृंगार, काम, लज्जा, ईर्ष्या व 'दर्शन सर्ग' में पदपादाकुलक, 'वासना सर्ग' में रूप माला, 'कर्म सर्ग' में सार या ललित, 'स्वप्न' व 'निर्वेद सर्ग' में ताटंक, 'संघर्ष सर्ग' में रोला तथा 'आनन्द सर्ग' में सखी छंद का सफल प्रयोग हुआ है। यह इस बात का द्योतक है कि प्रसाद जी भावानुरूप छंद प्रयोग करते हैं। इस दिशा में उनकी देन अप्रतिम है। संक्षेप में, हम कह सकते हैं कि 'कामायनी' उत्कृष्ट भाषा, समुचित अलंकार योजना और गरिमामयी उदात्त शैली की दृष्टि से भी एक अप्रतिम महाकाव्य है। इसमें महाकाव्योचित भव्यता, गरिमा और उदात्तता का ऐसा कलात्मक चित्रण हुआ है कि सहृदय पाठक युग-युगान्तर तक उसके सम्मोहन में डूबता रहेगा। यहाँ कविता अपने सम्पूर्ण भाव-वैभव और कलात्मक उत्कर्ष के साथ चित्रित हुई है।

निष्कर्ष

सारांश यह है कि यदि 'कामायनी' का अन्तर्विधान उसके भीतर उतरने पर गहराई का आभास कराता है तो उसका अनन्त रमणीय काव्य-सौष्ठव अपने उत्ताल स्पर्श और उन्मद व्यग्रता से उत्तेजित भी करता है। इसमें प्रबन्ध काव्य के नियमन, व्यवस्था, गरिमा और औदात्य के साथ प्रगीत काव्य की आत्मीयता, रागात्मकता, भावावेग एवं मसृणता का ऐसा अनुपम विन्यास हुआ है कि पाठक उसके जादुई सम्मोहन में खो जाता है। प्रसाद जी ने इसमें अतीत, वर्तमान और भविष्य के साथ-साथ विश्व-जीवन और जगत् के प्रति बौद्धिक एवं वैज्ञानिक चिन्तन का जो वैविध्यपूर्ण चित्रण किया है, वह हिन्दी ही नहीं, सम्पूर्ण विश्व काव्य के लिए एक अतुलनीय उपलब्धि है। इसमें सृष्टि एवं अनन्त सत्ता के प्रति रागपरक रहस्य चेतना, हृदय और बुद्धि का सामंजस्य, भाव और कल्पना का उत्कर्ष तथा नारी और प्रकृति-सौन्दर्य के श्रेष्ठतम रूप का जो आदर्शीकृत प्रतिरूपण मिलता है, वह सहृदय पाठक के लिए रमणीय वस्तु है। इस तरह 'कामायनी' मानव के आन्तरिक और बाह्य जीवन का संश्लिष्ट रूपात्मक विन्यास होने के कारण सार्वभौम-शाश्वत महत्त्व की अधिकारिणी है। यह कल्पना और सौन्दर्य की स्फूर्ति से तरो-ताजा होने का गुरुमंत्र देती है। इसके

द्वारा निर्मित प्रकृति एवं नारी-सौन्दर्य की मनोरम, अशरीरी और कल्पनात्मक मोहक छवियाँ, वैज्ञानिक और यांत्रिक सभ्यता की नीरसता से ऊबे हुए समाज और मनुष्यता को संवेदनात्मक खुराक प्रदान करती है। इसमें चिन्तनपूर्ण, रमणीय अर्थच्छटाओं द्वारा काव्य-कला का जो सर्जनात्मक पाठ-वितान निर्मित हुआ है, वह महाकाव्य के परम्परागत मानक को ही तोड़ देता है। इस तरह 'कामायनी' काव्यात्मक या कलात्मक उपलब्धि का चरम प्रतिमान है जो अपनी गतिशील अर्थवत्ता के कारण आगामी सर्जनात्मकता के लिए भी प्रेरक और अनुकरणीय बना रहेगा। यह प्रसाद की अपराजेय प्रतिभा का घोषणा-पत्र है। अतः इसकी कालजयता असन्दिग्ध है। यह महाकाव्य परम्परा में एक नवीन प्रतिमान ही नहीं अपितु विश्व काव्य का भी एक उच्चतम मानक अथवा चरम आदर्श है जिसकी तुलना लगभग असम्भव है। यह स्वर-लिपियों का अभिसार करनेवाला महाकाव्य है।

सन्दर्भ-सूची

1. 'कामायनी' सन्देश (अवन्तिका : जून, 1954), वाराणसी, राममूर्ति रेणु, पृ. 49
2. कामायनी : एक पुनर्विचार—मुक्तिबोध, पृ. 155
3. द एपिक—एवरक्रॉम्बी, प्रथम संस्करण, पृ. 88
4. कामायनी—जयशंकर प्रसाद, आमुख
5. पाश्चात्य काव्यशास्त्र की परम्परा—प्र. सम्पा. डॉ. नगेन्द्र, पृ. 33
6. आधुनिक साहित्य—आचार्य नन्ददुलारे वाजपेयी, पृ. 29
7. वही
8. कामायनी : एक पुनर्विचार—मुक्तिबोध, पृ. 36
9. वही, पृ. 176-77
10. अरस्तू का काव्यशास्त्र—सम्पा. डॉ. नगेन्द्र, पृ. 18
11. वही, पृ. 63

कामायनी : परवर्ती प्रभाव-सन्दर्भ

जब हम 'कामायनी' के परवर्ती प्रभाव-सन्दर्भ पर दृष्टिपात करते हैं तो सर्वप्रथम हमारी दृष्टि जयशंकर प्रसाद के समकालीन कनिष्ठ सहयोगियों पर जाती है। निराला जी ने प्रसाद को 'खड़ी बोली का उन्नायक रचनाकार' और 'मौलिक साहित्य-निर्माण के चतुरंग प्रथम श्रेष्ठ साहित्यिक' की संज्ञा से अभिहित किया और उनकी मृत्यु के उपरान्त बतौर श्रद्धांजलि एक लम्बी कविता लिखी, जिसमें उन्हें गरल-पान करके भी जाति-साहित्य को अमर करनेवाला बतलाया। क्या यह महज़ संयोग ही है कि जिस समय 'कामायनी' प्रकाशित हुई, उसी के थोड़े अन्तराल में 'सरोज-स्मृति', 'राम की शक्ति-पूजा' तथा 'तुलसीदास' जैसी निराला की शिखर रचनाएँ प्रकाश में आईं? क्या निराला की प्रतिभा का यह आकस्मिक विस्फोट प्रसाद और 'कामायनी' से आत्यन्तिक ताप एवं सर्जनात्मक उत्तेजन प्राप्त किए बग़ैर हुआ? आख़िर, उनके सम्पूर्ण-सृजन में फिर कभी ऐसा रचनात्मक उत्कर्ष एवं व्यवस्थित प्रयास क्यों नहीं प्राप्त होता? यह बात तब और भी काबिले-गौर हो जाती है जब हम देखते हैं कि प्राय: सभी छायावादी कवियों में एक स्वस्थ स्पर्धा-भाव पाया जाता है, खास कर, निराला में और भी ज़्यादा। इसे न केवल पंत एवं 'पल्लव' के सन्दर्भ में की गई उनकी टिप्पणियों में देखा जा सकता है अपितु डॉ. रामविलास शर्मा के इस अभिमत में भी देखा जा सकता है कि "निराला किसी भी सूरत में पंत से जूनियर नहीं दिखना चाहते थे इसलिए उन्होंने अपनी जन्म-तिथि 1899 से वसन्त पंचमी 1896 को खिसका दी थी।" जहाँ तक पंत का सवाल है तो उन्हें 'यदि मैं कामायनी लिखता' शीर्षक से निबन्ध ही लिखना पड़ा, जिसमें उन्होंने स्वीकार किया : "'कामायनी' इस युग का एक अपूर्व, अद्वितीय महान काव्य-कृति है, इसमें मुझे सन्देह नहीं। वह हमारे युग-प्रवर्तक प्रसाद के शुभ्रप्रान्त सौन्दर्य का पवित्र यश-काय है, जिसे हिन्दी साहित्य में और सम्भवत: विश्व साहित्य में भी जरा-मरण का भय नहीं है। यदि मैं 'कामायनी' लिखने की असम्भव बात सोचता भी तो मैं उसे इतना भी सफल तथा पूर्ण नहीं बना सकता, जितना कि उसे महान क्षमता तथा प्रतिभाशाली प्रसाद बना गए हैं।"

ख़ैर, पंत जी ने तो 'कामायनी' लिखने की असम्भव बात नहीं सोची, परन्तु

उन्होंने 'लोकायतन', 'चिदम्बरा' और 'सत्यकाम' नामक तीन महाकाव्यात्मक ग्रंथ लिखे। क्या इन ग्रंथों की रचना करते समय पंत जी को 'कामायनी' से परोक्ष अथवा अपरोक्ष रूप से सर्जनात्मक प्रेरणा नहीं मिली? क्या 'कामायनी' के दार्शनिक वैभव की चर्चा और महिमा ने उन्हें दर्शनोन्मुखी नहीं बनाया? यह दूसरी बात है कि 'कामायनी' में दर्शन काव्य-सम्पत्ति बन गया है और पंत जी के काव्य ग्रंथों में नीरसता का प्रबोधात्मक विश्लेषण मात्र रह गया है। कदाचित् इसी कारण पंत के उक्त ग्रंथ हिन्दी जगत् का स्नेह-भाजन नहीं बन सके।

'कामायनी' के आनन्दवाद के सम्बन्ध में महादेवी वर्मा ने बड़ी ही सारगर्भित बात कही है : "कोई महान कवि विशुद्ध आनन्दवादी दर्शन नहीं स्वीकार करता, क्योंकि अधिक और अधिक सामंजस्य की पुकार ही उसके सृजन की प्रेरणा है और वह निरन्तर असन्तोष का दूसरा नाम है। बहुत सम्भव है कि सब प्रकार के अन्तरंग-बहिरंग संघर्षों में मानसिक सन्तुलन बनाए रखने के प्रयास में ही उन्हें उस आनन्दवादी दर्शन की उपलब्धि हो गई हो, जिसके भीतर करुणा की अन्तःसलिला प्रवाहित है। जीवन और मृत्यु के संघर्ष का यह रोमांचक पृष्ठ हमारे मन में एक जिज्ञासा की पुनरावृत्ति करता रहता है" ('पथ के साथी', 1956)। क्या करुणा की यह अन्तःसलिला स्वयं महादेवी वर्मा के काव्य की केन्द्रीय धारा नहीं है? क्या उनका वेदना-गान प्रसाद काव्य के वेदना और करुणा-भाव से सर्वाधिक अनुकूलता प्राप्त नहीं करता? क्या महादेवी की निम्नलिखित पंक्तियों में प्रसाद जी का अन्दाज़ नहीं बोल रहा है?

मेरी लघुता पर आती, जिस दिव्यलोक की व्रीड़ा,
पूछो क्या पाल सकेंगे वे मेरे मन की पीड़ा?

इसी तरह हरिवंशराय 'बच्चन', नरेन्द्र शर्मा और रामेश्वर शुक्ल 'अंचल' अपने मधु-प्रेम और मधु-गमन के लिए प्रसाद और 'कामायनी' की मधुचर्या के किस हद तक ऋणी हैं, यह बताने की आवश्यकता नहीं। यह सच है कि प्रसाद जी सामंजस्य के लेखक हैं, परन्तु वे जिस सामंजस्य तक पहुँचते हैं, उसका आधार निषेध है—अवांछित और अग्राह्य का निषेध। इसीलिए वे सृष्टि-रचना की तरह विरोधों के सामंजस्य की रचना कर सके हैं। हिन्दी के मूर्धन्य उपन्यासकार जैनेन्द्र कुमार ने जयशंकर प्रसाद की प्रशंसा 'हमारे साहित्य के पहले महान स्वतंत्रचेता' के रूप में की है। इन्होंने बड़ी प्रखरता से प्रसाद की अनास्था से आस्था तक की विषम यात्रा का मर्म उद्घाटित किया है। किसी जिज्ञासु ने उनसे प्रश्न किया था—समूचे प्रसाद का कौन-सा पहलू आपको अधिक प्रिय लगा? जैनेन्द्र ने कहा था—शायद अविश्वास का पहलू। मेरे भाव में वह पहले बड़े नास्तिक लेखक हैं। प्रेमचन्द मूल में नास्तिक नहीं थे, उनकी नास्तिकता ईश्वर के आस-पास चुक जाती थी। वैसे वह

विश्वासी थे और बेहद मज़बूती के साथ। आख़िर की ओर वह कुछ हिले लगते हैं। पर तब तक वह तिरोहित ही लगते हैं। लेकिन प्रसाद ने मस्तक नहीं झुकाया। हर मत-मान्यता को—सामाजिक हो कि नैतिक, धार्मिक हो कि राजकीय, उन्होंने प्रश्नवाचक के साथ लिया, किसी को अन्तिम नहीं माना।" ('ये और वे', 1954) जैनेन्द्र जी की बात को 'कामायनी' से ही सिद्ध किया जा सकता है, जहाँ सृष्टि के उषाकाल में प्रसाद के मन को सूर्य, चन्द्र, वायु-वरुण आदि को नियमानुसार कार्य करते देखकर सर्वप्रथम अनुशासन का अनुभव हुआ था और वह शासन करनेवाली महाशक्ति अथवा अनन्तविवेक (ईश्वर) को जानने के लिए व्याकुल हो उठा था :

विश्वदेव, सविता या पूषा, सोम, मरुत चंचल पवमान,
वरुण आदि सब घूम रहे हैं, किसके शासन में अम्लान?

शायद परम अविश्वास और सभी चीज़ों को प्रश्नवाचक लेने का अपार साहस लेकर अवतीर्ण होने के कारण ही प्रसाद जी उस अनन्त सत्ता के अस्तित्व को भी प्रश्नवत् लेते हैं :

सिर नीचा कर जिसकी सत्ता, सब करते स्वीकार यहाँ,
सदा मौन हो प्रवचन करते, जिसका वह अस्तित्व कहाँ?

इसी प्रकार वे 'सत्य' को भी प्रश्नवाचक ही लेते हैं :

और सत्य? यह एक शब्द तू कितना गहन हुआ है?

अविश्वास और नास्तिकता के पहलू को विकीर्ण करने के उपरान्त जैनेन्द्र जी उन्हें जीवन के प्रति आस्था और स्वीकृति का भाव भरनेवाला रचनाकार ठहराते हुए लिखते हैं : "नकार और निषेध को लेकर उठनेवाले दर्शनों का उन्होंने प्राणपण से निराकरण किया और इस दर्शन को प्रतिष्ठित करना चाहा, जो जीवन के प्रति निरपवाद स्वीकृति का निमंत्रण देता है।"

कदाचित् इसी कारण डॉ. नामवर सिंह ने प्रसाद जी को 'देह और गेह' का कवि कहा है। जीवन और अस्तित्व के प्रति निर्विवाद स्वीकृति का यह भाव 'कामायनी' में पूरी प्रगल्भता के साथ उभरा है, जहाँ मनु को सम्पूर्ण सृष्टि में जीवन का उल्लासपूर्ण लास्य दिखलाई पड़ता है :

'जीवन! जीवन!' की पुकार है, खेल रहा है शीतल दाह,
किसके चरणों में नत होता नव प्रभात का शुभ उत्साह।
मैं हूँ यह वरदान सदृश क्यों लगा गूँजने कानों में,
मैं भी कहने लगा, 'मै रहूँ' शाश्वत नभ के गानों में।

हिन्दी कविता में अस्तित्ववाद का यह पहला उदाहरण है। जैसे ही मनु जीवन के अनन्त रमणीय अस्तित्व का अनुभव करते हैं, उनके प्राणों के भीतर-ही-भीतर एक गहरा उन्मेष होने लगता है। उन्हें पहली बार जीवन की लालसा इतनी प्रखर और विलासमयी प्रतीत होती है। जिजीविषा के इस विस्फोट के बाद ही उनकी जीवनचर्या आरम्भ होती है और वह जीवन की अनन्त रमणीयता का अनुभव करते हुए जीवित रहने का संकल्प लेते हैं। आगे चलकर प्रसाद जी श्रद्धा द्वारा निराश मनु के हृदय में नवीन आशा का संचार करते हैं और तपस्या एवं साधना की तुलना में जीवन की निरपवाद स्वीकृति को वरीयता देते हुए मंगलाशा प्रकट करते हैं :

तप नहीं केवल जीवन सत्य, करुण यह क्षणिक दीन अवसाद।
तरल आकांक्षा से है भरा सो रहा आशा का आह्लाद॥

परम बौद्धिक सर्जक प्रसाद की श्रद्धा और इड़ा के तनाव और उसकी परस्पर निर्भरता की सटीक पहचान करते हुए जैनेन्द्र जी ने आगे लिखा : "उनकी अतिशय सप्रश्नता, प्रखर बौद्धिकता, जैसाकि अनिवार्य है, उन्हें उस जगह तक ले गई, जहाँ बुद्धि पर टिका रहना व्यक्ति के लिए सम्भव नहीं रहता—अपनी परिपक्व परिणति में बुद्धि यह दिखाए बिना नहीं रह सकती कि वह अपर्याप्त है और श्रद्धा में ही पूरी हो सकती है—इसका आशय यह न समझा जाए कि मेरी पहली स्थापना सदोष है। बल्कि यही कि श्रद्धा की स्वीकृति उन्हें बुद्धि द्वारा हो सकी है। जैसे बुद्धि माध्यम है, श्रद्धा बिना उसके अगम है" ('ये और वे', 1954)।

कहने की ज़रूरत नहीं कि प्रसाद एवं 'कामायनी' के सन्दर्भ में जैनेन्द्र जी की यह स्थापना बेहद सटीक, मार्मिक एवं अन्तर्दृष्टि-सम्पन्न है। 'कामायनी' के इस पक्ष का प्रभाव स्वयं जैनेन्द्र पर भी कम नहीं रहा है। इस सन्दर्भ में डॉ. रमेशचन्द्र शाह ने ठीक ही लिखा है : "प्रसाद के सन्दर्भ में जैनेन्द्र ने बुद्धि की भी एक विधायक भूमिका पहचानी थी और कहा था कि अपनी परिपक्व परिणति में बुद्धि श्रद्धा तक पहुँचाए बिना नहीं रुक सकती। क्या इससे यह निष्कर्ष निकलता है कि स्वयं बुद्धि के विकास में भी प्रेम का योग आवश्यक है, उसे परिपक्व परिणति तक पहुँचाने के लिए? और संशय तथा प्रश्नाकुलता भी कहीं-न-कहीं प्रेम के ही अनिवार्य अंग हैं? वैसे भी संशय अगर मोह की उपज है तो प्रेम में भी मोह की अवस्थाएँ निहित होती हैं—जैनेन्द्र जी की भी तो अक्सर बुद्धि पर, उसी बुद्धि की परिपक्व परिणति पर यह आस्था कैसे जम पाती कि वह श्रद्धा को निगल नहीं जाएगी, बल्कि श्रद्धा तक पहुँचाने की सीढ़ी बन जाएगी" ('सबद निरन्तर', पृ. 60)।

इस तरह जैनेन्द्र जी के रचनाकार की मनोभूमिका पर प्रसाद और 'कामायनी' का बड़ा गहरा प्रभाव है। उनकी कथा-यात्रा अन्तर्द्वंद्व और मनोवैज्ञानिक विवेचन के लिए किस हद तक प्रसाद की ऋणी है, इसे स्वतः समझा जा सकता है। प्रसाद

की कहानी 'विजया' के भीतर जो संकेत है, वह 'त्यागपत्र' की दिशा में बढ़ता हुआ चरण है। इस तरह जैनेन्द्र जी प्रसाद से अन्तर्बाह्य, दोनों धरातलों पर प्रभावित रहे हैं।

छायावादोत्तर युग के हर बड़े रचनाकार पर 'कामायनी' का प्रभाव है। रागात्मक प्रगाढ़ता और 'कामायनी' जैसा कामाध्यात्म 'उर्वशी' में नये सिरे से, नये अर्थ में जन्म लेता है। दिनकर के आभ्यन्तर पर 'कामायनी' का बड़ा गहरा प्रभाव रहा है, भले ही उन्होंने 'उर्वशी' की रचना के पहले 'कामायनी : दोष रहित, दूषण सहित' शीर्षक से निबन्ध लिखकर उसके अनेक पक्षों पर अपना मुखर विरोध प्रकट किया हो। 'कामायनी' पर दिनकर द्वारा लगाए गए आक्षेपों में अधिकतर सूक्ष्म घटनाक्रम एवं भाषागत तथा व्याकरणिक त्रुटियों के सम्बन्ध में है। अब उन्हें कौन समझाए कि 'कामायनी' जैसी बहुस्तरीय, गहन एवं सूक्ष्म संकेतगर्भी रचना को स्थूल कथा के धरातल पर समझने का आग्रह करना न्यायसंगत नहीं कहा जा सकता। साथ ही, 'कामायनी' की चित्र-योजना, कल्पनात्मक छवियाँ, संरचनागत जटिलता एवं बिम्बधर्मिता उसकी व्याकरणिक एवं भाषागत त्रुटियों का भली भाँति परिहार कर लेती हैं। इसलिए दिनकर के आरोप निष्प्रभ होकर रह जाते हैं। यहाँ यह भी विचारणीय है कि दिनकर ने 'कामायनी' की भाषागत त्रुटियों को दर्शाने के लिए जो उदाहरण दिये हैं, उनमें से ज़्यादातर 'चिन्ता' और 'आशा सर्ग' से हैं—जो कि 'कामायनी' के आरम्भिक सर्ग हैं। पहली यह कि प्रसाद ने 'कामायनी' के परवर्ती सर्गों में भाषागत त्रुटियों का परिष्कार किया है तथा दूसरी यह कि प्रसाद को 'कामायनी' की रचना-प्रक्रिया के दौरान ही अपनी बीमारी की जानकारी मिल गई थी जिसके कारण 'इड़ा सर्ग' के उपरान्त उनकी भागवत समाधि भंग होती है और वे 'कामायनी' को शीघ्रातिशीघ्र ख़त्म करने का प्रयास करते हैं। अपनी अस्वस्थता के चलते वे 'कामायनी' पूरी करने के उपरान्त उसका पुनः संशोधन नहीं कर सके, जैसाकि उन्होंने 'स्कन्दगुप्त' के 'आह, वेदना मिली विदाई' वाले गीत में स्वयं ही लिख दिया था कि वे उस समय महाकाल से हारी-होड़ लगाए हुए थे :

चढ़कर मेरे जीवन रथ पर
प्रलय चल रहा अपने पथ पर
मैंने निज दुर्बल पद-बल पर
उससे हारी होड़ लगाई।

'कामायनी' का दिनकर पर कितना गहरा प्रभाव है, उसे 'उर्वशी' की भूमिका में भी देखा जा सकता है, जहाँ उन्हें लिखना पड़ा : "मनु और इड़ा तथा पुरूरवा और उर्वशी में, दोनों की कथाएँ एक ही विषय को व्यंजित करती हैं" ('उर्वशी', भूमिका, पृ. ख)। दिनकर की दृष्टि में पुरूरवा द्वंद्वमय सनातन पुरुष और उर्वशी सनातन नारी के प्रतीक हैं। पर पुरूरवा का द्वंद्व काम और मोक्ष के द्वंद्व तक सीमित

होने के कारण 'कामायनी' के 'मनु' के द्वंद्व की तरह व्यापक, सामयिक और आधुनिक नहीं बन पाता है। इस सन्दर्भ में डॉ. बच्चनसिंह ने ठीक ही लिखा है : "पुरूरवा अपनी सामंतीय तथा मध्ययुगीन सीमाओं का कहीं अतिक्रमण नहीं कर सकता है। यह प्रेम न तो सहज है और न सिद्धों-योगियों का युगनद्ध प्रेम। यह एक सशक्त ऐश्वर्य-सम्पन्न सामंत का प्रेम है, जो एक ही राग में भैरवी और विहाग गा लेता है" ('आधुनिक हिन्दी साहित्य का इतिहास', पृ. 226)। इसी तरह प्रसाद की इड़ा में जो प्रखरता, तेजस्विता, पुरुष की पथप्रदर्शिका, आधुनिकता तथा नियमन एवं व्यवस्थापन की क्षमता है, उसकी तुलना में उर्वशी का चरित्र एकांगी, मध्यकालीन एवं निष्प्रभ है। प्रसाद ने श्रद्धा और इड़ा के सौन्दर्य का जो अविकारी, अतीन्द्रिय, अशरीरी, ऐन्द्रजालिक, छविमान चित्र, नख-शिख वर्णन के रूप में बिम्बों के माध्यम से निर्मित किया है, वह अप्रतिम और समस्त हिन्दी काव्य में दुर्लभ है। उसके समक्ष उर्वशी और उसकी सहधर्मिणी अप्सराओं का रूप-वर्णन निष्प्रभ और दोयम दर्जे का है, जहाँ उन्हें सिर्फ़ विशेषणों से नवाजा गया है। यदि उर्वशी रति की मूर्ति तथा रमा की प्रतिमा ही है तो उसके सौन्दर्य की अद्वितीयता क्या है? ऐसी स्थिति में उसका सौन्दर्यशास्त्रीय मूल्य क्या है?

प्रसाद और उनकी 'कामायनी' का सर्वाधिक प्रभाव अज्ञेय एवं उनकी रचनाओं में परिलक्षित होता है। अज्ञेय में प्रसाद के गुणधर्म सबसे ज़्यादा हैं। उन पर प्रसाद का प्रभाव आन्तरिक, लयात्मक और महीन है। वे भले ही प्रसाद को 'विश्वविद्यालयों का कवि' और 'नई सर्जना के लिए अनुपयोगी' बतलाते रहे हों, परन्तु वास्तविकता ठीक इसके विपरीत है। सर्वप्रथम विजयदेव नारायण साही ने 'लघुमानव के बहाने हिन्दी कविता पर एक बहस' शीर्षक निबन्ध में प्रसाद-अज्ञेय के साधर्म्य एवं वैपरीत्य की बात कही। उन्होंने लिखा : "प्रसाद और अज्ञेय की समानता सहसा अचरज में डालती है। वही शालीनता, वही शब्दों की चौकसी, वही आभिजात्य और वही कुछ खुला और कुछ डूबा व्यक्तित्व।...लगता है, वे सारे प्रश्न, सारे अभिप्राय, वे सारे प्रतीक, जो 'कामायनी' में निहित हैं, अज्ञेय के कृतिकार मानस में मँडराते रहते हैं—यद्यपि उनके अर्थ भिन्न हो जाते हैं।" हिन्दी आलोचना अज्ञेय की मनोभूमिका पर प्रसाद के इस प्रभाव का संधान करने में विफल रही है।

अज्ञेय का काव्य-संकलन 'चिन्ता' का प्रकाशन भले ही सन् 1942 ई. में हुआ हो, परन्तु इसकी कविताएँ उनके जेल-प्रवास के दौरान सन् 1932 से 1936 ई. के मध्य लिखी गई। गौरतलब है कि 'कामायनी' का 'चिन्ता सर्ग' 1927 ई. में ही 'सुधा' पत्रिका में छप चुका था, जिससे अज्ञेय परिचित थे। अज्ञेय की 'चिन्ता' और प्रसाद की 'चिन्ता' में ग़ज़ब की समानता है। दोनों एक ही मनोभूमिका की उपज मालूम होती हैं। अज्ञेय की 'चिन्ता' अन्त:स्तल में 'फूट जगानेवाली' है। वह 'अरी हृदय की तृषित हूक-उन्मत्त वासना हाला' करके सम्बोधित की गई है। कवि ने अपनी पुंजीभूत प्रणय-वेदना से जिस तरह 'विश्व क्षेत्र में खो जाने का', 'विस्मृत हो जाने' का आह्वान

किया है, वह 'आँसू' और 'कामायनी' की भावभूमि में आश्चर्यजनक रूप से जुड़ जाता है—अपने आत्मावसाद और आत्मोद्बोधन, दोनों की अभिव्यक्तियों में। इसे 'कामायनी' के 'चिन्ता सर्ग' में हम पढ़ चुके हैं :

ओ चिन्ता की पहली रेखा, अरी विश्व वन की व्याली।
ज्वालामुखी स्फोट के भीषण, प्रथम कम्प सी मतवाली॥

इसी तरह :

विस्मृति आ, अवसाद घेर ले, नीरवते बस चुप कर दे,
चेतनते चल जा, जड़ता से आज शून्य मेरा भर दे।

साथ ही 'चिन्ता' के कवि अज्ञेय ने जिस 'प्राचीन अकथ्य कथा' को, 'आदिम प्रथम पुरुष की प्रणय-कथा' को सुनाना चाहा है, उस कथा को क्या हम 'कामायनी' में भी नहीं सुन आए हैं? क्या 'कामायनी' का कथ्य वही नहीं है? इतने गहरे प्रभाव की अनदेखी कैसे की जा सकती है? इसी प्रकार 'इत्यलम्' संकलन की ये पंक्तियाँ क्या प्रसाद की याद बरबस नहीं दिलाती हैं?

इस सूखी दुनिया में प्रियतम
मुझको और कहाँ रस होगा?
शुभे! तुम्हारी स्मृति के सुख से
प्लावित मेरा मानस होगा।

कवि-आलोचक विजयदेव नारायण साही का अभिमत है : "प्रसाद अनुभूति को दर्शन में घुलानेवाले कवि हैं, जबकि अज्ञेय ने दर्शन को अनुभूति में घुलाने की राह निकाली।...परम्परा की तलाश पुनरावृत्ति में नहीं करनी चाहिए। यदि परम्परा हमेशा परिवर्तन और वैपरीत्य की दिशाओं में फूटती चलती है, तो अज्ञेय आगे के इतिहासकार को प्रसाद की 'परम्परा' में ही दिखाई पड़ेंगे" ('नई कविता', संयुक्तांक, 5-6)।

अज्ञेय काव्य-भाषा की अन्तिम मंज़िल 'मौन' तक की यात्रा मानते हैं। उनकी स्पष्ट घोषणा है कि 'मौन भी अभिव्यंजना' है। उनकी शिखर कविता 'असाध्य वीणा' मौन के दर्शन की अन्तिम परिणति है। डॉ. नामवर सिंह इस मौन की समानता 'कामायनी' के 'मधुरिमा में अपनी ही मौन एक सोया सन्देह महान्' से करते हैं। इस तरह 'कामायनी' के भावबोध का अज्ञेय के बहिरन्तर पर समान रूप से प्रभाव पड़ा है।

अज्ञेय के अतिरिक्त धर्मवीर भारती, नरेश मेहता, वीरेन्द्र कुमार जैन आदि के काव्य की रागात्मकता, रागपरक रहस्य-चेतना, प्रकृति और प्रणय के प्रति

रोमांटिक आवेग और दार्शनिक स्पर्श 'कामायनी' के भावबोध का विकास प्रतीत होता है। 'कामायनी' की चिन्तनशील दार्शनिकता की अंत:ध्वनि कुँवर नारायण की 'आत्मजयी' में बखूबी सुनी जा सकती है। कुँवर नारायण ने स्वयं प्रसाद के सन्दर्भ में लिखा है : "प्रसाद के साहित्य और उनकी साहित्य-साधना से हम आज भी बहुत कुछ सीख सकते हैं। सही मायने में वे एक समर्पित साहित्य-योगी थे।" इन कवियों ने हवा में भले ही प्रसाद और 'कामायनी' का विरोध किया हो, परन्तु उनमें संवेदनगत अनुकूलता बड़ी स्पष्ट है। इसी तरह डॉ. जगदीश गुप्त की ('नाव के पाँव', 1955) निम्नलिखित काव्य-पंक्तियों पर प्रसाद का कितना प्रभाव है, इसे साहित्य का सामान्य विद्यार्थी भी बता सकता है :

नभ-सर में उठती विभा लहर,
जाते मुकुलित दल छहर-छहर
बहता सुगन्ध मधु मुग्ध पवन,
खिल उठता निशि का पंकज वन।

अब इन पंक्तियों को प्रसाद ने 'लहर' संकलन की निम्नलिखित पंक्तियों के साथ मिलाकर देखें तो बात स्वत: सिद्ध हो जाती है :

उठ-उठ री लघु-लघु लोल लहर,
करुणा की अँगड़ाई-सी
मलयानिल की परछाईं-सी
इस सूखे तट पर छिटक-छहर।

प्रसाद और 'कामायनी' को अपना सच्चा उत्तराधिकारी जिस कवि के रूप में मिला, उस कवि का नाम मुक्तिबोध है। बात सुनने में अटपटी लग सकती है, परन्तु है सोलहों आना सच। ऊपर से देखने पर मुक्तिबोध अपने संवेदनात्मक व्यक्तित्व और चिंतन के लिए प्रसाद को अपना प्रेरक और आदर्श मानते हैं।

प्रसाद हिन्दी के सबसे बड़े शक्तिशाली पौरुषवान् कवि माने जाते हैं। वे 'कामायनी' में आत्मविश्वास का दर्शन बनाते हैं और स्वयं ही उसका प्रमाणीकरण भी करते हैं। इस सन्दर्भ में मुक्तिबोध लिखते हैं : "भारतीय जनता ने बहुत आत्मविश्वास, गम्भीर मनोबल तथा मानव-भविष्य में आस्था प्रकट करते हुए मुक्ति संघर्षों की मंजिलें नापने के लिए अपने विराट भुजदंड बढ़ाए। उसके प्रथम आत्मविश्वास की सांस्कृतिक झलक न केवल 'कामायनी' में, वरन् प्रसाद के अन्य साहित्य में भी मिलती है।"

इस तरह प्रसाद के सम्पूर्ण साहित्य में सापेक्ष प्रगतिशीलता एवं सांस्कृतिक राष्ट्रवाद की अनुगूँज सुनाई पड़ती है। 'कामायनी'कार किस हद तक मुक्तिबोध के रचनाकार के साथ अन्तर्भुक्त है, इसकी चर्चा करते हुए डॉ. रामविलास शर्मा ने लिखा है : "प्रसाद की रचना-प्रक्रिया से मुक्तिबोध गहरा तादात्म्य स्थापित करते हैं, अथवा उस पर वे

अपनी रचना-प्रक्रिया आरोपित करते हैं। इस तादात्म्य के कारण वह जिस कवि को आदर्श रूप में देखते हैं, जिसके साँचे में स्वयं को ढालना चाहते हैं, वह जयशंकर प्रसाद हैं।" इस तरह प्रसाद और 'कामायनी' ने मुक्तिबोध के सर्जक को गहराइयों तक उन्मथित किया है और उसके निर्माण में केन्द्रीय भूमिका निभाई है। तभी तो वे अपने अग्रज, तत्त्वदर्शी प्रसाद के व्यक्तित्व, चिन्तन, उनकी विराट चेतना, सृजन-क्षमता और एक रचना के प्रति सत्रह साल तक प्रश्नाकुल रहते हुए उसके सूक्ष्म अन्तर्विरोध तलाशते रहे। आन्तरिक संलग्नता का यह अनूठा उदाहरण है। उन्होंने जिस ज़मीन पर खड़े होकर 'कामायनी' से जिरह की है, उससे 'कामायनी' की प्रासंगिकता को बल मिला है, उसकी आधुनिकता दृष्टिगत हुई है और उसमें निहित विश्व-संदृष्टि विकीर्ण हुई है। आख़िर प्रसाद की प्रतिभा को इतनी सदाशयता के साथ किसने सराहा है : "महान कल्पना-शक्ति, गहन संवेदन-क्षमता और उनसे ग्रस्त न होनेवाली, साथ ही उनमें डूब सकनेवाली, प्रखर विलक्षण बुद्धि प्रसाद जी की प्रतिभा के अंग हैं। कहना न होगा कि मुक्तिबोध प्रसाद की प्रतिभा, 'कामायनी' का काव्य-वैभव, उसकी दार्शनिक गरिमा तथा आधुनिकता से गहराइयों तक अभिभूत हैं। उनकी असहमति केवल उसके समाधान को लेकर है जो कि स्वाभाविक है।

सुप्रसिद्ध मार्क्सवादी आलोचक डॉ. रामविलास शर्मा ने सन् 1952 में प्रकाशित 'साहित्य में लोकजीवन की प्रतिष्ठा और जयशंकर प्रसाद' शीर्षक लेख में आचार्य रामचन्द्र शुक्ल को उद्धृत करते हुए लिखा है : "शुक्ल जी ने 'कामायनी' में गांधीवाद की अनुगूँज नहीं सुनी, जो दबी-सी गूँज उन्हें सुनाई दी, वह वर्गहीन समाज की साम्यवादी पुकार है। जो आलोचक छायावाद को गांधीवाद का प्रतिबिम्ब मानते हैं, उनकी तुलना में शुक्ल जी का दृष्टिकोण अधिक तथ्यपरक है।"

वस्तुतः 'कामायनी' के सन्दर्भ में आचार्य शुक्ल ने चार बातों का ज़िक्र किया है : (1) बुद्धि के अतिरेक का विरोध, (2) विज्ञान और यंत्रों की वृद्धि के प्रति क्षोभ, (3) वर्गहीन समाज की साम्यवादी पुकार और (4) विज्ञान के नये अनुसंधानों का परिचय। यही कारण है कि डॉ. शर्मा ने अपने उक्त लेख में प्रसाद के रहस्यवाद को पहली बार 'भौतिक जीवन के प्रति उनके दृष्टिकोण' के कारण अन्य रहस्यवादियों से अलग किया। 'कामायनी' में प्रकृति को सत्य मानना उनके अनुसार प्रसाद द्वारा दर्शन को यथार्थ भूमिका देना था। वर्ग-संघर्ष की भारतीयता का प्रसाद की स्थापना के रूप में मान्यता देते हुए रामविलास जी ने 'श्रमभाग वर्ग बन गया जिन्हें' जैसे उदाहरण देकर एक तरह से प्रसाद की ओर से स्वयं बयान दिया : "यह संघर्ष विरोधी वर्गों की शान्ति क़ायम करके ख़त्म नहीं किया जा सकता, वरन् शोषण मिटाकर और मानव श्रम को मानव हित के लिए संगठित करके ही दूर किया जा सकता है।" आगे वे ज़ोर देकर कहते हैं : "गांधीवादी वर्ग-शान्ति के विपरीत प्रसाद जी एक ऐसे समाज की कल्पना करते हैं, जहाँ सभी जन समान और स्वतंत्र

हों। उदाहरण के लिए उन्होंने जो पंक्तियाँ दीं, उनमें से कुछ हैं—'सबकी सेवा न परायी, वह अपनी सुख संसृति है।' और—'मानव कह रे यह 'मैं' हूँ/यह विश्वनीड़ बन जाता'।" प्रसाद पर कलावादी होने के आक्षेप को स्पष्ट धार से काटते हुए रामविलास जी सही निर्णय पर पहुँचे हैं कि 'प्रसाद का साहित्य सोद्देश्य है', यह दूसरी बात है कि प्रसाद की सोद्देश्यता अपेक्षाकृत ज़्यादा व्यापक, गहन और तलस्पर्शी है। वे वैश्विक सामरस्य के प्रतिष्ठाता हैं।

डॉ. नामवर सिंह ने 'कामायनी' के प्रतीकों की आधुनिकता का विवेचन करने के उपरान्त लिखा है : " 'कामायनी' में अपने युग-जीवन की जीवन्त समस्याओं का स्पन्दन है। प्रसाद ने अपने युग की वास्तविकता को इतने व्यापक सामाजिक परिवेश में तथा भावना के गहरे स्तरों के साथ चित्रित किया है कि प्रतीकों में युग-युग को रस-मग्न और प्रेरित करने की क्षमता आ गई है। इतने विशाल आधार पर इतने चित्रात्मक ढंग से आधुनिक समाज का संघर्ष किसी हिन्दी काव्य में चित्रित नहीं हुआ है और जहाँ तक मैंने पढ़ा है, अन्य भाषाओं में भी शायद ही कोई ऐसी कविता मिले। इलियट की 'वेस्टलैंड' अत्यधिक व्यंग्यात्मक, प्रसंगगर्भी और प्रतीकात्मक होते हुए भी मानव-विकास के भविष्य की ओर इतना विवेकपूर्ण संकेत नहीं करती।... प्रसाद ने 'कामायनी' में आधुनिक भारतीय सभ्यता के विविध पहलुओं का सजीव चित्रण किया है। इसी मायने में 'कामायनी' भारत की आधुनिक सभ्यता का प्रतिनिधि महाकाव्य है।" इस तरह नामवर जी 'कामायनी' की आधुनिकता और उसके मर्म को उद्घाटित करते हैं।

दूसरी तरफ़ यदि प्रयाग शुक्ल जैसे एकदम नवीनतम पीढ़ी के रचनाकार अपनी कविताओं में सृष्टि एवं प्रकृति की वापसी की बात कर रहे हैं तो हमें यह नहीं भूलना चाहिए कि 'कामायनी' में हम पहले भी प्रलय के उपरान्त सृष्टि एवं प्रकृति की वापसी, उसके अनन्त रमणीय सौन्दर्य का स्फुरण, उसके क्रमागत विकास तथा उसके प्रति कवि-मन की गहरी संलग्नता की बड़ी अद्भुत एवं मनोरम झाँकी देख आए हैं। इसी तरह जब हम हिन्दी आलोचकों पर दृष्टिगत करते हैं तो देखते हैं कि आचार्य शुक्ल रागात्मकता पर बहुत अधिक ज़ोर देते हैं और कविता को भावयोग कहते हैं। क्या उनका हृदयवाद और रागात्मिकावृत्ति प्रकारान्तर से प्रसाद के श्रद्धाभाव की स्वीकृति नहीं है? यदि आचार्य नन्ददुलारे वाजपेयी, डॉ. हजारी प्रसाद द्विवेदी, डॉ. नगेन्द्र, डॉ. रामविलास शर्मा, डॉ. नामवर सिंह, डॉ. रामस्वरूप चतुर्वेदी, डॉ. रमेश कुन्तल 'मेघ', डॉ. प्रेमशंकर, डॉ. इन्द्रनाथ मदान तथा डॉ. प्रभाकर श्रोत्रिय जैसे हर बड़े आलोचक को 'कामायनी' एक सार्थक मुठभेड़ के लिए ललकारती है, उन्हें टकराने के लिए विवश करती है और हिन्दी के हर आलोचक को उससे जूझने में गौरव का अहसास होता है तो यह उसकी गत्यात्मक अर्थवत्ता का स्वयंसिद्ध प्रमाण है।

इसी तरह जब हम 'कामायनी' का विवेचन वर्तमान सन्दर्भ में करते हैं तो वह

पहले से भी ज़्यादा प्रासंगिक, अर्थगर्भी और उपादेय नज़र आने लगती है, क्योंकि 'कामायनी' की यह बात आज हमारे सामने है : 'शस्त्र-यंत्र बन चले न देखा जिसका सपना'। 'कामायनी' आधुनिक युग-सन्दर्भों, जीवन-मूल्यों, परिवर्तित मानों, परम्परा और आधुनिकता के तनावों तथा भौतिक-वैज्ञानिक संस्कृति की तमाम जटिलताओं का समाहार करनेवाली एक विराट सृष्टि है जिसमें आधुनिक समाज के संघर्ष का बहुस्तरीय चित्रण एक विशाल फलक पर अत्यन्त चित्रात्मकता के साथ हुआ है। आधुनिक मनुष्य की विविध जीवन-स्थितियों, संकल्पों, संघर्षों एवं उपलब्धियों के साथ-साथ विडम्बनाओं को समीकृत रूप में प्रस्तुत करने की असाधारण क्षमता के कारण ही 'कामायनी' हिन्दी की सबसे आधुनिक रचना बनी हुई है। आख़िर, वर्तमान सभ्यता की विसंगतियों पर इससे प्रखर काव्यात्मक आक्रमण किस भाषा-साहित्य में उपलब्ध हैं :

यह अभिनव मानव प्रजा सृष्टि,
द्वयता में लगी निरन्तर ही वर्णों की करती रहे वृष्टि।
अनजान समस्याएँ गढ़ती रचती हों अपनी ही विनष्टि॥
कोलाहल कलह अनन्त चले, एकता नष्ट हो बढ़े भेद।
अभिलषित वस्तु तो दूर रहे, हाँ मिले अनिच्छित दुखद खेद॥
हृदयों का हो आवरण सदा अपने वक्षस्थल की जड़ता।
पहचान सकेंगे नहीं परस्पर चले विश्व गिरता-पड़ता॥
सब कुछ भी हो यदि पास भरा पर दूर रहेगी सदा तुष्टि।
दुख देगी यह संकुचित दृष्टि॥

कहने की ज़रूरत नहीं कि इस गीति में प्रसाद-युगीन समाज और सभ्यता की तुलना में तथाकथित उत्तर-आधुनिक वर्तमान सभ्यता पर अपेक्षाकृत ज़्यादा सटीक टिप्पणी की गई है। यह 'कामायनी' कार के द्रष्टा व्यक्तित्व का प्रतिफलन है। आज जब मस्तिष्क और हृदय का विरोध-भाव बढ़ता जा रहा है, इच्छा-क्रिया-ज्ञान के बीच के असन्तुलन का पाट चौड़ा होता जा रहा है और चारों तरफ़ विघटनकारी और मानवता-विरोधी तत्त्व सक्रिय हैं तो 'कामायनी' का स्मरण होना स्वाभाविक है। विश्व बाजारवाद; वैश्वीकरण आर्थिक उदारीकरण तथा खुलेपन की संस्कृति के इस दौर में जहाँ प्रतिस्पर्धा तेज़ हो रही है तो 'कामायनी' की निम्न पंक्तियाँ मानो इस युग का मूलमंत्र सिद्ध हो रही हैं :

स्पर्धा में जो उत्तम ठहरें वे रह जावें।

तथा :

यह नीड़ मनोहर कृतियों का यह विश्व-कर्म रंगस्थल है।
है परम्परा लग रही यहाँ, ठहरा जिसमें जितना बल है॥

उत्तर-आधुनिकता और सूचना-प्रौद्योगिकी के वर्तमान दौर में जिस वैश्वीकरण और विश्वग्राम की स्थापना की बात हो रही है, क्या 'कामायनी' की परिणति उसी में नहीं हुई है? जहाँ पर विश्व एक परिवार की तरह है और 'सर्वे भवन्तु सुखिनः' की विराट कामना है। यह सूचना तंत्र के कृत्रिम जुड़ाव के रूप में न होकर आत्मिक और मानसिक स्तर पर अंगांगि-भाव का गहन तादात्म्य है जिसके कारण यह विश्व चिति का ही विराट वपु है, जो मंगलमय है, सदैव सत्य है, चिर सुन्दर है :

हम अन्य न और कुटुम्बी, हम केवल एक हमीं हैं।
तुम सब मेरे अवयव हो, जिसमें कुछ नहीं कमी है॥

और यह भी कि :

अपने सुख-दुख से पुलकित, यह मूर्त विश्व सचराचर।
चिति का विराट वपु मंगल, यह सत्य सतत चिर सुन्दर॥

आज जब पर्यावरणीय और प्राकृतिक समस्याएँ समूची मनुष्यता के लिए ख़तरा बनती जा रही हैं और नित्यप्रति प्राकृतिक आपदाओं को निमंत्रण दे रही हैं तो यह बात ज़्यादा अच्छे ढंग से समझ में आती है कि प्रकृति देवताओं के अतिचार के प्रति क्यों क्रुद्ध हुई? उसने रौद्र रूप धारण कर महाविध्वंस का ताडंव क्यों किया? उसकी प्रतिक्रिया के रूप में प्रलय क्यों हुआ? प्रसाद की चिन्ता इस दिशा में कितनी जायज है? इस दृष्टि से वे पहले सचेत रचनाकार हैं जिन्होंने 'कामायनी' के प्रणयन द्वारा यह बताया है कि प्रकृति शोषण और अतिचार के अतिरेक के विरुद्ध प्रतिक्रिया करती है जिसकी चरम परिणति ही महाप्रलय है। अतः प्राकृतिक शोषण और पर्यावरणीय असन्तुलन के प्रति बेहद संजीदा होने की ज़रूरत है। इस सन्दर्भ में प्रसाद की चिन्ता का आलम यह है कि आज देवीप्रसाद मिश्र और बोधिसत्त्व समेत नई पीढ़ी के कवि भी सभ्यता और समाज के विडम्बनात्मक स्थितियों से दो-चार होने की कोशिश कर रहे हैं। यदि देवीप्रसाद मिश्र सरस्वती नदी की विलुप्तता के द्वारा अपनी पर्यावरणीय चिन्ता को प्रकट करते हैं तो बोधिसत्व की 'यह पृथ्वी' कविता प्रकृति और मनुष्य के आदिम सम्बन्ध की पुनःप्रतिष्ठा करने के साथ-साथ मानवीय सभ्यता की विकास-कथा भी कहती है। अभी आनन्दसिंह की महाकविता 'अथर्वाः मैं वही वन हूँ' प्रकाशित हुई है जिसमें समूची भारतीय ज्ञान-परम्परा के साथ 'कामायनी' का भी प्रभाव देखा जा सकता है। यह प्रकारान्तर से 'कामायनी' के प्रभाव-सन्दर्भ का सम्यक् विस्तार प्रतीत होता है। इसी तरह वर्तमान युग का हर व्यक्ति स्वार्थ एवं महत्त्वाकांक्षा की अंधी दौड़ में शामिल है। वह दूसरों के सुख की क़ीमत पर अपने सुख का विस्तार कर रहा है और 'शार्टकट' तरीक़े अपनाकर रातोंरात धनवान बनने का सपना देख रहा है। ऐसी स्थिति में जब भौतिकवादी

सभ्यता और उपभोक्तावादी संस्कृति की विसंगतियाँ बढ़ रही हैं तथा हार्दिकता का क्षरण हो रहा है तो 'कामायनी' की निम्न पंक्तियाँ और भी ज़्यादा समसामयिक और व्यंजक लगने लगती हैं :

अपने में भर सब कुछ कैसे, व्यक्ति विकास करेगा?
यह एकान्त स्वार्थ भीषण है, अपना नाश करेगा!
औरों को हँसो देखो मनु, हँसो और सुख पाओ,
अपने सुख को विस्तृत कर लो, सबको सुखी बनाओ।

अभी जब कुछ समय पहले फिलीपींस के एक विकृत बुद्धिजीवी ने 'I Love you' नामक कम्प्यूटर वायरस पूरी दुनिया के कम्प्यूटरों में भेजकर उनकी प्रणालियाँ ठप्प कर दीं, हज़ारों करोड़ डॉलर का नुकसान कर दिया और पेंटागन की कम्प्यूटर प्रणालियों में घुसपैठ करने में कामयाब हो गया, तो सारा संसार सकते में आ गया और मनुष्यता के समक्ष अस्तित्व का संकट उत्पन्न हो गया। आज जब साइबर युद्ध और अदृश्य लेज़र युद्ध वास्तविकता बन गया है तब 'कामायनी' के आन्तरिक सामंजस्य का सिद्धान्त कितना उपयोगी है, यह कहने की ज़रूरत नहीं। क्या ऐसी स्थिति में फिर से यह बताने की चीज़ है कि प्रसाद ने बुद्धि के साथ श्रद्धा के समायोजन पर ज़ोर क्यों दिया था? क्या आज भी हमारे पास 'कामायनी' के सामरस्य से बेहतर विकल्प है? क्या मानव-चेतना और मनुष्यता के विकास तथा उसके भविष्य के प्रति आश्वस्त करनेवाली इससे बेहतर काव्यकृति विश्व-समुदाय के पास है? मेरा मानना है कि जब-जब मनुष्य एकाकीपन, बौद्धिक छटपटापहट, मानसिक रिक्तता और ख़ालीपन का अनुभव करेगा, तब-तब उसे मानसिक एवं संवेदनात्मक ख़ुराक के लिए 'कामायनी' के पास जाना पड़ेगा, क्योंकि 'कामायनी' इस अर्थ में भी असाधारण कृति है कि वह पाठक को संवेदना का भरपूर देने के उपरान्त ही उसे चिन्तन-मनन एवं दर्शन की उच्चतर भावभूमि पर ले जाती है। इस तरह 'कामायनी' की गत्यात्मक और सर्जनात्मक ऊर्जा उसे एक सार्वभौम-शाश्वत कृति बनाए रखने के लिए निरन्तर सतर्क एवं सजग है। उसका प्रभाव-सन्दर्भ लगातार बढ़ता जा रहा है।

प्रसाद परम्परा के कवि-आलोचक मुक्तिबोध

गजानन माधव 'मुक्तिबोध' नई कविता के शिखर कवियों में से हैं। आप केवल कवि-आलोचक ही नहीं बल्कि कथाकार और संस्कृति-चेता भी हैं। आप अपने प्रशस्त रूप में एक व्यक्तित्व हैं। निराला और पंत का बदलना तथा प्रसाद और मुक्तिबोध का न बदलना भी चिन्तनीय है। आप बतौर लेखक सदैव उठते रहे। जयशंकर प्रसाद की तरह आप भी कम समय में उपलब्धियों के बड़े शिखर पार करते हैं। आपने प्रसाद के अलावा पंत, दिनकर की 'उर्वशी', सुभद्रा कुमारी चौहान तथा शमशेर पर लिखा। लेकिन निराला पर नहीं लिखा। आपकी मूल भूमि भले ही मार्क्सवादी है परन्तु आपके आभ्यन्तर पर जयशंकर प्रसाद की आत्मा छाई हुई है। आपकी जटिल संवेदना और मानसिक संघटन को समझना ज़रूरी है जोकि प्रसाद जैसा ही है। जिस तरह प्रसाद को कोई विदेशी विचारधारा नियंत्रित नहीं कर सकी, उसी तरह मुक्तिबोध भी प्रतिबद्ध न होकर स्वतंत्र व्यक्तित्व-सम्पन्न लेखक हैं। आप रचनाधर्मिता को जीवन से जोड़ते हैं। इनके व्यक्तित्व की अनेक छवियाँ हैं जिनमें छायावाद, प्रगतिवाद, प्रयोगवाद, नई कविता, मार्क्सवाद इत्यादि का समाहार है। मुक्तिबोध के अनुसार कविता एक सांस्कृतिक प्रक्रिया है। प्रसाद की भाँति उनके लिए वह आत्मिक प्रक्रिया है। वह संस्कार की प्रक्रिया है जिसमें हृदय-बुद्धि का साथ-साथ विकास होता है। कविता कवि संस्कार से पैदा होकर पाठकीय रुचि का भी संस्कार करती है। आपने जीवनानुभूति और काव्यानुभूति को एक माना। इन्होंने नई कविता को सही परिप्रेक्ष्य में समझने के लिए आधारभूत सैद्धान्तिकी उपलब्ध कराई। आपने कविता के माध्यम से यह प्रतिमान निर्मित किया है कि विश्व समस्या को व्यक्ति समस्या के रूप में चित्रित किया जाए। लेकिन इनका ध्यान विश्व-समस्या के चित्रण पर ही रहा है। जिस तरह प्रसाद 'कामायनी' में विश्व-स्तरीय समस्याओं का चित्रांकन करते हैं, उसी तरह मुक्तिबोध भी वैश्विक समस्याओं के प्रति अपनी सजगता का परिचय देते हैं। आपने नई कविता के उस सौन्दर्यशास्त्र के विरुद्ध संघर्ष किया जिसमें केवल संवेदात्मक प्रतिक्रियाओं की कविता लिखी जा रही थी। मुक्तिबोध ने व्यक्तिगत पीड़ाओं के बजाय सार्वजनिक पीड़ाओं के चित्रांकन का आदर्श उपलब्ध कराया। जीवन के साथ सौन्दर्य के सम्बन्ध पर आपका विशेष

आग्रह था, लेकिन यथार्थ के नाम पर कविता को इतिवृत्त बनाने की जगह उन्होंने उसमें कल्पना और फंटैसी के यथोचित महत्त्व का प्रतिपादन किया। मुक्तिबोध का चिन्तन एक रचनाकार का चिन्तन है जो जीवन-प्रक्रिया से इस धरातल पर अनुस्यूत है कि उसको पृथक् नहीं किया जा सकता। आप आत्मसंघर्ष के कवि माने जाते हैं। महाकाव्य की पीड़ा को लेकर विकल रचनाकार थे।

प्रयोगवाद के उपरान्त काव्य-चिन्तन के क्षेत्र में नई कविता का स्थान स्पष्ट और महत्त्वपूर्ण है। मुक्तिबोध नई कविता का आत्मसंघर्ष लिखकर यह बताने का प्रयास करते हैं कि उनका आत्मसंघर्ष पूरे मध्य वर्ग का संघर्ष है। इन्होंने वर्ग संघर्ष की द्वंद्वात्मकता को यथार्थ-बोध से जोड़ा है और युग-बोध में निहित व्यापक सत्य को ग्रहण करने का प्रयास किया है। नई कविता के आत्मसंघर्ष में मुक्तिबोध का आत्मसंघर्ष दुर्निवार रूप से जुड़ा है। इन्होंने स्वयं यह स्पष्ट किया है कि नई कविता को तीन क्षेत्रों में एक साथ संघर्ष करना पड़ रहा है। इनके अनुसार नये कवि के संघर्ष में स्वत्व के लिए संघर्ष, अभिव्यक्ति को सक्षम बनाने के लिए संघर्ष तथा दृष्टि विकास के लिए संघर्ष का समावेश है। मुक्तिबोध का मानना है कि जो अनुभव हम उठाते हैं, वे हमारे संवेदन से टकराते हैं। संवेदन से भाव जाग्रत होते हैं तथा घुलते हुए 'फैंटेंसी' का रूप धारण करते हुए अभिव्यक्ति के क्षण में प्रकट होते हैं। इस तरह संवेदन बोधगम्यता से पुष्ट होकर एक विशिष्ट क्षण में अभिव्यक्त हो जाता है जो प्रकारान्तर से हमारे संस्कारों की अभिव्यक्ति है। मुक्तिबोध का कवि संवेदनात्मक ज्ञान और ज्ञानात्मक संवेदना से परिपुष्ट रहा है। इनका मानना था कि ज्ञान पक्ष की संवेदना से हटकर उसकी उपयोगिता सम्भव नहीं है। मुक्तिबोध भारतीय समाज की जटिलता और संघर्षों से गहराइयों तक परिचित थे। फलतः इन्होंने अपने समय के परिस्थितियों और जीवन-मूल्यों में आ रहे बदलावों का व्यापक अनुभव किया था।

मुक्तिबोध प्रसाद-परम्परा के कवि-आलोचक हैं। ऊपर से देखने पर मार्क्सवाद में आस्था रखनेवाले मुक्तिबोध भले ही वैचारिक स्तर पर प्रसाद से विपरीत दिशा में जाते हुए दिखें, परन्तु उनके आभ्यन्तर, उनके अन्तर्जगत, उनकी संवेदनात्मक जटिलता, बौद्धिक प्रखरता एवं मानसिक बुनावट में घनीभूत एकरूपता परिलक्षित होती है। इस सन्दर्भ में मुक्तिबोध के आत्मीय कवि त्रिलोचन शास्त्री की यह उद्घोषणा कि "मुक्तिबोध ने प्रसाद को बड़ी गहराई से पढ़ा था; उनकी रचना पर भी प्रसाद चुनौती के रूप में स्थापित हैं। प्रसाद की रचना है 'लहर' जिसमें एक कविता है 'प्रलय की छाया'। उसमें अनेक संध्याओं का वर्णन है। मुक्तिबोध ने भी 'अँधेरे में' की कविताओं में अनेक अँधेरों का वर्णन किया है, लेकिन सब सोच न पाएँगे कि वह प्रसाद के ही स्कूल से निकला था ('वर्तमान जनगाथा', 1994)।

कवि त्रिलोचन की उक्त बात साहित्यिक परम्परा को समझने की दिशा में एक सार्थक पहल है। मुक्तिबोध की ऐसी अनेक कविताएँ हैं जिन पर प्रसाद का जादू सिर चढ़कर बोलता है। ऐसी ही एक कविता है 'ब्रह्मराक्षस' जिसकी अनेक पंक्तियों को

पढ़कर ऐसा प्रतीत होता है मानो मुक्तिबोध के शब्दों में स्वयं प्रसाद बोल रहे हों। इस दृष्टि से प्रस्तुत पंक्तियाँ विचारणीय बन पड़ी हैं :

व्यक्तित्व वह कोमल स्फटिक प्रासाद-सा
प्रासाद में जीना
व जीने की अकेली सीढ़ियाँ
चढ़ना बहुत मुश्किल रहा।
वे भाव-संगत तर्क-संगत
कार्य सामंजस्य-योजित
समीकरणों के गणित की सीढ़ियाँ
हम छोड़ दें उसके लिए।
उस भाव-तर्क व कार्य-सामंजस्य-योजन
शोध में
सब पंडितों, सब चिन्तकों के पास
वह गुरु प्राप्त करने के लिए
भटका।

क्या 'कामायनी' जिस इच्छा-क्रिया-ज्ञान के सामंजस्य को लेकर संकल्पित है, यहाँ मुक्तिबोध का 'ब्रह्मराक्षस' उसी भाव-संगत, तर्क-संगत कार्य सामंजस्य योजित समीकरणों की तलाश में नहीं भटक रहा है? कहीं ऐसा तो नहीं कि 'ब्रह्मराक्षस' जयशंकर प्रसाद का प्रतीक रहा हो और स्वयं मुक्तिबोध उसके शिष्य बनने के आकांक्षी रहे हों, क्योंकि प्रसाद की बेचैन आत्मा के सम्बन्ध में मुक्तिबोध ने लगभग ऐसी बात 'कामायनी : एक पुनर्विचार' पुस्तक में कही है। वे लिखते हैं : "प्रसाद जी में विश्व के महत्तम कलाकार के सभी गुण विद्यमान हैं।...प्रसाद जी का मूल व्यक्तित्व और उसकी शक्तियाँ गत्यात्मक हैं, वे कुछ करना, पाना, घटित करना, विकसित करना और प्रवर्धित करना चाहती हैं। वे कुछ खोज करना, सिद्ध करना और स्थापित करना चाहती हैं। प्रसाद जी आत्मा जीवन के विविध क्षेत्रों में जीवन की विवध स्थितियों में भटकती रहती है, प्यासी-प्यासी। इतनी भटकन, इतना व्यापक पर्यटन, इतनी विस्तृत, विविध और प्रदीर्घ यात्रा हिन्दी में किसी और लेखक ने नहीं की। प्रसाद जी एक साथ कवि, दार्शनिक, जीवन-चिन्तक, नाटककार, उपन्यासकार, कहानीकार, निबन्ध-लेखक, अनुसंधानकर्ता तथा विद्वान थे। अतीत और वर्तमान के, उत्कर्ष और अध:पतन के, अत्यन्त आत्मीय क्षणों और ऐतिहासिक पलों की बाह्य जीवन स्थितियों तथा आन्तरिक मन:स्थितियों के जो चित्र और चित्रों का वैविध्य उन्होंने उपस्थित किया है, वह अन्यत्र दुर्लभ है। यदि प्रसाद जी अनुभव-सम्पन्न अनुभूति-प्रवण व्यक्ति थे तो, दूसरी ओर वे बड़े तजर्बेकार आदमी थे। उनकी चिन्तनप्रधान बुद्धि वर्तमान सामाजिक और ऐतिहासिक वास्तविकताओं में समान रूप से गतिमान थी। वे यदि एक और गहन रूप से आत्म चेतस थे तो नि:सन्देह दूसरी ओर विश्वचेतस भी। आत्मचेतना के अतिरिक्त

उनकी विश्व-चेतना अत्यन्त प्रबल थी। वे अपने काल के विश्व-जीवन के प्रति जाग्रत थे—इतने कि उस विश्व-जीवन के सम्बन्ध में उनका चिन्तन निरन्तर सक्रिय था।"

मुक्तिबोध का 'ब्रह्मराक्षस' भी आत्मचेतस और विश्वचेतस है। यदि वह जयशंकर प्रसाद नहीं है तो उपर्युक्त बातें उस पर कैसे घटित हो सकती हैं?

आत्मचेतस किन्तु इस
व्यक्तित्व में थी प्राणमय अनबन...
विश्वचेतस बे-बनाव
महत्ता के चरण में था
विषादाकुल मन।
मेरा उसी से उन दिनों होता मिलन यदि
तो व्यथा उसकी स्वयं जीकर
बताता मैं उसे उसका स्वयं का मूल्य
उसकी महत्ता।

आखिर इससे बढ़कर दूसरी समानता और क्या हो सकती है?

निश्चय ही ये बातें प्रसाद के सन्दर्भ में हैं। मुक्तिबोध प्रसाद से मिलकर उन्हें उनकी विलक्षण प्रतिभा से परिचित कराकर उनकी सम्भावनाओं का विशदन करना चाहते थे। उसे ठोस यथार्थ से जोड़ना चाहते थे। इस सन्दर्भ में मुक्तिबोध लिखते हैं : "प्रसाद की दार्शनिक ज्ञान-व्यवस्था ऐसी थी जो वर्तमान सभ्यता की विषमताएँ कम करने का उपाय तो बताती थीं, किन्तु आमूल क्रान्तिकारी परिवर्तन का ध्येय नहीं रख सकती थीं।" इस ध्येय को जोड़ने से उस ज्ञान-व्यवस्था का विकास होगा। मुक्तिबोध यही करना चाहते थे, प्रसाद-रूपी ब्रह्मराक्षस का शिष्य बनकर, परन्तु उसके पहले ही प्रसाद जी का देहावसान हो गया। फलतः उनका स्वप्न भी टूट गया।

वह ज्योति अनजानी सदा को सो गई
यह क्यों हुआ?
क्यों यह हुआ?
मैं ब्रह्मराक्षस का सजल-उर शिष्य
होना चाहता
जिससे कि उसका वह अधूरा कार्य
उसकी वेदना का स्रोत
संगत, पूर्ण निष्कर्षों तलक पहुँचा सकूँ।

निश्चय ही यह प्रसाद जी को मुक्तिबोध की हार्दिक श्रद्धांजलि है, तभी तो उनका हृदय इस कदर उमड़ पड़ा है। 'ब्रह्मराक्षस' कविता का प्रतीकार्थ इस रूप में लेने से अर्थ की परतें स्वतः खुलने लगती हैं और उसे अभिनव अर्थदीप्ति तथा

विलक्षण अर्थच्छटा प्राप्त हो जाती है। इसे हिन्दी आलोचना की विडम्बना ही कहा जाएगा कि वह मुक्तिबोध की कविताओं के सही प्रतीकार्थ नहीं निकाल सकी। दूसरी तरफ यदि मुक्तिबोध 'कामायनी' को विराट फंतासी और जयशंकर प्रसाद को महान फंतासिक कवि बतलाते हैं तो वे स्वयं भी फंतासी के अच्छे कवि हैं। इस दृष्टि से भी 'ब्रह्मराक्षस' के उपर्युक्त प्रतीक पुष्ट होते हैं। प्रसाद मुक्तिबोध के प्रिय कवि हैं, तभी तो उन्होंने 'कामायनी' पर सम्पूर्ण पुस्तक लिखी और उससे बीस साल तक जूझते रहे। इस सन्दर्भ में डॉ. रामविलास शर्मा ने ठीक ही लिखा है : "प्रसाद के प्रति उनके प्रबल आकर्षण का कारण यह था कि उनकी समझ में प्रसाद का दार्शनिक चिन्तन उनके जीवन के अनुभवों पर आधारित था और इस चिन्तन को काव्यरूप देने में भारत के ही दो महाकवि सफल हुए थे—मराठी में संत ज्ञानेश्वर और हिन्दी में जयशंकर प्रसाद।" यही कारण है कि मुक्तिबोध 'कामायनी' के दर्शन की मुक्त कंठ से प्रशंसा करते हैं और उसे निर्दोष तथा गतिशील ठहराते हैं। वे लिखते हैं : "उनका दर्शन जीवन समस्याओं के अनवरत चिन्तन के फलस्वरूप है। अतएव वह जीवन समस्याओं के निराकरण के रूप में प्रस्तुत हुआ है। उस दर्शन में, उस दर्शन के चित्रण में कोई दोष नहीं है। उसमें आडम्बर नहीं है। उसमें दार्शनिक दम्भ नहीं है। और बहुत-से स्थानों पर आधुनिक सभ्यता की कुछ मूल विषमताओं पर कठोर और प्रखर काव्यात्मक आक्रमण है। संक्षेप में प्रसाद जी की दार्शनिक अनुभूति उनकी भावना के नेत्र हैं।" मुक्तिबोध की दृष्टि में 'कामायनी' अथवा श्रद्धा जीवन के वास्तविक निर्माणात्मक पक्ष का सन्देश लेकर आई है। इस तरह वे श्रद्धा की विधायक भूमिका को स्वीकार करते हैं।

मुक्तिबोध की व्यावहारिक समीक्षा उस समय अपने प्रकर्ष पर पहुँच जाती है जब वे 'कामायनी' और 'उर्वशी' के दर्शन पर तुलनात्मक ढंग से टिप्पणी करते हैं। आपने लिखा है : " 'कामायनी' अपनी काव्यात्मकता के लिए जीवन-समस्याओं के काव्यात्मक चित्रण के लिए हमेशा प्रसिद्ध रहेगी। उसमें उत्कृष्ट काव्यात्मकता है। 'उर्वशी का दर्शन' वस्तुतः कामात्मक संवेदनाओं की आध्यात्मिक परिणति के द्योतन के लिए उपस्थित एक दार्शनिक आडम्बर है।"

इस तरह मुक्तिबोध की व्यावहारिक समीक्षाएँ भी अतिशय महत्त्वपूर्ण हैं जो इनके आलोचना कर्म को तार्किक परिणति प्रदान करती हैं। उन्होंने 'कामायनी' की समकक्षता से 'उर्वशी' को बहुत दूर माना। यह उनके निडर समीक्षक होने का स्वयंसिद्ध प्रमाण है।

सारांश यह है कि गजानन माधव मुक्तिबोध केवल नई कविता के शीर्षस्थ कवियों में से ही नहीं हैं अपितु एक प्रखर सिद्धान्तशास्त्री और गम्भीर आलोचक भी हैं। आप एक विलक्षण आलोचना शक्ति के धनी कवि हैं। इन्होंने भले ही अपने आलोचना कर्म

का आरम्भ व्यावहारिक समीक्षाओं के रूप में किया परन्तु उसे चरम परिणति तक पहुँचाने के लिए सैद्धान्तिक चिन्तन का आश्रय लिया। आपके सिद्धान्त-निरूपण में आपकी विश्व-दृष्टि, काव्य-स्वरूप, सत- चित वेदना का प्रादर्श, ज्ञानात्मक संवेदना और संवेदनात्मक ज्ञान, काव्य की रचना-प्रक्रिया, नये साहित्य के सौन्दर्यशास्त्र के प्रतिमान की निर्मिति तथा सभ्यता समीक्षा का समावेश है। आपने रचना के निष्पत्ति के वास्तविक कारणों की समझ, उसका कलात्मक प्रभाव, रचना की अन्त:प्रकृति तथा ज्ञानात्मक संवेदना और संवेदनात्मक ज्ञान के रूप में अपने आलोचनात्मक प्रतिमान निर्मित किये हैं। यही कारण है कि आप मूल कृति की उन सम्भावनाओं एवं अर्थ-सन्दर्भों का उद्‌घाटन करते हैं जो रचना से जुड़कर भावी रचनात्मक क्षमता का उन्मेष करती है। यह कृति के मर्म तक पहुँचने का वैज्ञानिक माध्यम है। संक्षेप में मुक्तिबोध के काव्य-चिन्तन के सदुपयोग द्वारा हिन्दी के स्वायत्त काव्यशास्त्र के भव्य व्यक्तित्व का प्रासाद निर्मित किया जा सकता है। इन्हें प्रसाद-परम्परा के कवि-आलोचक के रूप में विश्लेषित करने से अनेक कठिन सन्दर्भों को समझने में सहूलियत होती है।

हिन्दी का प्रथम पद्य नाटक : करुणालय

जयशंकर प्रसाद हमारे समक्ष एक बहुआयामी साहित्यकार के रूप में आते हैं। इनका साहित्य गुण और परिमाण, दोनों ही दृष्टियों से अतिशय उत्कृष्ट तथा विपुल है। उसने इन्हें जिस गहनतर एवं उच्चतर भावभूमि पर स्थापित किया है, वहाँ पर वे डिगाने से डिगनेवाले नहीं हैं, हिलाने से हिलनेवाले नहीं हैं। वे सभी चीजों को प्रश्नवत् लेने का अपार साहस लेकर अवतीर्ण हुए थे। उनमें कवित्व और सर्जना की अपरम्पार शक्ति थी। इतिहास एवं पुराण पर उनकी जबर्दस्त पकड़ थी। वे प्रतिभा के क्षेत्र में अपना प्रतिद्वंद्वी नहीं जानते थे। उनका सृजनात्मक लेखन आधुनिक हिन्दी साहित्य की सर्वोत्तम उपलब्धि है। वे बीसवीं सदी के सर्वश्रेष्ठ महाकवि और हिन्दी के श्रेष्ठतम नाटककार हैं। इनकी कहानियाँ शिल्प का ताजमहल हैं और इनके उपन्यास समय और समाज के यथार्थ के अनछुए सन्दर्भों का उद्‌घाटन करते हैं। इनका निबन्ध लेखन और ऐतिहासिक ज्ञान भी विश्वस्तरीय है। यह हिन्दी आलोचना का अविवेक ही कहा जाएगा कि आज भी हिन्दी साहित्य के इस गौरव शिखर के साथ न्याय नहीं हो पाया है। इन्होंने साहित्य की प्राय: सभी विधाओं पर साधिकार लिखा है और उसकी गरिमा का उन्नयन किया है।

मेरा मानना है कि प्रसाद जी की बड़ी और कालजयी रचनाओं की सापेक्षता में उनकी आरम्भिक तथा कतिपय लघु कलाकृतियों का सम्यक् विश्लेषण और मूल्यांकन नहीं हो सका है। इस दृष्टि से 1913 में अतुकान्त अरिल्ल मात्रिक छंद में विरचित 'करुणालय' नामक पद्य नाटक विशेष रूप से उल्लेखनीय है जिसे हिन्दी का पहला गीतिनाट्य होने का गौरव प्राप्त है। हालाँकि अंग्रेज़ी में 'ब्लैंक वर्स' तथा बंगला में 'अमित्राक्षर' छंद में इस तरह की प्रभूत रचनाएँ मिलती हैं। इसकी भूमिका में स्वयं प्रसाद जी ने लिखा है : "हिन्दी में भी इस कविता का प्रचार कैसा लाभदायक होगा!" कहने का आशय यह है कि प्रसाद जी ने वस्तुगत वैविध्य तथा शैल्पिक अनुप्रयोग के धरातल पर हिन्दी साहित्य को विश्वस्तरीय बनाने के लक्ष्य से अपने रचनात्मक लेखन की दिशा सुनिश्चित की थी।

'करुणालय' के कथानक का स्रोत ऋग्वेद, ऐतरेय ब्राह्मण और गीता का कर्म-योग है। इस रचना में कवि वैदिक काल की यज्ञ-प्रथा में बलि-कर्म जैसे

आनुष्ठानिक कार्यों की क्रूरता पर प्रखर आक्रमण करता है और धार्मिक कर्मकांडों की आड़ में पनपनेवाले षड्यंत्रों का पर्दाफाश करता है। वह एक छोटी-सी पौराणिक कथा को मानवीय आधार प्रदान करके एक जीवन-दर्शन की निर्मित करता है। कवि ने ईश्वर को विश्व के आधार के रूप में निरूपित करते हुए अहिंसा एवं करुणा से परिपूर्ण मनुष्यता का सन्देश भी दिया है। हिंसा का विरोध इस काव्य-नाटक का मूल प्रतिपाद्य है। इसके आरम्भ में प्रकृति के व्यापक और अनन्त रमणीय सौन्दर्य का अद्‌भुत रूपायन हुआ है। हरिश्चन्द्र को प्रकृति एक सहचरी प्रतीत होती है जिसकी गतिशीलता उन्हें आगे बढ़ने का नव सन्देश देती है।

इस पद्य नाटक के विभिन्न दृश्यों में हरिश्चन्द्र, रोहित, विश्वामित्र, सुव्रता, अजीर्गत, शुनःशेफ इत्यादि के मनोवैज्ञानिक द्वंद्व तथा भावुकता के चित्रण द्वारा कथा-सूत्रों को गुम्फित किया गया है। इसमें नौका-विहार, आकाश में गर्जना, नाव का स्तब्ध होना, सबका शक्तिहीन होना, शुनःशेफ के बन्धन का खुल जाना, सुव्रता और विश्वामित्र का अपने सौ पुत्रों के साथ चमत्कारिक ढंग से प्रवेश जैसे अतिनाटकीय दृश्य अद्‌भुत रोमांच का निर्माण करते हैं। अपनी दृश्य-परिकल्पना और वर्णनात्मकता के कारण हिन्दी का यह प्रथम काव्य-नाटक आज भी रंगकर्मियों के समक्ष चुनौती बना हुआ है।

आज महाकवि जयशंकर प्रसाद द्वारा चित्रित अस्मिता-बोध, भारत-बोध और विश्व-बोध कितना उपयोगी है, यह कहने की आवश्यकता नहीं। अस्मिता-विमर्श के वर्तमान चिन्तन-सूत्र अपने मूल रूप में प्रसाद साहित्य में विद्यमान हैं। लेकिन हिन्दी जगत अपने इस सबसे विराट व्यक्तित्व के प्रति अतिशय उदासीन है। वह अपनी विरासत को समझने का प्रयास ही नहीं करता है। एक विशिष्ट विचारधारा के आलोचकों ने यथासम्भव प्रसाद की उपेक्षा का षड्यंत्र रचा है परन्तु उनकी कालजयी कृतियों की आन्तरिक शक्ति उन्हें बार-बार प्रासंगिक तथा लोकोपयोगी सिद्ध करती आ रही है। इस दृष्टि से यह काव्य-नाटक पौराणिक कथा-जाल की स्थूलता में भी वर्गीय शोषण को उद्‌घाटित करने के लिए अविस्मरणीय बन गया है। मुझे पूर्ण विश्वास है कि हिन्दी आलोचना अपने दायित्व का निर्वाह करते हुए इसके महत्त्व का नये सिरे से प्रतिपादन करेगी। इसका नया पाठ तैयार करेगी।

नाटकों की कालजयी गीतियाँ

महाकवि जयशंकर प्रसाद के कवि व्यक्तित्व का एक बड़ा आयाम उनके नाटकों की कालजयी गीतियाँ हैं। ये गीतियाँ संवेदनात्मक औदात्य, अनुभूतिगत तीव्रता और अनन्त रमणीय कलात्मक सौष्ठव के कारण अद्वितीय हैं। ये प्रसाद के कवि व्यक्तित्व को और अधिक प्रौढ़ता तथा ऊँचाई प्रदान करती है। जहाँ तक गीत-प्रगीत के मूल उत्स का सवाल है तो ऐसा माना जाता है कि भगवान शिव नाद ब्रह्म हैं। वे स्वर और सुर के उद्गम हैं। गीत और प्रगीत, दोनों का सम्बन्ध उनसे ही जोड़ा जाता है। गीतिकाव्य का सम्बन्ध आदिम रसगंधों से है। लयात्मकता मनुष्य की आदिम प्रवृत्तियों में से एक है। यही कारण है कि विश्व के प्राचीनतम साहित्य में भी गीतिकाव्य के लक्षण विद्यमान हैं। भारतीय परम्परा में गीतिकाव्य का प्राचीनतम रूप वैदिक संहिताएँ हैं। इनमें उच्चारण, स्वर, लय, ताल तथा नाट्य विधान का जितना सम्यक् निर्वाह हुआ है, वह अतिशय विचारणीय है। प्रसाद संस्कृत की समृद्ध गीतिकाव्य परम्परा से पूर्णत: परिचित थे। इसलिए उनके नाटकों की गीतियों का भी अपना एक स्तर, एक मानक रूप है। आप नाट्य-लेखन के क्षेत्र में 'सज्जन' (1910) से लेकर 'अग्निमित्र' (1936) तक की यात्रा करते हैं। इन नाटकों में सैकड़ों गीत आए हैं जो स्वतंत्र रूप से विश्लेषण की माँग करते हैं। वे अपने नाटकों में गीति-योजना, स्थल-विशेष और पात्रों की अन्तर्वृत्तियों की सापेक्षता में करते हैं। इनके माध्यम से प्रसाद अपनी भावनाओं, संकल्पों, चिन्तनात्मकता और उद्देश्यों को साकार करते हैं। प्रसाद अपने पहले नाटक 'सज्जन' में ही अनेक गीतों का विधान करते हैं। वे अस्ताचल सूर्य को देखकर युधिष्ठिर से कहलवाते हैं कि मध्याह्न के सूर्य को आँख उठाकर नहीं देख सकता। लेकिन जब वही सूर्य अस्तगामी होता है तो सभी की टेढ़ी दृष्टि उस पर पड़ती है। वही सूर्य घोर अन्धकार को चीरकर दुबारा उदित होता है। वे लिखते हैं :

मध्याह्न में महत तेज लखात जाको।
आकाश मध्य कोउ देखि सकै न जाको॥
सो दिव्य देव दिननाथ लहै प्रतीची।
ह्वै कै सुरंजित लखात सबै नगीची॥

इसी तरह से 'सज्जन' में कुल 28 गीत संकलित हैं। प्रसाद अपने दूसरे नाटक 'प्रायश्चित्त' में देशद्रोही जयचन्द के आत्मग्लानि और आत्महनन का चित्रण अपने समय की माँग के अनुरूप करते हैं परन्तु इसमें एक भी गीत का विधान नहीं है। इसके उपरान्त तीसरा नाटक 'कल्याणी परिणय' गीतियों से भरपूर है। इसमें कुल 22 गीत हैं। इस नाटक में प्रसाद जी का देश-प्रेम आकार ग्रहण करता है और वे चन्द्रगुप्त की सेना से भारतभूमि का जयघोष करवाते हैं :

जय जय जय आदि भूमि, जय जय जय भरत भूमि।
जय जय जय जन्म भूमि, अपने सम प्यारी॥
निखिल-विश्व-गुरु समान, जिसका गौरव महान।
प्रति कण में निहित ज्ञान, प्राण देह धारी॥

इसी क्रम में 'करुणालय' नामक गीतिनाट्य आता है जिसमें कुल 40 गीतियाँ संकलित हैं। चूँकि इस पर स्वतंत्र अध्याय है, अतः यहाँ इसे छोड़ रहा हूँ। 'राज्य श्री' में कुल 7 गीत संकलित हैं जिनमें 'आशा विकल हुई है मेरी' ठुमरी (तीन ताल) तथा 'सम्हाले कोई कैसे प्यार' सोहनी (तीन ताल) जैसे प्रभावशाली गीत भी हैं। कवि नाटक के अन्त में समवेत गान भी प्रस्तुत करता है जिसमें करुणा के लिए प्रस्तुत कादम्बिनी के उपमान से स्पर्श की अनुभूति कराने का प्रयास देखा जा सकता है :

करुणा-कादम्बिनि बरसे।
दुख से जली हुई यह धरणी प्रमुदित हो सरसे॥
प्रेम प्रचार रहे जगतीतल दया-दान दरसे।
मिटे कलह शुभ शान्ति प्रकट हो अचर और चर से॥

यह गीत देवगिरी बिलावल अथवा राग करवा में है। इसके बाद 'विशाख' नाटक आता है जिसमें छोटे-बड़े कुल 31 गीत हैं। इनमें चन्द्रलेखा द्वारा गाया गया—'सखी री! सुख किसको हैं कहते? बीत रहा है जीवन सारा केवल दुख ही सहते' भीम पलासी (तीन ताल) में है। इसी तरह चन्द्रलेखा को देखकर विशाख कहता है :

घने घन-बीच कुछ अवकाश में यह चन्द्रलेखा-सी।
मलिन पट में मनोहर है निकष पर हेम-रेखा-सी॥

यहाँ कवि ने मलिन वस्त्र धारण करनेवाली चन्द्रलेखा के रूपांकन के लिए दो बिम्ब उपस्थित किए हैं : पहला घने बादलों के बीच चन्द्रलेखा का और दूसरे निकष पर हेमलेखा का। यहाँ विरोधी वर्णों की संवेदना जगाने के लिए घने बादलों और निकष (काला रंग) तथा चन्द्रलेखा एवं हेम रेखा (उज्ज्वल वर्ण) का अत्यन्त सटीक प्रयोग हुआ है। इसी क्रम में 'जीवन भर आनन्द मनावे' झिंझोटी-खम्माच

(तीन ताल), 'उठती है लहर हरी-हरी', 'भैरवी (तीन ताल) और 'मचा है जग भर में अंधेर' भूपाली-कहरवा (इंग्लिश ट्यून) में है। प्रसाद जी विशाख में मिश्र संवेदनाओं के अद्‌भुत बिम्ब वाले गीत भी रचते हैं। इस गीत में स्वर के साथ दृश्य संवेदना का विलक्षण समन्वय दिखलाई पड़ता है :

कुंज में वंशी बजती है!
स्वर में खिंचा जा रहा मन, क्यों बुद्धि बरजती है॥
संध्या रागमयी, तानों का भूषण सजती है।
दौड़ चलूँ, देखूँ लज्जा-अब मुझको तजती है॥

यहाँ पहली दो पंक्तियों में नाद का प्राधान्य है लेकिन तीसरी पंक्ति में रागमयी तानों को संध्या एवं भूषण के माध्यम से दृश्य संवेदनाओं को भी विषय बनाया गया है। प्रसाद के बिम्ब विशेषणों की अपेक्षा संज्ञाओं पर अधिक निर्भर होते हैं। उक्त गीत में संध्या और भूषण शब्द भी पाठकीय मन में वर्ण-अनुभूति निर्मित करते हैं। कवि ने धुन गारा-दादरा में 'आज मधु पी ले, यौवन बसंत खिला' तथा 'तू खोजता किसे, अरे आनन्दरूप है' भैरवी-दादरा में प्रस्तुत किया है। इसी तरह झिंझोटी खम्माच (तीन ताल) में 'देखी नयनों ने एक झलक, वह छवि की छटा निराली थी' में चित्रित है। इसी क्रम में 'हिय में चुभ गई, हाँ, ऐसी मधुर मुसकान' गारा-दादरा, 'लगा दो गहनों का बाजार', इंग्लिश ट्यून 'कोरसगान कहरवा' तथा 'मेरे मन को चुरा के कहाँ ले चले' धुन चलता कहरवा में है। इसके अलावा 'मान लूँ क्यों न उसे भगवान' बिहाग (तीन ताल), 'कर रहे हो नाथ, तुम जब, विश्वमंगल-कामना' और 'नदी नीर से भरी' मांड-दादरा में है। इसके अन्तिम गीत में प्रसाद जी एक आदर्श भारत देश की कल्पना द्वारा देशवासियों को प्रेरणा देते हुए कहते हैं :

दीन दुखी न रहे कोई, सुखी हों सब लोग।
देश समृद्धि-प्रपूरित हो जनता नीरोग॥
कूटनीति टूटे जग में—सबमें सहयोग।
भूप प्रजा समदर्शी हों तजकर सब ढोंग॥

इसके अनन्तर प्रसाद का पहला बड़ा प्रयास 'अजातशत्रु' नाटक के रूप में आता है जो बौद्धकालीन इतिहास पर आधारित है। इसमें कुल 22 गीत संकलित हैं। प्रसाद जी इस नाटक द्वारा राष्ट्रीय जागरण और एकता के भाव को पुष्ट करते हैं। साथ ही, नारी की स्वायत्त अस्मिता की प्रतिष्ठा तथा करुणा-क्षमा के आधार पर विश्व-मैत्री का आदर्श प्रस्तुत करते हैं। इसमें प्रथम विश्वयुद्ध की हिंसात्मक परिणति की पुनरावृत्ति से बचने के लिए विश्व-मैत्री का आदर्श प्रस्तुत करते हैं। 'अजातशत्रु' के गीतों में प्रसाद की स्वच्छंद कल्पना अत्यन्त मनोरम बिम्बों का सृजन करती है।

इस दृष्टि से अनेक गीत 'गोधूली के राग-पटल में स्नेहांचल फहराती हैं', 'अली ने क्यों भला अवहेला की', 'आओ हिए में अहो प्राण प्यारे', 'चंचल चन्द्र सूर्य है चंचल', 'बहुत छिपाया उफन पड़ा अब', 'चला है मन्थर गति में पवन रसीला नन्दन कानन का', 'अधीर हो न चित्त विश्व-मोह-जाल में', 'निर्जन गोधूली प्रान्तर में खोले पर्णकुटी के द्वार', 'अमृत हो जाएगा', 'विष भी पिला दो हाथ से अपने', 'हमारे जीवन का उल्लास', 'हमारे जीवन धन का रोष', 'चल बसंत बाला', 'अंचल से किस घातक सौरभ से मस्त', जैसे मनोहर गीतों का समावेश किया जा सकता है। प्रसाद जी 'चंचल चन्द्र सूर्य है चंचल में' अन्तरिक्ष विज्ञान की शब्दावली का प्रयोग किया है जो उनके विपुल अध्ययन का द्योतक है। कवि पद्मावती को संगीतिका के रूप में प्रस्तुत करता है जिसके गीत में संगीत के सातों स्वर झंकार उठते हैं :

मीड़ मत खिंचे बीन के तार। निर्दय उँगली!
अरी ठहर जा पल-भर अनुकंपा से भर जा,
यह मूर्च्छित मूर्च्छना आह-सी / निकलेगी निस्सार।

इन गीतों में प्रसाद कल्पनात्मक और मोहक छवियों से ओत-प्रोत वैविध्यपूर्ण चित्र खींचते हैं। इस दृष्टि से मेघ की प्रतीक्षा में विरुद्धक को ऐसा प्रतीत होता है, मानो ये मेघ अलकापुरी की किसी यक्षिणी के पलकों का आश्रय लिये सो रहे हों :

अलका की किस विकल विरहिणी की पलकों का ले अवलम्ब।
सुखी सो रहे थे इतने दिन, कैसे हे नीरद निकुरम्ब॥
× × ×
चपला की व्याकुलता लेकर चातक का ले करुण विलाप।
तारा आँसू पोंछ गगन के रोते हो किस दुख से आप॥

कहना न होगा कि प्रसाद जी यहाँ सुखपूर्वक सोने में जहाँ सुख और सन्तोष के साथ सोने की मुद्रा की दृश्य-संवेदना का सृजन करते हैं, वहीं वे यक्षिणी की पलकों का सुकोमल बिम्ब सृजित करते हैं। ऐसी स्थिति में विरही यक्ष की भाँति विरुद्धक के मन में समाई मल्लिका की विरहानुभूति भी पाठक के मन में उद्‌भासित हो उठती है। प्रसाद का यह पहला बड़ा नाटक है जो विस्तृत चित्रफलक पर दृश्यात्मक आकर्षण के साथ प्रस्तुत हुआ है।

'अजातशत्रु' के बाद 'जनमेजय का नागयज्ञ' नामक नाटक आता है जिसमें कुल 10 गीत आए हैं। इसमें प्रसाद जी वृद्ध कुलपति वेद की युवा पत्नी दामिनी के मन की अतृप्त इच्छा और उत्तंग के प्रति उसके आकर्षण को दिखाने के लिए पवन एवं कर्णिका का व्यापार-विधायक बिम्ब उपस्थित करते हैं :

अनिल भी रहा लगाए घात।
मैं बैठी द्रुम-दल समेटकर, रही छिपाए गात॥
खोल कर्णिका के कपाट वह निधड़क आया प्रात।
बरजोरी रस छीन ले गया, करके मीठी बात॥

इस तरह कवि यहाँ प्रात:काल कर्णिका के कपाट खोलकर पवन के निधड़क होकर आने और मीठी बातें करके बरजोरी रस छीन ले जाने का प्रकृतिपरक यौन बिम्ब सृजित करता है। साथ ही, दामिनी उत्तंग से जिस व्यवहार की अपेक्षा लिये बैठी है, उसकी भी सांकेतिक अभिव्यक्ति हो गई है। इसी तरह कवि सरमा की सकरुण भावनाओं का उद्‌घाटन उसके द्वारा गाए जानेवाले गीत के माध्यम से करता है। इसमें युद्ध में गए पति के प्रति आशंका का भाव वेदनात्मक त्रासद तत्त्व का सृजन करता है। वह अपने पति से अप्रसन्न होकर अलग हुई थी। अत: पति की संकटावस्था में उसकी मानजनित दृढ़ता करुणा बनकर द्रवित हो जाती है :

लौट न आया निर्दय ऐसा, रूठ रहा कुछ बातों पर।
था परिहास एक-दो क्षण का, वह रोने का विषय हुआ॥

इसकी तुलना में 'कामायनी' की श्रद्धा के कथन को भी उद्धृत किया जा सकता है : 'लौट न आया वह परदेशी, युग छिप गया प्रतीक्षा में।' प्रसाद जी इस नाटक में अपनी स्वाधीन चेतना का भी प्रकाशन करते हैं। इसमें मनसा और इसकी दो सखियाँ गाती हैं :

क्या सुना नहीं कुछ, अभी पड़े सोते हो।
क्यों निज स्वतंत्रता की लज्जा खोते हो॥
प्रतिहिंसा का विष तुम्हें नहीं चढ़ता क्या?
इसमें शीतल हो, वेग नहीं बढ़ता क्या?
जब दर्प भरा अरि चढ़ा चला आता है,
तब भी तुममें आवेश नहीं आता है?

इन पंक्तियों से ऐसा ध्वनित होता है, मानो कवि के शब्दों में स्वयं भारतमाता देशवासियों को जगा रही हों। उन्हें उनके प्राप्य एवं दायित्व के प्रति सचेत कर रही हों! कवि इसमें व्यास के कथन के द्वारा ब्रह्म की सर्वरूपता का भी चित्रण करता है। कवि के अनुसार ब्रह्म ने विश्व-रूप में आत्मविस्तार किया है। फलस्वरूप उसके स्मरण मात्र से विश्व-बोध हो जाता है। कवि ब्रह्म की विराटता का चित्रण करते हुए कहता है :

जय हो उसकी, जिसने अपना विश्व-रूप विस्तार किया।
आकर्षण का प्रेम नाम से सबमें सरल प्रचार किया॥

जल, थल, नभ का कुहक बन गया जो अपनी ही लीला से।
प्रेमानन्द पूर्ण गोलक को निराधार आधार दिया॥

कहने का आशय यह है कि प्रसाद जी ब्रह्म के सर्वरूपत्व और उसकी विराटता का विलक्षण चित्रण करते हैं। इस तरह ब्रह्म सृष्टि का परम आधान है। वह अपनी लीला के वशीभूत होकर जल, थल, नभ का कुहक बन जाता है। प्रसाद जी इस नाटक में एक उदार एवं व्यावहारिक चिन्तक के रूप में हमारे सामने आते हैं। इसकी प्रतिपूर्ति के लिए वे सरमा जैसे पात्र का सृजन करते हैं जो मानवमात्र को एक जाति का मानती है और सर्वत्र न्याय की प्रतिष्ठा चाहती है। आज सम्पूर्ण विश्व को इस समता की दरकार है। इससे स्नेह की लता पल्लवित हो जाएगी, शान्ति की वर्षा होगी, हिंसा तथा शुष्कता समाप्त हो जाएगी। कवि इस आदर्श की प्रतिष्ठा करते हुए लिखता है :

नाथ, स्नेह की लता सींच दो, शान्ति जलद वर्षा कर दो।
हिंसा धूल उड़ रही मोहन, सूखी क्यारी को भर दो॥
समता की घोषणा विश्व में, मन्द्र मेघ गर्जन कर दो।
हरी भरी हो सृष्टि तुम्हारी, करुणा का कटाक्ष कर दो॥

इसके बाद 'कामना' जैसा प्रतीकात्मक नाटक आता है जिसमें कुल 8 गीत आए हैं। प्रसाद जी इन गीतों द्वारा कथानक को सजीवता प्रदान करते हैं। इसमें विलास सबको प्रेम का प्याला पीने की शिक्षा देता है। विलास लीला का गीत सुनकर लालसा के संगीत की अमृत वर्षा से पागल हो उठता है। लीला गाती है :

छटा कैसी सलोनी निराली है,
देखो आई घटा मतवाली है।
आओ साजन मधु पियें, पहन फूल के हार,
फूल सदृश यौवन खिला, है फूल की बहार।
भरी फूलों से बेले की डाली है,
शीतल धरती हो गई, शीतल पड़ी फुहार।
शीतल छाती से लगी, शीतल चली बयार,
सभी ओर नई हरियाली है॥

यहाँ कवि शीतलता के स्पर्श की संवेदना जगाने के लिए शीतल शब्द की आवृत्ति करता है। यद्यपि यहाँ धरती, फुहार, छाती और बयार—इन चार वस्तुओं में शीतलता का नियोजन किया गया है परन्तु किसी एक वस्तु का स्पर्श बिम्ब नहीं उभरता। कवि चारों को एक रूप में अनुस्यूत करके शीतलता के स्पर्श की संवेदना जगाता है। प्रसाद जी यह दिखलाते हैं कि वन-लक्ष्मी किस तरह विलास की क्रूर

महत्त्वाकांक्षा से झुलस रही हैं। वे तृण कुसुम की लघुता को एक महान रहस्य कहती हुई उसके साथ गाती हैं :

पृथ्वी की श्यामल पलकों में सात्त्विक स्वेदबिन्दु रंगीन।
नृत्य कर रहा हिलता हूँ मैं मलयानिल से हो स्वाधीन।
आँधी की बहिया बह जाती, चिढ़कर चल जाती चपला।
मैं यों ही हूँ, ये कोई भी मेरी हँसी न सकते छीन॥

× × ×

व्यथित विश्व का राग-रक्त क्षत हूँ मुझको पहचानो तो।
सुधा-भरी चाँदनी सुनाती मुझको अपनी जीवन-बीन॥

इस तरह प्रसाद जी विलास, क्रूर, दुर्वृत्त और दम्भ किस तरह नैसर्गिक जीवन पर प्रभाव डालते हैं, इसकी अतिशय काव्यात्मक व्यंजना 'कामना' में की है। प्रसाद जी जिस समतामूलक आदर्श की प्रतिष्ठा 'कामायनी' में करते हैं, उसका पूर्व रूप 'कामना' में देखा जा सकता है। नाटककार ने 'कामना' के अन्त में समवेत स्वर में जो गीत प्रस्तुत किया है, वह राजा-प्रजा के अन्तरावलम्बन का विलक्षण चित्र उपलब्ध कराता है। वे लिखते हैं :

खेल लो नाथ, विश्व का खेल!
राजा बनकर अलग न बैठो, बनो नहीं अनमोल॥

× × ×

हम सब हैं हो चुके तुम्हारे, तुम भी अपने होकर प्यारे।
आओ, बैठो साथ हमारे, मिलकर खेलें खेल॥

इस तरह 'कामना' हमारे वर्तमान समय के प्रश्नों को भी उभारनेवाली नाट्यकृति है। भले ही प्रसाद ने 'कामना' में अपने समय और समाज, सभ्यता और संस्कृति के भाष्यकार के रूप में ब्रिटिश सत्ता के अमानवीय तथा शोषक चेहरे को बेनकाब किया हो परन्तु उनके द्वारा उठाए गए प्रश्न आज और भी प्रासंगिक और अर्थगर्भी बन गए हैं। इसके पश्चात् महाकाव्यात्मक रंग-परिकल्पना का नाटक 'स्कन्दगुप्त' आता है जिसमें कुल 17 गीत आए हैं। इसमें प्रसाद ने अत्यन्त गहन और परिपक्व गीतों का सृजन किया है। प्रसाद जी की महाकाव्यात्मक प्रतिभा 'स्कन्दगुप्त' में अपने स्वाभाविक लय में प्रकट हुई है। इसमें प्रसादजी वीणा के तार का अद्‌भुत बिम्ब निर्मित करते हैं। कवि अपने संगीत ज्ञान के आधार पर कहता है कि वीणा के तार जब अधिक खिंच जाते हैं तो उनका स्वर तीखा हो जाता है। इस कारण करुण भाव निष्पन्न होता है :

न छेड़ना उस अतीत स्मृति से, खिंचे हुए बीन तार कोकिल।
करुण रागिनी तड़प उठेगी, सुना न ऐसी पुकार कोकिल॥

इस नाटक के प्रथम अंक में मातृगुप्त अपनी जन्मभूमि काश्मीर से बिछड़ने के दुख का गहरा अहसास करता है। इसे आज हम कश्मीरी पंडितों के विस्थापन से जोड़कर भी देख सकते हैं। मातृगुप्त का मनोहर स्वप्न भी कराल काल के थपेड़ों में बिखर गया। फलस्वरूप उसकी आह इस गीत में वेदनात्मक त्रासदी बनकर प्रकट होती है :

संसृति के वे सुन्दरतम क्षण यों ही भूल नहीं जाना।
वह उच्छृंखलता थी अपनी—कहकर मन मत बहलाना॥

× × ×

उस सुख का आलिंगन करने कभी भूलकर आ जाना।
मिलन-क्षितिज-तट मधु-जलनिधि में मृदु हिलकोर उठा जाना॥

प्रसाद जी 'स्कन्दगुप्त' में देवसेना के गीत के माध्यम से उस अनन्त रमणीय सत्ता की सर्वव्यापकता और रागपरक रहस्य चेतना का उद्घाटन भी करते हैं। यहाँ भी कवि का पद-लालित्य, लाक्षणिक मूर्ति-विधान और कल्पनात्मक छवियों से ओत-प्रोत रहस्य-भावना का निरूपण विशेष रूप से दर्शनीय है। यहाँ देवसेना का प्रेम आन्तरिक चेतना की निगूढ़ताओं को भेदकर सीमाहीन हो जाता है। वह अपनी सूक्ष्मता एवं उदात्तता के कारण ईश्वरीय प्रेम में रूपान्तरित हो जाता है। वह गाती है :

भरा नैनों में मन में रूप।
किसी छलिया का अमल अनूप॥
जल-थल, मारुत, व्योम में, जो छाया है सब ओर।
खोज-खोजकर खो गई मैं, पागल-प्रेम विभोर॥
भाँग से भरा हुआ यह कूप।
भरा नैनों में मन में रूप॥
धमनी की तंत्री बजी, तू रहा लगाए कान।
बलिहारी मैं, कौन तू है मेरा जीवन-प्रान॥
खेलता जैसे छाया-धूप।
भरा नैनों में मन में रूप॥

इस तरह प्रसाद जी उक्त गीत में ईश्वर की सर्वव्यापकता का चित्रण करते हैं जो जल, थल, मारुत तथा व्योम में सब ओर समाया है। अपने नाट्य-गीतों में जीवन के शाश्वत प्रश्नों से जूझते हुए उसका उदात्तीकरण करते हैं। चूँकि हमारे जीवन से

उदात्त तत्त्व चुक गया है, अतः हम उनकी सृजनात्मक संवेदना और परिकल्पना को सही सन्दर्भ में नहीं समझ पाते। प्रसाद ने अपने नाटकों तथा नाट्य-गीतों में अपने समय के राष्ट्रीय, वैयक्तिक और सामाजिक सन्दर्भों के महाकाव्यात्मक धरातल पर जीवन-मूल्यों की अन्वेषण यात्रा को वैविध्यपूर्ण कोणों से रूपायित करते हैं। प्रसाद जी अपने नाट्य-गीतों में सांगरूपक का आश्रय लेकर अत्यन्त मनोरम बिम्बों का निर्माण करते हैं। वे अपनी मूर्ति-विधायिनी कल्पना द्वारा उपमानों के लालित्य का अद्भुत विन्यास करते हैं। प्रस्तुत गीत में कवि ने प्रेम-रूपी वृक्ष एवं छवि-रूपी रसमाधुरी की इतनी रमणीय परिकल्पना की है कि पाठक सम्मोहित हो जाता है। यहाँ गीत, नृत्य एवं संगीत की त्रिवेणी एक साथ अवलोकनीय है :

घने प्रेम तरु-तले,
बैठ छाँव लो भव-आतप से तापित और जले।
छाया है विश्वास की श्रद्धा-सरिता-कूल,
सिंची आँसुओं से मृदुल है परागमय धूल,
यहाँ कौन जो छले!
फूल चू पड़े बात से भरे हृदय का घाव,
मन की कथा-व्यथा भरी बैठो सुनते जाव।
कहाँ जा रहे चले!
पी लो छवि-रस-माधुरी सींचो जीवन बेल,
जी लो सुख से आयु-भर यह माया का खेल,
मिलो स्नेह से गले।
घने प्रेम-तरु-तले॥

यहाँ इस सम्पूर्ण गीत को उद्धृत करने का मूल कारण यह है कि पाठक-गण प्रसाद के काव्य-वैभव से परिचित हो सकें। प्रसाद जी के गीत मानव मन की चिरन्तन प्यास बुझाने की क्षमता रखते हैं। वे मनुष्य की आन्तरिक तृप्ति के साथ उसके भौतिक जीवन के सुख-समृद्धि की कामना करते हैं। यहाँ तक कि जब स्कन्दगुप्त युद्धक्षेत्र में अपना रणकौशल दिखा रहा है तब भी वह व्यापक दृष्टिकोण से परिचालित हैं। वह बौद्धों का निर्वाण, योगियों की समाधि और पागलों की-सी सम्पूर्ण विस्मृति चाहने के बावजूद प्रार्थना करता है :

बजा दो वेणु मनमोहन! बजा दो,
हमारे सुप्त जीवन को जगा दो।

इसके बाद प्रसाद के मन में निहित स्वाधीनता की प्रबल चेतना स्वतः प्रकट हो जाती है और वे देशवासियों को भय-बन्धन से मुक्त करवाने की कामना करने लगते हैं :

विमल स्वातंत्र्य का बस मंत्र फूँको।
हमें सब भीति-बन्धन से छुड़ा दो।

तत्पश्चात् कवि ईश्वर की सर्वव्यापकता और अपने व्यावहारिक जीवन-दर्शन आनन्दवाद की प्रतिष्ठा करने लगता है। वह विराट बोध के साथ रचनारत है, यह बड़ी बात है :

तुम्हीं सब हो इसी की चेतना हो,
इसे आनन्दमय जीवन बना दो।

कहने का आशय यह है कि प्रसाद के गीतों में सार्वभौम-शाश्वत मानवीय भावनाओं का चित्रांकन हुआ है, जो उनके जीवन-दर्शन का चरम परिपाक है।

इस नाटक में देवसेना नायिका के रूप में चित्रित है। वह गान-विद्या में विशारद है। उसका संगीत प्रेम उसके हृदय की विकल-रागिनी की दर्दभरी मूर्च्छना को प्रकट करता है। उसके द्वारा प्रस्तुत गीतों में एक व्यथित हृदय की स्थिति स्पष्ट है। किस तरह लक्ष्य प्राप्त न होने की स्थिति में वेदना अपने त्रासद रूप में सृष्टि-व्यापी हो जाती है, उसका अत्यन्त काव्यात्मक चित्रण निम्नलिखित गीत में हुआ है। यह करुण-कोमल संगीत ही देवसेना के व्यक्तित्व की पहचान है :

शून्य गगन में खोजता जैसे चन्द्र निराश,
राका में रमणीय यह किसका मधुर प्रकाश।
हृदय! तू खोजता किसको छिपा है कौन-सा तुझमें,
मचलता है बता क्या दूँ छिपा तुझसे न कुछ मुझमें॥

इस गीत में प्रसाद जी निराशा के भावांकन में पूरी तरह सफल रहे हैं। कवि अपनी कल्पना द्वारा निर्मित बिम्बों एक असाधारण रमणीयता एवं सौन्दर्य भर देता है जिससे उसकी प्रभाव-शक्ति कई गुना बढ़ जाती है। कवि आगे स्वाति बूँद की आशा में मुँह खोले रखनेवाली सीपी का भी अद्भुत बिम्ब निर्मित करता है। यह बिम्ब अपने प्राप्य से वंचित रह जानेवाली देवसेना की मन:स्थिति का बड़ा ही प्रभावी अंकन करता है। सामान्य तौर पर जिस सीपी को मोती मिल गया हो, वह स्वाति जल की इच्छा नहीं करती लेकिन यहाँ उसको मुँह खोले चित्रित करके प्रसाद जी ने अपनी अद्भुत कलाचातुरी का परिचय दिया है :

रसनिधि में जीवन रहा, मिटी न फिर भी प्यास।
मुँह खोले मुक्तामयी सीपी स्वाती आस॥

प्रसाद जी प्रेम और सौन्दर्य के चित्रण के अलावा इन गीतों में पराधीनता के कारण राष्ट्रीय जीवन की दुर्दशा का भी चित्र खींचते हैं। वे देशवासियों को आत्मावलोकन

के लिए प्रेरित करते हैं। कवि भारतीय संस्कृति की निगूढ़ मीमांसा करते हुए भारतवर्ष के जनजीवन के समक्ष संघर्ष के बजाय सहयोग का प्रादर्श उपस्थित करते हैं। प्रसाद के गीतों में किस तरह उनका समय-समाज और राष्ट्रीय जीवन अपनी जटिलता में उपस्थित है, इसे हम आन्तरिक संलग्नता द्वारा ही पकड़ सकते हैं। इस गीत में देवसेना मानो भारत माता के रूप में देशवासियों को सम्बोधित कर रही है। वह लोगों से देश की दुर्दशा देखने और उसके निवारण के मार्ग पर चलने का आग्रह करती है। उन्हें प्रत्यक्ष तौर पर जगाती है। साथ ही,उन्हें रोने-धोने तथा दैन्य भाव से ऊपर उठने के लिए प्रेरित करती है :

देश की दुर्दशा निहारोगे, डूबते को कभी उबारोगे।
हारते ही रहे, न है कुछ अब, दाँव पर आपको न हारोगे।
कुछ करोगे कि बस सदा रोकर दीन हो दैव को पुकारोगे।
सो रहे तुम, न भाग्य सोता है आप बिगड़ी तुम्हीं सँवारोगे।
दीन जीवन बिता रहे अब तक क्या हुए जा रहे विचारोगे॥

कहना न होगा प्रसाद जी स्कन्दगुप्त के द्वारा अपने राष्ट्र, बोध और भारत-बोध को एक निश्चित आयाम एवं आकार देते हैं। कवि राष्ट्रीय चेतना के उन्नयन के लिए आत्मोत्सर्ग की भावना को जगाने का प्रयास करता है। इनके गीत जीवन और समाज की जटिलताओं की व्याख्या करने और राष्ट्रीय आन्दोलन के वातावरण को गहन बनाने के लिए भावनात्मक परिवेश का निर्माण करते हैं। ये गीत दार्शनिक चिन्तन, संवेदनात्मक औदात्य, जीवन के उतार-चढ़ाव और कल्पनात्मक छवियों से ओत-प्रोत होने के कारण प्रसाद के देश-भक्त कवि को उस ऊँचाई तक ले जाते हैं जिसके बारे में स्वयं कवि ने कहा था : 'जिसके आगे राह नहीं।' प्रसाद जी अपने विशद अध्ययन और विराट ऐतिहासिक ज्ञान के बल पर भारतवर्ष के सम्पूर्ण सांस्कृतिक व्यक्तित्व का सिंहद्वार स्कन्दगुप्त के निम्नांकित गीत में अनावृत करते हैं। वे राष्ट्रीय-सांस्कृतिक जागरण के सन्दर्भ में भारत के गौरवशाली अतीत और ज्ञान-परम्परा का यहाँ जिस कौशल के साथ संश्लेषण करते हैं, वह सहृदय पाठक के लिए अत्यन्त प्रेरक और अनुकरणीय है। प्रसाद जी अतीत के गौरव गान द्वारा अपने समय की संकटग्रस्त दुरावस्था को बदलने के संकल्प के साथ यहाँ देशवासियों के भीतर राष्ट्रीय चेतना का अमर मंत्र फूँकते हैं। इस एक गीत में भारतीय इतिहास और परम्परा का सर्वोत्तम आ गया है। एक गीत में हजारों वर्षों की उपलब्धियों को संश्लिष्ट रूप में प्रस्तुत करने का साहस प्रसाद जैसा महान प्रतिभा-सम्पन्न सर्जक ही कर सकता है। प्रसाद जी इस गीत में अपने सांस्कृतिक-बोध तथा विश्वबोध के बल पर अतीत का अतिक्रमण करते हैं। यह प्रसाद का अपने समय, समाज और राष्ट्र के प्रति गहरा दायित्वबोध है। इस गीत में भारतीय संस्कृति, वैभव एवं उत्कर्ष

अभिव्यक्त हुआ है। यहाँ युद्धक्षेत्र में गाए गए मातृगुप्त के इस गीत द्वारा स्वयं प्रसाद की देशभक्ति और भारत-बोध का अत्यन्त प्रभावी चित्रण हुआ है। यह सही मायने में राष्ट्रीय गीत है जिसका सही सन्दर्भ में निर्वचन होना चाहिए :

हिमालय के आँगन में उसे प्रथम किरणों का दे उपहार।
उषा ने हँस अभिनन्दन किया और पहनाया हीरक हार॥
जगे हम, लगे जगाने विश्व लोक में फैला फिर आलोक।
व्योम-तम-पुंज हुआ तब नष्ट, अखिल संसृति हो उठी अशोक॥

कवि ने सृष्टि के उद्‌भव एवं विकास के सम्बन्ध में भारतीय परम्परा में निहित गौरव गाथाओं को अंकित किया है। इस गीत में प्रसाद जी ने मनु, दधीचि, इन्द्र, राम और बुद्ध से सम्बद्ध प्रसंगों को बिम्बांकित किया है। कवि यहाँ जातीय गौरव का स्मरण कराने के लिए पुरन्दर द्वारा वज्र से अस्थि-युग का इतिहास लिखे जाने का जिक्र करता है जिससे लिखने की क्रिया का बिम्ब उपस्थित होता है। दूसरी ओर दधीचि की अस्थियों से वज्र-निर्माण और वृत्रासुर वध की घटना भी स्मृति पटल पर उभर आती है :

सुना है दधीचि का वह त्याग हमारी जातीयता विकास।
पुरन्दर ने पवि से है लिखा, अस्थियुग का मेरे इतिहास॥

यह गीत ऐतिहासिक नादानुप्रेरित उदात्त बिम्ब के लिए विशेष रूप से चिन्तनीय है। इनकी इतिहास-सम्मत स्थापनाएँ पश्चिम भक्त इतिहासकारों के विरोध में जाती हैं। वे भारतीय आर्यों को विदेशी माननेवाली मानसिकता का तर्क की स्पष्ट धार से काटते हुए कहते हैं :

किसी का हमने छीना नहीं, प्रकृति का रहा पालना यहीं।
हमारी जन्मभूमि थी यही, कहीं से हम आये थे नहीं॥

वे अपने समय और समाज को प्रेरित करने के लिए देशवासियों से देशहित में अपना सर्वस्व न्योछावर कर देने का आह्वान करते हैं। इसमें देशहित के समक्ष निजी हित के अतिक्रमण का विधान तत्कालीन परिवेश की माँग के अनुरूप है। उनके भीतर आत्मविश्वास और ओज जगाने का कार्य करते हैं :

वही है रक्त, वही है देश, वही साहस है, वैसा ज्ञान।
वही है शान्ति, वही है शक्ति, वही हम दिव्य आर्य संतान॥
जियें तो सदा उसी के लिए, यही अभिमान रहे यह हर्ष।
निछावर कर दें हम सर्वस्व, हमारा प्यारा भारतवर्ष॥

मुझे नहीं लगता कि हिन्दी साहित्य के इतिहास में इतने व्यापक फलक पर देशवासियों के भीतर राष्ट्रीय गौरव तथा जातीय अस्मिता का अहसास करानेवाला कोई दूसरा गीत लिखा गया है। किसी अन्य भारतीय भाषा में इतनी सशक्त प्राणवत्ता तथा कलात्मक बुनावट के साथ कोई गीत रचा गया है, ऐसा अब तक मेरे पढ़ने में नहीं आया है। यह भारतवर्ष की जातीय संस्कृति का गौरवगान है। प्रसाद जी सर्जनात्मक परिकल्पना द्वारा इतिहास का मौलिक अन्वेषण करते हैं। राष्ट्रीय भाव-बोध की अभिव्यक्ति प्रसाद के सर्जनात्मक व्यक्तित्व की एकनिष्ठ अद्वितीयता है जो स्वाधीनता-संग्राम के कठिन संघर्ष के दिनों में देशवासियों तक अपनी बात कहने के तरीके के रूप में ईजाद की गई थी। प्रसाद ने देवसेना के रूप में एक ऐसे अप्रतिम नारी चरित्र की सृष्टि की है जिसका सम्पूर्ण व्यक्तित्व ही प्रगीतात्मक है। वह मनुष्य की कोमल भावनाओं तथा वेदना की सार प्रतिमा है। वह सृष्टिव्यापी लय एवं ताल की उत्प्रेक्षा करती है। उसके सम्पूर्ण परिवेश में ही लयबद्धता परिलक्षित होती है जो प्रसाद के समकाल से सीधे जुड़ जाती है। प्रसाद जी ने देवसेना के व्यक्तित्व की सम्पूर्ण कोमलता, संवेदनशीलता, करुणा और संगीतप्रियता को जिस काव्यात्मक औदात्य के साथ चित्रित किया है, वह जीवन के वृहत्तर सत्यों का लयात्मक उद्घाटन है। इस नाटक का अन्तिम गीत देवसेना के व्यक्तित्व की गम्भीरता, कोमलता और निर्लिप्तता को तरल बनाकर गीति-संगीत की वेगवती धारा में बहा ले जाती है :

आह वेदना मिली विदाई।
मैंने भ्रमवश जीवन संचित, मधुकरियों की भीख लुटाई॥
छलछल थे संध्या के श्रमकण, आँसू-से गिरते थे प्रतिक्षण।
मेरी यात्रा पर लेती थी, नीरवता अनन्त अंगड़ाई॥

प्रसाद जी सूक्ष्म अनुभूतियों और अमूर्त भावों के मूर्तीकरण जिस काव्यात्मक औदात्य के साथ करते हैं, वह उनकी असाधारण प्रतिभा का घोषणा-पत्र है। उक्त पंक्तियों में नीरवता की अंगड़ाई का बिम्ब इसी असाधारणता का परिचायक है। इस गीत में आगे की चार पंक्तियाँ ऐसी हैं जो देवसेना के साथ प्रसाद के भी जीवन सत्य का उद्घाटन करती हैं। ये पंक्तियाँ इस बात का प्रमाण हैं कि प्रसाद जी को अपनी बीमारी अर्थात् यक्ष्मा के बारे में जानकारी मिल गई थी। वे उस समय महाकाल से हारी हुई होड़ लगाए हुए थे। चूँकि उस समय क्षयरोग लाइलाज बीमारी थी, अत: प्रसाद देवसेना के माध्यम से अपने जीवन-सत्य और गहन वेदना का ही चित्रण कर रहे थे। इन पंक्तियों को पढ़कर स्वयं निराला जी ने इसे विश्व भर में ज़िन्दगी की सबसे बड़ी कविता कही थी। उन्होंने तो यहाँ तक कह दिया था कि यदि प्रसाद जी इन पंक्तियों को उनकी सारी गीतियों के बदले भी दे दें तो वे तैयार हैं। आखिरकार

निराला जी ने प्रसाद जी से अनुमति लेकर वैसी ही पंक्तियों का सृजन किया था। इन पंक्तियों में देवसेना के बहाने प्रसाद जी कहते हैं :

चढ़कर मेरे जीवन रथ पर, प्रलय चल रहा अपने पथ पर।
मैंने निज दुर्बल पद बल पर, उससे हारी होड़ लगाई॥

इसके बाद देवसेना के भग्न-हृदय की कराह अत्यन्त करुण रूप में प्रकट होती है जो अपनी विवशता पर व्यथित है। वह जीवन-संग्राम में पराजित सैनिक की भाँति निश्शेष होकर विराम लेती है :

लौटा लो यह अपनी थाती, मेरी करुणा हा-हा खाती।
विश्व! न सँभलेगी यह मुझसे, इसने मन की लाज गँवाई॥

इस तरह 'स्कन्दगुप्त' में गीतों के माध्यम से प्रसाद का कवि, नाटककार और संगीत-प्रेमी रूप अपने अन्तर्मन की गहरी व्यंजना करता है। अन्तिम गीत उनके जीवन और नाटक की अतिशय त्रासद व्यंजना करता है। देवसेना स्कन्दगुप्त के प्रणय निवेदन को ठुकराकर बिलकुल रीत चुकी है। उसका जीवन अत्यन्त ट्रैजिक मोड़ पर समाप्तप्राय है। स्कन्दगुप्त के उपरान्त प्रसाद द्वारा लिखित 'एक घूँट' एकांकी आती है जिसमें कुल 4 गीत हैं। इन गीतों में प्रेम, सौन्दर्य और पात्रों की मन:स्थितियों के अनेक उदात्त तथा कलात्मक बिम्ब उपलब्ध होते हैं। प्रसाद जी का आनन्दवाद इन गीतों में विशेष उत्कर्ष प्राप्त करता है। इसमें पहला गीत उद्‌बोधनपरक है जिसमें 'खोल तू अब भी आँखें खोल' का प्रत्यक्ष सन्देश है, जबकि चतुर्थ गीत जीवन की आनन्दमयी परिणति का स्वाभाविक उद्‌गार है। द्वितीय तथा तृतीय गीत प्रेमलता द्वारा प्रस्तुत किया गया है जो अपनी प्रस्तुति में दुखमूलक और त्रासद है। वह गाती है :

जीवन वन में हरियाली है, यह किरनों की कोमल धारा—
बहती ले अनुराग तुम्हारा, फिर भी प्यासा हृदय हमारा॥

× × ×

एक घूँट का प्यासा जीवन—निरख रहा सबको भर लोचन।
कौन छिपाए है उसका धन—कहाँ सजल वह हरियाली है॥

इस गीत में एक आन्तरिक टीस और तड़प है। प्रेमलता का कोमल नारी हृदय सुख की एक घूँट का अभिलाषी है। वैसे तो सम्पूर्ण संसार में सुख सौरभ परिव्याप्त है परन्तु उसका अपना हृदय रिक्त है। यह वैषम्य की भावना उसके दुख को द्विगुणित कर देती है। वह जिस हरियाली के लिए व्याकुल है, वह पता नहीं कब मिलेगी! प्रेमलता की आह यहाँ मर्मांतक पीड़ा और त्रासद तत्त्व की सृष्टि करती है। इसी तरह उसके द्वारा प्रस्तुत दूसरा गीत भी उसकी दुखात्मक स्थिति का चित्रांकन है :

जलधर की माला घुमड़ रही जीवन-घाटी पर-जलधर की माला।
आशा लतिका कँपती थर-थर-गिरे कामना कुंज हहरकर॥

यहाँ निराशा एवं शोक से अनुप्राणित प्रेमलता की त्रासद स्थिति का चित्रण हुआ है। उसके जीवन में दुख स्थायी भाव है। अत: वह अप्राप्य सुख की कल्पना में विभोर नहीं हो सकती।

यदि 'स्कन्दगुप्त' इतिहास और राष्ट्रीय चेतना का महाकाव्यात्मक विन्यास है तो 'चन्द्रगुप्त' इतिहास और युग-बोध का संश्लिष्ट चित्र है। इन दोनों नाटकों में प्रसाद के श्रेष्ठतम गीत आए हैं। 'चन्द्रगुप्त' में कुल 13 गीतों का समावेश हुआ है। जयशंकर प्रसाद अतिशय सूक्ष्म और उदात्त सौन्दर्यबोध के कलाकार हैं। इनकी सौन्दर्य-चेतना कितनी विकसित, नित्य नवीन और अतीन्द्रिय है, यह हम सुवासिनी द्वारा नाटक के आरम्भ में गाए जानेवाले गीत के माध्यम से समझ सकते हैं। इस गीत में सौन्दर्य मात्र का चित्र कितना मनोहर एवं अद्वितीय है, यह कहने की आवश्यकता नहीं। यह गीत सुवासिनी की मन:स्थिति और अमात्य राक्षस की उपस्थिति से उत्पन्न परिस्थिति का अत्यन्त मनोरम बिम्ब निर्मित करता है जिसकी स्वर-लिपि खम्माच तीन ताल है। यहाँ यौवन के साथ फूटनेवाले सरस सलज्ज सौन्दर्य का अप्रतिम चित्रण हुआ है :

तुम कनक किरन के अन्तराल में, लुक-छिप कर चलते हो क्यों?
नत मस्तक गर्व वहन करते, यौवन के घन, रस कन ढरते,
हे लाज भरे सौन्दर्य बता दो मौन बने रहते हो क्यों?
अधरों के मधुर कगारों में कल कल ध्वनि की गुंजारों में,
मधु-सरिता-सी यह हँसी तरल अपनी पीते रहते हो क्यों?

इस प्रकार प्रसाद जी उक्त गीत में सौन्दर्य का जो सूक्ष्म, सांकेतिक और अविकारी चित्र निर्मित करते हैं, वह अन्यत्र दुर्लभ है। प्रसाद जी के बिम्ब अमूर्त सन्दर्भों तथा मनोभावों का अत्यन्त सजीव एवं संश्लिष्ट चित्र खींचते हैं। यहाँ प्रसाद का गीतकार अपने उत्कर्ष पर पहुँच गया है। इसके बाद सुवासिनी के समक्ष राक्षस द्वारा अभिनय सहित प्रस्तुत किया गया गीत आता है जिसमें राक्षस की आन्तरिक मन:स्थिति की सांकेतिक व्यंजना हुई है। यह गीत जौनपुरी टोड़ी—तीन ताल में है। वह गाती है :

निकल मत बाहर दुर्बल आह, लगेगा तुझे हँसी का शीत।
शरद नीरद माला के बीच तड़प ले चपला सी भयभीत॥

कहना न होगा कि कवि यहाँ सांकेतिक रूप में राक्षस के अतृप्त प्रेम की आह को मूर्तिमान करता है वह सीधे पाठक के मन में उतर जाता है। वह आह को

प्रकट न होने देने का उपक्रम करता है कि उसके प्रकट होते ही उसे संसार का उपहास-शीत लग जाएगा। अत: आह को छिपाकर रखना ही श्रेयस्कर है। यहाँ राक्षस और सुवासिनी के प्रणय सम्बन्ध में आनेवाले आघातों को संकेतित किया गया है। प्रसाद जी अपने नाट्य-गीतों में प्रत्यक्ष रूप स्वानुभूति के प्रकाशन के बजाय पात्रानुकूल अभिव्यक्ति का आदर्श प्रस्तुत करते हैं। इन गीतों का स्तर और बिम्बात्मक महत्त्व उच्चकोटि का है। कवि इन गीतों में अनुभूति की गहन अभिव्यक्ति के साथ ऐन्द्रिय संवेदनाओं के विभिन्न स्तरों को एक साथ जगाने में सफल रहा है। प्रसाद जैसे प्रतिभा-सम्पन्न कलाकार के विश्व-मानवतावाद की विराट भावना ने देश-प्रेम को जो सीमाहीन विस्तार दिया है, उसे सिन्धु नदी के किनारे ग्रीक शिविर में कार्नेलिया द्वारा भारतीय संगीत के अभ्यास के समय गाए हुए इस गीत से समझा जा सकता है। यह गीत सिन्ध भैरवी तीन ताल में है :

अरुण यह मधुमय देश हमारा।
जहाँ पहुँच अनजान क्षितिज को मिलता एक सहारा॥
सरस तामरस गर्भ विभा पर-नाच रही तरु शिखा मनोहर।
छिटका जीवन हरियाली पर-मंगल कुंकुम सारा॥
लघु सुरधनु से पंख पसारे शीतल मलय समीर सहारे।
उड़ते खग जिस ओर मुँह किए—समझ नीड़ निज प्यारा॥
बरसाती आँखों के बादल—बनते जहाँ भरे करुणा जल।
लहरें टकराती अनन्त की—पाकर जहाँ किनारा॥
हेम-कुंभ ले उषा सबेरे—भरती ढुलकाती सुख मेरे।
मदिर ऊँघते रहते जब—जग कर रजनी भर तारा॥

कहना न होगा कि यह सही मायने में राष्ट्रीय गीत है। यह गीत न केवल प्रसाद की प्रशस्त राष्ट्रीय चेतना को मूर्तिमान करता है अपितु यहाँ उनके कवित्व का जादू भी हमारे सिर चढ़कर बोलता है। यहाँ कवितापन के वैभव के बीच देशानुराग का जो पुष्प विकसित हुआ है, उसका कोई जवाब नहीं। इस गीत में अरुण वर्ण की अनेक छवियाँ प्रस्तुत हुई हैं। इसमें अरुणोदय के बिम्ब के अलावा तामरस के भीतर की पीत-रक्तिमा और मंगल-कुंकुम की लालिमा का विलक्षण चित्रण हुआ है। इसके साथ ही मंगल कुंकुम आदि के उल्लेख से हरी-हरी घास पर दूर तक छिटकी हुई सुनहरी-लाल रंग की सुखद धूप के साथ ही अनेक मांगलिक अवसरों पर प्रमाता के अनुभव में आए लाल वर्ण के बहुस्तरीय छायाएँ और मंगल कलश पर रखे हुए बन्दनवार के रूप में टके हुए आम्रपल्लवों की पवित्रता से अनुप्राणित, पवित्रता से परिवेष्टित हरीतिमा द्वारा अनेक स्मृतियाँ सहज संवेद्य हो उठती हैं। इन बिम्बों में अनुराग, पवित्रता आदि के साथ मनोहर तरु शिखा की थिरकन के समावेश से एक

अद्‌भुत स्पंदनशील बिम्ब का सृजन होता है जिसके जादुई टोने में पाठक लिपट जाता है। इस गीत के महत्त्व का विश्लेषण करते हुए डॉ. नामवर सिंह ने ठीक ही लिखा है : "कवि की भारतभूमि ऐसी है जिससे क्षितिज को भी एक सहारा मिलता है और अनन्त की लहरों को भी किनारा प्राप्त होता है। इसका आकाश खगों के छोटे-छोटे इन्द्रधनुषों से रंजित रहता है और यहाँ जीवन की हरियाली पर उषा मंगल-कुंकुम की वर्षा करती है। ये सभी प्रतीक क्रमशः भारतभूमि के नवजागरण के विविध पक्षों पर प्रकाश डालते हैं। क्षितिज और अनन्त की लहरें राष्ट्रीयता के बीच से विकसित होती हुई अन्तरराष्ट्रीयता की सूचना देती हैं, तो हरियाली नवजीवन की और मंगल-कुंकुम बरसानेवाली उषा नव-जागरण की; और चिड़ियों के इन्द्रधनुष विविध कल्पनाओं की ओर संकेत करते हैं। इस उदात्त और भाव-प्रवण देश-प्रेम के सम्मुख पूर्ववर्ती युग का देश-प्रेम बिना रंग-भरे चित्र का रेखाचित्र-मात्रा है।"[1] इस तरह यह गीत हिन्दी गीत-संरचना के क्षेत्र में एक नूतन एवं विलक्षण उपलब्धि है। प्रसाद प्राकृतिक व्यापारों के मानवीकरण द्वारा मानवीय भावों तथा मूर्त-चित्रों को उपस्थित करने में असाधारण हैं।

प्रसाद जी ने देश-सेवा का व्रत लेनी वाली गांधार राजकुमारी अलका द्वारा उसके अमूर्त भावों तथा मानसिक अवस्था का चित्रण करनेवाला गीत प्रस्तुत किया है। यह गीत मिश्रित भैरवी कहरवा ताल में है :

प्रथम यौवन-मदिरा से मत्त, प्रेम करने की थी परवाह।
और किसको देना है हृदय, चीन्हने की न तनिक थी चाह॥
बेच डाला था हृदय अमोल, आज वह माँग रहा था दाम।
वेदना मिली तुला पर तोल, उसे लोभी ने ली बेकाम॥

अलका इस अर्थ में सौभाग्यशालिनी है कि उसका प्रेमी सिंहरण उसे मिल जाता है और दोनों परिणय-सूत्र में बँध जाते हैं। प्रसाद जी विरोधी वर्ण-योजना द्वारा वर्ण-संवेदना को तीव्रतर बनाकर प्रस्तुत करते हैं। वे कृष्ण पक्ष पर रजत चित्र के निम्नांकित बिम्ब में कृष्ण-धवल वर्ण की ऐसी योजना करते हैं जिससे दोनों वर्ण एक दूसरे को तीव्र बना देते हैं। अलका गाती है : 'समय-विहग के कृष्ण पक्ष में रजत चित्र-सी अंकित कौन'। इस तरह कवि विरोधी वर्ण-योजना की प्रखरता को अद्वितीय सर्जनात्मक कौशल के साथ प्रस्तुत करता है। इसके उपरान्त कवि कजली-कहरवा ताल में सुवासिनी का प्रेम-गीत प्रस्तुत करता है। वह गाती है :

आज इस यौवन के माधवी कुंज में कोकिल बोल रहा!
मधु पीकर पागल हुआ, करता प्रेम-प्रलाप,
शिथिल हुआ जाता हृदय, जैसे अपने आप!

लाज के बन्धन खोल रहा!
बिछल रही चाँदनी, छवि-मतवाली रात।
कहती कम्पित अधर से, बहकाने की बात।
कौन मधु-मदिरा घोल रहा?

इसी क्रम में कल्याणी का त्रासद सन्दर्भ भी आता है जिसे पर्वतेश्वर ने वृषल कन्या कहकर अपमानित किया था। वह अपने अपमान का बदला न ले सकी। उसकी दूसरी अभिलाषा चन्द्रगुप्त से विवाह करने की थी परन्तु पिता के शत्रु के समक्ष वह प्रणय-निवेदन न कर सकी। नन्द के वध के उपरान्त वह बन्दिनी हो जाती है और जीवन के अन्तिम क्षणों में अपनी अतृप्त कामना व्यक्त करती है। यह गीत कजली-धुन बनारसी कहरवा ताल में है :

सुधा-सीकर से नहला दो।
लहरें डूब रही हों रस में, रह न जायँ वे अपने वश में।
रूप-राशि इस व्यथित हृदय-सागर को—बहला दो।
× × ×
करुणा के अंचल पर निखरे, घायल आँसू हैं जो बिखरे।
वे मोती बन जायँ, मृदुल कर से लो—सहला दो॥

यहाँ उसके जीवन की भयावह त्रासद परिणति दिखलाई गई है। उसे जीवन के अन्तिम समय में भी चन्द्रगुप्त की वह सुधा-सीकर नहीं मिल पाती। वह जिससे अपने आँसुओं के सहलाने की कामना करती है, वह उसे न मिल सका। अपनी अतृप्त अभिलाषा के साथ ही उसका कारुणिक अन्त हो गया। इसके बाद सोहनी तीन-ताल में 'कैसी कड़ी रूप की ज्वाला' नामक गीत आता है। इस नाटक में प्रसाद जी ने त्याग की प्रतिमूर्ति मालविका के चित्रण में अपना हृदय और सौन्दर्यबोध निचोड़कर रख दिया है। वह सिन्ध की राजकुमारी, शान्तिप्रिय और अप्रतिम सौन्दर्य की साकार प्रतिमा है। वह और चन्द्रगुप्त, दोनों एक दूसरे से प्रेम करते हैं। प्रसाद जी अन्तिम अंक में उसके द्वारा बिहारी—तीन ताल में गाए गए गीत के माध्यम से उसके अन्तस्तल के विक्षोभ की बखूबी व्यंजना करते हैं :

मधुप कब एक कली का है।
पाया जिसमें प्रेम रस, सौरभ और सुहाग।
बेसुध हो उस कली से, मिलता भर अनुराग॥
बिहारी कुंज गली का है।
कुसुम धूल से धूसरित, चलता है उस राह।
काँटों में उलझा तदपि, रही लगन की चाह॥

बावला रंगरली का है।
हो मल्लिका, सरोजिनी, या यूथी का पुंज।
अलि को केवल चाहिए, सुखमय क्रीड़ा-कुंज॥

इस तरह मालविका अपने प्रेम को न पाने के कारण उक्त गीत को गाती है। प्रसाद के गीतों में आत्माभिव्यक्ति के साथ संगीत तत्त्व की प्रधानता है। इन गीतों में प्रगीतात्मक और बिम्बात्मक भाषा का अद्भुत अनुप्रयोग हुआ है जिससे इन्हें कालजयता प्राप्त होती है। कवि ने मालविका के नि:स्वार्थ बलिदानी चरित्र को एक असाधारण ऊँचाई प्रदान की है। वह चन्द्रगुप्त अर्थात् अपने प्रिय के लिए अपने प्राणों का बलिदान देती है। वह अपने मृत्यु-पूर्व गीत में हृदय की आतुर भावनाओं को अभिव्यक्त कर देती है :

ओ मेरे जीवन की स्मृति! ओ अन्तर के आतुर अनुराग!
बैठ गुलाबी विजन उषा में गाते कौन मनोहर राग॥
चेतन सागर उर्मिल होता यह कैसी कंपनमय तान।
यों अधीरता से न मींड़ लो अभी हुए हैं पुलकित प्रान॥

मालविका चन्द्रगुप्त के प्रति अपने अनुराग को भयावह परिस्थितियों के चलते सम्यक् ढंग से अभिव्यक्त नहीं कर पाई थी। यद्यपि चन्द्रगुप्त भी उसे चाहता है। वह अपने प्रेमी की प्राण-रक्षा के लिए हँसते-हँसते मृत्यु का वरण कर लेती है। उसका यह त्याग अपूर्व है। फलतः उक्त गीत में आन्तरिक मन:स्थितियों के अत्यन्त सूक्ष्म चित्र उपलब्ध होता है। प्रसाद जी अपनी नाट्य-गीतियों द्वारा न केवल देशवासियों में स्वाधीन चेतना और राष्ट्रीय अस्मिता-बोध का उन्नयन करते हैं अपितु इसके साथ वे भारतीय राष्ट्रीयता को आधार भी दे रहे थे। 'चन्द्रगुप्त' में प्रसाद जी की राष्ट्रीय चेतना अपने पूर्ण परिपाक तक पहुँच जाती है। यहाँ उनके राष्ट्र-राज्य की संकल्पना न केवल अपने प्रशस्त एवं परिष्कृत रूप में आती है अपितु देश की भावनात्मक एकता को भी सुदृढ़ आधार देती है। प्रसाद जी निम्नांकित गीत में सुषुप्त भारतीय पौरुष को जगाने के लिए जिस नादानुप्रेरित विराट बिम्ब का सृजन किया है, वह अपने ओजपूर्ण विन्यास में अद्वितीय है। यहाँ यह भी चिन्तनीय है कि कथित नाटक स्वाधीनता-संग्राम के कठिन संघर्ष के दिनों में लिखा गया था और उसके इस बहुचर्चित गीत ने देशवासियों की चेतना को अपने वर्तमान के प्रति कितना सचेष्ट किया होगा! यह गीत ओज गुण की दृष्टि से भी अप्रतिम है। इसे अलका जैसी वीरांगना अपने सैन्य दल के साथ समवेत स्वर में प्रस्तुत करती है :

हिमाद्रि तुंग शृंग से, प्रबुद्ध शुद्ध भारती—
स्वयंप्रभा समुज्ज्वला स्वतंत्रता पुकारती—

अमर्त्य वीर पुत्र हो, दृढ़-प्रतिज्ञ सोच लो,
प्रशस्त पुण्य पंथ है—बढ़े चलो, बढ़े चलो।
असंख्य कीर्ति रश्मियाँ, विकीर्ण दिव्य दाह-सी,
सपूत मातृभूमि के—रुको न शूर साहसी।
अराति सैन्य सिन्धु में—सुवाड़वाग्नि-से जलो,
प्रवीर हो जयी बनो—बढ़े चलो, बढ़े चलो॥

कहना न होगा कि यह गीत नाद-सौन्दर्य और ओज गुण के कारण देशवासियों में उत्साह का संचार करता है। कवि आरम्भ में ही हिमाद्रि तुंग श्रृंग से ऊँचाई का विराट और उदात्त बिम्ब सृजित करता है। इसमें संयुक्त व्यंजनों तथा अनुस्वारों की नादात्मक योजना के कारण एक विशेष प्रकार के उत्साहपूर्ण वातावरण की सृष्टि की गई है। डॉ. नामवर सिंह ने पहले इसे राजनीतिक स्वतंत्रता की कविता कहा फिर स्वयं ही इसमें निहित अर्थ-व्याप्ति का विश्लेषण करते हुए लिखा है : "लेकिन राजनीतिक स्वतंत्रता तो स्वतंत्रता का केवल एक अंग है। स्वतंत्रता बड़ी व्यापक भावना है जिसमें मनुष्य की आर्थिक, सामाजिक, नैतिक, धार्मिक आदि सभी प्रकार की मुक्ति का भाव निहित है। समष्टि में स्वतंत्रता का अर्थ है : मनुष्य के समूचे व्यक्तित्व के विकास के लिए पूर्ण सुविधाओं की प्राप्ति और व्यक्तित्व-रोधी समस्त बाधाओं की समाप्ति।"[2] इसमें सन्देह नहीं है कि यह गीत देशवासियों में स्वाधीनता के प्रति प्रबल आकांक्षा भरने तथा राष्ट्र के गौरव-चिह्नों को उद्घाटित करने की दृष्टि से अद्वितीय महत्त्व रखता है। इस गीत ने सम्पूर्ण राष्ट्र के भीतर स्वाधीनता का अमर मंत्र फूँकने का कार्य किया है। यहाँ हिमाद्रि तुंग श्रृंग से पुकारती हुई स्वतंत्रता का बिम्ब न केवल अपनी प्रस्तुति में आत्मविश्वास और उत्साह का संचार करनेवाला है अपितु स्वयं कवि के राष्ट्र-प्रेम की भी समुचित व्यंजना करता है। इसमें सोए हुए नागरिकों को जगाने और उनके भीतर देशाभिमान का भाव भरने का विलक्षण प्रयास प्रस्तुत हुआ है। इस दृष्टि से यह सच्चे अर्थों में राष्ट्रगीत है।

इसके बाद प्रसाद के रंग-कर्म के प्रकर्ष के रूप में 'ध्रुवस्वामिनी' नामक नाटक आता है जिसमें कुल 4 गीत आए हैं। प्रसाद के नाटकों के गीतों का सबसे बड़ा वैशिष्ट्य उनका संगीतमय होना है। प्रसाद जी स्वयं संगीत को काव्य का वाहन मानते हुए 'काव्य और कला' में लिखते हैं : "कलाओं में संगीत को लोग उत्तम मानते हैं क्योंकि इसमें आनन्दांश व तल्लीनता की मात्रा अधिक है, किन्तु है यह ध्वन्यात्मक। अनुभूति का ही वाङ्मय अस्फुट रूप है। इसलिए उसका उपयोग काव्य के वाहन रूप में किया जाता है, जो काव्य की दृष्टि से उपयोगी और आकर्षक है।" इसमें सन्देह नहीं है कि प्रसाद के गीतों को संगीत तत्त्व ने अपूर्व वैभव और

माधुर्य प्रदान किया है। प्रसाद जी के प्रगीत संगीत के अलावा अभिनय का साथ पाकर और भी प्रभावी हो गए हैं। 'ध्रुवस्वामिनी' स्त्री अस्मिता-बोध को जगानेवाला नाटक है। प्रसाद जी मन्दाकिनी के माध्यम से स्त्री-वेदना की भी गहरी व्यंजना करते हैं। मन्दाकिनी कहती है कि जो राजा राष्ट्र की रक्षा के अपने स्वाभाविक दायित्व से भाग रहा है, उसकी भी रक्षा नहीं होनी चाहिए। जब चन्द्रगुप्त और ध्रुवस्वामिनी राष्ट्र तथा स्त्री की रक्षा के लिए शकराज के दुर्ग जाते हैं तब उसकी पुंजीभूत करुणा छलक पड़ती है :

यह कसक भरे आँसू सह जा, बनकर विनम्र अभिमान मुझे।
मेरा अस्तित्व बता, रह जा, बन प्रेम छलक कोने कोने॥
अपनी नीरव गाथा कह जा॥

प्रसाद जी ने राष्ट्रीय अस्मिता और स्त्री अस्मिता का रसायन तैयार करके पाठकीय मनोभावों के अनुरूप प्रगीतों की सृष्टि की है। इस नाटक का यह अत्यन्त कठिन एवं चुनौतीपूर्ण प्रसंग है कि ध्रुवस्वामिनी आत्मगौरव और कुल की मर्यादा की रक्षा के लिए शकराज के शिविर में जा रही है। इस कठिन एवं विपरीत परिस्थिति में मन्दाकिनी एक अत्यन्त प्रभावशाली प्रयाण गीत गाते हुए सामंत कुमारों के आगे-आगे चल रही है। यह गीत अत्यन्त चुनौतीपूर्ण स्थिति में भी कर्म एवं विजय रथ पर बढ़ने की प्रेरणा देता है। इसका काव्यात्मक औदात्य और दार्शनिक सौन्दर्य भी अद्वितीय बन पड़ा है :

पैरों के नीचे जलधर हों, बिजली से उनका खेल चले।
संकीर्ण कगारों के नीचे, शत-शत झरने बेमेल चले॥
सन्नाटे में हो विकल पवन, पादप निज पद हों चूम रहे।
तब भी गिरि पथ का अथक पथिक, ऊपर ऊँचे सब झेल चले॥

× × ×

विचलित हो अचल न मौन रहें निष्ठुर शृंगार उतरता हो।
क्रन्दन कंपन न पुकार बने, निज साहस पर निर्भरता हो॥
अपनी ज्वाला को आप पिए नव-नीलकंठ की छाप लिए।
विश्राम शान्ति को शाप दिए, ऊपर ऊँचे सब झेल चले॥

इस तरह प्रसाद जी इस गीत के माध्यम से तत्कालीन भारतीय जनमानस को जगाने और उन्हें अपना स्वत्व पाने हेतु कठिन संघर्ष के लिए तैयार करते हैं। इसी क्रम में कोमा द्वारा गाए गए गीत में प्रेम, सौन्दर्य और यौवन के उन्मेष का प्रभावी चित्रण हुआ है। प्रसाद का एक बड़ा वैशिष्ट्य प्रकृति के व्यापक चित्र-फलक पर उत्कृष्ट बिम्बों का सृजन करना है। कवि ने प्राकृतिक उपादानों का प्रयोग प्रसंगानुकूल

बिम्बों को अत्यधिक प्रभावी बनाने के उद्‌देश्य से किया है। इस दृष्टि से प्रसाद की अपराजेय प्रतिभा ने आपानक गोष्ठी में संध्या नृत्यांगनाओं द्वारा प्रस्तुत गीत में संध्या की लालिमा और मदिरा की लालिमा मिलकर एकरूप हो गई है। अत: प्रकृति का अवलम्ब पाकर दूर-दूर तक उसका प्रसार हो गया है। कवि मानसिक एवं प्राकृतिक व्यापारों के साथ जोड़कर परिस्थितिजन्य प्रसंगानुकूल गीतों की प्रस्तुति करता है। इस दृष्टि से प्रस्तुत गीत विशेष रूप से उल्लेखनीय है :

अस्ताचल पर युवती संध्या की खुली अलक घुँघराली है।
लो, मानिक मदिरा की धारा अब बहने लगी निराली है॥
भर ली पहाड़ियों ने अपनी झीलों की रत्नमयी प्याली।
झुक चली चूमने वल्लरियों से लिपटी तरु की डाली है॥

कहना न होगा कि युवती संध्या द्वारा बहाई गई मदिरा और इस मदिरा से भरी हुई झीलों की कथित प्याली के बिम्ब अत्यन्त विस्तृत चित्राफलक पर अंकित हैं। उक्त उद्धरण की पंक्तियों में अंकित वल्लरियों और वृक्षों के आलिंगन तथा चुम्बन का कोमल व्यापार इस विस्तार एवं विराटता में अभूतपूर्व वृद्धि कर देता है। इस तरह प्रसाद जी अमूर्त, छायात्मक, ऐतिहासिक तथा नादानुप्रेरित बिम्बों द्वारा अपने गीतों को अतिशय प्रभावशाली और कालजयी बना देते हैं।

इसके बाद प्रसाद का अन्तिम एवं अपूर्ण नाटक 'अग्निमित्र' आता है जिसमें एक गीत आया है। इस गीत में बौद्ध भिक्षुणियाँ लोगों में वैराग्य और निवृत्ति का भाव जगाने का उपक्रम करती हैं। यह गीत नेपथ्य में प्रस्तुत हुआ है :

सुख साधन में भूल न रे मन! भव तृष्णा न मिटेगी तेरी!
आशा दोला झूल न रे मन! रूप वेदना क्षणिक रंग है।
खिल-खिल कर यों फूल न रे मन!

इस तरह प्रसाद जी के सम्पूर्ण नाट्य-साहित्य में कुल 206 गीत आए हैं जो अपने काव्यात्मक औदात्य और बिम्ब-विधान में अद्वितीय हैं। ये गीत ही प्रसाद को एक बड़ा कवि तथा गीतकार सिद्ध करने के लिए पर्याप्त हैं। इन गीतों का सबसे बड़ा वैशिष्ट्य यह है कि ये कथानक का अंग बनकर आए हैं। प्रसाद के गीतों के महत्त्व का प्रतिपादन करते हुए बाबू गुलाब राय ने लिखा है : "प्रसाद का गीत संसार प्रकृति के उस पार और नियति की दासता से बहुत दूर एक अलग ही क्षणिक उच्छ्वास है। पृथ्वी का ठोस आकर्षण मनुष्य का नियति कृत दुख मय, उसकी जन्मजात बर्बरता से उठी हुई कलुषता का सारा खिंचाव उन्हें बार-बार नीचे की ओर, प्रत्यक्ष की ओर, कठोर सत्य की सतह पर ला पछाड़ता है। परन्तु उतनी ही बार मानवता का स्वर्गीय अंश, कवि की कल्पना के थिरकते हुए उस पार, उस

ओर, उस ऊँचे संसार में ले जाते हैं। उनकी गगन विहारिणी कल्पनाशक्ति में वह हल्कापन उड़नापन है जो मनुष्य की पाशविकता को यहीं छोड़कर केवल उसके हृदय की सुकोमल भावना को ही अपने साथ ऊपर उठा पाता है। प्रसाद के गीत कल्पना यान पर विचरते हुए छायाचित्र है।"[3]

प्रसाद के नाट्य-गीतों में भारत के स्वर्णिम अतीत के प्रति अनुराग, जीवनानुभूति के वैविध्यपूर्ण चित्र, गहन दायित्वबोध, प्रेम और सौन्दर्य के अनन्त रमणीय चित्र, प्रणय की अतृप्ति से उत्पन्न वेदना, उत्सवधर्मिता, कलात्मक अभिरुचि, गंध-वर्ण की सूक्ष्म चेतना, गहरा राष्ट्र-प्रेम, और कल्पनात्मक मोहक छवियों का अद्वितीय सर्जनात्मक बिम्ब-विधान परिलक्षित होता है। इन गीतों में भारतीय नारी का एकनिष्ठ प्रेम, भारतीय इतिहास और दर्शन तथा साहित्य एवं जीवन के प्रति अत्यन्त प्रामाणिक स्वीकृति का भाव अभिव्यक्त हुआ है। जैसे-जैसे मनुष्य का जीवन और भी यांत्रिक, नीरस और संवेदन-शून्य होता जा रहा है, वैसे-वैसे इन गीतों की प्रासंगिकता और भी बढ़ती जा रही है। क्योंकि इन गीतों में न केवल मानवमात्रा को सदा-सर्वदा के लिए प्रेरित, प्रभावित एवं रसमग्न करने की क्षमता है बल्कि उसके भीतर निहित मनुष्यता के उन्नयन की शक्ति भी है। ये गीत मनुष्य को बेहतर मनुष्य बनने के लिए प्रेरित करते हैं। उसे सत्य, अहिंसा, प्रेम, विश्व कल्याण जैसे सार्वभौम-शाश्वत मूल्यों के प्रति उन्मुख करते हैं। इस दृष्टि से इनकी उपयोगिता तथा महत्ता अक्षुण्ण है। ये अपने वस्तुगत वैविध्य तथा शिल्पगत कलात्मक सौष्ठव के कारण कालजयी हैं। इन्हें जरा-मरण का भय नहीं है। इनमें मानव संस्कृति के श्रेष्ठतम मूल्य सुरक्षित हैं। ये अपनी गतिशील अर्थवत्ता में बदलते सन्दर्भों के साथ नये अर्थ-सौष्ठव की सृष्टि करने में है। संक्षेप में इन गीतों में प्रसाद की अप्रतिम सर्जनात्मक प्रतिभा अपनी सूक्ष्मातिसूक्ष्म भंगिमाओं के साथ चित्रित हुई है। प्रसाद के नाट्य-गीतों में लोकमंगल का भाव, देश-प्रेम, राष्ट्रीय जागरण, विश्व-मानवतावाद, उदात्त एवं विराट बिम्ब-सृष्टि, मनोवैज्ञानिक अन्तर्द्वंद्व, गहन दायित्वबोध, शिल्पगत सौन्दर्य और कलात्मक उत्कर्ष देखते ही बनता है। फलतः इनकी उपयोगिता स्वयं सिद्ध है।

सन्दर्भ-सूची

1. छायावाद—डॉ. नामवर सिंह, पृ. 78
2. वही, पृ. 79
3. प्रसाद की कला—बाबू गुलाब राय, पृ. 140

अप्रतिम सर्जनात्मक प्रतिभा की रंग-दृष्टि का स्फुरण और विकास

आधुनिक हिन्दी साहित्य के क्षेत्र में जयशंकर प्रसाद का आगमन एक युगान्तरकारी घटना है। आपकी सर्वतोन्मुखी प्रतिभा ने गुण और परिमाण, दोनों ही दृष्टियों से हिन्दी साहित्य की हर विधा को समृद्ध किया है। प्रसाद जी ने हिन्दी की उत्कृष्ट काव्य-कृतियों के अलावा उपन्यास, कहानी, नाटक, एकांकी, निबन्ध, आलोचना, चम्पू और जीवनी लेखन के क्षेत्र में भी अपनी गति का परिचय दिया है। इन्होंने बीसवीं सदी के पूर्वार्द्ध के वैश्विक सन्दर्भों, राजनीतिक उथल-पुथल,अन्तर्विरोधों, तनावों, संघर्षों के बीच भारतवर्ष की गतिशील लोकोन्मुख परम्परा की पहचान द्वारा भारतीय सन्दर्भ में मानव नियति को समझने के लिए नई अन्तर्दृष्टि का आविष्कार किया। इन्होंने भारतीय मनीषा के अनुरूप अपने चिन्तन का विकास किया। उसका अपने सम्पूर्ण लेखन में भरपूर दोहन करते हुए अंग्रेज़ों से भिन्न इतिहास प्रस्तुत किया। इन्होंने भारतीय इतिहास लेखन के लिए देशी स्त्रोतों का आदर्श उपस्थित किया। प्रसाद जी युग-सत्य के निर्माता साहित्यकार हैं। आपकी रचनाएँ व्यष्टि का समष्टिगत रूपान्तरण करने के कारण कालजयी हैं। इनमें भविष्य की कल्पना प्रस्तुत करने की अद्भुत क्षमता है। आप इतिहास को वर्तमान की आँख से देखते हुए उसके भविष्योन्मुखी अन्त:सूत्र को उद्घाटित करते हैं।

प्रसाद जी ने स्वाधीनता-आन्दोलन के कठिन संघर्ष के दिनों में अपनी नाट्य-रचनाओं द्वारा भारतीय मनुष्य को झिंझोड़कर उसमें नई वैचारिक ऊष्मा का उन्मेष किया। इन्हें कोई विदेशी विचारधारा नियंत्रित नहीं कर पाती। इनके पास इतिहास और काल को आर-पार देखनेवाली भेदक दृष्टि थी। फलत: इन्हें भारतीय परम्परा एवं इतिहास के साथ-साथ पश्चिमी उपलब्धियों का भी अद्भुत ज्ञान था। इसे हम उनके नाटकों और उसकी भूमिकाओं में भली भाँति देख सकते हैं। इनके नाटक साहित्यिक एवं सांस्कृतिक महत्त्व के साथ-साथ भारतीय इतिहास का देशी पाठ भी रचते हैं। आज जिस देशीवाद की चर्चा भालचन्द्र नेमाड़े जैसे मराठी लेखक कर रहे हैं, उसका एक आधारभूत ढाँचा जयशंकर प्रसाद के नाटकों में उपलब्ध होता है। सन् 1910-11 में रचित 'सज्जन' प्रसाद का पहला नाटक है जो अपने

शीर्षक के अनुरूप युधिष्ठिर की सज्जनता का प्रादर्श प्रस्तुत करता है। यह नाटक अपनी संरचना और परम्परागत रंग-तत्त्वों के उपयोग के कारण उल्लेखनीय है। इसमें वनवास के दौरान जब पांडव द्वैतवन में निवास कर रहे थे तब दुर्योधन, कर्ण और दुःशासन के साथ उन्हें अपमानित करने के लिए वन-विहार करने जाता है। वहाँ दुर्योधन गंधर्व कन्या के साथ दुर्व्यवहार करता है जिसके बाद दुर्योधन अपने साथियों के साथ बन्दी बना लिया जाता है। तदुपरान्त दुर्योधन आदि की रानियों द्वारा सहायता के लिए युधिष्ठिर के पास आने पर सज्जनता की प्रतिमूर्ति युधिष्ठिर अर्जुन को सहायता के लिए भेजते हैं। इसके बाद अर्जुन गंधर्व नरेश चित्रसेन को युद्ध में पराजित करके दुर्योधन और उसके मित्रों को छुड़ाते हैं। यह नाटक रंग-तत्त्वों के प्रयोग और युधिष्ठिर के माध्यम से सज्जनता के चरम आदर्श की प्रतिष्ठा के कारण प्रसाद की रंग-सम्भावना का बीजवपन है। इसी क्रम में इनका अगला नाटक 'प्रायश्चित्त' (1912) आता है जो भारतेन्दु की नाट्य-परम्परा से भिन्न शिल्प की ओर अग्रसर होता है। इस नाटक में प्रसाद पुराण से इतिहास में छलाँग लगाते हैं और मध्यकालीन भारतीय इतिहास के एक भयावह पृष्ठ का नाट्य-रूपान्तरण करते हैं। लेखक ने जयचन्द और पृथ्वीराज चौहान की शत्रुता और मुहम्मद गोरी के आक्रमण के ऐतिहासिक सूत्रों के आधार पर जयचन्द की नीचता, देश-द्रोह, हृदय-परिवर्तन, आत्मग्लानि एवं प्रायश्चित्त की कथा प्रस्तुत की है। प्रसाद जी अन्तर्कलह को भारतीय इतिहास की सबसे बड़ी त्रासदी मानते हैं। वे देश की पराधीनता का कारण अन्तर्कलह, पारस्परिक वैमनस्य और प्रतिहिंसा को मानते हैं। नाटक के अन्त में जयचन्द प्रायश्चित्त करते हुए आत्मघात कर लेता है, इसे आधार बनाकर परमेश्वरी लाल गुप्त ने इसे 'हिन्दी की प्रथम मौलिक ट्रैजेडी' कहा है, जबकि श्रीपति शर्मा को सम्पूर्ण नाटक शेक्सपियर के 'मैकबेथ' की तर्ज पर लिखा हुआ प्रतीत होता है। डॉ. विश्वनाथ मिश्र ने 'श्मशान-भूमि' में अट्टहास, संयोगिता की प्रेतात्मा की झलक और मानसिक द्वंद्व के प्रसंगों में शेक्सपियर के दुखांतक 'हैमलेट' का स्मरण किया है। यह नाटक इस बात का प्रमाण है कि प्रसाद जी भारतीय नाटकों के साथ-साथ पाश्चात्य नाटकों के रचना-विधान से भी परिचित थे।

इसके उपरान्त प्रसाद का अगला नाटक 'कल्याणी-परिणय' आता है जिसमें सेल्यूकस की पराजय तथा चन्द्रगुप्त-कार्नेलिया विवाह के प्रसंग द्वारा सम्पूर्ण राष्ट्र को सुरक्षित, निष्कंटक और शक्तिशाली बनाने के साथ-साथ विश्व मैत्री के सन्दर्भ का भी निर्वचन किया गया है। इस नाटक में भारतेन्दु हरिश्चन्द्र की परम्परा का निर्वहन करते हुए गीतात्मक प्रकृति-वर्णन, सौन्दर्य-वर्णन तथा पारसी नाट्य-शैली की भाँति तुकान्त काव्य-पंक्तियों एवं संवादों का सफल प्रयोग हुआ है। लेखक ने आरम्भ में नये ढंग का नांदी-पाठ और समापन के समय नाट्यशास्त्र की भाँति मंगलगान रखा है। प्रसाद जी चन्द्रगुप्त की वीरता और क्षमा जैसे गुणों का तो

उत्कर्ष कर देते हैं परन्तु चाणक्य जैसे महामनीषी की वह तेजस्विता और प्रखरता यहाँ नहीं ला पाते जो चन्द्रगुप्त नाटक में है। एक बात ज़रूर है कि इनका प्रशस्त दृष्टिकोण सेल्यूकस-कार्नेलिया के संवादों में कोमलता का उन्मेष करते हुए उनके आत्म-सम्मान को सुरक्षित रखता है।

इसी क्रम में इनका अगला नाटक 'राज्यश्री' (1915) आता है। राज्यश्री को स्वयं प्रसादजी ने अपना पहला ऐतिहासिक रूपक कहा है जिसका उद्‌देश्य राज्यश्री का चरित्र-चित्रण है। यह पाठ्यक्रम के अनुरूप 65 पृष्ठों का औसत आकार का नाटक है जिसमें 28 पात्र और 22 दृश्य हैं। लेखक ने अपने कवि स्वभाव के अनुरूप इसमें सात गीतों का भी विधान किया है। इसमें लेखक ने हर्षकालीन सामाजिक, सांस्कृतिक, धार्मिक एवं राजनीतिक स्थितियों के माध्यम से तत्कालीन इतिहास का नूतन पाठ तैयार किया है। इसमें राज्यश्री के चरित्र को उभारने के प्रयास में मानवीय तथा सांस्कृतिक मूल्यों पर गहरी टिप्पणियाँ मिलती हैं। लेखक अपनी चिन्तनात्मकता द्वारा ऐतिहासिक सन्दर्भों को अपने समय एवं समाज से जोड़ने में सफल हो जाता है। सम्पूर्ण नाटक तीन स्तरों पर चलता है—राज्यश्री का त्यागमय और क्षमाशील चरित्र, शान्तिदेव, सुरमा और देवगुप्त की प्रेमकथा, देवगुप्त एवं नरेन्द्रगुप्त के षड्यंत्र और राज्यवर्धन तथा हर्ष द्वारा लिये गए प्रतिशोध से राज्य की रक्षा। लेखक ने अपनी कला-चातुरी के बल पर समानान्तर कथाओं और पात्रों द्वारा नाटकीय विषमताओं तथा वैविध्यपूर्ण चरित्रों का सृजन किया है। इन पात्रों के द्वारा जिस रोमांटिक परिवेश की सृष्टि हुई है, उससे नाटक को गति और विश्वसनीयता प्राप्त होती है। प्रसाद जी चिन्तक नाटककार हैं। फलतः उनके संवादों में ही राज्यश्री का चरित्र और उसका सांस्कृतिक महत्त्व भास्वर हुआ है।

यह नाटक इस दृष्टि से बार-बार पठनीय एवं मंचीय है कि इसमें प्रसाद के उस नाटककार व्यक्तित्व को निश्चित आयाम एवं आकार प्राप्त होता है जिसका पूर्ण परिपाक 'स्कन्दगुप्त', 'चन्द्रगुप्त' और 'ध्रुवस्वामिनी' में हुआ है। एक बड़े नाटककार का स्वाभाविक स्फुरण यहाँ परिलक्षित होता है। अपने कतिपय अन्तर्विरोधों और शिल्पगत अभावों के बावजूद यह भारतेंदु के नाटकों से हिन्दी नाट्यलेखन को आगे बढ़ाता है। उसे पुरस्कृत करता है। यह ऐतिहासिक परिवेश, कालजयी संवाद तथा पात्रों के मनोवैज्ञानिक संघर्ष के चित्रण के कारण हिन्दी नाट्य साहित्य को समृद्ध करता है। इस नाटक का महत्त्व ऐतिहासिक है क्योंकि प्रसाद जी इसमें पहली बार ऐतिहासिक तथ्यों की गहरी छानबीन के बाद नाट्य लेखन में प्रवृत्त हुए हैं। इस नाटक में 'स्कन्दगुप्त' और 'चन्द्रगुप्त' जैसे महाकाव्यात्मक रंग-विन्यास वाले नाटक का स्फुरण देखा जा सकता है।

इसके बाद कल्हण की 'राजतरंगिणी' के प्रथम तरंग के आधार पर 'विशाख'(1921) नामक नाटक आता है जो बौद्धों के पतनोन्मुख इतिहास का

दस्तावेज़ है। यह नाटक विशाख और चन्द्रलेखा के रागात्मक सम्बन्ध के बहाने राजा नरदेव के कामुक और अत्याचारी रूप के प्रतिरोध में प्रेमानन्द के अहिंसात्मक और नाग जाति के हिंसात्मक संघर्ष का रोचक प्रस्तुतीकरण हुआ है। यह तत्कालीन परिवेश में अंग्रेज़ों की अत्याचारी व्यवस्था के विरुद्ध नरम और गरम दल के आन्दोलनों के सन्दर्भ में भी देखा जा सकता है। चन्द्रलेखा भारतीय जनता के उस रूप का प्रतिनिधित्व करती है जो अपने सीमित संसार में भी सुख और सम्मानपूर्वक जीवन-यापन करना चाहती है। इसमें प्रेमानन्द गांधी जी के सिद्धान्तों को पुरस्कृत करते हुए कहता है : "सत्य को सामने रखो, आत्मबल पर भरोसा रखो, न्याय की माँग करो।" प्रसाद जी यहाँ गांधीवादी आदर्शों को तरजीह देते हुए नागों के हिंसात्मक कार्रवाई को शिथिल करते हुए प्रकारान्तर से क्रान्तिकारियों के आन्दोलन की मर्यादा निर्धारित करते हैं। इस नाटक का सबसे बड़ा वैशिष्ट्य तत्कालीन राजनीतिक घटनाक्रमों की सापेक्षता में मनोरंजक शैली का विन्यास है। लेखक ने आन्तरिक रंग-तत्त्वों की सम्भावनाओं का निदर्शन करते हुए विशाख-चन्द्रलेखा के पारस्परिक प्रेम, बौद्ध भिक्षुओं के पतनोन्मुख पाखंड और राजा नरदेव के अनैतिक शासन-व्यवस्था द्वारा सम्पूर्ण नाटक के कार्य-व्यापार का नियोजन किया है। लेखक ने विशाख-चन्द्रलेखा की प्रेम-कथा की पृष्ठभूमि में बौद्ध धर्म और अत्याचारी सत्ता के अन्तर्विरोध को उभारते हुए प्रेमानन्द के दार्शनिक व्यक्तित्व द्वारा मानवतावादी आदर्श की प्रतिष्ठा की है। इसमें राजा-प्रजा अथवा शासक-शासित के प्रश्न को पूरी शिद्दत के साथ उठाया गया है। लेखक ने परम्परागत नाट्य तत्त्वों और रंगों को सँवारते हुए प्रस्तुति-शैली की नई सम्भावनाओं के उद्घाटन द्वारा विशाख को महत्त्वपूर्ण बना दिया है। इसमें गीत-संगीत का वैविध्यपूर्ण समारोह परिलक्षित होता है। प्रसाद जी की नाट्य-शैली का कवित्व अपने तरल, कोमल, मसृण और गुलाबी रूप में दर्शनीय है।

प्रसाद जी 'विशाख' के उपरान्त अत्यन्त व्यापक चित्रफलक पर 'अजातशत्रु' की सृष्टि करते हैं। यहाँ उन्होंने अपने नाट्य रचना-विधान का अतिक्रमण करते हुए तीन समानान्तर कथा-विन्यास द्वारा प्रथम विश्वयुद्ध की हिंसात्मक परिणति के विरुद्ध मानवीय चेतना का उन्मेष दिखलाया है। यह सर्वविदित है कि प्रसाद के लिए नाट्य लेखन राष्ट्र-सेवा और समाज-सेवा का एक सशक्त माध्यम है। वे जानते थे कि सामाजिकता के लिए सबसे प्रभावी विधा नाटक है। इनका सम्पूर्ण साहित्य स्वदेश, स्वभाषा और स्वदेशी की विराट प्रतिष्ठा का साहसिक अभियान है जो इस महान प्रतिभा की अन्तरात्मा से निकला हुआ ऊर्जा-स्रोत है। इन्होंने अपने समय, समाज, इतिहास, पुराण और भविष्य को जितना समझा, देखा, जिया और भोगा; उसे अपने विराट विजन के वलय में समेटकर अभिव्यक्त किया। इन्होंने भारतीय इतिहास और सांस्कृतिक राष्ट्रवाद को जिया है। अजातशत्रु इस दृष्टि से पहला बड़ा

प्रयास है जिसमें प्रसाद जी की रंग-चेतना खुलकर आ गई है। इसमें महात्मा बुद्ध के समय का इतिहास सुरक्षित है। लेकिन प्रसाद जी ने इसकी भूमिका में अर्जुन और जरासंध के उत्तराधिकारियों का संधान करते हुए जिस तरह अजातशत्रु से उसका तार जोड़ा है, वह बड़े-से-बड़े इतिहासकार के लिए भी कम चुनौतीपूर्ण नहीं है। प्रसाद जी इस नाटक में मगध के मुख्य कथानक के साथ कोशल एवं कौशांबी से सम्बन्धित कथानक का त्रिकोण निर्मित करते हैं। चूँकि प्रसाद जी ने अपने विराट अध्ययन द्वारा भारतीय इतिहास की अपनी छवि निर्मित कर ली थी। अतः वे कुणीक के विद्रोह, रानी छलना, शक्तिमती और मागंधी के षड्यंत्र, गौतम एवं बिम्बसार के विचार बिन्दु, मल्लिका तथा पद्मावती की शान्तिप्रियता का चित्रण करते हुए इतिहास की एक प्रामाणिक झाँकी प्रस्तुत करते हैं। वे तीनों कथानकों का स्वतंत्र विकास करते हुए दिखलाते हुए प्रथम में आरम्भ, द्वितीय में उत्कर्ष और तृतीय में शमन का प्रादर्श प्रस्तुत करते हैं। इसमें प्रसाद जी की नाट्यकला का पहला सुदृढ़ सोपान देखा जा सकता है। यदि कोई रंगकर्मी इस नाटक की अन्तर्वस्तु एवं जटिलताओं से गुजरकर हिंसा-अहिंसा तथा मानवीयता एवं अमानवीयता के द्वंद्व को गत्यात्मक अर्थवत्ता के साथ उभार सके तो इसका महत्त्व काफी बढ़ जाएगा। इसमें प्रसाद की प्रगीतात्मक प्रतिभा, बौद्धिक एवं तार्किक संवाद तथा हार्दिक कवितापन अविस्मरणीय बन पड़ा है। फलस्वरूप यह नाटक अपने पुनर्पाठ और पुनःप्रस्तुतीकरण की गम्भीर माँग करता है।

इसके अनन्तर प्रसाद जी का अगला महत्त्वपूर्ण नाटक 'जनमेजय का नागयज्ञ' आता है जो मनुष्यता के विकास-क्रम में आज के अस्मिता-बोध और अस्मिता-विमर्श को उजागर करता है। इस नाटक की कथावस्तु अर्जुन के प्रपौत्र जनमेजय के जीवन से सम्बन्धित है। इसका कथानक भी तीन समानान्तर धरातलों पर चलता है—पहला तक्षक-मनसा कश्यप, दूसरा जनमेजय-उत्तंक और तीसरा मणिमाला-आस्तीक-वेदव्यास। इन तीनों के संयोजन में ब्राह्मण वर्ग की ऐतिहासिक भूमिका चित्रित हुई है। इस नाटक में सम्राट जनमेजय ब्राह्मण हत्या के प्रायश्चित्त-स्वरूप और अपने पिता परीक्षित की हत्या का प्रतिशोध लेने के लिए यज्ञ का आयोजन करके नागों की आहुति देते हैं। यह आर्य एवं नाग जाति के संघर्ष की गहरी व्यंजना प्रस्तुत करती है। प्रसाद जी इस जातीय संघर्ष के मूल में वर्चस्व और दूसरों पर शासन करने की बलवती इच्छा को दिखलाते हैं। लेखक ने ऋषियों के प्रयासों से शान्ति और सन्धि करवाकर इस संघर्ष का समापन करवाया है। इसके लिए चन्द्रगुप्त-कार्नेलिया की तरह नागकुमारी मणिमाला से जनमेजय का विवाह करवाकर लेखक ने कथित जातीय संघर्ष को विराम दिया है। इसके लिए प्रसाद जी नाटकीय स्वायत्तता का भी भरपूर प्रयोग किया है। इसमें लेखक भारतीयों में राष्ट्रीय चेतना का अमर मंत्र फूँकने का प्रयास भी करता है। वह नाग जाति के

बहाने भारतीय जनमानस के आत्मबोध और देशानुराग को उन्मीलित करता है। इसमें मनसा और इसकी दो सखियाँ उद्‌बोधन गीत प्रस्तुत करती हैं जो तत्कालीन सेंसरशिप के बीच अपनी बात को फैलाने के लिए रास्ता तलाशने के जटिल संघर्ष की फलश्रुति है :

क्या सुना नहीं कुछ, अभी पड़े सोते हो,
क्यों निज स्वतंत्रता की लज्जा खोते हो?
प्रतिहिंसा का विष तुम्हें नहीं चढ़ता क्या?
इतने शीतल हो, वेग नहीं बढ़ता क्या?
जब दर्प भरा अरि चढ़ा चला आता है,
तब भी तुममें आवेश नहीं आता है।

× × ×

अपने स्वत्वों से स्वयं हाथ धोते हो,
क्यों निज स्वतंत्रता की लज्जा खोते हो?

इस तरह प्रसाद जी अपने इतिहास-बोध और अस्मिता-बोध के द्वारा तत्कालीन परिवेश में यह चित्रित करने का प्रयास करते हैं कि मानो उक्त गीत में स्वयं भारतमाता देशवासियों को स्वाधीनता-प्राप्ति के लिए उत्प्रेरित कर रही हों! इस दृष्टि से 'जनमेजय का नागयज्ञ' की प्रासंगिकता काफी बढ़ जाती है। यह नाटक आर्य-नाग संघर्ष के साथ-साथ क्षत्रिय-ब्राह्मण संघर्ष का भी चित्रांकन करता है। प्रसाद जी ने वेदव्यास, च्यवन, सोमश्रवा, जरत्कारु एवं आस्तीक की दार्शनिक उक्तियों के आधार पर धर्म के तत्कालीन स्वरूप का विश्लेषण किया है। प्रसाद जी धार्मिक कर्मकांडों और विधि-विधान के विकृत रूप पर प्रहार भी करते हैं। यह उनके सामाजिक-सांस्कृतिक सुधार-भावना का भी प्रभावी प्रकटन है। इस नाटक के अन्त में लेखक ने अपनी नियति सम्बन्धी अवधारणा को तार्किक परिणति प्रदान की है। यह नाटक अपने रचना-विधान में सुनियोजित और आकर्षक है। इसमें परस्पर विरोधी विचारधारात्मक टकराहट और उनके मध्य तनाव को उभारते हुए पूर्ववर्ती नाटकों से भिन्न संरचना-शिल्प का अनुप्रयोग हुआ है। इसके गीत भी नाटकीय प्रभाव को और गहराई प्रदान करते हैं। इसका दृश्यात्मक आकर्षण प्रस्तुति की नई सम्भावनाओं का संकेतक है। नाटक के अन्त में मैत्री, अहिंसा और शान्ति के सन्देश द्वारा लेखक ने संघर्ष के निराकरण का प्रतिमान भी उपलब्ध कराया है। यह नाटक जातीय अस्मिता-बोध, राष्ट्र एवं व्यक्ति के गौरव के प्रश्न पर गहन विमर्श प्रस्तुत करता है। आज जब मतवैभिन्न्य अथवा अस्मिता की राजनीति का बोलबाला है तब यह नाटक और भी प्रासंगिक प्रतीत होता है। प्रसाद ने ऐतिहासिक-पौराणिक परिवेश के माध्यम से अपने समय की औपनिवेशिकता से उत्पन्न विकृतियों के विरुद्ध सक्रिय प्रतिरोध

की प्रेरणा देने का कार्य इस नाटक द्वारा सम्पन्न कराया है। इस तरह 'जनमेजय का नागयज्ञ' जातीय अस्मिता के प्रश्नों-संघर्षों के माध्यम से अपने समय और समाज के बुनियादी सवालों से टकराने का ठोस विकल्प उपलब्ध कराता है।

सारांश यह है कि प्रसाद के आरम्भिक नाटक ही उनकी अप्रतिम सर्जनात्मक प्रतिभा की रंग-दृष्टि का निदर्शन करते हैं। प्रसाद जी जितने संवेदनशील हैं, उससे अधिक चिन्तनशील हैं। फलतः वे अपने रंग-चिन्तन के विकास के समानान्तर नाट्य लेखन और रंगमंचीय अनुप्रयोग करते हैं। इन नाटकों में ही प्रस्तुति के इतने वैविध्यपूर्ण और गहनस्तरीय रंग दृष्टि का संश्लेषण है कि यह सिद्ध हो जाता है कि प्रसाद जी अनेक रंग-प्रणालियों के प्रवर्तक हैं। फलस्वरूप इनके नाटक नये दृष्टिबोध की माँग करते हैं। इनका प्रस्तुतीकरण अतिशय चुनौतीपूर्ण है। इनका संश्लिष्ट रचना-विधान और काव्यात्मक चित्रण रंगमंच के लिए नई तर्क-संगति स्थापित करता है। इनके नाट्य चिन्तन की सापेक्षता में इन नाटकों की गतिशील अर्थवत्ता की गुत्थियों को खोलने के लिए गहरी अन्तर्दृष्टि और तीखी समझ अपेक्षित है। इनके नाटक कालिदास, भवभूति, शेक्सपियर और परम्परागत नाट्य-शैलियों के संश्लेषण से तैयार ऐसा रसायन हैं कि उनके अन्तरतम में प्रवेश करने के लिए गहन नाटकीय बोध अपेक्षित है। प्रसाद जी ने अपने आरम्भिक नाटकों द्वारा यह संकेतित कर दिया कि वे हिन्दी नाटक के सर्वोच्च शिखर की ओर बढ़ रहे हैं। हिन्दी नाटक के विकास-क्रम में इन नाटकों की क्लासिक बुनावट अपने वैविध्यपूर्ण प्रस्तुतिपरक आयामों में यह रेखांकित करती है कि वे हिन्दी नाटक को विश्वस्तरीय बनाने और उसके दूरगामी विकास के लिए अपने स्तर पर निर्णायक भूमिका अदा कर रहे हैं। इसे हिन्दी नाट्यालोचन की विडम्बना ही कहा जाएगा कि जिन आलोचकों को रंगमंच की आधारभूत जानकारी भी नहीं थी। वे इनके नाटकों को रंगमंच के अनुपयुक्त सिद्ध कर रहे थे, जबकि अनेक प्रशिक्षित निर्देशकों ने आधुनिक नाट्य-मुहावरों तथा रंग-प्रस्तुति की विशेषज्ञता के सहारे इनके नाटकों को मंच पर लाकर विस्तृत नाट्य-विधान प्रकाशित किया है। यह इस बात का द्योतक है कि प्रसाद के नाटक सतर्क पुनर्पाठ और गहन रंगबोध की माँग करते हैं। इस तैयारी के द्वारा ही इन नाटकों का पुनःप्रस्तुतीकरण सम्भव है। हमें प्रसाद के रंग-चिन्तन के आलोक में उनके नाटककार, कवि, इतिहास के अन्वेषक और संशोधक रूप का निर्वचन करते हुए उसकी सम्पूर्ण उपलब्धियों का आकलन करना होगा। प्रसाद के आरम्भिक नाटक उनकी उठान के प्रतीक हैं। इनका साहित्यिक और रंगमंचीय मूल्य ऐतिहासिक महत्त्व का अधिकारी है। इन नाटकों ने प्रसाद को 'स्कन्दगुप्त', 'चन्द्रगुप्त' और 'ध्रुवस्वामिनी' जैसे विराट नाट्य-लेखन के लिए प्रेरक सामग्री का कार्य किया। इन नाटकों में ही प्रसाद के गम्भीर भावों की अभिव्यक्ति का वैभव देखा जा सकता है जिसे समझने के लिए इतिहास, पुराण, सभ्यता-संस्कृति, धर्म-दर्शन, रंगमंचीय

रूढ़ियों और तत्कालीन परिवेश की चुनौतियों का गहरा बोध अपेक्षित है। इनके रंग-संकेत न केवल हिन्दी नाटक को समृद्धि प्रदान करते हैं अपितु नाट्य-समीक्षा की आधारभूत सैद्धान्तिकी भी उपलब्ध कराते हैं। संक्षेप में, प्रसाद जी के नाटक इनके नाट्य-चिन्तन और कलात्मक संवेदना के नेत्र हैं जो हिन्दी जगत को एक गहरी आश्वस्ति प्रदान करते हैं।

इतिहास और राष्ट्रीय चेतना का महाकाव्यात्मक विन्यास

'स्कन्दगुप्त' (1928) जयशंकर प्रसाद द्वारा लिखित सबसे बड़ा नाटक है। प्रसाद जी अपने समय-समाज, इतिहास, भूगोल, वैयक्तिक, पारिवारिक और वैश्विक सन्दर्भों में जिस देश-प्रेम और राष्ट्रीयता के स्वरूप का निर्धारण कर रहे थे, वह विराट दृश्यात्मक सम्भावनाओं के साथ 'स्कन्दगुप्त' में महाकाव्यात्मक धरातल पर चित्रित हुआ है। इसमें स्वदेश-प्रेम को मानवीय मूल्य के रूप में प्रतिष्ठित करते हुए उसे प्राणों से भी बढ़कर बतलाया गया है। प्रसाद गांधी-सुभाष और क्रान्तिकारियों से अलग अपने साहित्यिक लेखन द्वारा स्वाधीनता-संग्राम लड़ रहे थे। यह नाटक उस संघर्ष को तत्कालीन जीवन स्थितियों के आलोक में जीवन के वृहत्तर आयामों तक ले जाता है। इसमें उस समय की राजनीतिक उथल-पुथल, बाहरी आक्रमणों, पारिवारिक षड्यंत्रों तथा वैयक्तिक प्रेम की असफलता का चित्रण जिस विराट फलक पर किया गया है, वह अन्यत्र दुर्लभ है। लेखक ने जिस कौशल के साथ स्कन्दगुप्त एवं अनन्तदेवी के पारिवारिक संघर्ष तथा स्कन्दगुप्त और देवसेना की प्रेम कहानी के माध्यम से उनके अन्तर्द्वंद्वों तथा बाह्य संघर्षों को जिस काव्यात्मक औदात्य एवं मार्मिकता के साथ चित्रित किया है, वह हिन्दी नाटक के इतिहास में स्कन्दगुप्त को सर्वोच्च शिखर पर अवस्थित कर देता है। प्रसाद के नाटकों के केन्द्रीय वैशिष्ट्य पर विचार करते हुए डॉ. बच्चन सिंह ने लिखा है : "रोमांटिकता और भारतीय संस्कृति उन्हें नियतिवादी, दार्शनिक और कर्मयोगी बनाती है। अपनी संस्कृति के प्रति अत्यधिक आस्थावान होने पर भी वे किसी अर्थ में पुनरुत्थानवादी नहीं हैं। इसमें सन्देह नहीं कि उन्होंने भारतीय संस्कृति को उसकी जटिलताओं में खूब उभारा है। किन्तु उसकी ह्रासोन्मुखी रूढ़ियों को उभारने का उनका प्रयास भी कम सराहनीय नहीं है। देशभक्ति और राष्ट्रीयता का पूरा समावेश हुआ है। दूसरे शब्दों में कहा जा सकता है कि राष्ट्रीय जागरण तथा उसकी कमजोरियों को अंकित करने के लिए उन्होंने इतिहास का आच्छादन ग्रहण किया है। विभिन्न संस्कृतियों के पारस्परिक संघर्ष तथा अवांतर संस्कृतियों के वैषम्य को दिखाते हुए भी वे मूलवर्तिनी भारतीय सांस्कृतिक धारा को बनाए रखने में पूर्ण समर्थ हैं। 'स्कन्दगुप्त' और 'चन्द्रगुप्त' में उन्होंने जन-बल की वास्तविकता को पहचान कर उसे निर्णयात्मक तत्त्व के रूप में स्वीकार किया है।"[1]

इसमें सन्देह नहीं कि 'स्कन्दगुप्त' एक बहुस्तरीय, बहुस्थानीय तथा वैविध्यपूर्ण कार्य-व्यापार लेकर चलनेवाला नाटक है जिसमें प्रसाद का भारत-बोध और सांस्कृतिक-बोध अपने समूचे भाव-वैभव के साथ उपस्थित हुआ है।

प्रसाद जी जिस विशिष्ट कोटि के काव्यात्मक पाठ्य नाटकों के शिखर पुरुष हैं, उसका अत्यन्त भव्य स्थापत्य 'स्कन्दगुप्त' में देखा जा सकता है। भारतीय इतिहास में गुप्तकाल को स्वर्णयुग की संज्ञा से अभिहित किया जाता रहा है। इस युग के शासक सुसंस्कृत, दूरदर्शी, राजनीति कुशल, कला-प्रवीण और वाग्मी थे। फलतः धन, ऐश्वर्य, कला, साहित्य, संगीत, संस्कृति—सभी क्षेत्रों में आशातीत प्रगति हुई। भारतीय इतिहास में विजय, वैभव और निर्माण के फलस्वरूप गुप्त-युग की उपलब्धियाँ विलक्षण हैं। इस कारण जब राज्यश्री स्थिर हो गईं तो बाह्य-शक्तियों का ध्यान यहाँ की समृद्धि पर पड़ी। चूँकि उत्तरकाल के गुप्त-शासक अपने गहन दायित्वबोध को हल्के में लेने लगे जिससे आक्रान्ता हूणों को सक्रिय होने का अवसर मिल गया। कुमार गुप्त ने यथाशक्ति भारतीय सीमाओं को हूणों के आक्रमण से सुरक्षित रखा। यह भी उल्लिखित है कि स्कन्दगुप्त ने अपने पिता कुमार गुप्त के शासनकाल में ही अपूर्व रणनीतिक चातुर्य और पराक्रम का परिचय देते हुए पुष्यमित्रों को परास्त कर दिया था। स्कन्दगुप्त के युद्धों का उल्लेख जूनागढ़ प्रशस्ति और भीतरी के अभिलेख में भी मिलता है। स्कन्दगुप्त ने किस तरह हूणों को पराजित किया था, इसका अत्यन्त सुन्दर उल्लेख शिलालेखों में मिलता है। स्कन्दगुप्त ने अपने समय में हूणों की सेना को गांधार से आगे नहीं बढ़ने दिया। फलतः गुप्त-साम्राज्य का वैभव अक्षुण्ण बना रहा। साथ ही, कतिपय नये प्रदेश जीतकर अपने साम्राज्य का विस्तार भी किया। ऐसा माना जाता है कि स्कन्दगुप्त (455 ई. से 467 ई. तक) का शासनकाल गुप्त-साम्राज्य के लिए संकट का काल था। इस समय पुष्यमित्र द्वारा आन्तरिक संकट और हूणों द्वारा बाह्य संकट उत्पन्न हुआ था। कुमार गुप्त प्रथम के समय से ही यह संकट आरम्भ हो गया था। फलतः राष्ट्रीय सुरक्षा और उसके हित- साधन का दायित्व युवराज स्कन्दगुप्त ने अपने कंधों पर वहन किया। वे एक पवित्र और गहरे कर्तव्य-बोध से प्रेरित होकर राष्ट्रीय संकट के उन्मूलन में तत्पर हुआ। वह न केवल मालवा एवं सौराष्ट्र को इस संकट से बचाते हैं अपितु राष्ट्र की विचलित कुल-लक्ष्मी की स्थापना भी करते हैं। अतः स्कन्दगुप्त का अन्तर्विधान राष्ट्र-उद्धार के मूल चिन्तन को लेकर चला है। यह स्वाधीनता-संग्राम के कठिन संघर्ष के दिनों में भारतवासियों को राष्ट्र उद्धार के लिए प्रेरित करता है। फलस्वरूप इसमें गुप्तकालीन राजनीतिक-सामाजिक-सांस्कृतिक, आर्थिक, धार्मिक-आध्यात्मिक सन्दर्भों तथा जीवन शैलियों के महत्त्व प्रतिपादन के साथ-साथ अपने समकालीन सन्दर्भों का विशिष्ट संश्लेषण हुआ है।

यह भी चिन्तनीय है कि 'स्कन्दगुप्त' जैसे महाकाव्यात्मक वस्तु-विन्यास का विशृंखलित होना स्वाभाविक है। फलतः इसके आरम्भिक एवं अन्तिम सर्गों के मध्य एकान्विति नहीं हो पाई है। इस नाटक का कलात्मक विन्यास ऐतिहासिक, राजनीतिक, वैयक्तिक और पारिवारिक घटनाओं के संश्लेषण से अभूतपूर्व ऊँचाई पर पहुँच गया है। इससे रंगमंच के समक्ष यह बड़ी चुनौती भी पेश करता है। इसमें बहुस्तरीय घटनाक्रम जिस पारस्परिक संघात के साथ साकार हुए हैं, उससे इसका दृश्यात्मक आकर्षण और जीवन-मूल्यों का संधान एक व्यापक और उत्तेजक नाटकीय अनुभव बन गया है। इस नाटक के उद्देश्य पर प्रकाश डालते हुए सुप्रसिद्ध रंग-अध्येता महेश आनन्द ने ठीक ही लिखा है : "इस नाटक का उद्देश्य विदेशी आक्रमणकारियों की शक्ति या उनके विरुद्ध संघर्ष की अतिनाटकीयता दिखाना नहीं है, बल्कि उनसे पड़नेवाले प्रभावों, उनसे जूझनेवाली शक्तियों और उन शक्तियों को कमज़ोर बनानेवाले प्रतिक्रियावादी तत्त्वों का चित्रण करना है। यही कारण है कि नाटककार ने युद्ध-दृश्यों को संवादों द्वारा न उभारकर पूर्व एवं पश्चात् की उन स्थितियों का विश्लेषण किया है, जिनका सामना पात्र कर रहे हैं। वैसे एक निर्देशक के लिए हूणों का अत्याचार (1/6), युद्ध (1/7; 3/5,6/5), हूणों से दुरभिसन्धि (3/3.5/4), हूणों की चरित्र-हीनता (4/7) आदि में दृश्यात्मक सम्भावनाओं के पर्याप्त अवसर हैं, जिनसे शत्रु पक्ष का चरित्र एवं उसकी कार्य-दिशा स्पष्ट होती है। प्रसाद ने इन दृश्यों का अंकन परदों वाले दृश्यबंध से प्रेरित होकर किया है; जबकि यही दृश्य बहु-धरातलीय दृश्य-रचना में, निरन्तर कार्य रूप में घटित होकर, पात्रों के संघर्ष एवं नाटकीय प्रभाव की एक श्रृंखला बना सकते हैं। संवादों द्वारा अनावश्यक विस्तार एवं अतिनाटकीयता का समावेश नाटक की मूल संवेदना के लिए ज़रूरी नहीं था। अगर प्रसाद इन सभी दृश्यों में स्कन्द को दिखाते तो नाटक का स्वर ही बदल जाता। जब आलोचक संवादों से रहित युद्ध-दृश्यों में विदेशी आक्रमणकारियों की शक्ति और विदेशी आक्रमण से सम्बद्ध संघर्ष में प्रखरता की माँग करते हैं तो स्पष्ट रूप से वे आक्रमणकारियों से होनेवाले लम्बे-चौड़े उत्तर-प्रत्युत्तरों या अतिनाटकीय संघर्ष की कामना करते हैं, साथ ही, सभी दृश्यों में स्कन्द को देखने की आशा करते हैं। स्कन्द उनकी आशा के विपरीत परदे के पीछे घटनेवाली घटनाओं से प्रभावित होकर सामने आता है तो वह आलोचकों को प्रभावहीन लगता है। वैसे किसी भी नाजुक समय में स्कन्द का भीतरी योद्धा पलायन नहीं करता, चाहे उसके प्रेरणास्रोत दूसरे व्यक्ति रहे हों। हाँ, पाँचवें अंक में हूणों से होनेवाले संघर्ष की तैयारी को उभारा जाना चाहिए था। वहाँ युद्ध अकेले नहीं लड़ा जा रहा था। इस समय तक कुचक्रों का सामना करने के लिए समस्त प्रेरक शक्तियों का एकत्रीकरण हो चुका था।"[2]

प्रसाद ने अपनी नाट्य-शैली के अनुरूप युद्ध-दृश्यों की सांकेतिक अभिव्यक्ति

की है। लेखक ने अपने रंग-कौशल के बल पर स्कन्दगुप्त के कार्य-व्यापारों को दृश्यात्मक सम्भावनाओं द्वारा प्रस्तुत किया है। यह प्रसाद की सर्जनात्मक प्रतिभा ही थी जिसने उन्हें पाँचवें अंक में हूण-सेना एवं खिंगिल के साथ घटित युद्ध को सांकेतिक रूप में उभारा है। इसके साथ हूण सैनिकों का बिखराव और स्कन्दगुप्त की विजय का दृश्य अतिशय प्रभावी बन पड़ा है। लेखक ने स्कन्दगुप्त की सेना द्वारा गाए गए प्रयाण गीत 'हिमालय के आँगन में उसे प्रथम किरणों का दे उपहार' द्वारा नाटक का समापन करके उसकी नाटकीयता को दृश्यात्मक विस्तार दिया है।

इस नाटक का कथानक भले ही ऐतिहासिक पृष्ठभूमि पर आधारित है परन्तु इसमें प्रसादयुगीन राजनीतिक घटनाक्रम बहुत ही स्पष्ट है। यह नाटक जब लिखा जा रहा था तब गांधी जी का असहयोग आन्दोलन असफल हो चुका था। सन् 1922 ई. में कांग्रेस का एक धड़ा अलग होकर स्वराज पार्टी का निर्माण करता है। वह सत्ता में सहभागिता द्वारा ब्रिटिश राज से टकराना चाहती थी लेकिन उसे केवल आत्मप्रवंचना ही हाथ लगती है। इस दौरान घटित साम्प्रदायिक दंगों ने गांधी जी में निराशा भर दी थी। साइमन कमीशन के विरोध में लगातार प्रदर्शन हो रहे थे। संक्षेप में, यह राजनीतिक अवसाद, साम्प्रदायिक तनाव, उदासी और विघटन का समय था। फलस्वरूप प्रसाद जैसे कलाकार इतिहास के सत्य को, अपने समय के यथार्थ को, प्रतिबिम्बित करनेवाले माध्यम के रूप में चुनता है। यह ब्रिटिश सेंसरशिप के दौरान अपनी बात को कहने का एक विशिष्ट माध्यम था। वे अपने समय के नैराश्यपूर्ण वातावरण, आन्तरिक संघर्ष और वैमनस्य का स्वरूप, ह्रासग्रस्त प्रवृत्तियों और मनुष्य के आन्तरिक संघात को 'स्कन्दगुप्त' में महाकाव्यात्मक विन्यास प्रदान करते हैं। इस कारण यह नाटक मनुष्य के वैयक्तिक एवं आन्तरिक समस्याओं, समाज-राष्ट्र और समस्त मनुष्यता की समस्याओं का एक व्यापक एवं विराट पाठ-वितान निर्मित करता है। इसमें बाह्य और आन्तरिक घटनाओं का समानान्तर संघात इसे एक अद्वितीय नाटकीय उत्कर्ष प्रदान करता है। इस नाटक की त्रासदी का एक कारण गुप्तकुल में उत्तराधिकार के नियम का सुनिश्चित न होना भी है। फलतः स्कन्दगुप्त युवराज होते हुए भी साम्राज्य की सुरक्षा में एक साधारण सैनिक के समान संलग्न है। उसकी विमाता अनन्तदेवी अपने पुत्र पुरुगुप्त को सिंहासन पर बैठाने के लिए गुप्त रीति से षड्यंत्र करती है। वह बलाधिकृत भटार्क तथा भिक्षु प्रपंचबुद्धि के साथ मिलकर कुमार गुप्त की हत्या करवा देती है। प्रसाद जी ने शर्वनाग आदि सैनिकों के माध्यम से उस भयावह रात्रि का वर्णन किया है। इस दौरान राज्य के तीन अधिकारियों द्वारा अपना सर्वोच्च बलिदान भी दिया जाता है। दूसरी ओर स्कन्दगुप्त मालव की रक्षा करते हुए विजया की ओर आकृष्ट होता है किन्तु उसी समय उसे अपने पिता की मृत्यु और माता के संकट की सूचना मिलती है। फलस्वरूप वह कुसुमपुर

लौटकर षड्यंत्रकारियों से अपनी माता के प्राणों की रक्षा करता है। इस पर भी अनन्तदेवी का षड्यंत्र जारी रहता है और वह हूणों को आक्रमण के लिए उकसाती है। हूणों से युद्ध करता हुआ स्कन्दगुप्त भटार्क के षड्यंत्र के कारण कुभा की लहरों में ससैन्य बह जाता है। उसकी माता देवकी अपने प्रतापी पुत्र के अन्त का समाचार सुनकर मृत्यु को प्राप्त हो जाती है। महाबलाधिकृत पर्णदत्त और देवसेना क्षत-विक्षत सेना को एकत्र करने और उनके लिए सूखी रोटियों को एकत्रित करने का महत्त्वपूर्ण कार्य करते हैं। नाटक का अन्त त्रासदी की चरम सीमा है। जब आक्रान्ताओं को स्कन्दगुप्त भारतभूमि से बाहर खदेड़ देता है और एक निष्कंटक राज्य का अधिपति हो सकता था, उसी समय वह राज-पाट अपने सौतेले भाई को सौंप देता है। उसकी हार्दिक इच्छा थी कि वह जीवन का अन्तिम समय देवसेना के साथ व्यतीत करेगा परन्तु स्वाभिमानी देवसेना क्षमा-याचना कर लेती है। नाटक की त्रासद परिणति स्कन्दगुप्त और देवसेना के इस कारुणिक संवाद द्वारा सम्पन्न होती है : "देवी! यह न कहो। जीवन के शेष दिन, कर्म के अवसाद में बचे हुए हम दुखी लोग, एक-दूसरे का मुँह देखकर काट लेंगे। हमने अन्तर की प्रेरणा से शस्त्र द्वारा जो निष्ठुरता की थी, वह इस पृथ्वी को स्वर्ग बनाने के लिए। परन्तु इस नन्दन की वसन्तश्री, इस अमरावती की शची, स्वर्ग की लक्ष्मी तुम चली जाओ—ऐसा मैं किस मुँह से कहूँ? (कुछ ठहरकर सोचते हुए) और किस वज्र कठोर हृदय से तुम्हें रोकूँ? देवसेना! देवसेना!! तुम जाओ। हतभाग्य स्कन्दगुप्त, अकेला स्कन्द ओह!!"

देवसेना : "कष्ट हृदय की कसौटी है, तपस्या अग्नि है, सम्राट! यदि इतना भी न कर सके तो क्या! सब क्षणिक सुखों का अन्त है। जिसमें सुखों का अन्त न हो, इसलिए सुख करना ही न चाहिए। मेरे इस जीवन के देवता! और उस जीवन के प्राप्य! क्षमा!"

कहना न होगा कि यह क्षमा कितनी मर्मभेदिनी है। वह अपनी निर्लिप्तता और आशंकाओं से उद्भूत दृढ़ता के कारण अन्तिम समय में स्कन्द के समर्पित प्रणय से भी वंचित रह गई। इस तरह नाटक का समापन अत्यन्त नाटकीय ढंग से चित्रात्मक भाषा के साथ होता है।

स्कन्दगुप्त के अन्त पर विचार करते हुए महेश आनन्द ने ठीक ही लिखा है : "इस नाटक का अन्त जितना अधिक आकर्षक एवं नाटकीय है, उतना किसी अन्य नाटक का नहीं। स्कन्दगुप्त अपने भीतर की कोमलता को सहेजता हुआ प्रेम चाहता है, किन्तु वह अपने व्रत से बँधा हुआ भी है। दूसरी ओर, उसकी स्वाभिमानिनी प्रेमिका उसे इस व्रत से झुकाना नहीं चाहती। दोनों पात्र ऐसे बिन्दु पर खड़े हैं, जहाँ से उन्हें हमेशा के लिए अकेले जीवन-यात्रा करनी होगी, अकेले ही जूझना होगा। यह विसंगति ही है कि सब कुछ आसानी से उपलब्ध हो सकने पर

भी उन्हें अलग होना पड़ा। प्रश्न उठता है कि जब दोनों एक बार निर्णय ले चुके थे (5/2,134-35), तब इस दृश्य की क्या सार्थकता है? वास्तव में, जहाँ पूर्व-दृश्य का निर्णय उन्हें साधारण मानव से ऊपर ले गया है, वहाँ इस दृश्य में उनके भीतर का साधारण मानव झाँकता-सा दिखाई देता है। यहाँ नज़दीक से उनके आर-पार देखा जा सकता है। इसी के साथ अन्तिम दृश्य की परिकल्पना उस संघर्ष की ओर ले जाती है, जहाँ व्यक्तिगत सुख अधिक महत्त्वपूर्ण नहीं रहते। इसीलिए अन्तिम दृश्य बाहरी विजयोल्लास की जय-जयकार और भीतरी रुदन के साथ समाप्त हुआ है। इस प्रकार स्कन्दगुप्त राजनीतिक दृष्टि से ही नहीं, पात्रों के आन्तरिक जीवन की दृष्टि से भी उथल-पुथल का नाटक है, जिसमें 'एक विकट अभिनय का आरम्भ' करने के लिए राजनीति के 'निर्मम शून्य आकाश' में 'अनेक वर्ण के मेघ रंग' भरे गए हैं। यही रंग 'काले मेघ' की तरह पात्रों पर छाकर उनके जीवन को 'शीघ्र ही अन्धकार' से भर देते हैं। स्कन्द और देवसेना, बृहत्तर जीवन-मूल्यों से जूझते हुए, अन्त में अकेले जीवन जीने के लिए विवश हो जाते हैं: इस संघर्ष की प्रक्रिया में प्रसाद ने जिस वातावरण की सृष्टि की है और जिस सूक्ष्मता से उपयुक्त रंगों की परिकल्पना की है, वह उनकी नाटकीय क्षमता का परिचायक है। विशेष कर अन्धकार का चित्रण करते हुए प्रसाद ने उन्हीं के अनुकूल अन्धकारमय एवं भयानक वातावरण का निर्माण बड़ी कुशलता से किया है।"[3]

इस प्रकार स्कन्दगुप्त के वस्तु विधान में बाह्य व आन्तरिक संघर्ष-प्रधान घटनाओं की बहुलता है जिसके कारण एक भयावह वातावरण में हिंसा, कुचक्र, षड्यंत्र, युद्ध, हत्या, आत्महत्या जैसे व्यापारों द्वारा विश्व के क्रूरतम सत्य का उद्घाटन किया गया है। प्रसाद की अप्रतिम सर्जनात्मक प्रतिभा ने जिस कौशल के साथ पात्रों के मानवीय सन्दर्भों तथा उनके आन्तरिक जीवन के हाहाकार को स्वाधीनता-आन्दोलन के अपरिचित आयामों की सापेक्षता में उद्भासित किया है, उससे इस नाटक की व्यंजना कई गुना बढ़ गई है। प्रसाद जी अपने गहरे जीवनानुभव और अध्ययन के बल पर जिस दृश्यात्मक परिकल्पना का विधान करते हैं, उससे नाटक के छोटे-छोटे कार्य—व्यापार बहुलार्थी बन गए हैं। वे अनेक रंगों की व्यंजना करने लगते हैं। फलस्वरूप इनकी रंग-युक्तियाँ गहरे नाटकीय अर्थ-सम्प्रेषित करती हैं। इसमें विन्यस्त कोमल और भयावह दृश्यों में जिस निपुणता के साथ कवितापन और दृश्यात्मकता का अनूठा सामंजस्य हुआ है, वह सम्पूर्ण नाटक के सौन्दर्य एवं शक्ति को अभूतपूर्व ऊँचाई प्रदान करता है।

'स्कन्दगुप्त' के महत्त्व पर आलोचकों के साथ-साथ उसकी प्रस्तुति से जुड़े निर्देशकों ने भी अनेक महत्त्वपूर्ण बातें कही हैं। इस सन्दर्भ में शान्ता गांधी का अभिमत है : "प्रसाद के नाटक जिस जीवन-दृष्टि को प्रस्तुत करते हैं, वह हमारी मौजूदा पीढ़ी के मन और सौन्दर्यबोध का संस्कार करने के लिए बहुत गहरे महत्त्व की

है। उनका समकालीन महत्त्व भी बहुत है। हमारे आज के धर्म-संकट के सन्दर्भ में उसमें बड़ी सार्थक प्रासंगिकता है। दूर-दूर तक फैले हुए गुप्त-साम्राज्य को विघटित करनेवाली शक्तियों और हमारी आज की परिस्थितियों के बीच, एक गहरे तल पर जाकर, बड़ी विचित्र समानता है। आज हमें भी किसी ऐसे आधुनिक स्कन्दगुप्त की तलाश है, जो प्रकट होकर अपने महान स्वार्थ-त्याग के द्वारा इस देश की एकता की रक्षा कर सके और उसे सुदृढ़ बना सके। स्कन्दगुप्त भी चाहता तो अपने युग का तटस्थ दर्शक मात्र बना रहता, पर उसने यह नहीं किया। राजसत्ता के प्रति अपनी उदासीनता के बावजूद, वह अपने युग के संघर्ष में खिंच आने को बाध्य हुआ। गहरे आत्ममंथन की प्रक्रिया से गुजरते हुए, वह अधिकार और सत्ता के उस चरम शिखर पर पहुँचा, जहाँ से वह अपने युग के भारत में एकता और स्थिरता के लिए प्रयत्नशील शक्तियों का आह्वान और संगठन कर सके। पर उसकी कर्तव्य-भावना और समर्पित कर्मशील ज़िन्दगी ने उसे एकदम अकेला कर दिया। उसमें मन की कोमलतम भावनाओं को गहराई से अनुभव करने की क्षमता थी और वह कवि-सा जीवन बिताना ही पसन्द करता। फिर भी, उसने अपने देशवासियों का व्यावहारिक नेता बनना तय किया और इसका मूल्य बहुत ही सीमित वैयक्तिक जीवन स्वीकार करके चुकाया। अपनी राजनीतिक तथा नैतिक सफलताओं के लिए उसे अपने निजी जीवन के सन्तोष और सुख की बलि देनी पड़ी। यह निर्णय उसके लिए सुखद न था, पर उसने परिस्थितियों की चुनौती स्वीकार करके इसे सहर्ष अपनाया और दृढ़तापूर्वक उसका पालन किया।"[4]

इस तरह स्कन्दगुप्त का चरित्र उस कर्मयोगी की भाँति विकसित हुआ है जिसमें अदम्य साहस, योग्यता और 'अधिकार सुख की मादकता' के प्रति गहरी उदासीनता है। वह राष्ट्रीय विघटन को रोकने के लिए देशवासियों में एकता और अखंडता का अमर-मंत्र फूँकने की क्षमता रखता है। फलस्वरूप ऐसा व्यक्तित्व जो सफलतापूर्वक अपने युग की चुनौतियों से पार पाता हुआ उपलब्धियों के सर्वोच्च शिखर तक पहुँचता है, वह अपने जीवन में सुखद अकेलेपन को स्वीकार करने के लिए अभिशप्त होता है। स्कन्दगुप्त की नियति इसका प्रमाण है। इस सन्दर्भ में ब.व.कारन्त का अभिमत भी विशेष रूप से उल्लेखनीय है। उनका मानना है : "स्कन्दगुप्त का मुख्य आकर्षण उसका द्वंद्व है। यह द्वंद्व दो भूमियों पर चित्रित है। बाहरी राजनीतिक जगत और पात्रों का आन्तरिक जगत। स्कन्दगुप्त और देवसेना की प्रेम-कथा इसी आन्तरिक द्वंद्व से सम्बन्धित है। इस तरह से एक ऐतिहासिक चरित्र को आज भी हम अपने नज़दीक पाते हैं। इस नाटक की रचना में प्रसाद के दो उद्देश्य सामने आते हैं : पहला, देश की सांस्कृतिक विजय का स्वप्न; दूसरा, राष्ट्रीय भावना की अभिव्यक्ति। यह बात रेखांकित करने की है कि प्रसाद ने इस नाटक की रचना तब की थी जब देश अंग्रेज़ी साम्राज्य के जुए के नीचे दबा था। यह भी दिलचस्प बात

है कि 1928 के जैसे वातावरण में प्रसाद ने यह नाटक लिखा था। कमोबेश उसी वातावरण का सामना समकालीन भारत भी कर रहा है—वही आन्तरिक कलह और अपनी-अपनी भूमि से विदेशी शक्तियों का हस्तक्षेप। यदि हम अपने सामाजिक-राजनीतिक वातावरण को और गौर से देखें तो हमें भटार्क जैसे गद्दार, प्रपंचबुद्धि जैसे ढोंगी धर्माचार्य, पुरुगुप्त जैसे नाकारा, स्कन्दगुप्त के द्वंद्व को झेलते हुए राष्ट्रीय नेता और अनन्त देवी जैसे खतरनाक महत्त्वाकांक्षा से पीड़ित पात्र आसानी से देखने को मिल सकते हैं। इस तरह 'स्कन्दगुप्त' नाटक में क्लासिक रचना के गुण हैं। यह जितना गुप्तकाल पर लागू होता है, उतना ही एक साथ 1928 और 1984 के भारतवर्ष पर भी।...प्रसाद के नाटकों के सम्बन्ध में दूसरी बात यह है कि उनके नाटक भव्य हैं और उस भव्यता का वहन एक व्यावसायिक नाट्य दल ही कर सकता है। प्रसाद ने जिस ऐतिहासिक भव्यता का अंकन किया है, उसे रूप देने के लिए दक्षता और कल्पनाशीलता के साथ-साथ विविध रंगोपकरणों, वेशभूषा, मंच-विन्यास और अधिक अभिनेताओं की ज़रूरत भी है जिसे निभा पाना सबके बस की बात शायद नहीं है।"[5]

कहना न होगा कि प्रसाद के नाटकों की बहुस्तरीयता और कलात्मक वैभव को आलोचकों की तुलना में उसे प्रस्तुत करनेवाले बड़े निर्देशकों ने बेहतर ढंग से समझा है। इनके प्रदर्शनों 'राष्ट्रीय नाट्य विद्यालय रंगमंडल (नि.राम गोपाल बजाज,1977) और रंगमंडल, भारत भवन, भोपाल (नि.ब.व.कारन्त,1984) ने स्कन्दगुप्त के अर्थ-गाम्भीर्य तथा रंगमूल्यों को संश्लिष्ट दृश्यात्मक सम्भावनाओं के साथ उद्घाटित किया। साथ ही इनकी कल्पनाशील कलात्मक प्रस्तुति ने नाटक के संवेगात्मक प्रभाव का भी भरपूर उन्नयन और विस्तार किया।

सारांश यह है कि 'स्कन्दगुप्त' जयशंकर प्रसाद का श्रेष्ठतम नाटक और हिन्दी साहित्य की सर्वोत्तम त्रासदी है। इसमें अन्तर्बाह्य संघर्षों से उद्भूत स्वाभाविकता एवं नाटकीयता पर्याप्त मात्रा में है। यहाँ प्रसाद अपनी भेदक दृष्टि के बल पर भारतीय इतिहास का एक नया पाठ तैयार करते हैं। वे इतिहास में सांस्कृतिक चेतना को अन्तर्भुक्त करते हुए अपने समय एवं समाज की विसंगतियों को रेखांकित करते हुए अखंड तथा सशक्त भारत के उज्ज्वल स्वरूप का अत्यन्त विवेकपूर्ण निर्देश करते हैं। भारतवर्ष में निहित सामाजिक-सांस्कृतिक सामंजस्य का अतिशय विराट एवं सुविन्यस्त परिदृश्य मानवीय मूल्यों के सातत्य में जिस काव्यात्मक औदात्य और कलात्मक वैभव के साथ चित्रित हुआ है, वह इसे क्लासिकी गरिमा प्रदान करता है। यह अपने विराट अन्तर्विधान, जटिल संरचना, गहन अन्तर्द्वंद्व, उत्कट दायित्वबोध, वैविध्यपूर्ण चरित्र और काव्यात्मक भाषिक अनुप्रयोग के कारण अद्वितीय है। इसके बिम्ब अन्तर्बाह्य संघर्ष को जिस चित्रात्मक भाषा में उपस्थित करते हैं, वह हिन्दी

नाट्य-साहित्य की अनुपम उपलब्धि है। इस नाटक में धातुसेन और मातृगुप्त के संवाद भारतीय सभ्यता, संस्कृति और राष्ट्रीय गौरव का उद्घोष करते हैं। प्रसाद भारतवर्ष के सांस्कृतिक गौरव के अप्रतिम चित्रकार हैं। यहाँ धातुसेन के कथन में उनकी प्रशस्त राष्ट्रीय चेतना और गहन देश-प्रेम छलक उठा है : "भारत समग्र विश्व का है, और सम्पूर्ण वसुंधरा इसके प्रेमपाश में आबद्ध है। अनादिकाल से ज्ञान की, मानवता की ज्योति यह विकीर्ण कर रहा है। वसुंधरा का हृदय भारत किस मूर्ख को प्यारा नहीं।"

इस नाटक में प्रसाद जी हूणों के माध्यम से अंग्रेज़ों तथा बौद्ध-ब्राह्मण विद्वेष के माध्यम से हिन्दू-मुस्लिम संघर्ष को उसके तमाम अन्तर्विरोधों एवं जटिलताओं के साथ उद्घाटित करते हैं। प्रसाद बौद्ध-ब्राह्मण के ऐतिहासिक द्वंद्व द्वारा विदेशी सत्ता द्वारा प्रेरित हिन्दू-मुस्लिम संघर्ष का विडम्बनापूर्ण चित्रण करते हैं। वे यह प्रतिपादित करते हैं कि जो शस्त्र अंग्रेज़ों के विरुद्ध उठना चाहिए, वही शस्त्र हम उन्हीं अंग्रेज़ों की प्रेरणा से एक-दूसरे के विरुद्ध उठा रहे हैं। जब वह विदेशी आततायी सामने होता है तो हम उसे देखकर घर में घुस जाते हैं। इस तरह 'स्कन्दगुप्त' अपने ऐतिहासिक सन्दर्भों के साथ-साथ युग-सापेक्षता में राष्ट्रीय एकता, उद्धार और उसके संरक्षण का एक विराट उद्योग है। वे स्कन्द के माध्यम से उच्चतर नैतिक और राष्ट्रीय मूल्यों के संधान में जिस द्वंद्वात्मक स्थिति को उभारते हैं, उसकी नाटकीयता अप्रतिम है। ब्रिटिश राज में कुंठित भारतीय जनमानस में सांस्कृतिक अस्मिता-बोध और देशानुराग पैदा करते हैं। वे अंग्रेज़ शासकों द्वारा भारतवासियों के मनोबल को तोड़ने के लिए किये जा रहे प्रयासों से अवगत थे। वह देख रहे थे कि किस तरह अंग्रेज़ी सत्ता भारतीयों को उनके ऐतिहासिक गौरव और सांस्कृतिक वैभव से दूर रखने का निरन्तर षड्यंत्र कर रही है। यही कारण है कि वे इस नाटक में अतीत के गौरवपूर्ण पृष्ठ तथा अनुपेक्षणीय परम्पराओं का चित्रण करते हैं जिससे देशवासियों में राष्ट्रीय चेतना का उन्मेष करते हुए उनमें आत्मविश्वास का भाव भरा जाए; उनकी निष्क्रियता को दूर किया जाए। संक्षेप में, 'स्कन्दगुप्त' में इतिहास और राष्ट्रीय चेतना का जो महाकाव्यात्मक विन्यास व्यापक चित्र फलक पर गतिशील स्थितियों, पात्रों की परिवर्तनशील मनोदशाओं तथा कलात्मक बुनावट और कोमल-कठोर बिम्बों द्वारा प्रस्तुत हुआ है, वह न केवल आलोचकों को नई-नई व्याख्याओं के लिए ललकारता है अपितु रंग-निर्देशकों एवं अभिनेताओं को भी चुनौती देता है। इसका जटिल अन्तर्विधान, गहन रंगबोध, महाकाव्यात्मक परिकल्पना तथा दृश्यात्मक आकर्षण इतना अद्वितीय है कि वह इसे क्लासिकी गरिमा प्रदान करता है। इसमें जीवन की विराटता के अद्वितीय क्षणों को जिन दृश्यात्मक इकाइयों में काव्यात्मक औदात्य के साथ कल्पनाशील शैली में प्रस्तुत किया गया है, वह आलोचकों से भी अन्तर्दृष्टि की माँग करता है। फलतः इसके रंगबोध का साक्षात्कार इसकी प्रस्तुतियों

द्वारा सम्भव किया जा चुका है। अब तक जिन निर्देशकों ने अपने रंग-दायित्व को स्वीकार किया है, उन्हें इस कृति में अद्‌भुत मंचीय सम्भावनाएँ दिखी हैं। यह प्रसाद के व्यापक विजन का विराट संश्लेषण है। यह हिन्दी रंगमंच के समक्ष विस्तार की चुनौती देता है। यह नाटक प्रसाद के नाट्य-चिन्तन के आलोक में एक विशिष्ट रंग-स्थापत्य के निर्माण की प्रेरणा देता है।

सन्दर्भ-सूची

1. आधुनिक हिन्दी साहित्य का इतिहास—डॉ.बच्चन सिंह, पृ. 212
2. जयशंकर प्रसाद : रंगदृष्टि—महेश आनन्द, पृ. 95
3. वही, पृ. 100
4. नटरंग—शान्ता गांधी, अंक-9, पृ. 60-61
5. रंगमंडल, भारत भवन, भोपाल,1984 का प्रस्तुतीकरण

इतिहास और युग-बोध का संश्लिष्ट चित्र

आज जब क्षेत्रगत, भाषागत, जाति एवं सम्प्रदायगत शक्तियाँ अपने संकीर्ण स्वार्थों की सिद्धि के लिए अपनी खंड-खंड दृष्टि के पाखंड को अस्मिता-बोध का नाम देकर अपना सिर उठा रही हैं और व्यापक राष्ट्रीय अस्मिता के समक्ष चुनौती बन रही हैं तब 'चन्द्रगुप्त' जैसे राष्ट्रीय स्तर के नाटक और भी प्रासंगिक लगने लगते हैं। इसमें उठाए गए राष्ट्रीय एवं सांस्कृतिक प्रश्न वर्तमान सन्दर्भों के साथ जुड़ जाते हैं। यह नाटक जिस प्रकार संकीर्ण प्रान्तीयता, वैयक्तिक और जातिगत विद्वेष तथा राष्ट्रीय एकता और सुरक्षा के समक्ष चुनौती प्रस्तुत करनेवाली शक्तियों की खोज-खबर लेता है, वह इसे सनातन प्रासंगिकता प्रदान करती है। यह जयशंकर प्रसाद का 'स्कन्दगुप्त' के बाद अगला श्रेष्ठ नाटक है। यदि 'स्कन्दगुप्त' का सौन्दर्य उसकी घटनाओं के मध्य मानवीय वृत्तियों के उत्कर्ष-अपकर्ष, घात-प्रतिघात और द्वंद्वात्मक नाटकीयता में है तो 'चन्द्रगुप्त' में चाणक्य जैसा महामनीषी महाकाव्यात्मक व्यक्तित्व लेकर आया है। प्रसाद के सारे नाटकों में चाणक्य और स्कन्दगुप्त श्रेष्ठतम पुरुष पात्र और मालविका एवं देवसेना सर्वोत्तम नारी पात्र हैं। चाणक्य और चन्द्रगुप्त, दोनों ही भारतीय इतिहास के गौरवपूर्ण पृष्ठ हैं। प्रसाद ने इसकी भूमिका में चन्द्रगुप्त मौर्य के जीवन का भी विशद विवेचन किया है। 'चन्द्रगुप्त' भी 'स्कन्दगुप्त' की भाँति व्यापक ऐतिहासिक पृष्ठभूमि पर लिखा गया नाटक है। इसमें प्रसाद जी अपनी रणनीतिक चातुरी का परिचय देते हुए अंग्रेज़ सत्ता के विरुद्ध जातीय स्मृतियों के जागरण द्वारा संघर्ष का मार्ग सुझाया है। इस नाटक का ऐतिहासिक सन्दर्भ ई.पू. 326 के आसपास का है। इस नाटक में चित्रित चाणक्य, चन्द्रगुप्त और सिकन्दर, तीनों इतिहास-प्रसिद्ध पात्र हैं। चाणक्य और चन्द्रगुप्त, दोनों को ही मगध के आततायी राजा नन्द का कोपभाजन बनना पड़ा था। प्रसाद ने विशाखदत्त-कृत 'मुद्राराक्षस' नामक संस्कृत नाटक को अपना मूल उपजीव्य बनाया है। इस नाटक का केन्द्रीय वैशिष्ट्य भारत राष्ट्र की अखंडता, उसका तत्कालीन परिवेश और भविष्य-बोध है। यह प्रसाद की युग-चेतना का सर्वोत्तम उदाहरण भी है। इसमें चाणक्य द्वारा देश के आन्तरिक गठन एवं सुरक्षा के लिए संघर्षरत शक्तियों को संगठित करने का प्रयास है तो दूसरी ओर राष्ट्रीय अखंडता तथा उसे पराधीन बनानेवाली प्रतिगामी शक्तियों

का सशक्त चित्रण भी मिलता है। इसमें संकीर्ण प्रान्तीयता, जातिगत-सम्प्रदायगत द्वेष भावना के कारण राष्ट्र में विघटन और अस्थिरता पैदा करनेवाली राजनीतिक सोच का विदेशी शक्तियाँ किस तरह दुरुपयोग कर रही हैं, इसकी गहरी व्यंजना मिलती है। इस नाटक का आरम्भ तक्षशिला विश्वविद्यालय से होता है जहाँ पर चन्द्रगुप्त और सिंहरण चाणक्य से शिक्षा ग्रहण कर रहे हैं। उस समय पश्चिमोत्तर भारत अनेक छोटे-छोटे राज्यों अथवा गणतंत्रों में विभाजित था और उनके शासक आपसी द्वेष के कारण एक-दूसरे के पतन की आकांक्षा रखते थे। फलस्वरूप 'चन्द्रगुप्त' में चित्रित राजनीतिक, सामाजिक, धार्मिक और सांस्कृतिक स्थितियाँ प्रसाद के अपने समय एवं समाज से भी बखूबी जुड़ जाती हैं। उस समय आंभीक गांधार प्रदेश और गांधार भारत का प्रवेश-द्वार था। इसके साथ सबसे चिन्तनीय स्थिति यह थी कि आंभीक विदेशी आक्रान्ता सिकन्दर का स्वागत कर रहा था। इसीलिए जब आंभीक चाणक्य से कहता है : "मेरे राज्य में रहकर, मेरे अन्न से पलकर मेरे ही विरुद्ध कुचक्रों का सृजन!" तब इस पर चाणक्य जवाब देता है : "राजकुमार, ब्राह्मण न किसी के राज्य में रहता है और न किसी के अन्न से पलता है; स्वराज्य में विचरता है और अमृत होकर जीता है। वह तुम्हारा मिथ्या गर्व है। ब्राह्मण सब कुछ सामर्थ्य रखने पर भी, स्वेच्छा से इन माया-स्तूपों को ठुकरा देता है, प्रकृति के कल्याण के लिए अपने ज्ञान का दान देता है।"

चाणक्य के व्यक्तित्व की यही तेजस्विता उसे राष्ट्रीय चरित्र प्रदान करती है। उसका प्रत्येक कार्य-व्यापार नाटक के उद्देश्यों को खोलने का कार्य करता है। वह राष्ट्रीय परिस्थितियों से विवश होकर अपने कर्तव्य पथ का चयन करता है और यह मार्ग ही उसे इतिहास निर्माता का गौरव प्रदान करता है। वह सिंहरण एवं चन्द्रगुप्त से भी कहता है : "तुम मालव हो और यह मागध, यही तुम्हारे मान का अवसान है न? परन्तु आत्मसम्मान इतने से ही नहीं सन्तुष्ट होगा। मालव और मागध को भूलकर जब तुम आर्यावर्त का नाम लोगे, तभी वह मिलेगा। क्या तुम नहीं देखते हो कि आगामी दिवसों में आर्यावर्त के सब स्वतंत्र राष्ट्र एक के अनन्तर दूसरे विदेशी विजेता से पद्दलित होंगे? आज जिस व्यंग्य को लेकर इतनी घटना हो गई है, वह बात भावी गांधार-नरेश आंभीक के हृदय में शल्य के समान चुभ गई है। पंचनद-नरेश पर्वतेश्वर के विरोध के कारण यह क्षुद्र हृदय आंभीक यवनों का स्वागत करेगा, आर्यावर्त का सर्वनाश होगा।"

कहना न होगा कि आसन्न-संकट को समझने और उसके परिणामों के विश्लेषण की क्षमता ही 'चाणक्य' को विशिष्ट बनाती है। यहाँ प्रसाद जी यह संकेतित करते हैं कि जब तक क्षेत्रीयता एवं प्रान्तीयता की भावना हम भारतीयों पर हावी रहेगी तब तक देश का उद्धार नहीं हो सकता। 'चाणक्य' के साथ ही, प्रसाद जी 'चन्द्रगुप्त' के चरित्र के जटिल अन्तर्विधान द्वारा केवल एक महान आदर्श

की प्रतिपूर्ति ही नहीं करते अपितु उसकी महत्त्वाकांक्षा तथा कुंठा को भी उभारते हैं। वे जिस संवेदनात्मक कौशल के साथ राष्ट्रीय गौरव, कुल-प्रतिष्ठा, वैयक्तिक आकांक्षा और देश-प्रेम का संश्लेषण करते हैं, उससे इस नाटक के आवेगमय कार्य-व्यापार को तीव्रता मिलती है। 'चन्द्रगुप्त' में भी पूर्व प्रेमिका मालविका तथा पत्नी कार्नेलिया को लेकर एक गहरा अन्तर्द्वंद्व है। फलस्वरूप उसका चरित्र भी सूक्ष्म मनोभावों तथा द्वंद्वों को सफलतापूर्वक प्रस्तुत कर सकनेवाली अभिनय-कला की माँग करता है। चाणक्य जिस कौशल के साथ भारत का पहला अन्तरराष्ट्रीय विवाह चन्द्रगुप्त-कार्नेलिया के मध्य सम्पन्न करवाते हैं, वह कूटनीति का एक अनुकरणीय अध्याय है। चाणक्य पराजित एवं सन्धि के इच्छुक सिल्यूकस से कहते हैं : "सन्धि-पत्र स्वार्थों से प्रबल नहीं होते, हस्ताक्षर तलवारों को रोकने में असमर्थ प्रमाणित होंगे। तुम दोनों ही सम्राट् हो, शस्त्र-व्यवसायी हो, फिर भी संघर्ष हो जाना कोई आश्चर्य की बात न होगी। अतएव दो बालुकामय कगारों के बीच में एक निर्मल स्रोतस्विनी का बहना आवश्यक है।...ग्रीस की गौरव लक्ष्मी कार्नेलिया को मैं भारत की कल्याणी बनाना चाहता हूँ।" इस तरह चाणक्य का नाम जिस कूटनीतिक ज्ञान के लिए बड़े आदर के साथ लिया जाता है, प्रसाद जी ने उसे भी बखूबी उभारा है।

प्रसाद जी इस नाटक के केन्द्र में राष्ट्रीय एकता को रखते हैं जिसकी प्रासंगिकता हर समय बनी रहनेवाली है। चन्द्रगुप्त का उद्देश्य तत्कालीन स्वाधीनता-संग्राम के परिप्रेक्ष्य में देशवासियों के भीतर राष्ट्रीय भावना का विकास करना रहा है। इस कार्य के लिए चाणक्य से बेहतर चरित्र हो भी नहीं सकता। फलस्वरूप यह नाटक अपने कथानक और सबल चरित्रों का एक सुविन्यस्त गहन आकार है जिसमें एक भयावह तूफान की शक्ति है। इसमें बुराई और अत्याचार का विरोध तथा नवीन सृजन का अंकुर प्रस्फुटित होता है। इस नाटक के प्रथम अंक के तृतीय दृश्य में चाणक्य तक्षशिला से कुसुमपुर आता है। वहाँ सम्राट नन्द की क्रूरता ने उसका सब कुछ उजाड़ रखा है। उस समय तक पिता को निर्वासन और पारिवारिक मित्र शकटार को कारागार मिल चुका था। उसकी बालसखी सुवासिनी राजनर्तकी बन चुकी थी। इन सभी घटनाओं ने चाणक्य के मन में एक गहरी टीस पैदा की। वह अपने अतीत को स्मरण करते हुए कहता है : "पिता का पता नहीं, झोंपड़ी भी न रह गई। सुवासिनी अभिनेत्री हो गई—सम्भवत: पेट की ज्वाला से। एक साथ दो-दो कुटुम्बों का सर्वनाश और कुसुमपुर फूलों की सेज में ऊँघ रहा है! क्या इसीलिए राष्ट्र की शीतल छाया का संगठन मनुष्य ने किया था? मगध! मगध! सावधान! इतना अत्याचार! सहना असम्भव है। तुझे उलट दूँगा! नया बनाऊँगा, नहीं तो सर्वनाश ही करूँगा!...यह एक लकड़ी का स्तम्भ अभी उसी झोंपड़ी पर खड़ा है, इसके लिए मेरे बाल्यकाल की सहस्त्रों भँवरियाँ लिपटी हुई हैं, जिन पर मेरी धवल मधुर हँसी

का आवरण चढ़ा रहता था! शैशव की स्निग्ध स्मृति! विलीन हो जा!"

इस तरह चाणक्य के पारिवारिक विनाश के कारण नाटक की कथावस्तु त्रासद हो गई है। इसी तरह कथानक में संघर्ष तब आरम्भ होता है जब नन्द द्वारा चाणक्य की शिखा पकड़कर खिंचवाने तथा चाणक्य की यह प्रतिज्ञा सम्पन्न होती है : "यह शिखा नन्दकुल की काल-सर्पिणी है, वह तब तक न बन्धन में होगी, जब तक नन्द कुल निःशेष न होगा।" इस तरह चाणक्य की जो शिखा नन्द वंश के नाश का संकल्प लेकर खुली थी, वह अन्ततोगत्वा उसके नाश के बाद ही बँधी। इसमें चाणक्य एक वेदज्ञ ब्राह्मण, महान कूटनीतिज्ञ, प्रखर प्रतिभासम्पन्न एक दृढ़निश्चयी-हठी व्यक्तित्व के रूप में आता है। इस तरह प्रसाद जी व्यक्ति-चित्रों के रेखांकन में अद्भुत सर्जनात्मक प्रतिभा का परिचय देते हैं। वे यह प्रतिपादित करते हैं कि व्यक्ति-स्वातंत्र्य और राष्ट्रीय-सामाजिक स्वाधीनता एक दूसरे के पूरक हैं। चूँकि पराधीन समाज स्वाधीन चिन्तन नहीं कर सकता, अतः प्रसाद जी चाणक्य जैसे अप्रतिम महामनीषी व्यक्तित्व का सृजन करके देशवासियों के समक्ष स्वाधीनता का एक आदर्श प्रतिमान निर्मित करते हैं। चाणक्य निम्न-मध्यवर्गीय ब्राह्मण है जो कुसुमपुर की उस बस्ती का निवासी है जिसे आततायी शासन व्यवस्था रहने योग्य न समझकर गिरवा देती है। फलतः वह अपने दृढ़संकल्प से तक्षशिला विश्वविद्यालय में उच्च शिक्षा प्राप्त करके वहीं पर आचार्य पद की गरिमा को सुशोभित करता है।

'आत्मसम्मान' को दिव्य जीवन माननेवाले इस महामनीषी ने चन्द्रगुप्त, सिंहरण, अलका जैसे अद्वितीय व्यक्तित्व निर्मित किए जो आन्तरिक एवं बाह्य, दोनों प्रकार की अराजकता एवं परतंत्रता से लड़ने में सक्षम हैं। चूँकि यह मानव जीवन की विडम्बना है कि जो बौद्धिक और भावनात्मक बोध के धरातल पर जितनी ऊँचाई पर होता है, वह अपने आन्तरिक जीवन में उतना ही अकेला तथा आहत होता है। फलतः चाणक्य भी इसका अपवाद नहीं है। प्रसाद जी ने चाणक्य के जीवनानुभवों तथा आन्तरिक जगत को अत्यन्त सूक्ष्मता के साथ मानवीय धरातल पर चित्रित किया है। इस नाटक का कथानक लगभग पच्चीस वर्षों में फैला हुआ है। इसमें नाटकीय प्रभाव के धरातल पर एकान्विति दिखाई पड़ती है। ऐतिहासिक दृष्टि से चन्द्रगुप्त-सिकन्दर की भेंट 326 ई.पू. की मानी जाती है और उसका राज्याभिषेक 322 अथवा 321 ई.पू. का माना जाता है। इसके साथ ही चन्द्रगुप्त-कार्नेलिया परिणय 305 ई.पू. से 303 ई.पू. के मध्य माना जाता है। नाटक के आरम्भ में तत्कालीन भारत की राजनीतिक स्थिति का उद्घाटन करते हुए प्रसाद जी ने पहले अंक के अन्तिम दृश्य में शत्रु से सामना भी करवा दिया है। दूसरे अंक में चन्द्रगुप्त अपने शत्रु के समक्ष आता है और सिकन्दर की पराजय के साथ अंक का समापन होता है। तीसरे अंक में मगध की स्थानीय राजनीति चित्रित हुई है जिसके अन्त में घननन्द की पराजय और चन्द्रगुप्त का राज्याभिषेक होता है। इस नाटक में युद्ध का भी

प्रभावी चित्रण हुआ है। इसके अन्तर्गत सिल्यूकस-पर्वतेश्वर, सिल्यूकस-फिलिप्स एवं सिंहरण-पर्वतेश्वर, सिकन्दर-सिंहरण, सिल्यूकस-चन्द्रगुप्त और सिल्यूकस-आंभीक के मध्य सम्पन्न युद्धों का चित्रण हुआ है। लेखक ने बड़े कौशल के साथ सेनाओं को पृष्ठभूमि में रखते हुए केवल मुख्य पात्रों के व्यक्तित्व को उभारकर उनके परिणामों का संकेत किया है। प्रसाद जी ने इन संघर्षशील स्थितियों के बीच नाटकीय-विश्रान्ति के लिए कुल नौ प्रेम-प्रसंगों का चित्रण किया है। इसके माध्यम से सम्बद्ध पात्रों का व्यक्तित्व-विकास और उदात्त मूल्यों की प्रतिष्ठा का सफल प्रयास किया गया है। इसमें चन्द्रगुप्त-कल्याणी, चन्द्रगुप्त-मालविका, चन्द्रगुप्त-कार्नेलिया, राक्षस-सुवासिनी, सिंहरण-अलका, पर्वतेश्वर-कल्याणी और फिलिप्स-कार्नेलिया के प्रेम-प्रसंग पाठक और दर्शक को अलग भावभूमि पर ले जाते हैं।

इस नाटक के पुरुष पात्रों में चाणक्य वर्चस्वकारी भूमिका में है। इसके महत्त्व का निर्वचन करते हुए महेश आनन्द ने लिखा है : "एक तरह से 'चन्द्रगुप्त' चाणक्य का नाटक है। वह एक ऐसा गतिशील पात्र है, जो किसी भी अभिनेता के लिए चुनौती बन सकता है। चाणक्य का प्रत्येक व्यवहार नाटक के उद्देश्य की कई परतें खोलता है। व्यक्ति एवं राजनीतिक परिस्थितियों को पहचानने की सूक्ष्म दृष्टि तथा अखंड भारत की परिकल्पना के लिए उसकी संघटन-शक्ति प्रत्येक संघर्ष का सूत्रपात करती है। उसके समस्त कार्य-व्यापार एवं आन्तरिक अनुशासन से प्रत्येक घटना तथा पात्र नियंत्रित होते हैं। कर्मवाद की महत्ता रेखांकित करनेवाला चाणक्य, सब कुछ उपलब्ध होते हुए भी निर्लिप्त रहता है। उसकी अटूट संकल्प-शक्ति और दूरदृष्टि उसे व्यक्तिगत प्रतिशोध से ऊपर उठाकर राष्ट्र-हित से जोड़ती है। इसके लिए वह कई व्यक्तियों का निर्माण ही नहीं करता, उनसे बलिदान भी माँगता है। यह उसके कर्तव्य और राष्ट्रीय परिस्थितियों की विवशता है। उसके व्यक्तित्व की महत्त्वपूर्ण विशेषता है कि वह जीवन-पोषक मूल्यों की तलाश करता हुआ राजनीतिक दाँव-पेंचों में उलझ जाता है। उसके जीवन में त्रासद क्षण तब आता है, जब चन्द्रगुप्त उसे चुनौती देता है। ऐसी स्थिति में उसे अपने अमूल्य जीवन का त्याग व्यर्थ लगने लगता है। वह अपने भीतर को समेटता हुआ संसार से अलग हो जाना चाहता है। राजनीतिक कुचक्रों के बीच अपने आत्मिक सुख के लिए वह छटपटाता है, पर पलायन नहीं करता। वह मंच के पीछे रहकर अपना कर्तव्य निभाता है। अपना कर्तव्य पूरा करने के बाद वह सभी उपलब्धियों के प्रति निर्लिप्त होकर उच्चतम मूल्यों को प्राप्त करता है। चाणक्य घोर-संघर्षों के बाद इस बिन्दु तक पहुँचता है। इन्हीं विशेषताओं के कारण वह समस्त नाटक पर छा जाता है। नाटक के सभी पात्र चाणक्य के वांछित परिणामों के लिए काम करते हैं। चन्द्रगुप्त को भी उसी की योजना के अन्तर्गत, राजनीति में निपुण करके, जनता का नायक बनाया जाता है। इसी दृष्टि से चन्द्रगुप्त के पत्रों का मूल्यांकन करना संगत लगता

है। अगर इस नाटक की तुलना बंगला नाटककार डी.एल. राय के नाटक 'चन्द्रगुप्त मौर्य' से करें तो देखते हैं कि प्रसाद का चाणक्य व्यक्तिगत द्वेष को बृहत्तर प्रश्नों से जोड़कर संघर्ष करता है, जबकि राय का चाणक्य वर्ण-भेद के छोटे-से दायरे में सिमटकर रह जाता है। इसी अन्तर के कारण राय का चाणक्य अपने व्यवहार में इतना असन्तुलित हो जाता है कि उसमें वह गरिमा नहीं दिखाई देती, जो एक राष्ट्र-निर्माता के लिए आवश्यक है। वस्तुत: राय के पात्रों पर अतिनाटकीय स्थितियाँ इतनी हावी हो जाती हैं कि वे सीमित हो गए हैं। इसके अतिरिक्त उनके नाटक में कहानी-तत्त्व की प्रधानता है। इसी बिन्दु पर आकर दोनों नाटकों का मूल स्वर बदल जाता है। इसलिए यह कहना उचित नहीं लगता कि प्रसाद के 'चन्द्रगुप्त' में राय के "कुछ पात्र और प्रसंग दो भिन्न-भिन्न साँचों में ढलकर आए हैं और कुछ नाटकीय स्थितियों में उधार लिये हुए। जोड़ साफ दृष्टिगत होते हैं।"[1]

प्रसाद जी चाणक्य के द्वारा अंग्रेज़ों की भेदनीति के रहस्य का भी उद्घाटन करते हैं। वे अंग्रेज़ों की 'फूट डालो और राज करो' की आड़ में चलाए जा रहे भारत की एकता को खंडित करने के प्रयासों को भली भाँति समझते थे। वे अंग्रेज़ों देश की एकता और स्वतंत्रता की रक्षा के लिए ही चाणक्य जैसे चरित्र की सृष्टि करते हैं। चाणक्य के प्रत्येक संवाद आर्ष-वाक्य की गरिमा लिये हुए है। प्रसाद जी अपने समय की सापेक्षता में राक्षस और चाणक्य के निम्नांकित संवाद को रखते हैं। इसमें बौद्ध-ब्राह्मण के माध्यम से हिन्दू-मुस्लिम भेदभाव को दूर करने का प्रयास परिलक्षित होता है। जब राक्षस कल्याणी से कहता है : "राजकुमारी, राजनीति महलों में नहीं रहती, इसे हम लोगों के लिए छोड़ देना चाहिए। उद्धत पर्वतेश्वर अपने गर्व का फल भोगें, और ब्राह्मण चाणक्य! परीक्षा देकर ही कोई साम्राज्य-नीति समझ लेने का अधिकारी नहीं हो जाता।" इस पर चाणक्य का उत्तर कितना व्यंजनात्मक बन पड़ा है : "सच है बौद्ध अमात्य; परन्तु यवन आक्रमणकारी बौद्ध और ब्राह्मण का भेद न करेंगे।"

यह ऐतिहासिक सत्य है कि अंग्रेज़ों की दमन-नीति अत्याचार करते समय हिन्दू-मुस्लिम का कोई भेदभाव नहीं करती थी। दोनों के ही साथ वे अमानवीय व्यवहार करते थे। धर्म की आड़ में हमारे धर्म-प्राण देश का जो अहित अंग्रेज़ों ने किया है, उसका घाव अभी भी सालता है। प्रसाद इतिहास के माध्यम से भारतीय अस्मिता और जीवन-मूल्यों का अन्वेषण करते हैं। वे इतिहास के युग सत्य के साक्षात्कार द्वारा अपने समय और समाज का प्रामाणिक चित्र उपलब्ध कराते हैं। वे देख रहे थे कि अंग्रेज़ किस तरह शोषण एवं दमनात्मक कार्रवाई द्वारा भारतीयों पर अमानुषिक अत्याचार कर रहे थे जिसकी प्रतिक्रिया में क्रान्तिकारियों को हिंसा के रास्ते पर जाना पड़ा। अंग्रेज़ अपने स्वार्थ के लिए कभी हिन्दुओं का तो कभी मुसलमानों के पक्षधर हो जाते थे। वे भेद-नीति चलाकर धर्म की आड़ में आकांक्षा

खेलनेवाले अंग्रेज़ों की नीति पर प्रखर प्रहार करते हैं। वे ब्रह्मचारी द्वारा नन्द के सम्बन्ध में कही गई निम्नलिखित उक्ति द्वारा अंग्रेज़ों के प्रपंच को बखूबी उजागर करते हैं : "वह सिद्धान्त-विहीन, नृशंस, कभी बौद्धों का पक्षपाती, कभी वैदिकों का अनुयायी बनकर दोनों में भेदनीति चलाकर बल-संचय करता रहता है। मूर्ख जनता धर्म की ओट में नचाई जा रही है।"

इस तरह प्रसाद जी देशवासियों को उस ख़तरे के प्रति आगाह कर रहे थे जिसकी परिणति भारत-विभाजन में हुई थी। उस समय देश के बड़े राजनेता तथा क्रान्तिवीर जो कार्य राष्ट्रीय स्तर पर कर रहे थे, वही कार्य प्रसाद जी साहित्यिक धरातल पर सम्पन्न कर रहे थे। इस कार्य को अंजाम तक पहुँचाने के लिए ऐसे राष्ट्र-नायकों का चरित्र गढ़ते हैं जो तमाम राजनीतिक विवर्तनों, युद्धों, जय-पराजयों तथा अन्तर्बाह्य संघर्षों में भी परिपक्व सोच और गहरी रणनीति द्वारा राष्ट्रीय आन्दोलन को पुरस्कृत करने का प्रतिमान प्रस्तुत कर रहे थे। यह अतीत के माध्यम से अपने समय के यथार्थ की व्यंजना का विलक्षण चित्रण है। वे समग्र भारतीय चेतना और ज्ञान-परम्परा को आत्मसात् कर गए थे, फलस्वरूप उस कठिन परिस्थिति में देशवासियों में आत्मविश्वास और गौरव का भाव भर रहे थे। प्रसाद की राष्ट्रीय चेतना अपने प्रशस्त रूप में सुसंस्कृत मनुष्यता और उसके संसार के विजन तक जाती है। यहाँ प्रसाद का गहरा जीवन एवं राष्ट्रबोध विराट फलक पर अवस्थित है। इस सन्दर्भ में सुप्रसिद्ध रंग-निर्देशक ब.व.कारन्त का अभिमत है : "वैसे जनवादियों का आरोप है कि प्रसाद भारतीयतावादी या हिन्दुत्ववादी, जनसंघी लेखक हैं, जबकि प्रसाद के जमाने में राष्ट्रीयता बताने के लिए हिन्दुत्व ही ज़रूरी था। उसका परिप्रेक्ष्य जानना ज़रूरी है; जबकि मुझे उनके नाटकों में कहीं हिन्दुत्व की गंध नहीं आती, बल्कि वहाँ अपने को पहचानना ही सबसे मुखर स्वर था। 'अरुण यह मधुमय देश हमारा...' यह नारा किसी एक जाति या देश की बपौती नहीं हो सकता, यह तो विश्वजनीन है।..."प्रसाद केवल हिन्दू के ही नहीं, बल्कि भारतीय जाति के जागरण के आग्रही थे और यह छटपटाहट उनके नाटकों में पहले से मुझे लगी थी।"[2] अपनी बात को आगे बढ़ते हुए वे प्रसाद के विजन की विराटता और व्यापकता की बात करते हैं। उनके अनुसार : "प्रसाद का राष्ट्रवाद मानवतावाद से अलग नहीं है। वे श्रेष्ठ मानवीय गुणों की स्थापना करना चाहते हैं। वही उनके मूल्य हैं, जो उनकी दृष्टि में श्रेष्ठ और मानवीय हैं।"[3] आपने प्रसाद के नाटककार व्यक्तित्व पर प्रकाश डालते हुए लिखा है : "प्रसाद के नाटकों के पीछे लगा एक चिन्तक है।...नाटकों को पढ़ते समय ऐसा लगता था कि महाकाव्य पढ़ रहे हैं। 'कामायनी' की तरह अलग-अलग नाटक भी एक तरह से पूर्ण महाकाव्य हैं।"[4] आगे आप प्रसाद के नाटकों की भाषा पर विचार करते हुए अत्यन्त महत्त्वपूर्ण टिप्पणी करते हैं : "प्रसाद की भाषा क्लिष्ट है पर असम्प्रेषणीय नहीं है। विशेषण-बहुल भी है, पर विशेषण

काट दें तो उस भाषा की कविता मर जाएगी और वह भाषा भी। उसमें आंगिक अभिनय नहीं है, सात्त्विक अभिनय है, पर वह दूसरी बात है। नाटक के सन्दर्भ में बोलचाल की भाषा की हिमायत करना मुझे बहुत सार्थक नहीं प्रतीत होता। कभी-कभी बोलचाल की भाषा का इस्तेमाल केवल सस्ते चटपटेपन के लिए किया जाता है, जैसे आधे-अधूरे की भाषा। इस दृष्टि से 'आषाढ़ का एक दिन' की भाषा बेहतर है, हालाँकि वह अपेक्षाकृत क्लिष्ट है।"[5] आपने इनके संवादों में ही रंगमंच की सम्भावनाओं का संधान किया है। इन्होंने स्वगत को नितान्त रंगमंच की वस्तु मानते हुए कहा : "सामर्थ्यवान लेखक ही स्वगत लिख सकता है। जैसे प्रसाद के स्वगत... गीतों के बाद, मेरे लिए प्रसाद के स्वगत ही महत्त्वपूर्ण हैं। गीतों को एक प्रकार से स्वगतोक्ति कहना अनुचित न होगा।...इनके संवाद केवल बौद्धिक नहीं हैं, न तार्किक हैं। वे बड़े हार्दिक संवाद हैं।...हार्दिकता की वजह से उनके संवाद याद रह जाते हैं।...प्रसाद की भाषा में मुझे सिर्फ 'इमेजेस' मिले, जो हिन्दी रंगमंच ही नहीं, भारतीय रंगमंच की दृष्टि से भी उल्लेखनीय हैं।...मेरे लिए संगीत भी एक भाषा है और भाषा एक संगीत ही है। उस रूप में भी प्रसाद बहुत निकट पड़ते हैं। उनके संवाद अलग नहीं, गीत अलग नहीं।...मुझे प्रसाद के गीत उनके संवादों से अलग कभी नहीं लगते। भावनात्मक तनाव ही गीतों के रूप में फूटता है। इसलिए कभी ये गीत भरती किए गए नहीं लगते।"[6]

कहने का आशय यह है कि चन्द्रगुप्त का अपना संरचनात्मक वैशिष्ट्य है जो विराट रंग फलक पर चित्रित हुआ है। यह अपने राष्ट्रीय प्रश्नों तथा अखंडता के विधान के कारण जागरण का कारक बन गया है।

'चन्द्रगुप्त' के भाषिक अनुप्रयोग एवं कलात्मक सौष्ठव भी अतिशय विचारणीय है। इसकी भाषा पर विचार करते हुए महेश आनन्द ने ठीक ही लिखा है : "प्रस्तुत नाटक में जहाँ पात्र भावुक हो जाते हैं या नाटककार ने सूक्ष्म भावनाओं की व्यंजना की गई है अथवा देश के गौरव का चित्रण किया है, वहाँ तत्सम शब्दों का प्रयोग हुआ है। सबसे बड़ी बात यह है कि नाटककार ने भावों के अनुकूल तत्सम शब्दों का चुनाव किया है। इसी विशिष्टता के कारण आंभीक का कपट एवं कायरता, नन्द की मूर्खता या घमंडी रूप, राक्षस का विलासी मन, मालविका का त्याग, सुवासिनी का भावुक प्रेमी-हृदय, पर्वतेश्वर का वीर और विलासी रूप, सिंहरण एवं अलका का राष्ट्र-प्रेमी व्यक्तित्व, चाणक्य की कठोरता, चन्द्रगुप्त की दृढ़ता तत्सम-प्रधान संवादों में झलकती है। इस नाटक में सरल या प्रचलित भाषा का मुहावरा देखने की अपेक्षा, घात-प्रतिघात की दृष्टि से उनकी नाटकीय सार्थकता का मूल्यांकन किया जाना चाहिए। इस दृष्टि से देखें तो पात्रों के मनोविज्ञान के अनुकूल तत्सम-प्रधान भाषा में विविधता मिलती है, जिसमें भावों की गत्यात्मकता संवादों में आन्तरिक प्रवाह का समावेश करती है। इसी विशेषता के कारण भाषा का भीतरी व्यंग्य कई स्थानों

पर बड़ा तीखा बन गया है। शब्दों के भीतर से अर्थों की कई परतें धीरे-धीरे खुलती हैं। चन्द्रगुप्त जब आंभीक से कहता है : "यह क्या राजकुमार! खड्ग को कोश में स्थान नहीं है क्या?" तो सिंहरण जवाब देता है : "वह तो स्वर्ण से भर गया है।" इस संवाद में 'कोश' शब्द द्वारा आंभीक के पतित चरित्र पर ही नहीं, उन देशद्रोही शक्तियों पर भी व्यंग्य किया गया है, जो आर्य जाति को पतन के कगार पर खड़ी करके धक्का देने की कोशिश कर रही हैं।...इसी तरह चाणक्य के एक संवाद : " 'भाषा ठीक करने से पहले मैं मनुष्यों को ठीक करना चाहता हूँ'—में राष्ट्र को समग्र रूप में देखनेवाली प्रगतिशील पीढ़ी और भोग-विलास में लिप्त साम्राज्यवादी पीढ़ी के बीच का गहरा संघर्ष ध्वनित हुआ है, जो नाटक के अर्थ को भी स्पष्ट करता है।"[7] इस प्रकार स्पष्ट है कि चन्द्रगुप्त स्वाधीनता-संग्राम के कठिन संघर्ष के दिनों में देशवासियों में उत्कट देश-प्रेम जगाने के उद्देश्य से लिखा गया नाटक है।

इसमें देश की स्वतंत्रता तथा अखंड राष्ट्रीयता के लिए निर्लिप्त भाव से अपना सर्वस्व न्योछावर कर देनेवाले चरित्रों का बाहुल्य है जो प्रसाद के समय की माँग थी। लेखक ने चाणक्य, चन्द्रगुप्त, अलका, राक्षस, सिंहरण, दांडायन जैसे अद्वितीय चरित्रों की निर्मिति द्वारा नाटक को महाकाव्यात्मक विन्यास प्रदान किया है। साथ ही, इन पात्रों के अन्तरंग में जल रही ज्वाला, अपमान, स्मृति, आकांक्षा और वितृष्णा के नाटकीय विधान द्वारा एक अतुल्य समन्वित दृश्यात्मक प्रभाव का रंग संकेत उपस्थित हुआ है। प्रसाद की अत्यन्त बलवती काव्यात्मक भाषा अपने संवेदनात्मक औदात्य के साथ जिस अर्थ-गौरव का सृजन करती है, उसका कोई जवाब नहीं। प्रसाद स्कन्दगुप्त और चन्द्रगुप्त जैसे महाकाव्यात्मक नाटकों की रंग परिकल्पना द्वारा हिन्दी जगत की अभिरुचि का संस्कार एवं परिष्करण करते हैं। इस नाटक के द्वारा प्रसाद जी ने अहिंसात्मक आन्दोलन की सार्थकता पर भी गम्भीरतापूर्वक विचार किया है। यह भी एक तथ्य है कि गांधी जी के समय में ही अहिंसात्मक जीवन-दृष्टि का विरोध आरम्भ हो गया था। इसमें चाणक्य बौद्धों की अहिंसा के अभावात्मक पक्षों का निदर्शन करते हुए ब्राह्मणों की 'ब्रह्मशक्ति' की प्रतिष्ठा करता है। राजा नन्द ने बौद्ध धर्म ग्रहण करके अपने साम्राज्य को जर्जर कर लिया था। उसका अमात्य राक्षस भी बौद्ध धर्म को पुरस्कृत करने में प्रवृत्त था। ऐसी स्थिति में वे दोनों शत्रु पर भी शस्त्र-प्रयोग से बच रहे थे। बावजूद इसके ये दोनों प्रजा पर अमानुषिक अत्याचार कर रहे थे। फलतः प्रसाद जी अहिंसा और करुणा की आड़ में छिपी हिंसा और क्रूरता का विद्रूप मुखौटा उतार देते हैं। चूँकि देशवासियों में यह भावना घर कर रही थी कि अहिंसात्मक आन्दोलन से स्वतंत्रता नहीं मिल सकती। प्रसाद का समय ब्राह्मण धर्म के उत्थान का समय था। फलस्वरूप वे चाणक्य जैसे अपराजेय चरित्र-सृष्टि द्वारा ब्रह्मशक्ति का ही परिचय देते हैं। वे अपने अन्तिम एवं अपूर्ण नाटक 'अग्निमित्र' में भी युग-निर्माण और युग-परिवर्तन के लिए ब्रह्मशक्ति

कई अनिवार्यता की प्रतिष्ठा करते हैं। प्रसाद जी राष्ट्रीय चेतना को एक जीवन-मूल्य की तरह प्रतिष्ठित करते हैं। वे भारतवर्ष की श्रेष्ठतम एवं गौरवपूर्ण उपलब्धियों के चित्रण द्वारा देशवासियों में व्याप्त हीन भावना और मानसिक दासता के बोध को नष्ट कर देते हैं। वे पात्रों की आन्तरिक वेदना, आशा-आकांक्षा, राग-विराग, आदर्श-यथार्थ और उत्साह-नैराश्य को भारतीय इतिहास और संस्कृति के जिन गहरे जीवनानुभवों को आधार बनाकर प्रस्तुत करते हैं, वह समूचे राष्ट्र का एक गौरवशाली पृष्ठ बन जाता है। यही कारण है कि 'चन्द्रगुप्त' व्यापक रंगभूमि पर चित्रित परस्पर विपरीत ध्रुवों एवं संघर्षों के बीच राष्ट्रीय एकता और अखंडता को साधने के संरचनात्मक वैशिष्ट्य के कारण अद्वितीय बन पड़ा है। फलतः इसे 'स्कन्दगुप्त' की तुलना में अधिक बार अभिनीत किया गया है। इस पर डॉ. चन्द्रप्रकाश द्विवेदी के निर्देशन में निर्मित चाणक्य धारावाहिक ने अभूतपूर्व लोकप्रियता अर्जित की थी। उन्होंने जिस अभिनय-क्षमता के साथ स्वयं चाणक्य का किरदार निभाया था, उससे भारतीय जनमानस में चाणक्य की एक छवि निर्मित हो गई कि उसे ऐसा होना चाहिए। इस तरह की साहित्यिक अभिरुचि तथा गहन सौन्दर्यबोध के द्वारा ही चन्द्रगुप्त जैसे नाटकों का मंचन सम्भव है। इसमें विदेशी पात्रों को भी जिस संवेदनशीलता तथा कलात्मक बुनावट के साथ प्रस्तुत किया गया है, वह प्रसाद के सर्जनात्मक पाठ-वितान और हार्दिक बौद्धिकता का एक अतुल्य उत्कर्ष है। इस दृष्टि से भी 'चन्द्रगुप्त' का महाकाव्यात्मक विन्यास हिन्दी नाट्य-साहित्य की एक गौरवशाली उपलब्धि है।

सन्दर्भ-सूची

1. जयशंकर प्रसाद : रंगदृष्टि—महेश आनन्द, पृ. 112-13
2. कला-वार्ता—ब.व. कारन्त की टिप्पणी, अंक-39, पृ. 10
3. नटरंग—ब.व. कारन्त की टिप्पणी, अंक-44, पृ. 47
4. प्रसाद : साहित्य-सर्जना के आयाम, पृ. 147
5. नटरंग—ब.व. कारन्त की टिप्पणी, अंक-44, पृ. 48
6. प्रसाद : साहित्य-सर्जना के आयाम, पृ. 153
7. जयशंकर प्रसाद : रंगदृष्टि—महेश आनन्द, पृ. 113

ध्रुवस्वामिनी : रंगबोध का प्रकर्ष

प्रसाद ने ध्रुवस्वामिनी के रूप में अपने रंगबोध को प्रकर्ष तक पहुँचाने का कार्य किया है। यह उनके नाट्य-चिंतन का व्यावहारिक रूप है।

प्रसाद चिन्तक नाटककार थे जो रंगमंच के कलात्मक दायित्व का प्रश्न भी उठाते हैं। उनका 'रंगमंच' शीर्षक निबन्ध सम्पूर्ण विश्व के रंगमंचीय चिन्तन का गहन उद्घाटन है। वे भारतवर्ष के पारम्परिक रंगमंच पर विचार करते हुए लिखते हैं : "मध्यकालीन भारत में जिस आतंक और अस्थिरता का साम्राज्य था, उसने यहाँ की सर्वसाधारण प्राचीन रंगशालाओं को तोड़-फोड़ दिया। धर्मांध आक्रमणों ने जब भारतीय रंगमंच के शिल्प का विनाश कर दिया तो देवालयों से संलग्न मंडपों में छोटे-मोटे अभिनय सर्वसाधारण के लिए सुलभ रह गए। उत्तरीय भारत में तो औरंगजेब के समय में साधारण संगीत का जनाजा निकल चुका था। किन्तु रंगमंच से विहीन कुछ अभिनय बच गए, जिन्हें हम पारसी स्टेजों के आने के पहले भी देखते रहे हैं। इसमें मुख्यत: नौटंकी (नाटकी) और भाँड़ ही थे। रामलीला और यात्राओं का भी नाम लिया जा सकता है।" उनके अनुसार : "पारसी रंगमंच में दृश्यों और परिस्थितियों के संकलन की प्रधानता है। वस्तु-विन्यास चाहे कितना ही शिथिल हो, किन्तु अमुक परदे के पीछे वह दूसरा प्रभावोत्पादक परदा आना ही चाहिए।" वे इस बात को लेकर चिन्तित थे कि पारसी रंगमंच में उनके नाटकों की सघन और गहन नाट्यानुभूति को स्वर देने की शक्ति नहीं थी। वे हिन्दी आलोचना और रंगमंच की सीमाओं से भी परिचित थे। उन्होंने बड़े दुख के साथ कहा था कि "हिन्दी के कुछ अकाल-पक्व आलोचक, जिनका पारसी स्टेज से पिंड नहीं छूटा है, सोचते हैं, स्टेज में यथार्थवाद। अभी वे इतने भी सहनशील नहीं कि फूहड़ परिहास के बदले—जिससे वह दर्शकों को उलझा लेता है—तीन-चार मिनट के लिए काला परदा खींचकर दृश्यान्तर बना लेने का अवसर रंगमंच को दें। हिन्दी का कोई अपना रंगमंच नहीं है। जब उसके पनपने का अवसर था, तभी सस्ती भावुकता लेकर वर्तमान सिनेमा में बोलनेवाले चित्रपटों का अभ्युदय हो गया और फलत: अभिनयों का रंगमंच नहीं-सा हो गया।" इन तमाम सीमाओं पर विचार करने के उपरान्त उन्होंने कहा : "रंगमंच के सम्बन्ध में यह भारी भ्रम है कि नाटक रंगमंच

के लिए लिखे जाएँ। प्रयत्न तो यह होना चाहिए कि नाटक के लिए रंगमंच हो, जो व्यावहारिक है। हाँ, रंगमंच पर सुशिक्षित और कुशल अभिनेता तथा मर्मज्ञ सूत्रधार के सहयोग की आवश्यकता है। इनके अभाव में रंगमंच नहीं है, ऐसा समझने का कोई साहस नहीं करता। चूँकि दोषदर्शन सहज है इसलिए आलोचकों में नाटकों के अभाव की पुकार होती रही।" कहने का आशय यह है कि प्रसाद जी सफल नाट्य-प्रस्तुति के लिए सुशिक्षित और समय एवं समाज के सरोकारों के मर्मज्ञ निर्देशकों तथा अभिनेताओं के सहयोग से नये रंगमंच की सम्भावना तलाश रहे थे। फलतः वे कवि, नट और सहृदय के मध्य सेतु स्थापित करते हुए नाटक को उसकी सम्पूर्णता में जाँचने-परखने का प्रयास करते रहे। उनके प्रयासों के सतर्क उपयोग द्वारा नाट्यालोचना के स्तर पर भी नये प्रतिमानों का निर्माण किया जा सकता है।

मेरा मानना है कि भले ही, 'स्कन्दगुप्त' और 'चन्द्रगुप्त' प्रसाद के सर्वश्रेष्ठ नाटक हों परन्तु प्रसाद जी जिस नये रंगबोध के तलाश की साहसिक यात्रा पर निकले थे, उसकी प्रतिपूर्ति 'ध्रुवस्वामिनी' द्वारा ही होती है। यह प्रसाद के रंगसृष्टि एवं नाट्य-चिन्तन की परिपक्व परिणति है। इसमें वैयक्तिक अस्मिता के माध्यम से नारी अस्मिता तथा राष्ट्रीय अस्मिता के प्रश्नों को बेहद गम्भीरता से उठाया गया है। यहाँ उनकी भेदक इतिहास दृष्टि ऐतिहासिक सन्दर्भों का अतिक्रमण करते हुए समकालीन प्रश्नों पर यथार्थवादी तरीके से विचार करती है। वह बौद्धिक संवेदना के धरातल पर मानवीय चेतना को प्रेरित, प्रभावित तथा उद्बुद्ध करती है। इसमें प्रसाद जी इतिहास, परम्परा, जातीय स्मृति तथा सामाजिक अन्तर्दृष्टि के पुनर्विश्लेषण द्वारा मुक्ति का अर्थ तलाशते हैं। प्रसाद जी की विराट प्रतिभा नारी अस्मिता एवं मुक्ति के प्रश्न को देश के सम्मान तथा गौरव के प्रश्न के साथ इस तरह संश्लिष्ट कर देती है कि सम्पूर्ण नाटक का उद्देश्य अतिशय विराट एवं व्यापक हो जाता है।

वैसे तो 'ध्रुवस्वामिनी' की वस्तु-योजना इतिहास की सुदृढ़ भित्ति पर आधृत है परन्तु लेखक ने जर्जर राजनीतिक-सामाजिक मूल्यों को नकारते हुए, नये मूल्यों के संधान और उन्हें नये रंगशिल्प में ढालने का वैसा ही साहसिक प्रयास किया है, जैसाकि 'अंधायुग', 'कोणार्क' या 'आषाढ़ का एक दिन' जैसे आधुनिक नाटकों में भिन्न स्तरों पर परिलक्षित होता है। यहाँ प्रसाद का समर्थ नाटककार दूसरे नाटकों की तरह सूचनात्मक दृश्यों की योजना नहीं करता और अन्विति का पूरी तरह से निर्वाह करता है। फलतः 'ध्रुवस्वामिनी' का कार्य-व्यापार तीव्र नाटकीय आवेग से अनुप्राणित होकर भी बहुआयामिता के साथ एकाग्र है। प्रसाद के अन्य नाटकों की तुलना में इसका छोटा आकार-प्रकार भी इसके कथा-विकास को अत्यन्त नाटकीय एवं विश्वसनीय बनाता है। इसमें घटनाएँ और दृश्य एक दूसरे को स्वतः गति प्रदान करते हैं। यह पहला हिन्दी नाटक है, जहाँ व्यक्ति ने राजनीति और धर्म से सीधे टकराते हुए अपनी अस्मिता के लिए आवाज उठाई है। अस्मिता का यही

प्रश्न ध्रुवस्वामिनी के संघर्ष द्वारा सम्पूर्ण नारी जाति और विशेष रूप से आधुनिक सजग एवं प्रबुद्ध नारी के गौरव का प्रश्न बन जाता है जब वह कहती हैं : "आज यह निर्णय हो जाना चाहिए कि मैं कौन हूँ?" यह हिन्दी साहित्य के इतिहास में नारी अस्मिता का अत्यन्त मूलभूत और आरम्भिक सवाल है। नारी को मात्र सम्पत्ति माननेवालों के प्रति प्रसाद का आक्रोश तथा विवाह-मोक्ष के विश्लेषण में उनका जो स्वर उभरता है, वह भारतीय समाज की जड़ता को ध्वस्त कर देता है। यहाँ लेखक ने जिस साहस के साथ भारतीय सामाजिक व्यवस्था की खोज-ख़बर ली है, वह पाठक को आपादमस्तक हिला देता है। हमारी जड़ व्यवस्था अपनी कायरता एवं निर्जीवता छिपाने के लिए किस तरह के नियमों और बहानों से स्वयं को बचाने का यत्न करती है, उसे निर्ममतापूर्वक उघाड़कर रख दिया है। यहाँ नाटक का उद्‌देश्य नारी मुक्ति के साथ-साथ भ्रष्ट और जड़ व्यवस्था से मुक्ति भी हो जाता है जिससे उसे अर्थ-व्याप्ति मिल जाता है।

इस नाटक के तीनों अंक तीन दृश्य-खंडों के ही रूप हैं जिसमें घटनाएँ एक-दूसरे से स्वतः निःसृत होते हुए परिलक्षित होती हैं। इसके अन्तर्गत रामगुप्त द्वारा कपट से राज्य एवं ध्रुवस्वामिनी को प्राप्त करने के उपरान्त विरोधियों को हटाने का षड्यंत्र शामिल है। साथ ही, शकराज द्वारा ध्रुवस्वामिनी को प्राप्त करने का प्रयास, ध्रुवस्वामिनी द्वारा रामगुप्त का अस्वीकार तथा शकराज द्वारा कोमा की उपेक्षा आदि सब कुछ राजनीतिक षड्यंत्रों, कुटिलताओं और दुरभिसन्धियों से इस प्रकार अनुस्यूत हो गया है कि सम्पूर्ण नाटक आवेगमयता एवं कार्य-व्यापार की तीव्रता से उद्‌भासित हो उठा है। लेखक ने तीनों ही अंक में मंथर नाटकीय गति तथा तीव्र आवेग के समन्वय द्वारा अद्‌भुत रूपांकन किया है। यही कारण है कि इसमें बड़ी शीघ्रता से दृश्य बनते-बिगड़ते हैं। हम देखते हैं कि पहले अंक में ध्रुवस्वामिनी, खड्‌गधारिणी, मन्दाकिनी, रामगुप्त, बौने, कुबड़े, हिजड़े और चन्द्रगुप्त से सन्दर्भित अनेक दृश्यात्मक आयाम बनते हैं जो अपने अन्तरावलम्बन से नाटक को आगे ले जाते हैं। जहाँ तक रंगमंचीय प्रस्तुति का सवाल है तो वह मूलतः दो भागों में विभक्त है—पहला अंक एवं दूसरा और तीसरा अंक। चूँकि दूसरे और तीसरे अंकों का घटना-स्थल एक ही है, अतः तीसरे अंक को दूसरे का विस्तार मानना अपेक्षाकृत ज़्यादा श्रेयस्कर होगा। लेखक ने नाटकीय स्थितियों की माँग के अनुसार गतिशील प्रसंगों का चयन, स्थितियों का संयोजन तथा पात्रों का रेखांकन किया है। प्रसाद की सूक्ष्म दृष्टि राजनीति और धर्म के दो ऐसे स्तम्भों पर प्रहार करती है जो सारे नाटक को एकसूत्र में अनुबन्धित कर देता है। प्रसाद जी अतिशय गम्भीरता के साथ दिखलाते हैं कि धर्म (पुरोहित) और राजनीति (शिखरस्वामी) भ्रष्ट और जड़ व्यवस्था अर्थात् रामगुप्त का साथ दे रहे हैं। इसके विपरीत राष्ट्र के सम्मान की रक्षा करने में समर्थ चन्द्रगुप्त और ध्रुवस्वामिनी बन्दी हैं। लेखक ने जिस बौद्धिक

परिपक्वता तथा सहज नाटकीय अन्तर्द्वंद्व द्वारा इन दोनों के संघर्ष को व्यक्ति एवं राष्ट्र की अस्मिता के प्रश्न के साथ जोड़ दिया है, देश-काल का अतिक्रमण करके सार्वभौम-शाश्वत प्रश्न बन जाता है। लेखक यह स्थापित करता है कि धर्म की मूल अवस्थिति मानवीय न्यायबोध में है। यदि समाज न्यायबोध से च्युत होकर रामगुप्तों एवं शिखर-स्वामियों से शासित शकराजों से आक्रान्त हो रहा हो तो उसे बदल देना मानवीय भविष्य की अनिवार्यता है। अत: इसे नारी-मुक्ति, विवाह-मोक्ष और पुनर्विवाह तक सीमित करना इसके विराट लक्ष्य को एकांगी बनाता है। जिस तरह 'कामायनी' इच्छा, क्रिया एवं ज्ञान के सामरस्य में मानवीय नियति तथा भविष्य के लिए विवेकपूर्ण संकेत करती है, उसी तरह ध्रुवस्वामिनी राजनीति, धर्म और व्यक्ति के पारस्परिक संघर्ष, अन्तर्द्वंद्व और विडम्बनाओं के अतिक्रमण द्वारा तीनों की शल्यचिकित्सा, संशोधन, परिमार्जन और अन्तरावलम्बन का मार्ग प्रशस्त करती है। इस कारण यह वस्तु-योजना, संवेदना, संवाद, चरित्र-सृष्टि एवं भाषिक विधान के धरातल पर बेहद आधुनिक तथा प्रासंगिक नाटक हो जाता है।

प्रसाद के नाटकों में सूक्ष्म अनुभूतियों, काव्यात्मक भाषा की व्यंजनाओं, स्तरीय संवादों, दृश्यानुरूप गीतों, क्लासिकी शिल्प और आन्तरिक संगति में दृश्यत्व और काव्यत्व का जो कलात्मक समन्वय हुआ है, वह सहृदय पाठक एवं दर्शक के लिए रमणीय वस्तु है। प्रसाद संस्कृत, यूनानी, पारसी और शेक्सपियर के नाटकों से भली भाँति परिचित थे। फलत: वे ग्रहण और त्याग का विवेक रखते हुए उसके वरेण्य पक्षों को आत्मसात् करते हुए, उसे अर्थपूर्ण सन्दर्भ देते हैं। वे एक प्रकार से भारतीय एवं पाश्चात्य नाट्य परम्परा के सर्वोत्तम पक्षों के पुन:सृजन द्वारा सर्जनात्मक भावों तथा अभिनय का बहुस्तरीय रूपायन करते हैं। प्रसाद जी परिनिष्ठित भाषिक अनुप्रयोग द्वारा न केवल जातीय स्मृति को उद्दीप्त करते हैं अपितु उसमें स्थितियों एवं चरित्रों के गहरे रंग मिलाकर अपने समय एवं समाज के सरोकारों, सांस्कृतिक-राजनीतिक दबावों तथा सनातन प्रश्नों के साथ गहरा द्वंद्व भी उपस्थित करते हैं। इस तरह उनके स्वगत-कथन, संवाद तथा गीत पात्रों के भीतरी-बाहरी तनावों से टकराकर एक अद्भुत नाटकीयता पैदा करते हैं। यह दूसरी बात है कि इसे कोई अन्तर्दृष्टि और विश्व-संदृष्टि-सम्पन्न निर्देशक ही समझ सकता है अन्यथा गहरी समझ के अभाव में प्रसाद के नाटकों का सम्यक् निर्वचन सम्भव नहीं है। वे विशिष्ट रंगमंच के अनुरूप लिखे गए हैं और एक असाधारण मनीषा वाला निर्देशक ही उसको पूर्ण प्रस्तुति प्रदान कर सकता है। यह कार्य भारतीय रंग-परम्परा की गहरी समझ तथा प्रशस्त रंग-चिन्तन द्वारा ही सम्भव है। प्रसाद के नाटकों में जीवनानुभूति, काव्यानुभूति तथा नाट्यानुभूति का ऐसा अद्भुत समन्वय हुआ है कि उसकी सम्पूर्ण प्रस्तुति रंगशिल्प को पराकाष्ठा तक ले जा सकती है। यह तभी सम्भव है जब निर्देशक और कलाकार दोनों ही साहित्यिक संवेदना, भाषिक संस्कार और अभिनय शैली में निष्णात हों।

इनके नाटकों में विचार, सृजन, गहन अन्तर्दृष्टि तथा जीवन सत्य की अर्थपूर्ण व्यंजना के कारण जो जटिलता आई है वह रंगकर्मियों से बहुआयामी अर्थ-स्वरों के संधान और नई प्रस्तुति शैलियों के प्रयोग की अपेक्षा रखती है। हमें यह मानने में कोई परेशानी नहीं होनी चाहिए कि 'ध्रुवस्वामिनी' जैसी महान नाट्यकृति अपने जटिल एवं बहुस्तरीय पाठ के गहन विश्लेषण की माँग करती है। इसमें निहित यथार्थवादी रंगबोध, युगीन भाव-बोध की बहुस्तरीयता तथा नवीन रंग-शिल्प 'कामायनी' की तरह आज भी हिन्दी आलोचना के समक्ष चुनौती बना हुआ है। यह लेख इस दिशा में एक वस्तुनिष्ठ एवं गम्भीर प्रयास है। यह हमारे लिए गौरव का विषय है कि प्रसाद जी का रंगकर्म ध्रुवस्वामिनी की पराकाष्ठा तक पहुँचता है। इसके माध्यम से उनके नाट्य लेखन को जो ऊँचाई प्राप्त होती है वह सम्पूर्ण हिन्दी जगत की अद्वितीय उपलब्धि है। प्रसाद जी ने 'ध्रुवस्वामिनी' के माध्यम से अपनी रंगमंच सम्बन्धी अवधारणा को मूर्त रूप दिया है। इससे हिन्दी नाटक यथार्थवादी मंच की ओर उन्मुख हुआ। उसकी अद्यतन उपलब्धियों में 'ध्रुवस्वामिनी' एक बड़े शिखर की तरह है। अतः इसका अपना ऐतिहासिक महत्त्व है।

हिन्दी की पहली एकांकी : एक घूँट

महाकवि जयशंकर प्रसाद हिन्दी की अनेक विधाओं का शुभारम्भ करके उसे विश्वस्तरीय बनाने का अत्यन्त साहसिक कार्य करते हैं। इस दृष्टि से इन्होंने हिन्दी में नाट्य-लेखन के अधिकांश रूपों का विकास किया। आपने 'करुणालय' जैसा पद्य नाटक, 'सज्जन' और 'जनमेजय का नागयज्ञ' जैसा पौराणिक नाटक, 'अजातशत्रु', 'स्कन्दगुप्त', 'चन्द्रगुप्त' और 'ध्रुवस्वामिनी' जैसा ऐतिहासिक नाटक, 'कामना' जैसा प्रतीकात्मक नाटक और 'एक घूँट' जैसी एकांकी लिखकर हिन्दी नाट्य-साहित्य को विश्वस्तरीय बनाने का उपक्रम किया। एकांकी भी नाटक की एक विधा है। इसमें सम्पूर्ण कथावस्तु एक ही अंक में पूर्ण हो जाती है। यह कार्य-व्यापार की पूर्णता के कारण एक स्वतंत्र विधा के रूप में अपनी पहचान रखती है। इसकी अपनी संरचनात्मक अन्विति, तकनीक और रूपात्मक तंत्र है। एकांकी की आरम्भिक परिभाषाओं में सिडनी बाक्स का अभिमत आता है जिसमें वे कहते हैं : "एकांकी साहित्य की वह नियंत्रित और संयमित विधा है जिससे एक ही घटना को इस प्रकार अभिव्यक्त किया जाता है कि उसके प्रभाव-ऐक्य से पाठकों और दर्शकों का मन आकृष्ट और आक्रान्त हो जाए।"[1] इस तरह एकांकी अपनी संरचना में सुसंगठित, एक ही अंक में परिपूर्ण और संकल्पित होती है। इसे परिभाषित करते हुए हिन्दी साहित्य कोश में लिखा गया है : "एकांकी नाटक साहित्य का वह नाट्य-प्रधान रूप है, जिसके माध्यम से मानव-जीवन के किसी एक पक्ष, एक चरित्र, एक कार्य, एक परिपार्श्व, एक भाव की ऐसी कलात्मक व्यंजना की जाती है कि वे एक अविकल भाव से अनेक की सहानुभूति और आत्मीयता प्राप्त कर लेते हैं।"[2] इस तरह एकांकी में संकलन-त्रय के निर्वाह पर विशेष जोर दिया गया है जिससे उसमें स्वाभाविकता, सजीवता एवं अन्तर्गठन आता है।

जहाँ तक भारतीय परम्परा में एकांकी लेखन का सवाल है तो संस्कृत में भी एक अंक वाले नाटक उपलब्ध होते हैं। लेकिन जब हम उसकी आधुनिक कलात्मकता और प्रभावशीलता पर विचार करते हैं तो यह मानना पड़ता है कि आधुनिक एकांकी वस्तुतः पश्चिम की ही देन है। हिन्दी के अधिकांश आलोचकों ने प्रसाद कृत 'एक घूँट' को हिन्दी की पहली एकांकी माना है। इस सन्दर्भ में

डॉ. नगेन्द्र का अभिमत है : "सचमुच हिन्दी एकांकी का प्रारम्भ प्रसाद के 'एक घूँट' से ही हुआ है। एकांकी की टेक्नीक का 'एक घूँट' में पूरा निर्वाह है—हाँ, उसमें प्रसादत्व का गहरा रंग अवश्य है।"[3] इस सन्दर्भ में अज्ञेय ने भी कुछ ऐसी ही बात कही है। उनके अनुसार : "प्रसाद का 'एक घूँट' भी एकांकी है—रूप विधान की दृष्टि से वह आधुनिक एकांकी के बहुत निकट है और माना जा सकता है कि आधुनिक एकांकी की परम्परा यहीं से प्रारम्भ होती है।"[4] इस तरह प्रसाद के 'एक घूँट' से हिन्दी एकांकी का प्रवर्तन और विकास आरम्भ होता है। यह प्रकारान्तर से 'कामना' का अगला चरण प्रतीत होता है। इसमें प्रसाद जी बुद्धि और हृदय के सामंजस्य द्वारा आनन्दवाद की प्रतिष्ठा करते हैं। यह प्रसाद के आनन्दवादी शैव दर्शन की प्रयोगशाला है जिसका चरम आविष्कार 'कामायनी' महाकाव्य में मूर्तिमान हुआ है। यह उनकी आनन्दवादी साधना का एक महत्त्वपूर्ण पड़ाव है। इसमें प्रसाद का प्रकृति-प्रेम भी अत्यन्त गाढ़ा है। प्रकृति के विभिन्न उपादानों—मसलन सम्पूर्ण वनलता, रसाल, कुंज, मुकुल, प्रेमलता इत्यादि के मानवीकरण द्वारा इसके अर्थ को उद्घाटित किया गया है। इन नैसर्गिक पात्रों के अलावा केवल चन्दुला, झाड़ूवाला एवं उसकी पत्नी ही स्वतंत्र पात्र के रूप में आए हैं। इसमें प्रस्तुत पात्रों के व्यवहार और कार्य-व्यापार से ही पात्रों का अर्थ सुनिश्चित होता है। इसमें स्वच्छंद प्रणय और वैवाहिक जीवन का द्वंद्वात्मक चित्रण हुआ है। प्रसाद जी का मानना है कि प्रकृति और पुरुष के सम्मिलन से ही सृष्टि पुरस्कृत होती है। फलतः उन्होंने आनन्द (पुरुष) से वनलता एवं प्रेमलता (प्रकृति) के मेल द्वारा अपने स्तर पर निदान प्रस्तुत किया है। प्रसाद जी ने अद्भुत सर्जनात्मक कौशल द्वारा वनलता-रसाल, प्रेमलता-आनन्द, चन्दुला दम्पती, झाड़ूवाला—उसकी पत्नी की भिन्न स्थितियों को अत्यन्त व्यंजनात्मक बनाकर प्रस्तुत किया है। 'एक घूँट' का मूल प्रतिपाद्य यही है कि जीवन में आनन्द की प्राप्ति एक-दूसरे को समझने, समर्पण और एकनिष्ठता द्वारा ही सम्भव है। इस नाटक में चित्रित आश्रम मनुष्यता की पाठशाला है, जहाँ सरलता, स्वास्थ्य और सौन्दर्य की सिद्धि द्वारा जीवन के चरम लक्ष्य की प्राप्ति का मार्ग प्रशस्त होता है। यह सिद्धि प्रेम के एक घूँट द्वारा ही सम्भव है। यहाँ वनलता आश्रम के वायवीय आदर्शों के विपरीत जीवन में ठोस एवं स्थायी धरातल चाहती है। इसमें वनलता का पति रसाल केवल कल्पना एवं भावनाओं में खोया रहनेवाला कवि है। वह जंगली पक्षियों के बोल, फूलों की हँसी और नदी के कलनाद का अर्थ समझता है; परन्तु अपनी पत्नी के प्रति उदासीन है। वनलता 'एक घूँट' का केन्द्रीय पात्र है। चूँकि आश्रम में वनलताओं की बहुलता होती है, अतः वह अरुणाचल आश्रम की सच्ची प्रतिनिधि है। जिस तरह वनलता वृक्ष का आश्रय पाकर ऊपर की ओर चढ़ती है, विकसित होती है, उसी प्रकार वनलता भी रसाल का आश्रय पाना चाहती है। वह लताओं के पल्लवित-पुष्पित और फलीभूत होने के रहस्य से परिचित है। फलस्वरूप वनलता

भी रसाल को सम्पूर्णता में प्राप्त करके मातृत्व की कामना करती है। वह कहती है : "मैं जिसे प्यार करती हूँ, वही—केवल वही व्यक्ति—मुझे प्यार करे, मेरे शरीर को—जो मेरे सुन्दर हृदय का आवरण है—सतृष्ण देखे। उस प्यास में तृप्ति न हो, एक-एक घूँट वह पीता चले, मैं भी पिया करूँ।"[5] रसाल भीतर ही भीतर वनलता की तरह प्रेम को सम्पूर्णता में पाने की चाहत रखते हुए भी बाहर से आनन्द बनना चाहता है। फलत: अपने अन्तर्द्वंद्व के कारण वनलता की भावनाओं और उसके भीतर उठ रहे आर्तनाद को नहीं सुन पाता। इस कारण वनलता तक अपनी मिठास भी सम्प्रेषित नहीं कर पाता। इस तरह वनलता के जीवन की विडम्बना यह है कि सम्पूर्ण विश्व को प्रेम और आनन्द के राग सुनानेवाला अपनी पत्नी को प्रेम के 'एक घूँट' से भी वंचित कर देता है। प्रसाद जी यहाँ परस्पर विरोधी स्थितियों के चित्रण द्वारा वनलता के अन्तर्द्वंद्व को उभारते हैं। यही 'एक घूँट' को प्रसाद के पूर्ववर्ती और समकालीन नाटककारों से आगे ले जाता है। उसे आधुनिक बनाता है। प्रसाद जी आनन्द के अतिवादी रूप को भी स्वीकार नहीं करते। वे वेदना, अभाव तथा करुणा जैसे सनातन त्रासद भावों का भी पूरी तन्मयता के साथ चित्रण करते हैं। इसका सबसे बड़ा कारण यह है कि प्रसाद जी के पास मानवीय अन्तर्वृत्तियों की गहरी समझ थी। वे उसके वास्तविक रूप को समझकर ही जीवन में आनन्दवाद का स्थान सिद्धान्त रूप में स्वीकार करते हैं।

'एक घूँट' की वस्तु एवं शिल्प-योजना की नवीनता पर विचार करते हुए महेश आनन्द ने लिखा है : "नाटक के अन्त तक आते-आते आनन्द का वनलता के प्रति आकर्षण, रसाल का अपनी गलती अनुभव करना, प्रेमलता का शर्बत लेकर आना और आनन्द का स्वीकार करना आदि प्रसंग स्वाभाविक रूप से सामने आए हैं। यहाँ प्रेमलता का शर्बत लेकर 'सहसा प्रवेश' करना अत्यन्त नाटकीय है। वनलता से प्रभावित होकर आनन्द का यह सोचना : 'चिरपरिचित को खोज निकालना कितनी असम्भव बात! किन्तु...परन्तु...बिलकुल ठीक...मिलते हैं—हाँ, मिल ही जाते हैं, खोजनेवाला चाहिए', और ठीक इसी समय प्रेम लता का शर्बत लेकर आना और कहना : 'खोजते-खोजते मैं तो थक गई। और शर्बत छलकते-छलकते कितना बचा?' —स्थिति को नाटकीय बना देता है। क्योंकि इसी छलकते हुए शर्बत में आनन्द का सारा दर्शन बहता दिखाई देता है। एक अन्य विशेषता इस नाटक के गीत हैं, जो वाद-विवाद की एकरसता को तोड़ते हैं। जिस स्तर पर समस्या को उठाया गया है, उसमें गीत-संगीत इस रचना की अनिवार्य शर्त बन गए हैं। इस नाटक के सभी गीत नाटक के मूल स्वर तथा पात्रों की मन:स्थितियों को उद्‌घाटित करनेवाले हैं। इसलिए इस नाटक के गीत-उपादान संग्रह के अभिप्राय से एकत्रित नहीं किए गए। नाटककार ने अरुणाचल पहाड़ी के समीप, एक हरे-भरे प्राकृतिक वन का चित्र अंकित किया है। इसमें 'प्रभात की धूप', 'समीर के झोंके' और 'पक्षियों का

कलरव' के साथ-साथ गीत-संगीत अनिवार्य लगते हैं। नाटक में कुल चार गीत हैं, जिनमें से 'जलधर की माला' गीत कविता पाठ की सम्भावना उभारता है। 'खोल, तू अब भी आँखें खोल' में स्वच्छंद प्रेम, 'जीवन वन में उजियाली है' में प्रेमलता द्वारा प्रेम पाने की आकांक्षा, 'जलधर की माला' में जीवन के क्षणिक सुखों का संकेत और अन्त में, 'मधुर मिलन कुंज में' नाटक का सार व्यंजित हुआ है। इन सभी गीतों की प्रतीकात्मक भाषा नाटक के अर्थ को स्पष्ट करने में सहायक बनी है। जैसे अन्तिम गीत में कुंज (जीवन), सुमन (सुन्दर मन का उल्लास), तरु-लतिका (प्रेमी-प्रेमिका) जैसे शब्द या इसी प्रकार संवादों में से वनलता के प्रथम स्वगत में 'पंचम' (प्रेम की विह्वलता), 'कोकिल' (प्रेमी का भावना सिक्त हृदय) आदि शब्द नाटकीय अर्थ को उद्घाटित करने में सहायक बने हैं।"[6]

इस तरह प्रसाद जी पाश्चात्य सभ्यता, भौतिकवादिता एवं आधुनिकता के द्वंद्व से उत्पन्न जटिलता का हृदय तत्त्व की प्रतिष्ठा द्वारा परिहार करते हैं। प्रसाद जी वनलता एवं प्रेमलता के माध्यम से प्रेम की अन्तर्निहित परतों का विरहस्यीकरण करते हैं। यहाँ भी प्रसाद की विश्व-संदृष्टि अतिनाटकीय और रोमांचक तत्त्वों की टकराहट से जिस संश्लिष्ट भारतीय दाम्पत्य-जीवन का आदर्श प्रस्तुत करती है, वही इस एकांकी के रंगबोध, रूपात्मक तंत्र और अर्थवत्ता को विशिष्ट गौरव प्रदान करती है। प्रसाद जी इस अति संक्षिप्त रूपबंध के भीतर भी सृजनात्मक गहराई का सुअवसर खोज लेते हैं। फलस्वरूप इस एकांकी में नाटककार का मूल उद्देश्य उपेक्षित नारी जीवन की पुंजीभूत पीड़ा का निर्वचन करना रहा है। साथ ही, इस दुख-दग्ध जगत के अभावात्मक परिवेश द्वारा वेदना एवं करुणा की अभिव्यंजना करना रहा है। वे वनलता के इस संवाद द्वारा एक घूँट के मर्म का प्रकटन करते हैं : "संसार में लेना तो सब चाहते हैं; कुछ देना ही तो कठिन काम है। गाली, देने की वस्तुओं में सुलभ है; किन्तु सबको वह भी देना नहीं आता। मैं स्वीकार करती हूँ कि मुझे किसी ने अपना निश्छल प्रेम नहीं दिया; और बड़े दुख के साथ इसे न देने का, संसार का उपकार मानती हूँ।"[7]

इस तरह व्यक्ति-चित्रों और आन्तरिक मन:स्थितियों के चित्रण में प्रसाद को जो महारत हासिल है, उसका उत्कर्ष इस एकांकी में भी परिलक्षित होता है। 'एक घूँट' अपने पाठ-वितान में अपेक्षाकृत अधिक संगठित और समकालीन जीवन की लय के अनुरूप है। यहाँ भी प्रसाद जी भारतीय सांस्कृतिक अस्मिता को प्रतिष्ठित करते हुए पाश्चात्य सभ्यता, आधुनिकता और वैज्ञानिकता में अन्तर्निहित खोखलेपन को उजागर करते हैं। 'एक घूँट' हार्दिक बौद्धिकता की एकांकी है। इसमें जीवन में सौन्दर्य और आनन्द की प्राप्ति के लिए नैसर्गिक जीवन की सरलता, रमणीयता और स्वास्थ्य के संश्लेषण का आदर्श रखा गया है। कुल मिलाकर, यह मनुष्य की अन्तर्वृत्तियों के उन्नयन और भावनात्मक विकास द्वारा उसके बेहतर मनुष्य बनने

का विकल्प उपलब्ध कराता है। इसमें पौरुष, आनन्द, उल्लास तथा प्रसाद द्वारा प्रतिपादित श्रेयमयी प्रेय-दृष्टि सर्जनात्मक व्याख्यान की भाँति प्रस्तुत हुई है। प्रसाद जी जिस दुख-दग्ध जगत और आनन्दपूर्ण स्वर्ग के एकीकरण को साहित्य मानते हैं; उसका प्रायोगिक रूप यह एकांकी है। साथ ही, एकांकी के अन्तर्विधान का रूपात्मक ढाँचा निर्मित करने की दिशा में एक क्रोश-स्तम्भ है। इसी दृष्टि से 'एक घूँट' का हिन्दी साहित्य के इतिहास में ऐतिहासिक महत्त्व है।

सन्दर्भ-सूची

1. टेक्नीक ऑफ वन ऐक्ट प्ले—Sydney Boy
2. हिन्दी साहित्य कोश—प्रधान सम्पा. डॉ. धीरेन्द्र वर्मा, पृ. 169
3. आधुनिक हिन्दी नाटक—डॉ. नगेन्द्र, पृ. 132
4. हिन्दी साहित्य : एक आधुनिक परिदृश्य—अज्ञेय, पृ. 117
5. प्रसाद के सम्पूर्ण नाटक एवं एकांकी—सम्पा. डॉ. सत्यप्रकाश मिश्र, पृ. 581
6. जयशंकर प्रसाद: रंगदृष्टि—महेश आनन्द, पृ. 116
7. प्रसाद के सम्पूर्ण नाटक एवं एकांकी—सम्पा. डॉ. सत्यप्रकाश मिश्र, पृ. 580

कामना की प्रतीकात्मकता

जयशंकर प्रसाद हिन्दी नाटक को विश्वस्तरीय गरिमा प्रदान करनेवाले नाटककार हैं। इनके नाटक अपने विचारशील एवं बहुलार्थी स्वरूप में रंगमंच की सारी सम्भावनाओं का द्वार खोलते हैं और रंगकर्मी को पूरी छूट देते हैं कि वे अपनी क्षमता के अनुसार उसे सजाएँ-सँवारें तथा उनके निहितार्थ का उद्‌घाटन करें। इस दृष्टि से आप बहुत बड़े प्रयोगशील नाटककार हैं जो नाटक के सभी कला-रूपों में अपनी गति का परिचय देते हैं। इस दृष्टि से 'कामना' प्रसाद का ही नहीं बल्कि सम्पूर्ण हिन्दी नाट्य-साहित्य में भी अपने ढंग का पहला सफल और अद्‌भुत प्रयोग है। यह प्रतीकात्मक रूपक है।

ऐसा माना जाता है कि प्रतीकों का प्रयोग अत्यन्त प्राचीन है। यह लगभग उतना ही पुराना है जितना कि स्वयं मनुष्य। यहाँ तक कि विश्व की सारी संज्ञाओं को भी प्रतीक ही माना जाता है। कतिपय विद्वानों की यह दृढ़ मान्यता है कि सारी मानव उपलब्धियाँ—साहित्य-विज्ञान, भाषा-पुराण, सभ्यता-संस्कृति, धर्म-दर्शन आदि सभी प्रतीकात्मक हैं। यदि भारतवर्ष में ऋग्वेद से लेकर अब तक अनवरत रूप से प्रतीकों का प्रयोग होता रहा है तो पाश्चात्य जगत में भी होमर से लेकर अब तक इसका प्रयोग अविरल होता रहा है। हिन्दी में प्रतीक शब्द का प्रयोग 'संकेत', 'चिह्न' अथवा 'प्रतिरूप' आदि के लिए किया जाता है। भारतीय सन्दर्भ में ऋग्वैदिक काल से सतत व्यवहार में रहने के बावजूद इस शब्द में उल्लेखनीय विकार नहीं आया है। प्रतीक अपने रूप, गुण, कार्य या अन्य विशेषताओं के आधार पर किसी अप्रस्तुत का संकेत अथवा प्रतिनिधित्व करता है। वैसे मोटे तौर पर प्रतीक का अर्थ है—वह, जो परम्परा अथवा रूढ़ि आदि के कारण किसी और को द्योतित करे। जैसे सिंह वीरता को द्योतित करता है तो गीदड़ कायरता को। प्रतीक की भारतीय अर्थ-परम्परा पाश्चात्य परम्परा की तुलना में बहुत ज़्यादा पुरानी है। ऋग्वेद में इन्द्र, मित्र, वरुण, सविता, रुद्र आदि देवता क्रमशः शक्ति, चेतना, बल, प्रेरणा तथा दंड के प्रतीक माने गए हैं। मानव जीवन का कोई भी ऐसा क्षेत्र नहीं है जहाँ प्रतीकों का प्रयोग न होता हो। इसका व्यवहार सभी देशों और कालों में होता रहा है। संक्षेप में हम कह सकते हैं कि प्रतीक किसी अदृश्य अथवा अमूर्त सत्ता का जीवन्त प्रतिनिधि है

जो किसी विषय का प्रतिनिधित्व करने के साथ-साथ उसे समाज द्वारा स्वीकृत भी कराता है। किसी भी रचनाकार को प्रतीक के माध्यम से अपने विषय के निर्वचन में सरलता होती है। साथ ही, वह रचनाकार के लिए पलायन का मार्ग भी उपलब्ध कराता है। प्रतीकों में मानवशास्त्र की सुप्त तथा दमित अनुभूतियों को झंकृत करने की अद्वितीय क्षमता होती है। वस्तुतः रचनाकार के हाथ में अभिप्रेत वस्तु, भाव या अर्थ का संकेत करने के लिए प्रतीक सबसे कारगर हथियार है। वह साहित्यकार के अभिव्यंजना के सर्वोत्तम साधनों में से एक है। फ्रेंच कविता में तो 1880 से 1910 के मध्य प्रतीकवाद नामक काव्यांदोलन ही चला जिससे प्रसाद जैसे अध्येता भली भाँति परिचित थे।

प्रसाद जी के सारे नाटक इतिहास और पुराण की सुदृढ़ भित्ति पर आधारित हैं। आपने 'सज्जन' में महाभारत काल, 'जनमेजय का नागयज्ञ' में उसके बाद आनेवाले आर्य-आर्येतर संघर्ष, 'अजातशत्रु' में बौद्धकाल, 'चन्द्रगुप्त-कल्याणी परिणय' में मौर्यकाल, 'अग्निमित्र-इरावती' में शुंग-वंश का, 'स्कन्दगुप्त' तथा 'ध्रुवस्वामिनी' में गुप्तकाल का, 'राज्यश्री' में हर्षवर्धन युग का, 'विशाख' में कश्मीर का, 'प्रायश्चित्त' में मुगलकाल का और 'कामना' में ब्रिटिश काल का प्रामाणिक दिग्दर्शन कराया है। इस तरह प्रसाद जी ने महाभारत काल से लेकर अपने समय तक के भारतीय इतिहास के प्रामाणिक पुनर्लेखन का ऐतिहासिक कार्य किया है। हमें यह नहीं भूलना चाहिए कि जयशंकर प्रसाद स्वाधीनता-संग्राम के कठिन संघर्ष के दिनों में अपनी लेखनी चला रहे थे और उस भयावह सेंसरशिप के दौर में वह ऐतिहासिक, पौराणिक और प्रतीकात्मक माध्यमों का उपयोग अपनी बात को जन-जन तक पहुँचाने के लिए प्रभावी तरीके के रूप में कर रहे थे। उस समय ब्रिटिश शासनकाल की विसंगतियों को उजागर करने के लिए इससे बेहतर दूसरा विकल्प नहीं था। 'कामना' उनके प्रयोगशील व्यक्तित्व का ऐसा ही प्रयास था जिसे 'हिन्दी संसार की पहेली' तक कह दिया गया। यह हिन्दी आलोचना के अविवेक को भी दर्शाता है। प्रसाद का व्यक्तित्व अपने समय एवं समाज तथा विश्व-जीवन के प्रति निरन्तर सतर्क और सचेष्ट रहा है। वे इंग्लैंड के औद्योगिक क्रान्ति से उद्भूत पूँजीवादी व्यवस्था, महाजनी-संस्कृति, क्षरणशील सामंतवाद, भौतिकता एवं बुद्धिवाद के अतिरेक, रूस में सम्पन्न लाल-क्रान्ति से सर्वहारा वर्ग का उभार तथा विज्ञान और प्रौद्योगिकी के उपयोग द्वारा प्रकृति और पर्यावरण के सीमाहीन शोषण से गहराइयों तक उन्मथित थे। वे साम्राज्यवादी-उपनिवेशवादी मानवद्रोही शक्तियों के शोषण के विद्रूप मायाजाल से सुपरिचित थे। ऐसी शक्तियों के षड्यंत्र, वैश्विक शोषण के दुष्चक्र तथा मनुष्यता विरोधी चेहरे को बेनकाब करने के लिए उन्होंने 'कामना' जैसे अतिशय महत्त्वपूर्ण प्रतीकात्मक नाटक की सृष्टि की जिसका साहित्य में वही स्थान है जो राजनीति एवं अर्थशास्त्र में 'हिन्द स्वराज' का। प्रसाद जी ने पूँजीवादी

व्यवस्था से उभर रही उपभोक्तावादी-भोगवादी दृष्टि का प्रखर विरोध करने के लिए और मानवीय सम्बन्धों की पवित्रता को बचाए रखने के लिए इस नाटक को रचा है। इस नाटक में कामना, सन्तोष, विनोद, विलास, विवेक, शान्तिदेव, दम्भ, दुर्वृत्त, क्रूर, लीला, लालसा, करुणा, प्रमदा, वनलक्ष्मी और महत्त्वाकांक्षा जैसी मनोवृत्तियों तथा मानसिक शक्तियों को मूर्त रूप देकर नाटक को जो नया आयाम दिया है, उससे वह बहुलार्थी हो गया है। उसके वस्तुविधान में अनेक व्याख्याओं की अनुगूँज पैदा हो गई है।

इस नाटक का सफल मंचन करनेवाले प्रख्यात रंग-निर्देशक ब.व. कारन्त ने लिखा है : " 'कामना' करने की कामना मेरी बहुत पुरानी थी। इसलिए कि ऐसी सृजनशील फंतासी या प्रतीकधारी नाटक हिन्दी में मुझे बहुत कम ही देखने को मिले हैं। 'कामना' क्लिष्ट व पेचीदा और एक शिथिल रचना है लेकिन अपनी शिथिलता में भी यह नाटक बड़ा सम्भावनापूर्ण, प्रेरणादायक, बहुरंगी तथा बड़ा प्रासंगिक लगा। बड़ी बात यह है कि छात्र-छात्राओं के लिए एक शैक्षणिक और प्रशिक्षण के तौर पर हिन्दी के उपलब्ध नाटकों में से 'कामना' ही बड़ा उपादेय लगा जिसमें प्रतीक और पात्र, प्रसंग और चरित्र एक-से हो जाते हैं। साहित्य-संगीत, नृत्य और रंग, चारों का एक ऐसा समग्र समावेश है कि प्रस्तुत प्रयोग की सफलता-विफलता के बाद भी, यह नाटक सदाबहार ही बना रहेगा।" कहना न होगा कि कारन्त जैसे रंग-द्रष्टा ने 'कामना' के निहितार्थ को सही सन्दर्भ में पकड़ा है।

जब हम इस नाटक के अंकों से गुजरते हैं तो पाते हैं कि इसके क्रमिक विश्लेषण से हम इसमें निहित अर्थ की परतों का विरहस्यीकरण कर सकते हैं। इसके आरम्भ में फूलों के द्वीप का एक नैसर्गिक परिवेश चित्रित हुआ है। इस द्वीप में तारा की संतानों द्वारा द्वीपवासियों की सामाजिक स्थिति एवं जीवन-दृष्टि का परिचय मिलता है। इसमें लेखक ने कहा है कि द्वीपवासियों का जीवन सरलता, सौम्यता, सामरस्य, सन्तोष और सात्त्विक प्रेम से अनुप्राणित होने के कारण आपसी सौहार्द एवं सौमनस्य से युक्त था। प्रसाद जी यह बताने का प्रयास करते हैं कि अंग्रेजों का भारत में आगमन उसी तरह होता है जिस तरह 'कामना' में विलास और लालसा आते हैं। यह वह समय था जब वे भौतिक-लिप्सा, यांत्रिक युग के कोलाहल-कलह से मुक्त थे। तभी स्वर्ण और मदिरा का सन्देशवाहक एवं पाश्चात्य सभ्यता का प्रतिनिधि विदेशी युवक विलास वहाँ प्रवेश करता है। वह अपने भोगवादी दृष्टिकोण से द्वीपवासियों के पवित्र और नैसर्गिक जीवन को विपथित एवं व्यस्त कर देता है। उसके स्वर्ण और मदिरा की चमक में उस द्वीप की समूची सात्त्विक वृत्तियाँ चौंधिया जाती हैं। वह सबसे पहले अतृप्त कामना में स्थायी रानी बनने की बलवती आकांक्षा पैदा करके उसे अपने प्रलोभन के जाल में उलझा देता है। साथ ही, वह प्रजा में स्वर्ण, मदिरा, भोग-विलास के प्रति लालसा पैदा करके उन्हें

विकल-वासना में निमग्न कर देता है। वह अपने कुटिल मंतव्य को पूरा करने के लिए द्वीपवासियों में सत-असत, पुण्य-पाप, अच्छे-बुरे, न्याय-अन्याय का विमर्श आरम्भ करके उनमें भय का बीज वपन करता है। वह द्वीपवासियों को राजनीतिक धरातल पर अपने नियंत्रण में लेकर उनके निजी जीवन को उन्मथित कर देता है। प्रजा को गुलामी में जकड़नेवाली इस धूर्त वृत्ति को केवल विवेक समझ पाता है, किन्तु प्रजा के बीच दिव्य पुरुष के रूप में उपस्थित विलास अपनी कुटिलता से विवेक को पागल घोषित करवा देता है। उस समय ब्रिटिश साम्राज्यवादी और पूँजीवादी शक्तियाँ मनुष्य की भोग-वृत्ति को उभारकर किस तरह उन्हें गुलाम और अधिकार विहीन बना रही थीं, यह उसका सार्थक प्रतीक है।

तदुपरान्त विलास अपनी कल्पना को मूर्त रूप देने के लिए 'सम्प्रभु की इच्छा ही कानून है' का आदर्श प्रतिमान निर्मित करता है। वह कठोर नियमन द्वारा कारागारों का निर्माण करवाता है। फलस्वरूप हिंसा, क्रूरता, हत्या, दमन के माध्यम से वह अपनी सत्ता को निरंकुश बनाने का उपक्रम करता है। वह कामना को रानी बनाकर स्वामी-सेवक सम्बन्धों तथा न्याय-दंड को नया रूप प्रदान करता है। वह द्वीपवासियों से प्रश्न करने का अधिकार छीन लेता है और विलास एवं लालसा के संयोग द्वारा व्यभिचार का अन्तहीन सिलसिला आरम्भ कर देता है। फलतः प्रजा करुणा का प्रतिरूप अथवा ट्रैजेडी की सार-प्रतिमा बन जाती है। कामना दुविधाग्रस्त होने के कारण विलास का विरोध करने का साहस नहीं जुटा पाती। केवल विवेक प्रजा में चेतना जगाने का प्रयास करता है, परन्तु जब कुएँ में ही भाँग पड़ी हो तो उसका प्रयास नाकाफी सिद्ध होता है। इसके बाद तथाकथित नई सभ्यता और नवीन नगर में क्रूर, दुर्वृत्त, प्रमदा और दम्भ जैसे पात्र भोगवाद का उत्सवीकरण करते हैं। यह भोगवादी सभ्यता खर्च को बढ़ावा देकर अभावों की सृष्टि करती है। दम्भ द्वारा योग्यता और संस्कृति के आधार पर श्रेणी-भेद स्थापित किया जाता है। वह कहता है : "जो समुन्नत विचार के लोग हैं, उन्हें विशिष्ट स्थान देना होगा। धर्म, संस्कृति और समाज की क्रमोन्नति के लिए अधिकारी चुने जाएँगे। इससे समाज की उन्नति में बहुत-से केन्द्र बन जाएँगे जो स्वतंत्र रूप से इसकी सहायता करेंगे। उस समय हमारी जाति समृद्ध और आनन्दपूर्ण होगी! इस नगर में रहकर हम लोग युद्ध और आक्रमणों से भी बचेंगे।" ऐसी स्थिति में लालसा की कामुकता का अतिरेक नई व्यवस्था के भ्रष्ट एवं विलासी रूप की व्यंजना करता है। फलतः द्वीपवासियों का नैसर्गिक जीवन पूर्ण रूप से समाप्त हो जाता है। समाज के तथाकथित ठेकेदार सन्तोष को मारने तथा करुणा को भोग की सामग्री बनाने का प्रयास करते हैं। इस बदली हुई परिस्थिति में कामना को वास्तविक आत्म-प्रतीति होती है। वह कहती है : "प्रकृति शान्त है, हृदय चंचल है। आज चाँदनी का समुद्र बिछा हुआ है। मन मछली के समान तैर रहा है। उसकी प्यास नहीं बुझती। अनन्त नक्षत्र लोक से मधुर वंशी की झनकार निकल रही है। परन्तु कोई गानेवाला

नहीं है।" फलस्वरूप उसमें सन्तोष की कामना उद्भूत होती है और वह विलास के हाथों की कठपुतली बनने से मना कर देती है। लेकिन प्रजा विलास को शासक मानकर कामना को बन्दी बनाने के लिए तत्पर हो जाती है। अब विवेक विलास के अत्याचारों के विरुद्ध युवकों को संगठित करके आन्दोलन का नेतृत्व करता है। कामना भी अपना मुकुट फेंककर सामान्य जन में घुलमिल जाती है। विनोद और लीला भी अवसर पाकर विवेक के साथ ही जाते हैं और सैनिक भी विलास को राजा मानने के लिए तैयार नहीं होते। अन्ततः लालसा एवं विलास की नाव समुद्र में जलसमाधि ले लेती है। इस तरह प्रसाद जी कामना के प्रतीकात्मक संकेतों द्वारा 1927 में ही ब्रिटिश सत्ता के अपदस्थ होने का चित्रण कर देते हैं।

इस नाटक में लेखक ने प्रत्येक पात्र के चरित्र और मनोवृत्ति के अनुकूल कार्य-व्यापार सुनिश्चित किये हैं। विलास की उन्मत्त विलासिता उसे कामना से बचकर लालसा के उपभोग के लिए प्रेरित करती है जिसे चरितार्थ करने के लिए वह क्रूर और हिंसक बन जाता है। वह अपनी लालसा-तृप्ति के लिए हर प्रकार के छल-छद्म का सहारा लेता है परन्तु लालसा अपनी उन्मत्त विलासिता में उससे भी भयावह और हिंसक हो उठती है। सन्तोष हर परिस्थिति में शान्त रहने के कारण ही विवेक का मित्र बना है। जब कामना और लीला उसके पास से चली जाती हैं तब वह करुणा के सन्निकट आता है। हमेशा निराश्रित रहनेवाली करुणा को केवल सन्तोष का ही साथ मिलता है। इस बीच करुणा का भाई शान्ति मरता है और वह बेघर हो जाती है। फलतः वहाँ लालसा का आधिपत्य हो जाता है। यह स्पष्ट है कि जहाँ लालसा है, वहाँ शान्ति नहीं हो सकती। अतः नाटककार ने अन्तहीन लालसा के समक्ष शान्ति का स्वाभाविक अन्त दिखलाया है। प्रसाद जी ने इस नाटक के पात्रों में जटिलता और घात-प्रतिघात के बजाय उनके स्वाभाविक गुण-धर्म के अनुसार उन्हें विकसित होते हुए दिखलाया है। फलतः वे अपने प्रतीकार्थ की व्यंजना करते हुए मानवीय और सुपरिचित हैं। वे बड़ी सहजता से नाटककार के अमूर्त विचारों और सरोकारों को मूर्तिमान करते हैं। लेखक ने ब्रिटिश सत्ता के अमानवीय चेहरे को जिस सहजता और प्रतीकात्मकता के साथ नाटकीय स्थितियों से बननेवाले दृश्य-बिम्ब द्वारा उभारा है, वह एक श्रेष्ठ कलाकार का अभिलक्षण है। उनका सृजन यह सिद्ध करता है कि जितना कठिन समय होगा, उत्कृष्ट सृजन की चुनौती उतनी बलवती बनकर उभरेगी। वे समग्रतावादी अखंड दृष्टि के बलपर कामना के अन्त में सन्तुलन और समरसता को सिद्ध करते हैं। वे उपभोक्तावादी और भोगवादी सभ्यता में मानव-मूल्यों की सुरक्षा तथा शोषक-शोषित वर्गीय समाज के मध्य वैयक्तिक स्वाधीनता के प्रश्न को जिस सहजता से व्यंजित करते हैं, वह उन्हें एक बड़े जीवन-चिन्तक के रूप में प्रतिष्ठित करता है। वे विवेक के कथन के माध्यम से कामना के सन्देश को बड़ी संजीदगी से प्रस्तुत कर देते हैं। वह कहता है : "उस दिन की प्रतीक्षा में कठोर तपस्या करनी होगी, जिस दिन ईश्वर और मनुष्य,

राजा और प्रजा, शासित और शासकों का भेद विलीन होकर विराट विश्व, जाति और देश के वर्णों से स्वच्छ होकर एक मधुर मिलन-क्रीड़ा का अभिनय करेगा।" प्रसाद जी जिस समतामूलक आदर्श की प्रतिष्ठा 'कामायनी' में करते हैं, उसका पूर्व रूप 'कामना' में देखा जा सकता है। नाटककार ने 'कामना' के अन्त में समवेत स्वर में जो गीत प्रस्तुत किया है, वह राजा-प्रजा के अन्तरावलम्बन का विलक्षण चित्र उपलब्ध कराता है। वे लिखते हैं :

खेल लो नाथ, विश्व का खेल!
राजा बनकर अलग न बैठो, बनो नहीं अनमोल॥

× × ×

हम सब हैं हो चुके तुम्हारे, तुम भी अपने होकर प्यारे।
आओ, बैठो साथ हमारे, मिलकर खेलें खेल॥

इस तरह 'कामना' हमारे वर्तमान समय के प्रश्नों को भी उभारनेवाली नाट्यकृति है। भले ही प्रसाद ने 'कामना' में अपने समय और समाज, सभ्यता और संस्कृति के भाष्यकार के रूप में ब्रिटिश सत्ता के अमानवीय तथा शोषक चेहरे को बेनकाब किया हो परन्तु उनके द्वारा उठाए गए प्रश्न आज और भी प्रासंगिक और अर्थगर्भी बन गए हैं। आज जब वैश्वीकरण की आँधी चल रही है और विश्व-बाजारवाद तथा उपभोक्तावाद की प्रायोजक शक्तियाँ मानवीय अस्मिता से लेकर राष्ट्रीय अस्मिता तक को खतरे में डाल रही हैं, उनकी निजता पर ही कुठाराघात हो रहा है और यह सब कुछ हो रहा है विकास और सुख-सुविधा के उन्नयन के नाम पर, तब कामना की प्रासंगिकता और भी उल्लेखनीय हो जाती है। फलतः प्रसाद जी ने अपनी सामाजिक-राजनीतिक, आर्थिक और सांस्कृतिक चेतना द्वारा 'कामना' में व्यक्ति एवं समाज के सम्बन्धों की जिस सतर्कता से छानबीन की है, वह आज और भी प्रासंगिक हो गया है। यह रंग-शिल्प की दृष्टि से भी बेहद सधा हुआ और परिपक्व नाटक है क्योंकि इसमें भी 'ध्रुवस्वामिनी' की तरह अनावश्यक विस्तार, संवादों में अनपेक्षित जटिलता, दार्शनिकता और आलंकारिकता का वैचित्र्य नहीं है। यह सर्वत्र स्पष्ट स्थितियों, सहज संवादों तथा नाटकीय प्रभावों के कारण अपने रंग-शिल्प में जीवन्त बना रहता है। इसकी संगीतात्मक संरचना प्रस्तुति सम्बन्धी नूतन उद्भावनाएँ करती है। यह नाटक मानव-सभ्यता और मानव-वृत्तियों के विकास को रेखांकित करने की दृष्टि से एक क्रोश-स्तम्भ है। इसकी तुलना 'रामचरितमानस', 'हिन्द स्वराज' और 'कामायनी' से की जा सकती है क्योंकि ये तीनों ही रचनाएँ राक्षसी सभ्यता की भयावहता के खतरे से केवल आगाह ही नहीं करतीं बल्कि उसे भारतीय आत्मिक और सर्वमंगला दृष्टि के बल पर चुनौती भी देती हैं। ऐसी स्थिति में 'कामना' का सटीक और वस्तुनिष्ठ विश्लेषण हिन्दी आलोचना के लिए आज भी एक चुनौती तथा पहेली है। हिन्दी में

आज भी प्रतीकात्मक नाटकों का अभाव है। अतः नाटककार जयशंकर प्रसाद के इस ऐतिहासिक प्रदेय का सही सन्दर्भ में मूल्यांकन आवश्यक है। हमारा प्रयास यह रहा है कि हम प्रसाद के इस अवदान को हिन्दी जगत के समक्ष उपस्थित कर सकें। यदि ब.व. कारन्त की तरह कोई सफल निर्देशक इसका सफल मंचन करता है तो वह प्रसाद की रंग-प्रतिभा के एक महत्त्वपूर्ण आयाम को उजागर कर सकता है। इस नाटक के द्वारा प्रसाद जी ने हिन्दी नाटक की प्रतीकात्मक सम्भावनाओं का संधान करते हुए उसे विशिष्ट स्थान प्रदान किया है। इस दृष्टि से भी उनका योगदान अप्रतिम है।

कंकाल का यथार्थ दर्शन

'कंकाल' जयशंकर प्रसाद-कृत हिन्दी का पहला यथार्थवादी उपन्यास माना जाता है। इस उपन्यास के सृजन के पीछे कतिपय विद्वान 'माधुरी' के दिसम्बर, 1928 के अंक में प्रस्तुत प्रेमचन्द की टिप्पणी को मानते हैं जिसमें उन्होंने लिखा था : "हम प्रसाद जी से यहाँ निवेदन करेंगे कि आपको ईश्वर ने जो शक्ति दी है, उसका उपयोग वर्तमान सामाजिक और राजनीतिक समस्याओं के हल करने में लगाइए—इन गड़े मुर्दों को उखाड़ने से आज कोई फ़ायदा नहीं।"

ज़ाहिर है कि प्रसाद की विश्व-दृष्टि तथा सांस्कृतिक चिन्ता को न समझ पाने के कारण प्रेमचन्द जी से ऐसी वाचाल टिप्पणी हो गई थी जिसे प्रसाद ने कड़वी औषधि समझकर पी लिया था। इससे आलोचकों में यह धारणा बन गई कि 'कंकाल' की सृष्टि प्रेमचन्द को प्रत्युत्तर के लिहाज़ से हुई। ख़ैर, इतना ज़रूर है कि 'कंकाल' का पारायण करने के उपरान्त प्रेमचन्द ने अपनी शिकायत वापस ले ली थी। दूसरी ओर सच्चाई यह है कि प्रसाद जी साहित्य में आनेवाले यथार्थ का स्पन्दित, लक्ष्यधर्मी और संवेदना-सिंचित चित्रण चाहते थे। वे यथार्थ-सृजन को समग्रता में देखकर उसमें वर्गीय चेतना को कृत्रिम और अवास्तविक बन्धन मानते थे। उनके अनुसार, यथार्थवाद की विशेषताओं में प्रधान है लघुता की ओर साहित्यिक दृष्टिपात। उसमें स्वभावतः दुख की प्रधानता और वेदना की अनुभूति आवश्यक है। लघुता से मेरा तात्पर्य है कि साहित्य के माने हुए सिद्धान्त के अनुसार महत्ता के काल्पनिक चित्रण से अतिरिक्त व्यक्तिगत जीवन के दुख और अभावों का वास्तविक उल्लेख। इसी क्रम में प्रसाद जी अपने कालजयी निबन्ध यथार्थवाद और छायावाद में यथार्थवाद का स्वरूप-विश्लेषण करते हुए लिखते हैं : "समाज कैसा है, या था, किन्तु साहित्यकार न तो इतिहासकर्ता है और न धर्मशास्त्र-प्रणेता। इन दोनों के कर्तव्य स्वतंत्र हैं। साहित्य इन दोनों की कमी को पूरा करने का काम करता है। साहित्य समय की वास्तविक स्थिति का चित्रण करता है। दुख-दग्ध जगत् और आनन्दपूर्ण स्वर्ग का एकीकरण साहित्य है; इसीलिए असत्य, अघटित घटना पर कल्पना को वाणी महत्त्वपूर्ण स्थान देती है, जो निजी सौन्दर्य के कारण सत्य-पद पर प्रतिष्ठित होती है। उसमें विश्व मंगल की भावना ओत-प्रोत रहती है।"

वस्तुतः प्रसाद जी माँ भारती के भंडार को विविधतापूर्ण कृतियों से सजाना चाहते थे जिसका घर्षण-संघर्षण से अनुप्राणित विमर्श-व्यंजना का पूर्ण रूप 'कंकाल' है। चूँकि यथार्थवादी सृष्टि नैतिकता से परे और वैज्ञानिक होने के कारण यथार्थ और अनुभव का

तथ्यपरक और निर्वैयक्तिक निरूपण होती है, अत: प्रसाद जी ने अपने सूक्ष्मदर्शी नेत्र से धर्म के पीछे की कुरूपता को उघाड़कर रख दिया है। लेखक ने सभी धर्मों की आड़ में चल रहे दुष्कृत्यों, अनैतिक कार्यों तथा छल-प्रपंचों का पर्दाफाश किया है। प्रसाद जी ने धर्म के ठेकेदारों की शिथिल दुर्बलताओं पर जो करारा व्यंग्य किया है, वह विद्रूपता के चित्रण तथा व्यंजकता में बहुत ऊँचा स्थान प्राप्त करता है। सर्वप्रथम आचार्य नन्ददुलारे वाजपेयी ने 'कंकाल' को सामाजिक उपन्यास ठहराते हुए उसमें समाजशास्त्रीय विश्लेषण का मार्ग प्रस्तावित किया। साहित्य में यथार्थवादी आन्दोलन का विकास फ्रांस से आरम्भ हुआ। और सन् 1840-1864 के बीच अपने चरम पर पहुँच गया। इस दिशा में भौतिक तथ्यों के प्रति प्रत्यक्षवादी और वैज्ञानिक रुचि लेकर सबसे पहले स्तांदाल आते हैं जो अपने पात्रों के स्वभावों तथा प्रेरणाओं की पहचान नैतिक प्रतिमानों पर करते हैं। बाल्जाक यथार्थवाद के सच्चे पुरस्कर्ता माने जाते हैं। इसी क्रम में फ्लोवैर का उपन्यास 'मदाम बोवरी' नामक उपन्यास आता है जिसमें प्रत्येक तथ्य को कार्य और कारण की अनिवार्य शृंखला के रूप में चित्रण मिलता है। इस उपन्यास में फ्रांसीसी यथार्थवाद अपने प्रकर्ष पर पहुँच गया। इसके अनन्तर रूसी और अंग्रेज़ी यथार्थवाद का दौर शुरू होता है। हिन्दी में यथार्थवादी उपन्यास लम्बे समय से प्रतीक्षित था। जयशंकर प्रसाद ने 'कंकाल' की रचना करके इस अभाव की पूर्ति की। यहाँ यह बात विशेष रूप से चिन्तनीय है कि प्रेमचन्द के सारे उपन्यासों का यथार्थ 'कंकाल' के भयावह यथार्थ के समकक्ष नहीं है। यह दूसरी बात है कि 'कफ़न' जैसी कुछेक कहानियों की त्रासद परिणति 'कंकाल' के समाजशास्त्रीय मूल्यों तथा व्यंजकता का संस्पर्श करती हों। ऐसी स्थिति में 'कंकाल' जैसे उपन्यास का आगमन यथार्थवाद की विजय है। 'कंकाल' के प्रकाशन में हिन्दी उपन्यास की दिशा ही बदल जाती है।

आचार्य वाजपेयी ने 'कंकाल' में निहित व्यंजकता तथा वक्रोक्तिपरक चित्रण के सन्दर्भ में गहनतापूर्वक विचार करते हुए ठीक ही लिखा है : "'कंकाल' एक व्यंग्यपूर्ण उपन्यास है। यह प्रचलित समाज के दृढ़-आवरण, उसकी शिष्टता और सभ्यता के कवच को भेदकर प्रहार करता है और बलपूर्वक हमारी चेतना को जगा देता है। प्रेमचन्द साहित्य में अपनी मीठी चुटकियों के लिए प्रसिद्ध हैं। ये मीठी चुटकियाँ समाज-सुधार के लिए आवश्यक और उपयोगी हैं; पर ये मॉडरेट नीति की प्रतिनिधि हैं। इससे भिन्न प्रसाद जी की 'कंकाल' की शैली है। अंग्रेज़ी के आधुनिक प्रख्यात लेखक एच. जी. वेल्स अपने उपन्यासों में जिस तरह की कठोर कटूक्तियों का प्रयोग करते हैं, 'कंकाल' में व्यंग्य की मात्रा अधिक नहीं है; पर 'कंकाल' की विशेषता यह है कि इसके व्यंग्य केवल वर्णन-प्रसंग में नहीं आए हैं, वे उपन्यास की घटनाओं से ध्वनित भी होते हैं, कथानक के भीतर भी निहित हैं। चरित्रों की सृष्टि में ही व्यंग्य है। जातीयता की दृष्टि से सब-के-सब वर्णसंकर हैं। 'शुद्ध' प्रेम का उसमें कहीं भी नाम नहीं है। वैवाहिक जीवन की एकोन्मुख पवित्रता कहीं दीख नहीं

पड़ती। धार्मिक विशप साहब 'घंटी' के पीछे पागल हैं। 'कंकाल' के देव निरंजन कुंभ मेले के सर्वमान्य साधु-शिरोमणि हैं। गूँगे के गुड़ की तरह स्वयं ब्रह्मानन्द का रस लेनेवाले तथा अगणित भक्तों का पान करानेवाले हैं, पर श्रीचन्द की पत्नी अपनी बाल-सहचरी की पुत्र-कामना पूरी करने का कर्तव्य (?) भी आप ही पालन कर लेते हैं। सेवा-समिति का उत्साही और आदर्शवादी छात्र मंगलदेव-वेश्यालय से एक युवती की रक्षा करता है। कई महीनों तक उसका संरक्षक बना रहता है और अन्त में उसे गर्भवती और निराश्रिता छोड़कर चम्पत हो जाता है। इस तरह के एक नहीं, अनेक उदाहरण मिलेंगे जिनके चित्रण के भीतर और चरित्र की कल्पना में ही व्यंग्य और विडम्बना भरी हुई है।"

प्रसाद जी ने व्यंग्य एवं विद्रूपता का पैटर्न अपनाकर प्रायः सभी धर्मों की शल्य-चिकित्सा पर उनकी सड़ांध पर से ढक्कन हटा दिया है। उन्होंने अपनी गहन गम्भीर दायित्व भरी अन्तर्दृष्टि के बल पर धार्मिक संस्थाओं की निर्मम पड़ताल की है। प्रसाद जी की भेद-दृष्टि हिन्दू-मुस्लिम, ईसाई समेत सभी धर्मों तथा संस्थाओं की जैव-सामाजिकी का बड़े ही निरपेक्ष भाव से विश्लेषण करती है। लेखक की आलोचनात्मक दृष्टि आर्यसमाज और सनातन धर्म का पारस्परिक विमर्श प्रस्तुत करते हुए सूफ़ियों की कव्वाली तथा ईसाइयों की मिशनरियों का मर्म भी उद्घाटित करती है। यह उपन्यास हर वर्ग के मिथ्या गौरव, अनर्थकारी बन्धनों तथा कृत्रिम जीवन-सन्दर्भों को निरावृत करता है। इसमें जीवन-सन्दर्भों का कृष्ण पक्ष तल्खी के साथ उभारा गया है। प्रसाद जी ने जिस साहस और बौद्धिक तैयारी के साथ धर्म और नैतिकता की आड़ में चल रहे मानव-विरोधी अवनतिपरक गतिविधियों का पर्दाफाश किया है, वह अपना उदाहरण अपना आप ही है। इतना गहनस्तरीय सामाजिक-सांस्कृतिक व्यंजना का दूसरा उदाहरण मुश्किल है।

प्रस्तुत उपन्यास का परिवेश चिरपरिचित है। इसके समग्र पाठ से यह स्पष्ट होता है कि उपन्यास के सन्दर्भ में लेखक के उद्देश्य बहुत गहरे हैं। प्रसाद जी का लेखन केवल कथा सुनाने, मनोरंजन करने, प्रेरित तथा प्रभावित करने तक सीमित नहीं है अपितु पाठकों को विचार करने के लिए घटनाओं के प्रच्छन्न गहन अर्थों को समझने के लिए विवश करता है। प्रसाद जी विश्वचेतस रचनाकार हैं। फलतः वे जागतिक घटनाओं, कार्य-व्यापारों तथा मनुष्यों को एक विशेष दृष्टि से देखते हैं—यह दृष्टि जो उनकी बिलकुल अपनी है जो उन्हें अपने अनुभवों के सुचिन्तित निष्कर्षों के रूप में प्राप्त हुई है—विवेक द्वारा परिचालित है। वे जीवन-जगत एवं समाज के प्रति अपनी इसी व्यक्तित्वपरक दृष्टि को पाठकों तक सम्प्रेषित करने का यत्न करते हैं। उन्होंने अपनी कृति का निर्माण इतनी कुशलता, इतनी कलात्मकता तथा जीवन के ऐसे छोटे-छोटे तथ्यों के संकलन द्वारा किया है, जहाँ से कृति का सच्चा अर्थ उभरता है। इस दृष्टि से 'कंकाल' प्रसाद जी की परम्परागत आभिजात्यवादी

प्रतिमा का भंजन करता है। 'कंकाल' सही मायने में सोद्‌देश्य उपन्यास है जो क्रूर तथ्यों को केवल इस बहाने से छोड़ नहीं देता है कि वे निरूपण के अनुपयुक्त हैं। इसके प्रयोजन के सन्दर्भ में आचार्य वाजपेयी ने ठीक लिखा है : " 'कंकाल' के लेखक का प्रयोजन प्रचलित समाज, उसके विश्वासों, कार्य-प्रणालियों और उसके अनर्थकारी बन्धनों (चाहे वह बन्धन प्रत्यक्ष हो, मानसिक हो अथवा संस्कार रूप में ही हो) के विरुद्ध ज़बरदस्त प्रोपेगेंडा करता है। समाज की एक भी मान्यता उसमें स्वीकार नहीं की गई—सबकी जड़ें हिला दी गई हैं। एक भी ईमानदार आदमी, जिस अर्थ में ईमानदारी मानी गई है, सारे समाज में नहीं है। जिसे सामाजिक पैमाने के अनुसार ऊँच-नीच या कुलीन-अकुलीन मानते हैं, उनकी खिल्ली उड़ाई गई है। सबके कच्चे चिट्ठे खोलकर रखे गए हैं। कहीं शाही घराने की महीसियाँ गूजरों के घरों में विराजमान हैं, कहीं सुसभ्य पादरी साहब स्थितिहीना छोकरी के प्रेम-पाश में पड़े हुए हैं। कामना के तीव्रवाही प्रवाह में हिन्दू-मुस्लिम-ईसाई, सबकी जातीयता बही जा रही है। धर्म की समस्त सामाजिक प्रक्रियाएँ मटियामेट हो रही हैं। इतिहास के आलोक में कुलीनता का कुहासा साफ हुआ जा रहा है।"

किसी समय जैनेन्द्र कुमार ने अविश्वास को प्रसाद का महत्त्वपूर्ण वैशिष्ट्य बतलाते हुए कहा था : "मेरे भाव में वह पहले बड़े नास्तिक लेखक हैं। प्रेमचन्द मूल में नास्तिक नहीं थे, उनकी नास्तिकता ईश्वर के आस-पास चुक जाती थी। वैसे वे विश्वासी थे और बेहद मज़बूती के साथ। आख़िर की ओर वह कुछ हिले लगते हैं, पर तब तक वह तिरोहित लगते हैं। लेकिन प्रसाद ने मस्तक नहीं झुकाया। हर मत-मान्यता सामाजिक को ही नैतिक, धार्मिक को ही राजकीय, उन्होंने प्रश्नवाचक के साथ लिया, किसी को अन्तिम नहीं माना" ('ये और वे', 1954)। जैनेन्द्र जी का कथित प्रतिमान प्रसाद के समूचे साहित्य पर लागू होता है लेकिन 'कंकाल' इस दृष्टि से सर्वाधिक महत्त्वपूर्ण है। इसमें कोई दो राय नहीं कि 'कंकाल' का सृजेता हमारे समक्ष एक बड़े नास्तिक लेखक के रूप में आता है। उन्होंने सत्य की आकांक्षा में भारतीय समाज का पोस्टमार्टम कर दिया है। तथाकथित सभ्य समाज की कुरीतियों, रूढ़ियों, पाखंडों, प्रपंचों पर जो सभ्यता का केंचुल चढ़ा हुआ है, उसे हटाते ही पाठक के समक्ष खोखले समाज का कंकाल आ जाता है। त्वचा के आवरण में ढका हुआ संसार का हर प्राणी अपने भीतरी ढाँचे के कंकाल मात्र हैं। कदाचित् यही कारण है कि प्रसाद जी भयावह और व्यंजक शीर्षक का प्रयोग करते हैं। वे 'जगत चबेना काल का कुछ मुख में कुछ गोद' तथा 'माली आवत देखि के कलियन करे पुकारि, फूली-फूली चुनि लेहु काल्हि हमारी बारि' कहकर जीवन की क्षणभंगुरता का प्रमाणीकरण करते हैं। वे जायसी की तरह देह को मिट्टी के नज़रिये से देखने का आग्रह करते हुए भोजपुरी के एक लोकगीत की बानगी प्रस्तुत करते हैं : "एहि देहियाँ को मलि-मलि धोओ चोआ-चनन लगाई रे, एहि देहियाँ पर काग बिलोटे देखि के लोग घिनाई रे"

अर्थात् हम जिस प्राणवान शरीर को चोआ-चन्दन मल-मलकर धोते हैं, वही शरीर-रूपी पिंचड़े से प्राण पंछी के उड़ जाने के बाद काग पक्षी का आहार बन जाता है। इन सब तथ्यों को ध्यान में रखकर आचार्य नन्ददुलारे वाजपेयी ने 'कंकाल' का प्रतिपाद्य निरूपित करते हुए लिखा है : "एक प्रधान बात जो 'कंकाल' द्वारा पुष्ट की गई और सामने रखी गई है, यह है कि ऐकान्तिक आध्यात्मिक साधना को, जिसमें संसार को छोड़ने का सन्देश है और निवृत्ति-प्रधान संस्कृति को प्रसाद जी आदि से अन्त तक अव्यवहार्य और आज के लिए हानिकारक सिद्ध करते हैं। इसका यह अर्थ नहीं कि वे आध्यात्मिकता के ही विरुद्ध हैं, आध्यात्मिक साधना का वह स्वरूप उन्हें अरुचिकर है। उसके प्रति अनास्था दिखाना 'कंकाल' का एक लक्ष्य है। निवृत्तिमूलक आदर्शवाद की यह बौद्धिक और यथार्थोन्मुख प्रतिक्रिया है" ('जयशंकर प्रसाद', पृ. 33)। धर्म मनुष्य के अभ्युदय तथा गहरी आन्तरिक आकांक्षा की पूर्ति के लिए होता है। लेकिन विपथित होकर अनेक प्रकार के आडम्बरों, विकृतियों, कुंठाओं तथा ढोंगों का शरणगाह बन जाता है। प्रसाद जी समस्त पाप-वृत्तियों के मूल में रूढ़िगत समाज की वर्जनाओं, कुसंस्कारों तथा अप्राकृतिक दमन को ज़िम्मेदार मानते हैं।

'कंकाल' की कथावस्तु का आधार कुलीन एवं सम्पन्न वर्ग है। इसमें चित्रित तमाम प्रसंगों का सन्दर्भ काशी, प्रयाग, मथुरा, हरिद्वार, अयोध्या, वृन्दावन जैसे तीर्थ स्थानों से हैं। इन पावन स्थानों पर चल रहे पाखंडों, कुत्सित वृत्तियों, प्रपंचों तथा विद्रूपताओं पर जितना करारा व्यंग्य 'कंकाल' में पाया जाता है, वह हिन्दी की किसी अन्य रचना में नहीं। लेखक ने निरंजन, श्रीचन्द, विजय, मंगल, भंडारी, किशोरी, तारा, नन्दो, घंटी जैसे पात्रों की सृष्टि करके समाज में प्रचलित जन्मगत-जातिगत श्रेष्ठता को मटियामेट कर दिया है। इनमें से अधिकांश पात्र वर्ण-संकर हैं। उनका होना ही जाति-पाँति का निषेध है। 'कंकाल' का यही पक्ष लेखक को अतिशय प्रगतिशील बना देता है। वह बड़ी तल्खी के साथ चित्रित करता है कि भंडारों का आयोजन भरे पेट वालों के लिए होता है। उनके अनुसार : दीन-दुखियों, वास्तविक भूखे-नंगों का जीवन पशुओं से भी निकृष्टतर है। समूचा समाज छुआछूत, जाति-पाँति, ऊँच-नीच तथा अन्त्यज भावनाओं से ग्रसित है। अबलाओं, विधवाओं तथा दलितों का अन्तहीन शोषण जारी है। हमारा समाज रूढ़ियों की राह पर है। धर्मस्थलों पर नाना प्रकार के लोग मानवीय-अमानवीय कृत्यों में संलग्न हैं। ईसाई धर्म का प्रतिनिधित्व करनेवाले वृद्ध पादरी, बाथम, लतिका, मागरिट बनी 'पुनःलतिका' के भी अन्तर्विरोध हैं। इसमें पुनर्जागरण, विशेष कर नारी जागरण का स्वर भी मुखरित हुआ है। 'कंकाल' प्राणिमात्र का शक्तिभर उपचार करने तथा 'सर्वभूतहिते रतः' की भावना पैदा करनेवाला उपन्यास है। इसमें नारी अधिकारों की पक्षधरता के साथ-साथ उपेक्षित मनुष्यता विशेष कर दलितों, अछूतों, निरावलम्बियों के अधिकारों एवं सम्मान पर विचार किया गया है।

इस उपन्यास का प्रधान पात्र विजय हिन्दू धर्म की कुरीतियों, रूढ़ियों, पाखंडों पर जोरदार आक्रमण करने के लिए महाविद्यालय में एक संशोधन समाज स्थापित करता है। उसके प्रखर आक्रमण का प्रथम लक्ष्य बनते हैं—मठाधीश तथा ढोंगी साधु। वह अछूत, अन्त्यज, अपवित्र जैसी भावनाओं में विश्वास रखनेवाले, देवालयों में इन्हें जाने से रोकनेवाले देव निरंजन की सब गर्मी निकालने का अवसर पाकर अपना दाहक आक्रोश व्यक्त करता है। वह असहायों-शोषितों का पक्ष लेकर गर्व महसूस करता है। वह बड़े ही सबल तरीक़े से यह प्रतिपादित करता है कि किसी धातु से बने खिलौनों सदृश देव विग्रहों से अधिक सम्मानीय और पूजनीय धड़कते हृदय वाले सजीव, विशेषत: पददलित और दुर्दशाग्रस्त लोग हैं फिर चाहे वे हिन्दू हों या फिर किसी अन्य धर्म के माननेवाले—उनका मनुष्य होना ही पर्याप्त है। प्रसाद जी विजय के माध्यम से छूतछात एवं सामाजिक अस्पृश्यता का प्रत्यक्ष तौर पर खंडन करवाते हैं। वह यमुना से कहता है : "इस प्राचीन कुसंस्कारों का नाश करना मैं अपना कर्तव्य समझता हूँ, क्योंकि ये रूढ़ियाँ आगे चलकर धर्म का रूप धारण कर लेती हैं। जो बातें कभी देश, काल, पात्रानुसार प्रचलित हो गई थीं, वे सब माननीय नहीं, हिन्दू समाज के पैरों की ये बेड़ियाँ हैं ('कंकाल', पृ. 62)।

जयशंकर प्रसाद जी का विजय प्रेमचन्द के गोबर से कई गुना ज़्यादा विद्रोही और प्रगतिशील विचारों वाला है। वह बड़े ही कटु शब्दों में बीसवीं शताब्दी में भी पुरानी लीक पर चलनेवालों को 'मूर्ख हिन्दू अपनी असभ्यताओं का प्रदर्शन कराकर पुण्य संचय करना चाहते हैं'—कहकर तीखी भर्त्सना करता है। हिन्दी समीक्षकों ने भगवतीचरण वर्मा के ख्याति-लब्ध उपन्यास 'चित्रलेखा' में उठाए गए पाप-पुण्य के प्रश्नों पर बहुतायत में विचार किया है लेकिन सर्वप्रथम 'कंकाल' में विश्लेषित इस विषय की अनदेखी की है, जबकि यह बहुत हद तक सम्भव है कि चित्रलेखा के सवाल 'कंकाल' के ही प्रभाव सन्दर्भ में लिखे गए हों! प्रसाद ही विजय के माध्यम से पाप और पुण्य पर अपनी मौलिक एवं बेबाक राय ज़ाहिर करते हुए लिखते हैं : "पाप और कुछ नहीं है यमुना—जिन्हें हम छिपाकर करना चाहते हैं, उन्हीं कर्मों को पाप कह सकते हैं; परन्तु समाज का एक बड़ा भाग उसे व्यवहार्य बना दे तो वही कर्म हो जाता है, धर्म हो जाता है। देखती नहीं हो, इतने विरुद्ध मत रखनेवाले संसार के मनुष्य अपने-अपने विचारों में धार्मिक बने हैं? जो एक के यहाँ पाप है, वही तो दूसरे के लिए पुण्य है" (उप.)। प्रसाद जी का विजय हानि उठाकर भी समाज के एक व्यक्ति का कल्याण करने को पाप नहीं, पुण्य समझता है। यहाँ लेखक की यथार्थ दृष्टि आश्रयविहीन समाज से उपेक्षित तथा अज्ञात कुलशीला घंटी की विजय द्वारा वकालत करवाती है। विजय नवीनता का आग्रही और समाजोद्धारक है। वह नारी उन्नयन एवं विधवा विवाह का पक्षधर है। उसका संवेदनशील मन मंगल के समक्ष फूट पड़ता है। घंटी के चरित्र पर विश्वास नहीं तो क्या समाज और धर्म

का यह कर्तव्य नहीं कि उसे किसी प्रकार अवलम्ब दिया जाए, उसका पथ सरल कर दिया जाए? विजय को शिवत्व की महिमा का भान है तभी तो वह कहता है : "कुछ त्याग—सो भी अपनी महत्ता का त्याग—जब धर्म के आदर्श में नहीं है तब वह कैसा धर्म हो सकता है? क्योंकि हम सहज में पच जानेवाले और धीरे से गले से उतर जानेवाला स्निग्ध आत्मसात् कर लेते हैं।" यहाँ प्रसाद जी संकेतित करते हैं कि घर फूँक तमाशा देखनेवाले विरले ही होते हैं। इस सन्दर्भ में दीक्षित दनकौरी का एक शेर बड़ा ही व्यंजक बन पड़ा है :

घर भी फूँका ना जाय है मुझसे
दिल कहे है कबीर हो जाऊँ।

इस तरह धारा के विपरीत तैरना सबके वश की बात नहीं। यह अतिशय चुनौतीपूर्ण कृत्य है। प्रसाद जी विश्व-मानवतावाद के पुरस्कर्ता हैं। उनकी विशद दृष्टि भिखारियों के प्रति भी सहानुभूति से परिपूर्ण है। वे अपनी अशेष सहानुभूति भिखारियों के प्रति उलीचते हुए लिखते हैं : "वे अपने नग्न-भग्न देवता, भूखे-प्यासे जीवित देवता, क्या पूजा के अधिकारी नहीं? छाती तक हड्डियों का ढाँचा और पिंडलियों पर सूजन की चिकनाई, बालों के घनेपन में बड़ी-बड़ी आँखें और उन्हें बाँधे हुए एक चिथड़ा-जैसा बिम्ब क्या निराला के भिच्छुक से किसी मायने में कमतर है? आख़िर और किस रचनाकार ने भिखारियों को जीवित देवता का सम्मान दिया है? क्या यह हिन्दी समीक्षा की विडम्बना नहीं है कि हम इतने भयावह और हृदय विदारक यथार्थ की उपेक्षा कर बैठते हैं? क्या संवेदनशून्य तथा क्रूर समाज के बहुस्तरीय शोषण एवं अमानवीय कृत्यों का जो व्यंग्यगर्भित लेखा-जोखा 'कंकाल' में है, वह अन्यत्र भी उपलब्ध है? इसका उत्तर है—शायद नहीं। हमारे समाज की संकीर्णता कब, कैसे और किन-किन स्तरों पर मनुष्य को परिहार्य कष्ट भोगने के लिए छोड़ देती है, यही 'कंकाल' का यथार्थ दर्शन है।

सारांश यह है कि 'कंकाल' का यथार्थ दर्शन भौतिक जगत् एवं आन्तरिक जगत, दोनों की वस्तुस्थिति का उद्घाटन करता है। इसमें नारी यंत्रणा के लिए पुरुष वर्ग की वर्चस्वी मनोवृत्ति तथा सामाजिक जड़ता को ज़िम्मेदार ठहराया गया है। यहाँ लेखकीय सत्यपरकता वास्तव की विस्तारित प्रतिमा बनकर प्रकट हुई है। 'कंकाल' का यथार्थ दर्शन निरपेक्ष वस्तुपरकता के साथ सभी धर्मों में व्याप्त निर्जीव आडम्बर तथा शोषण के दुष्चक्र का ही विश्लेषण मात्र नहीं है अपितु वह सत्य का पूरा आभास उत्पन्न करता है। लेखक ने बड़े ही कौशल के साथ यह बतलाया है कि सभी धर्मों एवं समाज का आज जो रूप है, उसमें जो आन्तरिक यथार्थ और बाह्य यथार्थ में असंगति है और यही असंगति मनुष्य के दुख का प्रधान कारण है।

प्रसाद जी अतीन्द्रिय जगत् के द्रष्टा कलाकार हैं। तभी वे संवेदनात्मक एवं

सामाजिक जगत् की असंगति का परिहार संश्लेषण द्वारा करते हैं जो प्रत्यावर्तक न होकर सदैव पुरोगामी हैं। आपने लोकमंगल की आड़ में आकांक्षा खेलनेवाले धर्म के ठेकेदारों की वास्तविकताओं, मनुष्य की दुर्बलताओं, जीवन-परिस्थितियों के सत्य तथा साहित्यिक कला के सफल-संश्लेषण द्वारा 'कंकाल' को देशकाल के बन्धन से मुक्त कर दिया है। यही कारण है कि आज जब विभिन्न धर्मों के ठेकेदारों की करतूतें तथा छल-प्रपंच के विष से विकृत मस्तिष्क पीड़ोन्माद प्रस्तुत करता है तो 'कंकाल' पहले से भी ज़्यादा प्रासंगिक एवं व्यंग्यगर्भी जान पड़ता है। हम इसी बोध के सहारे 'कंकाल' के यथार्थ दर्शन का पुनर्पाठ तैयार कर सकते हैं। यह अपनी अन्तर्वस्तु में क्रान्तिकारी उपन्यास है। इसके अन्तर्गत सामाजिक, सांस्कृतिक एवं धार्मिक दुष्प्रवृत्तियों पर प्रखर कथात्मक आक्रमण किया गया है। लेखक जिस संलग्नता के साथ समाज के विविध सन्दर्भों का अप्रत्याशित चित्र खींचते हुए, उसके कुत्सित स्वरूप को अनावृत करता है। वह हिन्दी औपन्यासिक लेखन के क्षेत्र में युगान्तरकारी घटना है। यह उपन्यास सम्पूर्ण हिन्दी साहित्य में एक नूतनधारा का श्रीगणेश करते हुए जिस तरह मानवीय ममता तथा मानवतावाद की प्रतिष्ठा करता है, वह इसे ऐतिहासिक महत्त्व प्रदान करता है। इस दृष्टि से इसकी महिमा एवं कालजयता अक्षुण्ण है। वह हिन्दी का ऐसा संश्लिष्ट उपन्यास है जिसमें स्त्री विमर्श और दलित विमर्श के मूल उत्स उपलब्ध होते हैं।

जीवन के गूढ़ रहस्यों की सहज अभिव्यक्ति : तितली

जयशंकर प्रसाद आधुनिक काल के सबसे बड़े कवि और नाटककार ही नहीं हैं, वे एक श्रेष्ठ कहानीकार, निबन्धकार, इतिहासवेत्ता और उपन्यासकार भी हैं। इनके उपन्यास साहित्य का पहला सोपान 'कंकाल' और दूसरा 'तितली' है। इसमें लेखक अपनी यथार्थ चेतना द्वारा भारतीय परिवेश, जीवनधारा और सामाजिक-सांस्कृतिक परिदृश्य का उद्‌घाटन करता है। सर्वप्रथम आचार्य नन्ददुलारे वाजपेयी ने प्रसाद की यथार्थ दृष्टि पर विचार करते हुए लिखा है : "सभी महान साहित्यकारों की भाँति उन्होंने अपने युग की प्रगतिशील शक्तियों को पहचाना और उन्हें अभिव्यक्ति दी। सामाजिक-सांस्कृतिक उत्थान सदैव नीचे स्तरों से होता है, इसलिए प्रसाद जी ने बहिष्कृतों, अपाहिजों और विशेष कर अबलाओं का साथ दिया। प्रसाद जी कोरी भावुकता में डूबनेवाले व्यक्ति नहीं थे। वे एक सजग द्रष्टा, लक्ष्य और उपाय-निरूपक स्मृतिकार भी थे। कलाकार की हैसियत से उन्होंने उदात्त और शक्तिशाली भावनाओं तथा जीवनमय चरित्रों का निर्माण किया।"[1]

प्रसाद जी जीवन के सामान्य धरातल पर अपनी सर्जनात्मक दृष्टि द्वारा 'तितली' का विधेयात्मक रूप प्रस्तुत करते हैं। लेखक ने भारतीय ग्रामीण-व्यवस्था को वैध सम्मान दिलाते हुए इस उपन्यास में मनुष्य का दुर्दमनीय परिस्थितियों के साथ संघर्ष दिखलाया है। इस उपन्यास में मनुष्य की दैनन्दिन समस्याओं और संघर्षों का मार्मिक चित्रण हुआ है। इसमें धामपुर के जमींदार इन्द्रदेव, शैला और वाटसन के प्रेम-त्रिकोण की छाया में पतनोन्मुख सामंतवाद, औपनिवेशिक शोषण, ग्रामीण-जीवन का यथार्थ तथा पारिवारिक विकृतियों का सार्थक रूपायन हुआ है। इस उपन्यास की कथावस्तु धामपुर के इर्द-गिर्द घूमते हुए ग्रामीण जीवन के बहुस्तरीय यथार्थ का प्रतिबिम्बन करती है। लेखक ने तितली और मधुबन की कथा को मुख्य कथा के प्रति सन्तुलन के रूप में रखा है। वस्तुतः यही दोनों मुख्य पात्र हैं। मधुबन अथवा मधुआ के पिता कभी शेरकोट दुर्ग के स्वामी थे। इसमें भारतीय समाज की दुरवस्था के प्रति आक्रोश के बजाय सहानुभूति है और उसके उद्धार के विकल्प की तलाश भी है। लेखक ग्रामीण जीवन के माध्यम से राष्ट्रीय प्रश्नों को भी व्यंजित करता चला है। उपन्यास लन्दन निवासी अंग्रेज़ स्मिथ की कन्या

शैला के इन्द्रदेव के साथ भारत आगमन से उत्पन्न आशंकाओं के ऊहापोह में आरम्भ होता है। इन्द्रदेव की माता और उसकी बहन माधुरी, दोनों ही शैला को उसके अधिकारों से वंचित करना चाहती हैं। इसके लिए माधुरी नर्स अनवरी की सहायता भी लेती है। प्रसाद जी ने मानव-स्वभाव का विश्लेषण करते हुए लिखा है : "मानव-स्वभाव है, वह अपने सुख को विस्तृत करना चाहता है। और भी, केवल अपने सुख से ही सुखी नहीं होता, कभी-कभी दूसरों को दुखी करके, अपमानित करके, अपने मान को, सुख को प्रतिष्ठित करता है।"[2]

ज़ाहिर है कि मानव-स्वभाव के प्रबल भाष्यकार जयशंकर प्रसाद इन बातों द्वारा मनुष्य की मूल स्वार्थी वृत्तियों पर प्रहार करते हैं। लेखक इन्द्रदेव के अभिजात-कुल में उसके प्रति आन्तरिक विरोध और षड्यंत्र का जो चित्र खींचता है, वह स्वयं इन्द्रदेव को विरक्त कर देता है। फलतः वह अपनी पैतृक सम्पदा से उदासीन होकर स्वावलम्बन की ओर बढ़ता है। उसमें उदारता, सहिष्णुता और स्वत्व का विसर्जन करने की क्षमता है। वह विलायत में शिक्षा ग्रहण करने के कारण उदारमना और व्यापक दृष्टिकोण वाला है। परन्तु उसके परिवार में प्रज्वलित द्वेषाग्नि उसे उन्मथित एवं संतप्त करती है। लेखक इन्द्रदेव की मानसिकता उसकी डायरी के एक पन्ने द्वारा स्पष्ट करता है : "मैं सब कुछ समीप होने पर चिन्तित क्यों रहता हूँ? चिन्ता अनायास घेर लेती है। जान पड़ता है कि मेरा कौटुम्बिक जीवन बहुत दयनीय है। ऊपर से तो कहीं भी कोई कमी नहीं दिखाई देती, फिर भी, मुझे विश्वास हो चला है कि भारतीय सम्मिलित कुटुम्ब की योजना की कड़ियाँ चूर-चूर हो रही हैं।"[3]

इस तरह प्रसाद जी ढहते सामंती-बोध के साथ घनघोर स्वार्थ को संयुक्त परिवार की टूटन का मुख्य कारण भी मानते हैं। कहना न होगा कि उन्हें स्वयं भी अनुभव की इस प्रक्रिया से गुजरना पड़ा था। इस उपन्यास में प्रसाद जी इन्द्रदेव और शैला के द्वारा हिन्दी कथा सहित्य में पहला अन्तरराष्ट्रीय विवाह सम्पन्न करवाते हैं। लेखक शैला को भारतीय संस्कृति के प्रभाव में लाता है। वह इन्द्रदेव के साथ ग्राम्य-जीवन के उद्धार का प्रयास करती है।

यह उपन्यास किसानों-मज़दूरों पर अत्याचार करनेवाली तत्कालीन शोषक-व्यवस्था की कलई भी खोलता है। प्रसाद जी तहसीलदार और महंतों के हथकंडों को भी उद्‌घाटित करते हैं। वे ग्रामीण जीवन को विकृत करने में इनकी भूमिका की जमकर खबर लेते हैं और लिखते हैं : "जब से श्याम दुलारी शहर चली गई, धामपुर में तहसीलदार का एकाधिपत्य था। धामपुर के कई गाँवों में पाला ने खेती चैपट कर दी थी। किसान व्याकुल हो उठे थे। तहसीलदार की कड़ाई और भी बढ़ गई थी। जिस दिन रामजस का भाई पथ्य के अभाव में मर गया और उसकी माँ भी पुत्र-शोक में पागल हो रही थी, उसी दिन जमींदार की कुर्की पहुँची। पाला से

जो कुछ बचा था, वह जमींदार के पेट में चला गया। खड़ी फसल कुर्क हो गई।"[4]

इस तरह लेखक ने सामंती व्यवस्था के पतन और अंग्रेजी कारिंदों के अत्याचारों से सिसकते भारतीय गाँवों का अत्यन्त मार्मिक चित्रण किया है। वह गाँवों की दयनीय स्थिति के मूलभूत कारणों की छानबीन करता है और संयुक्त परिवार की टूटन के आर्थिक-सामाजिक सन्दर्भों को भी रेखांकित करता है। चूँकि प्रसाद केवल प्रश्न उठानेवाले कलाकार नहीं हैं अपितु वे उपस्थित समस्याओं का समाधान भी प्रस्तुत करते हैं। अत: वे ग्राम-सुधार का आदर्श प्रस्तुत करते हैं।

लेखक ने 'तितली' उपन्यास के पात्रों में अपने-अपने आदर्शों और आत्मसम्मान की रक्षा के लिए मर-मिटने का विश्वास पैदा किया है। परन्तु जीवन का भयावह यथार्थ खोखले आदर्शों की पोल खोलकर रख देता है। यहाँ तक कि विलायत से विधिवत् प्रशिक्षित होकर लौटे इन्द्रदेव में कुंठा घर कर लेती है। वह अपने ही परिवार के सदस्यों के षड्यंत्र और स्वार्थपरता से आहत होकर कहता है : "बड़ी बड़ी अभिलाषाएँ लेकर मैं इंग्लैंड से लौटा था—यह सुधार करूँगा, वह करूँगा; किन्तु मैं अपने वातावरण में घिरा हुआ बेबस हो रहा हूँ। हम लोगों का जातीय जीवन संशोधन के योग्य नहीं रहा। धर्म और संस्कृति निराशा की सृष्टि हैं। इतिहास कहता है कि संशोधन के लिए इसमें सदैव प्रयत्न हुआ है। किन्तु जातीय जीवन का क्षण बड़ा लम्बा होता है न! जहाँ हम एक सुधार करते हुए उठने का प्रयत्न करते हैं, वहीं कहीं अनजान में रो-रुलाकर आँसुओं से फिसलन बनाते जाते हैं। जब हम लोग मन्दिर के स्वर्ण-कलश का निर्माण करते हैं, तभी उसके साथ कितने पीड़ितों का हृदय-रक्त उसकी चमक बढ़ाने में सहायक होती है।"[5]

प्रसाद का लेखन अपने दार्शनिक विचारों के कारण विशेष महत्त्व का अधिकारी है। वे बाबा रामनाथ को भारतीय संस्कृति एवं दर्शन की प्रतिमूर्ति के रूप में चित्रित करते हैं। वस्तुत: तितली उनकी पालिता कन्या है जिसे वे 'बंजो' कहकर भी सम्बोधित करते हैं। इस उपन्यास में प्रसाद जी शैला एवं रामनाथ के संवाद द्वारा भारतीय तथा पाश्चात्य दृष्टि का टकराव उपस्थित करते हैं। जब शैला कहती है : "आपके वेदांत में जो जगत को मिथ्या और भ्रम मान लेने का सिद्धान्त है, वही यहाँ के मनुष्यों को उदासीन बनाता है। संसार को असत समझनेवाला मनुष्य कैसे किसी काम को विश्वासपूर्वक कर सकता है?" इसके उत्तर में रामनाथ कहता है : "वह वेदांत पिछले काल का साम्प्रदायिक वेदांत है, जो तर्कों के आधार पर अन्य दार्शनिक को परास्त करने के लिए बना। सच्चा वेदांत व्यावहारिक है। वह जीवन-समुद्र आत्मा को उसकी सम्पूर्ण विभूतियों के साथ समझता है। भारतीय आत्मवाद के मूल में व्यक्तिवाद है, किन्तु उसका रहस्य है समाजवाद की रूढ़ियों से व्यक्ति की स्वतंत्रता की रक्षा करना। और

व्यक्ति की स्वतंत्रता का अर्थ है—व्यक्ति समता की प्रतिष्ठा, जिसमें समझौता अनिवार्य है। युद्ध का परिणाम मृत्यु है। जीवन से युद्ध का क्या सम्बन्ध, युद्ध तो विच्छेद है और जीवन में शुद्ध सहयोग है।"[6]

इस तरह प्रसाद जी भारतीय वेदांत दर्शन की अत्यन्त व्यावहारिक एवं जीवनोपयोगी व्याख्या करते हैं। वे भारतवर्ष की समृद्ध ज्ञान-परम्परा और सांस्कृतिक-बोध के सुदृढ़ आधार पर खड़े होकर पश्चिमी जीवन-दर्शन की सीमाएँ निर्धारित करते हैं। वे अपने समय और समाज की विसंगतियों से निराश होने के बजाय अतीत की प्रेरक शक्तियों का संधान करते हुए उज्ज्वल भविष्य का स्वप्न देखते हैं।

प्रसाद जी अपने सम्पूर्ण साहित्य में नारी-जाति के बहुत बड़े शुभचिन्तक के रूप में आते हैं। 'तितली' में उनका यह पक्ष और भी सबल तरीके से प्रस्तुत हुआ है। वे अपने समय के स्त्री-जीवन के प्रति चिन्तित हैं और इसका सबसे बड़ा कारण आर्थिक पराधीनता को मानते हैं। प्रसाद जी इन्द्रदेव की माँ श्याम दुलारी और शैला के बीच हुए संवाद द्वारा भारतीय नारी के त्रासद जीवन के मूलभूत कारणों का विरहस्यीकरण करते हैं। श्याम दुलारी कहती है : "स्त्रियों को उनकी आर्थिक पराधीनता के कारण जब हम स्नेह करने के लिए बाध्य करते हैं, तब उनके मन में विद्रोह की सृष्टि भी स्वाभाविक है! आज प्रत्येक कुटुम्ब उनके इस स्नेह और विद्रोह के द्वंद्व से जर्जर है और असंगठित है। हमारा सम्मिलित कुटुम्ब उनकी इस आर्थिक पराधीनता की अनिवार्य असफलता है। उन्हें चिरकाल से वंचित एक कुटुम्ब के आर्थिक संगठन को ध्वस्त करने के लिए दिन-रात चुनौती मिलती रहती है। जिस कुल से वे आती हैं, उस पर से ममता हटती नहीं। यहाँ भी अधिकार की कोई सम्भावना न देखकर, वे सदा घूमनेवाली गृहहीन अपराधी जाति की तरह प्रत्येक कौटुम्बिक शासन को अव्यवस्थित करने में लग जाती हैं। यह किसका अपराध है? प्राचीन काल में स्त्री-धन की कल्पना हुई थी। किन्तु आज उसकी जैसी दुर्दशा है, जितने कांड उसके लिए खड़े होते हैं, वे किसी से छिपे नहीं है।"[7]

इस तरह प्रसाद जी तत्कालीन सामाजिक सन्दर्भों और विशेष रूप से नारी जाति के प्रति बेहद संवेदनशील हैं। वे उसकी दुरवस्था को लेकर चिन्तित हैं तथा उसके स्वाभाविक अधिकार की प्रतिष्ठा के लिए संकल्पित भी। इस उद्देश्य की प्राप्ति के लिए ही वे 'तितली' जैसे स्वावलम्बी चरित्र की सृष्टि करते हैं। वह उपन्यास की नायिका है और इसमें चित्रित प्रत्येक घटना-व्यापार को गति प्रदान करनेवाली है। वह प्रसाद का आदर्श नारी पात्र है जिसे इन्द्रदेव भी एक गरिमामयी एवं महीयसी भारतीय नारी की संज्ञा से अभिहित करता है। वह एक ओर आत्मसम्मान और स्वाभिमान का साकार विग्रह है तो दूसरी ओर कर्तव्यनिष्ठ,

सेवा-परायण, उदार तथा दृढ़ आत्मबल से परिपूर्ण भी है। वह तूफानों और काँटों के बीच पली है। भले ही उसका जन्म सम्पन्न किसान परिवार में हुआ पर अकाल की भीषण ज्वालाएँ बचपन में ही उसके माता-पिता को छीन लेती हैं। वह निष्ठुर नियति की कठोरता के कारण अपने चिर-अभिलषित प्रणय-सुख को निर्विघ्न प्राप्त न कर सकी। वह जीवन-संघर्ष में रत नायिका है जिसके लिए प्रसाद जी ने 'दुख-दग्ध संसार से टूटकर आत्महत्या करने को उद्यत' जैसे पदबंध का प्रयोग किया है। 'तितली' भारतीय नारी के स्वाभिमान की प्रतीक है। जब मधुबन को सजा हो जाती है और वह पूर्वजों के शेरकोट से बेदखल कर दी जाती है। साथ ही, बनजरिया पर लगान लग जाने पर भी वह किसी से भीख नहीं माँगती। वह वेदना की साकार प्रतिमा है जो लोकापवाद और सामाजिक व आर्थिक शोषण की भयावहता से टूटते-बनते, गिरते-पड़ते, जीते-मरते जीवन का संश्लिष्ट बिम्ब है। वह अभावों और असुविधापूर्ण स्थितियों के चरम पर पहुँचकर भी परमुखापेक्षी नहीं होती। वह शैला से कहती है : "मुझे अपने सुख-दुख अकेले भोग लेने दो। मैं द्वार-द्वार पर सहायता के लिए घूम-घूमकर निराश हो चुकी हूँ। मुझे अपनी निस्सहायता और दरिद्रता का सुख लेने दो। मैं नहीं चाहती कि कोई मुझे प्यार करे। मुझसे घृणा करो बहन!"[8] वह अपने पुत्र मोहन का पालन-पोषण अपने अस्तित्व की रक्षा करते हुए करती है तथा उसको अन्तिम आश्वासन देते हुए कहती है : "तेरी माँ ने संसार में कोई ऐसा काम नहीं किया है कि तुझे उसके लिए लज्जित होना पड़े।"[9]

इस तरह लेखक 'तितली' के चरित्र का स्वाभाविक विकास दिखलाते हुए उसे चरम परिणति तक ले जाता है। 'तितली' अपने संघर्ष पूर्ण जीवन की भट्ठी में तपकर निकलनेवाला कुंदन है जिसमें भारतीय नारी का पातिव्रत्य और गौरव पूर्णतः सुरक्षित है। यह प्रसाद की सजग सामाजिक चेतना का प्रतिफल है।

यह उपन्यास प्रेमचन्द के 'गोदान' का पूर्वरूप अथवा लघु-संस्करण है। इसमें वे सारी समस्याएँ बीज-रूप में अथवा सांकेतिक रूप में विद्यमान हैं जो 'गोदान' में विस्तार पाती हैं। इस कार्य को मूर्त रूप देने के लिए प्रसाद जी कथा को धामपुर से निकालकर कलकत्ता तक ले जाते हैं। वे तितली से मधुबन का विवाह करवाते हैं। मधुबन गरीब एवं भूमिहीन किसानों के विद्रोह का प्रतीक है। वह उपन्यास का सबसे क्रान्तिकारी पात्र है। जब मधुबन की विधवा बहन राजकुमारी के शरीर से धामपुर का महंत खेलने का प्रयास करता है तब मधुबन उसका गला दबाकर भाग निकलता है। यहीं से उसका जीवन-संघर्ष अत्यन्त कठिन हो जाता है। वह कलकत्ते में गिरहकटों के साथ रहता है। प्रसाद जी अपनी भेदक दृष्टि द्वारा कलकत्ता महानगर के जेबकतरों, जुआरियों के कारनामों तथा निम्न वर्ग की दयनीय स्थिति का भी भयावह चित्र खींचते हैं। वे वेश्याओं की धनलोलुपता

और जीवन-स्थितियों का भी निर्वचन करते हैं। कलकत्ता महानगर के बहुस्तरीय यथार्थ चित्रण द्वारा वे नगर-सभ्यता की सीमाओं का रेखांकन भी करते हैं। एक दिन मधुबन रिक्शा चलाते हुए कलकत्ते में गिरफ्तार हो जाता है। उसे आठ साल की सजा होती है। अन्त में वह सजा काटकर अपने घर वापस लौटता है

प्रसाद जी इस उपन्यास में क्षरणशील सामंतवाद और नवोदित पूँजीवाद की विकृतियों और उसके शोषक चरित्र का मुखौटा उतारते हैं। उनका दृढ़ विश्वास है कि भारतीय संस्कृति एवं भारतीयता अपने वास्तविक स्वरूप में आज भी गाँवों में ही सुरक्षित है परन्तु बदलते परिवेश के कारण उसमें लगातार विकृतियाँ प्रवेश कर रही हैं। वह निरन्तर दूषित हो रही है। प्रसाद जी ने 'कंकाल' के अतियथार्थवाद को 'तितली' में सन्तुलित करना चाहा है। फलस्वरूप इसमें वे सारी समस्याएँ किसी-न-किसी रूप में आ जाती हैं जिसका विस्तृत विधान 'गोदान' में देखा जा सकता है। इस उपन्यास के सन्दर्भ में डॉ. बच्चन सिंह ने ठीक ही लिखा है : "प्रेमचन्द की भाँति 'तितली' में भी ढहती हुई सामंतवादी, सम्मिलित कौटुम्बिक प्रणाली की विकृतियाँ, ग्राम-सुधार आदि के परिवेश में मुख्य पात्रों को रखा गया है। किन्तु ये समस्याएँ गौण हैं। मुख्य है भारतीय जीवन-दृष्टि को लेकर चलनेवाली तितली और पाश्चात्य जीवन दृष्टि की अनुगामिनी शैला की टकराहट। इस टकराहट में प्रसाद भारतीय नारी के जीवन-दर्शन की विजय दिखलाते हैं। तितली 'कामायनी' की श्रद्धा है जो शैला से कहती है : "तुम धर्म के बाहरी आवरण में अपने को ढँककर हिन्दू स्त्री बन गई हो तो सही, किन्तु उसकी संस्कृति की मूल शिक्षा को भूल रही हो। किन्तु स्त्री का श्रद्धापूर्ण समर्पण उसकी साधना का प्राण है।"—इसके ठीक विपरीत इड़ा की तरह शैला का व्यक्तित्व है। वह इन्द्रदेव की विवाहिता होकर भी उसे श्रद्धापूर्ण समर्पण नहीं कर पाती। वह वाटसन और इन्द्रदेव के बीच भटकती रहती है।"[10]

इस प्रकार स्पष्ट है कि प्रसाद जी की सर्जनात्मक प्रतिभा 'तितली' में बेहद सन्तुलित एवं सुपरिणत रूप में अभिव्यक्त हुई है। यहाँ लेखक गरीब और पिछड़े किसानों की पहचान कायम करते हुए उनके बहुस्तरीय संघर्ष का रूपायन करता है। प्रसाद जी 'तितली' के माध्यम से समाज, परिवार, विवाह, धर्म और शैक्षणिक संस्थानों की जड़बद्धता का अतिक्रमण करते हैं। यह उपन्यास एक विशिष्ट प्रकार का बौद्धिक खुलापन लेकर आता है। इसमें भारतवर्ष की गतिशील लोकोन्मुख परम्परा के महत्त्व का प्रतिपादन किया गया है। सामाजिक-सांस्कृतिक परिवर्तन की महीन अन्तर्वर्ती धारा उपन्यास में सर्वत्र प्रवहमान है। लेखक ने स्वाधीनता-संग्राम के कठिन संघर्ष के यथार्थ को उसके जटिल स्वरूप में चित्रित किया है। यहाँ प्रसाद की भाषा-शैली अपेक्षाकृत अधिक सहज और सर्जनात्मक पाठ-वितान के साथ प्रस्तुत है। लेखक ने मानक हिन्दी के सर्जनात्मक रूप का सदुपयोग करते

हुए पाठ की बोधगम्यता को बरकरार रखा है। इसमें व्यक्ति के आन्तरिक जीवन, मूल्यबोध, भारतीय ज्ञान आधारित जीवन्त समाज-व्यवस्था की स्थापना का लक्ष्य और सामाजिक-सांस्कृतिक यथार्थ के मध्य विलक्षण सन्तुलन साधा गया है। प्रसाद की उपन्यास दृष्टि यहाँ खुलकर प्रकट हुई है। वे व्यावहारिक समता की स्थापना की बात करते हैं। इनकी राष्ट्रोद्धार की अवधारणा 'तितली' में ग्रामोद्धार के रूप में अभिव्यक्त हुई है। इसमें जीवन और समाज की विविध समस्याओं पर मौलिक चिन्तन, अनुभव की ताजगी, बोधगम्य भाषा, शैल्पिक कसाव तथा भारतीय एवं पाश्चात्य जीवन पद्धतियों पर नये सिरे से दृष्टिपात किया गया है। प्रसाद अपने समय और समाज की गतिविधियों तथा जीवन-जगत के प्रति कितने जागरूक थे, इसका एक पुष्ट प्रमाण 'तितली' है। यदि हम इसका पाठ 'गोदान' के पूर्व-रूप के अर्थ में करते हैं तो इसका महत्त्व स्वयं ही उद्भासित हो उठता है। इस दृष्टि से यह हिन्दी उपन्यास साहित्य का एक अनिवार्य अंग है।

सन्दर्भ-सूची

1. जयशंकर प्रसाद—नन्ददुलारे वाजपेयी, पृ. 2
2. प्रसाद के सम्पूर्ण उपन्यास—सम्पा. सत्यप्रकाश मिश्र, पृ. 251
3. वही, पृ. 303
4. वही, पृ. 349
5. वही, पृ. 304
6. वही, पृ. 291
7. वही, पृ. 335
8. वही,
9. वही, पृ. 433
10. आधुनिक हिन्दी साहित्य का इतिहास—डॉ. बच्चन सिंह, पृ. 229

विराट सृजन का मंगलाचरण : इरावती

यदि जयशंकर प्रसाद का संवेदनात्मक व्यक्तित्व कालिदास, भारवि और भवभूति का समन्वित रूप है तो उनका बौद्धिक व्यक्तित्व बृहस्पति की मेधा, शुक्राचार्य की कुशाग्रता, बुद्ध की करुणा, चाणक्य की तेजस्विता, शंकराचार्य की तर्कशक्ति एवं दार्शनिकता का संश्लेषण है। इसे हम उनके सम्पूर्ण साहित्य में निहित ज्ञान-विज्ञान, अध्यात्म-दर्शन एवं सामाजिक-सांस्कृतिक चेतना के सामरस्य के रूप में देख सकते हैं। यही कारण है, उनका सम्पूर्ण साहित्य आज भी वस्तुनिष्ठ विश्लेषण और सतर्क पुनर्पाठ की माँग करता है। 'इरावती' उनका अन्तिम एवं अधूरा उपन्यास है। यह भी सम्भव है कि इसका लेखन 'कामायनी' के उपरान्त हुआ हो। ठीक इसी के समानान्तर वे 'अग्निमित्र' नामक नाटक भी लिख रहे थे। दोनों ही कृतियों की ऐतिहासिक एवं राजनीतिक पृष्ठभूमि समान है। आचार्य रामचन्द्र शुक्ल ने श्री राखालदास वंद्योपाध्याय के 'करुणा', 'शशांक' और 'धर्मपाल' नामक उपन्यासों की तर्ज पर जयशंकर प्रसाद से प्राचीन हिन्दू साम्राज्य के भीतर की कथावस्तु को लेकर मौलिक उपन्यास लिखने का आग्रह किया था। इस सन्दर्भ में शुक्ल जी स्वयं लिखते हैं : "इसी पद्धति पर उपन्यास लिखने का अनुरोध हमने उनसे कई बार किया था जिसके अनुसार शुंगकाल (पुष्यमित्र, अग्निमित्र का समय) का चित्र उपस्थित करनेवाला एक बड़ा मनोहर उपन्यास लिखने में उन्होंने हाथ भी लगाया था ('इरावती'), पर साहित्य के दुर्भाग्य से उसे अधूरा छोड़कर ही चल बसे।"[1]

इससे यह सिद्ध होता है कि आचार्य रामचन्द्र शुक्ल को भी प्रसाद की औपन्यासिक कला पर पूर्ण विश्वास था और उनकी दृढ़ मान्यता थी कि बंगला के टक्कर का ऐतिहासिक उपन्यास जयशंकर प्रसाद ही लिख सकते हैं। ऐसा माना जाता है कि 'इरावती' प्रसाद के विराट औपन्यासिक सृजन का मंगलाचरण है जिसे वे पाँच खंडों में लिखना चाहते थे। प्रसाद जी के 'अग्निमित्र' नाटक की 'अर्चिका' नामक भूमिका में उनके सुपुत्र रत्नशंकर प्रसाद ने लिखा है कि प्रसाद जी ने प्रेमचन्द के कहने पर ही 'अग्निमित्र' नाटक बीच में छोड़कर उसी कालखंड को लेकर 'इरावती' उपन्यास लिखना आरम्भ किया था। कहने का आशय यह है कि प्रेमचन्द भी प्रसाद की औपन्यासिक प्रतिभा के कायल थे। यह

हम सब भली भाँति जानते हैं कि इतिहास के प्रति प्रसाद की सूझ-बूझ अद्वितीय थी। वे भारतीय ज्ञान-परम्परा के सबल प्रतीकों को उभारकर उसे पाश्चात्य सिद्धान्तों की समकक्षता में उपस्थित करते हैं। इस कार्य में भारत का स्वर्णिम इतिहास उनका सहयोगी था। 'इरावती' एक वृहत्तर प्रयास का शुभारम्भ है। यदि वे इसके सारे भागों को लिख पाते तो शायद हिन्दी उपन्यास का इतिहास ही बदल जाता। 'इरावती' का जितना अंश उपलब्ध होता है, यदि उसी का सम्यक् विश्लेषण किया जाए तो पाते हैं कि इसमें एक श्रेष्ठ उपन्यास के सारे गुण विद्यमान हैं। इसकी पृष्ठभूमि में मौर्य-वंश का पतन तथा शुंग-वंश का प्रादुर्भाव है। इसमें बृहस्पतिमित्र, पुष्यमित्र, अग्निमित्र, खारवेल इत्यादि ऐतिहासिक पात्र हैं और इरावती, कालिन्दी, मणिमाला, धनदत्त तथा आनन्द काल्पनिक पात्र प्रतीत होते हैं। लेखक वर्तमान मनुष्य की दशा के आधार पर शुंगकालीन राजनीतिक, सामाजिक और धार्मिक स्थितियों का निर्वचन करता है। इसमें ब्राह्मण धर्म और बौद्ध धर्म के संघर्ष को दिखलाते हुए बौद्ध धर्म की अहिंसा, वैराग्य एवं निर्वाण के उस रूप का विरोध किया गया है, जिसके कारण अकर्मण्यता तथा कायरता का विकास हो रहा था। हम सब इस तथ्य से अच्छी तरह परिचित हैं कि इस देश की केन्द्रीय सत्ता को कमज़ोर करने और सम्पूर्ण देश को पराधीनता की ओर मोड़ने में पतनोन्मुखी बौद्ध धर्म की विशिष्ट भूमिका रही है। भारतीय इतिहास का सबसे बड़ा साम्राज्य मौर्यकाल का रहा है जिसे अशोक द्वारा बौद्ध धर्म स्वीकार करने के बाद से ही बौद्ध धर्म के अतिवादी स्वरूप ने मौर्य-वंश की शासन-व्यवस्था को दुर्बल बनाया था। जब बौद्ध धर्म के सिद्धान्तों की आड़ में मनुष्य की स्वतंत्रता को, संघ के कठोर नियमन द्वारा मर्यादित करके उसे सामान्य एवं स्वाभाविक जीवन जीने से रोका जा रहा था तब मानवीय प्रतिरोध का पैदा होना स्वाभाविक था। इसी तरह देश के लिए अपना सर्वस्व न्योछावर करनेवाले योद्धाओं को अहिंसक बनाकर उन्हें युद्धाभ्यास से दूर किया जा रहा था। ऐसे दौर में जब क्षत्रिय दार्शनिक और संन्यासी भिक्षु बन रहे हों तो विदेशी आक्रान्ताओं के लिए अनुकूल सन्देश जाने लगा। इसकी प्रतिक्रिया में ब्राह्मण धर्म को पुरस्कृत करनेवाले शुंग-वंश का उदय हुआ।

प्रसाद जी 'इरावती' और 'अग्निमित्र' दोनों ही कृतियों में एक ही कालखंड को आधार बनाकर बौद्ध धर्म की विकृतियों पर करारा प्रहार करते हैं। वे अहिंसा के सिद्धान्त को राष्ट्र की हिंसा का मुख्य कारण सिद्ध करते हैं। इन दोनों कृतियों के केन्द्र में मगध है जो बौद्ध मौर्य सम्राटों के अनात्मवादी और दुखवादी जीवन-दर्शन के कारण हतवीर्य हो चुका है। फलतः वह कलिंग नरेश खारवेल तथा यवन शासकों के आक्रमण का प्रमुख लक्ष्य बना हुआ है। धर्म के इसी अतिवादी रूप के परिणामों और उसके प्रति विद्रोह के संकेतों के संश्लिष्ट चित्र 'इरावती' में मिलते हैं। 'इरावती' की कथावस्तु चन्द्रगुप्त मौर्य की आठवीं पीढ़ी राजा शतधनुष

मौर्य (ई.पू. 195-187) के शासनकाल से सन्दर्भित है। लेखक ने 82 पृष्ठों के इस अपूर्ण उपन्यास में भारतीय जनजीवन की आत्मा में विधिवत् प्रवेश करते हुए उनमें आत्मशक्ति जगाने का कार्य किया है। प्रसाद जी अपने समय के अहिंसक आन्दोलनों से भी परिचित थे और क्रान्तिकारियों के विद्रोही तेवर से भी। इन्होंने स्वयं चन्द्रशेखर आज़ाद को अपने एक विश्वस्त नौकर की देखरेख में गोदाम में छिपा रखा था। इसमें सन्देह नहीं है कि वे रागात्मक धरातल पर क्रान्तिकारियों के अत्यधिक निकट थे। यही कारण है कि वे अपनी अधिकांश कृतियों में राष्ट्रीयता, प्रेम, सौन्दर्य और दर्शन की सहवर्ती यात्राएँ करते हैं। 'इरावती' भी इसका सबल प्रमाण है। इस उपन्यास के द्वारा प्रसाद जी बौद्धों द्वारा फैलाई गई निराशा, दुख और वेदना की जड़ता को शैवों के आनन्दवाद से दूर करने का मार्ग प्रशस्त किया। वे स्पष्ट शब्दों में कहते हैं कि तेजविहीन जाति अपनी सुरक्षा नहीं कर सकती। फलत: वे शक्ति के विद्युत्कणों के समन्वय द्वारा आर्यावर्त के तेज और पौरुष को जगाना चाहते हैं। इसके लिए वह ब्रह्मचारी जैसे पात्र को रखते हैं जो कहता है : "आर्य धर्म का आरम्भिक उल्लासमय स्वरूप यद्यपि अभी एक बार ही नष्ट नहीं हो गया है, फिर भी उसे जगाना ही पड़ेगा। वह अलस, अवसादग्रस्त, अपनी कायरता के कारण विवेक का ढोंग करने लगा है। शिथिल, जैसे किसी को कुचल न देने का मिथ्या अभिनय करता लड़खड़ाता हुआ जीवन देवता को ही कुचल रहा है! मुझे ऐसा मालूम होता है कि प्राचीन आर्य और संस्कृति को लौटाने के लिए प्राचीन कर्मों को फिर से आरम्भ करना होगा जिन्हें विवेक के अतिवाद के कारण मानवता के लिए हमने हानिकर समझ लिया है।...सर्वसाधारण आर्यों में अहिंसा, अनात्म और अनित्यता के नाम पर जो कायरता, विश्वास का अभाव और निराशा का प्रचार हो रहा है, उसके स्थान पर उत्साह, साहस और आत्मविश्वास की प्रतिष्ठा करनी होगी।"[2]

इस तरह प्रसाद जी तत्कालीन भारतीय स्वाधीनता-संग्राम की सापेक्षता में इतिहास के ऐसे सन्दर्भ का चयन करते हैं जो भारतीयों के खोए हुए आत्मविश्वास एवं तेज को लौटा सके। यद्यपि इस उपन्यास की कथावस्तु के लिए प्रसाद जी ने कालिदास-कृत 'मालविकाग्निमित्र', इतिहास ग्रंथों और कतिपय पुराणों का भी सहारा लिया है परन्तु इरावती के व्यक्तित्व निर्माण में पूर्णत: मौलिकता का परिचय दिया है। इरावती महाकाल मन्दिर में देवदासी है जिसका शुंगवंशीय ब्राह्मण सैनिक अग्निमित्र से प्रेम-भाव है। प्रसाद ने इरावती के चरित्र को भारतीय चिन्तनधारा एवं सांस्कृतिक उत्कर्ष का प्रतीक बनाते हुए उसे अतिशय तेजस्वी, उदारचेता और कलामयी सिद्ध किया है। वह कालिदास की ईर्ष्यालु और महत्त्वहीन इरा से बिलकुल अलग है। वह तमाम षड्यंत्रों एवं कुचक्रों का सामना करते हुए अपनी कलात्मक प्रतिभा को सँजोकर रखती है। प्रसाद ने दिखाया है कि एक

दिन कुमारामात्य बृहस्पतिमित्र मन्दिर में नृत्यरत इरावती पर मोहित हो जाता है। उसकी आज्ञा से नृत्य रुकवाकर इरावती को बन्दिनी बनाकर बौद्ध विहार भेज दिया जाता है, जहाँ उसे संघ के नियमों का पालन करने के लिए बाध्य किया जाता है। बौद्ध विहार से बृहस्पतिमित्र ने अपने महल में बुलाने के लिए सैनिकों को भेजा परन्तु इरावती शिप्रा नदी में कूद पड़ी जिसे अग्निमित्र ने बचा लिया। फलस्वरूप इरावती को मुक्त कराने के प्रयास में अग्निमित्र भी बन्दी बना लिया जाता है। दोनों बन्दी बनाकर कुसुमपुर भेज दिये गए।

इस अराजक स्थिति में मगध पर खारवेल और गांधार के आक्रमण का आसन्न संकट है। गांधार से दिमित्र यवन पंचनद की ओर बढ़ चला है। फलस्वरूप पुष्यमित्र देश को भीतरी अन्तर्विरोधों और बाहरी आक्रमण से बचाने के लिए ब्राह्मण होकर भी शस्त्र उठाने पर विवश होता है। वह मगध सम्राट से स्पष्ट शब्दों में कहता है कि धर्म-विजय के सामने शस्त्र-विजय को गौण बनाते रहने का यह अवश्यंभावी फल है। वह अपने पुत्र अग्निमित्र को आज़ाद कराकर उसे सेनानायक बना देता है। कालिन्दी नन्दवंश की राजकन्या है जिसे राजा शतधनुष ने अपने पास रखा हुआ है। वह राजा की मृत्यु के पश्चात् मुक्त हो जाती है। वह अपने पूर्वजों के संघर्ष को आगे बढ़ाने और मौर्य-वंश से मगध को मुक्त कराने के लिए 'स्वस्तिक दल' का निर्माण करती है। इस कार्य के लिए वह अग्निमित्र का भी सहयोग चाहती है। ऐसी स्थिति में इरावती बौद्धों के पाखंडमय जीवन से मुक्त होकर कालिन्दी के आश्रम में पहुँचती है। इसी क्रम में कलिंग नरेश खारवेल अपने दूत को मगध नरेश के पास भेजकर सन्देश भिजवाता है : "स्वर्ण की जिन-मूर्ति, जो कलिंग की पूज्य प्रतिमा है, जिसे स्वर्गीय सम्राट अशोक ले आए थे, उसके लिए मन्दिर का निर्माण हो चुका है। प्रतिमा को देने की कृपा अब होनी चाहिए सम्राट!"[3]

इस मूर्ति को लेने के लिए खारवेल स्वयं मगध पहुँचता है। वह मुक्ता-मणियों के व्यापारी धनदत्त के यहाँ साम्राज्य-विरोधी सारी शक्तियों को एकत्र करता है जिसमें कालिन्दी, इरावती, अग्निमित्र—सब शामिल हैं। इस उपन्यास के अन्तिम दृश्य में नृत्य-संगीत और गायन के बीच कालिन्दी का 'स्वस्तिक दल' खारवेल को चारों ओर से घेर लेता है। तब अग्निमित्र अतिथि खारवेल की रक्षा के लिए तत्पर होता है और यहीं कथा अधूरी रह जाती है। लेकिन यदि इन कथासूत्रों को जोड़कर देखा जाए तो कुछ ऐसा निष्कर्ष निकलता है कि सम्राट वृहद्रथ के विरुद्ध आत्मवाद के समर्थक सैन्य कर्मियों का विद्रोह पुष्यमित्र के नेतृत्व में सफल होगा। पुष्यमित्र शासन-व्यवस्था को सुदृढ़ करते हुए मगध के खोए हुए गौरव को लौटाएगा। इरावती और अग्निमित्र का पुनर्मिलन होगा। साथ ही, कालिन्दी अपने षड्यंत्र में असफल होगी। इस तरह इरावती के द्वारा प्रसाद जी

शताब्दियों की गुलामी और पराजय से हतबल भारतीयों के समक्ष आर्यजाति के तेज एवं आत्मशक्ति को जगाने का उपक्रम करते हैं। इरावती के विडम्बनापूर्ण जीवन-चित्रण द्वारा वे देवदासी-प्रथा का विरोध करते हैं।

इरावती औपन्यासिक शिल्प की दृष्टि से प्रसाद का श्रेष्ठतम उपन्यास है। इसकी अन्तर्वस्तु अत्यन्त संगठित, रोचक और गतिशील है। यहाँ प्रसाद जी की कला-चेतना अपेक्षाकृत अधिक सुपरिणत है जो इस बात का प्रमाण है कि प्रसाद जी का उपन्यासकार भी कवि एवं नाटककार की भाँति निरन्तर विकासमान रहा है। इसमें दर्शन की गम्भीरता को भी जिस सुबोधता और प्रभावपूर्ण ढंग से प्रस्तुत किया गया है, वह प्रसाद जी को एक प्रौढ़ उपन्यासकार सिद्ध करता है। उनकी कवित्वपूर्ण कल्पना से परिपुष्ट चिन्तन अपनी सर्जनात्मकता में ढलकर जिस निगूढ़ जीवन-दर्शन की उपलब्धि करता है, वह सहृदय पाठक के लिए रमणीय वस्तु है। वे जिस दुख-दग्ध जगत और आनन्दपूर्ण स्वर्ग के मिलन को साहित्य मानते थे, उसका साकार विग्रह यहाँ देखा जा सकता है। इसमें बौद्ध नरेश बृहस्पति-मित्र के अत्याचार, कामुकता और बौद्ध धर्म की अकर्मण्यता एवं कायरता से पनप रही घुटन के बीच लेखक जिस आत्मविश्वास को प्रतिष्ठित करता है, वह समसामयिक युगबोध और सन्दर्भों से जुड़कर अत्यन्त सार्थक एवं प्रासंगिक हो उठता है। जो लोग प्रसाद पर केवल बौद्ध प्रभाव का संधान करते हैं, वे उनके मूल मर्म को नहीं समझ सके हैं। उनकी मूल चेतना भारतीय ज्ञानधारा और ब्राह्मण धर्म के उस दर्शन से अनुप्राणित है जो यह सत्यापित करती है कि राम एवं कृष्ण की तरह अन्याय एवं अत्याचार का विरोध शस्त्र उठाकर भी करना चाहिए। इसके माध्यम से वे नये युग की चुनौतियों के अनुरूप भारतीय ज्ञान-परम्परा और चिन्तन की जो ठोस आधारशिला रख रहे थे, उसे उन्होंने चाणक्य जैसे महामनीषी से यह कहलवाकर किया था कि 'ब्राह्मणत्व और कुछ नहीं बल्कि एक सार्वभौम-शाश्वत बुद्धि-वैभव है।'

प्रसाद जी ब्राह्मण धर्म के आत्मवाद के बहाने सर्वसमतावाद की प्रतिष्ठा करते हैं। वे जिस प्रखरता से बौद्ध विहारों में फैले दुराचार और बौद्ध शासकों की काम-लोलुपता पर प्रहार करते हैं, उसका कोई सानी नहीं है। बौद्धों ने सम्पूर्ण देश को निवृत्ति की ओर ढकेलकर किस तरह बाह्य आक्रमणों के लिए अनुकूल वातावरण तैयार किया, यह इरावती का मूल प्रतिपाद्य है। यही कारण है कि प्रसाद जी भारतीय मनुष्यता को जगाने के लिए भारत में प्रतिष्ठित चिरन्तन आत्मवादी दर्शन के द्वारा शैवों के आनन्दवादी जीवन-दर्शन की प्रतिष्ठा करते हैं। वे जिस भावभूमि पर खड़े होकर 'इरावती' में भारतीय राष्ट्रीयता, जनजीवन और चिन्तनधारा के मूलभूत प्रश्नों को उठाते हैं, उसके कारण ऐतिहासिक पृष्ठभूमि पर लिखा गया यह अधूरा उपन्यास ऐतिहासिक महत्त्व का अधिकारी बन जाता

है। हिन्दी के अधिकांश आलोचकों ने इतने महत्त्वपूर्ण उपन्यास को पढ़े बिना 'कंकाल' और 'तितली' के साथ इसका नामोल्लेख मात्र किया है। इसका वस्तुनिष्ठ विश्लेषण आलोचना की अनिवार्य माँग है। इस उपन्यास में वे राष्ट्र को एक मूल्य बनाकर जातीय अस्मिता की सुरक्षा के लिए सर्वात्मवादी दर्शन की प्रतिष्ठा करते हैं। वे अपने समय के संघर्ष के लिए एक मुकम्मल विकल्प उपलब्ध कराते हैं। वे भारतीय चिन्तन-परम्परा के जिस अर्थपूर्ण, अन्तर्गर्भी साभिप्रायता को अपने कलात्मक सृजन द्वारा उपस्थित करते हैं, वह उनकी पारखी दृष्टि और दार्शनिक समझ का प्रतिदर्पण है। यह उनके गहन इतिहास-बोध, सामाजिक और राजनीतिक सरोकार तथा दार्शनिक चिन्तन का एक सुदृढ़ स्तम्भ है। 'इरावती' प्रसाद के विराट विजन की अप्रतिम कथासृष्टि है। यदि नियति ने प्रसाद को हमसे छीना नहीं होता और यह कलाकृति पूर्ण हो पाती तो इसकी कलात्मकता अद्वितीय होती। बावजूद इसके 'इरावती' अपूर्ण होते हुए भी अविस्मरणीय बन गई है।

सन्दर्भ-सूची

1. हिन्दी साहित्य का इतिहास—रामचन्द्र शुक्ल, पृ. 432-33
2. प्रसाद के सम्पूर्ण उपन्यास—सम्पा.सत्यप्रकाश मिश्र, पृ. 448-49
3. वही, पृ. 453

हिन्दी कहानी का आकाशदीप

जयशंकर प्रसाद आधुनिक काल के सबसे बड़े कवि और नाटककार ही नहीं हैं अपितु वे उच्चकोटि के उपन्यासकार, अप्रतिम कहानीकार, असाधारण इतिहासकार, आलोचक एवं गम्भीर सिद्धान्तशास्त्री भी हैं। इन्होंने हिन्दी में अनेक विधाओं का श्रीगणेश करते हुए उन्हें विश्वस्तरीय भी बनाया। वे हिन्दी कहानी के सबसे दुर्निवार व्यक्तित्व हैं। कविता की भाँति कहानी के क्षेत्र में भी प्रसाद जी का गत्यात्मक व्यक्तित्व निरन्तर विकासमान है। वे जीवन-जगत, प्रवृत्ति-निवृत्ति, आदर्श-यथार्थ, देह और गेह में निरन्तर धँसनेवाले कहानीकार हैं। आप मूलतः राष्ट्रीय-सांस्कृतिक चेतना के कहानीकार हैं। वे जितना गहरे उतरते हैं, उनका कथाकार व्यक्तित्व उतना ऊपर ही उठता जाता है। प्रसाद जी की कथा-अवधारणा एवं कथा-सर्जना हिन्दी कहानी की सम्भावनाओं का द्वार खोलती है। अतः इनके सही और सम्पूर्ण मूल्यांकन का गहन और वस्तुनिष्ठ प्रयास ज़रूरी है। जब हम इनकी कहानियों का विश्लेषण करते हैं तो पाते हैं कि उनमें जितना अद्वितीय प्रेम-सौन्दर्य, प्रकृति-पर्यावरण, आदर्श-यथार्थ, इतिहास-समकालीनता, अन्तर्दृष्टि-विश्व-संदृष्टि है, उतना ही उसका सघन सर्जनात्मक पाठ-वितान और अन्तर्पाठीय लय-तान भी है। उनमें प्रसाद का समय-समाज, तत्कालीन परिवेश, राजनीतिक-सामाजिक-सांस्कृतिक-धार्मिक विवर्तन तथा बहुतेरी घटनाओं और संवेदनाओं का एक जादुई ऐन्द्रजालिक लोक भी है। फलतः इन कहानियों का रूपात्मक तंत्र अद्‌भुत और शिल्प का ताजमहल है। इन कहानियों की अन्तर्वस्तु मानसिक आवेग, अन्तर्द्वंद्व, जीवन-मूल्य, भेदक-दृष्टि, वैयक्तिक और सामूहिक चेतना, जातीय-स्मृति, परम्परा-निष्ठा और देश-प्रेम के उज्ज्वल स्वरूप से संवलित है।

हिन्दी कहानी के क्षेत्र में प्रसाद जी का आगमन प्रेमचन्द से पहले हुआ है। अतः इनके महत्त्व का सही निर्वचन इस तथ्य को ध्यान में रखकर ही किया जा सकता है। प्रसाद जी भले ही हिन्दी कहानी साहित्य के प्रवर्तक न हों, परन्तु उसे व्यवस्थित रूप देने का श्रेय इन्हें ही दिया जाना चाहिए। क्योंकि प्रेमचन्द की जब तक कोई कहानी हिन्दी में प्रकाशित नहीं हुई थी, तब तक इनका पहला कहानी-संकलन प्रकाशित हो चुका था। आचार्य रामचन्द्र शुक्ल ने अपने 'हिन्दी साहित्य

का इतिहास' में आरम्भिक हिन्दी कहानियों का विश्लेषण इस प्रकार किया है : "कहानियों का आरम्भ कहाँ से मानना चाहिए, यह देखने के लिए 'सरस्वती' में प्रकाशित कुछ मौलिक कहानियों के नाम वर्षक्रम से नीचे दिए जाते हैं :

इन्दुमती (किशोरीलाल गोस्वामी), संवत् 1957 (1900 ई.)

गुलबहार (किशोरीलाल गोस्वामी), संवत् 1959 (1902 ई.)

प्लेग की चुड़ैल (मास्टर भगवानदास, मिर्जापुर), संवत् 1959 (1902 ई.)

ग्यारह वर्ष का समय (रामचन्द्र शुक्ल), संवत् 1960 (1903 ई.)

पंडित और पंडितानी (गिरिजादत्त वाजपेयी), संवत् 1960 (1903 ई .)

दुलाईवाली (बंग-महिला), संवत् 1964 (1907 ई.)

इनमें से यदि मार्मिकता की दृष्टि से भावप्रधान कहानियों को चुनें तो तीन मिलती हैं : 'इन्दुमती', 'ग्यारह वर्ष का समय' और 'दुलाईवाली'। यदि 'इन्दुमती' किसी बंगला कहानी की छाया नहीं है तो हिन्दी की यह पहली मौलिक कहानी ठहरती है। इसके उपरान्त 'ग्यारह वर्ष का समय' और फिर 'दुलाईवाली' का नंबर आता है।

ऐसी कहानियों की ओर लोग बहुत आकर्षित हुए और वे इस काल के भीतर की प्रायः सब मासिक पत्रिकाओं में बीच-बीच में निकलती रहीं। संवत् 1968 में कल्पना और भावुकता के कोश बाबू जयशंकर प्रसाद की 'ग्राम' नाम की कहानी उनके मासिक पत्र 'इन्दु' में निकली। 'ग्राम' हिन्दी की पहली ग्रामीण समस्या-प्रधान कहानी है, जिसकी अन्तर्वस्तु में प्रसाद जी संकेतित करते हैं कि नवोदित पूँजीवाद अपने षड्यंत्र से सामंतवाद को अपदस्थ कर रहा है। प्रसाद जी यह समझाते हैं कि दुनिया तेजी से बदल रही है। यूरोपीय औद्योगिक क्रान्ति पूँजीवादी व्यवस्था को पुरस्कृत कर रही है, जो यूरोप की विषाक्त उच्छिष्ट भारत पर आरोपित कर रही है। अब परम्परागत व्यवस्था त्रासदी की ओर बढ़ रही है और नवोदित पूँजीवाद अपने भयावह स्वार्थ में विकसित हो रहा है। प्रसाद जी इस कहानी के माध्यम से बदलती आर्थिक-सामाजिक स्थिति द्वारा एक नये पथ का संकेत करते हैं। इस दृष्टि से यह हिन्दी की पहली सम्पूर्ण आधुनिक कहानी है।

सन् 1913 ई. में प्रसाद जी का 'छाया' कहानी संकलन प्रकाशित हुआ जो हिन्दी का भी पहला कहानी संग्रह है। इस तरह प्रसाद जी हिन्दी कहानी लेखन के क्षेत्र में प्रेमचन्द से काफी पहले सक्रिय हो चुके थे परन्तु हिन्दी के आलोचकों ने सदैव उनका नाम प्रेमचन्द के बाद दिखाया है। यह हिन्दी कथालोचन को दर्शानेवाला सबसे ज्वलन्त पृष्ठ है। अतः मैंने इस ऐतिहासिक भूल को सुधारने का प्रयास किया है। जयशंकर प्रसाद ने कुल 70 कहानियों की रचना की है जो पाँच संकलनों में उपलब्ध हैं : *'छाया'* में 'तानसेन', 'चन्दा', 'ग्राम', 'रसिया बालम', 'शरणागत', 'सिकन्दर की शपथ', 'चित्तौर-उद्धार', 'अशोक', 'गुलाम', 'जहाँआरा', 'मदन-मृणालिनी'

नामक 11 कहानियाँ संकलित हैं, जबकि *'प्रतिध्वनि'* में 'प्रसाद', 'गूदड़', 'साईं', 'गुदड़ी के लाल', 'अघोरी का मोह', 'पाप की पराजय', 'सहयोग', 'पत्थर की पुकार', 'उस पार का योगी', 'करुणा की विजय', 'खँडहर की लिपि', 'कलावती की शिक्षा', 'चक्रवर्ती का स्तम्भ', 'दुखिया', 'प्रतिमा' तथा 'प्रलय' नामक कहानियों का समावेश है। इसी तरह *आकाशदीप* में 'आकाशदीप', 'ममता', 'स्वर्ग के खँडहर', 'सुनहला साँप', 'हिमालय का पथिक', 'भिखारिन', 'प्रतिध्वनि', 'कला', 'देवदासी', 'समुद्र-संतरण', 'वैरागी', 'बनजारा', 'चूड़ीवाली', 'अपराधी', 'प्रणय चिह्न', 'रूप की छाया', 'ज्योतिष्मती', 'रमला' तथा 'नानक'—19 कहानियाँ संकलित हैं। प्रसाद जी ने *आँधी* संकलन में कुल 11 कहानियों—'आँधी', 'मधुआ', 'दासी', 'घीसू', 'बेड़ी', 'व्रत-भंग', 'ग्राम-गीत', 'विजया', 'अमिट-स्मृति', 'नीरा एवं पुरस्कार'—को रखा है। इसके अतिरिक्त अन्तिम संकलन *इन्द्रजाल* में 'इन्द्रजाल', 'सलीम', 'छोटा जादूगर', 'नूरी', 'परिवर्तन', 'सन्देह', 'भीख में', 'चित्रवाले पत्थर', 'चित्र-मन्दिर', 'गुंडा', 'अनबोला', 'देवरथ', 'विराम-चिह्न' और 'सालवती' नामक कुल 14 कहानियाँ संकलित हैं।

इस प्रकार जयशंकर प्रसाद के पाँच संकलनों में कुल 70 कहानियाँ अपने वस्तुविधान और क्लासिक रचना-विधान में प्रेम, सौन्दर्य, अन्तर्द्वंद्व, मनोजगत, संस्कृति, विश्वमंगल की भावना, उदात्त-संवेदना, सार्वभौम-शाश्वत मूल्य, सामाजिक सामरस्य तथा मानव-गरिमा की प्रतिष्ठा की दृष्टि से एक अप्रतिम गद्य लेखन का प्रतिमान निर्मित करती हैं। ये कहानियाँ अपने सम्पूर्ण व्यक्तित्व में हिन्दी कहानी को उस ऊँचाई पर ले जाती हैं, जिसके सम्बन्ध में स्वयं प्रसाद ने कहा था : 'जिसके आगे राह नहीं।' प्रसाद जी की कहानी-दृष्टि को समझने के लिए 'छाया' संकलन के निवेदन की निम्न पंक्तियों पर विचार करना ज़रूरी है। वे लिखते हैं : पाठक वृन्द इस पुस्तक का नाम 'छाया' देखकर अवश्य चकित होंगे। किन्तु मेरा अनुमान है कि है कि छोटी-छोटी आख्यायिकाओं में किसी घटना का पूर्ण चित्र नहीं खींचा जा सकता। इस कारण इन आख्यायिकाओं को उन घटनाओं की छाया कहना ही ठीक है। साहित्य में ऐसी छोटी आख्यायिकाएँ केवल विनोद के लिए नहीं हैं, उनसे हृदय पट पर ऐसी छाया पड़ती है, जो गम्भीर अथवा प्रभावशालिनी होती है। मानव हृदय की उसकी अपूर्णता, कल्पना के विस्तृत कानन में छोड़कर उसे घूमने का अवकाश देती है जिसमें पाठकों को विस्तृत आनन्द मिलता है।"

प्रसाद की सम्पूर्ण कहानियाँ सामान्य रूप से ऐतिहासिक, सामाजिक और राजनीतिक कोटि में रखी जा सकती हैं। इनकी ऐतिहासिक कहानियों के अन्तर्गत 'शरणागत', 'सिकन्दर की शपथ', 'चित्तौर-उद्धार', 'अशोक', 'गुलाम', 'जहाँआरा', 'ममता', 'दासी', 'पुरस्कार', 'नूरी', 'चित्र-मन्दिर', 'गुंडा', 'देवरथ' और 'सालवती' का समावेश किया जा सकता है। इन कहानियों के पात्रों में नूरी, ममता, मधूलिका,

इरावती, सुजाता इत्यादि इतिहास-सिद्ध नहीं हैं परन्तु इनके माध्यम से प्रसाद जी जीवन के जिस अनदेखे-अनछुए सन्दर्भों का उद्घाटन करते हैं, वह सहृदय पाठक के लिए रमणीय वस्तु है। इसके अलावा 'तानसेन', 'व्रत-भंग', 'विराम-चिह्न', 'खँडहर की लिपि', 'सलीम', 'चक्रवर्ती का स्तम्भ' जैसी कहानियों में ऐतिहासिक परिवेश की सृष्टि द्वारा तत्कालीन प्रश्नों को उठाया गया है। इसके अलावा 'अशोक', 'तानसेन', 'गुलाम', 'खँडहर की लिपि' तथा 'व्रत-भंग' ऐसी कहानियाँ हैं, जिनमें लेखक ने इतिहास के बहुतेरे सन्दर्भों को पूरी तरह खोला है। लेकिन प्रसाद जी का समकाल उनके अन्तर्जगत पर इतना हावी है कि अतीत भी वर्तमान से जुड़ जाता है। वह अपने वास्तविक अर्थों में समकाल की ही गाथा बन जाता है। अपने युग की समस्याओं और सन्दर्भों का संकेत जिस सूक्ष्मता और करीने के साथ प्रसाद की कहानियों में रूपायित होता है, उसका कोई प्रतिद्वंद्वी नहीं मिलता। 'सालवती', 'गुंडा' और 'शरणागत' में आधुनिकता के अभिलक्षण अत्यन्त स्पष्ट एवं दृप्त हैं। 'सालवती' में लेखक ने बहुमत पर आधारित आधुनिक प्रजातंत्र की विसंगतियों का पर्दाफाश किया है। 'कामायनी' में काम ने मनु को 'हो शाप भरा तव प्रजातंत्र' के द्वारा सचेत किया था। प्रसाद जी यह देख चुके थे, लोकतंत्र का पराभव अधिनायक तंत्र में होता है। उनके समक्ष हिटलर, मुसोलिनी जैसे तानाशाहों का अभ्युदय हो चुका था। फलत: सबके समान अधिकार की वकालत करनेवाले प्रजातंत्र के अतिवाद पर प्रसाद इतिहास के माध्यम से प्रकाश डालते हैं। वे ध्रुवस्वामिनी की तरह नारी अधिकार का प्रश्न उठाते हुए यह स्पष्ट करते हैं कि नगर की सर्वश्रेष्ठ सुन्दरी को कुलवधू के गौरव से च्युत करके उसे केवल इसलिए नगरवधू बना दिया जाए कि उस पर सबका समान अधिकार हो, यह कहाँ का न्याय है?

आज समूचा विश्व जिस मानवाधिकार की बात करता है, वह प्रसाद जी के यहाँ बहुत पहले आता है। वे प्रजातंत्र के समान अधिकार की आड़ में वैयक्तिक अधिकारों के हनन के प्रश्न को उठाकर उसकी अतिवादिता पर प्रखर आक्रमण करते हैं। वे स्वाधीनता और मानव-गरिमा की प्रतिष्ठा द्वारा एक सार्वभौम-शाश्वत आदर्श का विकल्प उपलब्ध कराते हैं। इसी तरह वे इतिहास के पन्नों में दबी पड़ी नारी गौरव-गथाओं का सम्यक् संधान करते हैं। उनकी 'ममता' कहानी इसका प्रमाण है। ममता रोहतास दुर्ग के अधिपति चूड़ामणि की पुत्री है। प्रसाद जी के शब्दों में : "हिन्दू विधवा संसार में सबसे तुच्छ निराश्रय प्राणी है।" ममता का जीवन इसी विडम्बना का पुंज है। वह अभावों में भी अपने स्वाभिमान के साथ समझौता नहीं करती और भारतीय नारी के स्वाभिमान का प्रतीक बनकर म्लेच्छ के उत्कोच को ठुकरा देती है। चैसा के युद्ध में शेरशाह से पराजित हुमायूँ ममता की कुटिया में आश्रय लेता है। आगे चलकर अकबर ने इसी स्थान पर पिता की स्मृति में अष्टकोण मन्दिर बनवाया, जो आज भी अपने स्थान पर सुरक्षित है। लेकिन शरणदाता ममता

का उस मन्दिर में उल्लेख तक नहीं हुआ। अपने कर्तव्य के निर्वहन के बदले उसे बेबसी, वेदना और गुमनामी ही मिलती है। लेखक ने ममता की स्थिति के निदर्शन द्वारा आज की राजनीति का क्रूर चेहरा उजागर कर दिया है, जिसकी कृतज्ञता में भी भयावह कृतघ्नता छिपी होती है। इसी क्रम में 'पुरस्कार' कहानी आती है, जिसमें मधूलिका के आत्मगौरव द्वारा निजी प्रेम पर देश प्रेम को वरीयता दी गई है। इसी तरह 'नूरी' कहानी भी देश-प्रेम और वैयक्तिक-प्रेम के चरम द्वंद्व को उभारते हुए राष्ट्र के लिए व्यक्तिगत प्रेम को न्योछावर करने की प्रेरणा देती है। इस कहानी के लगभग सारे पात्र, घटनाएँ और स्थान इतिहास-सम्मत हैं।

लेखक ने अकबर का विलासपूर्ण जीवन, दासियों को गोटी बनाकर चौसर खेलना, सलीम और अकबर का द्वंद्व, अकबर की कश्मीर-विजय और उसमें शहजादा याकूबखान का भाग निकलना जैसी घटनाएँ इतिहास-प्रमाणित हैं। केवल नूरी काल्पनिक पात्र जान पड़ती है। सम्भव है कि प्रसाद जी ने उसकी परिकल्पना याकूब खान के देश-प्रेम को व्यंजित करने के लिए किया हो! यह स्वाधीनता-संग्राम के कठिन संघर्ष के दिनों में अत्यन्त ज़रूरी और उपयोगी सन्देश था।

प्रसाद ने 'गुंडा' कहानी में अंग्रेजों के विरुद्ध राष्ट्रीय संघर्ष का सीधा आह्वान किया है। यहाँ उनकी राष्ट्रीय चेतना अपने प्रखर रूप में अभिव्यक्त हुई है। इन्होंने वैयक्तिक प्रेम का उदात्तीकरण करके उसे राष्ट्र-प्रेम में रूपान्तरित कर दिया है। फलतः 'गुंडा' प्रेम के उत्सर्ग की कहानी होते हुए भी राष्ट्रीय सन्दर्भ में नन्हकू जैसे सिंहवृत्ति वाले वीरों के अस्तित्व की अनिवार्यता को रेखांकित करती है। ऐसे उत्साही योद्धा ही अन्याय के विरोध में खुलकर अपनी शक्ति का प्रयोग करते हैं। यह कहानी अंग्रेजों की अत्याचारी और अनर्थकारी सत्ता पर कठोर टिप्पणी है। नन्हकू सिंह जैसे गुंडे ही समाज और प्रजा को संरक्षण दे सकते हैं। प्रसाद जी यह संकेतित करते हैं कि लोहा ही लोहे को काटता है, अत: आसुरी साम्राज्यवादी शक्ति के विरुद्ध शक्ति-संचय के अलावा कोई विकल्प नहीं है।

इस तरह प्रसाद जी अपनी संवेदना का विस्तार करते हुए समाज के उपेक्षित एवं तिरस्कृत व्यक्ति की उपादेयता प्रमाणित करते हैं। इनकी अधिकांश कहानियों में नारी पात्र ही कथा-संचालन की भूमिका में हैं। इनमें भारतीय नारी को आदर्श माता, भावनात्मक एवं उदात्त प्रेम की संवेदना से परिपूर्ण, प्रेमिका, कर्तव्यनिष्ठ पत्नी, प्रतिकूल परिस्थित से टकराने तथा भारतीय संस्कृति की रक्षा करनेवाली पुत्री के रूप में भी प्रस्तुत किया है। इसके अलावा करुणा और त्रासदी की प्रतिमूर्ति के रूप में चित्रित भावुक नारी पात्र भी हैं। इन्होंने दारुण परिस्थिति की भयावहता दिखाने के लिए नारी को नगरवधू और देवदासी के रूप में भी प्रस्तुत किया है। प्रसाद नारी-चरित्रों के अनुपम सर्जक हैं। इनके नारी-चरित्रों के सन्दर्भ में डॉ.लक्ष्मीनारायण लाल ने ठीक ही लिखा है : "ये नारियाँ अपने अप्रतिम रूप-आकर्षण और अनुपम

व्यक्तित्व द्वारा कहानियों का सूत्र-संचालन करती हुई अपने अन्तर में घात-प्रतिघात, अन्तर्द्वंद्व, विद्रोह और उत्सर्ग के तत्त्व छिपाए रहती हैं।" इनकी कहानियों के नारी पात्र भी 'कामायनी' महाकाव्य के श्रद्धा एवं इड़ा की भाँति पुरुषों को कर्तव्य का बोध कराकर उसमें नवजीवन तथा नई चेतना का संचार करनेवाले हैं। इनकी कतिपय कहानियाँ अत्यन्त छोटे कथानक को लेकर लिखी गई हैं, जिनमें किसी एक विशिष्ट घटना, पात्र अथवा संवेदना का समावेश किया गया है। इस तरह की कहानियों में 'मधुआ', 'घीसू', 'ग्राम-गीत', 'विजया' इत्यादि का समावेश किया जा सकता है। इन कहानियों में यथार्थ की ठोस भावभूमि है, भरपूर सांकेतिकता और व्यंजनात्मकता भी है। प्रसाद के पात्र केवल सामाजिक-सांस्कृतिक आदर्श के ही पुरस्कर्ता नहीं हैं, अपितु वे अपनी तमाम संवेदनात्मक अवयवों के बावजूद जीवन में भी सक्रिय और प्रभावी हैं। बिसाती का प्रेमी अपनी प्रेयसी को दूसरे की पत्नी के रूप में देखकर हमेशा के लिए दूर चला जाता है। वह अपने कर्तव्य पथ पर बढ़ते हुए प्रेम का बलिदान कर देता है।

'आकाशदीप' जयशंकर प्रसाद की श्रेष्ठतम कहानियों में से एक है। इसमें प्रेम की तीव्रता और प्रतीति गहन आवेग अर्थात् इंटेंसिटी के साथ चित्रित है। इसका नायक बुद्धगुप्त सागर की लहरों में बन्दी चम्पा और स्वयं को बन्धन-मुक्त करता है। वह नये द्वीप पर राज्य एवं प्रजा वर्ग की स्थापना का इच्छुक है। इस कहानी का आरम्भ बेहद नाटकीय अंदाज में संवादों के माध्यम से हुआ है। इसमें सूक्ष्म मनोभाव, गहन अन्तर्द्वंद्व, प्रेम का उदात्त रूप तथा प्रकृति का अनन्त रमणीय चित्र उपलब्ध होता है। प्रसाद जी प्रेम और घृणा के परस्पर विरोधी ध्रुवांत को जिस संघात के साथ इस कहानी में प्रस्तुत करते हैं, वह हिन्दी ही क्या, विश्व की किसी भी भाषा की कहानी में एकान्त विरल है। वे मनोरम प्रकृति-चित्रण और चम्पा के अन्तर्द्वंद्व में कहानी-कला एवं चित्र-कला का जो संश्लेषण उपस्थित करते हैं, उसकी अर्थ-गूँजों में जो अर्थ की निगूढ़ताएँ हैं, उसे अन्तर्दृष्टि-सम्पन्न आलोचक ही समझ सकता है। वे लिखते हैं : "सामने शैलमाला की चोटी पर हरियाली में विस्तृत जल-देश में, नील-पिंगल संध्या, प्रकृति की सहृदय कल्पना, विश्राम की शीतल छाया, स्वप्नलोक का सृजन करने लगी। उस मोहिनी के रहस्यपूर्ण नीलजाल का कुहक स्फुट हो उठा, जैसे मदिरा से सारा अन्तरिक्ष सिक्त हो गया। सृष्टि नील कमलों से भर उठी। उस सौरभ से पागल चम्पा ने बुद्धगुप्त के दोनों हाथ पकड़ लिये। वहाँ एक आलिंगन हुआ, जैसे क्षितिज में आकाश और सिन्धु का। किन्तु उस परिरम्भ में सहसा चैतन्य होकर चम्पा ने अपनी कंचुकी से एक कृपाण निकाल लिया।'

"बुद्धगुप्त! आज मैं अपने प्रतिशोध का कृपाण अतल जल में डुबो देती हूँ। हृदय ने छल किया, बार-बार धोखा दिया!"—चमककर वह कृपाण समुद्र का हृदय बेधता हुआ विलीन हो गया।

"तो आज से मैं विश्वास करूँ, क्षमा कर दिया गया?"—आश्चर्य-कम्पित कंठ से महानाविक ने पूछा।

"विश्वास? कदापि नहीं, बुद्धगुप्त! जब मैं अपने हृदय पर विश्वास नहीं कर सकी, उसी ने धोखा दिया, तब मैं कैसे कहूँ? मैं तुमसे घृणा करती हूँ, फिर भी तुम्हारे लिए मर सकती हूँ। अंधेर है जलदस्यु! तुम्हें प्यार करती हूँ।" चम्पा रो पड़ी।

वह स्वप्नों की रंगीन संध्या, तम से अपनी आँखें बन्द करने लगी थी। दीर्घ नि:श्वास लेकर महानाविक ने कहा, "इस जीवन की पुण्यतम घड़ी की स्मृति में एक प्रकाश-गृह बनाऊँगा, चम्पा! यहीं, उस पहाड़ पर। सम्भव है कि मेरे जीवन की धुँधली संध्या उससे आलोक पूर्ण हो जाए।"

इस तरह समुद्र तट पर जलता हुआ 'आकाशदीप' चम्पा के उदात्त प्रेम और त्याग का प्रतीक बन जाता है। चम्पा अपने व्यक्तिगत सुखों को तिलांजलि देकर समुद्र में भटके हुए यात्रियों को राह दिखाने के लिए आकाशदीप जलाने का विकल्प चुनती है। वह बुद्धगुप्त द्वारा स्वदेश लौटने के प्रस्ताव को ठुकराकर पिता की स्मृतियों की रक्षा हेतु समर्पित हो जाती है। प्रसाद के नारी पात्र सदैव बड़े आदर्शों की रक्षा के लिए अपने निजी सुख का त्याग कर देते हैं।

प्रसाद की कहानी 'ग्राम' की दुखियारी स्त्री, 'गुदड़ी में लाल' की बुढ़िया, 'ममता' की ममता, 'नूरी' तथा 'चम्पा', सब अपने आत्मगौरव एवं स्वाभिमान के प्रति निरन्तर सतर्क और सचेष्ट हैं। ये पात्र अपने जीवन की त्रासदी एवं आर्तनाद कर रहे अभावात्मक स्थिति में अपने अस्तित्व और स्वाभिमान के साथ समझौता नहीं करते।

प्रसाद की कहानियाँ इस अर्थ में भी विशिष्ट हैं कि वे राजा-रानी और उच्चवर्गीय पात्रों का अतिक्रमण करते हुए चूड़ीवाले, बिसाती, दासियों, वनजारों और कंजड़ों के जीवन को भी अपने भीतर समेटती हैं। इनमें भिखमंगे, नौकर तथा मछुआरों का जीवन भी समाहित है। इनकी 'आँधी', 'दासी' और 'स्वर्ग के खँडहर' लम्बी कहानी के रूपात्मक तंत्र में होने के कारण अपेक्षाकृत बड़े फलक को समेटती हैं। इनकी अनेक कहानियाँ ऊपर से वैयक्तिक प्रतीत होते हुए भी अपनी आन्तरिकता में लोकोन्मुख हैं। ऐसी अनेक कहानियाँ हैं, जिनमें नवजागरण और सत्याग्रह युग की तीव्र प्रतिध्वनि सुनाई पड़ती है। भारतवर्ष के सामाजिक-सांस्कृतिक परिवर्तन में प्रसाद के कहानियों की अपनी विशिष्ट भूमिका रही है। इन्होंने 'मधुआ', 'व्रत-भंग', 'विजया', 'पुरस्कार', 'छोटा जादूगर' और 'विराम-चिह्न' में सामाजिक बदलाव का वैचारिक ताप उपलब्ध कराया है। इनमें मद्यपान की निंदा, परिश्रम का महत्त्व, देश-प्रेम का आदर्श, मानव-सेवा का भाव, नारी स्वाधीनता एवं उद्धार का प्रयास और जाति-प्रथा के निषेध का विचार अत्यन्त प्रबल है। आज जब दलित विमर्श और स्त्री विमर्श की धूम मची हुई है, तब हमें यह नहीं भूलना चाहिए कि अछूतों

के मन्दिर-प्रवेश की समस्या पर जयशंकर प्रसाद ने सबसे पहले 'विराम-चिह्न' में लेखनी चलाई और अपनी अधिकांश कहानियों में नारी स्वतंत्रता और उसके गौरव के महत्त्व का जो प्रतिपादन करते हैं, वह अपनी साहित्यक प्रस्तुति में सनातन महत्त्व का अधिकारी बन गया है।

प्रसाद की कहानियाँ अपने भावोद्रेक,गहन अन्तर्द्वंद्व, चिन्तन-मनन, रूपात्मक तंत्र और काव्यात्मक भाषिक प्रयोगों के कारण आज भी पाठक को लुभाती हैं। इनमें प्रेम और सौन्दर्य का ऐन्द्रजालिक सम्मोहन, आदर्श-यथार्थ का समन्वय, दुख-दग्ध जगत की करुणा और वेदना, मानवीय मूल्यों की रस-धारा, अपने कर्तव्य और देश पर न्योछावर होने का भाव, भारतीय संस्कृति एवं मर्यादा का उत्कर्ष, नारी-गौरव की प्रतिष्ठा, प्रकृति और सौन्दर्य के अनन्त रमणीय चित्र, यथार्थ दृष्टि, नाटकीय संवाद, कल्पनात्मक छवियों से ओत-प्रोत दृश्य-बिम्ब, अलंकृत एवं शैल्पिक कौशल का जो समारोह उपस्थित हुआ है, वह पाठकों के मन पर जादुई प्रभाव डालता है। उसमें जीवन के प्रति स्वीकृति का भाव और गहरी समझ पैदा करता है। प्रसाद की सारी कहानियाँ अपने संश्लिष्ट रचना-विधान में जीवन और जगत के अलग-अलग सन्दर्भों के चित्रण द्वारा उसे समग्रता में जानने-पहचानने का उपक्रम करती हैं। यही कारण है कि हिन्दी आलोचना इन रचनाओं की सही पहचान तथा निगूढ़ अर्थवत्ता के उद्घाटन में असफल रही है। इनकी कविताओं की तरह कहानियाँ भी रचना से गहन मार्मिक साक्षात्कार की अपेक्षा रखती हैं। इन कहानियों की बोध-प्रक्रिया आलोचक से भी अन्तर्दृष्टि, वैज्ञानिक समझ एवं विराट अध्ययन की माँग करती हैं। इन कहानियों का विरहस्यीकरण करने के लिए भारतीय जीवन-दृष्टि, संस्कृति-सभ्यता, परम्परा एवं इतिहास की सटीक जानकारी भी होनी चाहिए। इनकी कहानियाँ ऐतिहासिक परिवेश में असफल प्रेम भाव को लेकर चलने पर भी किसी-न-किसी महान आदर्श की ओर संकेत करती हैं। ये अपनी बुनावट में भावोद्रेक, कल्पना-प्रवणता, रोमांटिक आवेग, अतृप्त प्रेम, पात्रों की मन:स्थिति को प्रतिबिम्बित करती प्रकृति, जीवन और जगत में गहरे धँसने की प्रवृत्ति के कारण अविस्मरणीय हैं। प्रसाद जी की कहानियाँ अपने विशिष्ट एवं सुनिश्चित कथ्य की अभिव्यक्ति के लिए निरन्तर अन्वेषण की प्रक्रिया से होकर अपना स्वतंत्र रास्ता तैयार करती हैं।

प्रसाद की कहानियाँ : शिल्प का ताजमहल

जयशंकर प्रसाद हिन्दी के ऐसे शिखर कहानीकार हैं, जिनकी कहानियाँ अपनी अन्तर्वस्तु के बजाय क्लासिकी शिल्प के कारण जानी जाती हैं। किसी कृति का शिल्प-विधान ही उसके लेखक के व्यक्तित्व की मौलिक प्रतिभा-सम्पन्नता का चरम निदर्शन होता है। प्रसाद का कलाकार अपनी कहानियों के सृष्टिकाल में जिन प्रेरक तत्त्वों से संचालित होता है, उनमें नवजागरण-कालीन परिवेश, भारतीय संस्कृति, सभ्यता, इतिहास, दर्शन और अध्यात्म की गहरी समझ सक्रिय रहती है। उनकी गहन अनुसन्धित्सु-वृत्ति उसे बल प्रदान करती है। प्रसाद के मन की भावनाएँ और कल्पनाएँ अपने कलात्मक उपकरणों के सहारे उनकी कहानियों का रूपात्मक तंत्र निर्मित करती हैं। ये कहानियाँ जातीय चेतना की अस्मिता की तलाश करती हैं, पाठक को पराधीनता की मानसिकता से मुक्त करते हुए भारत के सौन्दर्यशास्त्रीय उपकरणों का प्रतिमान उपलब्ध कराती हैं। भारतीय इतिहास और परम्परा को नये आयाम एवं गतिशील अर्थवत्ता प्रदान करती हैं। इनकी कहानियाँ स्थूल समस्याओं एवं सरल विचारों के प्रतिपादन के बजाय भावनाओं के सूक्ष्म चित्रण, वातावरण की सघनता तथा शैली की गम्भीरता से अनुप्राणित हैं। प्रसाद की कहानियाँ चरित्रप्रधान और शिल्पगत सौन्दर्य से परिपूर्ण हैं। इनकी संरचना को समझने के लिए अभिव्यक्तिगत उपकरणों के साथ-साथ उनके पात्रों द्वारा जीवन-मूल्यों के अन्वेषण और विविध अन्तर्दृष्टियों के सन्तुलन के आदर्श का विश्लेषण करना होगा। प्रसाद जी ने असाधारण कलाकार की भाँति अपने पात्रों के संघर्ष, द्वंद्व एवं अन्तर्विरोधों को जिस कौशल के साथ रचनात्मक सार्थकता प्रदान की है, वह हिन्दी कहानी की विशिष्ट उपलब्धि है। इनका दर्शन जीवन और जगत के प्रति स्वीकार का दर्शन है जो नकार अथवा निषेध का विरोधी है। फलतः इनके पात्र विपरीत परिस्थितियों को अनुकूल बनाने के लिए अपने संकल्प एवं कर्तव्य-निष्ठा के बल पर अन्तर्द्वंद्व, संघर्ष और असफलता के भीतर से प्रेरणा-शक्ति के सूत्र खोजते हैं। वे विराट लक्ष्य के लिए अपने निजी हितों का त्याग करने के लिए सदैव तत्पर रहते हैं। इनकी कहानियाँ ऐसी हैं; जो गहरे विचार, योजना एवं अन्तर्दृष्टि के बिना नहीं समझी जा सकतीं। इनकी कतिपय

कहानियाँ ऊपरी तौर पर रोमांटिक, कोमल, प्रेम और सौन्दर्य के अनन्त रमणीय रूपक की भाँति दिखाई पड़ती हैं, परन्तु वे अपने प्रशस्त रूप में जीवनानुभूति को खोलने तथा परिष्कृत करने का कार्य करती हैं।

जब मैं प्रसाद की कहानियों को 'शिल्प का ताजमहल' कहता हूँ तो इसके पीछे यही दृष्टि काम कर रही है कि इनका शिल्प-विधान अद्वितीय एवं विलक्षण है। यहाँ कल्पना प्रतिभा का प्रतीक बनकर प्रस्तुत हुई है, जो जीवन और जगत के अदृश्य आयामों के अन्वेषण का माध्यम बन जाती है। अत: इनकी अन्वेषणपरक कल्पना भी जीवन तत्त्व के वास्तव की विस्फारित प्रतिमा है। इनकी कहानियों की पृष्ठभूमि जिस तरह विशुद्ध भारतीय है, उसी प्रकार इनका शिल्प भी प्रसाद जी की मौलिक सृष्टि है। प्रसाद जी केवल अपने लेखन द्वारा आत्मविश्वास का दर्शन ही नहीं बनाते, अपितु उसका प्रमाणीकरण करते हुए अपना स्वायत्त संरचना-शिल्प भी विकसित करते हैं। इस दृष्टि से कहानियों के अन्तरंग और बहिरंग को समझना होगा। इनके केन्द्रीय विजन तक पहुँचकर उनका निर्वचन करना होगा। अत: सबसे पहले यह ज़रूरी है कि हम कहानियों के शिल्प-सौष्ठव को समझने के पूर्व वास्तुकला के अपूर्व प्रतिमान ताजमहल को समझ लें। यह सर्वविदित है कि शाहजहाँ के समय प्रधान अभिकल्पक उस्ताद लाहौरी की देखरेख में ताजमहल सन् 1648 में बनकर तैयार हुआ। इसकी वास्तुशैली भारतीय एवं फ़ारसी वास्तुकला का समन्वित रूप है। इसे सन् 1983 में यूनेस्को ने विश्व धरोहर का दर्जा दिया है। इस इमारत को संगमरमर के श्वेत गुम्बद एवं टाइल आकार के संगमरमर से ढँककर बनाया गया है। इसका केन्द्र बिन्दु एक वर्गाकार नींव आधार पर निर्मित श्वेत संगमरमर का मकबरा है। यह एक सममितीय इमारत है, जिसका मूल आधार एक विशाल बहुकक्षीय संरचना है। इसका मुख्य मेहराब, बेलनाकार गुम्बद, चार छतरियाँ, संगमरमर के ऊँचे सुसज्जित गुलदस्ते, छतरियों एवं गुलदस्तों पर कमल के आकार का शिखर एवं मुख्य गुम्बद के किरीट पर कलश इत्यादि अद्भुत हैं। यह शिखर कलश 1800 ई. तक स्वर्ण का था और अब यह काँसे का बना है। इस कलश पर चन्द्रमा बना है, जिसकी नोक स्वर्ग की ओर संकेत करती है। अपने विन्यास के कारण चन्द्रमा एवं कलश की नोक मिलकर एक त्रिशूल का आकार निर्मित करते हैं, जो कि भगवान शिव का चिह्न है। इसकी चार विशाल मीनारें हैं तथा इसका अलंकरण रोगन, गचकारी, नक्काशी एवं रत्नजड़ित है। इस तरह ताजमहल भारतीय एवं फ़ारसी वास्तुशैली का नायाब नमूना है। प्रसाद की कहानियाँ अपने अनन्त रमणीय शिल्प-विधान में ताजमहल के वास्तुशिल्प की तरह अद्वितीय और परिपूर्ण हैं।

प्रसाद की कहानियाँ अर्थ की समृद्धि पर जोर देती हैं। इनमें शिल्प और अभिव्यंजना के भिन्न-भिन्न रूपों द्वारा अन्तर्वस्तु को उत्कर्ष पर पहुँचाने का

गम्भीर प्रयास दिखाई पड़ता है। लेखक ने वैविध्यपूर्ण शैलियों, परम्पराओं और कल्पनात्मक अभिव्यक्तियों से इन्हें जो व्यक्तित्व प्रदान किया है, वह कलागत साज-सज्जा का अपूर्व निदर्शन है। लेकिन यह सब शरीर और त्वचा की भाँति सहजात हैं। इनके पारायण के समय पाठक कहीं भी यह अनुभव नहीं करता कि इस कलाकृति में बिम्बों और चित्रों का अनावश्यक प्रयोग हुआ है। यह वैशिष्ट्य हम पहली कहानी 'ग्राम' से लेकर अन्तिम कहानी 'सालवती' तक बराबर देख सकते हैं। प्रसाद जी यहाँ चाक्षुष भाषा की ऐसी क्रीड़ा प्रस्तुत करते हैं कि हमारे समक्ष परिचित पदार्थों का एक नया अभिकल्पन और उत्सवीकृत रूप उपलब्ध होता है। उदाहरण के लिए हम इनकी पहली कहानी 'ग्राम' के इस आरम्भिक चित्र को ले सकते हैं : "श्रावण-मास की संध्या भी कैसी मनोहारिणी होती है! मेघ-माला विभूषित गगन की छाया सघन रसाल-कानन में पड़ रही है! अँधियारी धीर-धीरे अपना अधिकार पूर्व-गगन में जमाती हुई, सुशासनकरिणी महाराणी के समान, विहंग प्रजागण को सुख-निकेतन में शयन करने की आज्ञा दे रही है। आकाश-रूपी शयन-पत्र पर प्रकृति के हस्ताक्षर के समान बिजली की रेखा दिखाई पड़ती है।...ग्राम्य स्टेशन पर कहीं एक-दो दीपालोक दिखाई पड़ता है। पवन हरे-हरे निकुंजों में से भ्रमण करता हुआ झिल्ली के झनकार के साथ भरी हुई झीलों में लहरों के साथ खेल रहा है।"[1]

इस तरह प्रसाद जी प्रकृति के मानवीकरण द्वारा जो कलात्मक बिम्ब प्रस्तुत करते हैं, वह एक युवा लेखक का भावोद्रेक भर नहीं है, अपितु उसमें सर्जनात्मक मूल्यबोध द्वारा जैविक संसार की साभिप्रायता भी उद्घाटित की गई है। आज जिस 'इको लिंग्विस्ट' अर्थात् हरित भाषाविज्ञान की चर्चा हो रही है, उसके लिए प्रसाद की कहानियाँ आदर्श प्रतिमान हो सकती हैं। ये प्राकृतिक दृश्य, सन्दर्भ और चित्रों का प्रयोग जातीय स्वभाव के कारक के रूप में करते हैं। प्रसाद जी का कहानीकार उनके सम्पूर्ण व्यक्तित्व की तरह निरन्तर विकासमान है। इनकी कहानियों को समझने के लिए विशुद्ध भारतीय पाठ-पद्धति का उपयोग करना होगा। क्योंकि इनमें औपनिवेशिक और पराभूत मानसिकता का विरोध सबसे मुखर है। यहाँ जातीय स्मृति तथा समकालीन दारुण अवस्था का अत्यन्त गहरा बोध प्रकट हुआ है। यही कारण है कि इनकी कहानियाँ तत्कालीन भारतीय कथा-लेखन की एक उपलब्धि हैं। प्रसाद का जीवनानुभव और उनमें विद्यमान जातीय स्मृति एवं सांस्कृतिक बोध अपनी भाषिक-शैल्पिक पुनर्रचना में जिस वैविध्य और वैभव के साथ यहाँ उपस्थित होता है, वही कहानियों को कालजयता प्रदान करता है। लेखक का अप्रतिम ऐकान्तिक बोध, प्रकृति की इन्द्रधनुषी झाँकी, उज्ज्वल भविष्य का स्वप्न, जीवन और समाज के बहुतेरे रंग, जटिल यथार्थ की सूक्ष्म पहचान, इतिहास, मिथक,कल्पना, भारतीयता के निर्माणक तत्त्व और सांस्कृतिक

संश्लिष्टता का जो मनोवैज्ञानिक चित्रण इन कहानियों में उपलब्ध होता है, वह हिन्दी ही क्या, सम्पूर्ण भारतीय साहित्य की अद्वितीय उपलब्धि है।

प्रसाद जी अपनी कहानियों के शिल्प-सृजन में सदैव प्रयोगशील हैं और यह प्रयोगशीलता उनके शीर्षक से लेकर नाटकीय प्रस्तुति तक सर्वत्र देखी जा सकती है। एक शब्द के शीर्षक वाली कहानियाँ ये हैं—'ग्राम', 'चन्दा', 'अशोक', 'गुलाम', 'प्रसाद', 'दुखिया', 'प्रतिमा', 'प्रलय', 'ममता', 'कला', 'वैरागी', 'अपराधी', 'रमला', 'बिसाती', 'आँधी', 'मधुआ', 'दासी', 'घीसू', 'बेड़ी', 'विजया', 'नीरा', 'सलीम', 'नूरी', 'सन्देह', 'गुंडा' और 'सालवती' को देख सकते हैं। इसी तरह ऐसी कहानियाँ भी भरपूर हैं, जिनके शीर्षक दो शब्दों के मेल से निर्मित हैं। जैसे—'तानसेन', 'रसिया-बालम', 'शरणागत', 'चित्तौर-उद्धार', 'जहाँआरा', 'मदन-मृणालिनी', 'गूदड़ साईं', 'सहयोग', 'आकाशदीप', 'सुनहला साँप', 'प्रतिध्वनि', 'देवदासी', 'समुद्र-संतरण', 'बनजारा', 'चूड़ी वाली', 'प्रणय-चिह्न', 'ज्योतिष्मती', 'व्रत-भंग', 'ग्राम-गीत', 'अमिट-स्मृति', 'इन्द्रजाल', 'छोटा जादूगर', 'भीख में', 'चित्र-मन्दिर', 'अनबोला', 'देवरथ', 'विराम-चिह्न' इत्यादि। इसके अतिरिक्त तीन शब्दों वाले शीर्षक भी हैं, जिनमें 'सिकन्दर की शपथ', 'गुदड़ी में लाल', 'अघोरी का मोह', 'पाप की पराजय', 'पत्थर की पुकार', 'करुणा की विजय', 'खँडहर की लिपि', 'कलावती की शिक्षा', 'चक्रवर्ती का स्तम्भ', 'हिमालय का पथिक', 'रूप की छाया' तथा 'चित्र वाले पत्थर' का समावेश किया जा सकता है। साथ ही, 'उस पार का योगी' और 'स्वर्ग के खँडहर' नामक दो कहानियाँ चार शब्दों वाली भी हैं। चूँकि शीर्षक पाठक को आकृष्ट करने का सबसे बड़ा उपकरण है, अतः प्रसाद जी ने इसके प्रति विशेष सतर्कता बरती है। वे उर्दू शब्द वाले शीर्षक के अन्तर्गत 'नूरी' को रखते हैं और घटना-व्यापार सूचक शीर्षक के अन्तर्गत 'पुरस्कार' को रखते हैं। इसी तरह 'आँधी' शीर्षक द्वारा कौतूहल तथा व्यंग्य पैदा करने के लिए 'स्वर्ग के खँडहर' जैसे शीर्षक का प्रयोग करते हैं। साथ ही, परम्परागत नायक अथवा नायिका-प्रधान शीर्षक के अन्तर्गत 'सालवती', 'सलीम', 'मधुआ', 'ममता' तथा 'घीसू' का प्रयोग करते हैं। इसी क्रम में मानवीय मनोविकारों और भावनाओं को आधार बनाकर 'ममता', 'पुरस्कार', 'प्रणय-चिह्न' तथा 'करुणा की पुकार' का ताना-बाना बुनते हैं। साथ ही, जब ऐतिहासिक कहानियों के शीर्षक का प्रश्न आता है तो 'सिकन्दर की शपथ', 'चित्तौर-उद्धार', 'चक्रवर्ती का स्तम्भ', 'ममता', 'पुरस्कार', 'नूरी', 'देवरथ' एवं 'सालवती' जैसे शीर्षक का चयन करते हैं।

प्रसाद की कहानियों में तत्सम भाषा उनकी सर्जनात्मकता का आश्रय पाकर अधिक सहज और प्रवाहमय हो जाती है। वे शब्दों को अपनी सर्जनात्मक प्रतिभा से नया विन्यास देते हैं। ये भाषा-सामर्थ्य के सहारे विभिन्न जीवन स्थितियों, मानसिक संघर्षों तथा दृश्यों का प्रभावी चित्रण तो करते ही हैं, साथ ही उनके

प्रातिभ-कौशल के कारण दृश्य-परिवर्तन में भाषा भी सहजता से स्थानान्तरित हो जाती है। इनका शिल्प-विधान अपनी उदात्तता में वैविध्यपूर्ण उपमाओं से समृद्ध है। इनकी गहन संवेदना ने अलौकिक प्राकृतिक दृश्य, अद्‌भुत चित्रों तथा कल्पनात्मक छवियों से ओत-प्रोत जिन बिम्बों का सृजन किया है, वे रचना को अर्थ-व्याप्ति प्रदान करते हैं। यही कारण है कि इनकी कहानियाँ अपने अनुपम काव्यात्मक बिम्बों के कारण सम्पूर्ण हिन्दी साहित्य की अनमोल निधि बन जाती हैं। जब हम प्रसाद जी की कहानियों की शिल्प-प्रविधि का विश्लेषण करते हैं तो पाते हैं कि इनकी अधिकांश कहानियाँ अपने लिए नया और स्वतंत्र शिल्प निर्मित करती हैं। फलस्वरूप यहाँ प्रयोगों का वैविध्य भी नजर आएगा। प्रसाद इस अर्थ में भी बड़े कथाकार हैं कि उनके यहाँ जीवन-विवरण वृत्तान्त में नहीं आता, बल्कि वे उसके सारांश को ग्रहण करके बिम्ब एवं प्रतीकों के सहारे अभिव्यक्ति के विविध सोपानों द्वारा पाठक तक पहुँचाते हैं। इनकी कहानियाँ अपने समय में गहन संवेदन-स्तर पर होकर भी उसका अतिक्रमण करती हैं। यही आन्तरिक ऊर्जा उन्हें कालजयता प्रदान करती है। इनमें प्रसाद के युवा मन से लेकर कलात्मक परिपक्वता तक का पूर्ण परिपाक दिखाई पड़ता है। कहानी लेखन का सबसे प्रचलित शिल्प वर्णनात्मक है, जिसका अत्यन्त प्रभावाभिव्यंजक प्रयोग प्रसाद जी 'रूप की छाया' नामक कहानी में करते हैं। वे लिखते हैं : "काशी के घाटों की सौध-श्रेणी जाह्नवी के पश्चिम तट पर धवल शैल-माला-सी खड़ी है। उनके पीछे दिवाकर छिप चुके। सीढ़ियों पर विभिन्न वेश-भूषा वाले भारत के प्रत्येक प्रान्त के लोग टहल रहे हैं। कीर्तन, कथा और कोलाहल से जाह्नवी-तट पर चहल-पहल है। एक युवती भीड़ से अलग एकान्त में ऊँची सीढ़ी पर बैठी हुई भिखारी का गीत सुन रही है। युवती कानों से गीत सुन रही है, आँखों से सामने का दृश्य देख रही है।"[2] इस तरह प्रसाद जी की कला-चातुरी एक साथ अन्तर्वस्तु के विशिष्ट सन्दर्भ, पात्र की मनःस्थिति, प्राकृतिक दृश्य और परिवेश के प्रभावकारी अंकन को एक साथ साध लेती है। यहाँ वर्णनात्मक और रेखाचित्र शैली एक साथ आकार पाती है।

प्रसाद की कहानियों के रचना-विधान पर उनके नाट्य-कौशल, उपन्यास-सृजेता और कवि-कल्पना का समन्वित प्रभाव पड़ा है। यही कारण है कि उनकी कहानियों में संवाद-शैली की प्रधानता है। इनकी 'आकाशदीप' कहानी का आरम्भ ही अतिशय कौतूहलपूर्ण एवं सुविकसित संवादों से हुआ है। इससे पाठक कहानी पढ़ने के लिए बाध्य हो उठता है। इसी तरह दूसरी महत्त्वपूर्ण कहानी 'व्रत-भंग' है जिसका शुभारम्भ भी संवाद-शैली द्वारा ही हुआ है। चूँकि 'आकाशदीप' के आरम्भ से अधिकांश पाठक सुपरिचित हैं, अतः मैं 'व्रत-भंग' की पंक्तियाँ उद्धृत कर रहा हूँ :

"तो तुम न मानोगे?"

"नहीं, अब हम लोगों के बीच इतनी बड़ी खाई है, जो कदापि नहीं पट सकती!"

"इतने दिनों का स्नेह?"

"उँह! कुछ भी नहीं। उस दिन की बात आजीवन भुलाई नहीं जा सकती, नन्दन! अब मेरे लिए तुम्हारा और तुम्हारे लिए मेरा कोई अस्तित्व नहीं। वह अतीत के स्मरण, स्वप्न हैं, समझे?"

"यदि न्याय नहीं कर सकते, तो दया करो मित्र! हम लोग गुरुकुल में..."

"हाँ-हाँ, मैं जानता हूँ, तुम मुझे दरिद्र युवक समझकर मेरे ऊपर कृपा रखते थे, किन्तु उसमें कितना तीक्ष्ण अपमान था, उसका मुझे अब अनुभव हुआ।"[3]

प्रसाद जी अपनी कहानियों में ऐतिहासिक, मनोवैज्ञानिक, रोमांटिक, भावनात्मक, प्रतीकात्मक, यथार्थवादी और अन्तर्पाठीय शिल्प का बेहद सधा हुआ प्रयोग करते हैं। साथ ही, 'देवदासी' कहानी में पत्रात्मक शिल्प के सुन्दर विनियोग द्वारा कथा-विकास की सम्भावनाओं का निदर्शन करते हैं। वे दक्षिण भारत के हिन्दी प्रचार-कार्यालय में नौकरी करनेवाले अशोक से पत्र लिखवाते हैं। वे अपनी मूर्तिविधायिनी कल्पना के सहारे वहाँ के मन्दिरों का अत्यन्त सुन्दर चित्र खींचते हैं। अशोक अपने मित्र रमेश को पत्र में लिखता है : "मन्दिर देखकर हृदय प्रसन्न हो गया—ऊँचा गोपुरम, सुदृढ़ प्राचीर, चौड़ी परिक्रमाएँ और विशाल सभा-मंडप भारतीय स्थापत्य कला के चूड़ांत निदर्शन हैं। यह देव-मन्दिर हृदय पर गम्भीर प्रभाव डालता है। हम जानते हैं कि तुम्हारे मन में यहाँ के पंडों के लिए प्रश्न होगा, फिर भी वे उत्तरीय भारत से बुरे नहीं हैं। पूजा और आरती के समय एक प्रभावशाली वातावरण हृदय को भारावनत कर देता है।"[4] इसी तरह वह अपने 1.4.1925 के पत्र में लिखता है : "कल संगीत हो रहा था। मन्दिर आलोक-माला से सुसज्जित था। नृत्य करती हुई पद्मा गा रही थी—'नाम-समेतं वृत्त संकेतं वादयते मृदु-वेणुं...।' ओह! वे संगीत-मदिरा की लहरें थीं। मैं उनमें ऊभ-चूभ होने लगा। उसकी कुसुम-आभरण से भूषित अंगलता के संचालन से वायुमंडल सौरभ से भर जाता था। वह विवश थी, जैसे कुसुमिता लता तीव्र पवन के झोंकों से रागों के स्वर का स्पंदन उसके अभिनय में था। लोग उसे विस्मय-विमुग्ध देखते थे।"[5]

प्रसाद जी इस कहानी में पत्रात्मक शिल्प के सफल प्रयोग द्वारा दक्षिण के मन्दिरों में प्रचलित देवदासी प्रथा के क्रूर-विधान पर प्रखर कथात्मक आक्रमण करते हैं। सुदूर दक्षिण का प्रामाणिक चित्रण और देवदासी के अन्तरंग का निर्वचन प्रसाद के कथा-लेखन की अद्वितीयता है। लेखक ने देवदासी की निरीहता, वैराग्य और देव भय-जनित करुणा, वेदना, उदासीनता और प्रेम-त्रिकोण से उद्भूत त्रासदी को पत्रात्मक शिल्प के स्तवक में जिस तरह गूँथा है, वह इस कहानी को विशिष्ट ऊँचाई प्रदान करता है। यह चरित्र की दृष्टि से भी अविस्मरणीय कहानी बन पड़ी है।

इस तरह प्रसाद जी ने अत्यन्त रोचक, स्वाभाविक और प्रभावपूर्ण संवाद द्वारा कहानी के दो पात्रों का प्रमुख वैशिष्ट्य उजागर कर दिया है। इस तरह प्रसाद की कथा-संरचना के स्तर, उसके गठन, बुनावट तथा शाब्दी-आर्थी संरचना से जो उठान और उसके संवादों से जो कौतूहल पैदा होता है, वह पाठकों को सम्मोहित करता है। इनकी अधिकांश कहानियाँ काव्यात्मक-शिल्प की प्रयोगशाला हैं। वे 'ग्राम-गीत' कहानी में लोकगीत के लयात्मक प्रयोग द्वारा रोहिणी नक्षत्र के प्रसंग में रोहिणी का मर्मस्पर्शी परिचय उपलब्ध कराते हैं। यहाँ उनका कथा-कौशल काव्यात्मक-संगीतात्मक प्रसंग-विक्षेपी शिल्प के सफल प्रयोग के कारण विशेष रूप से विचारणीय बन पड़ा है। इसमें गीत की एक-एक पंक्ति पाठक को उन्मथित करती है :

ढीठ! बिसारे बिसरत नाहीं
कैसे बसूँ जाय बनवाँ में
बरजोरी बसे हो नयनवाँ में।[6]

इस गीत की अन्तिम पंक्तियाँ बाल-विधवा रोहिणी की त्रासदी को गहनता प्रदान करती हैं। प्रसाद की कथा-भाषा अपनी बिम्बधर्मी काव्यात्मकता के कारण अपना प्रतिमान आप ही है। इनका दृश्य-विधान कल्पनात्मक छवियों से आलोकित है। इन्होंने अपनी अधिकांश कहानियों में दृश्यात्मक प्रभाव की निष्पत्ति के लिए चित्र एवं लयप्रधान अनुच्छेद-व्यवस्था का शैल्पिक उपकरण के रूप में प्रयोग जिस कौशल के साथ किया है, वह चलचित्र की दृश्यावलियों का-सा प्रभाव पैदा करता है। प्रसाद का कवि उनके कथाकार का प्रेरक बनकर प्रकृति के उन्मुक्त फैलाव और मनोरम दृश्यों के साथ मानवीय जीवनानुभवों को कल्पनात्मक मोहक छवियों के कथा-बिम्बों में जिस नफासत के गूँथता है, वह सहृदय पाठक के लिए रमणीय वस्तु है। प्रसाद जी दुख-दग्ध जगत की विडम्बनाओं के प्रति सन्तुलन के लिए प्रकृति के अनन्त रमणीय चित्र को काव्यात्मक संवेदना का अंग बनाकर प्रस्तुत करते हैं। यहाँ संगीतात्मक लय, कला-चेतना की नाटकीयता और ऐन्द्रजालिक वातावरण जीवनोत्सव की तरह उपस्थित होता है। इस दृष्टि से 'स्वर्ग के खँडहर में' नामक कहानी का यह चित्र गहरी अर्थवत्ता के साथ नूतन बिम्ब सृजित करता है : "वन्य कुसुमों की झालरें सुख शीतल पवन से विकम्पित होकर चारों ओर झूल रही थीं। छोटे-छोटे झरनों की कुल्याएँ कतराती हुई बह रही हैं। लता-वितानों से ढँकी हुई प्राकृतिक गुफाएँ शिल्प-रचना-पूर्ण सुन्दर प्रकोष्ठ बनातीं, जिनमें पागल कर देनेवाली सुगन्ध की लहरें नृत्य करती थीं। स्थान-स्थान पर कुंजों और पुष्प-शैयाओं का समारोह, छोटे-छोटे विश्राम गृह, पान-पात्रों में सुगन्धित मदिरा, भाँति-भाँति के सुस्वादु फल-फूल वाले वृक्षों के झुरमुट, दूध और मधु की

लहरों के किनारे गुलाबी बादलों का क्षणिक विश्राम। चाँदनी का निभृत रंगमंच, पुलकित वृक्षफूलों पर मधुमक्खियों की भन्नाहट, रह-रहकर पक्षियों के हृदय में चुभनेवाली तान, मणिदीपों पर लटकती हुई मुकुलित मालाएँ। तिस पर सौन्दर्य के छँटे हुए जोड़ों—रूपवान बालक और बालिकाओं का हृदय हारी हास-विलास! संगीत की अबाध गति में छोटी-छोटी नावों पर उनका जल-विलास! किसकी आँखें यह देखकर भी नशे में न हो जाएँगी—हृदय पागल, इन्द्रियाँ विकल न हो रहेंगी! यही तो स्वर्ग है!"[7] यह उद्धरण इस बात का प्रमाण है कि ऐसा अप्रतिम चित्र प्रसाद की लेखनी ही बना सकती है। ऐसी काव्यात्मक पंक्तियों और मनोहर बिम्ब-मालिका के कारण ही प्रसाद की कहानियाँ अर्थ के स्तर पर गहरी समझ तथा अन्तर्दृष्टि की माँग करती हैं। यहाँ प्रसाद जी कथा-भाषा से शब्द-चित्र की क्रियाविहीन भाषा की जो अलौकिक सृष्टि करते हैं, वह एक नये और अपेक्षित भाषिक स्तर की पुनः-पुनः सर्जना कर उठता है।

प्रसाद की ऐतिहासिक कहानियाँ अन्तर-पाठीय शिल्प का रूपायन करती हैं, जो उत्तर आधुनिक पाठ-केन्द्रित आलोचना पद्धति का एक महत्त्वपूर्ण आयाम भी है। यह अन्तर्पाठीयता (Inter & readability) शब्द जूलिया क्रिस्टेवा द्वारा प्रवर्तित माना जाता है। इस सन्दर्भ में उसका अभिमत है : "अन्तर्पाठीयता किसी सर्जनात्मक कृति-विशेष में पहले रचे गए साहित्य के पाठांशों के पुट-प्रयोग और चुने हुए सन्दर्भित प्रयोग से उद्भूत होती है।"[8] कहने का आशय यह है कि अन्तर्पाठीयता संवेदना को घनीभूत बनाने का कार्य करती है, जो रचना के मूल कथ्य को, किसी घटना को, घटना की अर्थवत्ता-साभिप्रायता को खोलने का कार्य करती है। प्रसाद जी के पास काल को आर-पार देखनेवाली भेदक दृष्टि थी। वे अपने अद्वितीय ऐतिहासिक ज्ञान के बल पर प्रागैतिहासिक काल से लेकर अपने समय तक की घटनाओं को कहानियों का विषय बनाते हैं। प्रसाद जी भली भाँति जानते हैं कि भारतीय काल-चिन्तन सीमाहीन काल की संकल्पना में विश्वास करता है। वह काल को चक्र और प्लुत घटना प्रवाह के रूप में देखता है, जिसमें संचित जातीय स्मृति और चेतना सुरक्षित रहती है। प्रसाद के यहाँ इतिहास-दृष्टि स्वयं एक मूल्य है, जिसके सम्यक् अन्वेषण द्वारा ही हम अपनी ज्ञान-परम्परा का सही परीक्षण, मूल्यांकन एवं परिष्करण कर सकते हैं। वे भारतवर्ष की जीवन-जगत और काल को समग्रता में देखनेवाली दृष्टि को आगे बढ़ाते हैं और इतिहास को इसी सम्पूर्णता का एक महत्त्वपूर्ण अंश मानते हैं। वे इतिहास के पुनरावलोकन तथा सटीक विश्लेषण द्वारा भारतीयता का श्रेष्ठतम मानक उपस्थित करते हैं। वे यह सुनिश्चित करते हैं कि अतीत के आलोक में ही वर्तमान आयाम एवं आकार पाता है और भविष्य को सही दिशा प्राप्त होती है। इसी उद्देश्य की प्राप्ति के लिए वे 'चित्र-मन्दिर' में प्रागैतिहासिक काल; 'पुरस्कार', 'देवरथ', 'सालवती' में बौद्ध काल, 'सिकन्दर की शपथ', 'अशोक' में मौर्यकाल; 'दासी'

में मुस्लिम आक्रमण काल; 'ममता', 'तानसेन', 'नूरी', 'जहाँआरा', 'गुलाम', 'चित्तौर-उद्धार' में 'मुगलकाल' और 'गुंडा' एवं 'शरणागत' में ब्रिटिश काल का विशिष्ट सन्दर्भ उभारते हैं। यहाँ अन्तर्पाठीय शिल्प के द्वारा ऐतिहासिक सन्दर्भों को नई अर्थवत्ता प्रदान करते हैं। यह इस बात का द्योतक है कि प्रसाद जी बहुश्रुत और बहुपठित हैं। क्योंकि ऐसा व्यक्तित्व ही अन्तर-पाठीय शिल्प का सफल प्रयोक्ता हो सकता है। प्रसाद जी इतिहास के सन्दर्भों के सफल चित्रांकन द्वारा अपने साम्प्रतिक जीवन की संकुलता को भी उद्‌भासित करते हैं। 'चित्तौर-उद्धार' शीर्षक कहानी में राजपूतों के गौरव, बलिदान भाव और प्रतिशोध वृत्ति का प्रभावपूर्ण चित्र है, 'अशोक' में विजय केतु द्वारा, बौद्ध धर्म के आतंक द्वारा प्रचार-प्रसार का अन्तर्पाठीय उल्लेख है। इसी तरह प्रसाद जी अन्तर-पाठीय शिल्प का अत्यन्त सफल प्रयोग 'प्रलय' शीर्षक कहानी में करते हैं; जिसमें कला, कल्पना एवं दार्शनिक चिन्तन का समन्वित उत्कर्ष प्रकट हुआ है। यह कहानी 'कामायनी' महाकाव्य का बीज वपन है। इसमें प्रलय एवं सृष्टि के रूपक के साथ शिव-शक्ति और पुरुष-प्रकृति के स्वरूप का गहन स्तरीय विश्लेषण मिलता है। लेखक ने अन्तर्पाठीय शिल्प के द्वारा प्रलय के भयावह स्वरूप का चित्रण करते हुए लिखा है : "प्रभंजन का प्रबल आक्रमण आरम्भ हुआ। महार्णव की आकाश-मापक स्तम्भ लहरियाँ भग्न होकर भीषण गर्जन करने लगीं। कन्दरा के उद्यान का अक्षय वट लहरा उठा। प्रकांड शाल-वृक्ष तृणमूल की तरह उस भयंकर फुत्कार से शून्य में उड़ने लगे। दौड़ने हुए वारिद-वृन्द के समान विशाल शैल-शृंग आवर्त में पड़कर चक्र-भ्रमण करने लगे। उद्‌गीर्ण ज्वालामुखियों के लावे जल-राशि को जलाने लगे। मेघाच्छादित, निस्तेज, स्पृश्य, चन्द्रबिम्ब के समान सूर्य-मंडल महाकापालिक के पिए हुए पान-पात्र की तरह लुढ़कने लगा। भयंकर कम्प और घोर वृष्टि में ज्वालामुखी बिजली के समान विलीन होने लगे।"[9] इसके आगे लेखक अपने मंतव्य को प्रस्तुत करते हुए लिखता है : "हमारी प्राचीनता और विश्व की रमणीयता ने तुम्हें सर्ग और प्रलय की अनादि लीला देखने के लिए उत्साहित किया था। अब उसका तांडव नृत्य देखो।"[10] इस तरह हम देखते हैं कि प्रसाद अपनी तूलिका से प्रलय की भयावहता और सृष्टि के स्फुरण का अत्यन्त प्रभावी अन्तर-पाठीय चित्र बनाते हैं, जो 'कामायनी' की भूमिका सदृश है।

जयशंकर प्रसाद की अनेक कहानियाँ यथार्थवादी शिल्प के साँचे में भी लिखी गई हैं। इस प्रकार की कहानियों में 'गुंडा', 'मधुआ', 'आँधी', 'ममता', 'भिखारिन', 'विराम-चिह्न' इत्यादि को रखा जा सकता है। इन कहानियों में प्रसाद का गहन सामाजिक सरोकार परिलक्षित होता है। प्रसाद जी 'लघुता के प्रति साहित्यिक दृष्टिपात को' जिस यथार्थवाद का अभिलक्षण बताते हैं, उसका अत्यन्त प्रभावी रूप इन कहानियों में देखा जा सकता है। इनकी 'गुंडा' कहानी व्यक्ति के यथार्थ-बोध का

सजीव चित्र है। इसमें तथाकथित गुंडा अर्थात् कथानायक का शारीरिक डील-डौल, उसका अदम्य साहस, वेशभूषा और भाषिक अनुप्रयोग इस यथार्थवादी शिल्प को जीवन्त कर देते हैं। लेखक अपनी सूक्ष्म निरीक्षण क्षमता द्वारा नन्हकू सिंह की उस प्रकृति के मर्म का उद्घाटन करता है, जो हमेशा उसे अपने प्राण-न्योछावर करने के लिए प्रेरित करती है। प्रसाद जी की लेखनी चरम त्याग और बलिदान वाले इस पात्र का जो रेखाचित्र बनाती है, वह चित्र विधान की उनकी अद्भुत क्षमता का पूर्ण परिपाक है। वे लिखते हैं : "वह पचास वर्ष के ऊपर था। तब भी युवकों से अधिक बलिष्ठ और दृढ़ था। चमड़े पर झुर्रियाँ नहीं पड़ी थीं। वर्षा की झड़ी में, पूस की रातों की छाया में, कड़कती हुई जेठ की धूप में, नंगे शरीर घूमने में वह सुख मानता था। उसकी चढ़ी मूँछें बिच्छू के डंक की तरह देखनेवालों की आँखों में चुभती थीं। उसका साँवला रंग, साँप की तरह चिकना और चमकीला था। उसकी नागपुरी धोती का लाल रेशमी किनारा दूर से ही ध्यान आकर्षित करता। कमर में बनारसी सेल्हे का फेंटा, जिसमें सीप की मूठ का बिछुआ घुसा रहता था। उसके घुँघराले बालों पर सुनहले पल्ले के सारे का छोर उसकी चौड़ी छाती पर फैला रहता। ऊँचे कंधे पर टिका हुआ चौड़ी धार का गंडासा, यह थी उसकी धज! पंजों के बल जब वह चलता, तो उसकी नसें चटाचट बोलती थीं। वह गुंडा था।"[11]

इस तरह प्रसाद जी काशी के गुंडे का जो यथार्थपरक रेखाचित्र बनाते हैं, वह चित्र विधान की उनकी क्षमता को श्रेष्ठतम मानक के रूप में प्रतिष्ठित करता है। इसी तरह यथार्थवादी शिल्प का एक जीवन्त चित्र 'मधुआ' का भी है, जिस पर स्वयं प्रेमचन्द एकान्त मुग्ध थे। यह भी माना जाता है कि प्रेमचन्द ने अपनी 'कफ़न' कहानी प्रसाद की 'मधुआ' कहानी से प्रेरित होकर ही लिखी थी। इस तरह प्रसाद जी समसामयिक युगबोध और वास्तविकता के निरूपण के लिए यथार्थवादी शिल्प का कलात्मक प्रयोग करते हैं।

सारांश यह है कि प्रसाद की कहानियाँ अपने रूप-विधान एवं कलात्मक शिल्प के कारण अधिक समृद्ध हैं। वे कथात्मक कम और रूपात्मक एवं काव्यात्मक ज़्यादा हैं। इसलिए यहाँ वर्णनात्मक, विवरणात्मक तथा विश्लेषणात्मक शिल्प के स्थान पर सांकेतिक और प्रतीकात्मक शिल्प अपने सम्पूर्ण भाव-वैभव के साथ प्रकट हुआ है। प्रसाद का अन्तर्दर्शन एवं भावोद्रेक उनके कथा-सूत्रों को कल्पना के रंग-बिरंगे चित्रों द्वारा सामाजिक-सांस्कृतिक और ऐतिहासिक भावभूमि पर अर्थ गौरव प्रदान करता है। प्रसाद की कहानियाँ अपने शैल्पिक उत्कर्ष के कारण ही प्रसिद्ध हुईं और एक विशिष्ट कथा-धारा का कारक बनीं। इस कथा-धारा को हम प्रसाद-संस्थान अथवा प्रसाद-स्कूल के नाम से जानते हैं, जो प्रेमचन्द के समानान्तर चलता है। प्रसाद की कहानियों का शिल्प-सौष्ठव परवर्ती कथाकारों—विशेष रूप से जैनेन्द्र, इलाचन्द्र जोशी, अज्ञेय, मोहन राकेश, निर्मल वर्मा और उदय प्रकाश

तक को प्रभावित करता है। इनके विद्रोह की तरह ही इनका प्रभाव भी अत्यन्त महीन एवं आन्तरिक है, जिसकी पड़ताल अन्तर्दृष्टि के बिना नहीं हो सकती। अत: प्रसाद की कहानियों के शिल्प-लालित्य के साथ उनमें निहित लोकमंगल का भाव, देश-प्रेम, समाज-सुधार तथा विश्व-मानवतावादी चेतना का भी नया पाठ तैयार करने की आवश्यकता है। प्रसाद की कहानियाँ यह प्रमाणित करती हैं कि आवेग प्रधान भावदशा और विस्फोटक शैली भी एक खास सीमा के बाद नियमित एवं मर्यादित हो जाती है। इनकी रोमांटिक कहानियाँ भी अपनी रचनात्मक उपलब्धि के चरम शिखर पर पहुँचकर क्लासिक हो जाती हैं। इनका शिल्प व्यक्तित्वशील है जो क्षण-क्षण अधीर, क्षण-क्षण पिपासित, जिज्ञासु, साहसिक, आन्तरिक अनुभव से समृद्ध तथा वैचारिक विक्षुब्धता से भरपूर है। वह पत्थर की कठोर साहसी चट्टानों को फोड़कर निकलनेवाली निर्झरिणी का तुमुल नाद है। यहाँ चित्र-काव्य की मूर्त विधायिनी कल्पना, मनोवैज्ञानिक अन्तर्द्वंद्व, यथार्थ निरूपण का सम्भाव्य अथवा आदर्श बिम्ब, गहन दायित्वबोध, भाषिक अनुप्रयोग और शिल्पगत सौन्दर्य अपने कलात्मक उत्कर्ष के सर्वोच्च शिखर तक ले जाता है। इस दृष्टि से इन कहानियों में मनुष्य की चिरन्तन भूख मिटाने की क्षमता है। अत: इनका महत्त्व अक्षुण्ण है। इनकी कालजयता और प्रासंगिकता असन्दिग्ध है।

सन्दर्भ-सूची

1. प्रसाद की सम्पूर्ण कहानियाँ और निबन्ध—सम्पा. डॉ. सत्यप्रकाश मिश्र, पृ. 25
2. वही, पृ. 188
3. वही, पृ. 254
4. वही, पृ. 157
5. वही, पृ. 160
6. वही, पृ. 264
7. वही, पृ. 127
8. डी-कंस्ट्रक्शन बनाम विसंरचना—डॉ. पांडेय शशिभूषण 'शीतांशु', पृ. 21
9. प्रसाद की सम्पूर्ण कहानियाँ और निबन्ध—सम्पा. डॉ. सत्यप्रकाश मिश्र, पृ. 111
10. वही, पृ. 112
11. वही, पृ. 347

जयशंकर प्रसाद का काव्य-चिन्तन और आलोचनात्मक प्रदेय

जयशंकर प्रसाद बहुआयामी प्रतिभा के धनी कलाकार हैं। मैं समझता हूँ कि प्रसाद का सम्पूर्ण साहित्य भारत-भूमि, यहाँ की सभ्यता, संस्कृति, गौरव, मर्यादा और भारतीय मनुष्यता की पहचान करानेवाला एक व्यापक प्रलेख है। उन्होंने हमारे साहित्य को भारतीय मनुष्य, भारतवर्ष की राष्ट्रीय-प्रकृति और भारतीयता के निर्माणक तत्त्वों की ओर पूरी तरह से लगा दिया। उनका साहित्य शक्ति का साहित्य है, जो छायावाद की उर्वर मनोभूमिका की उपज है। आपमें कारयित्री और भावयित्री प्रतिभा का अद्भुत संश्लेषण मिलता है। इस क्षेत्र में आप अपना प्रतिद्वंद्वी नहीं जानते। आप भारतीय साहित्य, इतिहास, पुराण, दर्शन और अध्यात्म के श्रेष्ठतम पहलुओं से अनुप्राणित थे। आपको कोई भी विदेशी विचारधारा नियंत्रित नहीं कर सकी। वस्तुतः आप आत्मविश्वास का दर्शन बनाते हैं, जिससे हिन्दी कविता एवं काव्यशास्त्र, दोनों ही क्षेत्रों में आपको अभूतपूर्व सफलता मिली। आप छायावाद के सबसे बड़े सिद्धान्तशास्त्री के रूप में हमारे समक्ष आते हैं। आपने काव्य-स्वरूप, काव्यात्मा, रस, काव्य-प्रयोजन, काव्य के तत्त्वों, काव्य-भेदों का विश्लेषण किया है और काव्य को कला से श्रेष्ठ माना है। आपने कवि को आध्यात्मिक द्रष्टा और अनिर्वचनीय आनन्द का प्रदाता कहा है। साथ ही कवि को ऋषि के समतुल्य माना है। यहाँ हम आपके साहित्य में उपलब्ध काव्य-चिन्तन के कथित पहलुओं का विश्लेषण कर रहे हैं:

जयशंकर प्रसाद की विश्व-दृष्टि, जीवन-दृष्टि और समीक्षा-दृष्टि का सापेक्ष अनुशीलन

आचार्यों का अभिमत है कि दृष्टि के बिना सृष्टि सम्भव नहीं है। जैसी दृष्टि होती है, वैसी ही सृष्टि होती है। किसी सर्जक की विश्व-दृष्टि से उसकी जीवन-दृष्टि का विकास होता है। चूँकि प्रसाद जी एक द्रष्टा और कालयजी रचनाकार हैं। अतः वस्तुनिष्ठ विश्लेषण के लिए उनकी विश्व-दृष्टि, जीवन-दृष्टि, काव्य-दृष्टि और समीक्षा-दृष्टि का सापेक्ष अनुशीलन अनिवार्य है। प्रसाद की विश्व-दृष्टि, चेतनावादी

है। इन्होंने 'कामायनी' में 'चिति का स्वरूप यह नित्य जगत्, यह रूप बदलता है शत-शत' की स्थापना की है। आपके अनुसार यह विश्व-चिति का ही विराट रूप है, जो मंगलमय है, सदैव सत्य है, चिर सुन्दर है।

अपने सुख-दुख से पुलकित, यह मूर्त विश्व सचराचर।
चिति का विराट वपु मंगल, यह सत्य सतत चिर सुन्दर॥

डॉ. चन्द्रकान्त बांदिवडेकर ने प्रसाद की विश्व-संदृष्टि पर विचार करते हुए ठीक ही लिखा है : "जयशंकर प्रसाद मुख्यतः एक तरल, सूक्ष्म, सौन्दर्यमयी संवेदना के कवि थे और उनकी तरल रसात्मक संवेदना की शक्ति यह रही कि वे महाकाव्यात्मक काव्य प्रतिभा के धनी थे। 'कामायनी' महाकाव्य परम्परा के स्वीकृत अनुशासन को शतशः तोड़ती हुई सम्पन्न होती है। प्रसाद की महाकाव्यीय विश्व-संदृष्टि-सम्पन्नता 'कामायनी' में महाकाव्यीय रूप में ही प्रकट हो सकती थी। सम्भवतः प्रसाद हिन्दी के एक ऐसे महाकवि हैं, जिनमें पहली बार विश्व-दृष्टि अपने संश्लिष्ट रूप में व्यक्त हुई। विज्ञान और तर्क का बढ़ता प्रभाव, विज्ञान के युगजयी पदाघातों से कुचलती जा रही मानवीय करुणा, भावात्मक विश्व की सम्पन्नता, सहज समर्पण की आकुलता, आत्मकेन्द्रित देहसुख के विरोध में भविष्य के प्रति आशा भरी दृष्टि एवं शिवत्व-बोध से परिचालित होकर सूक्ष्म विवेक संयुक्त और समंजस चरण बढ़ाने की अभिवृत्ति, शक्ति के उन्माद में लोकाभिनुखता एवं जन-संयुक्ति से हटकर आत्मपूजा की घातक परिणति का दारुण संकेत और उस पर समरसता के संस्कार का निदान, व्यक्ति जीवन में और समाज जीवन में व्याप रहे विविध साहित्य असन्तुलन को रोककर सन्तुलन और सामंजस्य की ओर लौटने का गम्भीर इशारा, नारी की शक्ति और सीमा का यथोचित भान कराते हुए स्त्री-पुरुष के संवाद के माध्यम से सार्थकता की खोज की ओर निर्देश, प्रकृति और संस्कृति के संश्लेष के माध्यम से प्रगति की राह का अनुसंधान—ये कुछ घटक हैं प्रसाद जी की विश्व-दृष्टि के। यह प्रश्न रोचक होगा कि क्या 1935 के आस-पास यह विश्व-दृष्टि इतनी सम्पन्न काव्यात्मक ऊर्जा के साथ नहीं प्रकट हुई थी, चिन्तन और भावना का इतना समृद्ध रसायन कहीं उपलब्ध हुआ था; सत्य, शिव और सौन्दर्य का इतना आवेगमय और सन्तुलित अनुभव-बिम्ब कहीं आकारित हुआ था? मानवीय भावों और उसके मनोवैज्ञानिक स्वरूप की पहचान अपनी सांस्कृतिक भूमि की ही उपज के रूप में अर्थात् ठोस भारतीय रूप में कहाँ और कितने सामर्थ्य के साथ व्यक्त हुआ था? परम्परा और आधुनिकता, कालविद्धता, युग-बोध और भावी की आहट की पहचान, यथार्थ का आकलन और आदर्श की अनिवार्यता की स्वीकृति, भौतिकता और आध्यात्मिकता के संवाद बिन्दुओं की खोज और रसात्मकता की प्रतीति का सुखद बोध—इस सबका समन्वित रूपायन प्रसाद की 'कामायनी' में हुआ है। इसीलिए यह कृति प्रसाद के कृतित्व

को मात्र ऐतिहासिक रहने नहीं देती, बल्कि उसे संक्रमित कर चिरन्तनता के आयाम को जोड़ती है। महाकाव्यीय प्रतिभा का यह धनी 'आँसू' और 'लहर' में उत्कट, तरल सौन्दर्यबोध से रसिक मानस का संस्कार कराता है। जीवन के बाह्य-भौतिक प्रसाद को ही प्रगति मानकर चलनेवालों का भ्रम इधर टूटा है। इस बहिर्गामी प्रगति पर जब-तक आन्तरिक आत्मसंस्कार और आत्मानुशासन का बन्धन नहीं रखा जाए, तब-तक प्रगति की परिणति लोक-दमन और तानाशाही के रूपाकारों की निर्मिति में होती रहेगी। इस बात को यूरोपीय अनुभव ने शक्तिशाली ढंग से इधर प्रकट किया है। अतः मानस के संस्कार में कलाओं का कुछ योगदान स्वीकार किया जाए तो प्रसाद जी के दो तरल सौन्दर्यबोध की कविताएँ निश्चित ही मूल्यवान समझी जाएँगी।"[1]

इस तरह प्रसाद की विश्व-दृष्टि दार्शनिकों की तरह चेतन, विराट और वैज्ञानिक है। इनकी काव्य-दृष्टि इसी सुदृढ़ भित्ति पर आधारित है। प्रसाद जी ने स्वयं अपनी काव्य-दृष्टि का निदर्शन करते हुए लिखा है : "काव्य आत्मा की संकल्पात्मक अनुभूति है, जिसका सम्बन्ध विश्लेषण, विकल्प या विज्ञान से नहीं है। वह एक श्रेयमयी प्रेय रचनात्मक ज्ञानधारा है। विश्लेषणात्मक तर्कों से और विकल्प के आरोप से मिलन न होने के कारण आत्मा की मनन क्रिया जो वाङ्मय रूप में अभिव्यक्त होती है, वह निःसन्देह प्राणमयी और सत्य के उभय लक्षण प्रेय और श्रेय, दोनों से परिपूर्ण होती है। इसी कारण हमारे साहित्य का आरम्भ काव्यमय है। वह एक द्रष्टा कवि का सुन्दर दर्शन है। संकल्पात्मक मूल अनुभूति कहने से मेरा जो तात्पर्य है, उसे भी समझ लेना होगा। आत्मा की मनन-शक्ति की यह असाधारण अवस्था, जो श्रेय सत्य को उसके मूल चारुत्व में सहसा ग्रहण कर लेती है, काव्य में संकल्पात्मक मूल अनुभूति कही जा सकती है। कोई भी यह प्रश्न कर सकता है कि संकल्पात्मक मन की सब अनुभूतियाँ 'श्रेय' और 'प्रेय', दोनों ही से पूर्ण होती हैं, इसमें क्या प्रमाण है? किन्तु इसीलिए साथ ही साथ असाधारण अवस्था का भी उल्लेख किया गया है। असाधारण अवस्था युगों की समष्टि अनुभूतियों में अन्तर्निहित रहती है, क्योंकि सत्य अथवा श्रेय ज्ञान कोई व्यक्तिगत सत्ता नहीं, वह एक शाश्वत चेतना है या चिन्मयी ज्ञान-धारा है, जो व्यक्तिगत स्थानीय केन्द्रों के नष्ट हो जाने पर भी निर्विशेष रूप से विद्यमान रहती है। प्रकाश की किरणों के समान भिन्न-भिन्न संस्कृतियों के दर्पण में प्रतिफलित होकर वह आलोक को सुन्दर और ऊर्जस्वित बनाती है।"[2]

इस प्रकार प्रसाद जी की काव्य-दृष्टि आत्मवादी और अध्यात्मवादी है। इन्होंने सत्य को उसके मूल चारुत्व, वैशिष्ट्य एवं व्यापकता में ग्रहण किया है। प्रसाद की काव्य-दृष्टि का प्रायोगिक रूप 'कामायनी' है। 'कामायनी' आत्म-तत्त्व का अभिज्ञान करानेवाली कृति है। 'कामायनी' का जीवन-दर्शन प्रसाद को कवि से ऋषि बना देता है। जब कवि दृष्टि अतिक्रमित होती है, तब ऋषि-दृष्टि शुरू होती है। प्रसाद की काव्य-दृष्टि मानवीय जीवन की सार्थकता आनन्द-प्राप्ति में मानती है।

जयशंकर प्रसाद की आलोचना-दृष्टि अन्त:प्रज्ञा को चेतना की चरम सत्ता के रूप में प्रतिपादित करती है। आपने दर्शन और साहित्य की समानता मानवात्मा के सम्बन्ध से की है। आप आत्मलीन भागवत समाधि के कवि हैं। इन्होंने मानवीय दुख में सामाजिक चेतना का प्रवेश करवाया है। फलत: इनकी समीक्षा-दृष्टि श्रेय और प्रेय का संयोजन करती है और दार्शनिक-धाराओं तथा काव्य-धाराओं के अन्तरावलम्बन की प्रतिष्ठा करते हुए सौमनस्यपूर्ण समीकरण स्थापित करती है। इस तरह प्रसाद की जीवन-दृष्टि, काव्य-दृष्टि और समीक्षा-दृष्टि का सापेक्ष अनुशीलन करने पर यह स्पष्ट होता है कि प्रसाद जी अपने दर्शन का प्रमाणीकरण करते हैं। आप महान प्रतिभाओं की तरह अपनी ही बनाई हुई सीमाओं का अतिक्रमण करते हैं। आप सौमनस्य और समाहार के कवि हैं, जो सत्य को उसके प्रशस्त रूप में ग्रहण करते हैं। इन्होंने अपने काव्य-चिन्तन में मानवीय-संवेदना, अनुभूति-प्रवणता, नव-नवोन्मेषशालिनी प्रज्ञा और अभिनव जीवन-दर्शन के साथ ही मानव-जीवन की सतत जागरूक चेतना के रहस्यों का निर्वचन किया है। जयशंकर प्रसाद की विश्व-संदृष्टि को विकीर्ण करने का कार्य जिस आन्तरिक संलग्नता के साथ मुक्तिबोध ने किया है, वह अतिशय विचारणीय है। वे 'कामायनी : एक पुनर्विचार' पुस्तक में लिखते हैं : "प्रसाद में विश्व के महत्तम कलाकार के सभी गुण विद्यमान हैं। प्रसाद जी का मूल व्यक्तित्व और उसकी शक्तियाँ गत्यात्मक हैं। वे कुछ करना, पाना, घटित करना, विकसित करना और प्रवर्द्धित करना चाहती हैं। प्रसाद जी की आत्मा जीवन के विविध क्षेत्रों में, जीवन की विविध स्थितियों में भटकती रहती है, प्यासी-प्यासी। इतनी भटकन, इतना व्यापक पर्यटन, इतनी विस्तृत, विविध और प्रदीर्घ यात्रा हिन्दी में किसी और लेखक ने नहीं की। प्रसाद जी एक साथ कवि, दार्शनिक, जीवन-चिन्तक, नाटककार, उपन्यासकार, कहानीकार, निबन्ध-लेखक, अनुसंधानकर्ता तथा विद्वान थे। अतीत और वर्तमान के, उत्कर्ष और अध:पतन के, अत्यन्त आत्मीय क्षणों और ऐतिहासिक पलों की बाह्य जीवन स्थितियों तथा आन्तरिक मन:स्थितियों के जो चित्र और चित्रों का वैविध्य उन्होंने उपस्थित किया है, वह अन्यत्र दुर्लभ है। यदि प्रसाद जी अनुभव-सम्पन्न, अनुभूति-प्रवण व्यक्ति थे, जो दूसरी ओर वे बड़े तजर्बेकार आदमी थे। उनकी चिन्तन-प्रधान बुद्धि वर्तमान सामाजिक और ऐतिहासिक वास्तविकताओं में समान रूप से गतिमान थी। वे यदि एक और गहन रूप से आत्मचेतस थे, तो नि:सन्देह दूसरी ओर विश्व-चेतस भी। वे अपने काल के विश्व जीवन के प्रति जाग्रत थे—इतने कि उस विश्व-जीवन के सम्बन्ध में उनका चिन्तन निरन्तर सक्रिय था।"[3]

इस प्रकार मुक्तिबोध न केवल प्रसाद जी की विश्व-संदृष्टि का स्वरूप-विश्लेषण करते हैं, अपितु उनकी जीवन-दृष्टि और काव्य-दृष्टि के मर्म का उद्‌घाटन भी करते हैं। मुक्तिबोध बड़ी आन्तरिक संलग्नता से प्रसाद जी की ज्ञान-व्यवस्था की प्रशंसा करते हैं और उसे वर्तमान सभ्यता की विसंगतियाँ कम करने में सहायक मानते हैं।

प्रसाद जी की विलक्षण-प्रतिभा, दार्शनिक चिन्तनात्मकता, आधुनिक और गत्यात्मक सोच उनके दृष्टिकोण को गम्भीरता और कालजयता प्रदान करते हैं। मुक्तिबोध ने महान कल्पना-शक्ति, गहन संवेदन-क्षमता और उनसे ग्रस्त न होनेवाली, साथ ही उनमें डूब सकनेवाली, प्रखर विलक्षण बुद्धि को प्रसाद की प्रतिभा का अंग बतलाया है। इस तरह प्रसाद की विश्व-संदृष्टि विराट अनुभव-बिम्ब और अन्तर्दृष्टि से पोषित है।

जयशंकर प्रसाद का काव्य-कला निरूपण

प्रसाद जी ऐसे विरले रचनाकारों में से एक हैं, जिन्होंने कारयित्री प्रतिभा-सम्पन्न होने के साथ-साथ भावयित्री प्रतिभा के क्षेत्र में भी अपनी विलक्षण गति का परिचय दिया है। प्रसाद जी ने काव्य-कला पर विचार करते समय स्वच्छंदतावादियों की ही तरह आत्मानुभूति को काव्य का मेरुदंड माना है। इन्होंने हीगेल के कला-सिद्धान्त को अनेक दृष्टियों से अनुपयुक्त बतलाया है। आपने अरस्तु द्वारा प्रतिपादित कला के वर्गीकरण का सम्यक् विश्लेषण किया है। इनके अनुसार : "कला को भारतीय दृष्टि में उपविद्या मानने का जो प्रसंग आता है, उससे यह प्रकट होता है कि वह विज्ञान से अधिक सम्बन्ध रखती है। उसकी रेखाएँ निश्चित सिद्धान्त तक पहुँचा देती है।"[4]

प्रसाद जी द्वारा इस बात का स्पष्ट प्रतिवाद किया गया है कि काव्य को कलाओं में परिगणित किये जाने की पृष्ठभूमि में कौशल विशेष के प्रति विशिष्ट आग्रह परिलक्षित होता है। इस आग्रह के मूल में अरस्तू के अनुकरण सिद्धान्त की छाया दृष्टिगत होती है, पर यह भी चिन्तनीय है कि काव्य को अनुकृति का प्रतिफल मान लेने पर आध्यात्मिक सत्ता के अभिज्ञान के साथ ही लोकोत्तर आनन्द की सत्ता के लिए कोई स्थान नहीं रह जाता। इस तरह प्रसादजी काव्य को कला नहीं मानते। वे भारतीय परम्परा के अनुसार काव्य को विद्या तथा अन्य कलाओं को उपविद्या मानते हैं। ऐसा मानने से काव्य की सनातन श्रेष्ठता प्रतिपादित होती है। वह समस्त कलाओं से उच्चतर स्थिति में पहुँच जाती है।

प्रसाद जी के सम्पूर्ण विवेचन में दर्शन और संस्कृति के उत्कृष्ट स्वरूपों का अभूतपूर्व संश्लेषण दिखाई पड़ता है। इनकी सम्पूर्ण चिन्तनात्मकता देश-प्रेम से अनुप्राणित है। इनके अनुसार काव्य द्वारा जीवन-सत्य की खोज की जा सकती है। प्रसाद जी मानते हैं कि भारत का अध्यात्म-भाव ज्ञानात्मक होने के कारण मूर्त और अमूर्त का भेद हटाते हुए बाह्य और आभ्यन्तर का एकीकरण करने का प्रयत्न करता है, जबकि ग्रीक सौन्दर्यबोध भौतिकवादी होने के कारण बाह्य अथवा मूर्त को विशेष महत्त्व देता है। फलतः उसकी एकांगिकता स्वयंसिद्ध है। उसमें श्रेय और आत्म-कल्याण की कल्पना अधूरी है। प्रसाद जी काव्य-कला के वैशिष्ट्य का निरूपण करते हुए लिखते हैं : "सत्य की उपलब्धि के लिए ज्ञान की साधना

आरम्भ होती है। स्वाध्याय बुद्धि का यज्ञ है। कहा भी है—'सत्यं च स्वाध्याय प्रवचने च'। स्वाध्याय प्रवचन में सत्य का अन्वेषण करो। स्वाध्याय के द्वारा मानव सत् को प्राप्त होता है। हमारे सब बौद्धिक व्यापारों का सत्य की प्राप्ति के लिए सतत उद्योग होता रहता है। वह सत्य प्राकृतिक विभूतियों में, जो परिवर्तनशील होने के कारण अनृत नाम से पुकारी जाती है, ओत-प्रोत है। कुछ लोग कह सकते हैं कि कवि से हम सत्य की आशा न करके केवल सहृदयता ही पा सकते हैं; किन्तु केवल 1 + 1 = 2 में नहीं सीमित है। अनृत को प्रायः बढ़ाकर देखने से सत् लघु कर दिया गया है, किन्तु सत्य विराट है। उसे सहृदयता द्वारा ही हम सर्वत्र ओत-प्रोत देख सकते हैं। उस सत्य के दो लक्षण बताए गए हैं—श्रेय और प्रेय। अतएव, सत्य की अभिव्यक्ति हमारे वाङ्मय में दो प्रकार से मानी गई है—काव्य और शास्त्र। शास्त्र में श्रेय का आज्ञात्मक ऐहिक और आमुष्मिक विवेचन होता है और काव्य में श्रेय और प्रेय, दोनों का सामंजस्य होता है। शास्त्र मानव-समाज में व्यवहृत सिद्धान्तों के संकलन हैं। उपयोगिता उनकी सीमा है। काव्य या साहित्य आत्मा की अनुभूतियों का नित्य नया-नया रहस्य खोलने में प्रयत्नशील है, क्योंकि आत्मा को मनोमय वाङ्मय माना गया है—'अयमात्मा वाङ्मय प्राणमयः (बृहदारण्यकोपनिषद)'। उपविज्ञान प्राण, विज्ञात वाणी और विजिज्ञास्य मन है। अतएव, कवित्व को आत्मा की अनुभूति कहते हैं। मनन-शक्ति और मनन से उत्पन्न हुई अथवा ग्रहण की गई निर्वचन करने की वाक्-शक्ति और उनके सामंजस्य को स्थिर करनेवाली सजीवता और अविज्ञात प्राण-शक्ति, ये तीनों आत्मा की मौलिक क्रियाएँ हैं।"[5] इस तरह प्रसाद जी काव्य को विद्या कहकर उसे आध्यात्मिक ऊँचाई प्रदान करते हैं। इन्होंने अपनी स्थापनाओं को ठोस तर्कों और प्रमाणों से परिपुष्ट किया है। इनके काव्य-चिन्तन में भारतीय मनीषा का पुंजीभूत अनुभव है।

काव्य का स्वरूप, रस-चिन्तन और काव्य की रचना-प्रक्रिया

प्रसाद जी काव्य-स्वरूप पर विचार करते समय प्रतिभा, अनुभूति, आध्यात्मिकता तथा भौतिकता के उन मूलभूत स्वरूपों पर प्रकाश डालने का प्रयत्न किया है, जो वस्तुतः सर्जनात्मक प्रक्रिया के केन्द्रबिन्दु हैं। काव्य क्या है?—इस प्रश्न पर विचार करते समय जयशंकर प्रसाद ने लिखा है : "काव्य आत्मा की संकल्पात्मक अनुभूति है, जिसका सम्बन्ध विश्लेषण, विकल्प या विज्ञान से नहीं है। वह एक श्रेयमयी प्रेय रचनात्मक ज्ञानधारा है। विश्लेषणात्मक तर्कों से और विकल्प के आरोप से मिलन न होने के कारण आत्मा की मनन-क्रिया जो वाङ्मय रूप में अभिव्यक्त होती है, वह निःसन्देह प्राणमयी और सत्य के उभय लक्षण प्रेय और श्रेय, दोनों से परिपूर्ण होती है।"

वस्तुतः आत्मा की संकल्पात्मक अनुभूति की दो धाराएँ हैं—एक काव्यधारा और दूसरी वैज्ञानिक, शास्त्रीय या दार्शनिक धारा। समझ रखना चाहिए कि इन दोनों में कोई मौलिक अन्तर नहीं है, दोनों ही आत्मा के अखंड संकल्पात्मक स्वरूप के दो पहलू मात्र हैं। कुछ लोग श्रेय और प्रेय भेद से विज्ञान और काव्य का विभाजन करते हैं, किन्तु प्रसाद जी का स्पष्ट मत है कि यद्यपि विज्ञान या दर्शन में श्रेय रूप से ही सत्य का संकलन किया जाता है और काव्य में प्रेय की प्रधानता रहती है, किन्तु श्रेय निहित है। काव्य की व्याख्या में उन्होंने कहा है : "काव्य को संकल्पात्मक मूल अनुभूति कहने से मेरा जो तात्पर्य है, उसे भी समझ लेना होगा। आत्मा की मनन-शक्ति की वह असाधारण अवस्था जो श्रेय सत्य को उसके चारुत्व में सहसा ग्रहण कर लेती है, काव्य में संकल्पात्मक मूल अनुभूति कही जा सकती है।"[6] इस तरह प्रसाद जी कविता को आध्यात्मिक उत्कर्ष प्रदान करते हैं। उसे दर्शन की ऊँचाई तक ले जाते हैं।

प्रसाद जी ने 'स्कन्दगुप्त' नाटक में भी कवि मातृगुप्त से कविता की जो परिभाषा उपस्थित कराई, वह इस प्रकार है : "कवित्व वर्णनमय चित्र है, जो स्वर्गीय भावपूर्ण संगीत गाया करता है। अन्धकार का आलोक से, असत् का सत् से, जड़ का चेतन से और ब्रह्म-जगत् का अन्तर्जगत से सम्बन्ध कौन कराती है, कविता ही न।"[7] इस तरह प्रसाद जी ने भारतीय आध्यात्मिक दृष्टिकोण की पृष्ठभूमि में काव्य की मौलिक परिभाषा देने का प्रयास किया है, जिसमें तीन प्रमुख बाते हैं :

(क) काव्य में अनुभूति की प्रधानता होती है, तर्क और विज्ञान की नहीं।

(ख) उसमें आध्यात्मिकता (श्रेय) और यथार्थ (प्रेय) को एक जैसा महत्त्व प्राप्त है।

(ग) कवि की अनुभूति आत्मा की असाधारण अवस्था अर्थात् प्रतिभा से आलोकित रहती है।

इस सन्दर्भ में आचार्य नन्ददुलारे वाजपेयी ने ठीक ही कहा है : "प्रसाद जी ने काव्य की मार्मिक व्याख्या की है।" ('जयशंकर प्रसाद', पृ. 165)

यद्यपि प्रसाद जी ने काव्यात्मा का स्वतंत्र रूप से निरूपण तो नहीं किया है, तथापि इन्होंने 'रस' शीर्षक निबन्ध में अलंकार, रीति, वक्रोक्ति तथा ध्वनि के ऐतिहासिक विकास को रेखांकित करते हुए रस को ही प्रधान माना है। इनके रस सम्बन्धी विचारों का सार यह है कि रस का सम्बन्ध कवि की अनुभूति (आभ्यन्तरिकता) और समरसता से तो है ही, उसमें साधारणीकरण से उपलब्ध लोक-सामान्य आनन्द (अथवा शैवागमों के कथित आनन्द-सिद्धान्त) तथा रहस्यवाद की मधुर दर्शनमयी भावुकता का भी सन्निवेश है। प्रसाद जी की महत्त्वपूर्ण स्थापना यह है कि भारतीय दर्शन और साहित्य, दोनों का समन्वय रस में हुआ था और यह साहित्यिक रस दार्शनिक रहस्यवाद से अनुप्राणित है।

काव्य-तत्त्व, काव्य-प्रयोजन और जीवनादर्श

प्रसाद जी काव्य-तत्त्वों के अन्तर्गत सत्य, शिव और सुन्दर के समन्वय का लक्ष्य तय करते हैं। इन्होंने काव्य-प्रयोजन पर विचार करते समय आनन्द को काव्य का मूल प्रयोजन बतलाया है, साथ ही अलग-अलग प्रसंगों में लोक पक्ष एवं शिक्षा का भी उल्लेख किया है।

(क) काव्य की धारा लोकपक्ष से मिलकर आनन्द-साधना में लगी रही।

(ख) संसार को काव्य के लाभ पहुँचाते हैं—मनोरंजन और शिक्षा। शिक्षा का अंश साहित्य के सब अंशों से सम्बन्ध रखता है, अतः वह अंश-रूप से प्रायः सत्कविता से मिलेगा।[8]

प्रसाद जी काव्य-प्रयोजन पर विचार करते समय 'श्रेय' और 'प्रेय' को महत्त्व देते हैं। वे विश्व-मानवतावाद की भावना से अनुप्राणित हैं। 'कामायनी' की श्रद्धा सर्वजन हिताय के महत् लक्ष्य से परिचालित होकर मनुष्य की स्वार्थपरता पर प्रखर आक्रमण करती है। वह मनु के बहाने समस्त मानव-जाति को उपदेश देती है :

अपने में भर सब कुछ कैसे व्यक्ति विकास करेगा।
यह एकान्त स्वार्थ भीषण है, अपना नाश करेगा॥
औरों को हँसो देखो मनु, हँसो और सुखी पाओ।
अपने सुख को विस्तृत कर लो, सबको सुखी बनाओ।

प्रसाद जी ने श्रद्धा को जगत् की अकेली मंगल-कामना कहा है, जो प्रकारान्तर से उनका काव्य का प्रयोजन भी है। वे काव्य का प्रयोजन आनन्द-प्राप्ति भी मानते हैं, 'जो इच्छा, क्रिया एवं ज्ञान के सामरस्य द्वारा अर्जित किया जा सकता है। उत्तर-आधुनिकता और सूचना- प्रौद्योगिकी के वर्तमान दौर में जिस वैश्वीकरण और विश्वग्राम की स्थापना की बात हो रही है, प्रसाद जी ने उसे 'कामायनी' में पहले ही घटित कर दिया है; जहाँ 'वसुधैव कुटुम्बकम्' का भाव सूचना तंत्र के कृत्रिम जुड़ाव के रूप में न होकर आत्मिक और मानसिक स्तर पर अंगांगि-भाव का गहन तादात्म्य है; जिसके कारण यह विश्व-चिति का ही विराट वपु है, जो मंगलमय है, सदैव सत्य है, चिर सुन्दर है :

अपने सुख-दुख से पुलकित, यह मूर्त विश्व सचराचर।
चिति का विराट वपु मंगल, यह सत्य सतत् चिर सुन्दर॥

इस तरह प्रसाद जी के जीवनादर्श ही काव्य-प्रयोजन बन गए हैं, जो अपने-आपमें अत्यधिक व्यापक और मनुष्यता के कल्याण की भावना से अनुप्राणित हैं। इन्होंने आदर्श और यथार्थ के समंजन पर भी पर्याप्त ज़ोर दिया है। इन्होंने भारतीय इतिहास, दर्शन, साहित्य और राष्ट्रीय-संस्कृति के मध्य युगपत सम्बन्ध स्थापित

किया। रचनाकार के तौर पर आप संश्लिष्ट अथवा जटिल जीवन को अपने ढंग से देखते-समझते हैं और उसकी अभिव्यक्ति के लिए जिस विलक्षण द्वंद्व और विराट चेतना का आश्रय लेते हैं, वह आपके काव्य-चिन्तन का प्रमाणीकरण करता है।

इस प्रकार प्रसाद जी ने काव्य के इन उद्देश्यों का प्रतिपादन भारतीय साहित्यशास्त्र की मान्यताओं के अनुरूप किया है। इन्होंने सत्य, शिव और सुन्दर, तीनों का महत्त्व स्वीकारते हुए सत्य अथवा प्राकृत को काव्य का मूलतत्त्व बतलाया है : "सत्य की उपलब्धि के लिए ज्ञान की साधना आरम्भ हो जाती है।"—वह सत्य को प्राकृतिक विभूतियों में जो परिवर्तन होने के कारण अनृत नाम से पुकारी जाती है, ओत-प्रोत है। सत्य विराट है, उसे सहृदयता द्वारा ही हम सर्वत्र ओत-प्रोत देख सकते हैं। उस सत्य के दो लक्षण बतलाए गए हैं—श्रेय और प्रेय। शास्त्र में श्रेय का आज्ञात्मक ऐहिक और आमुष्मिक विवेचन होता है, और काव्य में श्रेय और प्रेय, दोनों का सामंजस्य। काव्य या साहित्य आत्मा की अनुभूतियों का नित्य नया-नया रहस्य खोलने में प्रयत्नशील रहता है। अतएव, कवित्व को आत्मा की अनुभूति कहते हैं।"

कहना न होगा कि काव्यगत सत्य की यह व्याख्या मौलिकता से दीप्त है। सत्य को श्रेय से सम्बद्ध करके प्रसाद जी ने यह बतलाने की चेष्टा की है कि काव्यगत अनुभूति को शिवत्व से अनुप्राणित होना चाहिए। इन्होंने काव्य में सत्य, शिव और सुन्दर के समावेश की समान रूप से कामना करने के उपरान्त कल्पना को भी कविता का आवश्यक उपादान बतलाया है। इस तरह सत्य एवं शिव को सौन्दर्य से सम्पृक्त मानकर प्रसाद जी ने छायावादी दृष्टिकोण के अनुरूप काव्य में कल्पना के सौन्दर्य का समावेश आवश्यक माना है। इन्होंने 'कामायनी' में सत्य, शिव और सुन्दर के स्वरूप का अत्यन्त उदात्त चित्र खींचा है।

काव्य-भेद और काव्य-वस्तु की समीक्षा

प्रसाद जी ने काव्य-भेदों पर विचार करते समय केवल महाकाव्य के स्वरूप का विवेचन ही किया है। इन्होंने महाकाव्य की कथावस्तु एवं पात्र-योजना पर टिप्पणी करते हुए लिखा है : "वर्णनों से भरे हुए महाकाव्य में जीवन और उसके विस्तारों का प्रभावशाली वर्णन आता है। उसके सुख-दुख, हर्ष, क्रोध, राग-द्वेष का वैचित्र्यपूर्ण आलेख मिलता है।" प्रसाद के अनुसार : "महाकाव्यों में मानव सुख-दुख की गाथाएँ गाई गईं। उनका केन्द्र होता था धीरोदत्त विख्यात लोकविश्रुत नायक। महाकाव्यों में महत्ता की अत्यन्त आवश्यकता है। महत्ता ही महाकाव्य का प्राण है। इस तरह प्रसाद जी ने मानव-जीवन को समग्रता में ग्रहण करते हुए महान गुणों से सम्पन्न महान चरित्र को कथावस्तु के उत्कर्ष में सहायक माना है। प्रसाद जी ने काव्य-क्षेत्र के अन्तर्गत दृश्य काव्य का भी विधिवत् विश्लेषण किया है।

महाकवि प्रसाद ने काव्य के वर्ण्य-विषयों के अन्तर्गत लौकिक प्रेम और जातीय भावना का सारगर्भित विवेचन किया है। आपने स्थूल शृंगार के अतिरेक को सामाजिक एवं साहित्यिक स्वास्थ्य के लिए अहितकर मानते हुए लिखा है : "शृंगार रस की मधुरता पान करते-करते आपकी मनोवृत्तियाँ शिथिल तथा अकुला गई हैं। इस कारण अब आपको भावमयी, उत्तेजनामयी, अपने को भुला देनेवाली कविताओं की आवश्यकता है। अस्तु, धीरे-धीरे जातीय संगीतमयी, वृत्ति-स्फुरणकारिणी, आलस्य को भंग करनेवाली, आनन्द बरसानेवाली धीर-गम्भीर पद-विक्षेपकारिणी शान्तिमयी कविता की ओर हम लोगों को अग्रसर होना चाहिए।"[9]

इस तरह प्रसाद जी ने काव्य में शृंगार की अतिशयता का विरोध करते हुए समसामयिक राजनीतिक-सामाजिक-सांस्कृतिक परिवेश के अनुरूप राष्ट्रीयता को स्थान देने पर बल दिया है। यहाँ प्रसाद जी ने लौकिक प्रेम की सर्वथा अवमानना न करते हुए शृंगार के अतिरेक के स्थान पर राष्ट्रीय भावना को महत्त्व देकर अपने कला-विवेक का ही परिचय दिया है। यह युग की माँग के अनुरूप है।

जयशंकर प्रसाद का छायावाद विवेचन

जयशंकर प्रसाद छायावाद के ऐसे सिद्धान्तवेत्ता हैं, जिन्होंने सर्वप्रथम छायावाद का विधिवत् विश्लेषण किया। उनकी छायावाद सम्बन्धी स्थापनाएँ अपेक्षाकृत ज़्यादा प्रामाणिक और ठोस तथ्यों पर आधारित हैं। इनका यह विश्वस्तरीय निबन्ध छायावाद सम्बन्धी आलोचना का मेरुदंड है। जिस समय छायावाद को लेकर विद्वानों की दृष्टि का धुँधलका साफ़ नहीं हो पा रहा था और पंडित रामचन्द्र शुक्ल जैसे आलोचक भी उसे लेकर असमंजस में थे, ठीक उसी समय प्रसाद जी ने छायावाद के सम्बन्ध में फैलाए जा रहे भ्रमजाल को तोड़ा और उसकी नितान्त भारतीय सन्दर्भ में मौलिक एवं स्पष्ट व्याख्या की। आपने अत्यन्त गम्भीर तर्क प्रस्तुत करते हुए उसमें वेदना से प्राप्त अनुभूति अथवा अन्तर्मुखी वृत्ति की प्रधानता बतलाई। आपके शब्दों में : "कविता के क्षेत्र में पौराणिक युग किसी घटना अथवा देश-विदेश की सुन्दरी के बाह्य वर्णन से भिन्न जब वेदना के आधार पर स्वानुभूति अभिव्यक्त होने लगी, तब हिन्दी में उसे छायावाद के नाम से अभिहित किया गया। रीतिकालीन प्रचलित परम्परा से—जिसमें बाह्य वर्णन की प्रधानता थी—इस ढंग की कविताओं में भिन्न प्रकार के भावों की नये ढंग से अभिव्यक्ति हुई। वे नवीन भाव अतिरिक्त स्पर्श से पुलकित थे। आभ्यन्तर सूक्ष्म भावों की प्रेरणा बाह्य-स्थूल आकार में भी कुछ विचित्रता उत्पन्न करती है। सूक्ष्म आभ्यन्तर भावों के व्यवहार में प्रचलित पद-योजना रही। इसके लिए नवीन शैली, नया वाक्य-विन्यास आवश्यक था। हिन्दी में नवीन शब्दों की भंगिमा, स्पृहणीय आभ्यन्तर वर्णन के लिए प्रयुक्त होने लगी। शब्द-विन्यास में

ऐसा पानी चढ़ा कि उसमें एक तड़प उत्पन्न करके सूक्ष्म अभिव्यक्ति का प्रयास किया गया।"[10] वे आगे लिखते हैं : "अभिव्यक्ति का यह निराला ढंग अपना स्वतंत्र लावण्य रखता है। मोती के भीतर छाया की जैसी तरलता होती है, वैसे ही कान्ति की तरलता अंग में लावण्य कही जाती है। इस लावण्य को संस्कृत साहित्य में छाया और विच्छित्ति के द्वारा कुछ लोगों ने निरूपित किया था। शब्द और अर्थ की यह वास्तविक वक्रता विच्छित्ति छाया और कान्ति का सृजन करती है। इस वैचित्र्य का सृजन करना विदग्ध कवि का ही काम है।"

इस तरह प्रसाद जी ने छायावाद के मूल उत्स को प्रमाणित करते हुए यह स्पष्ट किया है कि वह हिन्दी की नूतन काव्य-विधा न होकर अपने मूल रूप में सुरक्षित है। आगे प्रसाद जी एक महत्त्वपूर्ण स्थापना करते हुए लिखते हैं : "कवि की वाणी में प्रतीयमान छाया युवती के लज्जा-भूषण की तरह होती है। संस्कृत साहित्य में यह प्रतीयमान छाया अपने लिए अभिव्यक्ति को अनेक साधन उत्पन्न कर चुकी है, इस दुर्लभ छाया का संस्कृत के काव्योत्कर्ष काल में अधिक महत्त्व था। आवश्यकता इसमें शाब्दिक प्रयोगों की भी थी, किन्तु आन्तर अर्थ-वैचित्र्य को प्रकट करना भी इसका प्रधान लक्ष्य था। इस तरह की अभिव्यक्ति के उदाहरण संस्कृत में प्रचुर हैं।" इस तरह छायावादी कविता में कवि की जिस अन्तर्मुखी भावना की छाया रहती है, वह अपने मूल रूप में नारी के लज्जा भाव की भाँति व्यापक है। छायावाद के स्वरूप और उसके महत्त्व की यह सबसे मौलिक, खोजपूर्ण और तत्त्वग्राही व्याख्या है। इसके आगे प्रसाद जी ने छायावाद की विशेषताओं को एक साथ निरूपित करते हुए लिखा है : "छाया भारतीय दृष्टि से अनुभूति और अभिव्यक्ति की भंगिमा पर अधिक निर्भर करती है। 'ध्वन्यात्मकता, लाक्षणिकता, सौन्दर्यमय प्रतीक-विधान तथा उपचार वक्रता के साथ स्वानुभूति की विवृत्ति छायावाद की विशेषताएँ हैं।' अपने भीतर से मोती के पानी की तरह आन्तर स्पर्श करके भाव समर्पण करनेवाली अभिव्यक्त छाया कान्तिमयी होती है।"[11]

प्रसाद जी के अनुसार : छायावाद सौन्दर्य की वह शाश्वत विवृत्ति है, जो प्रथम महायुद्ध के बाद युगानुरूप भाषा-शैली एवं पदावली में अभिव्यक्त हुई। कहने की ज़रूरत नहीं कि प्रसाद जी ने छायावादी काव्य-दर्शन को प्रामाणिक अध्ययन एवं गहन चिन्तन के आलोक में प्रस्तुत किया है। इनका यह निबन्ध विश्वस्तरीय और कालजयी महत्त्व का है, जिसने छायावाद के मर्म का सम्यक् उद्घाटन किया। जब हिन्दी के आलोचक छायावाद के स्वरूप-विश्लेषण में असफल सिद्ध हो रहे थे, तब प्रसाद जी ने स्वयं आगे बढ़कर उसका वस्तुनिष्ठ विश्लेषण किया। उसके जटिल, बहुस्तरीय, वैविध्यपूर्ण, बहुलार्थी एवं अनेक रेखीय स्वरूप का निर्वचन किया। यह उनकी अप्रतिम देन है।

जयशंकर प्रसाद का रहस्यवाद-विवेचन

जयशंकर प्रसाद ने हिन्दी साहित्य में अवस्थित रहस्यवाद का भी विश्लेषण किया है। उनके अनुसार रहस्यवाद के मूल में सेमेटिक धर्म-भावना है और इसीलिए भारत के लिए वह बाहर की वस्तु है। इनके अनुसार : "भारतीय विचारधारा में रहस्यवाद को स्थान न देने का एक मुख्य कारण है। ऐसे आलोचकों के मन में एक तरह की झुंझलाहट है। रहस्यवाद के आनन्द पथ को उनके कल्पित भारतीयोचित विवेक में सम्मिलित कर लेने से आदर्शवाद का ढाँचा ढीला पड़ जाता है। इसलिए वे इस बात को स्वीकार करने में डरते हैं कि जीवन में यथार्थ वस्तु आनन्द है, ज्ञान से व अज्ञान से मनुष्य उसी की खोज में लगा है। आदर्शवाद ने विवेक के नाम पर आनन्द और उसके पथ के लिए जो जनरव फैलाया है, वही उसे अपनी वस्तु कहकर स्वीकार करने में बाधक है। किन्तु प्राचीन आर्य लोग सदैव से अपने क्रिया-कलाप में आनन्द, उल्लास और प्रमोद के उपासक रहे; और आज के भी अन्य देशीय तथा आर्य-संघ आनन्द के मूल संस्कार से संस्कृत और दीक्षित हैं। आनन्द-भावना, प्रियकल्पना और प्रमोद हमारी व्यवहार्य वस्तु थी। आज की जातिगत निर्वीर्यता के कारण उसे ग्रहण न कर सकने पर, यह सेमेटिक है, यह कहकर सन्तोष कर लिया जाता है।"[12]

इस तरह प्रसाद जी रहस्यवाद के प्राचीनतम भारतीय स्रोत तक पहुँचकर उसकी तथ्यपरक व्याख्या करते हैं। उनका स्पष्ट मानना है कि आरम्भिक वैदिक काल में, प्रकृति-पूजा के दौर में जब 'एकोसद् विप्राबहुधावदन्ति' के अनुसार एकेश्वरवाद विकसित हो रहा था, तभी आत्मवाद को भी प्रतिष्ठा मिल रही थी। प्रसाद के अनुसार : एकेश्वरवाद के प्रतीक वरुण थे और आत्मवाद के इन्द्र। वरुण, विवेक पक्ष के प्रतीक थे तो इन्द्र, आनन्द के प्रचारक थे। सप्तसिन्धु के तरुण आर्यों ने आत्मा के आनन्द वाली धारा का अधिक स्वागत किया। क्योंकि वे स्वत्व के उपासक थे, वैदिक-धर्म के अन्तर में आत्मवाद था और बाहर सात्त्विक कर्मकांडों का उल्लास था। कतिपय आर्य भी वरुण एवं इन्द्र की धाराओं से अनुकूलन स्थापित नहीं कर सके, वे 'व्रात्य' कहलाए। व्रात्यों ने चैत्य-पूजा का क्रम जारी रखा। वरुण द्वारा पुरस्कृत विवेकवादी धारा की चरम परिणति महात्मा बुद्ध के दुखवाद और बौद्धों के हीनयान सम्प्रदाय में हुई, जबकि इन्द्र द्वारा प्रचारित आनन्द की विशुद्ध धारा की परिणति आत्मवादी आनन्दमयी रहस्य-साधना के रूप में हुई। वरुण और इन्द्र की समन्वित धारा से पौराणिक धर्म की सृष्टि हुई। इस पौराणिक धर्म के दो प्रतीकों के रूप में 'राम' और 'कृष्ण' के अवतारों की परिकल्पना की गई। प्रसाद के अनुसार : हमें ऋग्वेद से ही रहस्य भावना के दर्शन होते हैं। 'अहं भुवं वसुनः पूर्व्यस्पतिरहं धनानि सं जयामि शाश्वतः' तथा 'अहिमस्मि महामही' इत्यादि उक्तियाँ रहस्यवाद की वैदिक भावनाएँ हैं। वेदों, उपनिषदों और आगमों में यह रहस्यमयी आनन्द-साधना

की परम्परा विशेष रूप से उल्लिखित है। 'केनोपनिषद्' के 'यस्यामत तस्य मतं', 'मतं यस्य न वेदसः' का ही अनुकरण तुलसी की यह पंक्ति है : 'जिन जाना जिन ताना नाहीं'। प्रसाद ने बौद्धों के शून्य का सम्बन्ध भी छान्दोग्योपनिषद् से जोड़ा है। फिर कबीर के शून्य महालिया को सामदेश की सौगात कैसे कहा जा सकता है? इस प्रकार प्रसाद ने भारतीय अध्यात्म-चिन्तन के इतिहास-क्रम से रहस्यवाद को जोड़कर उसे पूर्णतः आर्य जाति के उन्मेष में पल्लवित होनेवाली एक धारा माना है, जो आचार्य शुक्ल की मान्यताओं के विरोध में जाती है। उसकी भारतीयता को पुष्ट करती है।

इस तरह आलोच्य कवि ने रहस्यवाद-विवेचन में भी गहरी दिलचस्पी ली है। रहस्यवाद को सेमेटिक धर्म-भावना अथवा मेसोपोटामिया से गृहीत मानना आपको स्वीकार्य नहीं था। आपने आधुनिक रहस्यवाद को प्राचीन भारतीय परम्परा में माना और वेद, उपनिषद्, शैवागम, सिद्ध, कबीर पंथ, सूफी मतानुयायी-सूर और मीरा आदि की रचनाओं में रहस्य-भावना एवं लीला-वर्णन तथा रहस्यवाद के अन्तर्गत अद्वैत भावना और आनन्द-मन के सहज समन्वय की भी चर्चा की। वर्तमान हिन्दी साहित्य में इस अद्वैत भावना के विकास को भारत की निजी सम्पत्ति कहा।

प्रसाद जी ने भारतीय रहस्यवाद में अद्वैत भावना और आनन्द मत का सहज समन्वय स्वीकारा है। इनका अभिमत है : "साहित्य में विश्व-सुन्दरी प्रकृति में चेतनता का आरोप संस्कृत-वाङ्मय में प्रचुरता से उपलब्ध होता है। यह प्रकृति अथवा शक्ति का रहस्यवाद आनन्द-लहरी के 'शरीरं त्वं शंभो' का अनुकरण-मात्र है। वर्तमान हिन्दी में इस अद्वैत रहस्यवाद की सौन्दर्यमयी व्यंजना होने लगी है, वह साहित्य में रहस्यवाद का स्वाभाविक विकास है। इसमें अपरोक्ष अनुभूति, समरसता तथा प्राकृतिक सौन्दर्य के द्वारा अहं का इदम् से समन्वय करने का सुन्दर प्रयत्न है। हाँ, विरह भी युग की वेदना के अनुकूल मिलन का साधन बनकर इसमें सम्मिलित है। वर्तमान रहस्यवाद की धारा भारत की निजी सम्पत्ति है, इसमें सन्देह नहीं।"

इस तरह प्रसाद जी ने रहस्यवाद के भारतीय स्वरूप की खोज करके उसके विदेशीपन के प्रभाव को प्रकट किया। इन्होंने अपने स्वानुभूत अनुभवों, तथ्यों द्वारा अपने विवेचन का प्रमाणीकरण कर दिया है। प्रसाद जी ने रहस्यवाद के स्वरूप-विकास का जो वैज्ञानिक एवं वस्तुनिष्ठ विश्लेषण किया है, वह न केवल आचार्य शुक्ल जैसे आलोचक के समझ का सीमांकन करता है, अपितु प्रसाद जी की विराट मेधा तथा मौलिक चिन्तन का प्रमाण भी प्रस्तुत करता है। यह उनकी अतुल्य देन है।

जयशंकर प्रसाद द्वारा आदर्श-यथार्थ का स्वरूप विश्लेषण

जयशंकर प्रसाद आदर्श और यथार्थ का स्वरूप-विश्लेषण करते हुए छायावाद

को यथार्थ के आदर्शीकरण की मनोवृत्ति कहते हैं। इन्होंने यथार्थवाद का अतिशय वैज्ञानिक विश्लेषण किया है। इन्होंने लिखा है : "वेदना से प्रेरित होकर जनसाधारण के अभाव और उसकी वास्तविक स्थिति तक पहुँचने का प्रयत्न यथार्थवादी साहित्य करता है। इस दशा में प्राय: सिद्धान्त बन जाता है कि हमारे दुख और कष्टों के कारण प्रचलित नियम और प्राचीन सामाजिक रूढ़ियाँ हैं। फिर तो अपराधों के मनोवैज्ञानिक विवेचन के द्वारा यह भी सिद्ध करने का प्रयत्न होता है कि वे सब समाज के कृत्रिम पाप हैं। अपराधियों के प्रति सहानुभूति उत्पन्न कर सामाजिक परिवर्तन के सुधार का आरम्भ साहित्य में होने लगता है। इस प्रेरणा में आत्मनिरीक्षण और शुद्धि का प्रयत्न होने पर भी व्यक्ति के पीड़न, कष्ट और अपराधों से समाज को परिचित कराने का प्रयत्न भी होता है। और, यह सब व्यक्ति वैचित्र्य से प्रभावित होकर पल्लवित होता है। स्त्रियों के सम्बन्ध में नारीत्व की दृष्टि ही प्रमुख होकर, मातृत्व से उत्पन्न हुए सब सम्बन्धों को तुच्छ कर देती है। वर्तमान युग की ऐसी प्रवृत्ति है। जब मानसिक विश्लेषण के इस नग्न रूप में मनुष्यता पहुँच जाती है, तब उन्हीं सामाजिक बन्धनों की बाधा घातक समझ पड़ती है और इन बन्धनों को कृत्रिम और अवास्तविक माना जाने लगता है। यथार्थवाद क्षुद्रों का ही नहीं, अपितु महानों का भी है। वस्तुत: यथार्थ भाव का मूल भाव है—वेदना। जब सामूहिक चेतना छिन्न-भिन्न होकर पीड़ित होने लगती है, तब वेदना की विवृत्ति आवश्यक हो जाती है। कुछ लोग कहते हैं—साहित्यकार को आदर्शवादी होना ही चाहिए और सिद्धान्त से ही आदर्शवादी धार्मिक प्रवचनकर्ता बन जाता है। वह समाज को कैसा होना चाहिए, यही आदेश करता है और यथार्थवादी सिद्धान्त से ही इतिहासकार से अधिक कुछ नहीं ठहरता, क्योंकि यथार्थवाद इतिहास की सम्पत्ति है। वह चित्रित करता है कि समाज कैसा है या था किन्तु साहित्यकार न तो इतिहासकार है और न धर्मशास्त्र प्रणेता। इन दोनों के कर्तव्य स्वतंत्र हैं। साहित्य इन दोनों की कमी को पूरा करने का काम करता है। साहित्य, समय की वास्तविक स्थिति क्या है, इसको दिखाते हुए भी उसमें आदर्शवाद का सामजंस्य स्थिर करता है। दुख-दग्ध जगत् और आनन्दपूर्ण स्वर्ग का एकीकरण साहित्य है, इसीलिए असत्य अघटित घटना पर कल्पना को वाणी महत्त्वपूर्ण स्थान देती है, जो निजी सौन्दर्य के कारण सत्य-पद पर प्रतिष्ठित होती हैं। उसमें विश्वमंगल की भावना ओत-प्रोत रहती है।" इस तरह प्रसाद जी एक सत्यान्वेषी की तरह आदर्श एवं यथार्थ का स्वरूप विश्लेषण करते हैं।

जयशंकर प्रसाद ऐसे महत्त्वपूर्ण कवि हैं, जिन्होंने सर्वप्रथम यथार्थवाद की बड़ी ही गम्भीर और मार्मिक व्याख्या प्रस्तुत करते हुए आदर्शवाद के साथ उनके सामंजस्य पर बल दिया। इन्होंने लिखा है : यथार्थवाद की विशेषताओं में प्रधान है लघुता के प्रति साहित्यिक दृष्टिपात। उसमें स्वभावत: दुख की प्रधानता और वेदना की अनुभूति आवश्यक है।" लघुता से मेरा तात्पर्य है कि साहित्य के माने हुए सिद्धान्त के अनुसार

महत्ता के काल्पनिक चित्रण से अतिरिक्त व्यक्तिगत जीवन के दुख और अभावों का वास्तविक उल्लेख जाते हों, जो धार्मिक और साम्प्रदायिक परिवर्तनों के स्तर आवरण-स्वरूप बन जाते हैं। उन्हें हटाकर अपनी प्राचीन वास्तविकता को खोजने की चेष्टा भी साहित्य में तथ्यवाद की सहायता करती है। उस व्यापक दुख-संवलित मानवता को स्पर्श करनेवाला साहित्य यथार्थवादी बन जाता है। इस यथार्थवादी में अभाव, पतन और वेदना के अंश प्रचुरता से होते हैं। वस्तुतः यथार्थवाद का मूल भाव है वेदना। जब सामूहिक चेतना छिन्न-भिन्न होकर पीड़ित होने लगती है, तब वेदना की विवृत्ति आवश्यक हो जाती है। यथार्थवाद इतिहास की सम्पत्ति है। वह चित्रित करता है कि समाज कैसा है या था। इस तरह प्रसाद जी ने यथार्थवाद का अत्यन्त तार्किक एवं वैज्ञानिक विश्लेषण करते हुए काव्य में वेदना और ऐतिहासिक तथ्यों के वर्णन का समर्थन किया है। काव्यवस्तु की यथार्थवादी व्याख्या प्रस्तुत करने के उपरान्त प्रसाद जी ने यथार्थ और आदर्श के सामंजस्य को अपरिहार्य बतलाया है, वे लिखते हैं : "साहित्य समाज की वास्तविक स्थिति क्या है, इसको देखते हुए भी उसमें आदर्शवाद का सामंजस्य स्थिर करता है।"

प्रसाद ने काव्य-भाषा एवं शिल्प पर स्वतंत्र रूप से विचार नहीं किया है, परन्तु उनके द्वारा प्रयुक्त भाषा-शैली सर्वत्र एक विशेष प्रकार के आभिजात्य एवं उत्कर्ष से अनुप्राणित है। वे इस क्षेत्र में भी आदर्श एवं यथार्थ के मध्य सन्तुलन साधते हैं। आपने यह स्पष्ट किया है : "सांस्कृतिक केन्द्रों में जिस विकास का आभास दिखलाई पड़ता है, वह महत्त्व और लघुत्व, दोनों सीमांतों के बीच की वस्तु है। साहित्य की आत्मानुभूति या स्वात्म-अभिव्यक्ति अभेद और साधारणीकरण का संकेत कर सके तो वास्तविकता का स्वरूप प्रकट हो सकता है।" कहने का आशय यह है कि प्रसाद जी ने साहित्य में आदर्श एवं यथार्थ के सामरस्य पर ज़ोर दिया है।

जयशंकर प्रसाद द्वारा सभ्यता-समीक्षा

जयशंकर प्रसाद हिन्दी के ऐसे आचार्य कवि हैं, जो आधुनिक सभ्यता की गहरी पड़ताल करते हैं। सर्वप्रथम मुक्तिबोध का ध्यान इस तरफ़ गया। उन्होंने यह स्पष्ट शब्दों में कहा है कि प्रसाद का जीवन-दर्शन एवं दार्शनिक-चिन्तन उनके अनुभवों पर आधारित था। मुक्तिबोध लिखते हैं : "उनका दर्शन जीवन-समस्याओं के अनवरत चिन्तन के फलस्वरूप है। अतएव, वह जीवन-समस्याओं के निराकरण के रूप में प्रस्तुत हुआ है। उस दर्शन में, उस दर्शन के चित्रण में कोई दोष नहीं है। उसमें आडम्बर नहीं है। उसमें दार्शनिक दम्भ नहीं है और बहुत-से स्थानों पर आधुनिक सभ्यता की कुछ मूल विषमताओं पर कठोर और प्रखर काव्यात्मक आक्रमण है। संक्षेप में प्रसाद जी की दार्शनिक अनुभूति उनकी भावना के नेत्र हैं।"

प्रसाद का कृतित्व किस तरह आधुनिक सभ्यता की चीर-फाड़ करता है, इस दिशा में उसी समय आचार्य रामचन्द्र शुक्ल का ध्यान गया था। उन्होंने 'कामायनी' में विद्यमान चार तथ्यों की ओर ध्यान आकृष्ट किया था—1. बुद्धि के अतिरेक का विरोध, 2. विज्ञान और यंत्रों की वृद्धि के प्रति क्षोभ, 3. वर्गहीन समाज की साम्यवादी पुकार तथा 4. विज्ञान के अनुसंधानों का परिचय। विचारणीय बात यह है कि उपर्युक्त चारों बातें आधुनिकता के अभिलक्षणों में से हैं।

मुक्तिबोध ने प्रसाद जी की सभ्यता-समीक्षा के प्रधान रूपकों का सम्यक् निर्वचन किया है। उनके अनुसार : "'कामायनी' में वर्णित सभ्यता-प्रयासों के पीछे, प्रसाद जी का अपना जीवानानुभव, अपने युग की वास्तविक परिस्थिति, अपने समय की सामाजिक दशा बोल रही थी, यह निर्विवाद है।

प्रसाद जी की सभ्यता-समीक्षा के प्रधान तत्त्व ये हैं 1. वर्ग-भेद का विरोध और भर्त्सना, अहंकार की निंदा—यह प्रसाद जी की प्रगतिशील प्रवृत्ति है। 2. शासक वर्ग की जन-विरोधी आतंकवादी नीतियों की तीव्र निंदा—यह भी प्रगतिशील प्रवृत्ति है। 3. वर्ग-भेद का विरोध करते हुए भी मेहनतकशों के वर्ग-संघर्ष का तिरस्कार—यह एक प्रतिक्रियावादी तत्त्व है। 4. वर्गहीन सामंजस्य और समरसता का अमूर्त आदर्शवाद—यह तत्त्व, अपने अन्तिम अर्थों में, इसलिए प्रतिक्रियावादी है कि (क) वर्ग-वैषम्य से वर्ग-हीनता तक पहुँचने के लिए उसके पास कोई उपाय नहीं, इस उपायहीनता का आदर्शीकरण है—आदर्शवादी-रहस्यवादी विचारधारा, (ख) इस उपायहीनता का एक अनिवार्य निष्कर्ष यह भी है कि वर्तमान वर्ग-वैषम्यपूर्ण अराजक स्थिति चिरंजीव है, (ग) इस यथार्थ की भीषणता में अगर कुछ कमी की जा सकती है तो वह शासक की अच्छाई और उसके उदार दृष्टिकोण द्वारा ही सम्पन्न हो सकती है—श्रद्धा अपने पुत्र को इड़ा के पास इसीलिए रखती है, (घ) इस विचारधारा के द्वारा यथार्थ और आदर्श के बीच अनुवांछनीय खाई पड़ जाती है। ध्यान रहे कि प्रसाद जी के सम्मुख अपने 'आज' की ही दुनिया थी। वे इस 'आज' की वास्तविकताओं से इतना ज़्यादा परिचित थे कि स्वयं भारतीय कीर्ति के उद्‌गाता होकर भी, राष्ट्रीय उत्थान और साम्राज्यवाद-विरोधी वायुमंडल के बावजूद, इस बात को क़तई न भूल सके कि यह नवीन पूँजीवादी समाज और राष्ट्र भयानक रूप से रोगग्रस्त है। 'इड़ा' सर्ग की शापवाणी सुनिए। यह शापवाणी सन् 1952 की वास्तविकताओं को भी ठीक चित्रित करती है—सिवाय एक बात के। नई ऐतिहासिक शक्ति-सम्पन्न, विकासमान श्रमिक वर्गों की बल-वृद्धि और आत्म-विश्वासमयी क्रान्तिकारी प्रवृत्ति वे देख न सके। उनके जमाने में सामाजिक और राजनीतिक क्षेत्र में इस क्रान्तिकारी प्रकृति का कोई निर्णायक (और व्यापक) प्रभाव भी न था। प्रसाद जी की महत्ता इसी में है कि उन्होंने नवीन राष्ट्रीय पूँजीवादी यथार्थ के ह्रासग्रस्त स्वरूप की तीव्रतम शब्दों की निंदा की। भारतीय समाज के

अंदर, मार्क्सवादी विचारधारा का उनके जमाने में कोई निर्णायक प्रभाव न होने के कारण तथा तत्कालीन सामाजिक विकास-स्तर की सीमाओं से ग्रस्त होकर, वे इस वर्ग-वैषम्यपूर्ण अराजक भयानकता के विश्व को चिरन्तन मान बैठे।"[13]

हिन्दी के परवर्ती आलोचकों का ध्यान भी इस ओर गया है। डॉ. नामवर सिंह ने प्रसाद काव्य के इस वैशिष्ट्य का स्वरूप स्पष्ट करते हुए लिखा है : " 'कामायनी' में अपने युग-जीवन की जीवन्त समस्याओं का स्पन्दन है। प्रसाद ने अपने युग की वास्तविकता को इतने व्यापक सामाजिक परिवेश में तथा भावना के गहरे स्तरों के साथ चित्रित किया है कि प्रतीकों में युग-युग को रस-मग्न और प्रेरित करने की क्षमता आ गई है। इतने विशाल आधार पर, इतने चित्रात्मक ढंग से आधुनिक समाज का संघर्ष किसी हिन्दी काव्य में चित्रित नहीं हुआ है और जहाँ तक मैंने पढ़ा है, अन्य भाषाओं में भी शायद ही कोई ऐसी कविता मिले। इलियट की 'वेस्टलैंड' अत्यधिक व्यंग्यात्मक, प्रसंगगर्भी और प्रतीकात्मक होते हुए भी मानव-विकास की ओर इतना विवेकपूर्ण संकेत नहीं करती। प्रसाद ने 'कामायनी' में आधुनिक भारतीय सभ्यता के विविध पहलुओं का सजीव चित्रण किया है। इसी मायने में 'कामायनी' आज की आधुनिक सभ्यता का प्रतिनिधि महाकाव्य है।" वस्तुतः 'कामायनी' में ऐसे अनेक स्थायी सूत्र हैं, जिसके कारण वह पहले से भी अथवा वर्तमान सन्दर्भों में प्रासंगिक, अर्थगर्भी और उपादेय नज़र आती है। आज नवीनतम प्रौद्योगिकीय उपलब्धियों में 'कामायनी' की इस बात को देखा जा सकता है कि 'शस्त्र-यंत्र बन चले न देखा जिसका सपना।' 'कामायनी' आधुनिक युग-सन्दर्भों, जीवन-मूल्यों, परिवर्तित मानों, परम्परा और आधुनिकता के तनाव तथा भौतिक-वैज्ञानिक संस्कृति की तमाम जटिलताओं का समाहार करनेवाली एक विराट सृष्टि है, जिसमें आधुनिक समाज के संघर्ष का बहुस्तरीय चित्रण एक विशाल-स्थितियों के संकल्पों, संघर्षों एवं उपलब्धियों के साथ-साथ विडम्बनाओं को समीकृत रूप में प्रस्तुत करने की असाधारण क्षमता के कारण वह हिन्दी की सबसे आधुनिक रचना बनी हुई है। प्रसाद जी की सभ्यता-समीक्षा 'कामायनी' के 'इड़ा सर्ग' में अपने प्रकर्ष पर पहुँच गई है। आख़िर, आधुनिक सभ्यता की विसंगतियों पर इससे प्रखर काव्यात्मक आक्रमण किस भाषा-साहित्य में उपलब्ध होता है ?

यह अभिनव मानव प्रजा सृष्टि।
द्वयता में लगी निरन्तर ही वर्णों की करती रहे वृष्टि।
अनजान समस्याएँ गढ़ती रचती हों अपनी ही विनष्टि॥
कोलाहल कलह, अनन्त चले, एकता नष्ट हो बड़े भेद।
अभिलषित वस्तु तो दूर रहे, हाँ मिले अनिच्छित दुखद खेद॥
हृदयों का हो आवरण सदा अपने वक्षस्थल की जड़ता।

पहचान सकेंगे नहीं परस्पर चले विश्व गिरता-पड़ता॥
सब कुछ भी हो यदि पास भरा पर दूर रहेगी सदा तुष्टि।
दुख देगी यह संकुचित दृष्टि॥

कहना न होगा कि प्रसाद जी कोलाहल-कलह से युक्त आधुनिक सभ्यता की विसंगतियों पर सटीक टिप्पणी ही नहीं करते, बल्कि अपने स्तर पर उसका निदान भी प्रस्तुत करते हैं। उनका समरसता सिद्धान्त प्रकारान्तर से संघर्ष निराकरण (Stress management) का प्रतिमान उपलब्ध कराता है। इसमें आधुनिक सभ्यता की द्वंद्वात्मकता का भावनात्मक निदान है। प्रसाद जी इच्छा-क्रिया और ज्ञान के समन्वय द्वारा आधुनिक मनुष्य की पीड़ाओं एवं व्यग्रताओं का ही निराकरण नहीं करते, अपितु उसे एक 'सार्वभौम'—शाश्वत् निदान उपलब्ध कराते हैं। वे मनुष्य जाति को आन्तरिक उन्नयन एवं सन्तुलन का मार्ग उपलब्ध कराते हैं। इस तरह प्रसाद जी की सभ्यता-समीक्षा मनुष्यता के प्रति अतिशय विवेकपूर्ण एवं संवेदनात्मक संदृष्टि रखती है, जो एक बड़े रचनाकार का अभिलक्षण है। वे आन्तरिक संगति के माध्यम से बाह्य जीवन के सन्तुलन एवं आनन्द का मार्ग बतलाते हैं।

जयशंकर प्रसाद का भाषिक-चिन्तन

जयशंकर प्रसाद ने भाषा के सम्बन्ध में अतिशय परिष्कृत रुचि का परिचय दिया है। इन्होंने सर्वत्र कलात्मक और परिष्कृत भाषा के प्रयोग का प्रादर्श रखा है। इन्होंने पहले 'चन्द्रगुप्त' नाटक में चाणक्य से कहलवाया है : "मैं भाषा को सुधारने के पहले मनुष्यों को सुधारना चाहता हूँ।" इससे सिद्ध होता है कि प्रसाद जी अपने कवि-कर्म के प्रति बेहद सतर्क रहे हैं। जयशंकर प्रसाद के भाषिक-चिन्तन पर विचार करते समय आचार्य नन्ददुलारे वाजपेयी ने लिखा है : "अन्तिम प्रश्न काव्य में अनुभूति या अभिव्यक्ति की प्रधानता विषयक है। अभिव्यंजनावाद, अभिव्यक्ति की ही प्रधानता स्वीकार करता है; किन्तु प्रसाद जी अनुभूति की प्रधानता मानते हैं।" उन्होंने इस सम्बन्ध में हिन्दी के दो सर्वश्रेष्ठ कवियों का उदाहरण सामने रखा है—सूरदास और गोस्वामी तुलसीदास का। वे पूछते हैं : "कहा जाता है कि वात्सल्य की अभिव्यक्ति में तुलसीदास, सूरदास से पिछड़ गए हैं। तो क्या यह मान लेना पड़ेगा कि तुलसीदास के पास वह कौशल या शब्द-विन्यासपटुता नहीं थी, जिसके अभाव के कारण ही ये वात्सल्य की सम्पूर्ण अभिव्यक्ति नहीं कर सके?" प्रश्न का उत्तर भी दे देते हैं : "मैं तो कहूँगा, यही प्रमाण है आत्मानुभूति की प्रधानता का। सूरदास के वात्सल्य में संकल्पनात्मक मौलिक अनुभूति की तीव्रता है, उस विषय की प्रधानता के कारण। तुलसीदास के हृदय में वास्तविक अनुभूति तो रामचन्द्र जी

की भक्त-रक्षण-समर्थ दयालुता है, न्यायपूर्ण ईश्वरता है—जीव की शुद्धावस्था में पाप-पुण्य निर्लिप्त कृष्णचन्द्र की शिशु मूर्ति का शुद्ध अद्वैतवाद नहीं।"

आचार्य वाजपेयी आगे लिखते हैं : "प्रसाद का यह उत्तर सोलह आना सत्य है, किन्तु अभिव्यंजनावादियों का प्रश्न यह है कि अनुभूति है क्या वस्तु? एक ओर तो कवि को अनुप्रेरित करनेवाले सृष्टि के वस्तु-व्यापार हैं और दूसरी ओर है कवि का काव्य या अभिव्यक्ति। इन दोनों के बीच में अनुभूति है। यह अनुभूति काव्य-व्यापार में कहीं भी स्वतंत्र नहीं है। एक ओर वह बाह्य अभिव्यक्ति (संसार और उसके भाववादियों) से प्रशिक्षण निर्मित होती है और दूसरी ओर काव्याभिव्यक्ति में परिणत होती है। केवल अनुभूति काव्य का कोई उपादान नहीं। अनुभूति चाहे जितनी हो, काव्य का निर्माण नहीं हो सकता। काव्य-निर्माण के लिए काव्यात्मक अभिव्यक्ति ही आवश्यक है। अभिव्यक्ति केवल रचना-कौशल नहीं है, अनुभूतिपूर्ण रचना कौशल है।" इस तरह प्रसाद जी वस्तु और रूप का अद्वैत सिद्ध करते हैं।

प्रसाद जी का इस मत से कोई विरोध नहीं है, किन्तु वे इसकी छानबीन में उतरे नहीं हैं। हाँ, वे अभिव्यंजनावादियों की भाँति अनुभूति को गौणता न देकर उसे मुख्य मानते हैं। अनुभूति का निर्माण कैसे होता है, यह तो प्रश्न ही दूसरा है। वस्तुतः वे अनुभूति को मननशील आत्मा की असाधारणा अवस्था मानते हैं और अभिव्यंजनावादियों की व्यक्त बाह्य प्रक्रियाओं को विशेष महत्त्व नहीं देते। अभिव्यंजनावादी 'क्रोच' और रहस्यवादी प्रसाद में इतना ही मुख्य अन्तर है।"[14]

प्रसाद जी का भाषिक-चिन्तन उनकी काव्य-भाषा को सर्वोत्तम सीमा तक ले जाता है। वे भावों के अनुसार भाषिक अनुप्रयोग पर ज़ोर देते हैं। आप भाव और विषय के अनुरूप शब्द-चयन पर ज़ोर देते हैं। आप आवश्यकतानुसार ओज, प्रसाद और माधुर्य गुणों का प्रयोग करके भाषा को सर्वाधिक गति और यति प्रदान करते हैं। आपने शब्द-शक्तियों में लक्षणा और व्यंजना का विशिष्ट प्रयोग किया है। प्रसाद जी अपने 'रंगमंच' शीर्षक निबन्ध में भाषा की सरलता और क्लिष्टता पर भी विचार करते हैं। इस सन्दर्भ में अपना स्पष्ट मत व्यक्त करते हुए कहते हैं : "सरलता और क्लिष्टता पात्रों के भावों और विचारों के अनुसार भाषा में होगी ही और पात्रों के भावों और विचारों के ही आधार पर भाषा की एकतंत्रता नष्ट करके कई तरह की खिचड़ी भाषाओं का प्रयोग हिन्दी नाटकों के लिए ठीक नहीं। पात्रों की संस्कृति के अनुसार उनके भावों और विचारों में तारतम्य होना भाषाओं के परिवर्तन से अधिक उपयुक्त होगा। देश और काल के अनुसार भी सांस्कृतिक दृष्टि से भाषा में पूर्ण अभिव्यक्ति होनी चाहिए।" इस तरह प्रसाद जी भाषा के मानक और सुसंस्कृत रूप का प्रतिमान प्रस्तुत करते हैं। वे मिश्रित अथवा खिचड़ी भाषा के अनुप्रयोग के विरोधी हैं। आपने एक प्रतिभाशाली महाकवि के अनुरूप भाषा की व्यंजना-शक्ति, ध्वन्यात्मकता और चित्रमयता के साथ-साथ मूर्तिमयता का भी विशिष्ट प्रयोग किया

है। भाव, वस्तु और रूप के जो विलक्षण बिम्ब आपने 'कामायनी' में निर्मित किये हैं, वे हिन्दी ही नहीं, सम्पूर्ण विश्व साहित्य की अनमोल निधियाँ हैं। 'कामायनी' की भाषा संगीतमयता से भी अनुप्राणित है। यहाँ भाषा का माधुर्य संगीत, लय-तत्त्व, संवाद, नाटकीयता के सामंजस्य से अप्रतिम सौष्ठव प्राप्त कर लेता है। प्रसाद जी ने अलंकारों का प्रयोग भावोत्कर्ष के लिए किया है। इनके काव्य में अलंकार शरीर और त्वचा की भाँति सहजात हैं। वे वस्तु-विधान का अनिवार्य अंग हैं। इसी तरह शब्द-चित्र, वस्तु-चित्र, भाव-चित्र, नाद-सौन्दर्य तथा सांगीतिकता के समन्वय से प्रसाद की भाषा न केवल अपूर्व रमणीयता का सृजन करती है, अपितु लक्षणा, व्यंजना के सटीक प्रयोग द्वारा उसे अपूर्व अर्थ-दीप्ति भी प्रदान करती है। कहने का आशय यह है कि प्रसाद जी इस क्षेत्र में भी अपना प्रतिद्वंद्वी नहीं जानते। वे अपना प्रतिमान आप ही हैं। आपने पहली बार साहित्य की विविध विधाओं में हिन्दी भाषा की बहुस्तरीय सम्भावना का उद्घाटन किया। उसका अपने वैशिष्ट्यपूर्ण लेखन द्वारा एक मानक रूप निर्धारित किया।

जयशंकर प्रसाद द्वारा सैद्धान्तिक अनुप्रयोग

जयशंकर प्रसाद ने अपने काव्य-सिद्धान्तों का यथेष्ट रूप से सर्जनात्मक अनुप्रयोग किया है। प्रसाद के काव्य-सिद्धान्त रचना-प्रक्रिया और आन्तरिक अर्थ-दीप्ति से अनुप्राणित हैं। वे मौलिकता, गहनता और नवीनता की अर्थ-दीप्ति से उद्भासित हैं। इन्होंने अपने काव्य-चिन्तन को अपनी कविताओं में मूर्तिमान किया है। साथ ही अपने काव्य-संसार को अनुभूति (सत्य), गहनता लोकधर्म (शिवत्व), कल्पना (सौन्दर्य) तथा रसात्मकता (आनन्द) से परिपूर्ण बनाया है। इनकी कविता राष्ट्रीय संस्कृति का संवहन करती है। वह विश्व-कल्याण और विश्व-मानवतावाद की प्रतिष्ठा के लक्ष्य से परिचालित है। इन्होंने महाकाव्य में मानव-जीवन को पूर्णता प्रदान करने के लिए मानवीय चेतना का इतिहास ही लिख डाला। अपने परम्परागत वस्तु की नूतन प्रतिपत्ति द्वारा सर्वत्र अपनी मौलिकता का निदर्शन किया है। प्रसाद जी अपने काव्य-चिन्तन के सैद्धान्तिक अनुप्रयोग में किस सीमा तक सफल हुए हैं, इस पर विचार करते हुए डॉ. सुरेशचन्द्र गुप्त ने लिखा है : "उनकी कृतियों में रस अथवा आनन्द-प्रेरण का सहज प्रसार तो अतर्क्य है ही, काव्य के अन्य तत्त्वों अर्थात् सत्य, शिव और सुन्दर की ओर से भी वे विमुख नहीं रहे हैं। उनकी रचनाओं में अनुभूति की आन्तरिकता का अभाव नहीं है—विशेषत: 'आँसू' में तो उसकी गरिमा देखते ही बनती है। 'कामायनी' में बुद्धि पर हृदय की विजय का घोषणा-पत्र शिवत्व-साधना का चरम रूप प्रस्तुत करता है। 'महाराणा का महत्त्व', 'प्रेम-पथिक' और 'कानन-कुसुम' की अधिकांश कविताओं में भी शिव-तत्त्व के प्रसार को अनायास

लक्षित किया जा सकता है। इसके अतिरिक्त कल्पना और सौन्दर्य की अभिव्यक्ति के लिए भी उनकी कविता के द्वार उन्मुक्त रहे हैं। इस दृष्टि से 'कामायनी', 'लहर' और 'झरना' में अभिनिवेश विशेषतः अभीप्सित है। उनकी अन्य कृतियों में भी प्रकृति और जीवन की छवि के अंकन का अभाव नहीं है। 'कामायनी' में कल्पना का ललित प्रसाद 'सुन्दर' की उपलब्धि में सहायक रहा है।"

प्रसाद की द्वितीय स्थापना काव्य-वर्ण्य से सम्बन्धित है। उन्होंने कवि को 'शृंगार के अतिरेक' से बचने का परामर्श दिया है, किन्तु व्यवहार-रूप में इसका सर्वत्र निर्वाह नहीं किया है। 'विशाख', 'राज्यश्री', 'कामना' आदि नाटकों में उपलब्ध प्रेम-कविताओं में यत्र-तत्र शृंगार का प्रभाव स्पष्ट है—यहाँ तक कि 'कामायनी' भी रूप-यौवन के उद्दाम चित्रों से मुक्त नहीं है। वस्तुतः उन्होंने शृंगार के स्थूल अतिवाद से बचने का परामर्श दिया है। प्रणय, सौन्दर्य, यौवन आदि के स्वस्थ-स्फूर्तिमय रूप के प्रति विरक्ति जगाना उनका लक्ष्य नहीं है। इसी प्रकार राष्ट्रीय भावना का सजीव उल्लेख भी उन्हें सहज इष्ट रहा है। 'कानन-कुसुम' की 'भरत', 'शिल्प-सौन्दर्य', 'कुरुक्षेत्र' और 'वीर बालक' शीर्षक कविताओं, 'चन्द्रगुप्त' तथा 'स्कन्दगुप्त' के कतिपय गीतों एवं 'महाराणा का महत्त्व' को इसके लिए प्रमाण-रूप में प्रस्तुत किया जा सकता है। उनकी महाकाव्य विषयक धारणाएँ भी 'कामायनी' में सहज ही खोजी जा सकती हैं—इस कृति में मानव की विविध मनोदशाओं के चित्रण द्वारा जीवन को मौलिक गति दी गई है और नायक मनु के चरित्र को दुर्बलताओं से ग्रस्त दिखाने पर अन्ततः महत भावनाओं से ऊर्ध्वगामी रखा गया है।

'कामायनी' के कवि ने छायावाद, रहस्यवाद और आदर्श-यथार्थ का स्वतंत्र विवेचन किया है। उनके अनुसार छायावादी रचना में भावना की समृद्धि के लिए अनुभूति और प्राकृतिक छवि की व्यंजना होनी चाहिए तथा शिल्प-सौन्दर्य के विधान के लिए ध्वन्यात्मकता, सौन्दर्यमय प्रतीक-विधान एवं वक्रोक्ति का आश्रय लिया जाना चाहिए। सिद्धान्त-व्यवहार की दृष्टि से उन्होंने अपनी रचनाओं में वेदना और सौन्दर्यानुभूति को विविध रूपों में ग्रहण किया है। अनुभूति को सौन्दर्य से सहज सम्बद्ध रखकर उन्होंने ज्ञान (सत्य) और प्रकृति (आनन्द) में जो समन्वय स्थापित किया है, उसके लिए वे निश्चय ही अभिनन्दनीय है। 'कामायनी', 'लहर' और 'झरना' में मुख्यतः तथा अन्य कृतियों में स्फुट रूप से प्रकृति-सौन्दर्य का उद्घाटन उन्हें इष्ट रहा है। शिल्प की सूक्ष्मताओं का भी उन्होंने यथेष्ट परिचय दिया है। उनकी शैली में इतिवृत्त का एकान्त तिरस्कार है, क्योंकि वक्रोक्ति और ध्वनि को विशेष कर 'कामायनी' के 'लज्जा सर्ग' में विशेष स्थान प्राप्त हुआ है। भावों में चारुता के विधान के लिए प्रतीक-पद्धति का आश्रय भी अनेक स्थानों पर लिया गया है। यही वह प्रवृत्ति है, जो उनकी कविता को पूर्ववर्ती काव्यधारा से भिन्न धरातल पर प्रतिष्ठित करती है। उदाहरणार्थ निम्नलिखित पंक्तियों में यौवन के लिए 'वसन्त'

और वयः सन्धि के लिए 'रजनी के पिछले पहर' का प्रतीकात्मक प्रयोग देखिए :

मधुमय वसन्त जीवन वन के, बह अन्तरिक्ष की लहरों में।
कब आये थे तुम चुपके से, रजनी के पिछले पहरों में॥

प्रसाद के छायावाद विषयक विचार उनकी कृतियों में यथावत् व्यवहृत हैं। रहस्यवाद का विवेचन करते समय उन्होंने उसमें अद्वैत भावना, आनन्द-मत, अपरोक्ष अनुभूति और समरसता की स्थिति पर बल दिया है। ये विशेषताएँ मुख्यतः 'कामायनी' में उपलब्ध हैं। 'पुतली बनकर रहे चमकते', 'प्रियतम हम दृग में तेरे' जैसी काव्य-पंक्तियों में उन्होंने अद्वैत भावना और आनन्द-धारा को एक साथ समाविष्ट रखा है। अपरोक्ष अनुभूति के फलस्वरूप आत्मा की आनन्द-विह्वलता को 'कहो' शीर्षक कविता में इस प्रकार प्रस्तुत किया गया है : "बाह्य वियोग, मिलन या मन का, इसका कारण कौन कहो?" रहस्यवाद की इन सभी विशेषताओं को 'कामायनी' में भी उपयुक्त स्थान प्राप्त हुआ है। कवि ने 'दर्शन सर्ग' में शैवागम के आनन्द सिद्धान्त को, 'रहस्य सर्ग' में अपरोक्ष अनुभूति को और 'आनन्द सर्ग' में समरसता को स्थान देकर अपने विचारों को उत्कृष्ट मूर्त रूप प्रदान किया है।"

प्रसाद की रचनाओं में यथार्थवाद और आदर्शवाद सम्बन्धी विचारों का भी उपयुक्त प्रतिफलन हुआ है। उन्होंने यथार्थवादी रचना में जीवन की वेदना और ऐतिहासिक सत्य को स्थान देने का परामर्श दिया है, किन्तु उनका मूल प्रतिपाद्य यथार्थ और आदर्श में सामंजस्य की स्थापना है। सिद्धान्त-व्यवहार की दृष्टि से 'आँसू' में जीवनव्यापी वेदना के यथार्थ रूप का करुण चित्रण हुआ है। 'कामायनी' के 'चिन्ता सर्ग' में देव-सृष्टि के नाश की ऐतिहासिक गाथा को यथार्थ के अंचल में प्रस्तुत किया गया है। किन्तु उनके काव्य में यथार्थ का अर्थ वस्तुवादी दृष्टि नहीं है। समरसता के आलोक में वहाँ भौतिक समस्याओं की परिणति आनन्दवाद में हुई है।"[15]

इस प्रकार स्पष्ट है कि प्रसाद जी ने अपने काव्य-सिद्धान्तों को अपनी रचनाओं में मूर्तिमान करने में अपेक्षित सफलता प्राप्त की है। वे अपने उच्चतर काव्यादर्शों के अनुरूप काव्य-सृजन में अद्भुत ऊँचाई प्राप्त करते हैं। वे अपने सिद्धान्तों को अपनी कविता में सिद्धि प्रदान करते हैं। प्रसाद जी ने निराला के सुप्रसिद्ध काव्य संकलन 'गीतिका' की सारगर्भित समीक्षा भी की है।

जयशंकर प्रसाद द्वारा पाश्चात्य काव्य-चिन्तन की समीक्षा

जयशंकर प्रसाद ने अनेक अवसरों पर पाश्चात्य काव्य-चिन्तन की समीक्षा की है। परन्तु काव्य-कला और रहस्यवाद के सन्दर्भ में आपकी स्थापनाएँ ऐतिहासिक

महत्त्व की हैं। इस सन्दर्भ में आपका स्पष्ट मत है : "ज्ञान के वर्गीकरण से पूर्व और पश्चिम का सांस्कृतिक रुचि-भेद विलक्षण है। प्रचलित शिक्षा के कारण आज हमारी चिन्तनधारा के विकास में पाश्चात्य प्रभाव ओत-प्रोत है, और हम बाध्य हो रहे हैं अपने ज्ञान-सम्बन्धी प्रतीकों को उसी दृष्टि से देखने के लिए। हेगेल के मतानुसार मूर्त और अमूर्त विभागों के द्वारा कलाओं में लघुत्व और महत्त्व समझा जाता है। इस विभाग में सुगमता अवश्य है, किन्तु इसका ऐतिहासिक और वैज्ञानिक विवेचन होने की सम्भावना जैसी पाश्चात्य साहित्य में है, वैसी भारतीय साहित्य में नहीं। उसके पास अरस्तू से लेकर वर्तमान काल तक की सौन्दर्यानुभूति सम्बन्धी विचारधारा का क्रम-विकास और प्रतीकों के साथ-साथ उनका इतिहास तो है ही, सबसे अच्छा साधन उनकी अविच्छिन्न व सांस्कृतिक एकता भी है। यों तो पाश्चात्य वर्गीकरण में भी मतभेद दिखाई पड़ता है। प्राचीन काल में ग्रीस का दार्शनिक प्लेटो कविता का संगीत के अन्तर्गत वर्णन करता है, किन्तु वर्तमान विचारधारा मूर्त और अमूर्त कलाओं का भेद अमूर्त सम्बन्धी महत्ता से प्रेरित होकर प्लेटो ने प्राचीन काल में कविता को संगीत के अन्तर्गत माना है। उनकी विचार-पद्धति में कविता की आवश्यकता संगीत के लिए है। सम्भवतः अमूर्त संगीत आभ्यन्तर और मूर्त शरीर बाह्य, इन्हीं दोनों आधारों पर कला की नींव ग्रीस के विचारकों ने रखी, सो भी बिलकुल भौतिक दृष्टि से, अध्यात्म का उसमें सम्पर्क नहीं। इसीलिए प्लेटो का शिष्य अरस्तू कला को अनुकरण मानता है। लोकोत्तर आनन्द की सत्ता का विचार ही नहीं किया गया! उसे तो शुद्ध दर्शन के लिए सुरक्षित रखा गया।"[16] इस तरह प्रसाद जी काव्यकला के सन्दर्भ में पाश्चात्य विचारधारा की सीमाओं का निर्धारण करते हैं और दर्शन तथा अध्यात्म के सन्निवेश के कारण भारतीय विचारधारा को विलक्षण और अभूतपूर्व बतलाते हैं।

प्रसाद जी परम्परावादी चिन्तक हैं, जो हर एक विषय को पूरे ऐतिहासिक क्रम में देखते हैं। इन्होंने अपने विश्वस्तरीय निबन्ध 'रहस्यवाद' में पहली बार यह स्पष्ट किया कि रहस्यवाद पश्चिम की देन नहीं है, अपितु उसका मूल उत्स ऋग्वेद में मिलता है। वह भारतीय परम्परा में निरन्तर विद्यमान रहा है।

आपने लिखा है : "काव्य में आत्मा की संकल्पात्मक मूल अनुभूति की मुख्य धारा रहस्यवाद है। रहस्यवाद के सम्बन्ध में कहा जाता है कि उसका मूल उद्गम सेमेटिक धर्म-भावना है, और इसीलिए भारत के लिए वह बाहर की वस्तु है। किन्तु शाम देश के यहूदी जिनके पैगंबर मूसा इत्यादि थे, सिद्धान्त में ईश्वर को उपास्य और मनुष्य को जिहोवा (यहूदियों के ईश्वर) का उपासक अथवा दास मानते थे। सेमेटिक धर्म में मनुष्य की ईश्वर से समता करना अपराध समझा गया है। क्राइस्ट ने ईश्वर का पुत्र होने की ही घोषणा की थी, परन्तु मनुष्य का ईश्वर से यह सम्बन्ध जिहोवा के उपासकों ने सहन नहीं किया और उसे सूली पर चढ़ा दिया।"

पिछले काल में यहूदियों के अनुयायी मुसलमानों ने भी 'अनलहक' कहने पर मंसूर को उसी पथ का पथिक बनाया। सरमद का सर काटा गया। सेमेटिक धर्म-भावना के विरुद्ध चलनेवाले ईसा, मंसूर और सरमद आर्य अद्वैत धर्म-भावना से अधिक परिचित थे।

सूफी सम्प्रदाय मुसलमानी धर्म के भीतर वह विचारधारा है, जो अरब और सिन्ध का परस्पर सम्पर्क होने के बाद से उत्पन्न हुई थी। यद्यपि सूफी धर्म का पूर्ण विकास तो पिछले काल में आर्यों की बस्ती ईरान में हुआ, फिर भी उनके सब आचार इस्लाम के अनुसार ही है। उनके अद्वैत से कोई दार्शनिक सम्बन्ध नहीं। उसमें जहाँ कहीं पुनर्जन्म या आत्मा के दार्शनिक तत्त्व का आभास है, वह भारतीय रहस्यवाद का अनुकरण मात्र है, क्योंकि शामी धर्मों के भीतर अद्वैत कल्पना दुर्लभ नहीं, त्याज्य भी है।

कुछ लोगों का कहना है, मेसोपोटामिया या बाबिलन के बाल, ईस्टर प्रभृति देवताओं के मन्दिरों में रहनेवाली देवदासियाँ ही धार्मिक प्रेम का उद्गम हैं और वहीं से धर्म और प्रेम का मिश्रण, उपासना में कामोपभोग इत्यादि अनाचार का आरम्भ हुआ तथा यह प्रेम ईसाई-धर्म के द्वारा भारतवर्ष के वैष्णव-धर्म को मिला। किन्तु उन्हें यह नहीं मालूम कि काम का धर्म में अथवा सृष्टि के उद्गम में बहुत बड़ा प्रभाव ऋग्वेद के समय में ही माना जा चुका है—'कामस्तदग्रे समवर्तताधि नसो रेतः प्रथमं यदासीत्'। यह काम प्रेम का प्राचीन वैदिक रूप है, और प्रेम से वह शब्द अधिक व्यापक भी है। जब से हमने प्रेम को लव (Love) या इश्क का पर्याय मान लिया, तभी से 'काम' शब्द की महत्ता कम हो गई। सम्भवतः विवेकवादियों की आदर्श-भावना के कारण, इस शब्द में केवल स्त्री-पुरुष सम्बन्ध के अर्थ का ही भान होने लगा। किन्तु काम में जिस व्यापक भावना का समावेश है, वह इन सब भावों को आवृत्त कर लेती है। इसी वैदिक काम की आगम शास्त्रों में, कामकला के रूप में उपासना भारत में विकसित हुई थी। यह उपासना सौन्दर्य, आनन्द और उन्मद भाव की साधना-प्रणाली थी। पीछे बारहवीं शताब्दी के सूफी इन अरबी ने अपने सिद्धान्तों में इसकी महत्ता स्वीकारी है। वह कहते हैं कि मनुष्य ने जितने प्रकार के देवताओं की पूजा का समारम्भ किया है, उनमें काम ही सबसे मुख्य है। यह काम ही ईश्वर की अभिव्यक्ति का सबसे बड़ा व्यापक रूप है।

देवदासियों का प्रचार दक्षिण के मन्दिरों में वर्तमान है और उत्तरीय भारत में ईसवी सन् से कई सौ बरस पहले शिव, स्कन्द, सरस्वती इत्यादि देवताओं के मन्दिर नगर के किस भाग में होते थे, इसका उल्लेख चाणक्य ने अपने 'अर्थशास्त्र' में किया है और सरस्वती मन्दिर तो यात्रा-गोष्ठी तथा संगीत आदि कला-सम्बन्धी समाजों के लिए प्रसिद्ध था। देवदासियाँ मन्दिरों में रहती थीं। परन्तु वे उस देव प्रतिमा के विशेष अन्तर्निहित भावों को कला के द्वारा अभिव्यक्त करने के लिए ही

रहती थीं। उनमें प्रेम पुजारिनों का होना असम्भव नहीं था। सूफी रबिया से पहले ही दक्षिण भारत की देवदासी अन्दाल ने जिस कृष्ण-प्रेम का संगीत गाया था, उसकी आविष्कर्त्री अन्दाल को ही मान लेने में मुझे तो सन्देह ही है। कृष्ण प्रेम उस मन्दिर का सामूहिक भाव था, जिसकी अनुभूति अन्दाल ने भी की। ऐतिहासिक अनुक्रम के आधार पर यह कहा जा सकता है कि फारस में जिस सूफी-धर्म का विकास हुआ था, उस पर काश्मीर के साधकों का बहुत कुछ प्रभाव था। यों तो एक दूसरे के साथ सम्पर्क में आने पर विचारों का थोड़ा आदान-प्रदान होता ही है, किन्तु भारतीय रहस्यवाद ठीक मेसोपोटामिया से आया है, यह कहना वैसा ही है, जैसा वेदों को 'सुमेरियन डॉक्यूमेंट' सिद्ध करने का प्रयास।

शैवों का अद्वैतवाद और उनका सामरस्यवाला रहस्य-सम्प्रदाय, वैष्णवों का माधुर्य भाव और उनके प्रेम का रहस्य तथा काम-कला की सौन्दर्य-उपासना आदि का उद्गम वेदों और उपनिषदों के ऋषियों की वे साधना-प्रणालियाँ हैं, जिनका उन्होंने समय-समय पर अपने ग्रंथों में प्रचार किया था। भारतीय विचारधारा में रहस्यवाद को स्थान न देने का एक मुख्य कारण है। ऐसे आलोचकों के मन में एक तरह की झुँझलाहट है। रहस्यवाद के आनन्द-पथ को उनके कल्पित भारतीयोचित विवेक में सम्मिलित कर लेने से आदर्शवाद का ढाँचा ढीला पड़ जाता है। इसलिए वे इस बात को स्वीकार करने में डरते हैं कि जीवन में यथार्थ वस्तु आनन्द है, ज्ञान से अथवा अज्ञान से मनुष्य उसी की खोज में लगा है। आदर्शवाद ने विवेक के नाम पर आनन्द और उसके पथ के लिए जो जनरव फैलाया है, वही उसे अपनी वस्तु कहकर स्वीकार करने में बाधक है। किन्तु प्राचीन आर्य लोग सदैव से अपने क्रिया-कलाप में आनन्द, उल्लास और प्रमोद के उपासक रहे, और आज के अन्य देशीय तरुण आर्य-संघ आनन्द के मूल संस्कार से संस्कृत और दीक्षित है। आनन्द भावना, प्रिय कल्पना और प्रमोद हमारी व्यवहार्य वस्तु थी। आज की जातिगत निर्वीर्यता के कारण उसे ग्रहण न कर सकने पर, यह सेमेटिक है, कहकर सन्तोष कर लिया जाता है।[17]

इस प्रकार स्पष्ट है कि प्रसाद जी ने अपने व्यापक दृष्टिकोण सूक्ष्म एवं भेदक दृष्टि तथा गहन अध्ययन के बल पर पश्चिमी चिन्तन की सीमाएँ बतलाईं। यह तत्कालीन समाज के लिए क्रान्तिकारी उद्भावना थी। उसे काव्य-चिन्तन के क्षेत्र में उनका ऐतिहासिक प्रदेय समझा जाना चाहिए। प्रसाद जी ने उन भारतीय चिन्तकों, आलोचकों के ज्ञान की सीमाएँ भी निर्धारित की हैं, जिन्हें भारतीय परम्परा का अधूरा ज्ञान था। इनके व्यापक अध्ययन तथा सबल तर्क आचार्य शुक्ल जैसे विश्वस्तरीय आलोचक के ज्ञान एवं अध्ययन के अन्तर्विरोध को खोलकर रख देते हैं। प्रसाद जी रहस्यवाद के भारतीय सन्दर्भ को तथ्यों एवं तर्कों से सम्पुष्ट करते हैं।

जयशंकर प्रसाद द्वारा भारतीय विचार-पद्धति का पुनर्विवेचन

जयशंकर प्रसाद ने अपने स्तर पर भारतीय विचार-पद्धतियों का पुनर्विवेचन करने का स्तुत्य प्रयास किया है। इन्होंने आधुनिक काव्य की विशेषताओं का प्रतिपादन करते समय प्राचीन भारतीय विचार-पद्धतियों का पुनर्विश्लेषण किया है। अपने 'आरम्भिक पाठ्य काव्य' शीर्षक निबन्ध में सम्पूर्ण भारतीय काव्य-परम्परा का गहन सर्वेक्षण प्रस्तुत कर दिया है।

इस सन्दर्भ में आप लिखते हैं : "आरम्भ में बड़े-बड़े प्रभावशाली कर्मों का वर्णन कवियों ने अपनी रचना में किया। मानव के हर्ष-शोक की गाथाएँ गाई गईं। कहीं उन्हें महत्ता की ओर प्रेरित करने के लिए, कहीं अपनी दुख की, अभाव की गाथा गाकर जी हलका करने के लिए। वैदिक से लेकर लौकिक तक ऐसे श्रव्य-काव्यों का आधार होता था—इतिहास। जहाँ नाट्य में आभ्यन्तर की प्रधानता होती है, वहाँ श्रव्य में बाह्य वर्णन ही मुख्यतः अपेक्षित है। वह बुद्धिवाद से अधिक सम्पर्क रखनेवाली वस्तु बनती है; क्योंकि आनन्द से अधिक उसमें दुखानुभूति की व्यापकता होती है और वह सुनाया जाता था, जनवर्ग को अधिकाधिक कष्ट सहिष्णु, जीवन-संघर्ष में पटु तथा दुख के प्रभाव से परिचित होने के लिए। नाटकों की तरह उसमें रसात्मक अनुभूति, आनन्द का साधारणीकरण न था। घटनात्मक विवेचनाओं की प्रभावशालिनी परम्पराओं में उत्थान और पतन की कड़ियाँ जोड़कर महाकाव्यों की सृष्टि हुई थी, विवेकवाद को पुष्ट करने के लिए। ये वर्णनाएँ दोनों तरह की प्रचलित थीं। काल्पनिक अर्थात् आदर्शवादी, वस्तुस्थिति अर्थात् यथार्थवादी। पहले ढंग से लेखकों ने जीवन को कल्पनामय आदर्शों से पूर्ण करने का प्रयत्न किया। समुद्र पाटना, स्वर्ग विजय करना यहाँ तक कि असफल होने पर शीतल मृत्यु से आलिंगन करने के लिए महाप्रस्थान करना, इसके वर्णन के विषय बन गए। इन लोगों ने काव्य-न्याय की प्रतिष्ठा के साथ काल्पनिक अपराधों की भी सृष्टि की, केवल आदर्श को उज्ज्वल, विवेकबुद्धि को महत्त्वपूर्ण बनाने के लिए। भारतीय साहित्य में रामायण तथा उसके अनुयायी बहुत-से काव्य प्रायः आदर्श और चारित्र्य के आधार पर ग्रंथित हुए हैं। सब जगह 'कस्मिन् साम्प्रतं लोके गुणवान कक्ष वीर्यवान, धर्मज्ञश्च कृतज्ञश्च' की पुकार है। चारित्र्य की प्रधानता उसकी विजय से अंकित की जाती है। रामायण काल का शोक श्लोक में जिस तरह परिणत हो गया, वह तो विदित ही है; परन्तु चरित्र में आदर्श की कल्पना पराकाष्ठा तक पहुँच गई है।

महाभारत में भी करुण-रस की कमी नहीं है, परन्तु वह आदर्शवादी न होकर यथार्थवाद-सा हो गया है और तब उसमें व्यक्ति-वैचित्र्य का पूरा समावेश हो गया है। उसके भीष्म, द्रोण, कर्ण, दुर्योधन, युधिष्ठिर अपनी चरित्रगत विशिष्टता में ही महान हैं। आदर्श का पता नहीं, परन्तु ये महती आत्माएँ मानो निंदनीय सामाजिकता

की भूमि पर उत्पन्न होकर भी पुरुषार्थ के बल पर दैव, भाग्य-विधानों और रूढ़ियों का तिरस्कार करती हैं। वीर कर्ण कहता है :

सूतो वा सूतपुत्रो वा यो वा को भवाम्यहम्
दैवायत्तं कुले जन्म ममायत्तं हि पौरुषम।

उसके बाद आता है पौराणिक प्राचीन गाथाओं का साम्प्रदायिक उपयोगिता के आधार पर संग्रह। चारों ओर से मिलाकर देखने पर यह भी बुद्धिवाद का, मनुष्य का स्व-निर्भरता का, उसके गर्व का प्रदर्शन ही रह जाता है।

मानव के सुख-दुख की गाथाएँ गाई गईं। उनका केन्द्र होता था धीरोदात्त विख्यात लोकविश्रुत नायक। महाकाव्यों में महत्ता की अत्यन्त आवश्यकता है। महत्ता ही महाकाव्य का प्राण है।

नाटक में, जिसमें कि आनन्द-पथ का, साधारणीकरण का सिद्धान्त था, लघुत्तम के लिए भी स्थान था। प्रकरण इत्यादि में जनसाधारण का अवतरण कराया जा सकता था, परन्तु विवेक परम्परा के महाकाव्यों में महानों की चर्चा आवश्यक थी।

लौकिक संस्कृत का यह पौराणिक या आरम्भिक काल पूर्णरूप से पश्चिम के 'क्लासिक' के समकक्ष था। भारत में इसके बहुत दिनों के बाद छोटे-छोटे महाकाव्यों की सृष्टि हुई। इसे हम तुलना की दृष्टि से भारतीय साहित्य का 'रोमांटिक-काल' कह सकते हैं, जिसमें गुप्त और शुंग-काल के सम्राटों की छत्रच्छाया में, जब बाहरी आक्रमण से जाति हीनवीर्य हो रही थी, अतीत को देखने की लालसा और बल ग्रहण करने की पिपासा जगने पर पूर्वकाल के अतीत से प्रेम, भारत की यथार्थवाद वाली धारा में 'कथा-सरित्सागर' और 'दशकुमारचरित' का विकास-विरहगीत-महायुद्धों के वर्णन संकलित हुए। कालिदास, अश्वघोष, दंडी, भवभूति और भारवि का काव्य-काल इसी तरह का है।

हिन्दी में संकलनात्मक महाकाव्यों का आरम्भ भी युगवाणी के अनुसार वीरगाथा से आरम्भ होता है। रासो और आल्हा, ये दोनों ही पौराणिक काव्य के ढंग से महाभारत की परम्परा में हैं। वाल्मीकि का अवतार तो पीछे हुआ, रामायण की विभूति तो तुलसी के दलों में छिपी थी। यद्यपि रहस्यवादी संत आत्म-अनुभूति के गीत गाते ही रहे, फिर भी बुद्धिवाद की साहित्यिक धारा राष्ट्र सम्बन्धी कविताओं, धार्मिक सम्प्रदायों के प्रतीकों को विकसित करने में लगी रही। कुछ संत लोग बीच-बीच में अपने आनन्द-मार्ग का जयघोष सुना देते थे। हज़ारों बरस तक हिन्दी में बुद्धिवाद की ही तूती बोलती रही, चाहे पश्चिमी बुद्धिवाद के अनुयायी उसे भारतीय पतन-काल की मूर्खता ही समझकर अपने को सुखी बना लें। बाहरी आक्रमणों से भयभीत, अपने आनन्द को भूली हुई जनता साहित्य के आनन्द की साधना कहाँ से कर पाती? सार्वजनिक उत्सव-प्रमोद बन्द थे। नाट्यशालाएँ उजड़ चुकी थीं। मौखिक कहा-सुनी, मन्दिरों के कीर्तनों और छोटे-मोटे

साम्प्रदायिक व्याख्यानों के उपयोगी पद्यों का सृजन हो रहा था। भिन्नता बतानेवाली बुद्धि साहित्य के निर्माण में, सम्प्रदायों का अवलम्बन लेकर, द्वैत-प्रथा की ही व्यंजना करने में लगी रही। हाँ, प्रेम विरह-समर्पण के पिछले काल से संस्कृत रीति-ग्रंथों के आधार पर वात्सल्य आदि नये रसों की काव्यगत अधूरी सृष्टि भी हो चली थी। यही श्रव्य या पाठ्य-काव्यों की सम्पत्ति थी। 'नाट्यशास्त्र' में उपयोगी पाठ्य का विमर्श किया गया था। यह काव्यगत पाठ्य का ही साहित्यिक विस्तार है, जिसमें रस, भाव, छंद, अलंकार, नायिका-भेद, गुण-वृत्ति और प्रवृत्तियों का समावेश है। जिनको लेकर श्रव्य-काव्य का विस्तार किया गया है, वे दस अंग नाट्याश्रयभूत हैं। अलंकार के मूल चार हैं—उपमा, रूपक, दीपक और यमक। इन्हीं आरम्भिक अलंकारों को लेकर आलंकारिकों ने सैकड़ों अलंकार बनाए। काव्यगुण, समता, समाधि, ओज, माधुर्य आदि की भी उद्‌भावना इन्हीं लोगों ने की थी। नायिकाएँ जिनसे पिछले काल का साहित्य भरा पड़ा है, नाटकोपयोगी वस्तु है। वृत्तियाँ, कौशिकी, भारती आदि भी नाट्यानुकूल भाषा-शैली के विश्लेषण हैं और भी सूक्ष्म। देश-सम्बन्धी भारत की मानवीय प्रवृत्तियों की आवन्तिकी, दक्षिणात्य, पाँचाली और मागधी की भी नाट्यों में आवश्यकता बताई गई है। इस तरह प्राचीन नाट्य साहित्य में उन सब साहित्य-अंगों का मूल है, जिनके आधार पर आलंकारिक साहित्य की आलोचना विस्तार करती है।

प्राचीन अद्वैत भावापन्न नाट्य-रसों को भी अपने अनुकूल बनाने का प्रयत्न इसी काल में हुआ। जीवन की एकांगी दृष्टि अधिक सचेष्ट थी। संतों को साहित्य में स्थान नहीं मिला। वे लाल बुझक्कड़ समाज के लिए अनुपयोगी सिद्ध हुए। नाचने, गाने-बजानेवाले, नटी, कुशीलवों से उनका रस छीनकर भाँड़ों और मुक्तक के कवियों ने विवेकवाद की विजय का डंका बजाया। कबीर ने कुछ रहस्यवाद का लोकोपयोगी अनुकरण आरम्भ किया था कि, विवेक हुंकार कर उठा।

महाकवि तुलसीदास ने आदर्श, विवेक और अधिकारी-भेद के आधार पर युगवाणी रामायण की रचना की। उनका प्रश्न और उत्तर एक सन्देश के रूप में हुआ :

अस प्रभु अछत हृदय अधिकारी। सकल जीव जग दीन दुखारी॥

कहना न होगा कि दुखों की अनुभूति से, बुद्धिवाद ने एक त्राणकारी महान् शक्ति का अवतरण किया। सबके हृदयों में उसका अस्तित्व किया गया, परन्तु परिणाम वही हुआ, जो होना चाहिए।

कभी-कभी राम के ही दो भेद बनाकर द्वंद्व खड़ा कर दिया जाता। कबीर के निर्गुण राम के विरुद्ध साकार, सक्रिय और समर्थ राम की अवतारणा तुलसीदास ने की। मर्यादा की सीमा राम और लीला पुरुषोत्तम कृष्ण का भी संघर्ष कम न रहा। ये दार्शनिक प्रतीक विवेकवादी ही थे, यद्यपि कृष्ण में प्रेम और आनन्द की मात्रा भी मिली थी।

बीच-बीच में जो उलझनें आनन्द और विवेक की साहित्य वाली धारा में पड़ीं, उनका क्रमोल्लेख न करके मैं यही कहना चाहता हूँ कि काव्य-धारा मानव में राम हैं—या लोकातीत परम शक्ति हैं, इसी के विवेचन में लगी रही। मानव ईश्वर से भिन्न नहीं है, यह बोध, यह रसानुभूति विवृत नहीं हो सकी।

किसी सीमा तक राधा और कृष्ण की स्थापना में स्वात्मानन्द का ही विज्ञापन, द्वैत दार्शनिकता के कारण, परोक्ष अनुभूति के रूप में होता रहा। श्रीकृष्ण में नर्तकभार का भी समावेश था, मधुरता के साथ। प्रेम के पुट में तल्लीनता ही द्वैत दर्शन की सीमा बनी। भारत के कृष्ण में अठारह अक्षौहिणी के विनाश-दृश्य के सूत्रधार होने की भी क्षमता थी और नर्तक होने की रसात्मकता भी थी। वैदिक इन्द्र की पूजा बन्द करके इन्द्र के आत्मवाद को पुनः प्रतिष्ठित करने का प्रयत्न किया था, किन्तु कृष्ण के आत्मवाद पर बुद्धिवाद का इतना रंग चढ़ाया गया कि आत्मवाद तो गौण हो गया, पूजा होने लगी श्रीकृष्ण की। फिर विवेकवाद की साहित्यिक धारा को उनमें पूर्ण आलम्बन मिला। उन्हीं के आधार पर अपनी सारी भावनाओं को कुछ-कुछ रहस्यात्मक रूप से व्यक्त करने का अवसर मिला। मीरा और सूर, देव और नन्ददास इसी विभूति से साहित्य को पूर्ण बनाते रहे। रस की प्रचुरता यद्यपि थी, क्योंकि भारतीय रीति ग्रंथों ने उन्हें श्रव्य में भी बहुत पहले ही प्रयुक्त कर लिया था, फिर भी नाट्य रसों का साधारणीकरण उनमें नहीं रहा। एक बात इस श्रव्य-काव्य के सम्बन्ध में और भी कही जा सकती है। अवध में कबीर के समन्वयकारक, हिन्दू-मुसलमानों के सुधारक निर्गुण राम और तुलसीदास के पौराणिक राम के धार्मिक बुद्धिवाद का विरोध, भाषा और प्रान्त दोनों साधनों के साथ, ब्रजभाषा में हुआ। कृष्ण में प्रेम, विरह और संघर्ष वाले सिद्धान्त का प्रचार करके भागवत के अनुयायी श्री वल्लभस्वामी और चैतन्य ने उत्तरीय भारत में उसी कारण अधिक सफलता प्राप्त की। उनकी धार्मिकता में मानवीय वासनाओं का उल्लेख उपास्य के आधार पर होने लगा था। फलतः कविता का वह प्रवाह व्यापक हो उठा। सुधारवादी शुद्ध धार्मिक ही बने रहे। रामायण का धर्मग्रंथ की तरह पाठ होने लगा, परन्तु साहित्य-दृष्टि से जनसाधारण ने कृष्ण चरित्र को ही प्रधानता दी।

समय-समय पर आवरण में पड़ी हुई मानवता अपना प्रदर्शन करती ही है। मनुष्य अपने सुख-दुख का उल्लेख चाहता है। वर्तमान खड़ी बोली उसी आत्मानुभूति को, युग की आवश्यकता के अनुसार—वह राष्ट्रीयता की हो या वेदना की—सीधे-सीधे कहने में लगी। कहना न होगा कि सीतल इत्यादि ने खड़ी बोली की नींव पहले से रख दी थी। सहचरी शरण—कहीं-कहीं कबीर और श्री हरिश्चन्द्र ने भी इसको अपनाया था।

हिन्दी के इस पाठ्य या श्रव्य-काव्य में ठीक वही अव्यवस्था है, जैसी हमारे सामाजिक जीवन में विगत कई सौ वर्षों में होती रही है। रसात्मकता नहीं, किन्तु

रसाभास ही होता रहा। यद्यपि भक्ति को भी इन्हीं लोगों ने मुख्य रस बना लिया था, किन्तु उसमें व्याज से वासना की बात कहने के कारण वह दृढ़ प्रभाव जमाने से असमर्थ थी। क्षणिक भावावेश हो सकता था। जगत् और अन्तरात्मा की अभिन्नता की विवृत्ति उसमें नहीं मिलेगी। एक तरह से हिन्दी काव्यों का यह युग सन्दिग्ध और अनिश्चित-सा है। इसमें न तो पौराणिक काल की महत्ता है और न है काव्य-कला का सौन्दर्य। चेतना राष्ट्रीय पतन के कारण अव्यवस्थित थी। धर्म की आड़ में नये-नये आदर्शों की सृष्टि, भय से त्राण पाने की दुराशा ने इस युग के साहित्य में, अवध वाली धारा से मिथ्या आदर्शवाद और ब्रज की धारा से मिथ्या रहस्यवाद का सृजन किया। मिथ्या आदर्शवाद का उदाहरण :

जानते न अधम उधारन तिहारो नाम,
और की न जाने पाप हम तो न करते।

मिथ्या रहस्यवाद का उदाहरण :

ताहि अहीर की छोहरियाँ छछिया भर छाछ पै नाच नचावत।

इसका प्रभाव इतना बढ़ा कि शुद्ध आदर्शवादी महाकवि तुलसीदास का रामायण काव्य न होकर धर्म-ग्रंथ बन गया। सच्चे रहस्यवादी पुरानी चाल की छोटी-छोटी मंडलियों में लावनी गाने और चंग खड़काने लगे।[18] इस तरह प्रसाद जी ने वैदिक काल से अब तक विकसित भारतवर्ष की साहित्यिक-सांस्कृतिक परम्परा का जनता एवं समाज की चित्तवृत्तियों की सापेक्षता में विश्लेषण किया है। उन्होंने समूची परम्परा के मर्म को विलक्षण अर्थदीप्ति के साथ उद्भासित किया है।

संक्षेप में प्रसाद जी न केवल भारतीय साहित्य, इतिहास, संस्कृति, परम्परा और दर्शन के गहन अध्येता रहे हैं, अपितु उसके सच्चे मीमांसक और पुरस्कर्ता भी थे। इनका वस्तुनिष्ठ विश्लेषण हिन्दी की अपनी मौलिक धरोहर है, जिसे प्रसाद की प्रतिभा ने बखूबी चित्रित किया है। भारतीय चिन्तन-पद्धति का इतना गहन विश्लेषण अन्यत्र दुर्लभ है। इस दृष्टि से इनकी स्थापनाएँ नितान्त मौलिक और भारत-बोध से परिचालित हैं।

निष्कर्ष

सारांश यह है कि प्रसाद जी स्वयं तो कालजयी रचनाकार हैं, उन्होंने 'कामायनी' में किसी कृति के सार्वकालिक होने की योग्यता का भी संकेत किया है। इस तरह काव्य की कालजयता के मीमांसक के रूप में प्रसाद-प्रतिभा का उन्मेष देखा जा सकता है :

यह नीड़ मनोहर कृतियों का, यह विश्व-कर्म रंगस्थल है,
है परम्परा लग रही यहाँ, ठहरा जिसमें जितना बल है।

इसमें यह ध्वनित होता है कि जिस कृति में जितनी शक्ति होगी, वह उतने दिन टिकेगी, क्योंकि ऐसा माना जाता है कि काल जितना निष्ठुर है, उतना ही न्यायी भी है। वह अपने कंधों पर केवल उन्हीं काव्यों का बोझ ढोना पसन्द करता है जिनमें उसके कंधे पर चढ़ने की क्षमता और शक्ति होती है। कहना न होगा कि 'कामायनी' इसी कोटि का महाकाव्य है और उनकी अधिकांश कृतियाँ उक्त गुण से अनुप्राणित हैं। संक्षेप में, प्रसाद जी की स्थापनाएँ एक उद्भावक आचार्य की स्थापनाओं से कम महत्त्वपूर्ण नहीं है। उनके द्वारा विश्लेषित काव्यांगों में से काव्य-स्वरूप, रस, छायावाद, रहस्यवाद और यथार्थवाद की समीक्षा विशेष मौलिक और तलस्पर्शी है। उनके अनेक वाक्य आर्षवाक्य की गरिमा से मंडित है। कुल मिलाकर, काव्य-विषयक चिन्तन के क्षेत्र में उनका योगदान अभूतपूर्व एवं अविस्मरणीय है। उनके काव्य-चिन्तन के सम्यक् विश्लेषण द्वारा हिन्दी के मौलिक एवं स्वतंत्र काव्यशास्त्र का भव्य प्रसाद तैयार किया जा सकता है। इस दृष्टि से उनका आलोचनात्मक प्रदेय भी ऐतिहासिक महत्त्व का अधिकारी है। इनके साहित्यिक अवदान की तरह इनका आलोचनात्मक प्रदेय भी बहुमूल्य है। इनकी चिन्तन-राशि मौलिक होने के साथ-साथ संवेदनगत सत्यता और तीव्र स्फूर्ति के साथ प्रस्तुत हुई है। वह विराट अध्ययन, अन्तर्दृष्टि एवं विश्व-संदृष्टि से अनुप्राणित होने के कारण काल के विराट फलक पर नवल चित्र के समान प्रकट हुआ है।

सन्दर्भ-सूची

1. प्रसाद का साहित्य : विविध आयाम—सम्पा. डॉ. चन्द्रकान्त बांदिवडेकर, पृ. 1-2
2. काव्य और कला तथा अन्य निबन्ध—जयशंकर प्रसाद, पृ. 25-26
3. कामायनी : एक पुनर्विचार—मुक्तिबोध, पृ. 146-47
4. काव्य और कला तथा अन्य निबन्ध—जयशंकर प्रसाद, पृ. 26
5. वही, पृ. 25
6. वही, पृ. 25-26, 175
7. स्कन्दगुप्त, प्रथम अंक, पृ. 21
8. काव्य और कला तथा अन्य निबन्ध—जयशंकर प्रसाद, पृ. 79
9. वही, पृ. 78
10. वही, पृ. 81
11. वही, पृ. 44
12. वही, पृ. 45
13. कामायनी : एक पुनर्विचार—मुक्तिबोध, पृ. 177

14. काव्य और कला तथा अन्य निबन्ध—जयशंकर प्रसाद, प्राक्कथन, नन्ददुलारे वाजपेयी की भूमिका
15. आधुनिक कवियों के काव्य-सिद्धान्त—डॉ. सुरेशचन्द्र गुप्त, पृ. 341-344
16. काव्य और कला तथा अन्य निबन्ध—जयशंकर प्रसाद, पृ. 21-22
17. वही, पृ. 31-33
18. वही, पृ. 70-74

प्रसाद साहित्य में राष्ट्रीय चेतना

जयशंकर प्रसाद हमारे समक्ष एक बहुआयामी साहित्यकर्मी के रूप में आते हैं। उनका साहित्य गुण और परिमाण, दोनों ही दृष्टियों से इतना महत्त्वपूर्ण है कि उसने जिस गहनतर एवं उच्चतर भूमि पर उनको स्थापित किया है, वहाँ पर वे डिगाने से डिगनेवाले नहीं हैं, हिलाने से हिलनेवाले नहीं हैं। वे सभी चीज़ों को प्रश्नवत् लेने का अपार साहस लेकर अवतीर्ण हुए थे। उनमें कवित्व और सर्जना की अपरम्पार शक्ति थी। इतिहास पर उनकी जबर्दस्त पकड़ थी। प्रतिभा के क्षेत्र में वे अपना प्रतिद्वंद्वी नहीं जानते थे। उनका आगमन आधुनिक हिन्दी साहित्य की सर्वोत्तम उपलब्धि है।

मैं समझता हूँ कि प्रसाद का सम्पूर्ण साहित्य भारतभूमि, यहाँ की सभ्यता, संस्कृति, गौरव, मर्यादा और भारतीय मनुष्यता की पहचान करानेवाला एक व्यापक प्रलेख है। उन्होंने हमारे साहित्य को भारतीय मनुष्य, भारतवर्ष की राष्ट्रीय प्रकृति और भारतीयता के निर्माणक तत्त्वों की ओर पूरी तरह से लगा दिया। उनका साहित्य शक्ति का साहित्य है, जो छायावाद की उर्वर मनोभूमिका की उपज है। चूँकि उन्नीसवीं शताब्दी के नवजागरण ने भारतीय रचनाकारों को जातीय प्रतिभा की ओर मोड़ दिया था और प्रसाद भारतीय संस्कृति, समृद्धि, शक्ति और औदात्य का भास्वर चित्र उपस्थित कर देशवासियों को राष्ट्रीयता का आधार दे ही रहे थे, फलतः इनकी रचनाओं में स्वाधीनता-आन्दोलन की लय से प्राप्त मुक्ति-चेतना का प्रबल आग्रह मिलता है, जो तत्कालीन समय की सबसे अनिवार्य माँग थी।

कहना न होगा कि राष्ट्रीयता, देशभक्ति, विदेशी शिकंजे से देश को आज़ाद कराने का संघर्ष, एकता और सामूहिक जागरण का स्वप्न आदि को प्रसाद जी ने अपने लेखन की प्रेरणा के रूप में नियोजित किया। परम्परा के प्रति इनमें किसी प्रकार का मोह नहीं था बल्कि, अपने लेखन के द्वारा उन्होंने परम्परा का अच्छा-खासा विश्लेषण किया और भारतीय समाज को कुंठित करनेवाली अर्गलाओं पर जमकर प्रहार किया। इन्होंने अपनी भविष्यवेधी दृष्टि द्वारा परम्परा का यथावसर पुनर्मूल्यांकन भी किया।

जैसाकि अतीत के आलोक में ही वर्तमान निश्चित आयाम और आकार पाता है, अतः इतिहास के प्रसिद्ध पात्रों को नवीन रूप देकर उनके और घटनाओं के माध्यम से प्रसाद जी ने देशवासियों के अंदर देश-प्रेम को जगाया और उनको देश की स्वतंत्रता के लिए लड़ने को प्रेरित किया। देश की स्वतंत्रता के लिए लड़नेवालों को उन्होंने सम्मान और गर्व का पात्र बताया। 'कल्याणी परिणय' प्रसाद का आरम्भिक नाटक है, जिसमें भारत-भूमि का जयघोष सुनाई पड़ता है :

जय-जय-जय आदि भूमि, जय-जय-जय भारत भूमि,
जय-जय जय जन्म भूमि, अपने सम प्यारी...।

उनके 'प्रायश्चित्त' नाटक के आरम्भ में ही दो विद्याधरियाँ रंगमंच पर आती हैं और जयचन्द्र को पृथ्वीराज की हार तथा आर्य समाज के नाश के लिए उत्तरदायी बताते हुए नीच भारतवासी की उपाधि देती हैं। दूसरी विद्याधरी आगे कहती है : "जिस दिन से कोई जाति अपने आत्मगौरव के शत्रु से बदला लेना भूल जाती है, उस दिन उसका मरण होता है।" यह प्रसाद का गहन परम्पराबोध और राष्ट्र-प्रेम है।

दरअसल, पौराणिक आख्यान या ऐतिहासिक प्रसंग मात्र पुनरुत्थान चेतना के कारण ही प्रसाद ने नहीं चुने थे, वस्तुतः वे एक कठिन समय में बात कहने के हथियार के रूप में भी प्रयोग किये गए थे। वे मात्र अपने आत्मगौरव को पुनः प्राप्त करने और हीन भावना से उबारने के लिए नहीं, वरन् तत्कालीन सेंसरशिप के बीच अपनी बात को फैलाने का रास्ता तलाशने के जटिल संघर्ष के परिणाम थे। इस सन्दर्भ में यह भी चिन्तनीय है कि जब आपातकाल के समय कथित घोर जनवादी कवि भी अपनी बात प्रतीकों एवं संकेतों में कर रहे थे तो प्रसाद की कठिनाई को सही सन्दर्भ में समझ लेना चाहिए।

उनका एक नाटक है : 'जनमेजय का नागयज्ञ', जिसमें मनसा और इसकी दो सखियाँ गाती हैं :

क्या सुना नहीं कुछ, अभी पड़े सोते हो,
अपने स्वत्वों से स्वयं हाथ धोते हो—
क्यों निज स्वतंत्रता की लज्जा खोते हो?

इन पंक्तियों से ऐसा ध्वनित होता है मानो स्वयं भारतमाता देशवासियों को जगा रही हों! उन्हें उनके प्राप्य एवं दायित्व से प्रति सचेत कर रही हों!

प्रसाद जी का सर्वोत्तम नाटक है 'स्कन्दगुप्त', जिसमें पर्णदत्त कहता है : "देश के बच्चे भूखे हैं, नंगे हैं, असहाय हैं, कुछ दो बाबा!" पर्णदत्त कैसी भीख चाहता है? क्या भीख माँगने से देश का उद्धार होगा? पर्णदत्त कहता है : "जो दे सकता हो अपने प्राण, जो जन्मभूमि के लिए उत्सर्ग कर सकता हो जीवन, वैसे वीर चाहिए,

कोई देगा भीख में?" इसी नाटक में रणक्षेत्र में जाने के समय स्कन्दगुप्त की सेना का गान देशवासियों को अपने देश के लिए सर्वस्व न्योछावर कर देने की प्रेरणा देता है—समवेत जागरण को चल देता है :

जियें तो सदा इसी के लिए, यही अभिमान रहे यह हर्ष।
निछावर कर दें हम सर्वस्व, हमारा प्यारा भारतवर्ष॥

इसी तरह 'चन्द्रगुप्त' नाटक में सिन्धु नदी के किनारे ग्रीक शिविर में कार्नेलिया भारतीय संगीत का अभ्यास करते हुए जो गीत गाती है, वह भारत-प्रेम से परिपूर्ण है :

अरुण यह मधुमय देश हमारा,
जहाँ पहुँच अनजान क्षितिज को मिलता एक सहारा।

यह गीत न केवल देशानुराग से अनुप्राणित है, बल्कि यहाँ प्रसाद के कवित्व का जादू हमारे सिर चढ़कर बोलता है और कवि की रचनात्मक शक्ति हमें अभिभूत कर लेती है। प्रसादजी का एक वैशिष्ट्य यह भी है कि उनके यहाँ कहीं भी कवितापन का अभाव नहीं खटकता। यदि कवितापन को भी कसौटी माना जाए तो जो स्थान संस्कृत साहित्य में कालिदास का है, हिन्दी साहित्य में वही स्थान प्रसाद जी का हो जाएगा।

'चन्द्रगुप्त' नाटक में प्रसाद जी की राष्ट्रीय चेतना अपने पूर्ण विकास को प्राप्त होती है। उनके राष्ट्र-राज्य की संकल्पना यहाँ परिष्कृत रूप में आती है। इसके साथ ही कार्नेलिया जैसे चरित्र की सृष्टि उनकी, उस विश्व-संदृष्टि का स्फुरण है, जिसका पूर्ण परिपाक 'कामायनी' में दिखाई पड़ता है। यह भी ध्यान देने योग्य है कि कथित नाटक स्वाधीनता-संग्राम के कठिन संघर्ष के दिनों में लिखा गया था और उनके उस ख्यातिनामा गीत ने सहृदय की चेतना को अतीत के माध्यम से अपने वर्तमान के प्रति ज़्यादा सचेष्ट किया होगा। वह गीत है :

हिमाद्रि तुंग श्रृंग से प्रबुद्ध शुद्ध भारती,
स्वयं प्रभा समुज्ज्वला स्वतंत्रता पुकारती।
अमर्त्य वीर पुत्र हो, दृढ़ प्रतिज्ञ सोच लो;
प्रशस्त पुण्य पन्थ है, बढ़े चलो, बढ़े चलो... ॥

डॉ. नामवर सिंह ने इसे राजनीतिक स्वतंत्रता की कविता कहा है। परन्तु प्रसाद के लिए स्वतंत्रता शब्द के ज़्यादा मायने नहीं थे और वे तमाम सामाजिक, नैतिक, आर्थिक और राजनीतिक आशयों को अपने में समेटे थे, जिसकी अनोखी परिणति उनके 'कंकाल' और 'तितली' उपन्यास में हुई है। उनकी प्रशस्त जीवन-दृष्टि और विश्व-दृष्टि उन्हें बड़ी चिन्ता का रचनाकार ठहराते हैं।

देश-प्रेम के स्वर उनकी कुछ कहानियों में सुनाई पड़ते हैं। 'पुरस्कार' कहानी की नायिका मधूलिका अपने देश की स्वतंत्रता की रक्षा के लिए अपने प्रेमी को न्योछावर कर देती है। राजरानी बनाए जाने का प्रलोभन भीड़ से अपने कर्तव्य-पथ से नहीं डिगा पाता। 'गुंडा' नामक कहानी में बनारस के राजा चेतसिंह और राजमाता पन्ना देवी को गिरफ्तारी से बचाने के लिए ननकू सिंह ब्रिटिश साम्राजियों से लड़ते-लड़ते अपने प्राण दे देता है। 'छोटा जादूगर' कहानी में एक बालक यह कहते-कहते गर्व का अनुभव करता है कि उसके पिता देश के लिए जेल गए हैं और उसकी माँ बीमार न होतीं तो वह भी अपने पिता का अनुकरण करता। इस तरह स्त्री-पुरुष, बच्चे-बूढ़े—सभी उनकी राष्ट्रीय चेतना के संवाहक बनते हैं।

कवि प्रसाद प्रेम एवं राष्ट्रीयता की सहवर्ती यात्राएँ करते हैं। उन्होंने अपनी रूमानी वृत्ति को राष्ट्रीयता पर न्योछावर कर दिया। वे जातीय अस्मिता एवं देशाभिमान के संरक्षक थे। उन्होंने जो संसार रचा है, उसमें राष्ट्रीय अस्मिता की खोज का युगव्यापी अभियान है। उनकी कतिपय कविताओं में भी राष्ट्रीय आन्दोलन के तत्त्व सांकेतिक रूप में विद्यमान हैं। 'महाराणा का महत्त्व' कविता में वे विदेशी शत्रु के मुख से भी प्रताप का यशोगान करवाते हैं :

सच्चा साधक है सपूत निज देश का,
मुक्त पवन में पला हुआ वह वीर है।

उन्होंने 'पेशोला की प्रतिध्वनि' कविता में देश-प्रेम का भाव जगाने के साथ-साथ अतीत की गरिमा का वर्णन किया है तथा वर्तमान राष्ट्रीय जीवन पर क्षोभ प्रकट किया है। कवि प्रसाद ने अपनी अन्य महत्त्वपूर्ण कविता 'शेरसिंह का शस्त्र-समर्पण' में सिक्खों के शौर्य को, लालसिंह के देशद्रोह को और शेरसिंह के शस्त्र-समर्पण को आमने-सामने लाकर कवि ने पंचनद वीरों की वीरता और बलिदान का जो चित्र उपस्थित किया है, वह स्वतंत्रता-संग्राम के प्रत्येक सेनानी को उत्सर्ग हेतु आत्मबल देता है। यह कविता आज के भटके हुए पंचनद वीरों के लिए अर्थ रखती है। उन्हें दिशा-निर्देश कर सकती है। इस कविता में कवि ने अनुभूति की महानता, विलक्षणता एक ही पंक्ति में बताई है :

देख, दिये देता है,
सिंहों का समूह नख-दन्त आज अपना।

इसके सम्बन्ध में डॉ. चन्द्रकान्त बांदिवडेकर ने लिखा है : "यह पराजय का भाव शेरसिंह का व्यक्तिगत नहीं—यह पराजय उसकी जाति की, राष्ट्र की और कृपाण-धर्म की है। एक तरह से शेरसिंह की विवशता इतनी बड़ी है कि ख़ून की एक-एक बूँद के विद्रोह के बावजूद उसे 'शस्त्र-समर्पण' करना पड़ रहा है। 'शस्त्र-

समर्पण' सिखों का है—जिनका धर्म शस्त्र-धर्म है।"

'कामायनी' प्रसाद की सर्वोत्तम कृति है। हिन्दी की कालजयी रचना है, जिसमें कवि ने श्रद्धा के माध्यम से राष्ट्रवासियों को उद्‌बोधित किया है, सांकेतिक रूप में :

और यह क्या तुम सुनते नहीं विधाता का मंगल वरदान?
शक्तिशाली हो विजयी बनो विश्व में गूँज रहा जयगान॥

साथ ही, 'संघर्ष सर्ग' में विलासी यायावर शासक के प्रति क्षोभ एवं उसके विरुद्ध जनक्रान्ति का वर्णन करके ही उन्होंने तत्कालीन पराधीन जीवन से स्वाधीनता की ओर बढ़ने की प्रेरणा दी है। प्रसाद ने 'उजड़े सारस्वत प्रदेश' का जो चित्र उपस्थित किया है, वह परोक्ष रूप से ब्रिटिश शासन द्वारा शोषित भारत का बिम्ब है। इड़ा का यह कथन कितना व्यंजनात्मक है :

भौतिक हलचल से यह चंचल हो उठा देश ही था मेरा,
इसमें अब तक हूँ पड़ी इसी आशा में आए दिन मेरा।

'आए दिन मेरा' द्वारा प्रसाद ने पराधीन भारतमाता की व्यथा को ही व्यंजित किया है, जो पराधीनता की अर्गलाओं में जकड़ी होने के कारण मुक्ति के लिए छटपटा रही है।

सारांश यह कि प्रसाद के समूचे साहित्य में राष्ट्रीय चेतना अन्तर्निहित है। उनकी राष्ट्रीयता चेतना की स्वतंत्र तथा वेगवती धारा कहीं घोर गर्जना करती है, कहीं मृदु-कलरव का संगीत सुनाती है। कहीं विस्तृत वितान तानती है, तो कहीं चुपचाप संकीर्ण मार्ग से निकल जाती है। अपने प्रशस्त रूप में जब वह राजमार्ग पर चल रही होती है तो विश्व-बंधुत्व एवं विश्व-मानवतावाद के साथ अपने-आपको समायोजित कर लेती है। अपना विस्तार करती हुई विश्वमैत्री तक पहुँच जाती है। परन्तु जब अतीत के मोहजाल में फँसकर सँकरी गलियों में निकल पड़ती है, तब उसकी चमक फीकी पड़ने लगती है और एक प्रकार के पुनरुत्थान की गंध आने लगती है। फिर भी उनकी विश्व-संदृष्टि इस कमज़ोर पहलू को उभरने नहीं देती और देशवासियों के अंदर राष्ट्रीय गौरव तथा जातीय अस्मिता का अहसास कराने पर अपना ध्यान केन्द्रित कर लेती है। यहाँ यह न भूलना चाहिए कि प्रसाद के पास एक ज़बरदस्त इतिहास-दृष्टि थी, जिसके माध्यम से विदेशी सत्ता द्वारा देश के इतिहास को विकृत करने की साज़िश का वे प्रतिकार कर रहे थे। उनकी इतिहास सम्बन्धी प्रस्थापनाएँ पश्चिम-भक्त इतिहासकारों के विरोध में जाती थीं। इस सन्दर्भ में 'स्कन्दगुप्त' की निम्न पंक्तियाँ विचारणीय हैं :

किसी का हमने छीना नहीं, प्रकृति का रहा पालना यही,
हमारी जन्मभूमि थी यही, कहीं से हम आए थे नहीं।

इस तरह प्रसाद की राष्ट्रीय चेतना बौद्धिक एवं व्यावहारिक दृष्टिकोण से परिचालित है। वे 'कामायनी' में राष्ट्र एवं शासक के सम्बन्ध को शरीर तथा प्राण के रूपक के माध्यम से व्यंजित करते हैं :

प्राण सदृश हो रमो राष्ट्र की इस काया में।

जयशंकर प्रसाद के पुनर्मूल्यांकन के आयाम

यह जयशंकर प्रसाद का गौरव है कि उनके साहित्य की गतिशील अर्थवत्ता लगातार आलोचकों को उनसे टकराने के लिए उत्प्रेरित करती रहती है। इसी क्रम 'जयशंकर प्रसाद की प्रासंगिकता' 1990 में प्रकाशित डॉ. प्रभाकर श्रोत्रिय की समीक्षा-कृति आती है जिसमें प्रसाद को नये कोणों से देखने का प्रयास किया गया है। पुस्तक के फ्लैप पर यह दर्शाया गया है : "किसी बड़ी कालजयी प्रतिभा पर उपलब्ध समीक्षा बड़ी जल्दी जड़ और रूढ़ हो जाती है; क्योंकि रचना के टिके रहने के कारण समीक्षाएँ भी टिकी रहती हैं और बार-बार सन्दर्भित होते-होते एक गरिष्ट, आवृत्तिमूलक, रचनाविमुख विचार-सरणि में बदल जाती है। समीक्षा पर समीक्षा की यह परिपाटी तभी टूटती है जब कोई दृष्टिसम्पन्न समीक्षक उस सारे घटाटोप को लाँघकर नये और मौलिक दृष्टिबिन्दु से रचना, रचनात्मक परिदृश्य और रचना व्यक्तित्व की एकान्विति में रचना-प्रतिभा को देखने का प्रयास करे।" इस पुस्तक में डॉ. प्रभाकर श्रोत्रिय ने कुछ इसी प्रकार का काम किया है। उन्होंने अपने समय और सृजनात्मक क्षमता के दो छोरों के बीच उत्तरोत्तर आकार पाती, पुष्ट होती प्रसाद जी की रचना-मंशा के बुनियादी आधारों को पकड़ने का साहसिक प्रयास किया है जिससे उनकी प्रासंगिकता का विरहस्यीकरण हुआ है।

विवेच्य पुस्तक के 'आमुख' में डॉ. श्रोत्रिय ने लिखा है : "जयशंकर प्रसाद समुद्र जैसे गहरे और स्नायुमंडल की तरह जटिल एवं महीन रचनाकार हैं। परन्तु वहाँ फूलों की एक घाटी भी है, जिसमें करुणा की धारा बहती है। इस घाटी को ही उनका कुल संसार मान लिया गया, क्योंकि छायावाद की जो अवधारणा बनी थी, उसके लिए यह आदर्श पर्यावरण था। शायद महाकाव्य जैसी पारम्परिक और नाटक जैसी दुर्लभ विधा के नव-प्रशिक्षण के लिए वे विश्वविद्यालयों के मान्य कवि हो गए; जहाँ उनकी हालत पिंजरे के शेर जैसी कर दी गई कि शेर दिखे भी, लेकिन चाहे तो बच्चा भी इससे छेड़छाड़ कर ले।"

डॉ. श्रोत्रिय की यह पुस्तक प्रसाद-साहित्य की आलोचना, परम्परा में जिस कारण सर्वप्रथम हमारा ध्यान आकृष्ट करती है, वह यह है कि क्या किसी लेखक को पूर्णतः केवल इस कारण ख़ारिज़ कर दिया जाए कि वह ऐतिहासिक विषयों

का ग्रहण और इस्तेमाल करता है? प्रसाद की यह दृढ़ मान्यता थी कि हम अपने अतीत की प्रकांड घटनाओं का दिग्दर्शन भविष्य में प्रेरणा प्राप्त करने के लिए करते हैं। प्रसाद की इसी दृष्टि के मेल में डॉ. श्रोत्रिय ने लिखा है : "जो लेखक इतिहास का इस्तेमाल वर्तमान की आँख और भविष्य दृष्टि की तरह करता हो; जिसका सर्जनात्मक आचरण नितान्त समकालीन हो; जिसका इतिहास-बोध इतना सजग हो कि ज़रूरत पड़ने पर वह इतिहास से खेलने या उसका अतिक्रमण करने का माद्दा रखता हो—उसे केवल ऐतिहासिक विषय ग्रहण के कारण प्रासंगिकता से ख़ारिज़ करना किस तरह की साहित्य-दृष्टि है? नवजागरण युग की जागरूकता के साथ जो लेखक समय तक को इन माध्यमों से दृष्टि देता हो और तत्परतापूर्वक अपने साहित्य की ऐतिहासिक भूमिका को पिछले युग की ऐतिहासिक भूमिका से अलग करता हो, उसका आधुनिक-बोध, साहित्य-दृष्टि और इतिहास-चिन्तन कितना समेकित होगा?"

प्रचलित छायावादी अवधारणा में प्रसाद के एकांगी और अपूर्ण मूल्यांकन की ओर ध्यान आकृष्ट करते हुए डॉ. श्रोत्रिय ने विवेच्य पुस्तक में छायावाद को ही नये सिरे से परिभाषित करने की आवश्यकता पर बल दिया है। एक तरह से यह समीक्षा-कृति प्रसाद की अब तक की आलोचना अवधारणाओं से एक साथ टकराने की प्रतिश्रुति से प्रतिबद्ध प्रतीत होती है जिससे उसका स्वतंत्र व्यक्तित्व भास्वर हो उठा है।

जयशंकर प्रसाद की एक प्रदीर्घ आलोचना-परम्परा रही है। वह आचार्य रामचन्द्र शुक्ल से आरम्भ होकर आचार्य नन्ददुलारे वाजपेयी, अज्ञेय समेत अनेक सोपानों से गुजरकर मुक्तिबोध और रमेशचन्द्र शाह तक चलती चली आई है। फिर भी अपनी वस्तुनिष्ठता, मौलिक सर्जनात्मकता, अभिनव भंगिमा और भाषिक स्तर पर संवेदनात्मक तनाव के कारण विवेच्य कृति प्रसाद जैसे कालजयी रचनाकार को उनके वास्तविक सन्दर्भ में पहचानने और पाने का एक सुन्दर प्रयास है। प्रस्तुत समीक्षा-कृति कवि प्रसाद से होकर नाटककार, कहानीकार और उपन्यासकार प्रसाद तक एक प्रभावशाली उपयोगी यात्रा करती है। बीच-बीच में समीक्षक ने कई अतिवादों का सूत्र पकड़कर चलनेवाली आलोचना की अच्छी खोज-ख़बर ली है। इसी परिप्रेक्ष्य में डॉ. श्रोत्रिय ने लिखा है : "जब तक प्रसाद का मूल्यांकन पाश्चात्य लेखकों द्वारा किये गए स्वच्छंदतावाद और यथार्थवाद के सम्बन्धों के आधार पर किया गया अथवा आयातित गढ़ी हुई मानसिकता से उन्हें जाँचा गया, तब तक वे बराबर यथार्थ विरोधी, सामंतवादी और न जाने क्या-क्या दिखाई देते रहे।...प्रसाद मार्क्सवादी नहीं, आत्मवादी चिन्तक हैं और आत्मवाद व्यक्ति की 'सामाजिक रूढ़ियों से मुक्ति' और 'सर्वसमतावाद' का चिन्तक है। प्रसाद ने इसे नया सन्दर्भ, नई प्रखरता और नवयथार्थ दृष्टि दी है।"

इसे सही सन्दर्भ में समझे जाने की अपेक्षा है।

डॉ. श्रोत्रिय ने पुस्तक के पहले अध्याय 'वेदना का उत्तराधिकार' में—प्रसाद के नाटकों की रंगमंचीयता पर भविष्यवाणी करते हुए जिन लोगों ने कहा था कि प्रसाद के नाटक सौ साल बाद के नाटक हैं, उस पर प्रतिक्रिया व्यक्त करते हुए लिखा है : "यह प्रसाद की समकालीनता को आघात पहुँचानेवाली वाचाल टिप्पणी और नादान भलमनसाहत थी; क्योंकि प्रसाद सौ साल बाद के लिए नहीं, अपने समय के लिए, समय में मंचन के लिए नाटक लिख रहे थे—'सफलता के संकलित विलम्ब' के लिए नहीं।...इसमें सन्देह नहीं कि ऐसी आलोचनाओं से प्रसाद को अपने समय में निरस्त करने का अपराधपूर्ण षड्यंत्र हुआ।"

यह हिन्दी आलोचना की विडम्बना का सबसे ज्वलन्त पृष्ठ है। एक बड़े रचनाकार की हैसियत को हाशिए पर धकेलने का शातिर प्रयास था।

यदि प्रेमचन्द उन्हें 'गड़े मुर्दे उखाड़नेवाला', कुछ पल्लवग्राही उन्हें 'पलायनवादी' और अज्ञेय ने उन्हें 'विश्वविद्यालयों का कवि' तथा गतिशील सर्जनात्मकता के लिए निरर्थक सिद्ध किया था, तो इसमें कोई आश्चर्यजनक बात नहीं है, क्योंकि इन लोगों के अपने-अपने आग्रह-पूर्वग्रह के कारण और प्रसाद के विराट व्यक्तित्व की ऊँचाई को लाँघ न पाने की पीड़ा जगजाहिर है। यद्यपि ऐसे फतवा देनेवाले कुछ रचनाकारों में स्वयं प्रसाद के गुण-धर्म सबसे अधिक थे, उदाहरणार्थ—अज्ञेय में। प्रसाद को एक पलायनवादी, अतीतजीवी, मधुचर्या में मग्न कवि मान लेने से न केवल प्रसाद जैसे महान और सार्थक रचनाकार की उपेक्षा होगी, बल्कि सम्पूर्ण हिन्दी साहित्य को ही एक बहुत बड़ी रचनात्मक उपलब्धि से वंचित हो जाना होगा। प्रसाद की रचनात्मकता के सन्दर्भ में परिदृश्य बदल जाने से डॉ. क्षोत्रिय ने तमाम पूर्ववर्ती आलोचनाओं से हटकर प्रसाद के सन्दर्भ में बड़ा ही सार्थक सवाल उठाया है : "प्रसाद का साहित्य यदि कालजयी है तो सबसे पहले विचारणीय यह है कि वह अपने समय में प्रासंगिक था या नहीं? क्योंकि कालजयी या क्लासिकल साहित्य वही हो सकता है जो अपने रचनाकार के समय में अत्यन्त महत्त्वपूर्ण और प्रासंगिक रहा हो तथा आनेवाले समयों में भी किसी-न-किसी अर्थ में अनिवार्य, प्रासंगिक और मूल्यवान बना हुआ है।"

इसमें सन्देह नहीं कि प्रसाद-साहित्य अपने युग के साथ न्याय करनेवाला और अर्थवान रहा है, उनमें स्वाभाविक कवि-प्रतिभा, जीवनानुभूति और युग चेतना अपने प्रबल रूप में विद्यमान थी और वे उस समय से लेकर आज तक अनिवार्य, प्रासंगिक और मूल्यवान बने हुए हैं क्योंकि वे गतिशील चिन्तन और संवेदनात्मक औदात्य के स्रष्टा थे।

आलोच्य समीक्षक ने 'ऐतिहासिक-पौराणिक माध्यम : सम्प्रेषित प्रासंगिकता' नामक दूसरे अध्याय में प्रसाद की रचनाओं के पौराणिक, ऐतिहासिक विषयों के

सन्दर्भ में यह महत्त्वपूर्ण स्थापना की है कि अपने समय की स्थूल उपस्थिति ही तो प्रासंगिकता का मानदंड नहीं है। वे लिखते हैं : "वास्तव में रचना की प्राथमिकता विषय की पुरातनता या नवीनता में नहीं होती, उसके प्रति रचनाकार के सर्जनात्मक आचरण में होती है।"

वस्तुतः यदि ऐसा नहीं होता तो पुराने माध्यम से आधुनिकता का सम्प्रेषण करनेवाली सारी रचनाएँ व्यर्थ हो जातीं और कोई भी रचनाकार ऐतिहासिक-पौराणिक विषयों पर अपनी लेखनी नहीं चलाता, उल्टे इस अनुभव से प्रमाणित है कि इस तरह की अधिकांश रचनाएँ अपने समय की श्रेष्ठ रचनाएँ रही हैं। इस सन्दर्भ में डॉ. श्रोत्रिय का यह कथन अत्यन्त महत्त्वपूर्ण है : "दो कालों, दो भूमियों और दो विषयों को जोड़ने की क्षमता उसी रचनाकार में हो सकती है, जो विराट संवेदनशील प्रतिभा से सम्पन्न हो और प्रसाद के मन में दो नहीं, तीन काल थे।" उन्होंने कहा है : "अतीत और वर्तमान को देखकर भविष्य का निर्माण होता है। इसलिए हमको साहित्य में एकांगी लक्ष्य नहीं रखना चाहिए।" ऐसा करके ही हिन्दी आलोचना अपने दायित्व से मुक्त हो सकती है।

डॉ. श्रोत्रिय ने बड़े यत्न, कौशल और बारीकी से, सांकेतिक रूप में ही सही, कुछ अंग्रेज़ एवं पश्चिम-भक्त भारतीय इतिहासकारों के छद्‌म को उजागर किया है जिन्होंने भारतीय इतिहास, दर्शन और साहित्य को साम्राज्यवादी परिधि में विश्लेषित किया है। डॉ. श्रोत्रिय के अनुसार : "इस सन्दर्भ में प्रसाद के ऐतिहासिक नाटक अन्वेषणापरक अनूठी भूमिकाओं के साथ अवतरित हुए जिन्हें भारत के साहित्यिक और सांस्कृतिक नवजागरण के उत्तरदायी धर्म के रूप में देखना ज़्यादा उचित होगा।"

इसमें सन्देह नहीं कि जयशंकर प्रसाद की प्रस्थापनाएँ पाश्चात्य लेखकों एवं पश्चिम-भक्त इतिहासकारों के विरोध में जाती थीं। प्रसाद जी ने अपने अनुसंधान एवं प्रातिभ-कौशल के बल पर इतिहास के पुनर्मूल्यांकन का एक सकारात्मक प्रयास किया, जो तर्कों और प्रमाणों से सिद्ध है। वह गहरी अन्तर्दृष्टि से सम्पन्न हैं।

डॉ. श्रोत्रिय के अनुसार : "प्रसाद में समय की पहचान हमेशा ही जटिल रही है। हृदय का धड़कना जैसे छाती पर कान लगाकर ही सुना जा सकता है, वैसे ही प्रसाद के इतिहास-शिल्प आदि में सहेजी हुई समय की धड़कन सुनने के लिए हमें तन्मय अन्तरंगता बरतनी पड़ती है।"

डॉ. श्रोत्रिय ने 'छायावाद : नई अवधारणा और प्रसाद' शीर्षक से तीसरे अध्याय में लिखा है : "उसका विकास अत्यन्त प्रतिभा वैविध्य और विलक्षणता से हुआ, पर उसकी आलोचना की जो गति थी, उसके द्वारा निश्चय ही छायावाद को और उसमें भी प्रसाद और निराला जैसे वेगवान और सारग्राही कवियों को न्याय नहीं मिल सकता था।...क्या यह हमारे साहित्यालोचन की विडम्बना नहीं है कि शीर्षस्थानीय

छायावादी कवि के रूप में तो हम निराला का स्मरण करें; परन्तु जब छायावाद का निरूपण करें, तो उसमें निराला न हों?"

विवेच्य समीक्षक की स्थापना यह है कि "छायावाद गहरी जीवन-दृष्टि है, शिल्प का आन्दोलन या रचना की प्रणाली नहीं। छायावाद स्वच्छंदतावाद नहीं है, वह अपनी सुदृढ़ सांस्कृतिक पीठिका पर खड़ा है। वह अपने युगधर्म का सृजनात्मक प्रतिरूप था।...वह अपनी पूर्वकालीन सर्जना का अग्रचरण और प्रतिधर्म एक साथ है।" क्योंकि उसकी अपनी मौलिक भारतीय अस्मिता, विशिष्टता, प्रासंगिकता और संघर्ष है।

विवेच्य ग्रंथ का चतुर्थ अध्याय 'प्रसाद की यथार्थ चेतना और यथार्थवाद' नाम से है जिसमें समीक्षक ने प्रसाद-साहित्य के युगबोध का सार्थक और सटीक विश्लेषण करते हुए लिखा है : "प्रसाद ने भारतीय साहित्य, संस्कृति और आधुनिक जीवन-मूल्यों में से जो चुना, बुना और प्रतिष्ठित किया है, वह मनुष्य को आगे ले जानेवाला है। प्रसाद साहित्य में भारत के आलोचनात्मक यथार्थ-चिन्तन की परम्परा बहुत सार्थकता से ऊपरी है।" वे भारत की जातीय एवं गतिशील लोकोन्मुख परम्परा के सच्चे पुरस्कर्ता रहे हैं।

हर महान रचनाकार अपने परवर्ती युगों के रचनाकारों के लिए सम्भावनाओं के द्वार खोलने की क्षमता रखता है। प्रसाद की इसी विशेषताओं की ओर पुस्तक के पाँचवें अध्याय 'नवलेखन : प्रसाद की अन्तर्निहित प्रेरणा' में संकेत किया गया है। इस सन्दर्भ में डॉ. श्रोत्रिय लिखते हैं : "वास्तव में बौद्धिक चेतना की दृष्टि से, कोई माने या न माने, प्रसाद नई कविता के अग्रज कवि हैं। प्रसाद के संशय, प्रश्न, विश्लेषण, तार्किकता, असहमति जैसे कितने ही बौद्धिक तत्त्व अनकहे और अनपहचाने ही आगामी सृजन-परम्परा के स्वभाव में उतरे हैं, इसे नई रचना में पहचान पाना असम्भव नहीं है। नई भाषा, नये प्रतीक, नये बिम्ब और नये शिल्प को उपलब्ध करने के लिए छायावाद ने प्रयोगवादियों से कहीं अधिक संघर्ष किया था। हिन्दी आलोचना के लिए वह एक महत्त्वपूर्ण संकेत है कि धर्मवीर भारती, नरेश मेहता, वीरेन्द्र कुमार जैन आदि के काव्य की रागात्मकता, रागपरक रहस्य-चेतना और दार्शनिक स्पर्श प्रसाद की परम्परा का विकास प्रतीत होता है।" इसे सही सन्दर्भ में समझने की ज़रूरत है।

विवेच्य पुस्तक का अगला अध्याय 'संश्लिष्ट सर्जक : विरोधों का सामंजस्य' शीर्षक से है जिसमें प्रसाद को 'संहित और संश्लिष्ट रचनाकार' की संज्ञा से अभिहित किया गया है। डॉ. श्रोत्रिय ने प्रसाद जी के व्यक्तित्व के इसी पहलू को उद्घाटित करते हुए लिखा है : "वे न शुद्ध भाववादी हैं, न बुद्धिवादी, न यथार्थवादी, न रहस्यवादी—वे सामंजस्य के लेखक हैं। बिलकुल विरोधी मत रखनेवाले भी यदि उनमें अपनी अनुकूलता पा लेते हैं तो इसलिए नहीं कि उनमें विरोधों का जमघट है बल्कि इसलिए कि उनमें

'विरोधों का सामंजस्य' है, जो भाववादी या बुद्धिवादी स्तर पर ही नहीं, 'भाव चेतना' के स्तर पर घटित हुआ है, जो एक तरह से न केवल प्रतिभाववाद है, बल्कि प्रतिबुद्धिवाद, प्रति यथार्थवाद और प्रतिरहस्यवाद भी है। वस्तुतः प्रसाद एकाधिकार स्वीकार नहीं करते, हर एक से प्रश्न पूछते हैं। इस तरह से जिस सामंजस्य तक पहुँचते हैं, उसका आधार निषेध है—अवांछित और अग्राह्य का निषेध। इसीलिए वे सृष्टि-रचना की तरह विरोधों के सामंजस्य की रचना कर सके हैं।"

निश्चय ही, उक्त टिप्पणी प्रसाद जी के मूल मर्म को पकड़ने में बड़ी सहायक सिद्ध हो सकती है।

पुस्तक के अन्तिम अंश में प्रसाद और निराला की तुलना प्रस्तुत की गई है, जो इस पुस्तक की एक महत्तर उपलब्धि है। इसके पहले आचार्य नन्ददुलारे वाजपेयी ने भी आधुनिक हिन्दी कविता के इन दो शिखर कवियों की तुलना की थी। डॉ. श्रोत्रिय के अनुसार : "हिन्दी काव्य के दो शिखर हैं। 'कोउ बड़ छोट कहत अपराधू।' लेकिन यह सर्वमान्य है कि जयशंकर प्रसाद के साहित्य में चिन्तन की गहराई, अन्वेषण की सूक्ष्मता, यथार्थ सामाजिक दृष्टि, विविधताएँ, शिल्प-सौन्दर्य, लावण्य और सन्तुलन निराला की तुलना में कम नहीं, बल्कि कई मानों में अधिक ही हैं।...प्रसाद गूढ़ थे और निराला उदग्र। इसलिए प्रसाद में विद्रोह और क्रान्ति उस तरह ऊपर उठी हुई नहीं है, जैसी निराला में। प्रसाद लगातार गहरे उतरते गए और निराला खुलते-बिखरते चले गए। निश्चय ही दोनों समुद्र थे, परन्तु प्रसाद रामेश्वरम् के शान्त समुद्र और निराला कन्याकुमारी के उन्मद समुद्र। प्रसाद के भीतर उतरने पर गहराई का आभास होता है और निराला खुले में अपने उत्ताल स्पर्श और उन्मद व्यग्रता से प्रभावित करते हैं। निराला में प्रतिभा का विस्फोट है जबकि प्रसाद की प्रतिभा धीमी आँच पर पकती रही। वे समस्याओं के आँवे से गुजरकर मनुष्यता के किसी साम्यमूलक महान उत्कर्ष की प्रतीक्षा में थे। निराला के राम षटचक्र के भेदन करते हुए आराधना का दृढ़ आराधना से उत्तर देते हैं, जबकि प्रसाद के मनु हिमालय के शीर्ष पर बैठकर भी सबको अपने रूप में देखते और समभाव का निर्देश देते हुए अपनी आकांक्षाओं के ऊपर उठ चुके हैं।"

निश्चय ही यह तुलना अपनी प्रस्तुति में सम्मोहक बन पड़ी है। डॉ. श्रोत्रिय ने अपनी सूक्ष्मभेदक दृष्टि के बल पर दोनों के महत्त्व का यथोचित प्रतिपादन कर दिया है। परन्तु प्रसाद निराला से ज़्यादा विराट और स्वाभाविक कवि हैं, यह कहने में वे भी संकोच कर गए हैं।

कुल मिलाकर 'जयशंकर प्रसाद की प्रासंगिकता' डॉ. प्रभाकर श्रोत्रिय की एक अनूठी समीक्षा-कृति है जिसमें प्रसाद के युग-सन्दर्भ की गहरी छानबीन, उसकी मूल अन्तर्वृत्तियों एवं उनके साहित्य के मर्म की तलाश, अतिवादी छोरों के बीच से वास्तविक प्रसाद के संधान का प्रयत्न, उनके परवर्ती प्रभाव-सन्दर्भ, उनकी कालजयता

पर बड़ा ही रोचक एवं बौद्धिक विश्लेषण प्रस्तुत हुआ है। यह पुस्तक विचार एवं बहस की पर्याप्त गुंजाइश छोड़ते हुए प्रसाद को समझने के अभिनव गवाक्ष खोलती है जिसके कारण इसकी सार्थकता असन्दिग्ध है। यह पुस्तक जयशंकर प्रसाद के साहित्य के पुनर्मूल्यांकन की दिशा में एक ठोस पीठिका तैयार करती है। इसके कई सूत्रों को पकड़कर प्रसाद के विपुल और महत्तर साहित्य का युगानुकूल सम्यक् विश्लेषण किया जा सकता है। प्रसाद का बहुआयामी साहित्य गुण और परिमाण, दोनों ही दृष्टियों से अपना प्रतिमान आप ही है। वह अपनी गतिशील अर्थवत्ता के कारण हर युग में अपनी नई व्याख्या करवा लेता है।

विश्व के महाकवि और जयशंकर प्रसाद

जब हम विश्व के श्रेष्ठतम महाकवियों पर विचार करते हैं तो हमारे समक्ष भारतीय सन्दर्भ में वाल्मीकि, व्यास, कालिदास, अश्वघोष, भास, भारवि, भवभूति, जायसी, तुलसी और रवीन्द्रनाथ ठाकुर का नाम आता है। अतः इन कवियों के काव्यात्मक अवदान की सापेक्षता में प्रसाद का वस्तुनिष्ठ विश्लेषण आवश्यक है। इसी तरह पाश्चात्य महाकवियों में होमर, वर्जिल, दांते, मिल्टन, गेटे और इलियट से प्रसाद का कवि-व्यक्तित्व और 'कामायनी' तुलनीय है। हम प्रसाद के सम्पूर्ण अवदान का सही विश्लेषण तभी कर सकते हैं जब उक्त महाकवियों के साथ इनकी तुलना करें। इस अध्याय में प्रसाद के महत्त्व का समुचित मूल्यांकन करने के लिए हम उक्त कवियों का तुलनात्मक अध्ययन प्रस्तुत कर रहे हैं। जयशंकर प्रसाद भारतीय इतिहास-परम्परा, संस्कृति-सभ्यता और साहित्य के सर्वोत्तम मूल्यों तथा अपने वैयक्तिक एवं विश्व-जीवन के बहुविध पहलुओं के असाधारण चित्रकार हैं। आप भारतीय मनीषा के रससिद्ध मनीषी थे। आपने पाश्चात्य ज्ञान-विज्ञान, साहित्य और सभ्यता की आँधी से राष्ट्रीय अस्मिता को बचाने के लिए गोवर्धनधारी कृष्ण की तरह अकेले ही सर्जनात्मक दायित्व स्वीकार कर लिया था। आप स्वेच्छा से अपने ऊपर सम्पूर्ण भारतीय मनीषा के दायित्व को अंगीकार करके भारत-बोध का एक आधिकारिक, प्रशस्त और दायित्वबोध-युक्त स्वरूप प्रदान करते हैं। आप भारतीय संस्कृति में विद्यमान विविधताओं और एकता के सामंजस्य के मौलिक व्याख्याता रहे हैं। आपके द्वारा भारत-बोध का एक आदर्श प्रतिमान प्रस्तुत हुआ है। जब प्रसाद जी 'ब्राह्मणत्व एक सार्वभौम-शाश्वत बुद्धि-वैभव है' और 'राष्ट्र का शुभ-चिन्तन केवल ब्राह्मण ही कर सकते हैं' जैसी पंक्तियाँ लिखते हैं, तब वे ब्राह्मणत्व को अर्थ-व्याप्ति प्रदान कर रहे होते हैं। इस परिभाषा के अनुसार आज के बुद्धिजीवी ही ब्राह्मण हैं जिसके एक बड़े शिखर स्वयं प्रसाद थे। प्रसाद जी चाणक्य के रूप में एक ऐसे महाबौद्धिक चरित्र की सृष्टि करते हैं जो भारतीय इतिहास और सभ्यता के गहरे अन्तर्द्वंद्व के साथ स्वयं लेखक की भी गहरी अन्तर्वृत्तियों का प्रतिनिधित्व करता है। यही कारण है कि इनकी भारतीयता रवीन्द्रनाथ, प्रेमचन्द, निराला और अज्ञेय की तुलना में अपेक्षाकृत अधिक व्यापक और प्रामाणिक है। प्रसाद जी अन्तर्दृष्टि

और विश्व-संदृष्टि-सम्पन्न रचनाकार हैं। ये जितने गहरे स्तर पर आत्मचेतस हैं, उतने ही व्यापक स्तर पर विश्वचेतस भी हैं। फलस्वरूप इनका चिन्तन और सृजन गहनस्तरीय और वृहद फलकीय, दोनों है। ये अपने समय, समाज, राष्ट्र और मनुष्यता के भविष्य के प्रति अतिशय गहन ढंग से चिन्तन ही नहीं करते अपितु उनके प्रति अत्यन्त विवेकपूर्ण संकेत भी करते हैं। इनके समक्ष भारतीय स्वाधीनता का प्रश्न, राष्ट्रीय अस्मिता-बोध, इस महादेश की वैश्विक पहचान और भारतवर्ष की गतिशील लोकोन्मुख परम्परा के पुनःनवीकरण की चुनौती थी जिसे इन्होंने अपना रचनात्मक दायित्व समझकर स्वतः धारण कर लिया था। फलस्वरूप इनका सम्पूर्ण साहित्य भारतभूमि, सभ्यता-संस्कृति, गौरव-मर्यादा और भारतीय मनुष्यता की पहचान करानेवाला व्यापक प्रलेख है। प्रसाद जी इतिहास और परम्परा के पास ग्रहण और त्याग के विवेक साथ जाते हैं। उसका वस्तुनिष्ठ ढंग से विशुद्ध भारतीय प्रतिमानों पर एक नया पाठ तैयार करते हैं। ये दीर्घकालीन दासता के कारण लुप्तप्राय जातीय गौरव एवं अस्मिता की पुनःप्रतिष्ठा करते हैं। ये राष्ट्रीय-सांस्कृतिक जागरण द्वारा चिरन्तन भारतीय मूल्यों को पुरस्कृत करते हैं। इन्होंने हमारे साहित्य को भारतीय मनुष्य, भारतवर्ष की राष्ट्रीय-प्रकृति और भारतीयता के निर्माणक तत्त्वों की ओर पूरी तरह से लगा दिया। इसके केन्द्रीय वैशिष्ट्य के रूप में शक्ति, सौन्दर्य, जागरण, एकता और आनन्द की संवर्धना का सन्देश है। इनकी विश्व-संदृष्टि उज्ज्वल नवमानवतावाद की प्रतिष्ठा के आदर्श से परिचालित है। ये जीवनोपलब्धि के साथ आध्यात्मिक उपलब्धि पर जोर देते हैं। आप सांस्कृतिक चैतन्य से भरे हुए कलाकार हैं जो मानवीय जीवन की सार्थकता आनन्द-प्राप्ति में ढूँढ़ता है। इनका दार्शनिक चिन्तन रागपरक रहस्य-चेतना के रूप में प्रकट हुआ है। इनका साहित्य क्वांटम भौतिकी की तरह (Quantam Physics) घोर से अघोर अर्थात प्रकृति के परमाणुओं, उप-परमाणुओं से विराटता और अपारता की ओर जाता है। यही कारण है कि उसे समझने के लिए उदात्त जीवन-बोध और अन्तर्दृष्टि तथा विश्व-संदृष्टि आवश्यक है। इनके साहित्य में सम्पूर्ण विश्व का संवेदन और भारतीय मनीषा के चिन्तन का सार-तत्त्व परिव्याप्त है। अतः उसके पास जाने के लिए विराट अध्ययन, गहन बौद्धिक तैयारी और संवेदनात्मक औदात्य ज़रूरी है। चूँकि प्रसाद काव्य की गहन संरचना बहुलार्थी और उसकी अभिव्यंजना क्लासिक है, अतः वे उसे जिस ऊँचाई पर ले जाती है, वह या तो आलोकित करती है अथवा संगीत की सीमा का भी अतिक्रमण कर जाती है।

जब हम प्रसाद की हिन्दी और विश्व साहित्य को देन का विश्लेषण करते हैं तो पाते हैं कि इन्होंने गुण और परिमाण, दोनों ही दृष्टियों से अतिशय उत्कृष्ट और विश्वस्तरीय लेखन किया है। प्रसाद जी जिस समय काव्य-सृजन के क्षेत्र में प्रवृत्त होते हैं तो उनके समक्ष उन्नीसवीं शती की उर्दू कविता, अंग्रेजी की स्वच्छन्दतावादी,

प्रतीकवादी और बिम्बवादी कविता तथा बंगला कविता, विशेष रूप से रवीन्द्रनाथ टैगोर चुनौती के रूप में उपस्थित थे। अतः इनके ऊपर हिन्दी कविता को विश्वस्तरीय बनाने और कथित कवियों की समकक्षता तथा श्रेष्ठता में पहुँचाने की चुनौती थी। प्रसाद जी न केवल इस चुनौती को भीतर-ही-भीतर स्वीकार करते हैं अपितु हिन्दी कविता में अन्तर्निहित सर्जनात्मक पाठ-वितान द्वारा 'कामायनी' जैसा एक ऐसा अप्रतिम प्रासाद निर्मित करते हैं : 'जिसके आगे राह नहीं।' प्रसाद जी कविता के साथ-साथ हिन्दी की प्रायः हर विधा को समृद्ध करने का ऐतिहासिक कार्य करते हैं। साथ ही, इन्होंने कतिपय नई साहित्यिक विधाओं का सूत्रपात और कुछ का पुनराविष्कार भी किया है। इनके साहित्यिक अवदान का विश्लेषण करते हुए डॉ. रामविलास शर्मा ने लिखा है : "प्रसाद-साहित्य हिन्दी-भाषी जनता की मूल्यवान विरासत है। उसके आधार पर हम कह सकते हैं कि इस संसार को सत्य समझना, पीड़ित जनता का समर्थन करना, अन्याय का सक्रिय विरोध करना, साहित्य में उदासीन और तटस्थ न रहकर सामाजिक विकास में सक्रिय योग देना—यह सब भारतीय संस्कृति के अनुकूल ही है, उसका सहज विकास है। प्रसाद जी की रचनाएँ दुखवाद, मायावाद, शुद्ध कलावाद, भारतीय इतिहास में वर्गों को अस्वीकार करने आदि के विरोध में सजग लेखक के हाथों में सबल अस्त्र हैं। वे भारतीय जनता की विजय में विश्वास दृढ़ करती हैं क्योंकि उनके मधुबन, रामजस, तितली आदि अपना स्वत्व पहचान चुके हैं और उनका शोषण करते जाना अब किसी के लिए सम्भव नहीं है। प्रसाद-साहित्य के मूल्यों को पहचान कर आज का हिन्दी साहित्य और भी साहस से जनता की सेवा कर सकेगा।"[1]

यह सच है कि प्रसाद जी अपने सृजन में भले ही अतीत के प्राण तत्त्व को स्वीकारते हुए चलते हैं परन्तु वे अपने समय-समाज, भाव-विचार, आदर्श-यथार्थ, राष्ट्रीय-मानवीय चेतना तथा सभ्यता-विमर्श द्वारा एक असाधारण सर्जनात्मक उत्कर्ष प्राप्त करते हैं। ये समकालीनता को सनातन बना देते वाले अप्रतिम कलाकार हैं। इस सन्दर्भ में डॉ. प्रभाकर श्रोत्रिय ने ठीक ही लिखा है : "प्रसाद भारतीय संस्कृति और भारतीय तत्त्व-चिन्ता के गहरे अध्येता थे। परन्तु इस तथ्य को भी महसूस करना आवश्यक है कि उनका यह अध्ययन मात्रा अध्ययन-पांडित्य-लालसा नहीं था। उसमें उन्होंने अपना व्यक्तित्व--अपनी जिजीविषा ही--झोंक रखी थी। अतीतजीवी का भ्रम यहीं से खड़ा होता है। पर वह भ्रम ही है और भ्रम से भी भयंकर अर्द्धसत्य। प्रसाद उन लोगों में से हैं जो अपने-आपको भी संस्कृति की आँख से देखते हैं। उन्होंने आजीवन उस सांस्कृतिक आँख को पाने के लिए तप किया। यह तप कठिन है और ज़रूरी भी; ऐसे युग में तो और अधिक (खास कर हमारे यहाँ) जबकि आदमी की संवेदना और उसकी संस्कृति के बीच के सारे सेतु भरभरा चुके हों।...प्रसाद ने स्वयं को भारतीय दृष्टि से इस कदर तदात्म कर दिया था कि उनके व्यक्तित्व की

अभिव्यक्ति काव्य में उसी दृष्टि के द्वारा सम्पन्न विधियों से ही सम्भव थी। उनका अतिक्रमण करना उनके लिए बेईमानी होती। हमारे दृष्टिकोण से तो नहीं, किन्तु उनके दृष्टिकोण से—शायद।...प्रसाद की व्यक्तिगत मनीषा पर भारतीय मनीषा का बोझ था जो उन्होंने स्वेच्छापूर्वक धारण किया था। उसके साथ अपनी सर्जनात्मक प्रतिभा को उन्होंने तदाकार कर लिया था। मेरा अन्धविश्वास है कि बीसवीं सदी के किसी भी भारतीय कवि ने इस बोझ को इतना और इस तरह वहन नहीं किया होगा, जितना कि प्रसाद ने।"[2]

प्रसाद जी जानते थे कि जब तक देशवासी जातीय अस्मिता से नहीं जुड़ते हैं और जब तक भारतवर्ष की आध्यात्मिक पहचान को सत्यापित करके व्यष्टि चेतना को समष्टि चेतना से नहीं जोड़ते, तब तक उनका सही आकलन नहीं हो सकता। फलस्वरूप वे भारत के अतीत को राष्ट्रीय-सांस्कृतिक जागरण की सापेक्षता में जीवन्त बनाते हैं। उसे उसके स्वाभाविक गौरव की ओर सचेष्ट करते हैं। प्रसाद का यही इतिहास-बोध उनके भारत-बोध से जुड़कर व्यक्ति एवं राष्ट्रीय स्वातंत्र्य तथा गरिमा जैसे मूल्यों को जीवन का सहज और अभिन्न अंग बना देते हैं। उसे सार्वकालिक प्रासंगिकता प्रदान करते हैं। इस सन्दर्भ में डॉ. रमेशचन्द्र शाह का कथन है : "भारतीय भाव-बोध के इतिहास की उनकी द्वंद्वात्मक व्याख्या परम्परा और इतिहास की उनकी मौलिक सूझ-बूझ का प्रमाण है, जो इसलिए और भी विचारोत्तेजक हो जाती है कि वह उनकी रचनात्मकता की अन्त:लय से भी पुष्ट होती है। हिन्दी आलोचना के इतिहास में 'काव्य और कला' का महत्त्व इसलिए भी है कि उसके निबन्धों में आधुनिक मानववाद के उस स्वाधीन भारतीय स्वरूप की भी रेखाएँ कुछ और स्पष्ट होती हैं, जिसका पहला खाका आचार्य शुक्ल ने बनाया था और जिसमें बाद में अज्ञेय ने भी रंग भरे। प्रसाद का संस्कृति-चिन्तन इलियट के संस्कृति-चिन्तन की अपेक्षा कहीं अधिक खुला हुआ, कहीं अधिक भविष्योन्मुख और प्रगतिशील है। ब्राह्मणत्व की 'शाश्वत-सार्वभौम बुद्धि-वैभव' के रूप में व्याख्या करनेवाला हिन्दी का यह कवि-चिन्तक नये युग की चुनौतियों का प्रत्युत्तर दे सकनेवाले भारतीय बुद्धिजीवन की सही और ठोस बुनियाद रखने के लिए प्रयत्नशील है और उसी सिलसिले में कहता है कि 'हमें नई चेतना और आधुनिक समय को स्वायत्त करना होगा'...। यह भी कि 'पाश्चात्य प्रभाव ग्रहण करना हमारी केवल निरुपायता ही नहीं, अनिवार्यता भी है।' किन्तु वह साथ में यह जोड़ना भी नहीं भूलता कि इस सचेतनता के फलस्वरूप हम अपनी सुरुचि की ओर प्रत्यावर्तन क्यों न करें? हमारे मौलिक ज्ञान प्रतीक-दुर्बल तो नहीं हैं?"[3]

कहना न होगा कि जयशंकर प्रसाद का अतीत के प्रति दृष्टिकोण नया और गहन अध्यवसाय के सम्मिलन से तैयार हुआ है। यह अपने संश्लिष्ट रूप में भविष्योन्मुखी है और वर्तमान का दिशा-निर्देश करनेवाला है।

हमें यह भी स्मरण रखना होगा कि प्रसाद की प्रशस्त इतिहास-दृष्टि, अस्मिता-बोध, दार्शनिक-गुरुत्व, भारतीय सौन्दर्यशास्त्रीय उपकरण, गहन अन्तर्द्वंद्व, चित्रण की सूक्ष्मता और कलात्मक वैभव इनके सम्पूर्ण साहित्य को असाधारण बनाते हैं। फलतः इसे समझने के लिए भी गहरे विचार, विश्व-बोध और अन्तर्दृष्टि की दरकार रहती है। प्रसाद के राष्ट्रीय चिन्तन पर विचार करते हुए महेश आनन्द ने लिखा है : "प्रसाद का मानना था कि विदेशी औपनिवेशिक तंत्र के विरुद्ध लड़ने से पूर्व, अपने भीतर के मानव को झिंझोड़कर, उसे नई वैचारिक ऊष्मा द्वारा प्रबुद्ध और जाग्रत करना होगा। स्कन्दगुप्त, चाणक्य और ध्रुवस्वामिनी का संघर्ष इसी प्रक्रिया से गुजरकर सामने आता है। इसी दृष्टि के तहत प्रसाद ने भारतीय इतिहास की सांस्कृतिक परम्पराओं और युगीन राष्ट्रीय आन्दोलनों के आदर्शों में से कथ्य की तलाश की और उसे दृश्य-स्वर देने के लिए एक नई रंग-शैली का सृजन किया। इसलिए उनके नाटक अपनी सम्पूर्ण संरचना में विचार और व्यवहार, भावात्मक और यथार्थपरक, परम्परागत और आधुनिक, ऐतिहासिक और युगीन अन्तर्विरोधी शक्तियों की टकराहट को दृश्य में रूपान्तरित करने की छटपटाहट को व्यंजित करते हैं। इसमें नाटकों की जिस महाकाव्यात्मक परिकल्पना से परिचय होता है, वह रंगकर्मियों को प्रस्तुति के नये रूपों की तलाश की ओर प्रेरित करती है। इस प्रक्रिया में कई तरह की तकनीकी जटिलताएँ सामने आती हैं, पर वे, अपने समय की चुनौतियों से जूझने में सक्षम, एक नये रंगमंच के अन्वेषण की प्रेरणा देती हैं। तलाश के इसी बिन्दु से उनके नाटकों को समझा जा सकता है।...उच्चतर नैतिक मूल्यों की तलाश में स्कन्दगुप्त की द्वंद्वात्मक स्थिति, चाणक्य के संकल्प का वृहत्तर परिप्रेक्ष्य तथा ध्रुवस्वामिनी की बौद्धिक जागरूकता आदि के सन्दर्भ तो अवश्य बदल गए हैं, किन्तु इनसे जुड़े प्रश्न आज भी उतने ही प्रासंगिक बने हुए हैं। इन्हें केवल दार्शनिक सवाल कहकर नहीं टाला जा सकता। ये समाज और व्यक्ति की बुनियादी ज़रूरतों और अनुभूतियों के ताने-बाने में बुने हुए हैं। प्रसाद ने मनुष्य की नियति और काल की अवधारणा जैसे चरम सवालों के माध्यम से सार्वकालिक चिन्ताओं से जूझने के साथ-साथ, औपनिवेशिक राज्य-व्यवस्था के आघातों से आक्रान्त व्यक्ति और समाज के सवालों का भी सीधे सामना किया है। नाटकों की यह सचाई कुछ पात्रों या संवादों में नहीं, नाटकों की पूरी संरचना में निहित है।"[4]

जब हम प्रसाद के वैविध्यपूर्ण साहित्यिक-सृजन का मूल्यांकन करते हैं तो पाते हैं कि वे जिस किसी भी विधा का संस्पर्श करते हैं, उसे एक निश्चित समृद्धि एवं उत्कर्ष प्रदान करते हैं। इनकी काव्य-कृतियों में 'चित्रधार', 'प्रेम राज्य', 'प्रेम पथिक', 'कानन कुसुम', 'महाराणा का महत्त्व', 'झरना', 'आँसू', 'लहर' और 'कामायनी' महाकाव्य का समावेश किया जाता है। इसके अलावा इन्होंने 'करुणालय' नामक गीतिनाट्य अथवा पद्यनाटक भी लिखा है। उर्वशी और 'बभ्रुवाहन' नामक

चम्पू काव्य की रचना करके आप संस्कृत की इस लुप्तप्राय विधा का पुनराविष्कार करते हैं। आप 'सज्जन', 'प्रायश्चित्त', 'कल्याणी-परिणय', 'राज्य श्री', 'विशाख', 'अजातशत्रु', 'जनमेजय का नागयज्ञ', 'स्कन्दगुप्त', 'चन्द्रगुप्त', 'ध्रुवस्वामिनी' और 'अग्निमित्र' जैसे नाटकों की सृष्टि द्वारा हिन्दी नाटक को विश्वस्तरीय बनाने का ऐतिहासिक कार्य किया। आप हिन्दी के प्रथम एकांकी 'एक घूँट' और पहले अन्यापदेशिक नाटक 'कामना' के भी ख्यातिलब्ध स्रष्टा हैं। आपने 'कंकाल', 'तितली' और 'इरावती' (अपूर्ण) जैसे उपन्यास की रचना द्वारा हिन्दी उपन्यास को ठोस भित्ति प्रदान की। आपके द्वारा रचित 'कंकाल' उपन्यास हिन्दी का पहला यथार्थवादी उपन्यास है। आपके द्वारा लिखित 70 कहानियाँ 'छाया', 'प्रतिध्वनि', 'आकाशदीप', 'आँधी' और 'इन्द्रजाल' नामक संकलनों में संगृहीत हैं। इनका शिल्प-विधान अद्वितीय और विश्व स्तरीय है। इन्होंने 'चन्द्रगुप्त मौर्य की जीवनी' और 'मधुप गुनगुनाकर कह जाता कौन कहानी यह अपनी' शीर्षक लम्बी कविता द्वारा आत्मकथा का भी प्रणयन किया। इन्होंने 'काव्य कला और अन्य निबन्ध' में न केवल विश्वस्तरीय निबन्धों की रचना की अपितु छायावाद, रहस्यवाद, यथार्थवाद और काव्य-कला के विवेचन में सैद्धान्तिक आलोचना का उत्कृष्ट रूप प्रस्तुत किया है। साथ ही, निराला की 'गीतिका' की भूमिका में 'सभी स्वरों का समावेश' बताते हुए अत्यन्त सुन्दर व्यावहारिक समीक्षा भी लिखी। आपने 'इन्दु' पत्रिका के प्रकाशन द्वारा न केवल साहित्यिक विधाओं के विकास में उल्लेखनीय भूमिका निभाई बल्कि उसके सफल सम्पादन द्वारा एक उच्च स्तरीय साहित्यिक पत्रिका के सम्पादक की छवि भी निर्मित की। इस तरह प्रसाद का सम्पूर्ण लेखन हिन्दी साहित्य को विश्वस्तरीय और वैविध्यपूर्ण बनाने के विराट संकल्प की अभिव्यक्ति है। इस महान संकल्प के कारण वे गुण और परिमाण, दोनों ही दृष्टियों से अत्यन्त उत्कृष्ट और विपुल साहित्य-सृजन में बहुमुखी उपलब्धियाँ अर्जित करते हैं। आप इस दृष्टि से भी अतिशय विशिष्ट रचनाकार हैं कि आपके जीवनानुभव, चिन्तन-मनन और लेखन में एकरूपता है। यह इस बात का प्रमाण है कि प्रसाद जी विश्व के श्रेष्ठतम साहित्यकारों में से एक हैं। इनका समग्र अवदान बहुस्तरीय और कालातीत है।

यहाँ हम कालक्रम के अनुसार विश्व के सभी महाकवियों के साथ प्रसाद का तुलनात्मक सन्दर्भ प्रस्तुत कर रहे हैं :

वाल्मीकि

जब हम विश्व के श्रेष्ठतम महाकवियों के साथ प्रसाद के सर्जनात्मक व्यक्तित्व और अवदान की तुलना करते हैं तो हमारा ध्यान सर्वप्रथम आदिकवि वाल्मीकि की ओर जाता है। वाल्मीकि द्वारा रचित 'रामायण' और वेदव्यास कृत 'महाभारत'

ऐसे विश्व-प्रसिद्ध महाकाव्य हैं जो भारतवर्ष के ही सांस्कृतिक-आध्यात्मिक और साहित्यिक व्यक्तित्व का निर्धारण करते हैं। वाल्मीकि प्रकृति नटी की रमणीय गोद में पले-बढ़े थे। फलतः प्रकृति के आलम्बन रूप के वे अद्‌भुत चित्रकार माने जाते हैं। वे प्रकृति के नाना रूपों तथा व्यापारों का मानवीय भावों की सापेक्षता में अतिशय वैविध्यपूर्ण चित्र खींचते हैं। 'रामायण' का महत्त्व राम जैसे धीरोदात्त नायक और सीता जैसी नायिका के कारण भी है। इसमें कुल सात कांड और 24000 श्लोक हैं। भारतीय साहित्य और इतिहास में जिन सत्यनिष्ठ जीवन-मूल्यों का विकास हुआ, उनका मूर्तिमान विग्रह पुरुषोत्तम राम हैं। फलस्वरूप भारतीय संस्कृति का अत्यन्त उदात्त, समुज्ज्वल और नैसर्गिक रूप इस महाकाव्य में चित्रांकित हुआ है। 'रामायण' की लोकप्रियता में उसकी सहज एवं अकृत्रिम शैली, असाधारण वर्णन-शक्ति तथा प्राणवान चरित्रों का भी विशेष योग है। यही कारण है कि इसकी लोकप्रियता देश-काल की सीमा को पार करके विश्वव्यापी हो गई। प्रसाद जी भी भारतीय परम्परा के सर्वोत्तम रूपों को आत्मसात् करके उसे नवीन जीवन-दृष्टि की अनुकूलता में प्रस्तुत करते हैं। 'रामायण' में दानवत्व पर देवत्व की विजय प्रतिष्ठित हुई है तो 'कामायनी' में भी समस्त अन्तर्बाह्य शक्तियों के मध्य समन्वय स्थापित करते हुए आनन्दवादी सामरस्य का आदर्श प्रस्तुत किया गया है। 'रामायण' में मानव जीवन के नाना रूपों और व्यापारों तथा समग्र युग-जीवन का चित्रण हुआ है। 'कामायनी' का अन्तर्विधान सूक्ष्म, जटिल और चेतना का रसात्मक इतिहास होने के कारण कवित्व के उत्कर्ष तथा कलात्मक बुनावट में अद्वितीय है। यद्यपि इसमें उतने व्यापक फलक पर जीवन-समस्याओं का अंकन नहीं हुआ है, फिर भी इसकी अनन्त रमणीय चित्र-योजना इसे क्लासिकी औदात्य तथा कलात्मक उत्कर्ष प्रदान करती है। यदि प्रसाद के नाटकों और उपन्यासों को भी महाकाव्य की भाँति पढ़ा जाए तो जीवन के बहिरंग पक्ष का चित्रण भी कम नहीं रह जाता। इसमें सन्देह नहीं है कि वाल्मीकि और प्रसाद, दोनों ही अपने-अपने समय के श्रेष्ठतम महाकवि हैं। इनका अवदान सम्पूर्ण विश्व-साहित्य और मनुष्यता के लिए है। इसी अर्थ में दोनों भिन्न समय के विश्वकवि हैं। दोनों की चुनौतियाँ भिन्न और काव्य-रचना का उद्‌देश्य भी भिन्न है। दोनों ने ही परवर्ती विश्व-साहित्य को प्रभावित किया है।

वेदव्यास

इसी क्रम में जब हम वेदव्यास-कृत 'महाभारत' पर दृष्टिपात करते हैं तो पाते हैं कि यह विश्व का सबसे बड़ा महाकाव्य है। इसमें एक लाख से अधिक श्लोक हैं। यह वाल्मीकि 'रामायण' से चार गुना तथा होमर के दोनों महाकाव्य 'इलियड' और

'ओडिशी' के संयुक्त स्वरूप से आठ गुना बड़ा है। यह प्रकारान्तर से विश्वकोशीय महाकाव्य है जो इतिहास, पुराण और धर्मग्रंथ के रूप में समादृत है। 'महाभारत' कौरव-पांडव की कथा का व्यापक विधान है। इसमें द्वीप, समुद्र, वन-उपवन, आश्रम, नगर, पर्वत आदि के बेजोड़ वर्णन मिलते हैं। इसकी भाषा सुबोध और प्रसाद गुण बहुला है। इसका वैशिष्ट्य सम्पूर्ण भारतीय ही नहीं बल्कि विश्व-साहित्य में उद्‌भासित है। भारतीय सभ्यता, संस्कृति और सनातन धर्म का जैसा वैविध्यपूर्ण चित्र तथा गीता जैसे दर्शन का इसमें संश्लेषण हुआ है उसकी अद्वितीयता का क्या कहना! मानव जीवन और भारतवर्ष का कोई भी ऐसा पक्ष नहीं है जो इसमें चित्रित न हुआ हो। इसकी कथावस्तु रोचक, वैविध्यपूर्ण और घात-प्रतिघात से युक्त है, फलतः परवर्ती कवियों के लिए यह सबसे बड़ा उपजीव्य ग्रंथ रहा है। 'रामायण' और 'महाभारत' दोनों ही इसी अर्थ में आर्ष-ग्रंथ हैं। 'महाभारत' की तुलना में 'कामायनी' की कथावस्तु अत्यल्प है। इसमें बाह्य जीवन का वैसा वैविध्य तथा घात-प्रतिघात नहीं मिलता। लेकिन मानवीय चेतना का सुन्दर इतिहास होने के कारण यह मनुष्य की अन्तर्वृत्तियों के चित्रण का एक संश्लिष्ट कोश है। इसमें दार्शनिक व्याप्ति की तुलना में गहराई अधिक है। विश्व का शायद ही कोई ऐसा दर्शन हो जो 'कामायनी' में किसी-न-किसी रूप में संकेतित न हुआ हो। 'कामायनी' आकार-प्रकार में दीर्घकाय महाकाव्यों से लघुतर होकर भी काव्यात्मक वैभव तथा कलात्मक विन्यास के कारण अद्वितीय है। इसमें प्रसाद जी बुद्धिवाद के अतिरेक के स्थान पर अन्तर्ज्ञान एवं आन्तरिक सामंजस्य का सिद्धान्त रचते हैं। दोनों ही महाकाव्य अपने रचना-विधान में एक-दूसरे से भिन्न हैं और दोनों ही अपने-अपने युग के प्रतिनिधि महाकाव्य हैं। 'महाभारत' आर्य जाति का जातीय महाकाव्य है जो आख्यानक महाकाव्य के रूप में अत्यधिक विस्तृत है किन्तु 'कामायनी' का रचना-विधान गहन और बिम्बात्मक है। फलतः दोनों ही कालजयी हैं और अपनी प्रस्तुति में एक-दूसरे से नितान्त भिन्न हैं।

कालिदास

'रामायण' और 'महाभारत' जैसे आर्षकाव्यों की रचना के उपरान्त भारत को कालिदास जैसा विश्वकवि मिलता है। इन्हें कवि-कुल-गुरु की संज्ञा से अभिहित किया जाता है। ये अपने वाग्वैदग्ध्य और रसमाधुरी के कारण विश्व-प्रसिद्ध हैं। इन्हें परम शैव माना जाता है और इनके दोनों महाकाव्य यज्ञों, मन्दिरों, तपश्चर्या, तपस्वियों तथा ऋषियों आदि के चित्रण से भरे पड़े हैं। इनका पहला महाकाव्य 'कुमारसम्भव' उत्कृष्ट काव्यशैली का उत्कृष्ट नमूना है। इस महाकाव्य में हिमालय की पुत्री पार्वती घोर तपस्या करके शिव को पति रूप में प्राप्त करती हैं। इस अद्वितीय नायक और नायिका के संयोग से कुमार कार्तिकेय का जन्म होता है। वे देवासुर

संग्राम में देवताओं के सेनापति बनकर तारकासुर का संहार करके विश्व-कल्याण के उन्नायक बनते हैं। इस कथा का प्रमुख उपजीव्य ग्रंथ 'महाभारत' है।

इस महाकाव्य के सांस्कृतिक सन्देश पर प्रकाश डालते हुए डॉ. हजारीप्रसाद द्विवेदी ने लिखा है : "'कुमारसम्भव' में कवि ने अपने जीवन-दर्शन को बहुत बड़ी पट भूमिका पर रखकर व्यक्त करने का प्रयास किया है। त्याग के साथ ऐश्वर्य का और तपस्या के साथ प्रेम का मिलन होने पर ही स्त्री और पुरुष का प्रेम धन्य होता है। त्याग और भोग के सामंजस्य से ही जीवन चरितार्थ होता है। एकान्त वैराग्य से आसुरी शक्ति का दमन नहीं हो सकता। भोग और वैराग्य के यथोचित सामंजस्य में ही जीवन की चरितार्थता है। जो प्रेम केवल शारीरिक आकर्षण पर निर्भर होता है, वह क्षणस्थायी होता है। जब तक वह तपस्या की अग्नि में तपकर नहीं निकलता, तब तक वह वन्ध्य है, निष्फल है। पार्वती का जीवन तपस्या और प्रेम का सामंजस्य है, शिव का भोग और वैराग्य का। कामदेव जड़ शारीरिक विषयों के आकर्षण का देवता है। सच्चा प्रेम और गहराई में पलता है।"[5]

कालिदास का दूसरा महाकाव्य 'रघुवंश' है जो उन्नीस सर्गों में विभक्त है। कालिदास के दोनों ही महाकाव्य किसी भी प्रतिमान पर महाकाव्यत्व के सारे अभिलक्षणों को पूरा करते हैं। महाकाव्य का प्रयोजन जिस पुरुषार्थ चतुष्टय की सिद्धि पर आधारित है, उसका दोनों ही महाकाव्यों में अत्यन्त मनोरम विनियोग हुआ है। कालिदास अपने दिव्य चरित्रों में मानवीय गुणों का सुन्दर अभिनिवेश करते हैं। वे सभी मनोभावों के चित्रण के साथ-साथ मनुष्य और प्रकृति के सम्बन्धों को अत्यधिक संवेदनशीलता के साथ प्रस्तुत करते हैं। कालिदास अपने समय के राष्ट्रीय कवि हैं। इनके अनुसार भारत राष्ट्र की विशालता अनुपमेय है। सम्पूर्ण भारतवर्ष एक अखंड भौगोलिक इकाई के रूप में अवस्थित है। इसके हिमकिरीट रूप में सुशोभित हिमालय पर्वत, पृथ्वी के मानदंड की भाँति, पश्चिम एवं पूर्व, दोनों ही समुद्रों को अपनी भुजाओं से स्पर्श करता है। भारतीय संस्कृति का अविकल एवं सर्वांगपूर्ण रूप कालिदास के महाकाव्यों में अपने चारुत्व के साथ व्यंजित हुआ है। इन्होंने भारतवर्ष की अन्तरात्मा को वाणी दी है। इनके महाकाव्य सौष्ठव, कल्पना-माधुर्य, सहृदयता, व्यंजना-विलास, जीवन्तता तथा भावानुकूल पद-विन्यास से परिपूर्ण हैं।

जहाँ तक कवि प्रसाद का सवाल है तो उन्होंने कालिदास को आत्मसात् कर लिया था। प्रसाद के रचनाकार पर कालिदास की आत्मा प्रेरकशक्ति के रूप में विद्यमान है जिसे वे अपनी अन्तर्दृष्टि और विश्व-संदृष्टि द्वारा और भी मौलिक, गहन, नवीन तथा व्यापक बनाते हैं। यदि भारतीय साहित्यिक इतिहास की श्रेष्ठतम सर्जनात्मक उपलब्धि कालिदास के महाकाव्य हैं तो प्रसाद की 'कामायनी' भी कलात्मक उत्कर्ष का पर्याय है। कालिदास और प्रसाद, दोनों ने ही हिमालय का वर्णन किया है किन्तु प्रसाद का हिमालय-वर्णन अपेक्षाकृत अधिक सूक्ष्म, स्वाभाविक और व्यंजक

है। प्रसाद जी 'शिला सन्धियों' से जो कार्य करते हैं, वह कार्य कालिदास बाँसों से सम्पन्न करवाते हैं। इस तरह प्रसाद जी कालिदास से ज़्यादा सूक्ष्म नाद बिम्ब रचते हैं। प्रसाद का हिमालय-वर्णन अपेक्षाकृत अधिक संश्लिष्ट, व्यंजक, सूक्ष्म, नाद-सौन्दर्य, उक्ति-वैचित्र्य और वर्ण-वैचित्र्य से परिपूर्ण है। कालिदास वर्णन की विदग्धता और प्रकृति तथा जीवन-व्यापारों के विराट चित्र खींचते हैं जबकि प्रसाद के चित्र गहन, सूक्ष्म, व्यंजक और कलात्मक होते हैं। दोनों ही प्रेम और सौन्दर्य के अप्रतिम चित्रकार हैं। इसका उदात्तीकरण करते हैं। इस क्षेत्र में भी प्रसाद जी कालिदास से आगे के कवि सिद्ध होते हैं।

यदि कालिदास शकुन्तला और पार्वती का अप्रतिम सौन्दर्य-चित्रण करते हैं तो प्रसाद की श्रद्धा के शरीर का प्रत्येक परमाणु अनन्त रमणीय सौन्दर्य से उद्भासित है। प्रसाद ने श्रद्धा के सौन्दर्य के मनोरम पक्ष की व्यंजना के लिए प्रायः विरोधी बिम्बों से अनुप्राणित और कल्पनात्मक छवियों से ओत-प्रोत जो छविमान चित्र प्रस्तुत किया है, वह कालिदास ही क्या, विश्व के समस्त महाकवियों के सौन्दर्य-चित्रण से आगे है। इसी तरह यदि कालिदास के महाकाव्य प्राचीन भारत के गौरव एवं सांस्कृतिक उत्कर्ष को प्रस्तुत करते हैं तो 'कामायनी' भी सभ्यता-विमर्श के कारण भारत ही नहीं बल्कि सम्पूर्ण विश्व की आधुनिक सभ्यता का प्रतिनिधि महाकाव्य बन जाता है। इसमें विश्व-जीवन और विश्वस्तरीय समस्याओं का अत्यन्त वैज्ञानिक एवं गहन चित्रण हुआ है। दोनों ही कवि मानवीय भावों, अन्तर्वृत्तियों तथा मानवीय मूल्यों के ऐसे रससिद्ध और अप्रतिम चित्रकार हैं कि इनका चित्रण चिरन्तनता की भाव-भूमि पर प्रतिष्ठित हो जाता है।

यदि कालिदास अपने काव्य-वैभव, सूक्तियों और उपमानों में अद्वितीय हैं तो प्रसाद का चिन्तन अधिक है। इनके चित्रण में सूक्ष्मता, व्यंजकता और कलात्मक सौष्ठव अधिक है। दोनों ही प्रकृति-पुरुष और नारी सौन्दर्य के अन्यतम चित्रकार हैं। इन दोनों महाकवियों के काव्य में मानव मात्र की संवेदना का अत्यन्त भव्य एवं उदात्त चित्रण हुआ है। कालिदास में यदि बहिरंग जीवन के चित्रण के कारण विराटता और व्यापकता अधिक है तो प्रसाद मानव के अन्तर्मन और आन्तरिक वृत्तियों के अतिशय गहन चित्रकार हैं। इनमें कालिदास की तुलना में गहराई अधिक है।

कालिदास ऐन्द्रिय संवेदन और रसात्मक सौन्दर्य के महान कवि हैं। इनके काव्य में चाक्षुष, श्रवण, स्पर्श बिम्बों की प्रचुरता है। वे रूप के सम्मोहन से सर्वत्र अभिभूत हैं। इनके नारी सौन्दर्य सम्बन्धी बिम्बों में संसार में बिखरे हुए सारे सौन्दर्य संश्लिष्ट रूप में आ गए हैं। इनका स्पर्शेन्द्रिय-बोध बहुत सूक्ष्म एवं व्यापक है। इसके अन्तर्गत मनुष्य से लेकर पशु-पक्षियों तक का स्पर्श बिम्ब चित्रित हुआ है। इन्होंने काव्य में सुरभित पुष्पों से सम्बन्धित कायिक गंधों से युक्त घ्राणिक बिम्ब सृजित किये हैं। इनके दिव्य, उदात्त और सौन्दर्यमय बिम्ब इनके सम्पूर्ण काव्य को

अद्वितीय लालित्य प्रदान करते हैं। दूसरी ओर प्रसाद-काव्य में मौलिक संवेदन से युक्त प्रभावशाली बिम्ब कहीं अधिक हैं। इनके चाक्षुष बिम्ब वर्णों के सुन्दर प्रयोग के कारण अद्वितीय बन पड़े हैं। इनकी सबसे बड़ी देन मिश्रित बिम्बों की कलात्मक योजना है। प्रसाद जी जिस कौशल के साथ सूक्ष्म, अमूर्त और गहरे संवेदन को सम्प्रेषित करने के लिए गंध, नाद और चाक्षुष सन्दर्भों का विभिन्न ऐन्द्रिय अनुभवों के मिश्रण से नितान्त नूतन प्रकार की बिम्ब-योजना प्रस्तुत करते हैं, वह सम्पूर्ण विश्व-साहित्य में दुर्लभ है। कालिदास की भाँति प्रसाद के बिम्ब भी प्रकृति के सभी रूपों से लिये गए हैं। यदि प्रलय-वर्णन के प्रसंग में प्रकृति के अत्यन्त भयावह और रौद्र रूप का विराट बिम्ब मिलता है तो 'कामायनी' का 'आशा सर्ग' प्रकृति के अनन्त रमणीय चित्रों का अक्षय कोष है। सिन्धु-सेज पर संकुचित बैठी पृथ्वी, प्रेमी प्रभात से मिलने हेतु दौड़ती हुई अभिसारिका रजनी, रजनी का संध्या की सुनहली साड़ी फाड़कर प्रकट होना फिर चाँदनी की खिलखिलाहट द्वारा उसका उपहास करना, रात का विश्व में बार-बार आना-जाना, रात्रि पवन का चलना, नक्षत्र-मंडित निशा का खिलखिलाना तथा नैश वातावरण की स्तब्धता इन सबमें से प्रत्येक के चित्रण में जिस मौलिक—बेजोड़ प्रतिभा और अनूठी कला का परिचय मिलता है, वह अन्यत्र दुर्लभ है।

यहाँ यह भी चिन्तनीय है कि जिन आलोचकों ने पढ़े और समझे बिना इन पर कालिदास का प्रभाव लक्षित किया है, वे अपने अविवेक का ही परिचय अधिक देते हैं। जयशंकर प्रसाद संश्लिष्ट बिम्बों के अद्वितीय सर्जक हैं। इनके काव्य का एक महत्त्वपूर्ण वैशिष्ट्य बिम्ब पर बिम्ब का आरोपण है। इनके सम्पूर्ण काव्य में सूक्ष्म स्तरों से गृहीत बिम्ब अनुभव प्रक्रिया से परिष्कृत होकर जिस ढंग से अन्तर्द्वंद्व की अभिव्यंजना करते हैं, उसका कोई जवाब नहीं है। दोनों ही कवि विराट भाव-बोध और सौन्दर्यबोध के कवि हैं। संक्षेप में यदि कालिदास की रसग्राहिणी प्रातिभ जीवन और जगत के मूर्तिमान सन्दर्भों का विराट चित्र खींचती है तो 'कामायनी' के 'लज्जा सर्ग' के टक्कर की पंक्तियाँ कालिदास के सम्पूर्ण साहित्य में नहीं मिलेंगी। इसका आशय यह नहीं है कि मैं प्रसाद को कालिदास से बड़ा कवि कह रहा हूँ। इसका अर्थ यही है कि मानव मन के अमूर्त सन्दर्भों का जितना सूक्ष्म और उदात्त बिम्ब प्रसाद जी सृजित करते हैं, वह अपने ढंग से अप्रतिम है। 'कामायनी' के 'लज्जा सर्ग' जैसा काव्यात्मक औदात्य और कलात्मक वैभव समूचे विश्व काव्य में दुर्लभ है। कालिदास और प्रसाद, दोनों के ही काव्य अभिव्यंजना की मनोरम पद्धति, चित्रभाषा, वैविध्यपूर्ण बिम्ब-योजना और कल्पनात्मक छवियों से ओत-प्रोत हैं। यदि कालिदास बाह्य जीवन के श्रेष्ठतम कवि हैं, तो प्रसाद भी अन्तर्जगत के अनूठे चित्रकार हैं।

अश्वघोष, भारवि, माघ और भवभूति

इसके उपरान्त अश्वघोष, भारवि, माघ और भवभूति से भी प्रसाद की तुलना हो सकती है। प्रसाद जी भारवि से अर्थ-गौरव तथा माघ से प्रकृति-चित्रण की बानगी सीखते तो हैं किन्तु उसे अपनी मौलिकता से इतना अधिक रंजित कर देते हैं कि उसे पकड़ पाना दुष्कर हो जाता है।

भारवि ने अपने अल्प पदों में विपुल भावों की अभिव्यक्ति जिस स्पष्टता के साथ की है, वही उनके अर्थ-गौरव का कारण रही है। इनका काव्य प्रौढ़ शास्त्रीय ज्ञान और परिपक्व व्यावहारिक अनुभव के कारण विशिष्ट अर्थ-गौरव से संवलित है। इन्होंने मानव जीवन के सार्वभौम-शाश्वत मूल्यों को सूक्तियों में पिरोकर अपने काव्य को अद्वितीय अर्थ-गौरव प्रदान किया है। प्रसाद जी भी संहित और संश्लिष्ट रचनाकार हैं। वे सर्वत्र अनावश्यक स्फीति से बचते हैं और शब्दों तथा सूक्तियों का अत्यन्त संयमित एवं सधा हुआ प्रयोग करते हैं।

भवभूति करुण रस के चतुर-चितेरे माने जाते हैं। इन्होंने करुण को ही मुख्य रस की प्रतिष्ठा देते हुए अपने महाकाव्यात्मक नाटक 'उत्तररामचरितम्' में सीता को करुणा की साकार प्रतिमा के रूप में चित्रित करते हैं। इनकी करुणा का स्वरूप सार्वभौम-शाश्वत महत्त्व का है। प्रसाद का सम्पूर्ण काव्य भी करुणा और वेदना का अद्वितीय आख्यान है। प्रसाद के यहाँ करुणा रस-निष्पत्ति का साधन न होकर जीवन-दर्शन बन गया है। प्रसाद का 'आँसू' तो करुण-काव्य का अत्यन्त तीव्र संवेदनात्मक चित्रण ही है। इनके 'कामायनी' महाकाव्य का आरम्भ भी 'निकल रही थी मर्म वेदना, करुणा विकल कहानी-सी' के साथ हुआ है। इसके अलावा श्रद्धा के विरह-वर्णन भी करुण भाव का अत्यन्त त्रासद चित्रण है। इस तरह दोनों कवि करुणा और वेदना के धरातल पर पर्याप्त साम्य रखते हैं। भवभूति ने गहन हताशा के क्षणों में ही शायद यह लिखा होगा :

उत्पत्स्यते मम तु कोअपि समानधर्मा।
कालो ह्यं-निरवधिर्विपुला च पृथ्वी॥

अर्थात् मेरे काव्य के मर्म को समझनेवाला समानधर्मा सहृदय कभी, कहीं तो जन्म लेगा ही; क्योंकि काल अनन्त है और पृथ्वी भी कोई छोटी नहीं है।

यह बात इसलिए भी उल्लेखनीय है कि महाकवि जयशंकर प्रसाद को भी अपने समय में भवभूति जैसा ही संताप झेलना पड़ा था। फलस्वरूप यह माना जा सकता है कि भवभूति की तरह प्रसाद भी समानधर्मा सहृदय के अभाव में बहुत अकेले रहे होंगे; जबकि उस समय हिन्दी ही नहीं, भारतीय भाषाओं के अब तक के श्रेष्ठतम आलोचक आचार्य रामचन्द्र शुक्ल पड़ोस में ही थे; परन्तु प्रसाद की महान प्रतिभा

का मूल्यांकन पूरी सहृदयता के साथ वे भी कहाँ कर पाते हैं?

भवभूति के समग्र अवदान पर विचार करते हुए डॉ. रामविलास शर्मा ने लिखा है : "भारतीय साहित्य में भवभूति का आविर्भाव विश्व-साहित्य में नये युग का सूत्रपात है। यूनानी नाटककारों की देवसापेक्ष न्याय-व्यवस्था की जगह देवनिरपेक्ष न्याय-व्यवस्था का चित्रण शेक्सपियर से पहले भवभूति ने किया। निरुद्ध संवेग, चेतना की मोह-ग्रंथि, ब्रह्मानन्द से उल्टी तीव्र शोकानुभूति, चेतना की सीमांत भूमि में संचरण, नाटक रचना में भाव सघनता का उतार-चढ़ाव—ये सब शेक्सपियर से पहले भवभूति में हैं। उनके अन्तर्विह्वल हृदय वाले व्यक्तित्व की छाया अनेक परवर्ती साहित्यकारों में देखी जा सकती है।"[6]

प्रसाद जी अपने अन्तरतम में महाकाव्य की पीड़ा लेकर गतिशील थे। इनके 'आँसू' में रुदन, सिसकती आर्तवाणी और करुण भाव की अतिशय मार्मिक उद्‌भावना हुई है। इसके अलावा 'स्कन्दगुप्त' तो हिन्दी की श्रेष्ठतम त्रासदी है। अतः भवभूति और प्रसाद एक-दूसरे के पूरक कवि हैं, प्रतिस्पर्धी नहीं।

मलिक मुहम्मद जायसी

इसी क्रम में जब हम हिन्दी महाकवियों की ओर बढ़ते हैं तो सबसे पहले कालक्रम से मलिक मुहम्मद जायसी आते हैं। आप भक्तिकाल की सूफी काव्य-धारा के शिखर कवि हैं। विजयदेव नारायण साही ने इन्हें हिन्दी का पहला विधिवत् कवि माना है। 'पद्‌मावत' इनका विश्व-प्रसिद्ध महाकाव्य है। आप सांस्कृतिक संवाद के कवि हैं। इनकी नारी-दृष्टि अत्यन्त कोमल और प्रणम्य है। यह उन्हें मध्यकाल के समस्त रचनाकारों के बीच विशिष्ट स्थान दिलाती है। आचार्य रामचन्द्र शुक्ल ने जायसी को प्रेम-वेदना का कवि निरूपित करते हुए उन्हें बौद्धिक और भावनात्मक प्रस्थान दिया। जायसी विप्रलंभ शृंगार के मर्म के उद्‌गाता हैं, तो इनका विरह-वर्णन समूचे विश्व-साहित्य की अनमोल धरोहर। उसमें निहित स्थितियों की जटिलता, मध्यकालीन परिवेश, राजरानी का सामान्य भारतीय नारी में रूपान्तरण, यौवन सुख की स्मृतियाँ, सौतन के पास पतिगमन की टीस, प्रकृति की प्रतिकूलता, भावात्मक गहराई तथा मर्मस्पर्शी प्रस्तुति केवल अनुभवगम्य है। उसका बौद्धिक विश्लेषण अत्यन्त दुष्कर कार्य है। जायसी नागमती वियोग-वर्णन के अलावा नायिका पद्‌मावती-रूपी ब्रह्म के सौन्दर्य की विराट और सृष्टिव्यापी उत्प्रेक्षा द्वारा भी अपनी काव्यात्मक शक्ति का परिचय देते हैं। वे अवध के अंचल विशेष के माटी की सोंधी गंध, प्रकृति का उन्मुक्त फैलाव, लोकजीवन की धड़कन, उसमें होनेवाले तमाम विवर्तन, लोक-संस्कृति के मनोग्राही छंद तथा लोकभाषा की ताजगी की कल्पनात्मक मोहक छवियों को उत्प्रेक्षाओं, रूपकों, बिम्बों एवं प्रतीकों के माध्यम

से इस प्रकार प्रस्तुत किया है कि समूचा अंचल सजीव-सवाक् हो उठा है। वहाँ लोकजीवन का ऐसा विविधतापूर्ण समारोह हमारी आँखों के सामने से गुजरता है कि हम उसे चित्रलिखे से हतप्रभ निहारते रह जाते हैं। वस्तुतः 'पद्मावत' भारतीय लोक-संस्कृति का विश्वकोश है। जायसी पर लोकजीवन और लोकसंस्कृति का रंग इतना चटख और गहरा है कि वे चाहकर भी उसका अतिक्रमण नहीं कर सकते थे। इसी अर्थ में वे ठेठ गाँव के कवि और लोक-संस्कृति के प्रवक्ता हैं। उनके यहाँ गाँव काव्य-प्रेरणा के रूप में आते हैं। वे लोकजीवन का अपने स्तर पर न केवल विश्वसनीय समाजशास्त्र रचते हैं अपितु उसका लोकसापेक्ष सौन्दर्यशास्त्र भी निर्मित करते हैं। जायसी नागमती वियोग-वर्णन में जिस बारहमासा का चित्रण करते हैं, वह ग्रामीण जीवन का बारह अध्याय है। यहाँ हर महीने में उस समय की सम्पूर्ण लोक-व्यवस्था आकार ग्रहण करती है। उसमें होनेवाली हर धड़कन अनुगूँज बन जाती है। उसकी आन्तरिक लय मानव मन को आकुल बनाती है। 'पद्मावत' में स्थानीय प्रकृति, वनस्पति, तीज-त्योहार, लोकाचार, पर्वोत्सव, मानवीय सम्बन्ध इत्यादि सब दृश्य की तरह उपस्थित हैं। इसमें ग्राम्य जीवन का सर्वाधिक उपयोग लोकजीवन से प्राप्त उपमानों तथा प्रकृति-दृश्यों के रूप में दिखाई देता है। जायसी ने 'पद्मावत' में इतिहास, मिथक, फैंटेसी तथा मध्यकालीन जीवन के झिलमिलाते हुए यथार्थ का विलक्षण चित्रण किया है। इनका मन पद्मावती के सौन्दर्य-चित्रण में विशेष रूप से रमा है। जायसी उसके सौन्दर्य में पारस रूप की सम्भावना व्यक्त करते हुए उसमें सृष्टिव्यापी उत्प्रेक्षा, जयोतिर्मयता एवं तरंगायितता का आरोप करते हैं। ये सर्वत्र सौन्दर्य के प्रति उदात्त और सौन्दर्यशास्त्रीय दृष्टिकोण का परिचय देते हैं। इनका पद्मावत अपनी तरलता, भावनात्मकता, प्रेम की स्वर्गीय महिमा, नारी जाति की पुंजीभूत करुणा, सांस्कृतिक सौमनस्य, लोकभाषा के जादुई सम्मोहन और मानवीय श्रेष्ठता का प्रतिपादन करने के कारण वरेण्य एवं उपादेय बना हुआ है। जायसी का पद्मावत नागमती के आँसुओं से स्नात है। कवि ने नारी हृदय की स्वाभाविक वृत्ति और आन्तरिक संघर्ष का ऐसा मर्मस्पर्शी चित्र खींचा है कि वह अपनी प्रस्तुति में बेजोड़ है।

महाकवि जयशंकर प्रसाद भी मूल रूप से प्रेम-सौन्दर्य, मानवीय अन्तर्वृत्तियों तथा अपने समय के विश्व-जीवन के अप्रतिम चित्रकार हैं। इन्होंने 'आँसू' में आत्मवेदना को विश्ववेदना में रूपान्तरित कर दिया है। ये अपनी विरह-वेदना को विश्व-मंगल में रूपान्तरित कर देते हैं। प्रसाद का जीवन महाकाव्य की पीड़ा के साथ अग्रसर रहा है। उनकी विरह-वेदना प्रकारान्तर से स्वानुभूत सत्य का ही उद्‌घाटन है। महान कविता करुणा और आक्रोश में ही जन्म लेती है। प्रसाद जी ने 'कामायनी' का प्रस्थान-बिन्दु भी करुणा और असन्तोष रखा है। प्रसाद जी कथा-तत्त्व एवं अर्थ-भूमि संकुचित रखकर भी अलंकारों तथा बिम्बों में सोचनेवाले कवि हैं। जायसी

जिस तरह लोकजीवन का अत्यन्त उदात्त चित्रण करते हैं, उसी प्रकार प्रसाद जी देश-प्रेम, विश्व-प्रेम, प्रकृति-प्रेम, कल्पना की उमंग तथा सौन्दर्य का अनन्त रमणीय चित्र अंकित करते हैं। जिस तरह जायसी 'पद्मावत' में प्रतीकों का प्रचुर प्रयोग करते हैं, उसी तरह प्रसाद जी भी प्रतीकात्मक महाकाव्य की सृष्टि करते हैं। प्रसाद जी ने 'कामायनी' के आमुख में स्वयं ही मनु, श्रद्धा और इड़ा की प्रतीकात्मकता को इंगित किया है। प्रसाद जी प्रेम और सौन्दर्य के चित्रण में जायसी के आगे के कवि हैं। वे प्रकृति एवं नारी-सौन्दर्य का जो अनन्त रमणीय बिम्ब निर्मित करते हैं, वह हिन्दी ही नहीं, सम्पूर्ण विश्व साहित्य में दुर्लभ है। प्रसाद की श्रद्धा के सौन्दर्य के समक्ष विश्व साहित्य की कोई भी नायिका नहीं टिक सकती। इस सन्दर्भ में डॉ. बच्चन सिंह का अभिमत है : "श्रद्धा की मधु-गुंजार और प्रथम कवि के सुन्दर छंद में कोई तर्कसम्मत सम्बन्ध नहीं है। यह बात दृश्य और इन्द्रजाल, नीले परिधान और बिजली के फूल, मुखमंडल और ज्वालामुखी, सौरभ और साकार पराग आदि के सम्बन्ध में भी सच है। पर इनमें गहरा तर्केतर सम्बन्ध है, जो प्रस्तुत को ठोस आधार देकर अधिक छविमान, ऐन्द्रिय तथा अर्थवान बनाता है। एक बिम्ब दूसरे को शक्ति देता है और सब मिलकर एक समग्र छवि निर्मित करते हैं जो किसी अन्य की प्रतिकृति नहीं है बल्कि अद्वितीय और अप्रतिम है।"

मेरा मानना है कि श्रद्धा के अनन्त रमणीय सौन्दर्य के समक्ष वाल्मीकि की सीता, व्यास की द्रौपदी, कालिदास की उर्वशी-पार्वती और शकुन्तला, बाणभट्ट की महाश्वेता एवं कादंबरी, जायसी की पद्मावती, सूर की राधा, तुलसी की सीता, रीतिकाल की समस्त नायिकाएँ, होमर की हेलेन, वर्जिल, दांते, मिल्टन, शेक्सपियर, गेटे तथा समस्त स्वच्छन्दतावादी कवियों की नायिकाएँ हेठी पड़ जाएँगी। प्रसाद का सौन्दर्य-चित्रण उन्हें अपारता की ओर ले जाता है। इस कारण भी 'कामायनी' अपनी भव्यता एवं गौरव में देदीप्यमान महाकाव्य है। 'कामायनी' का महत्त्व लोकजीवन के बजाय सम्पूर्ण मानव जीवन तथा विश्व जीवन के महत्त्वपूर्ण प्रश्नों पर गहन काव्यात्मक विमर्श के कारण है। इसमें विज्ञान और प्रौद्योगिकी की आड़ में चल रहे प्राकृतिक दोहन एवं पश्चिमी सभ्यता और बुद्धिवाद के अतिरेक के खतरे के प्रति आगाह किया गया है। यह प्रसाद के युग का ही नहीं बल्कि वर्तमान वैश्वीकरण के दौर का महाकाव्य अधिक प्रतीत होता है; क्योंकि इसमें चित्रित समस्याएँ अब और भी खुलकर प्रकट हो गई हैं। मनु ने इड़ा की सहायता से जिस वैज्ञानिक-औद्योगिक एवं भौतिक-संस्कृति का विकास किया, वह ऐकान्तिक स्वार्थ और वैषम्य पर आधारित होने के कारण आज समस्त मानव-जाति की नियति बन गई है। प्रसाद जी ने किस तरह अपने समय और विश्व-जीवन की समस्याओं को सनातन बनाकर प्रस्तुत किया है, इस पर विचार करते हुए आचार्य रामचन्द्र शुक्ल ने ठीक ही लिखा है : "'कामायनी' में उन्होंने नर-जीवन के विकास में भिन्न-

भिन्न भावात्मिका वृत्तियों का योग और संघर्ष बड़ी प्रगल्भ और रमणीय कल्पना द्वारा चित्रित करके मानवता का रसात्मक इतिहास प्रस्तुत किया है।"[7] इस तरह 'कामायनी', 'पद्मावत' की तुलना में आकार-प्रकार में छोटा होकर भी अपने विराट उद्‌देश्य, विश्वस्तरीय समस्याओं की चित्रण तथा कलात्मक पाठ-वितान के कारण उससे काफी आगे का महाकाव्य है।

गोस्वामी तुलसीदास

महाकवि गोस्वामी तुलसीदास हिन्दी के सबसे दुर्निवार कवि हैं। उनसे सहमत-असहमत हुआ जा सकता है लेकिन पूरी तरह बचा नहीं जा सकता। जीवन का कोई भी ऐसा क्षेत्र, कोई भी ऐसा कोना और कोई भी ऐसा प्रसंग नहीं है जहाँ वे अचानक न आ टपकते हों। इसका मूल कारण यह है कि उनके सामाजिक सरोकार इतने गहरे हैं, उनमें लोकधर्म का आग्रह इतना प्रबल है कि भारतवर्ष की सम्पूर्ण सामाजिक संरचना उसके दायरे में आ जाती है। वस्तुतः सामाजिक संरचनाएँ और सांस्कृतिक परम्पराएँ प्रायः साहित्यिक प्रवृत्तियों एवं परम्पराओं से अधिक शक्तिशाली हैं। लेकिन तुलसी साहित्य की प्राणवत्ता और कालजयता इसी बात में है कि वह इनसे कहीं भी कमतर नहीं है। भारतीय समाज में जो कुछ भी सर्वोत्तम, वरणीय एवं शुभाशुभ है, वही तुलसी काव्य का उपजीव्य है। उनका यथार्थबोध इतना तीखा और आदर्श के प्रति रुझान इतना प्रबल है कि उनका सम्पूर्ण सृजन मानवीय जीवन के महत्तर मूल्य-बोध का कभी न खत्म होनेवाला आविष्कार बन गया है। तुलसीदास ने 'रामचरितमानस' को मनुष्यता की मंगलाशा के महाकाव्य के रूप में सृजित किया है। इसमें लोकमंगल और लोकधर्म को काव्य की चरम सार्थकता माना गया है। इनकी कविता का लक्ष्य भगवती भागीरथी के समान सर्वहित है, सबका हित-साधन है। इनके राम का जन्म ही लोककल्याण के लिए हुआ है। वे लोकरक्षक, लोकपालक और गरीब नेवाज हैं। तुलसी भली भाँति जानते थे कि सुन्दर और शक्तिशाली व्यक्ति भी कुपथगामी हो सकता है इसलिए वे राम के व्यक्तित्व में शक्ति और सौन्दर्य के साथ-साथ शील का भी समन्वय करते हैं। तुलसी के राम संघर्षशील मनुष्य के भी उच्चतम मानक हैं जो अपने जीवन की तमाम कठिनाइयों पर अपनी निपुणता से विजय प्राप्त करते हैं। तुलसी का 'रामचरितमानस' आदर्श और महान चरित्रों की वनस्थली है जिनसे मुखातिब होकर जीवन और जगत का पूर्ण संस्कार एवं उन्नयन किया जा सकता है। यह व्यापकता एवं गहराई, सूक्ष्मता एवं विराटता तथा नवीनता एवं मौलिकता के संश्लेषण के कारण सर्वगुण-सम्पन्न और अप्रतिम महाकाव्य है।

वस्तुतः 'रामचरितमानस' एक राष्ट्रीय महाकाव्य है जिसने भारतीय परम्परा को सर्वाधिक पोषित-पुरस्कृत किया है। इसके द्वारा धर्म, संस्कृति और सामाजिक

व्यवस्था का लगातार संस्कार व परिमार्जन हो रहा है। इसके द्वारा सम्पूर्ण मनुष्यता को सार्वभौम-शाश्वत महत्त्व के सन्देश दिये गए हैं। यह परस्पर विरोधी संस्कृतियों, साधनाओं, जातियों, आचार-विचार और प्रचलित पद्धतियों को प्रतिबिम्बित करनेवाला स्वच्छ दर्पण है। इसने सदा-सर्वदा से अन्तरात्मावान भारतीयता को सम्बोधित किया है। उसे आलोकित किया है। इस कारण वह आदर्श सामाजिक व्यवस्था का महाकाव्य है। इसने मानव जाति को मानवीय उच्चादर्शों के सर्वोत्कृष्ट प्रतिमानों से परिचित कराया है। इसमें निहित सार्वभौम एवं सनातन सन्देश, सांस्कृतिक चेतना और मंगलाशा भगवती भागीरथी की अविच्छिन्न, अनाहत धारा से भी अधिक प्रखर है। 'रामचरितमानस' का कवितापन, सर्जनात्मकता, कलात्मकता तथा सम्प्रेषणीयता काल देवता की अनवरत गति के साथ विकासमान है। इसमें विद्यमान मनुष्य के सर्वोच्च आदर्श उसकी कालजयता और गत्यात्मक अर्थवत्ता का उद्घोष कर रहे हैं। यह आगामी मनुष्यता में उच्चादर्शों के प्रति आस्था भर रहा है। इसमें जीवन और जगत के अनजान क्षितिज को सहारा देनेवाली व्यापकता है, लौकिक एवं युगीन यथार्थ तथा लोकमानस की सागरीय गहराई है और है—मानवीय मूल्यों, सन्देशों एवं उच्चादर्शों का वह गर्वोन्नत हिमालय जो युग-युगान्तर तक वसुंधरा-रूपी मनुष्यता का मानदंड बना रहेगा।

गोस्वामी तुलसीदास और 'रामचरितमानस' के महत्त्व का निर्वचन करते हुए आचार्य रामचन्द्र शुक्ल ने लिखा है : "गोस्वामी जी के प्रादुर्भाव को हिन्दी काव्य क्षेत्र में एक चमत्कार समझना चाहिए। हिन्दी काव्य की शक्ति का पूर्ण प्रसार इनकी रचनाओं में ही पहले-पहल दिखाई पड़ा।...हिन्दी काव्य की सब प्रकार की रचना-शैली के ऊपर गोस्वामी जी ने अपना ऊँचा आसन प्रतिष्ठित किया, यह उच्चता किसी और को प्राप्त नहीं।...अपने दृष्टि विस्तार के कारण ही तुलसीदास उत्तरी भारत की समग्र जनता के हृदय-मन्दिर में पूर्ण प्रेम प्रतिष्ठा के साथ विराज रहे हैं। भारतीय जनता का प्रतिनिधि कवि यदि किसी को कह सकते हैं तो इन्हीं महानुभाव को।...इनकी वाणी की पहुँच मनुष्य के सारे भावों और व्यवहारों तक है। एक ओर तो वह व्यक्तिगत साधना के मार्ग में विरागपूर्ण शुद्ध भगवद्भक्ति का उपदेश करती है, दूसरी ओर लोकपक्ष में आकर पारिवारिक और सामाजिक कर्तव्यों का सौन्दर्य दिखाकर मुग्ध करती है। व्यक्तिगत साधना के साथ ही साथ लोकधर्म की अत्यन्त उज्ज्वल छटा उसमें वर्तमान है।...रचना-कौशल, प्रबन्धपटुता, सहृदयता इत्यादि सब गुणों का समाहार हमें 'रामचरितमानस' में मिलता है। इसमें कथा के मार्मिक स्थलों के अनुरूप चित्रण और प्रसंगानुकूल भाषा का प्रयोग हुआ है।...गोस्वामी जी की साहित्य-मर्मज्ञता, भावुकता और गम्भीरता के सम्बन्ध में इतना और जान लेना भी आवश्यक है कि उन्होंने रचना-नैपुण्य का भद्दा प्रदर्शन कहीं नहीं किया है और न शब्द-चमत्कार आदि के खेलवाड़ों में वे फँसे हैं। अलंकारों की योजना

उन्होंने ऐसे मार्मिक ढंग से की है कि वे सर्वत्र भावों और तथ्यों की व्यंजना को प्रस्फुटित करते हुए पाए जाते हैं, अपनी अलग चमक दिखाते हुए नहीं।...गोस्वामी जी की काव्य रचना अत्यन्त प्रौढ़ और सुव्यवस्थित है, एक भी शब्द फालतू नहीं। खेद है कि भाषा की यह सफाई पीछे होनेवाले बहुत कम कवियों में रह गई। सब रसों की सम्यक् व्यंजना उन्होंने की है, पर मर्यादा का उल्लंघन कहीं नहीं किया है। प्रेम और शृंगार का ऐसा वर्णन जो बिना किसी लज्जा और संकोच के सबके सामने पढ़ा जा सके, गोस्वामी का ही है। हम निस्संकोच कह सकते हैं कि यह एक कवि ही हिन्दी को प्रौढ़ साहित्यिक भाषा सिद्ध करने के लिए काफी है।"[8] इस तरह 'रामचरितमानस' विश्व का सबसे लोकप्रिय महाकाव्य होने के कारण गोस्वामी तुलसीदास को हिन्दी का श्रेष्ठतम कवि सिद्ध करता है।

दूसरी ओर महाकवि जयशंकर प्रसाद भी हिन्दी के सबसे प्रतिभाशाली कवियों में से एक हैं। यदि तुलसीदास हिन्दी काव्य साहित्य के श्रेष्ठतम सर्जक हैं तो प्रसाद भी आधुनिक काल के सबसे बड़े कवि हैं। दोनों ही महाकवियों में साम्य और वैषम्य, दोनों है। तुलसीदास की लोकमंगल की अवधारणा अतिशय व्यापक है। उनके पास 'रामचरितमानस' में उत्कृष्ट कथावस्तु एवं महान चरित्रों के चित्रांकन का सुअवसर था जिसे उन्होंने अपनी रचनात्मक शक्ति का अधिकतम दोहन करते हुए कालजयी बना दिया। तुलसीदास के राम, सीता, भरत, लक्ष्मण, वसिष्ठ, हनुमान, दशरथ, कौशल्या, कैकेयी, सुग्रीव, विभीषण, रावण, मेघनाद, शूर्पणखा तथा मन्दोदरी जैसे चरित्र तब तक प्रासंगिक बने रहेंगे जब तक यह धरती है। इसके विपरीत प्रसाद की 'कामायनी' की कथावस्तु अत्यल्प, संक्षिप्त एवं सांकेतिक है। इन्होंने उसे मानवीय अन्तर्वृत्तियों और चेतना के उन्मेष के क्रम में जो अनन्त रमणीय पाठ-वितान निर्मित किया है, उसकी भव्यता भी अनुकरणीय और कालजयी है। प्रसाद आधुनिक काल के कवि हैं। उनका समय महान चरित्रों और धीरोदात्त नायकों के चित्रण के अनुकूल नहीं था। फलस्वरूप अपने समय, समाज और विश्व-जीवन की माँग के अनुरूप इन्होंने मनुष्य की श्रेष्ठता का प्रतिपादन किया और मनु जैसे आधुनिक मनुष्य की तमाम प्रवृत्तियों का प्रतिनिधित्व करनेवाले चरित्र का सृजन किया। मनु आधुनिक मनुष्य की तरह ही नायकत्व और प्रतिनायकत्व के बीच स्थित हैं। इसके विपरीत श्रद्धा जैसी अनन्त रमणीय सौन्दर्य की अधिष्ठात्री, जगत की अकेली मंगल कामना के रूप में मनुष्य की समस्त सद्वृत्तियों की प्रतीक नारी है जो महाकाव्य की नायिका है। प्रसाद जी भले ही 'कामायनी' में वैदिक एवं उपनिषद् काल की कथावस्तु उठाते हैं परन्तु उनपर आधुनिक विश्व-जीवन का इतना गहरा प्रभाव है कि वे इड़ा के रूप में आधुनिक नारी के समस्त गुणों को व्यंजित करनेवाले चरित्र का कलात्मक विधान करते हैं। मेरा मानना है कि ऐसे तेजस्वी चरित्र आधुनिक हिन्दी कविता में कहीं नहीं है। यदि तुलसीदास का लोकमंगल का विधान अत्यन्त व्यापक

है तो प्रसाद भी विश्व-मानवतावाद के प्रतिष्ठाता हैं। तुलसीदास प्रसाद की तुलना में अधिक व्यापक हैं तो प्रसाद भी अनेक स्थानों पर तुलसीदास जैसे बड़े कवि से भी अधिक गहरे हैं। तुलसीदास को लम्बा जीवन मिला था जबकि प्रसाद अल्पायु में ही चल बसे। तुलसीदास के दीर्घजीवन की तरह ही 'रामचरितमानस' में जीवन और जगत के नाना-व्यापारों का व्यापक विधान हुआ है जबकि प्रसाद के संक्षिप्त जीवन की तरह ही उनका महाकाव्य भी सारगर्भित, संहित, संश्लिष्ट और गहन है। यदि तुलसीदास हिन्दी महाकाव्य के स्वरूप को उत्कर्ष प्रदान करते हैं तो प्रसाद भी अपनी अपराजेय प्रतिभा द्वारा उसमें मौलिकता, नवीनता और गहनता का कलात्मक विन्यास करते हैं। तुलसीदास और प्रसाद, दोनों ही बहुपठित-बहुश्रुत महाकवि हैं। दोनों ने ही सम्पूर्ण भारतीय परम्परा को आत्मसात् कर रखा था। यदि तुलसीदास अवधी भाषा को सर्जनात्मक उत्कर्ष प्रदान करते हैं तो प्रसाद खड़ी बोली हिन्दी की सर्जनात्मकता का अधिकतम दोहन करते हुए उसे क्लासिकी औदात्य और गरिमा प्रदान करते हैं। तुलसीदास रूपकों के सम्राट माने जाते हैं तो प्रसाद भी चित्रभाषा के अद्वितीय सर्जक और बिम्बों के अप्रतिम चित्रकार माने जाते हैं। जीवन और जगत के तमाम अन्तर्बाह्य सन्दर्भों की साकार उद्‌भावना करने में दोनों ही महाकवियों को महारत हासिल है। यदि तुलसीदास बाह्य जीवन के चित्रांकन में अद्वितीय हैं तो प्रसाद मनुष्य के अन्तर्जगत के अनूठे चित्रकार हैं। दोनों ही महाकवियों की मानसिक संघटना एक दूसरे से भिन्न कोटि की है लेकिन ये दोनों ही मिलकर कवि और कविता को सम्पूर्णता प्रदान करते हैं। इन दोनों ही कवियों का कलात्मक विधान, काव्यात्मक वैभव, संवेदनगत औदात्य और बिम्बात्मक वैविध्य अद्वितीय है। ये दोनों ही हिन्दी काव्य साहित्य के दो सर्वोच्च शिखर हैं। यदि तुलसीदास मध्यकालीन सभ्यता की गहरी समीक्षा करते हैं तो प्रसाद आधुनिक विश्व-जीवन और सभ्यता का जो विमर्श रूपायित करते हैं, वह सम्पूर्ण विश्व-साहित्य में दुर्लभ है। तुलसीदास के काव्य में उनके जीवन और युग का संघर्ष बड़े ही व्यापक स्तर पर चित्रित हुआ है जबकि प्रसाद संघर्ष को आन्तरिक शक्ति, गहराई और चिन्तन की गूढ़ता के साथ प्रस्तुत करते हैं। यदि तुलसीदास अपने काव्य में विचार, दर्शन, भाव-भक्ति, आदर्श-यथार्थ, समय-समाज, व्यष्टि-समष्टि, लोक-शास्त्र, उच्चतर नैतिक मूल्यों और चराचर जगत की तमाम चिन्ताओं का बहुरंगी समन्वय करते हैं तो प्रसाद अपने गहन, जटिल, बहुस्तरीय और संश्लिष्ट अन्तर्विधान में चिन्तन और दर्शन को काव्य-सम्पत्ति बना देते हैं। यदि तुलसीदास लोकधर्म की प्रतिष्ठा और विचारों के धरातल पर श्रेष्ठ हैं तो प्रसाद का चिन्तन अधिक गहरा और तलस्पर्शी है। इन्होंने इच्छा-क्रिया-ज्ञान अर्थात मनुष्य के आन्तरिक जीवन की संगति के माध्यम से बाह्य संघर्षों के निदान का जो मार्ग बतलाया है, वह सार्वभौम-शाश्वत महत्त्व का है। यदि तुलसीदास में व्यापकता और विस्तार अधिक है तो प्रसाद अपेक्षाकृत अधिक गहरे और कलात्मक

समृद्धि के धरातल पर महासागरीय गहराई के प्रतीक हैं। दोनों ही महाकवियों का व्यक्तिगत जीवन दुखों का जखीरा था। दोनों ने ही अपनी अदम्य जिजीविषा, साहस, कर्मठता और प्रातिभ कौशल के बल पर मुसीबतों के पहाड़ को पार किया। दोनों ही महाकवियों को अपने समय में अवहेलनाओं और आलोचनाओं का सामना करना पड़ा लेकिन दोनों ही स्थितप्रज्ञ कर्मयोगी की तरह आगे बढ़ते रहे और उपलब्धियों के सर्वोच्च शिखर तक पहुँच गए। दोनों ही सांस्कृतिक धैर्य के कवि हैं। यदि तुलसीदास का रामराज्य फैंटेसी है तो प्रसाद का आनन्दलोक भी फैंटेसी का मनोहर विधान है। यदि 'रामचरितमानस' में तत्कालीन समस्याओं के निदान और सम्पूर्ण भारतवर्ष को सांस्कृतिक-साहित्यिक धरातल पर जोड़ने की शक्ति है तो 'कामायनी' में भारतीयता के मौलिक अन्वेषण के साथ सम्पूर्ण विश्व-जीवन की समस्याओं और संघर्षों के निराकरण का अत्यन्त विवेकपूर्ण संकेत किया गया है। दोनों ही महाकवियों की भावनात्मक और बौद्धिक खुराक बहुत ज़्यादा है फलत: दोनों के काव्य संवेदनात्मक औदात्य, अनुभूतिगत गहराई, मार्मिक प्रसंगों के मनोरम विनियोग, दार्शनिक गाम्भीर्य और कलात्मक वैभव का अक्षय कोष हैं। इन दोनों से कविता का शृंगार हुआ है। उसके विश्वव्यापी गौरव का उन्नयन हुआ है। संक्षेप में, दोनों ही महाकवि और इनके द्वारा सृजित महाकाव्य हिन्दी एवं भारतीयता के गौरव-स्तम्भ हैं। ये सम्पूर्ण विश्व-साहित्य में गरिमामय स्थान के अधिकारी हैं। इनसे सम्पूर्ण मनुष्यता और विश्व-कविता समृद्ध हुई है।

रवीन्द्रनाथ टैगोर

रवीन्द्रनाथ टैगोर बीसवीं सदी के विश्वस्तरीय कवि हैं। इनकी 108 गीतियों का संकलन 'गीतांजलि' के रूप में प्रकाशित हुआ जिस पर इन्हें नोबल पुरस्कार से सम्मानित किया गया। 'गीतांजलि' में प्रकृति के अनन्त रमणीय चित्र, रागपरक रहस्य-चेतना, वैष्णव भक्तों का समर्पण-भाव और उच्चकोटि का आध्यात्मिक चिन्तन मिलेगा लेकिन उसमें तत्कालीन विश्व-जीवन और समाज की विषमताओं की जबर्दस्त अनुभूति नहीं मिलेगी। प्रसाद जी ने अपनी हार्दिक बौद्धिकता के बल पर अपने समय और समाज के भयावह यथार्थ, वर्ग-वैषम्य तथा पश्चिमी सभ्यता से उद्भूत विघटन, एकांगी विकास एवं भोगवाद से निष्पन्न असामंजस्य का जो वस्तुनिष्ठ चित्रण किया है, वह सम्पूर्ण 'गीतांजलि' में एकान्त विरल है। मेरा मानना है कि 'गीतांजलि' पर कबीर और वैष्णव भक्तों का परोक्ष प्रभाव है। उसकी तुलना में 'कामायनी' अधिक मौलिक रचना है। प्रसाद और रवीन्द्रनाथ ठाकुर, दोनों ही महाकवि भारतीय मनीषा के रससिद्ध मनीषी और आनन्दवादी कलाकार हैं। ये दोनों ही जगत को चेतन मानकर उसके प्रत्येक परमाणु में आनन्द का अन्वेषण करते हैं।

दोनों ही अदम्य जिजीविषा और जीवन के प्रति स्वीकृति का भाव भरनेवाले कवि हैं। यदि प्रसाद 'तप नहीं, केवल जीवन सत्य' की प्रतिष्ठा करते हैं तो रवीन्द्रनाथ भी जीवन और जगत के बीच जीवित रहने की प्रबल आकांक्षा का प्रकटन करते हैं। वे जीवन के प्रति अपने अनुराग को प्रकट करते हुए लिखते हैं : 'मरिते चाहि ना आमि सुन्दर भुवने, मानवेर माझे उनमि बाँचिवारे चाह' अर्थात् इस अत्यन्त सुन्दर भुवन में मैं मरना नहीं चाहता, मैं लोगों के बीच जीवित रहना चाहता हूँ। रवीन्द्रनाथ ठाकुर की 'गीतांजलि' में स्वच्छन्दतावादी कवियों की तरह कृषक जीवन की अभिव्यक्ति भी मिलती है। वे अपने काव्य में एक व्यावहारिक दृष्टिकोण लेकर आते हैं और उसके माध्यम से अपने सौन्दर्यशास्त्रीय चिन्तन को वाणी देते हैं। इसके विपरीत प्रसाद का चिन्तन वैज्ञानिक, दार्शनिक और गहन अधिक है। दोनों ही महाकवि अपने-अपने स्तर पर भारतवर्ष की सांस्कृतिक विरासत को पुरस्कृत करते हैं। उसे अपने समय और समाज की सापेक्षता में निरूपित करते हैं।

प्रसाद का चिन्तन और संवेदनात्मक औदात्य रवीन्द्रनाथ से अधिक है। आधुनिकता और यहाँ तक कि उत्तर-आधुनिकता के अधिकांश अभिलक्षण 'कामायनी' में मौजूद हैं। 'कामायनी' बीसवीं सदी की सबसे बड़ी काव्यात्मक सृष्टि है। उसके महत्त्व को विश्व के अधिकांश आलोचक स्वीकार करते हैं। वह समग्र युग-जीवन का चित्रण, सभ्यता-समीक्षा तथा आगामी मनुष्यता के उज्ज्वल भविष्य के प्रति अत्यन्त विवेकपूर्ण संकेत करती है। उसमें पहली बार विश्वस्तरीय समस्याओं का गहनस्तरीय चित्रांकन हुआ है। वह मानसिक अन्तर्वृत्तियों के धरातल पर जीवन और जगत के बृहत्तर सन्दर्भों से जुड़कर अपने समय और समाज का गहन निर्वचन करती है। वह मानव जीवन की सार्वभौम-शाश्वत अन्तर्वृत्तियों एवं बाह्य जीवन-संघर्षों के मध्य जिस सामंजस्य की प्रतिष्ठा करती है, उससे बेहतर विकल्प विश्व की किसी अन्य रचना में नहीं है। उसके बहुस्तरीय एवं बहुलार्थी सन्दर्भों, विश्व-बोध, आन्तरिक संघर्ष से प्राप्त लय, संवेदनात्मक औदात्य और कलात्मक वैभव को एक साथ उद्घाटित कर पाना अतिशय चुनौतीपूर्ण है। 'कामायनी' के 'इड़ा सर्ग' की गीतियाँ ही समूची 'गीतांजलि' पर भारी हैं। वह 'कामायनी' की भव्यता, उदात्तता, दार्शनिक गाम्भीर्य, वैश्विक दृष्टिकोण, विराट भावनात्मक आधार पर आधुनिक समाज के संघर्ष की नराकार उद्भावना और गहनस्तरीय चिन्तनात्मकता की स्पर्धा में नहीं ठहरती है। इससे यह भी पुष्ट होता है कि महान, असाधारण, कालजयी और विश्वस्तरीय रचनाएँ किसी पुरस्कार की मोहताज नहीं होतीं। उनकी आन्तरिक और गत्यात्मक अर्थवत्ता हरेक युग के अनुकूल अपने लिए नये प्रतिमानों की निर्मिति करवा लेती हैं। 'कामायनी' की संरचनात्मक जटिलता,सूक्ष्म अन्तर्विधान, चित्रात्मक भाषा, बिम्बधर्मिता एवं कल्पनात्मक मोहक छवियों के समक्ष बीसवीं सदी की सारी बड़ी रचनाएँ निष्प्रभ हैं। प्रसाद जी जिस काव्यात्मक औदात्य और कलात्मक कौशल के

सहारे 'कामायनी' में सूक्ष्म प्रतीकों द्वारा पाश्चात्य सभ्यता और साम्राज्यवादी शक्ति के 'काले शासन और उच्छृंखलता का इतिहास' आँसू और अन्धकार से लिखवाते हैं तथा पराधीनता के घने अँधेरे में अचानक स्वाधीनता की चाँदनी का मृदुहास प्रकट करते हैं, वह उनकी असाधारण प्रतिभा का परिचायक है। फलस्वरूप इसमें प्रसाद जी अपने जीवन-सत्य, युग-सत्य समकालीन और भावी सन्दर्भों को इतिहास, पुराण तथा मिथक के साथ संश्लेषण कर कालगत व्याप्ति द्वारा मानवीय चेतना के सुन्दर इतिहास को जिस सर्जनात्मक पाठ-वितान और कलात्मक उत्कर्ष के रूप में प्रस्तुत करते हैं, उसके समक्ष 'गीतांजलि' निष्प्रभ है। 'कामायनी' चेतना का सुन्दर इतिहास और आत्मा की मनन शील अवस्था का अनन्त रमणीय प्रतीकात्मक चित्र है। यह सही मायने में मानवता के उत्कर्ष का महाकाव्य है। हमें यह भी स्मरण रखना चाहिए कि सम्पूर्ण 'गीतांजलि' में कुल 108 गीतियाँ हैं और प्रसाद के सम्पूर्ण नाटकों में ही 206 प्रगीत हैं। प्रसाद के गीत वस्तुगत वैविध्य, सूक्ष्मातिसूक्ष्म भाव-भंगिमाओं के चित्रण, गहन आन्तरिक संघर्ष की व्यंजना, नादानुप्रेरित सर्जनात्मक बिम्ब-विधान और कल्पनात्मक मोहक छवियों के कलात्मक उत्कर्ष के कारण विशेष गौरव के अधिकारी हैं। संक्षेप में, रवीन्द्रनाथ ठाकुर और जयशंकर प्रसाद, दोनों ही बड़े और विश्वस्तरीय कवि हैं। इन दोनों ने ही भारतीय साहित्य को अतुल्य एवं वैविध्यपूर्ण कृतियों से सम्पन्न किया है लेकिन प्रसाद का काव्य-संसार अपेक्षाकृत अधिक व्यापक, सूक्ष्म, जटिल, कलात्मक, बिम्बात्मक तथा संदृष्टिपरक है। अत: इनका कवि-रूप जिस उत्तुंग शिखर तक पहुँचता है, वहाँ बीसवीं सदी का कोई भी कवि नहीं पहुँच पाया है।

होमर

जब हम पाश्चात्य कवियों के साथ महाकवि जयशंकर प्रसाद और उनकी 'कामायनी' की तुलना करते हैं तो हमारा ध्यान सर्वप्रथम यूनान एवं यूरोप के पहले महाकवि होमर पर जाता है। होमर का समय 850 ई.पू. से माना जाता है। इनके बारे में कोई प्रामाणिक जीवन-वृत्त उपलब्ध नहीं होता। इनके दो महाकाव्य 'इलियड' और 'ओडिशी' मिलते हैं जो कथावाचन शैली अथवा चम्पू काव्य परम्परा में लिखे गए हैं। कतिपय आलोचकों का यह भी मानना है कि 'इलियड' और 'ओडिशी' अनेक कवियों द्वारा मौखिक परम्परा में रचे गए थे जिसे सम्पादित और प्रस्तुत करने का कार्य होमर ने किया था। आज भी सम्पूर्ण यूनान एवं यूरोप में होमर का नाम बड़े आदर के साथ लिया जाता है। होमर के दोनों महाकाव्यों 'इलियड' और 'ओडिसी' को वीर जाति का महाकाव्य माना जाता है। इन दोनों महाकाव्यों में 15693 पंक्तियाँ हैं जबकि भारत में 'वाल्मीकि रामायण' में 24000 और 'महाभारत' में एक लाख

से अधिक श्लोक हैं। इन दोनों महाकाव्यों को शास्त्रीय अथवा आभिजात्यवादी महाकाव्य माना जाता है। 'इलियड' महाकाव्य में कुल 24 खंड हैं। इसके बाद ओडिसी में भी 24 ही खंड हैं। इसमें इलिउम अर्थात् त्रिय (ट्राय) नगर की कथा प्रस्तुत की गई है, जबकि 'ओडिसी' में त्रिय नगर के युद्ध के उपरान्त की घटनाओं का वर्णन हुआ है। होमर का महाकाव्य 'इलियड' उसकी रचनात्मकता का अधिकतम दोहन है। इस महाकाव्य में सुप्रसिद्ध योद्धा एचलीस अगमेमनोन द्वारा अपमानित होने पर क्रुद्ध हो जाता है और वह त्रिय नगर के युद्ध में भाग लेने से इनकार कर देता है। फलस्वरूप यूनानी सेना पर तरह-तरह की विपत्तियाँ आती हैं। यह अपने कलात्मक सौष्ठव और काव्य गुणों के अतिरिक्त तत्कालीन आचार-विचार, धर्म, कला इत्यादि के विशद वर्णन की दृष्टि से भी उल्लेखनीय है। जिस तरह संस्कृत काव्यशास्त्र में कवि को स्वयंभू, परिभू और सृष्टिकर्ता कहा गया है, वैसे ही होमर के महत्त्व को रेखांकित करने के लिए उसे ऋषि, कृती, विधायक, देवदूत जैसी संज्ञाओं से सम्बोधित किया गया। वह आज भी सम्पूर्ण यूरोप और पाश्चात्य जगत में वीर जाति और सौन्दर्य के अप्रतिम चित्रकार के रूप में प्रसिद्ध है। उसके द्वारा वर्णित हेलेन सुन्दरी का सौन्दर्य आज भी सम्पूर्ण यूनानी और यूरोपीय साहित्य में श्रेष्ठतम माना जाता है। उसने देवताओं में भी मानवीय भावनाओं का निरूपण किया है। होमर के दोनों महाकाव्य अपने सौन्दर्य, औदात्य, शक्ति, माधुर्य और कलात्मक वैभव के कारण विश्वप्रसिद्ध हैं। इनके दोनों महाकाव्यों का केन्द्रीय विषय युद्ध और प्रेम है। इन महाकाव्यों के मर्मस्पर्शी चित्रण तथा कलात्मक बिम्ब-योजना आज भी पाठकों को आकर्षित करते हैं। इसमें नाटकीय तत्त्वों की भरमार है। 'इलियड' और 'ओडिसी' में निहित कवितापन, सच्ची मानवानुभूति, विदग्धता, कलात्मक सौष्ठव, संवेदनात्मक समृद्धि को देखकर यह विश्वास करना बड़ा मुश्किल है कि ये श्रेष्ठ सर्जना की आरम्भिक कृतियाँ हैं।

प्रसाद काव्य भी नाटकीय घटनाक्रम और तत्त्वों का संश्लिष्ट विधान है। इनकी 'कामायनी' में निहित संवेदनात्मक औदात्य और कलात्मक वैभव अप्रतिम है। दोनों ही महाकवि अपने देश से अनन्य अनुराग करते हैं। होमर ने अपने दोनों ही महाकाव्यों का आरम्भ विद्या एवं कला की अधिष्ठात्री देवी 'म्यूज' की अभ्यर्थना से किया है जबकि प्रसाद जी 'कामायनी' में मंगलाचरण की परम्परा का अतिक्रमण करते हैं। होमर का दृढ़ विश्वास था कि कवि दैवी प्रेरणा से अनुप्रेरित होकर कविता की सृष्टि करता है। इसलिए उसने 'इलियड' और 'ओडिसी', दोनों ही ग्रंथों में 'म्यूज' देवी की वंदना की है। गौरतलब है कि भारतीय देवी सरस्वती की भाँति 'म्यूज' यूनान में कला की अधिष्ठात्री देवी के रूप में प्रतिष्ठित हैं। 'म्यूज' के आधार पर ही म्यूजिक शब्द बना है, जो कला देवी की भक्ति के अर्थ में प्रयुक्त हुआ है। होमर के महाकाव्यों में एक विशिष्ट प्रकार की प्रतिभा का विस्फोट मिलता है जो युग-युगान्तर तक मानव

मन पर अमिट छाप छोड़ने की क्षमता रखते हैं। होमर के महाकाव्यों में आनन्द और चमत्कार की सहस्थिति उपलब्ध होती है। होमर ने अपने महाकाव्य 'इलियड' में एक स्थान पर एचलीस (Achilles) की सोने की ढाल पर हेफायस्टोज द्वारा अंकित टटकी-जुती मिट्‌टी अथवा सद्यःकर्षित खेत का जिक्र किया है। इस चित्र में ऊपर की मिट्‌टी काली लग रही है। यद्यपि उसकी ढाल स्वर्ण-निर्मित थी तथापि उस पर श्यामता का आभास उस चित्रकार की चित्रकला का चमत्कार है। होमर ने इस प्रकार सोने के ऊपर जुती हुई भूमि का भ्रम उत्पन्न कर देनेवाली कला की मुक्त कंठ से प्रशंसा की है।

इसी तरह होमर ने 'इलियड' में देवताओं के आहत होने का, उनके झगड़ों, प्रतिशोध, शोक, बन्धन और नाना प्रकार के आवेगों का वर्णन करके मनुष्यों को देवता और देवताओं को न केवल उनकी अमर प्रकृति प्रदान की बल्कि उन्हें अमर शोक भी दिया है। 'इलियड' में देवताओं के युद्ध-वर्णन से भी अधिक श्रेष्ठ वे स्थल हैं जिनमें दिव्य स्वभाव का पवित्र, शानदार और अद्वितीय रूप में चित्रण किया गया है। होमर की मौलिकता तथा यूनानी सभ्यता-संस्कृति, जीवन और समाज को सम्पूर्णता में चित्रित करने के लिए परवर्ती यूरोपीय आलोचकों ने उसे सर्वश्रेष्ठ कवि के रूप में विवेचित किया है। इस सन्दर्भ में बुअलो ने होमर को अनुकरणीय आदर्श के रूप में प्रस्तुत करते हुए लिखा है : "होमर ने, जो अद्वितीय कलाकार था, हृदय को आकर्षित करने के लिए सुन्दरता की देवी वीनस की करधनी चुराई थी। वस्तुतः उसकी काव्य-कृतियों में सौन्दर्य का अतुल भंडार था। वह जिस वस्तु का स्पर्श करता है, उसे स्वर्ण बना देता है। उसके हाथ में पहुँचकर प्रत्येक वस्तु नया सौन्दर्य ग्रहण कर लेती है। वह सदैव आनन्द प्रदान करता है और क्लान्त कभी नहीं करता। उसमें सर्वत्र एक आह्लादकारी ऊष्मा मिलती है। उसकी कृतियों में कहीं भी लम्बे-लम्बे विषयान्तर नहीं मिलते। उसके सभी छंद किसी नियम का अनुसरण किये बिना एक विशिष्ट रीति से नियोजित होते हैं। सभी परिस्थितियाँ उसके उद्‌देश्य की पूर्ति में सहायक प्रतीत होती हैं। प्रत्येक अक्षर घटना के सौन्दर्य को निहारता है। होमर के उदाहरण से तुम्हारे प्रयत्नों को बल मिलना चाहिए। उसकी कविताओं को प्यार करना भी प्रशंसा का एक प्रकार है।"[9]

इस तरह होमर को न केवल यूरोप के सबसे बड़े कवि के रूप में रेखांकित किया गया है अपितु उन्हें भावी रचनाकारों के लिए एक अनुकरणीय आदर्श भी माना गया।

दूसरी ओर महाकवि जयशंकर प्रसाद भी अपराजेय प्रतिभा के धनी कवि हैं। इनकी 'कामायनी' का संश्लिष्ट रचना-विधान महाकाव्य के परम्परागत प्रतिमानों की मर्यादा भी सुनिश्चित कर देता है। इसकी बहुस्तरीय विराटता, सन्दर्भगत व्यापकता, दार्शनिक एवं भावनात्मक गहराई प्रसाद की अप्रतिम प्रतिभा का प्रमाण-पत्र हैं।

प्रसाद की अन्तर्दृष्टि और विश्व-संदृष्टि ने चेतना के सुन्दर इतिहास और अखिल मानव भावों के सत्य के साथ जीवन को सम्पूर्णता में समझकर मन की संकल्पात्मक अनुभूति को उसके मूल चारुत्व के साथ व्यंजित किया है, वह अद्वितीय सर्जनात्मक उपलब्धि है। यहाँ कविता आत्मा की मननशील अवस्था का प्रतीकात्मक चित्र बन गई है। प्रसाद जी प्रतिभा को ही प्रतिमान के रूप में चित्रित करते हैं। फलस्वरूप यह बिम्बों में निर्मित होने के सौन्दर्यपरक विलक्षणताओं का अक्षयकोश बन गई है। यह प्रसाद की अतुल्य प्रतिभा के कारण ही सम्भव हो सका है कि उन्होंने मानव जाति के प्रागैतिहासिक काल से लेकर अब तक के और भावी काल को भी अपने रचना-विधान के अन्तर्गत समेट लिया है। प्रसाद का युद्ध-वर्णन भले ही होमर के स्तर का न हो परन्तु इनका सौन्दर्य-चित्रण होमर से बहुत आगे का है। यदि होमर की हेलेन अनिंद्य सुन्दरी है तो प्रसाद की श्रद्धा सर्वगुण-सम्पन्न अद्धितीय नारी है। वह अनन्त रमणीय सौन्दर्य की अधिष्ठात्री होने के साथ-साथ 'जगत की अकेली मंगल कामना' है। प्रसाद जी राष्ट्रप्रेम, मानवीय प्रेम, नारी सौन्दर्य और पल-पल परिवर्तित प्रकृति वेश के अप्रतिम चित्रकार हैं। जहाँ तक सौन्दर्य के चित्रण का सवाल है तो इन्होंने नारी और प्रकृति-सौन्दर्य का जो अनन्त रमणीय बिम्ब निर्मित किया है, वह हिन्दी ही नहीं, सम्पूर्ण विश्व साहित्य में एकान्त विरल है। चूँकि नारी के प्रति इनके मन में एक उदात्त भाव भरा था, अतः इनके काव्य में नारी 'देवी, माँ, सहचरी और प्राण' के रूपों में चित्रित होने के बावजूद आजीवन प्रेयसी ही बनी रही। यह दूसरी बात है कि प्रसाद जी ने कमलावती के रूप में रूपगर्विता भारतेश्वरी, पुरुष की पथ-प्रदर्शिका श्रद्धा, आधुनिका इड़ा तथा नाटकों, उपन्यासों और कहानियों में वैविध्यपूर्ण चित्र खींचकर अपनी नारी-दृष्टि को अर्थव्याप्ति प्रदान की है। जहाँ तक सौन्दर्य के चित्रण का सवाल है तो इनसे स्पर्धा कर पाना अत्यन्त दुष्कर कार्य है। इस दृष्टि से ये होमर से अधिक सूक्ष्म, सांकेतिक और मानवीय गुणों से भरपूर नारी चरित्रों के सृष्टिकर्ता हैं।

इन्होंने मानव जीवन की सम्पूर्ण जय-यात्रा को जिस भावनात्मक गहराई और कल्पनात्मक मोहक छवियों के अनन्त रमणीय चित्र-विधान द्वारा प्रस्तुत किया है, वह इनकी असाधारण प्रतिभा का घोषणा-पत्र है। 'कामायनी' इस अर्थ में विशिष्ट महाकाव्य है कि उसमें उन सभी गुणों और सौन्दर्यशास्त्रीय प्रतिमानों का समाहार हो गया है जो अलग-अलग किसी भी एक विधा की पूर्णता के लिए पर्याप्त है। यह प्रसाद की सर्जनात्मक प्रतिभा का चरम निदर्शन है। इसका कार्य महान है। इसका कलेवर अत्यधिक विशाल न होकर भी अपने संश्लिष्ट रूप में अत्यन्त जटिल, संकेतगर्भी, बहुस्तरीय और बहुलार्थी है। इसके पात्र प्रतीकात्मक होते हुए भी गौरवशाली हैं। इसकी भाषा-शैली अतिशय उत्कृष्ट और कथानक वैविध्यपूर्ण है। इसका प्रभाव अधिक स्थायी और कालजयी है जो इस बात का प्रमाण है कि यह

विराट प्रतिभा-सम्पन्न एवं प्रकृति-प्रदत्त मेधा की अप्रतिम सृष्टि है। इसमें सौन्दर्य का अतुल्य भंडार और काव्यत्व का सार्वभौम-शाश्वत मानदंड उपस्थित हुआ है। फलस्वरूप 'कामायनी' एक आह्लादकारी ऊष्मा से भरपूर है और इसमें मानव जाति को युग-युगान्तर तक प्रेरित, प्रभावित एवं रसमग्न करने की असाधारण क्षमता है। इसका अन्तर्विधान विज्ञान और यांत्रिक सभ्यता के सीमाहीन प्रसार के कारण जनमानस की भावनात्मक आवश्यकताओं में हुई वृद्धि को पूरा करने में पूर्णत: समर्थ है। इसमें मानवीय भावों, प्रेम-सौन्दर्य, जीवन और जगत के संश्लिष्ट रूपों का ऐसा सुमधुर आयोजन हुआ है जो संगीत के नाद-लहरियों की भाँति पाठक के मन में आह्लाद की सृष्टि करता है। उसकी चिर-पिपासा को शान्त करता है। यह अपनी संश्लिष्ट अन्तर्वस्तु में विराट, सूक्ष्म, सांकेतिक और गहरी है। इसमें प्रसाद की प्रतिभा का जादू सिर चढ़कर बोलता है और पाठक उसके जादुई सम्मोहन में अपनी सुध-बुध खो बैठता है। प्रसाद द्रष्टा कवि हैं। इन्होंने द्रष्टा ऋषि की भाँति अपनी भेदक दृष्टि द्वारा मानव जीवन और उसकी चेतना के स्फुरण से लेकर भावी सम्भावनाओं तथा रूपों तक का चित्रण जिस प्रातिभ कौशल के साथ किया है, वह अपना प्रतिद्वंद्वी नहीं जानता। इसमें कविता अपनी पराकाष्ठा पर पहुँचकर क्लासिकी गरिमा, भव्यता और औदात्य प्राप्त कर लेती है जो प्रसाद की अपराजेय प्रतिभा का घोषणा-पत्र है। 'कामायनी' आन्तरिक गहराई और कलात्मक सौष्ठव के धरातल पर 'इलियड' और 'ओडिशी' से अधिक प्रगल्भ, संकेतगर्भी और चारुत्वपूर्ण कलाकृति है। प्रसाद की विषयवस्तु उन्मुक्त और आन्तरिक गहराई से संयुक्त है तो इनका शिल्प-विधान अपनी प्रस्तुति में भव्य, उदात्त और क्लासिक है। अत: 'कामायनी' विश्व साहित्य की अमर निधि है।

वर्जिल

ये प्राचीन रोम के श्रेष्ठतम महाकवि माने जाते हैं। इनका पूरा नाम पब्बियस वर्गीलीस मारो है (शास्त्रीय लैटिन : परम्परागत तिथियाँ 15 अक्टूबर, '70 ई.पू.—21 सितम्बर, '19 ई.पू.), 'आम तौर पर अंग्रेज़ी में वर्जिल या वर्गील कहा जाता है। ये महान रोमन सम्राट आगस्टस के समय के एक प्राचीन रोमन महाकवि माने जाते हैं। इन्होंने होमर के 'इलियड' और 'ओडिसी' की तर्ज पर 'एनियड' महाकाव्य की लैटिन भाषा में रचना की। ये लैटिन साहित्य में सबसे प्रसिद्ध कवियों में गिने जाते हैं। इन्हें परिशिष्ट 'वर्जीलियाना' में संकलित कई सामान्य कविताओं का भी सर्जक माना जाता है।

वर्जिल पारम्परिक रूप से रोम के सबसे महान कवियों में पहले क्रमांक पर गिने जाते हैं। उनकी रचना के समय से उनके 'एनियड' को प्राचीन रोम का राष्ट्रीय महाकाव्य माना जाता है। होमर के 'इलियड' और 'ओडिसी' के बाद 'एनियड' की

ही गणना की जाती है। परवर्ती कवि 'एनियड' का अनुसरण करता है क्योंकि वह अपनी नियति को पूरा करने और इटली पहुँचने के लिए संघर्ष करता है, जहाँ उसके वंशज रोमुलस ऑर रोमस रोम शहर में पाए जाते थे। वर्जिल के काव्य का पश्चिमी साहित्य पर व्यापक और गहरा प्रभाव पड़ा है, विशेष रूप से दांते की दिव्य कॉमेडी, जिसमें वर्जिल नर्क और पार्गेटरी के माध्यम से दांते के मार्गदर्शक के रूप में दिखाई देता है। वर्जिल आगस्टस-काल का लैटिन भाषा का श्रेष्ठतम महाकवि है। जब कला और संस्कृति का केन्द्र एथेंस से रोम बन गया तब उसमें एक स्तम्भ की भाँति वर्जिल का व्यक्तित्व प्रतिष्ठित हुआ। वर्जिल को इटली और रोम से गहरा लगाव था। इन्होंने होमर के शास्त्रीय महाकाव्यों की परम्परा में 'इनियड' की रचना करके उनके बाद यूरोप का सबसे बड़ा महाकवि होने का गौरव प्राप्त किया। प्रसाद और वर्जिल, दोनों ही राष्ट्रीय चेतना के वैतालिक हैं। 'इनियड' में रोम के सर्वांगीण वैभव के साथ-साथ इटली की मनोरम प्रकृति का अद्भुत चित्रण हुआ है। इन्होंने 'इनियड' के मंगलाचरण में ही यह अभिलाषा व्यक्त की है कि उन्हें रोम के शक्तिशाली और प्रभावी पूर्वजों के यशोगान में सफलता मिले। फलस्वरूप वे होमर द्वारा वर्णित त्रिय नगर की कथा को ही आधार बनाकर उसके अवशिष्ट पात्र इनियस को कथानायक बनाते हैं। वह सौन्दर्य की देवी वीनस की संतान है। वह त्रिय नगर के पतन की कथा को भी सुनाता है। होमर के महाकाव्यों की तरह अनेक देवी-देवता 'इनियड' के कथानक का अंग बनकर आते हैं। बावजूद इसके, होमर के महाकाव्यों का वर्ण्य-विषय वीरता और शौर्य है जबकि वर्जिल अध्यात्म और दर्शन का 'इनियड' में कलात्मक विधान करते हैं। इसमें गहरी धार्मिक भावना का चित्रण है। यहाँ तक कि वीनस स्वयं अपने पुत्र इनियस के लिए देवी-देवताओं से प्रार्थना करती है।

वर्जिल का लैटिन भाषा पर जबरदस्त अधिकार था। वे शब्द-चयन और उसके प्रयोग में अतिशय प्रवीण थे। इन्हांने होमर से प्रेरित-प्रभावित होकर भी महाकाव्य के कलात्मक विधान और भाषिक अनुप्रयोग को आगे बढ़ाया। उसे परिष्कृत करके और भी प्रभावशाली तथा अनुकरणीय बनाया। यही कारण है कि परवर्ती कवियों पर होमर की भाँति इनका भी प्रभाव बना रहा। उसे आज भी एक प्रतिमान के रूप में समझा जाता है। वर्जिल के 'इनियड' को रोमन सभ्यता का सर्वश्रेष्ठ महाकाव्य माना जाता है। इस पर यूनानी आभिजात्यवाद का घोर प्रभाव रहा है। वर्जिल के रचनाकार पर होमर की आत्मा प्रेरणा-शक्ति के रूप में सतत विद्यमान रही है। इनकी विचारधारा अपेक्षाकृत अधिक व्यावहारिक थी। ये यूनानी उपलब्धियों से इतने अभिभूत थे कि इन्होंने होमर को ही सर्वोत्तम प्रेरणा माना। जब रोम का सबसे प्रतापी शासक आगस्टस सत्ता में आया और रोम यूरोपीय सभ्यता एवं संस्कृति का केन्द्र बना तो वर्जिल समेत सभी रोमन सर्जकों में यह कामना विकसित हुई कि उन्हें एक ऐसा राष्ट्रीय महाकाव्य चाहिए जो यूनानी आभिजात्य साहित्य के टक्कर का हो। जब वर्जिल ने 'इनियड'

की रचना की तो रोम-वासियों के मन में एक अद्‌भुत उत्साह पैदा हुआ और उन्होंने उसे रोमन सभ्यता का प्रतिनिधि महाकाव्य घोषित कर दिया। इस कार्य में सृजन के अनुकूल वातावरण तैयार करने के लिए आगस्टस की भी भूमिका है। उसकी तुलना एथेंस के पेरिक्लिज, भारत के अशोक तथा इंग्लैंड के एलिजाबेथ के गौरवपूर्ण शासन से की जाती है। आगस्टस साहित्य-प्रेमी और कला-संस्कृति का संरक्षक था। उसके शासनकाल के गौरव और वैभव को लेकर सम्पूर्ण यूरोप में यह उक्ति चल पड़ी कि सारे मार्ग रोम को जाते हैं (ऑल रोड्स लीड टू रोम)। यह भी बहुत कम लोग जानते हैं कि आगस्टस के नाम पर ही अगस्त महीने को संज्ञा मिली है। वर्जिल ने विषय, भाव, भाषा तथा छंद के क्षेत्र में औचित्य और कलात्मक वैभव का परिचय दिया है।

इसके ठीक विपरीत 'कामायनी' भी आधुनिक भारतीय एवं विश्व-सभ्यता का सांस्कृतिक महाकाव्य है। इसमें मानव जीवन और मानवीय चेतना की ऐसी समस्याएँ तथा जीवन-स्थितियाँ चित्रित हैं जो देश-काल की सीमाओं से परे हैं; जो देश-देशान्तर और युग-युगान्तर के लिए पर्याप्त प्रासंगिक हैं। इसमें निहित काव्यात्मकता, संवेदनगत सम्पन्नता, भावात्मक गहराई, प्रतिभाशाली संकल्पना, उच्च स्तरीय चिन्तन, आध्यात्मिक चिन्तन, कलात्मक सौष्ठव और शिल्पगत भव्यता उसे कालजयता प्रदान करता है। वह अपने सार्वभौम-शाश्वत आकर्षण, गतिशील और बहुलार्थता के कारण हर देश, हर युग में ग्राह्य है। प्रसाद जी का अभिप्रेत पूर्ण सौन्दर्य का दर्शन है जिसे वे 'कामायनी' में उत्कृष्ट रूप देते हैं। वे गोचर अनुभव के परे तथा जीवन और जगत के अदृश्य आयामों को मूर्तिमान करनेवाले कलाकार हैं। ये हिन्दी के सर्जनात्मक साहित्य में नये गौरव लाने का कार्य करते हैं। 'कामायनी' विश्व का ऐसा कलात्मक और आलंकारिक महाकाव्य है जो महाकाव्यात्मक उदात्तता और भव्यता के साथ उसे सर्वोच्च कला के चरम उत्कर्ष तक ले जाता है। वह प्रसाद की सर्जनात्मक प्रतिभा का श्रेष्ठतम निदर्शन है। इसकी भाषा अत्यधिक उत्कर्षक और कलात्मक भव्यता से परिपूर्ण है। इसका प्रभाव चिरस्थायी है। मनुष्य जब-जब सभ्यता और संस्कृति के दबाओं तथा वैज्ञानिकता एवं यांत्रिकता के प्रसार के कारण घुटन, जड़ता, बिखराव और ऊब का अनुभव करेगा, तब-तब उसे संवेदनात्मक खुराक और भविष्य के प्रति विवेकपूर्ण आश्वस्ति भाव प्राप्त करने के लिए 'कामायनी' के पास जाना होगा। 'कामायनी' का सम्पूर्ण कलात्मक पाठ-वितान सौन्दर्य, औदात्य तथा रहस्य के त्रिकोण में अनुबन्धित है। प्रसाद का सम्पूर्ण साहित्य कलाकार की मौलिकता और अकथ्य की वाणी तथा मूर्तता का निरूपण है। 'कामायनी' की प्रतीकात्मक व्यंजना, छंदगत अनुप्रयोग, सांगीतिकता, नाद-सौन्दर्य और बिम्बात्मक वैविध्य जिस उत्कर्ष तक पहुँचता है, वह महाकाव्य की आकृति को भी सन्तुलित करता है। इसमें एक साथ मानव मन के सभी भावों, संवेदनाओं, सभी रंगों, सभी गंधों और सभी स्वरों को विश्वस्तरीय अभिव्यक्ति मिली है।

दांते एलीगिरी

दांते का जन्म इटली के लॉरेंस नगर राज्य में 1265 ई. में हुआ था। वह इटली की तुस्कानी भाषा का महाकवि माना जाता है। वह वर्जिल को अपना गुरु मानता था और अपने महाकाव्य 'डिवाइन कॉमेडी' में वर्जिल को अपना पथ-प्रदर्शक घोषित किया है। ऐसा माना जाता है कि दांते का महाकाव्य 'डिवाइन कॉमेडी' के प्रकाशन से ही यूरोप का अन्धकार युग समाप्त होता है जिसे एक 'सहस्त्र वर्षों की रात्रि' कहा गया था। इसे यूरोप के नव-प्रभात का नया पुष्प उल्लिखित किया गया जो सहस्त्रवर्षीय मौन-सिंचन के फलस्वरूप प्रस्फुटित हुआ था। इस पुष्प की दिगंतव्यापिनी सुरभि द्वारा यूरोप की रात बीतने की पहली सूचना प्रसारित हुई। दांते की यह महाकाव्यात्मक कृति इतालवी लोकभाषा और लोक-भावना की प्रतिनिधि है क्योंकि इसकी निर्मिति में ईसाई धार्मिकता के साथ-साथ निषिद्ध किन्तु अनिवार्य लोक-कला की भी यथेष्ट भूमिका रही है। चौदहवीं से सत्रहवीं शताब्दी तक का यूरोप पुनर्जागरण के आलोक से भास्वर हो उठा। इसका सबसे बड़ा कारण 'डिवाइन कॉमेडी' का प्रकाशन था। दांते वर्जिल की काव्य-परम्परा का पुरस्कर्ता है। उसने अपने व्यक्तिगत जीवन के प्रेम को एक स्थायी अनुभूति में रूपान्तरित करके प्रस्तुत किया है। वह अपने ग्रंथ में आनेवाले पात्रों के माध्यम से वर्जिल द्वारा उनकी व्याख्या करवाता है। इस महाकाव्य में धर्म और प्रेम का समन्वय तथा नारी के प्रति उदात्त दृष्टिकोण पाया जाता है। इसमें ऐसे तत्त्व हैं जो दांते के काम को चिह्नित करते हैं। इन्हें निर्विवाद भी कहा जा सकता है। वे किसी का भी ध्यान आकर्षित करते हैं। दांते के अनुसार पृथ्वी पर हर आदमी का भाग्य एक है। लेकिन जीवन में ऊँची उड़ान भरनेवालों का सौभाग्य भी पहला से सुनिश्चित होता है। हर एक व्यक्ति अपने जन्म के समय सितारों के स्वभाव के अनुसार अपनी भाग्य-रेखा लेकर आता है। इसलिए, अलग-अलग आध्यात्मिक विमानों के अलग होने से एलीगिरी के काम में मौजूद दूसरी अवधारणा बन जाती है। वह कर्म-फल के बारे में नरक और स्वर्ग और सीढ़ी की बात करता है जो दोनों दुनिया को अलग करती है और जिसके माध्यम से आदमी गुजरता है। यदि मनुष्य अपने पापों का प्रायश्चित्त करना चाहता है तो उसके लिए इस दुनिया से बढ़कर कोई दूसरा स्थान नहीं है। यह प्रकारान्तर से भारतीय आध्यात्मिक चिन्तन और पुराणों का प्रभाव भी माना जा सकता है। इस महाकाव्य में दांते अपनी प्रेयसी बिएट्रिस को प्रेम और सौन्दर्य की देवी के रूप में प्रस्तुत करता है। वह अपनी प्रेमिका से नौ और अठारह वर्ष की अवस्था में मिला था। लेकिन उससे कोई संवाद नहीं कर पाया था। बस, दोनों की आँखें ही मिल पाई थीं। चूँकि जिस प्रेम में मिलन की सम्भावना जितनी कम होती है, वह उतनी ऊँचाई प्राप्त करता है। ऐसी स्थिति में दांते का प्रेम भी उदात्त हो जाता है। इसमें वर्जिल के द्वारा दांते की अन्तर्दृष्टि उन्मीलित होती है

और उसके जाने के बाद वह सौन्दर्यमयी नारी ही कवि की पथ-प्रदर्शिका बनकर उसे उच्चतर भाव-भूमि पर ले जाती है। इसमें सत्य और सुन्दर का अद्‌भुत समन्वय हुआ है। कवि ने अलौकिक तत्त्वों के समावेश से कथानक को गहराई प्रदान की है। कवि वर्जिल और बिएट्रिस के निर्देश मात्र से हर विघ्न-बाधा को पार करते हुए सुन्दर दृश्यों तक पहुँच पाया है। इसकी विशद और रमणीय कल्पना में असंख्य पात्र और नाना व्यापार प्रस्तुत हुए हैं। कवि ने अपनी विशद कल्पना द्वारा उस युग के अनेक विद्वानों, योद्धाओं और धर्मात्माओं को स्वर्ग तथा समस्त कुकर्मियों, अधर्मियों एवं अनाचारियों को नर्क में दिखलाया है। इस तरह डिवाइन कॉमेडी पाप-पुण्य का विवेचन करनेवाला महाकाव्य है। इसके सृजन में उसकी धार्मिक दृष्टि सर्वत्र सजग रही है। इसकी चरम परिणति अखंड ज्योति, अपार प्रकाश और अमर प्रेम की प्रतिष्ठा के रूप में होती है। कवि एक सार्वभौम-शाश्वत सत्य की प्रतिष्ठा द्वारा अपने लक्ष्य तक पहुँचता है। इसकी मौलिकता नारी-सौन्दर्य के भव्य, उदार और नैसर्गिक रूप के चित्रांकन में है। शेष बातें धार्मिक दृष्टिकोण का ही पुरस्करण हैं। दांते वर्जिल की परम्परा के अनुसार उत्कृष्ट भाषा-शैली का प्रयोग करता है। इसमें बिएट्रिस के प्रति कवि का प्रेम और उसकी आकस्मिक मृत्यु से कविमन की पुंजीभूत वेदना को ही काव्य-प्रेरणा बनाया गया है। प्रसाद का 'आँसू' भी इसी तरह का काव्य है परन्तु उसमें अनुभूति की तीव्रता, अनन्त रमणीय सौन्दर्य का चित्रण और कलात्मक सौष्ठव अधिक सूक्ष्म और उदात्त है। दांते की कॉमेडी और प्रसाद की 'कामायनी' में एक ही पद्धति का अनुप्रयोग हुआ है। यदि कॉमेडी में वर्णन अधिक है तो 'कामायनी' में मनोवैज्ञानिक गहराई और आन्तरिक संघर्ष के उपरान्त प्राप्त सामंजस्य अतिशय उच्चतर भाव-भूमि पर कलात्मक उत्कर्ष के साथ व्यंजित हुआ है। डिवाइन कॉमेडी में जो भूमिका बिएट्रिस की है, कुछ वैसी ही भूमिका 'कामायनी' में श्रद्धा की है। लेकिन श्रद्धा एक सर्वगुण-सम्पन्न अद्वितीय सौन्दर्य की अधिष्ठात्री नारी है।

आचार्य रामचन्द्र शुक्ल ने उसे विश्वासमयी रागात्मिका वृत्ति माना है क्योंकि उसका स्वच्छ हृदय रत्ननिधि है जो दया, माया, ममता, क्षमा, मधुरिमा, सहानुभूति और अगाध विश्वास से अनुप्राणित है। वह मनु के समक्ष बिना शर्त निःस्वार्थ भावनात्मक समर्पण द्वारा उनके हृदय के तारों को जोड़ देती है। फलतः वे दुबारा कर्म पथ पर अग्रसर होते हैं। वह प्रलय की फलश्रुति के रूप में शक्ति के जो विद्युत्कण निरुपाय होकर बिखर गए हैं, उन्हें दुबारा समन्वित करके सम्पूर्ण मानवता को विजयिनी बनाना चाहती है :

शक्ति के विद्युत्कण जो व्यस्त विकल बिखरे हैं हो निरुपाय।
समन्वय उनका करें समस्त, विजयिनी मानवता हो जाय॥

यहाँ रूपक द्वारा यह अर्थ भी ध्वनित किया जा सकता है कि मानो स्वाधीनता-

संग्राम के कठिन संघर्ष के दिनों में स्वयं भारतमाता देशवासियों को एकजुटता और शक्ति के विद्युत्कणों के संयोजन द्वारा औपनिवेशिक सत्ता के अधीन कार्य कर रही मनुष्यता को विजयिनी बनाने का सन्देश दे रही हों। प्रसाद जी श्रद्धा को पुरुष की पथ-प्रदर्शिका बना देते हैं। वह मनु पर पड़े आसुरी प्रभावों को निष्प्रभ करने का यत्न करती है। उन्हें हिंसा से विमुख करके सत्कर्मों की ओर उन्मुख करती है। आज जब वैश्वीकरण के दौर में विश्व बाजारवाद की आयोजक-नियोजक शक्तियाँ उपभोक्तावाद, स्वार्थपरता तथा लाभवृत्ति को विश्व स्तर पर प्रसारित कर रही हैं, तब उसके द्वारा प्रतिपादित विश्व-मानवतावाद का सिद्धान्त हमारे समय और समाज की माँग को पूरा करनेवाला है। उसने आन्तरिक संगति के माध्यम से सांसारिक जीवन के सामंजस्य का जो सिद्धान्त प्रस्तुत किया है, वह आज और भी प्रासंगिक और उपयोगी बन गया है। श्रद्धा के बहुआयामी व्यक्तित्व के अन्तर्गत उसका गृहिणी रूप भी आता है। वह आदर्श गृहिणी की भाँति गृह-सज्जा में रत होती है। वह पशुओं के ऊन से वस्त्र बनाने के लिए तकली भी चलाती है और अपने होनेवाली संतान के लिए सुख का आयोजन करती है। वह शिशु मानव को जन्म देकर उसके पालन-पोषण, संस्कार और व्यक्तित्व-निर्माण का दायित्व भी निभाती है। नारी का चरम रूप उसका मातृत्व है जिसे प्रसाद जी ने श्रद्धा के माध्यम से साकार किया है। वह प्रणयी मनु द्वारा ठुकराए जाने के बावजूद उनकी विपत्ति सहचरी बनती है। जब मनु इड़ा पर अतिचार करने के लिए उद्यत होते हैं और उन्हें प्रजा घायल कर देती है तब श्रद्धा वहाँ पहुँचकर न केवल उनका उपचार करती है अपितु 'म्यूजिकल थेरैपी' द्वारा उन्हें होश में भी लाती है। उसके चरित्र की विराटता, पर-दुखकातरता और भव्यता के प्रति मनु नतमस्तक होकर उसे 'सर्वमंगला' की उपाधि देते हैं। वह इसे सार्थक करते हुए अपने स्मित के प्रभाव से इच्छा-क्रिया-ज्ञानलोक को परस्पर संयुक्त और समरस कर देती है जिससे मनु ही नहीं, इड़ा, मानव समेत समस्त सारस्वत-वासी अखंड आनन्द में डूब जाते हैं। प्रसाद जी इसके व्यक्तित्व का विकास विश्व-कल्याणी के रूप में करते हैं और स्वयं उसे जगत की अकेली मंगल कामना कहते हैं। वह मानसरोवर के तट पर विकसित एक ज्योतिष्मती वनबेली है। वह विश्व की पुलकित चेतना और पूर्ण काम की प्रतिमा है। वह चेतना का उज्ज्वल वरदान और वसुधा का गौरव है जिसके विहँसने से अग-जग मुखरित हो उठता है। वह 'कामायनी' के प्रकर्ष पर पहुँचकर आदर्श एवं अप्रतिम भारतीय नारी के व्यक्तित्व का अतिक्रमण करते हुए विश्व कल्याणमयी अलौकिक नारी में रूपान्तरित हो जाती है। उसके व्यक्तित्व की उज्ज्वलता से महाकाव्य को भी अपूर्व अर्थदीप्ति प्राप्त होती है। संक्षेप में, यदि 'डिवाइन कॉमेडी' मध्यकालीन परिवेश और बोध का महाकाव्य है तो 'कामायनी' आधुनिक सभ्यता-संस्कृति, बोध और मानवीय चेतना का सुन्दर इतिहास है। इसमें आगामी युगों में मानव मात्र

की नियति का अत्यन्त विवेकपूर्ण संकेत किया गया है। इस दृष्टि से यह अपनी गत्यात्मक अर्थवत्ता के कारण केवल आधुनिक युग ही नहीं बल्कि युग-युगान्तर तक का महाकाव्य बन गया है।

मिल्टन, गेटे और इलियट

जॉन मिल्टन (1608 से 1678 ई.) 'पैराडाइज लॉस्ट' जैसे अमर महाकाव्य के रचयिता हैं। मिल्टन का जीवन स्टुअर्ट ब्रिटेन में प्रमुख ऐतिहासिक और राजनीतिक विभाजन के समानान्तर चलता है। मिल्टन भी महाकवि गोस्वामी तुलसीदास और जयशंकर प्रसाद की तरह घोर अध्येता कवि माने जाते हैं। इन्होंने अपनी यात्राओं से अनुभव अर्जित किया। इन्होंने ज़्यादातर आत्म-प्रसार के लिए कविताएँ लिखी हैं और चार्ल्स प्र. के व्यक्तिगत शासन और संवैधानिक भ्रम और युद्ध में इसके टूटने के तहत पैम्फलेटर और प्रचारक के रूप में अपना कैरियर शुरू किया था। सरकार के मान्य रवैये में बदलाव के कारण उन्हें खतरनाक रूप से कट्टरपंथी और विधर्मी समझा जाने लगा। उन्हें इंग्लैंड के राष्ट्रमंडल के तहत सार्वजनिक कार्यालय में रखा गया और उन्होंने अपने कुछ प्रकाशनों में एक आधिकारिक प्रवक्ता के रूप में भी काम किया। 1660 ई. की बहाली ने मिल्टन को, जो अब पूरी तरह से अंधे थे, अपने सार्वजनिक जीवन से वंचित कर दिया। लेकिन इसी अवधि में उन्होंने अपनी कविता के अधिकांश प्रमुख कार्यों को सम्पन्न किया। मिल्टन के विचार उनके बहुत व्यापक अध्ययन, यात्राओं से प्राप्त अनुभव द्वारा विकसित हुए हैं। वे 1620 के अपने छात्र दिनों से लेकर अंग्रेजी गृहयुद्ध तक (1644) और अपनी मृत्यु के समय तक गरीब हो गए थे। उन्हें अंग्रेजी बौद्धिक जीवन के हाशिये पर ढकेल दिया गया था। फिर भी पूरे यूरोप में प्रसिद्ध थे और अपने राजनीतिक विकल्पों के लिए उन्हें कोई पछतावा नहीं था। मिल्टन 'पैराडाइज लॉस्ट' जैसे महाकाव्यात्मक विन्यास के कारण अंग्रेजी के सार्वकालिक महान कवियों में गिने जाते हैं। इस महाकाव्य में मिल्टन ने अर्श से फ़र्श पर आने के एहसास और ईश्वर के इंसान को स्वर्ग से निकालने को सही ठहराने का भी प्रयास किया है। मिल्टन यह दिखलाते हैं कि यदि इंसान ग़लती करता है तो उसे उसका ख़ामियाज़ा भुगतना पड़ता है। उसे अपनी गलती के कारण ही स्वर्ग से निकाला गया था। इसके साथ ही, इस महाकाव्य में यह भी दिखाने की कोशिश की गई है कि जब इंसान को लगता है कि उसके साथ ज्यादती हो रही है तो वह कैसे विद्रोही बन जाता है। इस महाकाव्य में ईश्वरीय न्याय और इंसान के विद्रोही होने की कथा प्रस्तुत हुई है, जो वर्तमान दौर के मनुष्य के लिए भी प्रेरक हो सकती है।

यह महाकाव्य मनुष्य के मन-मस्तिष्क को झिंझोड़कर रख देता है।

'पैराडाइज़ लॉस्ट' साहित्य का एक आदर्श प्रतिमान है। लेकिन आलोचक क्रिस्टोफ़र रिक्स का कहना है कि आज इस महाकाव्य को नहीं पढ़े जाने की बड़ी वजह इसमें धर्म का पुट ज़रूरत से ज्यादा होना है। कला का उद्‌देश्य केवल कला का प्रस्तुतीकरण होना चाहिए। लेकिन मिल्टन ने 'पैराडाइज़ लॉस्ट' को एक धर्मग्रंथ की तरह लिखा है जिससे उसका काव्यात्मक महत्त्व बाधित हुआ है। इसमें ईश्वर की भूमिका को बढ़ा-चढ़ाकर प्रस्तुत किया गया है और मनुष्य की हर गतिविधि को ग़लत ठहराया गया। यही नहीं, ईश्वरीय न्याय को वैध ठहराया गया है। मिल्टन अतिरिक्त नैतिकतावादी थे। उनकी ज़िन्दगी का एक बड़ा हिस्सा धार्मिक-सामाजिक मुद्‌दों पर तर्क करते हुए गुज़रा था। इसका प्रबल प्रभाव उनके महाकाव्य 'पैराडाइज़ लॉस्ट' में भी परिलक्षित होता है। रिक्स का यह भी कहना है कि मिल्टन ने अपने महाकाव्य में जिस ईश्वर को चित्रित किया है, उसकी छवि एक अत्याचारी की बनती है, जबकि जिस शैतान को विद्रोही दिखलाया है। उसमें एक स्वाधीन चिन्तन की झलक है। वह स्वयं अपने फैसले लेने की स्वाधीनता की माँग करता नज़र आता है। वह ईश्वरीय अनुशासन में स्वर्ग के आनन्दपूर्ण जीवन से बेहतर नरक में अपनी इच्छा से कठिनाई भरा जीवन जीने को बेहतर समझता है। उसके विचारों में स्वाधीनता और लोकतांत्रिक विचारधारा की झलक नज़र आती है जो उसे मध्यकालीन बोध से बाहर लाता है।

मिल्टन अपने धार्मिक आग्रहों के कारण मध्यकालीन बोध का अतिक्रमण नहीं कर पाते जबकि प्रसाद की 'कामायनी' दार्शनिक, मानवतावादी, सभ्यता-विमर्श और कलात्मक अन्तर्विधान के कारण अत्यन्त आधुनिक और गतिशील महाकाव्य है जिसमें युग-युगान्तर तक को प्रेरित-प्रभावित और रसमग्न करने की अद्वितीय क्षमता है। इसमें प्रसाद का महाकाव्यकार अपनी भेदक दृष्टि द्वारा अतीत, वर्तमान और भविष्य-बोध को जिस संश्लिष्टता के साथ प्रस्तुत करता है, वह अपने कलात्मक विन्यास में अत्यन्त मोहक है। 'कामायनी' अनन्त रमणीय सनातन सौन्दर्य के चित्रण के क्षेत्र में यूरोप के हरेक महाकाव्य से आगे है। वह प्रसाद के सर्जनात्मक व्यक्तित्व में निहित अपरिमित सम्भावनाओं का अधिकतम दोहन है।

इसी क्रम में सुप्रसिद्ध जर्मन कवि और साहित्यिक गेटे अथवा गोइथे का नाम लिया जाता है। इनका पूरा नाम योहान वुल्फगांग फान गेटे था। इन्हें जर्मनी का लेखक, दार्शनिक और विचारक माना जाता है। उन्होंने कविता, नाटक, धर्म, मानवता और विज्ञान जैसे विविध क्षेत्रों में लेखन-कार्य किया। उनका लिखा नाटक 'फ़ाउस्ट' विश्व साहित्य में उच्च स्थान रखता है। गोथे की दूसरी रचनाओं में 'सोरॉ ऑफ यंग वर्टर' भी चर्चित कृति है। गेटे नव-आभिजात्यवादी और स्वच्छन्दतावादी, दोनों थे। उनके द्वारा रचित 'फ़ाउस्ट' विश्वप्रसिद्ध त्रासदी होने के साथ-साथ उनकी कीर्ति का सबसे बड़ा आधार है। हम विश्लेषण की सुविधा के लिए इसकी तुलना

जयशंकर प्रसाद के 'स्कन्दगुप्त' नाटक से कर सकते हैं। गेटे जर्मनी के महानतम साहित्यिक हस्तियों में से एक माने जाते हैं, जिन्होंने अठारहवीं और उन्नीसवीं सदी में 'वेमर क्लासिसिज़्म' (Weimar Classicism) नाम से विख्यात आन्दोलन की शुभारम्भ किया। वेमर आन्दोलन बोध और संवेदना धरातल पर स्वच्छन्दतावाद का मिला-जुला रूप है। वे जर्मन साहित्य को उत्कर्ष तक ले जानेवाले साहित्यिक हैं। गेटे 18वीं शताब्दी के दौरान जर्मनी की बौद्धिक क्रान्ति का नेतृत्व करते हैं। वे अपने विचारों से साहित्य में युगान्तरकारी परिवर्तन के हिमायती थे। बाल्यकाल में उन पर ईश्वरीय अनुराग के संस्कार पड़े थे परन्तु आगे चलकर वे मानवतावाद को ही अपना गंतव्य निर्धारित करते हैं। यहाँ तक कि स्वयं कार्ल मार्क्स ने भी कला और साहित्य पर विचार करते समय लिखा है : "गेटे ईश्वर की चर्चा नहीं करना चाहता। यह शब्द ही उसे सुख नहीं देता। वह केवल मानवता में प्रसन्न रहना चाहता है। उसने मानवता को धर्म के बन्धन से मुक्त किया और यही उसकी महानता है। इस दृष्टि से प्राचीन लेखक अथवा शेक्सपियर भी उसकी समकक्षता में नहीं आते।" यह कथन इस बात का प्रमाण है कि कार्ल मार्क्स गेटे पर इसलिए मोहित हैं कि वे ईश्वर की अवधारणा को नकारते हैं। सम्भव है कि मार्क्स का धर्म विरोधी रवैया यहीं से उत्प्रेरित होकर विकसित हुआ। जोहान वुल्फगांग गेटे ने कालिदास के 'अभिज्ञान शाकुन्तलम्' का जर्मन भाषा में अनुवाद किया। गेटे ने 'अभिज्ञान शाकुन्तलम्' के बारे में कहा था—यह धरती और स्वर्ग का एकीकरण करनेवाला नाटक है। उन्होंने प्रभावापन्न होकर कहा था : "यदि तुम युवावस्था के फूल प्रौढ़ावस्था के फल और अन्य ऐसी सामग्रियाँ एक ही स्थान पर खोजना चाहो जिनसे आत्मा प्रभावित होता हो, तृप्त होता हो और शान्ति पाता हो, अर्थात् यदि तुम स्वर्ग और मृत्यलोक को एक ही स्थान पर देखना चाहते हो तो मेरे मुख से सहसा एक ही नाम निकल पड़ता है—'शाकुन्तलम्', महान कवि कालिदास की एक अमर रचना!"

इस तरह गेटे एक गुण-ग्राहक और चिन्तक साहित्यिक थे। चूँकि प्रसाद का सम्पूर्ण साहित्य अत्यन्त विशाल, बहुआयामी और बहुस्तरीय है। इनकी 'कामायनी' के समक्ष गेटे की कोई भी रचना नहीं ठहरती, अतः प्रसाद इनसे हरेक क्षेत्र में आगे हैं। गेटे और प्रसाद, दोनों ही साहित्यकार वैयक्तिक जीवन की आन्तरिक अनुभूति से लेकर विश्व-जीवन तक की समस्याओं का निर्वचन करते हैं। दोनों ही अपने देश के भाषा-साहित्य को एक राष्ट्रीय साहित्यिक-सांस्कृतिक परम्परा देते हैं। यदि गेटे में वैयक्तिक परिस्थितवश प्रेम, निराशा और विद्रोह की प्रवृत्तियाँ अपने जीवन-दर्शन की ओर बढ़ती हैं तो प्रसाद जन्मजात दार्शनिक कवि हैं। यदि गेटे का जीवन-बोध और मानवतावाद अपेक्षाकृत अधिक व्यापक है तो प्रसाद का विश्व-बोध, भारत-बोध और दार्शनिक चिन्तन अधिक गहरा और कलात्मक है। इनकी जीवन-दृष्टि, अन्तर्दृष्टि और विश्व-संदृष्टि जिस अप्रतिम काव्यात्मक औदात्य का चित्रण करती है, वह न

केवल अद्वितीय है अपितु सहृदय पाठक को युग-युगान्तर तक प्रेरित-प्रभावित और रसमग्न करने की क्षमता से भरपूर है।

इसी क्रम में टी.एस. इलियट की 'वेस्टलैंड' शीर्षक लम्बी कविता भी विचारणीय है। इस सन्दर्भ में डॉ. नामवर सिंह ने लिखा है : "प्रसाद ने अपने युग की वास्तविकता को इतने व्यापक सामाजिक परिवेश में तथा भावना के गहरे स्तरों के साथ चित्रित किया है कि इन प्रतीकों में युग-युग को रसमग्न और प्रेरित करने की क्षमता आ गई है। इतने विशाल आधार पर इतने चित्रात्मक ढंग से आधुनिक समाज का संघर्ष किसी हिन्दी काव्य में चित्रित नहीं हुआ है, और जहाँ तक मैंने पढ़ा है, अन्य भाषाओं में भी शायद ही कोई ऐसी कविता मिले। इलियट की 'वेस्टलैंड' अत्यधिक व्यंग्यात्मक, प्रसंगगर्भी और प्रतीकात्मक होते हुए भी मानव-विकास के भविष्य की ओर इतना विवेकपूर्ण संकेत नहीं करती।...सबसे दिलचस्प प्रतीक है सारस्वत नगर, जो इलियट के वेस्टलैंड की याद दिलाता है, परन्तु दोनों में अन्तर भी काफी है। इलियट का वेस्टलैंड यूरोप—विशेषत: इंग्लैंड—की ह्रासोन्मुखी बुर्जुआ सभ्यता का प्रतीक है, जबकि प्रसाद का सारस्वत नगर भारत के विकासोन्मुखी राष्ट्र-जागरण का प्रतीक है। सारस्वत नगर के वर्ग-भेद, ज्ञान-इच्छा, क्रिया-भेद आदि की आलोचना करते हुए भी प्रसाद ने उसके वैज्ञानिक विकास, औद्योगिक उत्थान तथा लोक-संगठन की प्रशंसा की है। इसके साथ ही उन्होंने अधिनायकवाद की पराजय तथा जन-शक्ति की विजय का चित्रण करके भारतीय स्वाधीनता के भावी रूप की ओर भी संकेत किया है।" इस तरह प्रसाद जी न केवल देशवासियों को संगठित होकर स्वाधीनता-प्राप्ति के लिए तत्पर करते हैं अपितु वे अधिनायकवाद के सक्रिय प्रतिरोध द्वारा जनशक्ति का पहला वैध प्रदर्शन करते हैं। यह लोकतांत्रिक शक्तियों को दृढ़ता और मजबूती प्रदान करने का प्रसाद जी का गत्यात्मक प्रयास है। प्रसाद जी ने जिस तरह निरंकुश सत्ता का प्रतिरोध किया है, वह उस समय के घटनाक्रम में प्रकारान्तर से हिटलर और मुसोलिनी का भी प्रतिरोध है। यह एक बड़ी चिन्ता वाले कवि का अभिलक्षण है। 'कामायनी' अपने जटिल अन्तर्विधान और बहुस्तरीय गतिशील अर्थवत्ता के कारण अपने युग का ही नहीं, युग-युगान्तर का महाकाव्य है जो हर युग के रचनाकार एवं आलोचक के समक्ष चुनौती उपस्थित करती है। कहने का आशय यह है कि प्रसाद जी का बहुआयामी रचना-साहित्य सदीघ अपने विश्वस्तरीय साहित्य के कारण कालजयी और अमर है। यदि इनका गद्य आर्षवाक्य की महिमा से मंडित है तो काव्य-साहित्य भी अपने अनन्त रमणीय उन्मुक्त अन्तर्वस्तु तथा अनुपम कलात्मक विन्यास के कारण सार्वभौम-शाश्वत महत्त्व का अधिकारी है।

कहने का आशय यह है कि 'कामायनी' मनुष्य की आन्तरिक चेतना के विकास और इन्द्रिय संवेदनाओं की अनन्त व्याप्ति को जिस मसृण भाषा, बहुवर्णी

बिम्ब-योजना को कल्पनात्मक मोहक छवियों से ओत-प्रोत वैविध्यपूर्ण अन्तर्विधान के रूप में चित्रित करती है, वह उसे सीमाहीन अलौकिक व्याप्ति प्रदान करता है। साथ ही, उसमें जिस तरह मानवीय चेतना के इतिहास, तत्कालीन विश्व-जीवन के बहुविध संघर्ष और मनुष्यता के भवितव्य का व्यापक संकेत मिलता है, वह सम्पूर्ण विश्व साहित्य की अमरनिधि बन जाती है। इसमें छंदगत अनुप्रयोग, लयबद्धता, संगीतात्मकता को व्यंजित करनेवाले शब्द-सौष्ठव तथा भाव-व्यंजना का जो उत्कर्ष-पूर्ण वैभव उपस्थित हुआ है, वह सार्वभौम-शाश्वत महत्त्व का अधिकारी है। फलतः हरेक युग का आलोचक उसके अन्तर्निहित सम्पूर्ण अर्थों के विरहस्यीकरण के लिए प्रयत्नशील रहेगा। इस दिशा में यह ग्रंथ न केवल एक बड़े प्रयास की फलश्रुति है अपितु अनेक नूतन दिशाओं का उद्घाटक और दिग्दर्शक भी है। मुझे पूर्ण विश्वास है कि जब तक महाकवि जयशंकर प्रसाद से कई गुना बड़ी प्रतिभा 'कामायनी' से भी व्यापक विश्वबोध और अनन्त रमणीय कलात्मक सौष्ठव लेकर नहीं आती तब तक प्रसाद और 'कामायनी' आधुनिक सभ्यता के सृजेता एवं प्रतिनिधि महाकवि तथा महाकाव्य के रूप में 'पृथिव्या इव मानदंडः' की तरह 'साहित्या इव मानदंड' के रूप में स्थित रहेंगे।

सन्दर्भ-सूची

1. परम्परा का मूल्यांकन—डॉ. रामविलास शर्मा, पृ. 142
2. छायावाद की प्रासंगिकता—डॉ. प्रभाकर श्रोत्रिय, पृ. 73
3. भूलने के विरुद्ध—डॉ. प्रभाकर श्रोत्रिय, पृ. 0
4. जयशंकर प्रसाद : रंगदृष्टि—महेश आनन्द, पृ. 6
5. कालिदास की लालित्य योजना—डॉ. हजारीप्रसाद द्विवेदी, पृ. 18
6. परम्परा का मूल्यांकन—डॉ. रामविलास शर्मा, पृ. 44
7. हिन्दी साहित्य का इतिहास—आचार्य रामचन्द्र शुक्ल, पृ. 538
8. वही, पृ. 526
9. पाश्चात्य काव्यशास्त्र की परम्परा—प्रधान सम्पा. डॉ. नगेन्द्र